MW01531804

Sección de Obras de Historia

HISTORIADORES DE MÉXICO EN EL SIGLO XX

HISTORIADORES DE MÉXICO EN EL SIGLO XX

Enrique Florescano
y Ricardo Pérez Montfort
(compiladores)

CONSEJO NACIONAL PARA LA CULTURA Y LAS ARTES
FONDO DE CULTURA ECONÓMICA
MÉXICO

Primera edición,   1995
Primera reimpresión, 1996

D. R. © 1995, Consejo Nacional para la Cultura y las Artes
Av. Revolución, 1877; 01000 México, D. F.

D. R. © 1995, Fondo de Cultura Económica
Carretera Picacho-Ajusco, 227; 14200 México, D. F.

ISBN 968-16-4494-8

Impreso en México

ADVERTENCIA

Desde la aparición de la obra de Francisco Javier Clavijero, el ilustre historiador veracruzano del siglo XVIII, las ideas de los historiadores —nacionales y extranjeros— han participado activamente en la reflexión, el análisis y la discusión de la identidad nacional, la caracterización de los diversos pasados del país y la valoración de la formación de la nación. En este sentido el historiador dejó de ser un mero recolector y reproductor de la memoria, para volverse uno de sus agentes constructores más activos. Como tal, abre o cierra los cauces por donde fluyen las diversas imágenes del pasado, y es el fiel de la balanza que consagra una nueva interpretación del desarrollo histórico. En sus cátedras, escuelas, colegios y academias, los historiadores disciernen y califican las versiones del pasado que cumplen con los valores que ellos mismos establecen, o discriminan y condenan las que no se ajustan a esos mismos requisitos.

A pesar de esas importantes funciones sociales, carecemos de una guía que permita reconocer las numerosas escuelas y tradiciones fundadas por los historiadores mexicanos. Tampoco hay un libro que describa sus contribuciones y señale los perfiles de su trabajo. La presente obra no aspira a llenar esas lagunas, pero sí es un paso en esa dirección: ofrece un compendio de las formas de pensar y escribir la historia practicadas en el siglo XX. Con ese propósito se elaboró un cuestionario que se presentó a un grupo representativo de historiadores, a fin de que informaran cómo se iniciaron en este oficio y cuáles fueron las experiencias más importantes en su desarrollo profesional. Otras preguntas se referían a sus aficiones e influencias, a sus modelos y formas concretas de escribir la historia.

Para completar las concepciones de la historia vigentes en el siglo XX fueron incluidas las experiencias de escritores ya desaparecidos pero que se desempeñaron a principios y mediados de este siglo. En estos casos solicitamos a un conocedor de su obra una semblanza: un trazo de la persona y una síntesis de sus contribuciones como historiador. Se recurrió al mismo procedimiento cuando el autor, aún presente, no quiso hablar más de sí mismo. De estos dos modos se compusieron las semblanzas de Gonzalo Aguirre Beltrán, Eduardo Blanquel, Alfonso Caso, Daniel Cosío Villegas, Francisco de la Maza, Justino Fernández, Manuel Gamio, Joaquín García Icazbalceta, Ángel María Garibay, Charles Gibson, Wigberto Jiménez Moreno, Edmundo O'Gorman, Ángel Palerm, Jesús Reyes Heroles, Justo Sierra y Manuel Toussaint. Por otra parte, considerando la destacada participación de algunos autores extranjeros en los estudios históricos acerca de nuestro país, se consideró conveniente incluirlos y dar cuenta de sus aportaciones a la reconstrucción del pasado mexicano.

Con esas semblanzas y el testimonio de los historiadores aún activos, se compuso este cuadro de historiadores del siglo xx. El lector advertirá que no están todos los que presumiblemente debieran estar, y que no fue posible incluir todas las innumerables variedades de la reflexión histórica que se propagaron en este siglo. Antes que pretender abarcar lo inabarcable, se eligió ofrecer al lector una muestra representativa de la obra y el pensamiento de algunos de los que contribuyeron a definir los rasgos sobresalientes de la literatura histórica del siglo xx.

El conjunto de las semblanzas y los testimonios muestra los diferentes rostros que asumió la narración histórica en nuestro país a lo largo del siglo. Durante esos años la disciplina histórica asume el lenguaje austero de la historia positivista, pasa por la historia romántica, abandera la fallida historia científica que quiso integrar a su práctica los métodos de las ciencias exactas, y le da vida a inesperadas modalidades de la narración en el último tercio del siglo. Las distintas voces que hablan en este libro también hacen constar el tránsito de los historiadores por las escuelas y doctrinas que jalonaron ese oficio: historicismo, idealismo, marxismo, estructuralismo, historia del arte, historia social, historia política, historia de las mentalidades, microhistoria, historia económica, biografía, historia regional, historia militar... En todo el siglo xx hay un cambio incesante de los temas y sujetos de la historia, seguido por una búsqueda de nuevas fuentes, métodos y enfoques.

Más que el predominio de una escuela, en estos cien años es posible advertir que se impone la decisión de ampliar los territorios del historiador, la voluntad de usar otros enfoques para iluminar viejos problemas, al mismo tiempo que aparecen nuevas maneras de reconstruir el pasado y surgen nuevos estilos para narrarlo. En el transcurso del siglo actual la disciplina histórica experimenta la más abierta de las innovaciones, establece un intercambio fecundo con las ciencias sociales y se atreve a emplear métodos y técnicas desarrollados por las ciencias naturales. Se abre a los diversos vientos y se convierte en campo de prueba para toda suerte de experimentos.

En el siglo xx ocurre algo que cambia radicalmente la producción y el contenido de las obras de historia: la profesionalización de los historiadores. Desde la fundación de escuelas e instituciones universitarias en las primeras décadas, la disciplina histórica se convierte en un saber especializado, regido por las reglas de la vida académica. Desde entonces la creación de conocimientos, la producción de libros y la formación de profesores estuvo determinada por los usos y valores del medio académico. Durante muchos años, los conocimientos se acumularon en estos recintos aislados y ahí se generaron las doctrinas y concepciones de la historia que marcaron su desarrollo. Por su condición de recintos institucionalmente consagrados a producir, enseñar y difundir los conocimientos históricos, y por su capacidad para almacenarlos y ordenarlos, la historia académica se convirtió en una suerte de interpretación canónica del pasado.

Desde 1960, el virtual monopolio que ejercían las instituciones académicas sobre la producción y difusión de la historia comenzó a fragmentarse. La aparición, en la misma academia, de corrientes que desafiaban las interpretaciones institucionales, y la ampliación de las fronteras de la historia realizada por los cultivadores de las ciencias sociales, multiplicaron las facetas y alentaron la diversidad de recolecciones del pasado. El resultado es que en el recinto académico, antes exclusivo, hoy dialogan o se enfrentan diversas interpretaciones del pasado. Al final del siglo no sólo se vive una ampliación progresiva de las fronteras de la historia: hay también una aceptación de la pluralidad de enfoques que enriquecen el análisis histórico. Esta diversidad interpretativa que ha animado a los historiadores mexicanos durante el siglo XX es un ejemplo de esa tendencia general.

Para llevar a cabo esta antología se contó con el apoyo de Rafael Tovar y de Teresa, Presidente del Consejo Nacional para la Cultura y las Artes. Laura Emilia Pacheco colaboró en la recopilación e integración de los materiales recibidos. Casi todos los historiadores que aceptaron responder el cuestionario hicieron sugerencias valiosas para enriquecer la encuesta y la selección de historiadores. A todos ellos les agradecemos su colaboración, cuyo resultado final es esta obra colectiva.

ENRIQUE FLORESCANO
RICARDO PÉREZ MONFORT

13 de abril de 1994

PRIMERA PARTE
SEMBLANZAS

JOAQUÍN GARCÍA ICAZBALCETA

Rosa Camelo

La Ribera de San Cosme conserva aún algunas de las casas que la caracterizaron en el siglo xix. Casas habitación que en la actualidad han sido destruidas, se encuentran abandonadas o han perdido su fisonomía en la planta baja porque puertas y ventanas fueron ampliadas para dar cabida a aparadores de tiendas que con sus anuncios y letreros apenas permiten imaginar cómo fueron. Una lujosa casona con un triste desequilibrio en su fachada hace deplorar que la calle de Insurgentes tuviera que ser ampliada. Esta casa muestra el número 5 y alberga un restaurante. En la acera de enfrente, otros dos restaurantes, uno de hamburguesas y otro de pollo frito, con sus estacionamientos y sus construcciones tipo chalet, muestran que a sus constructores les da lo mismo edificar en una calle añosa que en una carretera. En uno de esos solares debió estar el número 4, la casa donde vivió y murió don Joaquín García Icazbalceta, uno de los fundadores de la historiografía mexicana.

En una especie de homenaje, decido hacer un recorrido que, según dicen sus biógrafos, él hacía diariamente: ir de su casa a la parroquia de San Cosme. Entro y en la capilla lateral una lápida colocada en la pared indica que allí fue sepultado Joaquín García Icazbalceta, 1825-1894. Las dos fechas señalan el tiempo en que transcurrió su vida. Es curioso señalar que son casi los mismos años en que la historiografía nacional se desarrolló impulsada por la conciencia de un grupo de hombres de letras que pensaron que la historia era elemento primordial para la cohesión de los habitantes de la República Mexicana. Creían que la conciencia de que se compartía un pasado común daría a los mexicanos suficientes elementos de identificación, por una parte, con los antepasados que habían sentado las bases de lo que era y sería la nación y, por la otra, con los contemporáneos que compartían la responsabilidad de hacer un país cada vez más libre y grande. García Icazbalceta participó de estas inquietudes y su labor de investigación y de publicación de libros y documentos fue básica para el desarrollo de esa historiografía considerada tan vital para la salud política de la naciente república. Imagino qué respondería a un cuestionario de historiadores que me ha sido entregado. No todas las preguntas corresponden a su tiempo y a su circunstancia, pero a otras sí tiene respuestas que dar. Principio imaginándolo, alto, serio, con un talante que hizo que sus familiares le apodaran "el Tigre",

13

pero con una entrega tan grande a su quehacer que le permitió comunicarse con los más jóvenes que compartían sus intereses.

Pregunto: "¿Cómo se interesó en la historia de México?"

La lectura fue siempre una de mis pasiones. Pronto el gusto por las buenas ediciones me llevó a aprender el oficio de tipógrafo y el arte del grabado en madera. En 1844 colaboré con algunos grabados en el Liceo Mexicano y me relacioné con varios personajes que compartían mis intereses. Don José María Andrade, don José María de Agreda, don Lucas Alamán, don José Fernando Ramírez y don Manuel Orozco y Berra me distinguieron con su amistad.

¿Fueron ésos sus primeros contactos con los historiadores mexicanos, las instituciones y los medios culturales?

Había yo empezado a reunir libros y documentos que me parecían indispensables para conocer nuestra historia. Desde que comencé a trabajar en esto vi que convenía ante todas las cosas procurarse copias de los manuscritos que no se hallasen en ésta, y con tal fin era preciso pedirlas, o a las librerías de Madrid, o a los particulares que las poseyeran. El primer arbitrio ofrecía graves dificultades, como sucede siempre que se trata de cuerpos colegiados y establecimientos públicos, por lo que me pareció preferible lo segundo, fijándome desde luego en la preciosa colección del señor Prescott. Pero me faltaba buscar un medio de entrar en relaciones con este señor para lograr que me franqueara copias de sus manuscritos. Muchos meses estuve discurriendo sobre este asunto sin hallar el camino que me llevase al fin deseado. Sucedió luego que llegara a mi poder un ejemplar de la *Conquista del Perú*, última obra de aquel escritor, y al punto me ocurrió la idea de traducirla y publicarla. Parecióme que de esta manera, cuando estuviese concluida la obra, podría yo regalar un ejemplar a su autor, lo que me serviría para comenzar mis relaciones con él, y una vez comenzadas confiaba yo en que el tiempo las iría estrechando hasta llegar a un estado en que mi petición no fuese inoportuna. Puse al punto en ejecución mi proyecto, y ahí tiene usted cómo mi celo por la historia del país me hizo emprender un trabajo que parecía no tener ninguna relación con ella. Al cabo de 16 meses había concluido mi trabajo y tenía ya impresa la mayor parte de la obra, faltándome tan sólo publicar un apéndice que formé para que le sirviese como de continuación. Todo este trabajo fue, sin embargo, inútil, por así decirlo, pues aún me faltaba mucho para acabarlo cuando contraje amistad con el señor don Lucas Alamán, quien desde entonces me dio las mayores muestras de aprecio, por lo que le estoy muy agradecido.

Animado al ver la confianza que me dispensaba, y deseoso de ganar tiempo, le pregunté un día si tendría inconveniente en escribir al señor Prescott suplicándole que nos franquease copias de sus manuscritos. Me contestó que no tenía ninguno y que iba a escribirle inmediatamente, como lo hizo. La respuesta del señor Prescott fue cual podía aguardarse de su ilustración y finura, pues contestó que todos sus manuscritos estaban a nuestra disposición, y que no había más que indicarle cuáles eran los que se habían de copiar. La posibilidad de publicar algunos de los manuscritos que Prescott tan generosamente me ofrecía, así como ciertas dudas que tenía sobre la impresión de dos volúmenes de la obra de Kingsborough después de la muerte de éste, hizo que me atreviera a escribir a don José Fernando Ramírez, animado por mi amigo don José María Andrade. Con don Manuel Orozco y Berra traté cuando coordinó la edición del *Diccionario Universal de Historia y Geografía* y tuve muy interesantes discusiones con él en la Academia. Recuerdo todavía la carga cerrada que me dio una mañana acerca de la carta del señor Zumárraga inserta en la *Historia...* de Mendieta y mi opinión sobre la destrucción de antigüedades mexicanas atribuida a éste, que me hizo escribirle, esa misma tarde, una extensa carta en defensa de mi posición.

También la comunidad de intereses hizo posible que me relacionara con los más jóvenes que yo, como don Francisco del Paso y Troncoso y don Nicolás León. Con este último sostuve una continua comunicación epistolar desde marzo de 1886 hasta agosto de 1894. Compartíamos el interés por rescatar para nuestra *Historia...* libros y manuscritos inéditos y raros. Las sociedades eran centros de reunión de todos los que nos interesábamos en la cultura de nuestro país, yo pertenecí a la Sociedad de Geografía y Estadística, a la Academia de Nobles Artes de San Carlos, a la Academia Imperial de Ciencias y Literatura y a las academias mexicanas de la Lengua, de la que fui tercer presidente, y de la Historia. Como ejemplo de las ricas discusiones que se tenían en ellas puedo citar la que sostuve con el señor Orozco y Berra a la que me referí antes. También fueron importantes centros de intercambio de ideas las revistas. Yo publiqué varios artículos en *El Renacimiento*.

¿Cómo se interesó en el campo de estudios que emprendió?

Desde muy joven comencé a mirar con interés todo lo que tocaba a nuestra historia, antigua o moderna, y a recoger todos los documentos relativos a ella que podía haber a la mano, fuesen impresos o manuscritos. El transcurso del tiempo, en vez de disminuirla, fue aumentando esta afición que terminó por ser en mí casi una manía. Mas como estoy persuadido de que la mayor desgracia que puede sucederle a un hombre es errar su vocación, procuré acertar con la mía, y hallé que no era la de escribir nada nuevo, sino acopiar materiales para que otros lo hicieran; es decir, allanar el camino para que marchara con más rapidez y con menos estorbos el ingenio a quien estaba reservada la gloria de escribir la historia de nuestro país. Humilde como era mi destino de peón, me conformé con él y no aspiré a más: quise, sí, desempeñarlo como correspondía, y para ello contaba con tres ventajas: paciencia, perseverancia y juventud. Nunca me ocupé de las antigüedades mexicanas porque a pesar de que alguna vez dije que no tenía predilección particular hacia época alguna de nuestra historia, y que me proponía abarcarla toda, desde los tiempos más remotos hasta el año de 1810, principié publicando una serie de documentos del siglo xvi porque consideraba a este siglo el periodo más interesante de nuestros anales, en que desaparecía un pueblo antiguo y se formaba otro nuevo; el mismo que existe en nuestros días y de que formamos parte. Justo era asistir ante todo al nacimiento de nuestra sociedad. El paso de los años me fue confirmando en esta idea, así que terminé por dedicarme prácticamente a esta etapa. Redacté varios estudios recurriendo principalmente a documentos originales, cartas, relaciones, pareceres, actas, cédulas, etc., y sólo a falta de ellos he ocurrido a los historiadores de nota. Esto me confirmó en la opinión de que era muy necesario rehacer toda nuestra historia, acudiendo a las fuentes primitivas, que no faltan y cada día se aumentan, gracias al hallazgo y publicación de muchos documentos inéditos. Procuré escribir con imparcialidad; pero bien sé que esto es más fácil de pensar que de hacer. Si tal no ha sido el desempeño, acéptese al menos el buen deseo. Conozco cuál es la suerte reservada a estos trabajos. Merced a los nuevos documentos que se descubren, caen pronto en el olvido. Acepto de buena voluntad ese triste destino, si he logrado destruir algún error y llamar la atención hacia esta clase de estudios. Pero insisto, pensé que si habría de escribirse algún día la historia de nuestro país, era necesario que nos apresurásemos a sacar a la luz los materiales dispersos que aún podían recogerse, antes que la incuria del tiempo viniera a privarnos de lo poco que había respetado todavía. Sin este trabajo previo no se podían aguardar resultados satisfactorios, porque la doble tarea de reunir y aprovechar es superior a las fuerzas de un solo hombre.

El ingenio más vigoroso consume su brío en la primera parte de la empresa, y está ya rendido antes de comenzar el desempeño de lo que en realidad interesa al país, cual es la obra en que presente el resultado de sus investigaciones. Son además tan distintas y aun opuestas las cualidades requeridas para cada uno de estos trabajos, que viene a ser casi imposible encontrarlas reunidas en una misma persona. Convencido de estas verdades, y ya que mi buena suerte, ayudada de activas diligencias, trajo a mi poder un regular acopio de manuscritos, no quise dejar de contribuir al beneficio público, divulgándolos por medio de la prensa.

El poco estímulo que se encontraba en nuestro país para esta clase de publicaciones no dejaba esperanza de hallar editor que quisiera encargarse de una empresa que ofrecía pérdida segura: tuve, pues, que tomarla a mi cargo. Me allanó el camino para la ejecución del proyecto la circunstancia de tener a mi disposición una pequeña imprenta particular, resultado de mi temprana afición al arte tipográfico; de suerte que la impresión se hizo siempre a la vista, y en gran parte por mis propias manos. He sido, en muchas de las obras que publiqué, colector, editor e impresor.

La colosal empresa de edición de la *Bibliografía mexicana del siglo* XVI viene a mi mente y recuerdo las constantes referencias a los trabajos que usted pasó por este empeño y que aparecen en su correspondencia con Nicolás León. Lo aparto de sus reflexiones con otra pregunta: "¿Cuál fue su relación con los historiadores en México?"

Tuve siempre un fructífero intercambio de ideas y de materiales. Como antes le dije, don Manuel Orozco y Berra, don José Fernando Ramírez, don Lucas Alamán, don José María Andrade, don José María de Agreda, don Francisco del Paso y Troncoso y don Nicolás León fueron amigos con los que compartí intereses. También lo fueron don José María Vigil, don Isidro Gondra y don Alfredo Chavero.

¿Cuál fue el ambiente intelectual y profesional cuando vivió en México?

Con viva satisfacción, participé en cierto movimiento favorable al estudio de nuestra historia: los libros y documentos que antes solían venderse por papel inútil eran buscados con algún empeño. Al mismo tiempo se fueron formando colecciones privadas, algunas de no escaso mérito, que pudieron servir de mucho, mientras se logró la deseada creación de una biblioteca nacional. Entre los particulares más dignos de elogio, por sus buenas colecciones históricas mexicanas, es indispensable contar con los señores don José Fernando Ramírez, licenciado don José María Lafragua y don José María Andrade. Yo procuré también reunir algunas cosas. El acopio de documentos, y los trabajos aislados sobre los puntos principales de nuestra historia (a la manera en que los grandes pintores estudian en bocetos separados los grupos más visibles de sus cuadros), forman la tarea que creímos era la señalada a nuestra generación. Pensamos que así se allanaría el camino a las que nos siguieran, a las cuales está acaso reservada la gloria de levantar sobre sólidos fundamentos el grandioso edificio de nuestra historia nacional.

¿Cuál fue su participación en las distintas corrientes de la historia?

La seguridad de que toda la historia de México estaba por hacerse nos unió para desarrollar una ardua y difícil tarea. La falta de fuentes accesibles llevó a nuestra generación en dos direcciones ya apuntadas: la reunión de grandes bibliotecas y colecciones de documentos y la publicación de fuentes documentales y obras inaccesibles. Ponerlos al alcance de los estudiosos, libres de errores, fue nuestra gran preocupación, porque creíamos que de ello podría resultar algún bien a nuestra historia. Nuestra inspiración fue la corriente erudita. Procurábamos una escrupulosa fidelidad en seguir los originales, preferíamos dejar cierta oscuridad en los textos antes que atrevernos a sustituir en forma aventurada, aportábamos datos sobre los documentos que pudieran dar luz acerca de su origen y autores.

¿Cuál fue su principal experiencia como historiador al realizar su investigación histórica sobre México?

Adquirir la convicción de que servía más a nuestra historia colonial con publicar documentos inéditos o muy raros, que escribir obras originales casi nunca exentas de deficiencias y errores. Consideré que estaba bien que para preparar el camino se estudiasen sucesos y periodos determinados, pero que aún no era llegado el tiempo de escribir la historia general. Estaba convencido de que los estudios americanos se encontraban en una época de verdadera reconstrucción, gracias a la inagotable riqueza que iban arrojando de sí los archivos españoles, y a lo mucho que por todos lados aparecía, ya como fruto de investigaciones arqueológicas, o como hallazgo de monumentos escritos. Querer fijar la imagen fugitiva de ese movimiento era desperdiciar en tentativas prematuras, y por tanto infructuosas, el trabajo que estaría mejor empleado en allegar nuevos materiales que con los demás servirían a su tiempo para levantar el verdadero edificio de nuestra Historia.

¿Cuál era el panorama general de la historia cuando usted empezó a realizar estudios históricos con seriedad profesional? ¿Con qué medios contaba para el desarrollo de los mismos (medios públicos y también medios particulares): instituciones, bibliotecas, centros de estudios, apoyos, medios de publicidad, etcétera?

Era mucho el trabajo al que nos enfrentábamos. Dejando aparte la oscuridad casi absoluta respecto a la interpretación de la escritura jeroglífica de que se valieron los antiguos habitantes de estos países, y considerando tan sólo los documentos escritos, no podíamos menos que experimentar grande pena al mirar cómo habían perecido por descuido y abandono; cómo habían sido llevados a países extraños, y cuán corto era el número de los que quedaban todavía entre nosotros, comparado con el que debería ser. No sólo se trataba de los manuscritos, también los impresos eran muy escasos. Las bibliotecas públicas que hasta estos tiempos existían en México eran relativamente pobres de producciones primitivas de nuestras prensas. Lo contrario sucedía en las bibliotecas y archivos de los conventos, porque como su origen databa casi de la fecha del establecimiento de las órdenes religiosas en México, se habían guardado allí, no sólo las obras impresas y manuscritas de los individuos de la orden respectiva, sino otras muchas que andaban entonces en manos de todos, y señaladamente las escritas en lenguas indígenas, como necesarias para el estudio de los religiosos y enseñanza de sus discípulos. Conserváronse algún tiempo con esmero tan preciosos depósitos; pero los mismos que debían custodiarlos, no tardaron mucho en olvidar o desconocer el mérito de aquellos trabajos. La destrucción, lenta al principio, fue acelerándose conforme se agravaba la decadencia de las órdenes. El polvo, el agua, la polilla, los ratones deterioraban los libros, y una vez puestos en mal estado, se consideraban inútiles y se vendían por papel viejo, o se daban como basura a quien los pedía. El completo desorden de las bibliotecas, el poco o ningún caso que de ellas hacían las comunidades, la ignorancia y depredación de algunos de los individuos, eran causas que favorecían poderosamente el pillaje, ejercido especialmente por extranjeros que se llevaban fuera del país lo mejor que teníamos; sin que faltasen tampoco entre nosotros algunos curiosos, de aquellos que no consideran robo la extracción furtiva y apropiación de un libro, sólo porque a su juicio el dueño no sabe estimarlo como merece. La extinción de las órdenes religiosas, y la nacionalización de sus bibliotecas, vino a coronar el estrago. Extraídos los libros sin orden ni concierto, pasando a veces por manos poco fieles, amontonados, confundidos en la Universidad, vueltos a extraer de allí, junto con los que pertenecían a aquel establecimiento, perdiéronse muchos, y el resto quedó convertido en una masa informe que de nada servía. Para colmo, vino también a hundirse en aquel abismo la biblioteca de la Catedral, quedándonos de este modo sin ninguna biblioteca pública. Las bibliotecas particulares, que aunque pocas, eran bien ricas, hubieran servido para atenuar el mal, en cuanto podían atenuarle colecciones que por su naturaleza misma eran limitadas, y sin las cualidades de permanentes y accesibles a todo el mundo, la desgracia las persiguió. La parte americana de la riquísima librería del señor don José Fernando Ramírez pasó a Europa, y no volverá a nuestro país. La escogida colección del señor don José María Andrade fue primero vendida en total al emperador Maximiliano, quien pensaba colocarla en el palacio de Chapultepec; pero en vista del giro que tomaban los sucesos políticos, fue encajonada apresuradamente y remitida a Europa. Después de la muerte de aquel príncipe, sus herederos no fueron lo bastante ilustrados para apreciar aquella biblioteca, o bastante ricos para conservarla, y la vendieron en total a los libreros List y Francke, de Leipzig, quienes la remataron en almoneda pública, libro a libro, dispersándose así por todo el mundo aquel tesoro. Otra colección, harto numerosa y rica, había formado en los últimos días del imperio uno de los personajes que figuraron en aquel gobierno, el padre Fischer; expulsado del país el colector, llevó consigo sus libros. Así quedó, puede decirse, consumada la ruina de muchos documentos históricos. Las corporaciones o sociedades literarias no podían competir siquiera con un particular en duración y medios; el único recurso era que la Biblioteca Nacional se organizara y abriera cuanto antes, como al final se logró.

¿Cuáles fueron los mecanismos de incorporación de los nuevos conocimientos históricos a la conciencia social?

La publicación en revistas y periódicos principalmente: *Anales del Museo, Boletín de la Sociedad Mexicana de Geografía y Estadística, Memorias de la Academia de la Historia, El Renacimiento, La Sociedad,* fueron algunas de las que recuerdo.

¿Cuál es su concepción de la historia?

Cautiva en alto grado al entendimiento humano la investigación de la verdad. No hay cosa escondida que, por sólo serlo, no ejerza en nosotros misterioso atractivo, y hasta la persona más inculta y más ajena a todo estudio, fija su atención en cualquier vulgar enigma y se empeña en descifrarle. Natural, pues, y noble además, por la naturaleza del asunto, es el afán con que el arqueólogo interroga a las generaciones hundidas en el polvo de los siglos para alcanzar a leer en sus derruidos monumentos, descifrar en sus extraños caracteres y descubrir en su lenguaje los misterios que guardan en profunda calma aquellas edades remotas, ansioso de llegar, si pudiera, hasta encontrar el origen de los pueblos, conocer sus afinidades, trazar la ruta de sus peregrinaciones y ordenar la serie de sus caudillos, narrar sus guerras y alianzas, penetrar en su religión y costumbres, valorar su civilización, y determinar el papel que desempeñaron en la gran historia de la humanidad. Querría, en una palabra, poseer el espíritu del Profeta cautivo en Babilonia para infundir vida en los innumerables huesos, secos en extremo, que cubren el inmenso campo de la muerta antigüedad. El paciente investigador, llámese historiador, etnógrafo o lingüista, elige, sin duda, como hombre, el campo más noble para sus estudios, que es el hombre mismo. El historiador debe presentar el hecho tal como fue, procurando escribir con imparcialidad; pero bien sé que todo esto es más fácil de pensar que de hacer. La Historia está demasiado alta para escuchar gritos de tumulto y atender declamaciones huecas. Con severa imparcialidad se traslada al lugar de la escena; instruye el proceso; llama a los testigos, cuyos antecedentes escudriña antes de recibir sus testimonios, y como recto juez pesquisidor examina las piezas, oye los descargos, distingue los tiempos y considera el espíritu de cada uno, la posición de los actores, los móviles de su conducta o las razones que pudieron obligarlos a seguirla. Nada la apasiona, nada extravía su criterio.

El único fin de la Historia es hallar la Verdad; el que no la busque sin asomo de pasión, no se atreva a escribir. Son graves obstáculos para el esclarecimiento de la verdad histórica el transcurso del tiempo y la falta o pérdida de documentos; pero acaso el mayor de todos es la consistencia que llegan a adquirir ciertos errores, nacidos de la ligereza o mala fe de algún escritor, y adoptados sin examen por los que vivieron después. No pocas veces acontece también que hechos ciertos en sí mismos son torcidamente interpretados por los que, sin atender a las causas que los produjeron ni al espíritu de la época, se arrojan a calificarlos de la manera que más cuadra a su propósito y a las ideas que tratan de propagar. Disipar tales errores y colocar a cada hombre en el lugar que le corresponde, no es solamente un acto meritorio de justicia distributiva, sino una satisfacción a la verdad ultrajada. Grandes esfuerzos han hecho a este fin varios escritores; esfuerzos dignos ciertamente de la mayor alabanza, porque sin ostentar, ante todo, el brillo de la verdad pura, en vano aspiraría la Historia al glorioso título de "Maestra de la vida". Mas la necesidad de esclarecer los hechos y enderezar las torcidas deducciones llega a ser urgentísima cuando los errores dañan a muchos y aun a la sociedad entera.

En toda materia histórica lo primero y más importante es fijar bien los hechos, porque mal conocidos no pueden menos que provocar deducciones falsas. El error es siempre un mal y en Historia suele producir resultados funestos.

¿Cuál es, en su opinión, la función social de la Historia?

De nuestras indagaciones podemos recoger cosechas de utilidad más inmediata y práctica. Porque, en efecto, las altas investigaciones arqueológicas han de aplicarse necesariamente a épocas lejanas y a pueblos desaparecidos de la faz de la tierra, que pocas huellas han dejado y nada han influido en nuestro modo de ser actual. Verdad es que la predilección particular por un asunto, la cual se revela de golpe por el simple hecho de elegirle, suele ofuscarnos y hacernos creer, tal vez sin fundamento, que ofrece mayor interés que otros; pero concentrándonos en nuestra propia tierra, no es posible dejar de conocer que la historia de los pueblos antiguos, aparte de su lejanía y oscuridad, padece una interrupción completa, merced al cambio radical ocurrido a principios del siglo XVI. Los pueblos que entonces existían, de los que habían venido a este suelo, se encontraron subyugados, y en lo principal sustituidos por otra raza poderosa que cayó sobre ellos y trastornó casi por completo su organización política y social. Religión, leyes, gobierno, todo desapareció; a su vez, los nuevamente llegados no pudieron menos que resentir, hasta cierto punto, la influencia de las razas sujetadas pero no destruidas; y de ese grande acontecimiento histórico surgió el pueblo mixto que con las modificaciones consiguientes al transcurso de varios siglos existe todavía. El conocimiento exacto de los elementos que entraron en la formación de la nueva sociedad, y de cómo se fueron combinando, es el punto práctico para nosotros. Por haber desconocido o despreciado las enseñanzas de la historia, han brotado y echado profundas raíces errores gravísimos cuyas consecuencias aún resentimos.

JUSTO SIERRA: LA HISTORIA
COMO ENTENDIMIENTO RESPONSABLE

Andrés Lira

I

En 1900, cuando Justo Sierra partía de viaje a la Europa latina, había reunido la colaboración de diversos autores para formar los tres volúmenes de *México, su evolución social*, que acabaron de publicarse en 1902. La obra cerraba el ciclo de las visiones integrales de la historia nacional, iniciado por Niceto de Zamacois con la publicación de su *Historia de México...* en veinte volúmenes, de 1877 a 1882, que alcanzaron gran difusión gracias a una buena distribución comercial y a la acogida que mereció entre la "gente decente" la visión conservadora y el tono conciliador que mostró el autor de tan numerosas páginas.[1] Siguió la visión del liberalismo triunfante, *México a través de los siglos*, coordinada por Vicente Riva Palacio, que fue apareciendo en fascículos, de 1884 a 1889. El equilibrio de la obra dispuesta en cinco tomos dedicados al periodo prehispánico, al colonial, a la Guerra de Independencia, al México independiente hasta la Revolución de Ayutla y a la Guerra de Reforma y la Intervención, así como la maestría de los autores y la excelente tipografía hicieron de este libro el gran texto y de él dependieron en buena medida las versiones de autores posteriores. El mismo Justo Sierra, que tuvo la responsabilidad de la coordinación y escribió la parte relativa a la política de México, su evolución social, sustentó lo más de su trabajo en la información proporcionada por *México a través de los siglos*, si bien con una visión original que le ha valido la vigencia hasta nuestros días.

En efecto, la historia política, desde la época prehispánica hasta el triunfo de la República y el juicio sobre el régimen de Porfirio Díaz, "La era actual", con que concluye, se recogieron posteriormente en el libro *Evolución política del pueblo mexicano*, considerado modelo de síntesis, de versión comprensi-

---

[1] Niceto de Zamacois, *Historia de México desde los más remotos tiempos hasta nuestros días*, 20 vols., Barcelona-México, Juan José de la Fuente Parres Editor, 1877-1882.

Sobre Zamacois véase Antonia Pi-Suñer Llorens, "Niceto de Zamacois y su anhelo de reconciliación de la sociedad mexicana", en *Historiografía española y norteamericana sobre México (Coloquios de análisis historiográfico)*, introducción, edición e índice por Álvaro Matute, México, Universidad Nacional Autónoma de México, 1992, pp. 51-64, y Judith de la Torre Rendón, "El rescate de las naciones del Anáhuac por un hispano-mexicano", en *Historiografía española...*, op. cit., pp. 65-74.

va y responsable de la historia de México y punto de partida para las reflexiones sobre el México del siglo xx.[2] En este sentido podemos decir que Justo Sierra es el primer historiador del siglo xx mexicano, pues recogió para esta centuria la historiografía nacional del siglo xix, resolviendo los problemas que había impuesto el ardor polémico con que se trataron los temas en pasados volúmenes y reduciendo éstos a dimensiones razonables en esa versión benévola de la *Evolución política del pueblo mexicano,* que concluía con la crítica al régimen de Porfirio Díaz, cuyas limitaciones se harían evidentes en los años en que circulaban los tres tomos de *México, su evolución social.*

En la obra de Justo Sierra se conjugan las tradiciones historiográficas del siglo xix, el gran siglo de la historia política y científica, y se manifiestan en dos expresiones distintas, por más que no separadas y menos aún susceptibles de aislarse. Una corresponde al oficio magisterial, al autor de libros de texto para las escuelas primaria y preparatoria; otra, la más rica y más conocida, corresponde al ensayista, al orador y al autor de síntesis de mayor alcance, guiado por el afán de interpretar la realidad nacional. Esta última nos parece la más interesante y la dejaremos al final para abordar en primer lugar la formación del autor y su labor magisterial.

II

Nació Justo Sierra en Campeche el 26 de enero de 1848.[3] Su padre, Justo Sierra O'Reilly (1814-1861), era hombre de leyes y de muchas letras, metido en la agitada política de Yucatán, en el problema internacional por la ocupación norteamericana y por la necesidad de solicitar ayuda a los Estados Unidos, incluso a cambio de la anexión a aquel país; también luchó contra los

---

[2] *México a través de los siglos…,* obra publicada bajo la dirección de D. Vicente Riva Palacio, México-Barcelona, Ballescá y Compañía Editores-Espasa y Compañía Editores, 1884-1889. Sobre esta obra daremos información más adelante.

México, su evolución social… Inventario monumental que resume en trabajos magistrales los grandes progresos de la nación en el siglo xix, 3 vols., México, J. Ballescá y Compañía, 1900-1902. Sobre esta obra véase Álvaro Matute, "Notas sobre la historiografía positivista mexicana", *Secuencia, Revista de historia y ciencias sociales,* Nueva época, núm. 21, México, Instituto Mora, septiembre-diciembre, 1991, pp. 49-64.

Sobre la importancia de la *Evolución política del pueblo mexicano,* véase el comentario de Samuel Ramos en su obra *El perfil del hombre y la cultura en México,* México-Buenos Aires, Espasa Calpe Argentina (Colección Austral, 1080), 1952, pp. 141-145, que se refiere a la edición prologada por Alfonso Reyes.

La edición más accesible es la establecida y anotada por Edmundo O'Gorman, que corresponde al tomo XII de las *Obras completas del maestro Justo Sierra,* publicadas por la UNAM a partir de 1948. Hay reimpresiones recientes.

[3] Agustín Yáñez, "Don Justo Sierra. Su vida, sus ideas y su obra", en *Obras completas del maestro Justo Sierra,* t. I, *Poesías y estudio general…,* México, UNAM, 1948 (1950), pp. 9-218; y Claude Dumas, *Justo Sierra y el México de su tiempo, 1848-1912,* 2 vols., traducción del francés al español de Carlos Ortega, México, UNAM, 1992.

mayas, que amenazaban acabar con la población no indígena de la península. Justo Sierra O'Reilly fue el representante del gobernador Santiago Méndez Ibarra, su suegro, en Washington, y cumplía su misión en los días en que nació su primer hijo, que habría de llevar su nombre.

La madre, Concepción Méndez de Echazarreta, pertenecía a esa familia que destacaba por los abogados y políticos rivales de los Barbachano en la lucha que llevaría al desmembramiento del gran estado yucateco en los de Campeche y Yucatán, en 1857, en el que los Méndez y los Sierra, como una sola familia, tuvieron que trasladarse de Campeche a Mérida por el motín que levantó contra don Santiago Méndez la agitación provocada por la separación del estado. La infancia de Justo Sierra Méndez transcurrió en un hogar en el que se sabía de cambios y en el que se llevaban apuntes familiares para dar cuenta de lo ocurrido. La madre ponía especial cuidado en la educación religiosa de los hijos (Concha, María, Justo, Santiago y Manuel), en la que concurrían necesariamente la historia sagrada, las vidas ejemplares y relatos en los que lo que parecía remoto y extraordinario se acercaba al irse haciendo relato familiar. También se enseñaba a los niños algunas lenguas, sobre todo el francés, con el que Justo estuvo familiarizado desde niño, a juzgar por las lecturas de su temprana adolescencia.

Don Justo Sierra O'Reilly, autor de novelas y de trabajos históricos sobre los indígenas y personajes de Yucatán, recibía en su biblioteca a distinguidos visitantes, célebres en el ambiente intelectual. Horas de conversación sobre libros y sobre actualidades que llegarían a ponerse en libros, son imágenes del padre en la casa, hasta el momento en que la enfermedad crónica lo obligó al retiro, desde el cual redactó el proyecto de código civil mexicano, que terminó en 1861, poco antes de morir. Ese año, con poco más de 13 de edad, embarcó Justo a Veracruz para llegar hasta la ciudad de México, requerido por su tío Luis Méndez Echazarreta, abogado bien establecido. Inscribió al sobrino en el Liceo Franco-Mexicano dirigido por Narciso Gilbault. Ahí afirmaría Sierra su familiaridad con el francés, estimulado por lecturas que animaban la percepción del ambiente político.

La Guerra de Reforma, "la Guerra de Tres Años", había concluido y los diputados discutían en el Congreso la amnistía para los vencidos. Ignacio Manuel Altamirano, a quien el adolescente escuchaba admirado, fue comparado con los oradores de la Asamblea francesa; leía entonces *Los girondinos* de Lamartine, "la biblia de los revolucionarios de quince años", el *Journal des Debats*, obras de Michelet y de otros autores, de quienes iría dando cuenta en cartas familiares, en comentarios periodísticos y en recuerdos. Algunas de esas obras estaban ya traducidas, pero Sierra prefirió siempre las versiones originales.

Su posición en favor de la República, causa nacional al definirse contra la intervención francesa y el imperio, se afirmó en esa época. La Francia admirada en los libros no correspondía a la de las fuerzas invasoras, pero la distancia entre una y otra fue bien apreciada entonces y luego, a partir de la Tercera República francesa, se redujo positivamente. Todo indica que la lectura y el ejercicio literario por cuenta propia fueron más importantes en la formación de Sierra que la disciplina del aula en el Liceo, donde estuvo poco tiempo, y del Colegio de San Ildefonso, donde estudió derecho sin mucho entusiasmo, al parecer, y sin ánimo de ejercerlo como abogado postulante, pues luego de recibir el título, en 1871, dejó el "estudio" que tenía al lado del de su tío Luis.

La relación fértil en su carrera fue la que estableció con hombres de letras y de política, con Manuel Payno, Guillermo Prieto, Joaquín Alcalde, Enrique Olavarría y Ferrari y, sobre todo, con Ignacio Manuel Altamirano. Ellos lo acogieron en sus veladas literarias y lo estimularon para que publicara poesías, comentarios y ensayos periodísticos, que fueron apareciendo a partir de 1869. También impulsaron su carrera política. Ese año había procurado Sierra la diputación por Yucatán, pero no logró llegar a la Cámara de Diputados sino hasta 1871, como suplente por el distrito de Chicontepec, Veracruz, y posteriormente recibió un modesto nombramiento de secretario interino de la Tercera Sala de la Suprema Corte de Justicia. En su labor periodística de aquellos años se manifestó su interés por la educación y en particular por la enseñanza de la historia.

En 1874, con motivo de un homenaje a Gabino Barreda, discípulo de Augusto Comte, introductor del positivismo y fundador de la Escuela Nacional Preparatoria, señaló Sierra su inclinación hacia el método pero no hacia la filosofía positivista, pues se oponía a visiones deterministas; lo hacía apoyándose en científicos y pensadores eminentes (Bernard, Berthelot, Littré, Mill) y concluía señalando la necesidad de una clase de historia de la filosofía que debía impartir el mismo doctor Barreda, buen conocedor y crítico de diversas escuelas filosóficas. Esto, según Sierra, lo alejaría de un dogmatismo estrecho, contrario al principio de libertad. Finalmente, el curso lo impartiría Ignacio Manuel Altamirano, liberal con el que Justo Sierra se identificaba entonces. Congruente con esa posición, al año siguiente se opuso a que se hiciera de la sociología la disciplina obligatoria y culminante en el plan de estudios de la Preparatoria, dejando la historia como materia optativa. Advirtió que la sociología, ciencia de leyes sociales, era la síntesis a la que sólo se podía llegar después del análisis. La ley de los tres estadios del sistema comtiano no podía aplicarse a nuestro país, pues carecíamos de una visión de nuestra propia historia y, por otra parte, la enseñanza de la sociología resultaba imposible a causa del atraso de los estudios científicos supuestos en esa ciencia. Debía, pues, hacerse obligatorio el estudio de la historia y optativo el de la sociología en el plan de la Escuela Preparatoria.[4]

[4] Sierra, Obras..., t. VIII, La educación nacional. Artículos, actuaciones y documentos, México, UNAM, 1948 (1949), pp. 21-24 y 47-50.

Esa posición se modificaría años más tarde, cuando Sierra participó en la enseñanza de la historia, con otras experiencias y otros principios. En efecto, la sucesión presidencial planteó un problema: Sebastián Lerdo de Tejada intentó reelegirse al concluir los cuatro años de su gobierno en 1876; se declaró electo y el resultado fue impugnado por Porfirio Díaz reclamando desde Tuxtepec la "no reelección", y por José María Iglesias, presidente de la Suprema Corte de Justicia y vicepresidente de la República, quien actuando conforme a la ley y seguido en su "revolución legalista" por jóvenes liberales, entre ellos Sierra, asumió la presidencia.

El desenlace fue el triunfo del militar, el destierro del jurista y la decepción de sus seguidores, purgada en silencio para acomodarse después ante los reclamos de un orden conciliador. En junio de 1877, tras la malhadada aventura, Justo Sierra fue nombrado profesor de historia y cronología en la Escuela Nacional Preparatoria. Sucedía a Ignacio Manuel Altamirano, y a él y a otros liberales de generaciones anteriores tendría que enfrentarse el nuevo profesor de historia.

III

La concepción de la historia como progreso, es decir, como mejoramiento de la humanidad, fue asumida por los pensadores, políticos y publicistas del siglo XIX, herederos legítimos del siglo anterior, el Siglo de las Luces, y de las revoluciones políticas. La confianza en el individuo, la exaltación de la libertad individual y la idea del poder público limitado, que debía constituirse con la participación activa de los gobernados, fueron principios comunes, pero su realización mostró la necesidad de limitar el optimismo individualista, de imponer un orden a las fuerzas desatadas por las revoluciones políticas, cuyo desenlace puso de manifiesto desigualdades y problemas. A esta necesidad respondieron interpretaciones de la historia que afirmando la idea del progreso exigían el entendimiento de la sociedad como un objeto de la naturaleza, explicable según los principios de las ciencias naturales; eran interpretaciones "científicas" que moderaban los excesos de un racionalismo abstracto o "metafísico" y se les dio el nombre de "positivismo" porque se basaban en "lo positivo", en la realidad observada y puntualizada mediante el rigor del método científico, y no en supuestos imperceptibles por los sentidos.

En México, según hemos apuntado, Gabino Barreda había introducido la filosofía positivista de Augusto Comte, ambicioso sistema de interpretación basado en el modelo de la física, y lo había impuesto como plan rector de los estudios de la Escuela Nacional Preparatoria. Sierra se había manifestado contra el positivismo comtiano como filosofía de la historia, en lo cual coincidía con los liberales de las generaciones anteriores (la de Prieto y Payno y la de Altamirano y José María Vigil), que se oponían al plan positivista. Sin embargo, al regresar de la "revolución iglesista", luego de un largo y prudente silencio, reapareció en la prensa, en el diario *La Libertad*, fundado a fines de 1877. Como director y editorialista, Sierra publicó, a fines de 1878 y principios de 1879, una serie de artículos en los que enunciaba un programa político: "Transmutar la libertad en orden", paso indispensable para lograr el progreso del país, desgarrado por las guerras civiles que habían propiciado la intervención. Era necesario reformar la Constitución de 1857, pues el individualismo extremo que inspiraba su articulado, la beligerancia del poder legislativo (apenas atenuada por la reinstauración del Senado en 1874) y otros problemas orgánicos que imponían su sujeción al ejecutivo y la politización del poder judicial, hacían imposible la implantación del orden. Este proyecto de Sierra recogía los reclamos que mucho antes habían hecho algunos liberales moderados y aun el mismo presidente Benito Juárez en 1867, sólo que ahora se apoyaba, razonando sobre una concepción científica, en el evolucionismo spenceriano, o positivismo basado en la biología.[5]

Hubo una polémica entre José María Vigil y Justo Sierra, en la que se fue delineando el programa evolucionista y se reveló con toda claridad en el ámbito de la enseñanza de la historia. Sierra asumió el positivismo spenceriano en su primer libro de dimensiones mayores, un ambicioso *Compendio de historia de la Antigüedad*, escrito entre 1878 y 1879, del que dio a conocer adelantos que hicieron saltar a los católicos, otro frente para el autor que polemizaba ya con los liberales.[6]

Sierra asumía la historia como una de las "ciencias sociológicas en vías de formación"; al historiador correspondía averiguar la exactitud de los hechos sin perseguir más fin que la verdad, advirtiendo las causas o relaciones evidentes entre los hechos, para llegar a generalizaciones superiores o filosofía de la ciencia. "En la historia —decía— estas generalizaciones superiores pueden reducirse a la ley del progreso y a la de la evolución"; la sociedad era un superorganismo sujeto al movimiento de integración y diversificación observable en todos los seres, animados e inanimados.

La concepción evolucionista era clara y no hay para qué insistir en ella. Exponerla en un libro dedicado a la enseñanza de la historia implicó un gran esfuerzo de acumulación y de asimilación para poner al día los conocimientos valiéndose de las "ciencias auxiliares de la historia", cuyo desarrollo fue enorme en el siglo XIX; y auxiliares en aquel vasto esquema evolucionista eran todas las ciencias, desde la geología, pasando por las biológicas, hasta la filología.

Las obras de historia escritas en aquellos años abundaban. Autores franceses, italianos, de habla inglesa, alemanes traducidos al francés, al lado de

---

[5] Sierra, *Obras...*, t. IV, *Periodismo político*, México, UNAM, 1948, pp. 141-208.

[6] *Obras...*, t. X, *Historia de la Antigüedad*, edición establecida y anotada por Edmundo O'Gorman, México, UNAM, 1948. Sobre la primera edición de esta obra véase Dumas, *op. cit.*, t. I, nota 221.

textos clásicos de las civilizaciones, se presentan a lo largo del libro, que va desde la prehistoria, en unas nociones generales, al Oriente (Egipto, Asiria, Persia), a los helenos, la India (capítulo especial), para llegar a los romanos, parte más extensa, según un orden que atiende al predominio de una fracción de la especie humana y a la que sigue en su desarrollo, para evitar la fragmentación del relato que exigiría el seguimiento simultáneo de las diversas sociedades.

Este esfuerzo enorme lo continuó Sierra en la *Historia general*, manual publicado en 1891 y reeditado en 1904 con modificaciones.[7] Subsumió en la general la historia de la antigüedad, reduciéndola a menos de la tercera parte del nuevo libro, para dar mayor extensión a la Edad Media y a la moderna, que abarca desde el Renacimiento hasta el imperio napoleónico y remata con un "Breviario de historia del siglo XIX", donde destaca los progresos y los problemas contemporáneos. El texto es amplísimo y la actualización de la información muy meritoria, pues implicó la reelaboración de buen número de páginas; se rigió por el criterio de la síntesis para constituir una guía del profesor y una lectura accesible para el alumno. No pocos criticaron esto —entre otros, benévolamente, Alfonso Reyes, al decir que Justo Sierra confiaba demasiado en la cultura de alumnos y maestros— y algunos trataron de hacerlo factible, como Ezequiel A. Chávez, autor de los índices de la edición de 1904, que se reprodujo en 1922.

La *Historia general* era el objetivo de Sierra desde que escribió la de la Antigüedad. Un manual que recogiera los adelantos logrados en otros países, sobre todo en Francia, era para él una necesidad. Venía dando a conocer esos logros y adelantos en ensayos y en comentarios de diversa índole y extensión, en términos formales (como puede apreciarse en diversos trabajos recogidos en el tomo IX de las *Obras completas...*) y de manera irónica cuando la ocasión lo ameritaba. Bien digeridas, esas notas pasaron al apretado esquema del libro de texto y, necesariamente, muchos comentarios y referencias circunstanciales que denotan el proceso de actualización de los conocimientos y el buen sentido del humor con el que se acogieron los deslices de algunos autores, quedaron dispersos en páginas periodísticas (agrupadas en los tomos VI y VII de las *Obras completas...*) y epistolares (tomo XIV).

Vale la pena traer a cuento siquiera un ejemplo de la ironía, valiéndonos del comentario que hizo a la obra del economista francés Ives Guyot, *Evolución histórica y social de España* (1899), quien con ánimo de combatir a los antidreyfusianos juntaba "todo lo negro de España" (la Inquisición, la furibundez de Menéndez y Pelayo, etc.) y le prendía fuego. Sierra confiaba en que la información sobre España fuera mejor que la que tenía sobre México, don-

---

[7] *Obras...*, t. XI, *Historia general*, edición ordenada y anotada por Francisco Giner de los Ríos, México, UNAM, 1948 (1950).

de hacía ver a Hidalgo secuestrando y enviando a Cádiz a un virrey, para pasar luego al desenlace de la insurgencia en el que después de fusilados Hidalgo, en México, y Morelos, en Ecatepec, los insurgentes habían tenido que dispersarse al norte del país. La conclusión ocupa el segundo y último párrafos de los dedicados a tan truculento libro y revela el buen humor: "...No reprocharemos nunca a un extraño que ignore nuestra historia (que por lo demás también ignora la inmensa mayoría de los mexicanos 'ilustrados') sino cuando se ocupen de ella, y dada nuestra posición modestísima entre las naciones civilizadas, estamos convencidos de que por mucho tiempo sabremos cien veces mejor la historia de Francia que los franceses la historia de México. Si hemos hecho alto en los pecadillos de que absolvemos a M. I. Guyot, es para mostrar el desenfado con que suelen los escritores y periodistas basar sus juicios, fulminantes como excomuniones, sobre datos [registrados] sin suficiente crítica..."[8] Sobre los juicios y la falta de crítica volvería después en su obra relativa a la historia de México, como lo veremos al final.

A Sierra le urgía, en esa última parte del siglo XIX, sentar las bases de una buena educación histórica como parte sustancial de la instrucción impartida en las escuelas primaria y secundaria. Obras de enseñanza para la primaria fueron los *Elementos de la historia general* (editados en 1888, 1905 y 1909) y los *Elementos de historia patria* (1893, 1894 y 1902), para tercero y cuarto años. Estos libros son ejemplares por la calidad de la síntesis lograda y el equilibrio del texto y los ejercicios; en ellas reconoció el autor la inspiración de Ernest Lavisse, el historiador francés cuyos relatos ilustrativos del proceso histórico sustituyó por biografías narradas y dispuestas al final de cada capítulo. De Francia provenía esa doble corriente de la investigación y actualización de los conocimientos y del manual para la escuela elemental y para el liceo; se había desarrollado a partir de la obra de Victor Duruy, ministro de Instrucción Pública de Napoléon III, historiador que se distinguió por el impulso que dio a la vida académica y cuya obra en favor de la investigación y de la enseñanza histórica se continuó en la Tercera República.

Sierra era un admirador de esa obra de renovación historiográfica y apreciaba la continuidad, como lo revelan las constantes alusiones a los modelos franceses en la educación y los comentarios sobre la política de la República francesa.[9] Información bien probada y convenientemente dispuesta, buenos

[8] Publicado en *El Mundo* el 21 de mayo de 1899. *Obras...*, t. VII, *El exterior, revistas políticas y literarias*, edición, notas e índice de José Luis Martínez, México, UNAM, 1948, pp. 37-38.

[9] Andrés Lira, "La Revolución francesa en la obra de Justo Sierra", en Solange Alberro, Alicia Hernández Chávez y Elías Trabulse (coords.), *La Revolución francesa en México*, México, El Colegio de México, Centro de Estudios Mexicanos y Centroamericanos, 1992, pp. 179-200. Sobre la investigación histórica y la difusión de los conocimientos en Francia, véase William R. Keylor, *Academy and Community. The Foundation of French Historical Profession*, Cambridge, Harvard University Press, 1975, pp. 20-54.

cuestionarios y ejercicios de comprensión son los elementos de estos libros de texto en los que se revela el cuidado de las explicaciones dirigidas a los maestros y a los alumnos. Es más, cuando aludió críticamente a los métodos empleados en la enseñanza de la historia, dio una respuesta positiva y hasta una versión propia, como ocurrió con los catecismos, a los que Sierra había aludido, criticándolos por la sucesión de preguntas y de respuestas sin sentido. Aprovechó ese medio en el *Catecismo de historia patria*, que se publicó en 1894.

Después, como ejercicio pedagógico, realizó los textos para los *Cuadros de la historia patria*, expuestos en 1907. Hubo ediciones posteriores con malas reproducciones de los cuadros. Comoquiera que sea, el texto de Sierra, a más del interés que tiene como testimonio de la época y del momento por las escenas, los personajes, edificios y lugares, muestra la maestría a la que había llegado en el texto para la enseñanza de la historia.[10]

Ahora bien, la dimensión política está presente en todas esas obras de enseñanza. La crítica al cesarismo y a la centralización del poder se halla en la *Historia general* y en los textos elementales. Sierra asumía la historia como educación política y esto, como hemos apuntado al principio, se manifestó en las obras de historia de México destinadas al público más que a la escuela.

IV

La necesidad de una interpretación de la historia del país para orientar la política se manifestó en diversos grupos. Es significativo que la primera obra de alcance mayor por su volumen y difusión, la *Historia de México* de Niceto de Zamacois, no haya sido citada por Sierra, cuyo ánimo conciliador, su cercanía a personajes de la colonia española y a prominentes conservadores nos hacen suponer en él una buena disposición hacia el viejo periodista y escritor, partidario en su momento del imperio y, sobre todo, conciliador al tratar del pasado inmediato.

Sierra, republicano y partidario de Juárez, tuvo que vérselas, más que con los conservadores, con los liberales de la vieja tradición, con los "jacobinos" que exaltaban los dogmas de la Constitución de 1857, enemigos del poder ejecutivo fuerte y partidarios del legislativo unicameral. La posición que asumió Sierra a fines de los años setenta y en los ochenta lo acercaba a los liberales moderados, desaparecidos de la escena política al radicalizarse la situación durante la Guerra de Reforma y cooptados por el Imperio algunos de ellos, y a la propuesta de reforma de la Constitución que propuso el pre-

[10] Las obras a las que aludimos se encuentran en Justo Sierra, *Obras...*, t. IX, *Ensayos y textos elementales de historia*, edición ordenada y anotada por Agustín Yáñez, México, UNAM, 1948 (1949), pp. 197-513.

sidente Juárez en 1867, encaminada a moderar al poder legislativo mediante la restauración del Senado, conceder el derecho de voto a los miembros del clero y dotar de facultades al ejecutivo. Eran los reclamos que había impuesto el sistema liberal a los encargados del gobierno en épocas anteriores.

Pero Sierra, según hemos apuntado, justificaba sus demandas en nombre de una "política científica", basada en las leyes de la evolución y señalando a la revolución como situación patológica en los organismos sociales. "Transmutar la libertad en orden" era el programa del diario *La Libertad* en los años 1878 y 1879 y se expresó entonces una interpretación de la historia de México que vendría a definirse 10 años más tarde, en 1889, cuando apareció el último fascículo de *México a través de los siglos,* obra monumental del liberalismo triunfante, a la que Sierra hizo un comentario y en la que apoyó su propia versión de la historia política de México.

En el comentario apareció el mérito tipográfico y el equilibrio general de la obra. Del tomo I, escrito por Alfredo Chavero, admiró las aportaciones difíciles de concebir después de una obra tan sabia como la *Historia antigua y de la conquista de México* de Manuel Orozco y Berra, y le reprochó el exceso de erudición, el haber dejado los andamios que sirvieron para construir el edificio. Del tomo II, escrito por Vicente Riva Palacio, admiró la narración en la que se lograba revivir una época como la colonial, en la que, salvo en sus extremos, faltaba la movilidad. Riva Palacio lograba despertar el interés del lector por los tres siglos. Elogió Sierra la tesis asumida al considerar que México se construía como una nación mestiza y recordó que el autor, nieto de Vicente Guerrero, era un representante de la raza mestiza. Le reprochaba, por otra parte, el uso de ciertos términos como el de evolución, que no se apoyaban en conceptos asimilados y efectivamente integrados en la formación de la obra. Sierra asumiría la tesis de México como una nación mestiza y apoyaría su interpretación del evolucionismo.

Por lo que hace al tomo III, relativo a la Guerra de Independencia y escrito por Julio Zárate, confesó no haberlo leído, le dio su voto de confianza y entró a discutir con más ahínco los dos últimos. El IV, que trataba de la vida independiente hasta el triunfo de la Revolución de Ayutla, lo comenzó a escribir Juan de Dios Arias, a cuya muerte lo continuó Enrique Olavarría y Ferrari, dramaturgo y periodista reconocido y amigo de Sierra (era del grupo de escritores consagrados que lo acogieron en su juventud). Sierra confiesa en su comentario que fue invitado a escribir ese tomo y que no se consideró capaz de emprender la tarea que tan bien había culminado Olavarría y Ferrari, a quien señala sólo una falta: su inquina contra los moderados, hombres que no se oponían a los radicales, salvo en el tiempo que consideraban oportuno para realizar los mismos principios liberales y que se apartaron de los exaltados sólo hasta el momento en que las armas tomaron el lugar de las palabras en la discusión política. Ese reclamo es muy significativo y aca bó por desarrollarlo en el comentario al V y último tomo, a cargo de José María Vigil (Guadalajara, 1829-México, 1909), viejo liberal y contrincante en la polémica de 10 años antes.

Para Sierra, ese tomo V, "el más considerable de la obra", había sido escrito al calor de la batalla, carecía de la perspectiva necesaria en la obra histórica, pues Vigil era a un tiempo acusador y juez, de tal suerte que de sus premisas no podían derivarse más que conclusiones negativas; así que, luego de señalar los desequilibrios en la extensión de los capítulos y excesos debidos a esa falta de perspectiva, Sierra concluía llamando a los historiadores conservadores para que dieran en libros, no en opúsculos polémicos, su versión de los hechos a fin de equilibrar la visión, convencido, claro está, de que la razón estaba de parte de los liberales republicanos.[11]

El comentario de Sierra resulta significativo por la presencia de los grupos étnicos mexicanos en la obra, versión oficial, al fin y al cabo, de la historia y de la cual estaba él haciendo una variante actualizada, que expondría como reflexión y como argumento político. En efecto, poco antes de publicar la reseña, en la misma *Revista Nacional de Letras y Ciencias* dio a conocer su ensayo *México social y político (apuntes para un libro)*, que se inicia con el análisis de los grupos que componen la sociedad mexicana, el papel que han desempeñado en la historia y su situación presente, en la que sobresale la preocupación por los indígenas, a quienes había de incorporar cuanto antes al desarrollo general de la sociedad; advierte la tendencia de esos grupos a integrarse en una nación mestiza que, contra las aseveraciones de autores tan prestigiados en su momento como Henry Summer Maine, iba dando evidencias de su capacidad para constituirse y vivir en regímenes democráticos.

Pasa luego a la economía, partiendo de la difícil geografía del país y ponderando logros y posibilidades, para llegar en la tercera parte a la *Evolución política* (libro que apunta ya), reclamando, en perfecta continuidad con los programas expresados 10 años antes en el diario *La Libertad*, la necesidad de "...un partido conservador dotado de sentido histórico para aceptar serenamente las ideas que informan a la sociedad moderna"; también la correspondiente necesidad de un partido liberal capaz de situarse más allá de dogmas revolucionarios y de asumir la conciencia adquirida en la guerra, dejando lo que en ella se había ya liquidado.

El propósito de este ensayo era "fundar la política en la ciencia social", pues había pasado ya el tiempo de las generaciones heroicas y llegado el de la reflexión activa a la luz de la propia experiencia decantada en la historia y en la comparación con lo que ocurría en diversas partes del mundo contemporáneo. Pretendía también defender la idea de fortalecer la democracia

---

[11] El comentario de Sierra a *México a través de los siglos* se encuentra en *Obras...*, t. IX, pp. 181-190.

mediante el equilibrio de poderes dando al ejecutivo las atribuciones que imponía su responsabilidad para evitar el recurso de las facultades extraordinarias, que como irregularidades llevaban a la arbitrariedad; lograr una vida parlamentaria y la seguridad por el ejercicio de la vía judicial, previa la reorganización de estas ramas del poder, eran las demandas que se venían expresando desde mucho antes, sólo que en la década anterior se argumentaba en favor de un régimen que apenas se esbozaba y que ahora se había afirmado con las reelecciones de Porfirio Díaz. Los hombres de la generación de Sierra se iban haciendo de los principales cargos públicos y justificaban la permanencia de Díaz en el poder argumentando la necesidad de la continuidad como garantía del orden indispensable en la evolución política. Pero estaba presente el peligro del cesarismo del que urgía salvar a la política científica, pues no se ocultaba a Sierra esa tendencia característica de los pueblos latinos, según la había destacado en los libros de texto y la había dejado ver en la última parte del México social y político.[12]

A tal propósito respondieron sus textos de interpretación de la historia de México escritos a partir de entonces, aun los circunstanciales, como el discurso que pronunció el 12 de diciembre de 1893 en la Cámara de Diputados, exigiendo la reinstauración de la inamovilidad judicial. Hizo entonces un repaso de la historia del poder judicial en diversos países y épocas, mostrando los resultados negativos de una judicatura sujeta a otros poderes y la conveniencia de un poder judicial independiente, fuera cual fuera el sistema de designación de los jueces, por la seguridad de su permanencia. Sierra mostró que esa sana doctrina había sido adoptada en la Constitución de 1824, y que había que recuperarla reformando la de 1857.[13]

El caso fue que la Constitución no se reformó para restablecer la inamovilidad judicial y que Sierra fue nombrado, al año siguiente, en 1894, ministro de la Suprema Corte de Justicia y que desempeñó el puesto hasta 1901, cuando se encargó del despacho de Instrucción Pública como subsecretario en la Secretaría de Justicia. Esta participación en un orden político que criticaba fue asumida con responsabilidad y plena conciencia, a las que haría referencia en obra posterior (*Juárez, su obra y su tiempo*, de 1906) al recordar Francisco Bulnes que ellos eran políticos, "hombres de transacciones inconfesables", que no podían juzgar a otros políticos arguyendo pureza.

La obra más lograda como interpretación histórica y que responde a la necesidad de salvar lo logrado y muestra las limitaciones de la "política científica" frente a los valores del liberalismo es la *Evolución política del pueblo mexicano*. Recordemos que forma parte de *México, su evolución social*, en

---

[12] *México social y político*... se encuentra en ese mismo tomo IX de las *Obras...*, pp. 125-169. Las referencias al cesarismo se encuentran ahí mismo, p. 271, y en el tomo XI, p. 544.

[13] *Obras...*, t. V, *Discursos*, edición preparada por Manuel Mestre Ghigliazza, revisada y ordenada por Agustín Yáñez, México, UNAM, 1948, pp. 169-181.

que varios autores daban cuenta de los grandes progresos logrados por la nación en el siglo XIX.

En realidad el título era más triunfalista que el contenido. Sierra escribió con espíritu comprensivo y con equilibrio en la extensión de las tres partes de su escrito, dedicadas a las civilizaciones aborígenes y a la Conquista (libro primero), al periodo colonial y a la Independencia (libro segundo), y a la etapa que resulta más interesante y vigente: la República, que trata de la anarquía (1825-1848) y la Reforma (1848-1857), para llegar a la Guerra de Tres Años (1858-1860) y la Intervención (1861-1867).

La concepción evolucionista se asume para mostrar la capacidad del organismo social mexicano que en cortísimo tiempo, comparado con el de la historia europea (pues es evidente el eurocentrismo en la tradición científica y filosófica de la época), había logrado remontar la antigüedad (que corresponde a la época anterior a la conquista española), la Edad Media (el periodo de la dominación española), para llegar a la modernidad contemporánea, es decir, a la vida del México independiente en que se habían dado dos revoluciones: una política, que aseguró la independencia nacional, y otra, la de Reforma, que sacudió a la sociedad y la liberó de lazos económicos y de hábitos que impedían su desarrollo, entendido como progreso o camino hacia la realización de la libertad individual.

El remate de la *Evolución política…* es la apreciación de "La era actual", que quedó como conclusión cuando lo escrito por Sierra se reunió en un solo volumen. Al relatar las eras anteriores había considerado las dificultades de la integración la nación mestiza que se encaminaba a la democracia y que al hacerlo tuvo que crear un orden social y económico sujeto al gobierno personal, indispensable en su momento, y que ahora, logrado el progreso material, era un obstáculo para el cabal desenvolvimiento del organismo social, pues requería el desarrollo espiritual, posible sólo en la libertad.

En suma —decía Sierra en la parte concluyente—, la evolución política de México ha sido sacrificada a otras fases de su evolución; basta para demostrarlo este hecho palmario irrecusable: no existe un solo partido político, agrupación viviente organizada, no en derredor de un hombre, sino en torno a un programa. Cuantos pasos se han dado por estos derroteros, se han detenido al entrar en contacto con el recelo del gobierno y la apatía general; eran pues tentativas ficticias. El día que un partido llegara a mantenerse organizado, la evolución política reemprendería su marcha, y el hombre, necesario más en las democracias que en las aristocracias, vendría luego; la función crea al órgano. Toda la evolución social mexicana habrá sido abortiva si no llega a ese fin total: la libertad.[14]

La profesión de fe liberal se conjugaba perfectamente con la científico-evolucionista. Hay clara razón en la obra de Charles Hale sobre *Las transfor-*

[14] *Obras…*, t. XII, pp. 396 y 399.

maciones del liberalismo mexicano a fines del siglo XIX cuando considera esta época de Sierra como un momento y no como una interrupción del liberalismo supuestamente desterrado de la historia nacional por la dictadura de Porfirio Díaz y recuperado por la Revolución de 1910, como ha hecho ver la historiografía oficial en distintas versiones, asumidas incluso en obras ampliamente documentadas, como la de Jesús Reyes Heroles.[15]

V

Sin querer hemos dado mayor importancia a la vertiente política en la obra de Sierra, cuando se trata de evaluar la historiográfica, pero la verdad es que ésta fue condicionada por aquélla como fin y como asunto principal. Por otra parte, debemos advertir que a Sierra le preocupó más el resultado de la investigación que las operaciones del quehacer historiográfico y la erudición. En los libros destinados a la preparatoria, *Compendio de historia de la antigüedad* e *Historia general...* , señaló bibliografía y mencionó autores como parte del discurso instructivo propio de esos manuales; lo que no hizo en las obras relativas a la historia de México: en éstas la interpretación era el fin y con la buena expresión quedaba satisfecho. La labor crítica le satisfizo al comentar obras, las más de historia general, en ensayos y escritos de menor extensión.

Sin embargo, la última obra mayor de Sierra, *Juárez, su obra y su tiempo*,[16] revela elementos críticos de su trabajo, pues fue dando cuenta de ellos a lo largo del libro, ya fuera para apreciar la labor de otros autores, ya para responder a las críticas que recibió conforme lo iba escribiendo. Surge, como bien sabemos, de un propósito inmediato, con su buena dosis de política: responder a *El verdadero Juárez y la verdad sobre la intervención y el imperio* (1904) y *Juárez y las revoluciones de Ayutla y de Reforma* (1905) de Francisco Bulnes (contemporáneo y compañero de Sierra en lides políticas). Estas obras, sobre todo la primera, habían provocado escándalo y habían precipitado el descontento que diversos bandos manifestaban al aproximarse la celebración del centenario del natalicio de Juárez; también despertaron indignación entre los que veneraban su memoria. Y la indignación de Justo Sierra, secretario de Instrucción Pública desde 1905 (año en que se creó la Secretaría), fue bien aprovechada por Ballescá, editor del *México, su evolución social*, para convencerlo de escribir un libro por entregas. Resultó un texto disparejo, pues fue hecho a tirones, en los momentos que le dejaban libres las tareas

[15] Charles A. Hale, *Las transformaciones del liberalismo mexicano a fines del siglo XIX*, traducción de Purificación Jiménez, México, Vuelta, 1991; y Jesús Reyes Heroles, *El liberalismo mexicano*, 3 vols., México, UNAM, 1957-1961.

[16] *Obras...*, t. XIII, *Juárez, su obra y su tiempo*, edición anotada por Arturo Arnáiz y Freg, México, UNAM, 1956.

de la Secretaría y, en situación apurada, tuvo que acudir a Carlos Pereyra, joven historiador, quien según Arturo Arnáiz y Freg sólo escribió 2 de los 15 capítulos de la obra ("Richmond y Sadowa" y "Querétaro", menos de la quinta parte del libro), ya que Sierra decidió terminarla aprovechando el texto de un discurso sobre los tres grandes hombres de la Reforma y la parte final de la *Evolución política del pueblo mexicano*.

En *Juárez, su obra y su tiempo*, Sierra conceptuó la labor del historiador como explicación de los hechos de los hombres sobre la base de la comprensión; mostró el inevitable ingrediente personal que como proyección subjetiva determina el conocimiento, desde la elección del tema (y tal era el caso en ese estudio histórico-biográfico, que le resultaba de mayor interés "porque apasiona más, porque intensifica más la vida") hasta la expresión de los resultados de la investigación. Había que utilizar bien ese ingrediente personal para acercarse a la época y a los personajes estudiados; de lo contrario se juzgaría con criterios ajenos a la realidad del pasado y la alejaríamos, imposibilitando así su conocimiento. Es mejor advertir esto en palabras del propio Sierra:

> ...quien no sea capaz de ponerse bien dentro del espíritu y necesidades de una época, que no pretenda jamás ser historiador de ella; jamás lo será. Reemplazará la vida con abstracciones, principios y fórmulas; rellenará todo ello de concepciones optimistas o pesimistas; levantará la temperatura de sus frases al rojo blanco de la diatriba, o fulminará sentencias y anatemas, pero no hará historia; hará la historia de su intelecto, proporcionará datos para su propia psicología, y nada más... [p. 94]

A esas alturas del libro Sierra había logrado magníficos retratos de las generaciones que antecedieron a los hombres de la Reforma, del ambiente y de los logros científicos que éstos heredaron de aquellas generaciones, convencido de que la historia era la recuperación de sociedades del pasado y de que debía escribirse "con menos pasión y menos sociología", como diría páginas adelante (p. 181), al insistir en la necesidad de comprensión.

Ya hemos advertido que el libro es disparejo, como que fue escribiéndolo en los momentos rescatados de las labores administrativas, y por eso hay páginas escritas de un tirón y con intensidad, que quizá se hubieran desdibujado en una revisión. Esto no ocurrió y quedaron ahí apuntes vigorosos de personajes colectivos, de situaciones conflictivas, instantáneas que revelan actitudes de personalidades; en fin, una mina para la historia social de la política de la que podemos sacar buen provecho hoy día y que, seguramente, aprovecharon y gustaron muchos de los lectores de los fascículos o entregas. Pero Sierra tenía en su contra las exigencias de una historiografía erudita, practicada en México por historiadores conservadores y jacobinos y argüidas por muchos en nombre de Bulnes, quien había hecho citas y llamadas oportunas en sus libros.

Sierra había recibido ya reconvenciones y las asimiló, primero sin darles importancia ni respuesta y, finalmente, más allá de la mitad del libro, dándoles la que según su concepción de la historia y del historiador debía dar para aclarar su posición. Debemos reproducir completa esa respuesta, pues hay veces en que no vale el resumen ni la paráfrasis.

...Para el carácter de la obra y de mi carácter poco a propósito para las minucias, que, lo reconozco, son necesarias para fijar verdades históricas, como fijan en sus cartones los alfileres de los entomologistas a los insectos pocos momentos antes tremulantes de vida, por todo ello, y por ignorancia, habrá que confesarlo aunque me pese, por grave ignorancia, no lleva esta obra aparejada su comprobación documentaria. Sin embargo, cuanto aquí estampo lo he visto vivir en documentos, en las páginas de la historia y en mis recuerdos, y tal como lo he visto lo traslado al papel: narración de los hechos, investigación de las causas, señalamiento del derrotero de los efectos: todo ello se mueve y existe en mi espíritu, impresionado por lo que creo la verdad. Por eso no hay citas ni notas, ni andamiada de erudición; nada hay. Lo que he querido es hacer ver lo que he visto, hacer entrever lo que he entrevisto, no poner delante de quienes lean los anteojos que para ello me han servido. Quizás con este sistema, que fue el que me propuse seguir en este libro al menos, descontenté a muchos y de facto he recibido ya severas advertencias, hijas algunas del deseo de criticar para acrisolar las verdades y otras en que se ha empleado no poca biblioteca y una suma de fatuidad mayor que todas las bibliotecas del mundo, pero tan ingenua que desarma y empuja dulcemente a la sonrisa; pero ni así desistiré de mi plan; seguiré el cuento que me refiere mi espíritu, escogiendo entre los detalles el significativo, el característico, el que subraya una época o da valor justo a una totalización o marca bien el contorno de un personaje o el color de un episodio; de aquí puede, pensada o impensadamente, seguir cierta inexactitud en el pormenor adrede descuidado para ir en busca de una impresión de conjunto. De esto tengo la más francamente descarada voluntad de no corregirme. Quedan advertidos los lectores... [p. 338]

Quienes conocen la obra de Sierra advierten que su temperamento emocional, nutrido en abundantísima lectura de los autores románticos, desbordó la filiación científico-evolucionista que había adoptado en obras anteriores, y esto se fue haciendo evidente en sus últimos años.[17] Sin desconocer la verdad que hay en esas aseveraciones, debemos recordar que a fines del siglo XIX y principios del XX se fue haciendo más palpable la inconformidad con las concepciones científico-naturalistas para explicar al hombre y que se fueron perfilando, en diversos medios culturales, movimientos subjetivistas e irracionalistas; era el reclamo de un nuevo humanismo, la valoración de la diversidad de experiencias y de la comprensión como operación fundamen-

[17] Véase la nota 2.

tal en las ciencias o conocimiento del hombre. Todo esto cobró realidad en México, y se ha dicho que la generación del Ateneo de la Juventud, con Antonio Caso a la cabeza, rompió con el positivismo, doctrina oficial de un régimen caduco; que el secretario de Instrucción Pública fue partidario de esa empresa renovadora y que la asumió apoyando trabajos de los ateneístas y al dar lugar a la filosofía en la Escuela de Altos Estudios, complemento de la Universidad Nacional, fundada en 1910 durante los festejos del centenario de la Independencia.[18]

Habría que afinar en estudios monográficos esas afirmaciones. Las evidencias muestran la relación que tuvo Sierra con quienes destacaron por su inconformidad frente al positivismo, y que habrían de reconocer la obra de Sierra en la Secretaría y su obra historiográfica. Prueba de esto es la reedición de la *Historia general* en 1922, cuando José Vasconcelos era secretario de Educación y manifestó su propósito de retomar lo hecho por Sierra como secretario, y la atención que mereció la *Evolución política del pueblo mexicano*, según apuntamos al principio. Pero lo cierto es que la obra de Sierra fue acogida y aprovechada en su momento por críticos del régimen de Díaz, partidarios del evolucionismo. Andrés Molina Enríquez halló apoyo tanto en *La evolución...* como en el *Juárez...* cuando escribió *Los grandes problemas nacionales* (1909) y *La revolución agraria en México* (obra que, según parece, venía preparando cuando escribía aquélla pero que dio a la imprenta, modificada ya, mucho después, durante el gobierno de Lázaro Cárdenas). Emilio Rabasa, en su libro *La Constitución y la dictadura. (Estudio sobre la organización política de México)*, publicado en 1912, asumió el credo evolucionista y, a muchos años de distancia, revivió la interpretación que había hecho Justo Sierra en el diario *La Libertad* allá por 1878 y 1879, para justificar el fortalecimiento del ejecutivo reformando la Constitución de 1857. Rabasa hacía ver que no se había logrado eso por medio de la reforma de la Constitución, sino por las vías del hecho.

Ese año de 1912 murió Justo Sierra en Madrid; era entonces el representante del gobierno de Francisco I. Madero en España. Había visto el fin del régimen de Porfirio Díaz ya no como secretario de Instrucción Pública, pues renunció, por indicación del presidente, en marzo de 1911. Sierra había construido una interpretación de la historia en la que hizo ver la necesidad del régimen que caía y también sus límites y posibilidades.

[18] Alfonso Reyes, "Pasado inmediato", en *Obras completas* de Alfonso Reyes, México, FCE, 1960, pp. 182-216. De él mismo, "Justo Sierra. (Un discurso)", México, Secretaría de Educación Pública, 1947, 18 pp. (es el texto que antepuso como prólogo a la edición de la *Evolución política del pueblo mexicano*, que publicó La Casa de España en México en 1939). Véase el prólogo de Antonio Caso a *Justo Sierra: Prosas*, prólogo y selección de..., México, UNAM, 1955, pp. vii-xx; y Edmundo O'Gorman, "Justo Sierra y los orígenes de la Universidad de México, 1910", en E. O'Gorman, *Seis estudios históricos de tema mexicano*, Xalapa, Universidad Veracruzana, 1960, pp. 145-205.

SIERRA MÉNDEZ, JUSTO

Historiador, polígrafo y político mexicano.
Fecha de nacimiento: 1848 (Campeche, Campeche).
Fecha de fallecimiento: 1912 (Madrid, España).

ESTUDIOS

Estudió en el Colegio de San Ildefonso.
Estudios en la Escuela de Jurisprudencia, donde se recibió de abogado en
1871.

TRABAJO PROFESIONAL

Fue profesor de la Escuela Nacional Preparatoria. Participó en las veladas
literarias organizadas por Ignacio Manuel Altamirano desde 1868.
Fue diputado federal, suplente y propietario, por Sinaloa (1880-1884).
Magistrado de la Suprema Corte de Justicia (1894).
Encargado de la rama de educación en la Secretaría de Justicia e Instruc-
ción.
Subsecretario de Instrucción Pública (1901).
Ministro de Educación (1910).
Secretario de Instrucción Pública y Bellas Artes (del 1º de diciembre de 1905
al 24 de marzo de 1911).
Promovió y logró la fundación de la Universidad Nacional de México
(1910).

TRABAJO DIPLOMÁTICO

En 1912 se le nombró ministro plenipotenciario de México en España.

TRABAJO EDITORIAL

Firmó en el *Monitor Republicano* la columna "Conversaciones del domingo".
Colaboró en *El Domingo, La Tribuna, El Federalista, El Mundo, El Siglo* XIX,
La Revista Azul, La Revista Moderna y *El Renacimiento*.
Dirigió *La Libertad* hasta 1880.

PRINCIPALES OBRAS

El ángel del porvenir (novela por entregas en *El Renacimiento*, 1869, y editada como libro en 1873).

Catecismo de historia patria, México, Librería de la Viuda de Ch. Bouret, 1896.

En tierra yankee (crónicas de viaje, en *El Mundo*, 1897-1898); publicadas en forma de libro por Tipografía de la Oficina Impresora del Timbre (en) Palacio Nacional, 1898, 216 pp.

México, su evolución social, 3 vols., México, J. Ballescá y Compañía, 1900-1902.

Juárez, su obra y su tiempo, México, J. Ballescá y Compañía, sucesores, 1905-1906, 500 pp.

Historia de México. La conquista, Madrid, M. García y G. Sáez (Biblioteca de Autores Mexicanos, vol. 1), 1917, 198 pp.

Manual escolar de historia general, 4a. ed., México, SEP, 1924, 699 pp.

Diario de nuestro viaje a los Estados Unidos, México, Porrúa (Biblioteca Histórica de Obras Inéditas, 12), 1938, 125 pp.

Prosas, México, UNAM (Biblioteca del Estudiante Universitario, 10), 1939, 219 pp.

Evolución política del pueblo mexicano, 2a. ed., México, La Casa de España en México, FCE, 1940, 480 pp.

México social y político; apuntes para un libro, México, Secretaría de Hacienda y Crédito Público, 1960, 50 pp.

MANUEL GAMIO

EDUARDO MATOS MOCTEZUMA

CON don Manuel Gamio surgió en México la antropología como ciencia. Su monumental obra realizada en el valle de Teotihuacán entre 1917, en que da comienzo, y 1922, en que publica los resultados la Dirección de Antropología de la Secretaría de Agricultura y Fomento, marca el inicio de una visión integradora de las disciplinas que, como la arqueología, la etnología, la lingüística y la antropología física, además de la participación de diversos especialistas en otras tantas ramas del saber, van a ser base fundamental para comprender el desarrollo de una población en un territorio determinado, en este caso el valle de Teotihuacán. Con este estudio también se sientan las bases firmes de una antropología comprometida con la población estudiada, a la cual trata de beneficiar.

Lo anterior es razón suficiente para incluir a don Manuel Gamio dentro del panorama que hoy se presenta pues, aunque nunca se consideró historiador, el hecho de haber aplicado una metodología específica en el estudio de la población, tanto prehispánica como colonial y actual, lo coloca como figura destacada de su momento y aun del actual. Algunos de los postulados de Gamio siguen vigentes. Otros fueron punto de partida hacia nuevas perspectivas dentro de la investigación arqueológica en particular y de la antropología en general.

En el análisis de la obra *La población del valle de Teotihuacán*, que hicimos en 1985 al preparar la edición facsimilar que reeditó el Instituto Nacional Indigenista, decíamos:

> ...la obra está hoy al alcance de la mano para poder seguir en sus páginas lo que fue esta investigación que no ha tenido paralelo en el campo de los estudios antropológicos. Conocerla no sólo es indispensable, es obligatorio para quienes transitan en esta rama del conocimiento. Así como es obligatorio para cualquier literato el haber leído el *Quijote* de Cervantes o para el arqueólogo conocer *La arquitectura prehispánica* de Marquina, lo es para el científico social en cualquiera de sus ramas el adentrarse en esta obra que, realizada en momentos en que el país atravesaba años difíciles, es ejemplo a seguir desde la perspectiva de la investigación social...

Hijo de Gabriel Gamio y de Marina Martínez, Manuel Gamio nació el 2 de marzo de 1883 en la ciudad de México. Sus primeros estudios los realizó en los colegios Fournier y Colón, y se graduó de bachiller en la Escuela Nacional Preparatoria de San Ildefonso en 1903. Más tarde se inscribió en la Escuela de Minería, misma que abandonó al poco tiempo para marchar a la finca de Santo Domingo, ubicada en los límites de los estados de Puebla, Veracruz y Oaxaca. En aquel lugar, según dice Juan Comas,

> ...su convivencia durante dos años con familias y peones de filiación azteca que allí residían le permitió no sólo aprender su idioma, sino conocer y comprender las inferiores condiciones de vida en que unas y otros se desarrollaban. Así comenzó su interés por los problemas sociales del país, y principalmente por los que afectaban a los indígenas de este siglo.[1]

De la finca regresó a México en 1906, y de esa fecha a 1908 tomó cursos de arqueología, etnología y antropología en el Museo Nacional, con Nicolás León y con Jesús Galindo y Villa, y fue en ese sitio donde desempeñó su primer trabajo como auxiliar interno de Estudios de Historia. En Chalchihuites, Zacatecas, practicó exploraciones que le valieron una beca en la Universidad de Columbia, promovida por Zelia Nutall. En dicha universidad estudió de 1909 a 1911 con Franz Boas, uno de los más reconocidos antropólogos norteamericanos. El gran entusiasmo puesto en los estudios y el interés que imprimía a todas sus actividades lograron que en 1910 se le encomendara la subjefatura de la expedición arqueológica que dirigía M. H. Saville en Ecuador. Volvió a México en 1911, tras obtener la maestría en Artes, para ocupar el puesto de profesor de arqueología en el Museo Nacional, donde continuó sus investigaciones.

La obra de Manuel Gamio se desarrolló primeramente en el campo arqueológico, actividad en la que se involucró desde sus inicios como estudiante hasta 1925. Posteriormente su actividad se inclinó más hacia el indigenismo, corriente en la que tuvo un lugar destacado hasta su muerte en 1960.

De la primera etapa, la arqueológica, sobresalen sus exploraciones en Azcapotzalco. En ellas Gamio asienta claramente el sistema de excavación estratigráfica. Este trabajo se presentó en 1913 como ponencia en el XVIII Congreso Internacional de Americanistas, con el título de "Arqueología de Azcapotzalco, D. F., México". Otros estudios, titulados "Los monumentos arqueológicos en las inmediaciones de Chalchihuites, Zacatecas" y "Restos de la cultura tepaneca", marcan los sólidos inicios de la actividad arqueológica de Gamio, que en 1914, a través de otra obra llamada "Metodología para la investigación, exploración y conservación de monumentos arqueológicos"

---

[1] Juan Comas, "La vida y la obra de Manuel Gamio", en *Estudios antropológicos publicados en homenaje al doctor Manuel Gamio*, México, UNAM/Sociedad Mexicana de Antropología, 1956, pp. 1-26. De esta biografía hemos obtenido algunos de los datos que referimos; su cercanía con Gamio permitió al acucioso doctor Comas tomarlos de la fuente misma. A la muerte de Gamio el mismo Comas publicó "Vida y obra de Manuel Gamio", *América Indígena*, vol. XX, núm. 4, México, 1960.

vislumbra un avance franco al plantear por primera vez el concepto de la investigación integral. Esta idea fundamental tomaría forma definitiva en su obra magna *La población del valle de Teotihuacán,* publicada en 1922.

Los postulados de Manuel Gamio sobre el trabajo interdisciplinario y la llamada investigación integral planteaban la necesidad de estudiar a fondo las manifestaciones concretas y abstractas de los pueblos a fin de lograr un conocimiento lo más completo posible. Éste por su parte llevaría a plantear soluciones para el mejoramiento de la comunidad estudiada.

> Las investigaciones tendrán un carácter integral —decía don Manuel—, pues comprenderán el estudio de las manifestaciones culturales, tanto intelectuales (mitología, ideas estéticas, etc.) como las materiales (construcciones, cerámica, implementos diversos, etc.), el de los restos humanos, el de los restos animales y el del ambiente físico y biológico local.[2]

De 1913 a 1916 Manuel Gamio fue inspector general de monumentos arqueológicos de la Secretaría de Instrucción Pública, en pleno conflicto revolucionario. No fue ajeno a los problemas que la violencia acarreaba, como tampoco se vio distante de los cambios y nuevos valores que se gestaban en los diversos campos de la ciencia y el arte. Su libro *Forjando patria. Pro nacionalismo* respondió a la necesidad de reafirmar los valores de lo mexicano, como parte de las consecuencias culturales inmediatas del proceso revolucionario. Esta obra, publicada en 1916 por la Librería Porrúa, incluye diversos artículos en los que Gamio expresa su visión del arte prehispánico, entre otras muchas ideas:

> ...puede decirse que los restos materiales que presiden a la producción de una obra artística o que se originan por su contemplación, en buena parte resultan del ambiente físico-biológico-social contemporáneo a la aparición de dicha obra, así como de los antecedentes históricos relativos a los pueblos que son antecesores artísticos de aquel que la produjo... sólo así, conociendo sus antecedentes, podemos sentir el arte prehispánico...[3]

Don Manuel Gamio asumió entonces la dirección de la Escuela Internacional de Arqueología y Etnología Americanas, cargo que desempeñó hasta 1920. Fundada en 1910, dicha escuela fue muy importante en la formación de Gamio como antropólogo. Siendo alumno de la misma entre 1911 y 1912, y al ocupar su dirección en 1916, tuvo como antecesores a insignes americanistas como Seler, Boas, Engerrand y Tozzer.

---

[2] Manuel Gamio, "Metodología para la investigación, exploración y conservación de monumentos arqueológicos", en *Programa de trabajos para el Departamento de Inspección de Monumentos Arqueológicos,* México, Imprenta del Museo Nacional de Arqueología, Historia y Etnografía, 1914.

[3] Manuel Gamio, *Forjando patria. Pro nacionalismo,* México, Librería Porrúa Hermanos, 1916.

Gamio asistió como presidente de la delegación mexicana al XIX Congreso Internacional de Americanistas de 1915-1916. Allí presentó la ponencia "Investigaciones arqueológicas en México, 1914-1915". El año de 1916 fue decisivo para él tanto en términos académicos como familiares. Exploró la zona maya de Chichén Itzá y fue nombrado miembro de las siguientes asociaciones académicas: The National Geographic Society, The American Anthropological Association y la Academia Mexicana de la Historia. Además se casó con Margarita León Ortiz, con quien procreó cinco hijos: Margarita, Ángeles, Gabriela, Manuel y Carlos.

Al año siguiente Manuel Gamio alcanzó uno de sus más caros anhelos: la creación de la Dirección de Antropología de la Secretaría de Agricultura y Fomento. Desde enero de 1916, a raíz de una ponencia suya presentada en el II Congreso Científico Panamericano celebrado en Washington, se habían generado las iniciativas de crear una serie de direcciones de antropología en los países del continente americano. El Congreso de la Unión aprobó la creación de dicha dirección en México y Gamio fue su director desde 1917 hasta 1924. Durante ese periodo pudo consolidar y poner en práctica su idea de estudio integral. Así, emprendió lo que sería uno de los proyectos antropológicos más interesantes en el ámbito mundial: el estudio de una zona específica desde sus raíces prehispánicas hasta el presente. De esta manera, y a través de un enfoque interdisciplinario, se obtuvo una visión totalizadora que quedó plasmada en la monumental obra *La población del valle de Teotihuacán*. La introducción, la síntesis y las conclusiones de esta obra le valieron el doctorado en Filosofía de la Universidad de Columbia (1921) y una gran cantidad de reconocimientos nacionales e internacionales. Entre estos últimos se cuentan los premios de la Exposición Internacional del Centenario, celebrada en Rio de Janeiro en 1922, y el de la Exposición Iberoamericana de Sevilla en 1929-1930.

La visión de Gamio no se circunscribiría únicamente al valle de Teotihuacán, como programa piloto. La intención de su proyecto dentro de la Dirección de Antropología era continuar estos estudios integrales en toda la república. Para ello había dividido el país en varias zonas de estudio:

1. México, Hidalgo, Puebla y Tlaxcala —zona de la cual era ejemplo el estudio realizado en Teotihuacán—; *2.* Oaxaca y Guerrero; *3.* Chiapas; *4.* Yucatán y Quintana Roo; *5.* Tabasco y Campeche; *6.* Veracruz y Tamaulipas; *7.* Jalisco y Michoacán; *8.* Querétaro y Guanajuato; *9.* Chihuahua y Coahuila; *10.* Sonora y Sinaloa; *11.* Baja California. Sin embargo, todo quedó en el intento, puesto que desgraciadamente no se pudo concretar ninguno de los estudios planeados, pues desapareció la Dirección de Antropología.

Durante el periodo en el que Manuel Gamio estuvo al frente de la dirección publicó 37 trabajos, incluida *La población del valle de Teotihuacán*. Entre ellos sobresalen el "Programa de la Dirección de Estudios Arqueológicos y Etno-

gráficos", publicado en 1918; la "Geografía arqueológica de México", editada en el *Boletín de la Sociedad Mexicana de Geografía y Estadística*, y el que es
quizá uno de los más interesantes: "Las excavaciones del Pedregal de San
Ángel y la cultura arcaica del valle de México", mismo que presentó como ponencia en el XX Congreso Internacional de Americanistas. En él explicó los
resultados obtenidos durante las excavaciones realizadas en Copilco, donde
encontró vestigios culturales anteriores a Teotihuacán. A través de estos vestigios se pudieron conocer las características de los primeros grupos asentados
en aldeas, es decir, lo que hoy conocemos como horizonte preclásico. También
durante este periodo escribió los editoriales de la revista *Ethnos*, fundada por
él y publicada desde 1920 hasta 1925.

El 1º de diciembre de 1924 el general Plutarco Elías Calles asumió la presidencia de la república y nombró a Manuel Gamio subsecretario de Educación Pública. Ocupaba dicho cargo cuando dio a conocer ciertas irregularidades en la Secretaría, lo que le valió su renuncia en junio de 1925. Entonces
se mudó a los Estados Unidos, y de ahí en adelante se concentraría en los
problemas sociales, principalmente los de los indígenas. No decayó nunca
su interés por los aspectos culturales e históricos de la época prehispánica y
sobre todo aquello que tocara el tema de la arqueología mexicana. Mientras
vivió en los Estados Unidos se acercó a algunas investigaciones cuyo tema
central eran los indígenas de Guatemala.

Los problemas de la migración de mexicanos a los Estados Unidos tampoco le fueron ajenos. Publicó varios textos sobre el tema. En 1930 apareció
"Número, procedencia y distribución geográfica de los inmigrantes mexicanos en los Estados Unidos" y al año siguiente publicó dos textos en inglés titulados: *The Mexican Immigrant, his Life-Story* y *Mexican Immigration to the
United States. A Study of Human Migration and Adjustment.*

Este interés por cuestiones migratorias le valió el nombramiento de delegado mexicano a la II Conferencia de Emigración e Inmigración, celebrada
en La Habana, Cuba, en 1928. Al año siguiente representó a América Latina en
la III Conferencia de Asuntos del Pacífico, que se llevó a cabo en Japón.

En diciembre de 1929 regresó a México y se desempeñó como miembro
del Consejo Supremo de Prevención Social en el Distrito Federal, en el que
estuvo durante tres años. A partir de entonces le fueron confiados varios
puestos en distintas secretarías: en 1934 fue director de Población Rural, Terrenos Nacionales y Colonización en la Secretaría de Agricultura; en 1938 fue
director del Instituto de Investigaciones Sociales de la Secretaría de Educación Pública; y entre 1938 y 1942 fue jefe del Departamento Demográfico de
la Secretaría de Gobernación. Finalmente, en 1942 fue director del Instituto
Indigenista Interamericano, puesto que ocupó hasta su muerte en 1960.

De 1932 a 1942 la producción de Manuel Gamio fue de 33 trabajos, entre
los que sobresalen "Hacia un México nuevo", de 1935, y su incursión en la

literatura, *De vidas dolientes,* de 1937, volumen de ocho novelas breves de corte realista.

Durante este mismo periodo Gamio se incorporó a The Pacific Geographic Society, de la que fue miembro fundador en 1931; a la Sociedad Mexicana de Historia Natural, el 22 de enero de 1937, y a la Sociedad Mexicana de Antropología, fundada el 28 de octubre de 1937 por un grupo de científicos sociales entre los que destacaban Miguel Othón de Mendizábal, Alfonso Caso, Paul Kirchhoff, Wigberto Jiménez Moreno, Rafael García Granados y Daniel Rubín de la Borbolla. En 1936 fue nominado consejero de la American Academy of Political and Social Science, y en 1939 el gobierno de Ecuador lo nombró representante al XXVIII Congreso Internacional de Americanistas, celebrado en México. Al año siguiente se llevó a cabo en Pátzcuaro el I Congreso Indigenista Iberoamericano, de cuyo comité organizador fue vicepresidente. De las 72 resoluciones de dicho congreso, una proponía la creación del Instituto Indigenista Interamericano.

Siendo director de ese instituto desde su fundación en 1942, Manuel Gamio auspició la publicación de dos de las revistas más relevantes sobre el problema indígena americano: *América Indígena* y el *Boletín Indigenista.* Gamio fue el editorialista de ambas revistas, y en ellas aparecieron muchos artículos suyos. Son interesantes las ideas que Gamio expone en el segundo número de *América Indígena,* que entre otros conceptos refuerzan la vocación del Instituto Indigenista Interamericano.

> Es difícil formular un solo método concreto encaminado al mejor desarrollo de todos los grupos indígenas americanos, pues difieren más o menos entre sí y viven en diversos medios geográficos, por lo que corresponde a los respectivos institutos indigenistas nacionales investigar su naturaleza y funcionamiento, así como formular los métodos para fomentar su desarrollo. A su vez el Instituto Indigenista Interamericano estimulará y coordinará los métodos de trabajo de los institutos nacionales u otras entidades interesadas, unificando además y dando a conocer las conclusiones obtenidas...

A la par de estas responsabilidades, en 1943 Gamio fue nombrado consejero del Comité Presidencial de Coordinación y Fomento de la Producción, así como vocal del Comité Coordinador de los Trabajos del Valle del Mezquital. En 1951 se convirtió en vocal del Consejo del Patrimonio Indígena del Valle del Mezquital. Para entonces ya había obtenido el doctorado *honoris causa* en Letras de la Universidad de Columbia, que se le concedió en 1948. Y la UNAM le otorgó en 1951 el mismo grado junto a otros eminentes americanistas como Sigvald Linné, Alfred Kidder y Paul Rivet.

A lo largo de su fructífera vida Manuel Gamio perteneció a más de treinta sociedades e institutos científicos de presencia internacional. Su pensamiento fue recibido universalmente, por lo que es tarea difícil hacer un balance

justo de su obra. El doctor Miguel León-Portilla señala cinco grandes apartados en la obra de Manuel Gamio: su concepto de arqueología, la antropología aplicada, el método de investigación integral, el arte prehispánico y el
indigenismo.[4] Aunque Gamio escribió sobre gran cantidad de temas, son sus
concepciones en torno a las investigaciones integrales el punto de partida y
la base sobre la que descansa su obra.

Y en su texto sobre el valle de Teotihuacán puede verse la conjunción de
todas las ramas del saber antropológico y de otras disciplinas al estudiar el
proceso de desarrollo de una zona limitada, para después proponer soluciones a los problemas identificados. Si bien la instalación de talleres de artesa-
nías y algunas mejoras introducidas entre la población teotihuacana, por
indicación de los estudiosos, no solucionaron las difíciles condiciones en que
subsistía dicha población, sí pudieron servir en cambio como modelos para
verificar el resultado de futuros trabajos.

Muchos de los problemas estudiados por Gamio tienen una naturaleza
similar hoy en día. Por ello es necesario asimilar lo realizado por él y pro-
yectarlo hacia nuevas investigaciones. Contamos ahora con grandes aportes, nuevos estudios y mejores técnicas, pero ya no estamos ante el impulso
creador que engendra una revolución. Nos encontramos al final de un proceso y ante la gestación de cambios estructurales que traen consigo nuevos
y complicados retos. Salvo algunas excepciones, tal parece que hemos olvidado la investigación antropológica integral, para dar lugar a estudios parciales, desligados unos de los otros. Esta actitud poco visionaria no nos permitirá
llevar a cabo una verdadera investigación de conjunto, como lo reclama ur-
gentemente la antropología mexicana.

GAMIO, MANUEL

Arqueólogo e historiador mexicano.
  Fecha de nacimiento: 1883 (México, D. F.).
  Fecha de fallecimiento: 1960 (México, D. F.).

ESTUDIOS

Asistió a la Escuela de Minería, estudió arqueología en el Museo Nacional
(1906-1908), maestría en artes (1911) y doctorado en filosofía (1921) por la
Universidad de Columbia, Nueva York.

[4] Miguel León-Portilla, "Algunas ideas fundamentales del Dr. Gamio", *América Indígena*,
vol. XX, núm. 4, México, 1960, pp. 196-303.

Labor académica

Fue auxiliar de investigador en historia.

Participó en una expedición arqueológica a Ecuador en 1910.

Realizó exploraciones en Azcapotzalco (1909), Chalchihuites, Zacatecas (1910), y San Miguel Amantla (1911).

Trabajó con Franz Boas en la clasificación de cerámica del valle de México.

En 1917, siendo jefe del Departamento de Antropología determinó que se hicieran exploraciones en Copilco, Pedregal de San Ángel, donde encontró la cerámica llamada arcaica o del Hombre del Pedregal.

Descubrió las ruinas del Templo Mayor de Tenochtitlán en el cruce de las calles de Seminario y Guatemala; también el centro ceremonial de Teotihuacán llamado La Ciudadela, el cual restauró de 1917 a 1920.

Dirigió la Escuela Internacional de Arqueología y Etnología Americanas; fue subsecretario de Educación Pública (1925), magistrado del Supremo Consejo de Defensa y Prevención Social (1930-1932), director del Instituto de Investigaciones Sociales de la UNAM (1938) y director del Instituto Indigenista Interamericano (1942-1960).

Principales obras

Forjando patria. Pro nacionalismo, México, Librería Porrúa Hermanos, 1916, 323 pp., láms.

Hacia un México nuevo: problemas sociales, México, 1935, 231 pp. ilus.

Consideraciones: sobre el problema indígena, México, Instituto Indigenista Interamericano (Antropología Social, 2), 1966, 274 pp.

El inmigrante mexicano: la historia de su vida, México, Universidad Nacional Autónoma de México, 1969, 271 pp.

Arqueología e indigenismo, introd. y selec. de Eduardo Matos Moctezuma, México, Secretaría de Educación Pública (SepSetentas, 24), 1972, 234 pp.

La población del valle de Teotihuacán, México, Instituto Nacional Indigenista (Clásicos de la Antropología Mexicana, Colección INI, 8), 1979, ilus.

MANUEL TOUSSAINT

Jorge Alberto Manrique

Manuel Toussaint fue un creador de cultura muy versátil, que abarcó en diversas medidas muchos campos del quehacer intelectual. Sin embargo, su sitio en la historia cultural mexicana se refiere sobre todo a su trabajo como historiador del arte, su carácter de creador de la historia del arte como disciplina académica y su papel de fundador de instituciones relacionadas con ella.

Nacido en 1890 en la ciudad de México, de una familia que resumía el carácter decimonónico, en ella tuvo su inicial educación. Los estudios primarios los realizó en la Escuela Anexa a la Normal, en lo que habían sido claustros de La Encarnación y donde más tarde asistiría como secretario del titular de Educación Pública. En el viejo edificio de San Ildefonso, ya acercándose a la crisis del positivismo que le imprimió su fundador, Gabino Barreda, la famosa Escuela Nacional Preparatoria, centro capital de todo afán intelectual en esos primeros años del siglo, sería el sitio inevitable donde el adolescente se abriría a las solicitaciones de la vida y la cultura. Ingresó en 1907, mayor que sus compañeros, a quienes llevaba unos cinco años de edad; el director era Porfirio Parra, uno de los pilares del positivismo; Toussaint se había distraído en otros quehaceres e incluso había trabajado como dependiente en la "Droguería del Elefante".

Ya frisando los 20 años y en el lindero del tormentoso —para la historia mexicana— año de 1910, estableció relación con los jóvenes rebeldes y renovadores del Ateneo de la Juventud; con los menores de edad era casi coincidente, como Alfonso Reyes, con quien entablaría entonces una amistad "de hermano" (como ellos se decían) que duraría hasta la muerte de don Manuel; con otros, como José Vasconcelos, establecería lazos que 20 años después verían sus frutos y que se prolongarían mucho más adelante. También estudió en la Academia de San Carlos (Escuela Nacional de Bellas Artes era su nombre oficial entonces), tuvo un paso fugaz por la Escuela de Medicina, que ésta era la profesión de su padre, y se asomó a la Escuela de Altos Estudios, aquella institución que Justo Sierra, al refundar la Universidad, había concebido como la cima interdisciplinaria de la vida académica. No obtuvo entonces, sin embargo, ningún grado más allá del de bachiller: sería acreedor, mucho más tarde, de la maestría *ex oficio* en 1946, y del doctorado *honoris causa* en 1953.

Si la vida de formación de don Manuel tuvo lugar en los finales tranquilos aunque ominosos del régimen de Porfirio Díaz, su ingreso verdadero a la vida de adulto y sus primeros pasos como hacedor de cosas tuvieron lugar en plena época revolucionaria. A los 24 años es profesor de Lengua Española en su propia Escuela Preparatoria, en 1914; y entonces, junto con Antonio Castro Leal y Alberto Vázquez del Mercado, publica con la editorial Porrúa *Las cien mejores poesías líricas mexicanas*. En 1915 es bibliotecario del Museo Nacional, en 1916 lo es de la Dirección General de Bellas Artes, y en 1917 de la Escuela de Altos Estudios.

En esas mocedades los intereses mayores de Manuel Toussaint eran la literatura, la bibliografía y la historia. El arte estaba presente, pero más bien como una sombra persistente. Su propensión a la literatura lo hizo maestro en esa materia, lo llevó a publicar la antología de *Las cien mejores poesías líricas...* y *Poesías escogidas de Sor Juana...* (1916), lo relacionó con sus contemporáneos, como Alfonso Reyes y Antonio Castro Leal, y con generaciones anteriores, como la de Enrique González Martínez, con quien, unido a Agustín Loera y Chávez, fundaría la editorial México Moderno (1919), que después sería Cvltvra, de capital importancia en la vida cultural mexicana. Su inclinación a la historia lo relacionaría con los viejos historiadores, como don Luis González Obregón, tantos años director del Archivo General de la Nación.

Que recordemos, no había en México, estrictamente hablando, historia del arte. Como tal era una disciplina relativamente nueva, creada por alemanes e ingleses principalmente en la segunda mitad del siglo XIX. Había en México antecedentes, en los siglos XVII y XVIII, y a finales de éste, teóricos de altos vuelos como el padre José Márquez. Había también una tradición bastante consistente de crítica de arte, reforzada notablemente desde la renovación de la Academia, mediando el siglo, y que se robusteció, después de la restauración republicana y durante la época porfiriana, con nombres tan importantes como Guillermo Prieto, Ignacio Manuel Altamirano, Olaguíbel, López López o José Martí. Y había habido escritores notables que se ocuparon de arte mexicano, empezando por José Bernardo Couto y sus *Diálogos* (1862, de los que Toussaint haría una magnífica edición anotada) y siguiendo con Manuel Revilla.

Quienes hacían historia del arte, quizá una vicaria historia del arte, eran los historiadores (y su tradición de alguna manera tiene línea de continuidad en México), gente del tipo de González Obregón o de José María Marroqui, de indudable sensibilidad para el hecho artístico. Ellos fueron los maestros de Manuel Toussaint, en aquellos tiempos de principios de siglo en que la "república de las letras" comprendía sin muchas distinciones a literatos e historiadores (qué digo: incluso a científicos), siguiendo un modelo no agotado de la época de Las Luces.

Los intereses artísticos de don Manuel estaban explícitos desde el momento en que se había inscrito en la Academia de San Carlos. Era buen dibujante, literato e historiador. En 1917 era bibliotecario de la Dirección General de Bellas Artes y ese mismo año se publicó (sin su nombre) un folleto de esa misma dirección, *La Catedral y el Sagrario de México,* el primero y menor de los estudios que después, y durante muchos años, dedicaría al máximo monumento de la Nueva España y de América. Toussaint se iba instalando poco a poco en la historia del arte. Atento no sólo al arte del pasado, sino al de su presente, nunca alejado del hecho literario, escribía pero sin publicar su obra de creación personal. En cambio, en 1920 publica el pequeño libro *Saturnino Herrán y su obra,* a dos años de la muerte del artista —quien le hizo un magnífico retrato—, primer ensayo general de interpretación del pintor, que deja ver no sólo la sensibilidad del joven autor, sino una nada despreciable información sobre el fenómeno artístico y sobre las ideas acerca del arte.

Cuando Manuel Toussaint empezó a dedicar más tiempo a la historia del arte, no estaba solo en esa empresa. Ya se ha dicho que él seguía, aunque con un interés más concentrado, lo que hacían otros historiadores. Pero en su propia generación otros hombres se interesaban y trabajaban sobre el arte mexicano del pasado. Desde luego su tocayo, don Manuel Romero de Terreros, vástago de los marqueses de San Francisco, y arquitectos como Enrique Cervantes o Fernández McGregor. Su dedicación a esos asuntos correspondía a una curiosidad intelectual relacionada con preocupaciones nacionalistas. El nacionalismo cultural, hijo de la parte final de la época porfiriana y relacionado con el romanticismo nacionalista europeo, tuvo en México un nuevo relance, con características peculiares, con la Revolución. Este movimiento implicaba, además, y junto con su afán de reivindicaciones sociales, un redescubrimiento del propio país y un orgullo de lo mexicano, ya no visto como un lastre sino como un timbre de orgullo. El interés por el arte del pasado novohispano —que los largos años liberales del siglo XIX habían visto como negativo tanto por los tiempos que corrían de general desprecio al arte barroco, que fue propio de la mayor parte de ese siglo a partir del neoclasicismo, como por la visión negativa de la época colonial, que era inevitable en el pensamiento liberal— adquiere entonces un nuevo rostro. En el mundo, a partir de los libros iniciáticos de Burckhardt (el Cicerone) se había empezado a redescubrir el barroco como un arte autónomo, un estilo con características propias; en México eso se conjuga con la preocupación por rescatar el pasado propio. La mesa, por decirlo así, estaba puesta. Quienes se dedicaban al arte de la Nueva España (historiadores, como se ha dicho, y entre ellos destacadamente Manuel Toussaint) estaban por una parte al día de un movimiento universal de recuperación del barroco, en Europa y en América, y por otra estaban a tiempo con las preocupaciones de la cultura mexicana en la década 1910-1920, que vería su gran exaltación a partir del régimen de Álvaro Obregón (1920-1924).

Toussaint no fue un revolucionario. Fue amigo de los miembros del Ateneo de la Juventud, quienes, llegado 1910, se dividieron dramáticamente por sus inclinaciones ideológicas y políticas, desde un Vasconcelos, maderista de primera hora y revolucionario hasta los años veinte, o Martín Luis Guzmán, villista de vocación, hasta un Reyes, exiliado después de la intentona de toma del palacio por su padre Bernardo Reyes, y la muerte de éste en ese lance en 1913. Sus antecedentes familiares no eran propicios ni dio, como otros, el cambiazo. Siguió siendo en un sentido un católico tradicional. Pero su viva curiosidad intelectual lo llevó a comprender e interesarse en lo que estaba pasando en la cultura mexicana. Cuando se reescriba la historia de nuestra cultura deberá entenderse que ésta fue hecha no sólo por los revolucionarios *strictu sensu*, sino por un cuadro mucho más amplio de la intelectualidad que, sin tener color ideológico reaccionario definido, y sin ser apasionados entusiastas de la Revolución, compartían con ésta muchas afinidades: incluso fueron muchos de ellos —y ése es el caso de Toussaint— quienes definieron el ideario cultural del México de entonces. Aniquilada la gerontocracia cultural de los años finales del porfirismo y desplazada la brillante generación, impedida de actuar antes de 1910 por el propio peso de los viejos, que en muchos casos no por razones ideológicas sino de circunstancia se aliaron al régimen del usurpador Victoriano Huerta, el nuevo México lo tuvieron que hacer jóvenes, como es el caso, no siempre devotos de la Revolución y su no muy explícito ideario, pero sí confluyentes en una tarea común.

En 1920 José Vasconcelos es nombrado rector de la Universidad por el presidente Álvaro Obregón. Maderista, revolucionario, intelectual, enemigo de Venustiano Carranza, resultaba un buen prospecto. La obra de Vasconcelos, primero en la rectoría y después en la por él inventada Secretaría de Educación Pública, sobrepasó todas las expectativas imaginables. La Secretaría de Instrucción —que Vasconcelos encabezó en el corto periodo de la presidencia de Eulalio Gutiérrez— había sido borrada por Carranza; en cambio la Universidad, una de las últimas creaciones porfirianas, pensada por Justo Sierra, sobrevivió a la dura época de la guerra civil. Vasconcelos, rector, llamó a su lado como secretario particular a aquel joven satélite del Ateneo, Manuel Toussaint, y después hizo lo mismo cuando, habiendo aprobado el Congreso la creación de la nueva Secretaría, fue él su primer titular, en 1922. De modo que se asocia a la gran empresa educadora y cultural de Vasconcelos.

En 1928 fue nombrado director de la Escuela Nacional de Bellas Artes, la vieja Academia, de la que antes había sido estudiante, y en cuyas galerías estudió y profundizaría el conocimiento de la pintura novohispana. Fueron épocas no fáciles.

Desde 1923 la pintura, apoyándose sobre todo en el naturalismo —otra de las invenciones de Vasconcelos—, había dado un giro de 180 grados y ya se reconocía, aunque siempre entre polémicas, la importancia de Diego Rivera, de José Clemente Orozco y de los otros pintores (Charlot, Fernando Leal, Fermín Revueltas, Siqueiros…) que habían trabajado en San Ildefonso, San Pedro y San Pablo y la Secretaría de Educación. La Escuela de Bellas Artes había permanecido, con la cola de los últimos maestros académicos, en la tradición anterior y no podía cambiar de un día para otro. Algunos artistas jóvenes muy radicales, aglutinados en el grupo "30-30", atacaban a la institución añeja y a su cabeza, y Toussaint se veía en la difícil situación de lidiar con quienes no querían cambiar y quienes querían ropa nueva al instante.

Mientras, don Manuel continúa con su vida de estudioso. En lo literario publica *Los mejores poemas de José Asunción Silva* (1917), *El tesoro de Amiel* (1918), *Las cien mejores poesías de Enrique González Martínez* (1920), *Poemas inéditos, desconocidos o muy raros de Sor Juana* (1926), y *La respuesta a sor Filotea* (1928), la *Grandeza mexicana* de Bernardo de Balbuena (1927) y los *Cuentos del general Vicente Riva Palacio*, siempre con estudios e investigación propios. Como historiador publica y prologa la obra de León y Gama sobre Michoacán y hace recensiones de otros trabajos. Hace crítica de arte (sobre la exposición del Dr. Atl en 1921) y empieza a dar a luz sus *Viajes alucinados, textos de historia, arte y experiencias vividas en una estancia en España en 1921*, que luego aparecerían reunidos en libro.

Entre toda esa actividad empieza a destacar en lo que es propiamente historia del arte. A partir de 1920 inicia la publicación de los estudios, fundamentales, que más tarde conformarían el libro *Paseos coloniales* (1939); de 1926 es su pequeño libro sobre Oaxaca con grabados de Francisco Díaz de León y de 1931 el correspondiente a Tasco. En 1927 está ya colaborando con la Secretaría de Hacienda —a la que entonces correspondía por ley la salvaguarda del patrimonio—, y en *Las iglesias de México*, del Dr. Atl, escribe sobre la arquitectura religiosa del siglo xvi. No hay casi aspecto del arte novohispano que no trate en sus trabajos: pintura, escultura, arquitectura, a lo largo de los tres siglos coloniales. También escribe sobre folklore y sobre arte contemporáneo.

En la misma Secretaría de Hacienda forma un grupo de jóvenes interesados en la historia del arte. El hecho es importante porque se relacionaría más tarde con la fundación del Laboratorio de Arte de la Universidad. En 1934 es comisionado para la formación del catálogo de pinturas de las galerías de San Carlos.

Estamos, pues, con alguien con formación en letras y en historia, pero también en arte, que se había ido haciendo a sí mismo como historiador del arte y que había iniciado también la preparación de un grupo de jóvenes en quienes veía intereses cercanos a los suyos, ansiosos de conocer y estudiar el arte —principalmente mexicano— pasado y presente. Esta preocupación suya, coincidente con la de otros de su generación, lo llevaría a fundar, en 1934, la cátedra de Historia del Arte en México, en la ya entonces Facultad de Filosofía y Letras. Era el principio, por la docencia, de la institucionalización académica de la disciplina. Más tarde esa cátedra se dividiría en la de Arte Prehispánico, a cargo del joven Salvador Toscano, la de Arte Moderno y Contemporáneo, con el también joven Justino Fernández, y la de Arte Colonial que él conservaría y sólo más tarde dejaría a uno de sus alumnos más destacados, Francisco de la Maza.

En 1934, candente la polémica sobre la educación socialista, el gobierno buscó apoyarse en los empleados públicos, y en la Secretaría de Hacienda se pidió a éstos que se adhirieran a la posición gobiernista bajo amenaza de expulsión. Toussaint no estuvo de acuerdo, se negó a apoyar algo en lo que no confiaba y hubo de dejar su colaboración con la Secretaría. Entonces maduró un proyecto que ya rondaba por su cabeza, esto es, la creación de una institución que se dedicara al estudio del arte, la cual se radicaría en la Universidad. Ésta era autónoma desde 1929 y por lo tanto quedaba fuera de la égida del gobierno y de sus presiones.

Cuando Justo Sierra refundó la Universidad en 1910 se daba la situación de que, habiendo estado clausurada ésta por más de 40 años, la figura del profesor universitario había desaparecido, es decir, de aquel hombre que dedicaba su vida a la enseñanza y a la investigación. En las escuelas profesionales enseñaban los practicantes de las profesiones liberales, que vivían del ejercicio de éstas, del que distraían un poco de tiempo, mal remunerado o sin ninguna paga, para dar sus clases. La investigación, tanto la científica como la humanística, se realizaba en instituciones gubernamentales ajenas a la enseñanza (la humanística principalmente en el Museo Nacional y en la Biblioteca Nacional).

En la nueva Universidad se fundieron las escuelas profesionales, pero el sistema de éstas no podía modificarse. Por otra parte, el Museo Nacional no se integró a la Universidad. El resultado fue que ésta no tenía propiamente sitio para la investigación y sólo más tarde y paulatinamente se fueron fundando centros e institutos (de donde, por cierto, la extraña estructura de nuestra casa de estudios, que separa en instituciones diferentes la actividad docente de la investigación). Viendo ese problema, Justo Sierra ideó la Facultad de Altos Estudios, como la crema interdisciplinaria de toda la Universidad, donde precisamente cabría la investigación: pero el proyecto universitario de Sierra se vio imposibilitado de cumplirse cabalmente por los tiempos difíciles que trajo la Revolución inmediatamente después; bastante fue que la Universidad no desapareciera. En el proceso de formación de esa "ala de investigación", que en el fondo tendía y más tarde llegaría —con la creación, ya a mediados de siglo, de los llamados "tiempos completos"— a la reconstitución de la figura del profesor universitario, debe mirarse la creación del Laboratorio de Arte, luego instituto. Manuel Toussaint sentía, como otros (Rafael García Granados, Federico Gómez de Orozco, Luis McGregor... que serían la planta fundadora del instituto, a los que muy pronto se agregarían Vicente T. Mendoza, y los jóvenes Justino Fernández y Salvador Toscano), la necesidad de institucionalizar la investigación. Se trataba de reunir y fortalecer los "estimables esfuerzos aislados" y crear un "centro coordinador y autorizado" frente a la situación de una "historia de nuestras artes plásticas [que] está por hacerse", como dice en su primera carta al respecto. Así, y en la circunstancia de estar sin más trabajo que el de profesor en la Facultad de Filosofía y Letras, se dirige al rector Fernando Ocaranza para proponerle la creación de un Laboratorio de Arte.

El modelo lejano, y aun el nombre, venían del Laboratorio de Arte que Murillo había fundado en la Universidad de Sevilla y que dirigía Diego Angulo Íñiguez, ya entonces estudioso del arte hispanoamericano. Se pedía muy poco: apenas unos cuantos cortos sueldos, una secretaria y un lugar. Los propios nuevos investigadores donarían sus colecciones de fotos y transparencias para empezar a formar el archivo fotográfico. Dentro de esa modestia, las miras de don Manuel eran muy claras, tanto que la organización, las líneas de investigación y el esbozo de un programa de publicaciones por él propuestos (y recogidos en los documentos de petición y en la primera acta del Colegio de Investigadores) han sido la columna vertebral del quehacer del Instituto por los casi sesenta años que lleva de vida.

El Laboratorio de Arte empezó a trabajar el 19 de febrero de 1935 en unos locales existentes en la azotea de San Ildefonso. Poco después se trasladaría, en la misma calle de San Ildefonso, a un anexo de la Escuela de Jurisprudencia llamado "El Cuartel".

Todos los comienzos son difíciles, pero éste parecía halagüeño. Muy poco después, en 1936, el rector Luis Chico Goerne decidió —en aquella preocupación por estructurar la investigación— crear tres grandes institutos, uno de los cuales sería el de Investigaciones Estéticas, ya no dedicado sólo a la historia del arte, sino también a la literatura, la música y otras cuestiones. Con el nuevo nombre y la nueva situación el Instituto creció mucho en presupuesto y personal. Don Manuel dejó de ser director (lo fue Rafael López) y se inició la publicación de *Anales*, una de las ideas de Toussaint —y él mismo se hizo cargo de la revista— para dar salida digna a las investigaciones. Pero esa opulencia era más aparente que real y resultó flor de un día. La Universidad entró en crisis financiera y política, cayó el rector y se pretendió suprimir el Instituto. Toussaint y tres o cuatro investigadores —entre los que ya estaba Justino Fernández— pidieron al nuevo rector que se conservara el centro, aun si ellos no recibían salario, y que de su propio bolsillo pagarían a la secretaria hasta esperar tiempos mejores. Éstos llegaron no mucho después, y aunque con más penurias que bonanza, el Instituto de Investigaciones Estéticas reinició su largo camino.

Ha sido un centro ejemplar en América Latina y reconocido en muchas partes del mundo. Sus investigadores nutren la planta de profesores de la Facultad de Filosofía y Letras, en licenciatura y posgrado, y a su vez el Instituto se alimenta de egresados de esa Facultad, de la de Arquitectura, o de la Universidad Iberoamericana. La idea de Manuel Toussaint de institucionalizar la enseñanza y la investigación sobre historia del arte fue un hecho a partir de la fundación del Laboratorio de Arte, y ha seguido vigente a lo largo de muchas décadas.

Una de las preocupaciones de quien se dedica a la historia del arte es la conservación del patrimonio. La misma disciplina crea una más aguda conciencia de la importancia fundamental que tiene salvaguardar ese legado, y la historia misma del arte, sin ello, no tendría casi sentido. Manuel Toussaint estuvo entre quienes temprano se enfrascaron en la batalla del patrimonio, cuando no había más que una legislación embrionaria y limitada y no existía casi conciencia de lo que el país —entre convulsiones revolucionarias y de crecimiento— iba perdiendo de su riqueza cultural. Hombre tranquilo y reposado, sacó la espada cuantas veces fue necesario y entabló duras polémicas para defender la herencia cultural de México. Entre las muchas que dio puede recordarse la célebre de los frescos del siglo XVI de la Casa del Deán de Puebla, que se salvaron gracias a su intervención. Entendió que no hay salvación posible del patrimonio si no hay una conciencia extendida de su valor, y dedicó mucho tiempo y esfuerzo a trabajos de difusión, escritos y conferencias, así como promovió la formación de grupos de defensa en nuestras ciudades históricas. Otros, entre ellos muy destacadamente Francisco de la Maza, recogerían la estafeta y continuarían la tarea; ahora ya están en ella los discípulos bisnietos y tataranietos.

Después, y aunque siempre con las limitaciones presupuestarias acostumbradas, pudo realizar una acción más amplia desde el Departamento de Monumentos Coloniales del Instituto Nacional de Antropología e Historia, cargo que ocupó en 1945. En el Colegio Nacional, del que fue miembro fundador en 1946, pudo, a través de sus ciclos de conferencias, formar vocaciones y contribuir a crear esa necesaria conciencia. En 1949 fue elegido miembro de número de la Academia Mexicana de la Historia, en 1952 lo fue del Comité Internacional de Historia del Arte, al año siguiente recibió el grado de doctor *honoris causa* por la Universidad Nacional, y en 1954 el de académico de la Lengua.

He dicho que en lo que respecta a la historia del arte Manuel Toussaint fue autodidacto, si bien los antecedentes de historiadores como Couto, Revilla o González Obregón fueron para él un modo de enseñanza. Lo demás fueron lecturas viejas y nuevas, y desde luego su propio análisis de las obras.

En referencia a su monumental *Arte colonial en México,* recuerda Francisco de la Maza que Toussaint recorrió el país a lo largo y a lo ancho, en unos tiempos en que no había sino ferrocarriles, y a partir de éstos mula y caballo; lo recorrió cámara al hombro y provisto de notas de investigación bibliográfica y de archivo, que completaría después de los viajes. Sus *Paseos coloniales* son muy claramente resultado de esas excursiones difíciles y aun riesgosas cuyo premio era descubrir maravillas que él veía por primera vez con los ojos del conocedor consciente. Admira cómo, con esos elementos, pudo sin embargo hacerse de un método y —aunque nunca escribió texto alguno específicamente de teoría— de un bagaje consistente de elementos teóricos, que a lo largo de sus estudios va soltando paso a paso.

Fue el primero que sistematizó los estudios sobre el arte novohispano, y como tal se vio en la necesidad de dar nombre a las cosas. Los esquemas por él ideados para referirse a los periodos del arte colonial o a la historia de la pintura, siguen siendo el marco en el que nos movemos en lo fundamental, aunque ciertamente toda el agua que ha corrido bajo el puente ha obligado a matizarlos o a modificarlos según las necesidades que historiadores posteriores hemos sentido; son aquéllos, sin embargo, punto obligado de referencia. Él nombró las cosas. Fue Toussaint muy consciente de que arte e historia están tan estrechamente ligados que vienen a ser una sola cosa. Siempre cultivó el rigor en la investigación histórica y lo tuvo como piedra de toque para sacar sus deducciones referidas a lo artístico. De tal modo que la lectura de los textos de Toussaint sobre arquitectura o pintura son simultáneamente esclarecedores de la historia mexicana de aquellos siglos.

También entendió que hacer la historia de nuestro arte era recuperar en el conocimiento y en la memoria lo que somos los mexicanos. Es sorprendente, aunque comprensible a esa luz, su temprano interés por el arte barroco, cuando en otras partes —incluida España— lo barroco no adquiría aún carta de naturalización. Él lo presentó como el arte que corresponde a la aparición de una personalidad nacional definida.

Estudioso del arte gótico en México, del manierismo (que llamaba "renacimiento purista"), del mudéjar; conocedor profundo del neoclasicismo, al que veía sin embargo con alguna desconfianza, su gran amor fue el barroco. A él dedicó lo más de sus escritos y las más entusiastas y bellas páginas salidas de su pluma. Ahí deja ver que la historia del arte es asunto de reflexión y de rigor, pero también asunto de una relación emocional entre sujeto y objeto: no se avergonzó nunca de ello, sino que lo exaltó como una cualidad. Es quizá un dejo de su formación romántica, pero absolutamente válido. Al leerlo siente uno la emoción que le producía ver cómo México se iba formando como nación en el esplendor del barroco exaltado y anticanónico.

Creador de instituciones, sistematizador de estudios nuevos, como miembro de una generación que con justeza se ha llamado de "los fundadores",

Toussaint fue un trabajador incansable que, además de la historia del arte, siguió trabajando sus otros intereses: la historia, la literatura, la bibliografía... Un año antes de morir dio a la prensa, con el seudónimo de Santos Caballero (Toussaint Ritter eran sus apellidos), el libro para niños *Aventuras de Pipiolo en el bosque de Chapultepec*.

Habiendo asistido al Congreso de Historia del Arte celebrado en Venecia en 1955, continuó con su esposa, doña Margarita Latapí, un viaje por Europa. Una vieja enfermedad, la diabetes, se le agudizó entonces. Murió en el regreso, durante una escala en Nueva York, el 22 de noviembre de ese año.

TOUSSAINT, MANUEL

Historiador mexicano.
Fecha de nacimiento: 1890 (México, D. F.).
Fecha de fallecimiento: 1955 (Nueva York).

Estudios

Estudió en la Escuela de Bellas Artes y en la Facultad de Altos Estudios de la Universidad Nacional.

Labor académica

En 1919, con Agustín Loera y Enrique González Martínez, fundó la Editorial México Moderno.

Profesor de las escuelas Nacional Preparatoria y de Antropología de la Universidad y de El Colegio de México.

Fue secretario particular de José Vasconcelos cuando éste ocupó la rectoría de la Universidad Nacional (1920-1921) y la Secretaría de Educación Pública (1921); director de la Escuela Nacional de Bellas Artes (1928-1929), fundador del Laboratorio de Arte de la UNAM (1934), creador de la cátedra de Arte Colonial en la Facultad de Filosofía y Letras (1936), director del Instituto de Investigaciones Estéticas de la UNAM (1938-1955) y director del Departamento de Monumentos Coloniales del Instituto Nacional de Antropología e Historia (1945-1955).

Colaboró en las revistas *Vida Moderna, Revista Mexicana de Literatura, Letras de México* y *La Cultura en México*, suplemento del diario *Novedades*.

Miembro de El Colegio Nacional desde 1946, de la Academia Mexicana de Historia desde 1947 y de la Academia Mexicana de la Lengua desde 1954.

Reconocimientos

En 1953 recibió un doctorado *honoris causa* de la UNAM.

Principales obras

Saturnino Herrán y su obra, México, México Moderno, 1920, 59 pp. ilus.

Viajes alucinados; rincones de España, México, Cvltvra, 1924, 176 pp. ilus.

Taxco; su historia, sus monumentos, características actuales y posibilidades turísticas, México, Cvltvra, 1931, 244 pp. ilus.

La litografía en México en el siglo XIX, México, Estudios Neolitho (Ediciones facsimilares de la Biblioteca Nacional de México), 1934, 60 láms.

Paseos coloniales, México, Imprenta Universitaria, 1939, 215 pp., láms., planos.

Arte mudéjar en América, México, Porrúa, 1946, 143 pp.

Arte colonial en México, México, UNAM, Instituto de Investigaciones Estéticas, 1948, 501 pp. ilus.

La conquista de Pánuco, México, El Colegio Nacional, 1948, 325 pp., mapas.

La Catedral de México y el Sagrario Metropolitano; su historia, su tesoro, su arte, México, Porrúa, 1973, 377 pp. ilus.

ÁNGEL MARÍA GARIBAY

MIGUEL LEÓN-PORTILLA

NO ESTUDIÓ en universidad alguna. Tampoco hizo algún género de estudios profesionales en paleografía, archivística, historia, historiografía o en eso que hoy llaman informática. Ángel María Garibay K., nacido en Toluca en 1892, huérfano de padre cuando aún era niño, de familia de escasos recursos, se formó primero en una escuela oficial y luego en el Seminario Conciliar de la Arquidiócesis de México. Allí, al tiempo en que las luchas revolucionarias convulsionaban al país y, por ello, siguiendo cursos un tanto irregulares, se adentró en el universo de las humanidades y los estudios eclesiásticos, guiado unas veces por sus maestros, pero las más en consonancia con sus propias inclinaciones y criterios. Para suerte suya, tuvo durante algunos años a su cargo la biblioteca del seminario. Ello le facilitó la consulta y la lectura sin restricción de cuantos libros y opúsculos quiso, entre ellos no pocos de contenido histórico. De esto dejó testimonio, justamente, en su discurso de ingreso a la Academia Mexicana de la Historia. Haciendo referencia a don Federico Gómez de Orozco, cuya silla académica le correspondió ocupar, expresó:

...Yo lo conocí cuando apenas iba llegando a mis veinte años. En la Biblioteca del Seminario, que se hallaba a mi cargo, tuve la fortuna de conocerlo, al par que a otros próceres de nuestra historia, don Nicolás León y vuestro último presidente [de la Academia], don Alberto María Carreño, para mencionar solamente a los más destacados de los que acudían a hacer indagaciones en aquella rica mina de la cultura...[1]

Trayendo luego a la memoria lo que era esa biblioteca, en la que pasó tantas horas de su juventud, pone Garibay de relieve el trágico destino que nuestro acontecer histórico le deparó:

Tuvo [ella] la fortuna de no ser tocada por los vaivenes de la época de la Reforma, y conservaba su precioso acervo de manuscritos y libros antiguos, fuente de conocimiento para nuestra historia antigua y para la cultura moderna en general.
Aquella biblioteca, que acumuló parte de los manuscritos de Tepotzotlán y San

---

[1] Ángel Ma. Garibay K., "Los historiadores del México antiguo en el virreinato de la Nueva España. Discurso de ingreso...", *Memorias de la Academia Mexicana de la Historia*, México, 1963, t. XXII, núm. 4, p. 328.

Gregorio —de los colegios jesuíticos que allí existían—, junto con muchos libros impresos en México desde el siglo XVI, hubo de naufragar sin remedio en la tormenta de 1926-1929. Sus tesoros fueron disipados a los cuatro vientos, y en forma verdaderamente vandálica muchos de sus libros formaron una hoguera en los patios, reviviendo etapas de barbarie que parecían superadas, pero con anticipo a otras horrendas —como las de los nazis— que se verían en Europa.[2]

Doloroso recuerdo éste para Garibay, que en más de una ocasión dio salida a sus sentimientos frente a la ignominia de la pérdida de tantos y tantos tesoros nuestros por incuria y, peor aún, por un fanatismo disfrazado de modernidad y aun de una supuesta libertad de pensamiento. Hablando, en otro lugar, acerca del Archivo Capitular de Guadalupe, escribió al respecto: "...Saqueado por tantas manos, por milagro se conserva un manuscrito que no tomó el camino de tantos otros, yendo en emigración al extranjero".[3]

Para él, la pérdida de tales bienes culturales fue siempre crimen de lesa patria que no debía repetirse jamás. El recuerdo de su estancia en el Seminario Conciliar de México se vio siempre teñido por la amargura de esa dolorosa experiencia. Allí, en tanto cursaba latín y griego, letras clásicas, y luego filosofía escolástica, derecho canónico y teología, dedicaba muchas horas a aquello otro que, como por instinto, le interesaba. En la biblioteca leyó y estudió los *Artes* o gramáticas del náhuatl de fray Andrés de Olmos, Alonso de Molina e Ignacio Carochi. Así fue haciendo suyos los secretos de la lengua que hablaron Nezahualcóyotl y Cuauhtémoc. Varios manuscritos en náhuatl tuvo también en sus manos y, en menor proporción, asimismo en otomí.

Por ese tiempo aprendió de un maestro inglés su lengua y, por cuenta propia, hizo otro tanto con el alemán, italiano y francés. Garibay, que una vez me contó que, de chico, quería saber todo "lo que decían los papeles" e importunaba a su hermana y a su madre, hasta que ésta le dijo "aprenda a leer para no andar preguntando", siguió el consejo materno y aprendió a leer, pero no sólo en castellano sino también en latín, griego, hebreo, arameo, náhuatl, otomí, inglés, francés, alemán e italiano. Sus lecturas de textos escritos en esas lenguas fueron abriéndole un mundo, mejor dicho muchos mundos, para él pletóricos de sorpresas.

Recordando años más tarde cuánto se enriqueció su espíritu en las muchas horas que pasaba en la biblioteca del seminario, menciona algunas obras que leyó, en particular las de varios historiadores romanos. Bien captó él entonces las grandes diferencias que pueden darse en el arte de escribir la historia. Comparando algunos de los más elevados logros de la historiografía clásica con lo que fue más tarde el quehacer de los cronistas medievales,

[2] *Loc. cit.*
[3] Ángel Ma. Garibay K., "Un cuadro real de la infiltración del hispanismo en el alma india en el llamado 'Códice de Juan Bautista' ", *Filosofía y Letras,* revista de la Facultad de Filosofía y Letras de la UNAM, México, 1945, núm. 18, p. 215.

y atendiendo luego a lo que fue escribir la historia del Renacimiento, *in situ*, en ese amplio contexto ubicó las aportaciones que hizo posible el encuentro con el Nuevo Mundo. Fueron ellas las crónicas e historias que tanto le atrajeron desde su juventud y que más tarde volvió a estudiar para sacarlas una vez más a la luz, anotadas y comentadas.

He aquí la reflexión que sobre esto nos dejó:

...La Edad Media amó la historia, pero llevada de su amor a lo extraordinario, por una parte, y de su sentido de los intereses de la unidad de las naciones y reinos en una sola Cristiandad, por otra, dio mucho mayor importancia a lo general que a lo particular. Las historias son recuerdo de hechos públicos: gestaciones de guerras y su realización; emperadores y papas; reyes y capitanes célebres. El individuo desaparece entre el mar de la colectividad que se desborda implacable...[4]

Dirigiendo en seguida la mirada a dos tiempos, alejados entre sí pero cercanos por el mismo interés de captación de lo humano y lo particular, Garibay describe la que se le presenta como preocupación central en la historiografía clásica y en la del Renacimiento:

...Pero llega el Renacimiento y, al volver sus ojos a la antigua cultura greco-romana, halla la diligencia para considerar al individuo. Lee a Suetonio y a Tácito y, en aquél más que en éste, describe el gusto por la anécdota, por el chascarrillo, por el chisme estilizado. La historia de los emperadores es una serie de anécdotas a cual más saboreadas y sabrosas, rayanas en desvergüenza pero llenas de individualismo. Ya no es el pueblo el que interesa a este autor: son los hombres de carne y hueso con sus errores y grandezas. Por esto cuando leemos a Suetonio de nuevo, quedamos con el regusto de la crónica más o menos mordaz, más o menos sangrienta, más o menos divertida, del periódico que ayer leímos, y se nos antoja de una extrema modernidad. Lo mismo puede acontecernos si releemos *Las noches áticas* de Aulo Gelio. Cuanto lee, cuanto oye, cuanto le impresiona, todo es recogido con amoroso afán, y con ella forma una manera de "almacén literario" (*literarum penus*), en el cual halla la anécdota curiosa, el dicho célebre, la fugaz disputa, la risueña gracejada de los comensales o la nota erudita...[5]

Situando así en contraste el cronicón medieval con las obras clásicas al modo de Suetonio, Tácito o Aulo Gelio, quiere Garibay poner de relieve su sentido de captar y describir el individualismo de los hombres de carne y hueso con la realidad misma en que transcurren sus vidas, atributo propio de los maestros romanos de la historia. Al redescubrirse sus aportaciones en el Renacimiento, quienes las leen y se inspiran en ellas abren nuevos caminos —nos dice Garibay— para acercarse al pasado o a sucesos contem-

[4] *Ibid.*, p. 218.
[5] *Idem.*

poráneos de los que fueron testigos o conocieron a través de otros dignos de crédito.

La reflexión de don Ángel María Garibay, a la vez que nos muestra la apreciación que tuvo respecto de esos distintos periodos fundamentales de la historiografía occidental, pone al descubierto su propósito de relacionar lo que aportó el Renacimiento con lo que ocurrió en México después de la Conquista. Nota así que "...esta tendencia humanista, resucitada por el Renacimiento, pasó a España... El individuo, hijo del nuevo ideal que hizo las conquistas del alma y del cuerpo en América, llevaba en sí el sentido de la persona y de la minucia que a la persona se refiere..."[6]

La relación que así insinúa, la establece luego sin ambages pensando en crónicas e historias como las de fray Diego Durán fray Bernardino de Sahagún, que él habría de reeditar más tarde, o en obras como la *Historia verdadera*... de Bernal Díaz del Castillo. La novedad extraordinaria del mundo americano, y específicamente de México, con tantos hechos extraordinarios o cotidianos, protagonizados por hombres de carne y hueso, lo lleva a afirmar acerca de dichas obras:

> ...Hace falta una tesis acerca de este aspecto [su sentido de la historia] en los escritos de los frailes que evangelizan y de los capitanes que domeñan a los pueblos del continente nuestro. Dará sospechadas pero aún no descubiertas riquezas que muestren cuán honradamente había radicado en el alma hispana la tendencia a lo personal...[7]

Con lecturas, y en ocasiones estudio detenido, de crónicas medievales, asimismo de obras de historiadores griegos y romanos, también de aportaciones del Renacimiento y de producciones historiográficas surgidas ya en tierras mexicanas a raíz del encuentro, Garibay se preparó para lo mucho que iba a acometer a lo largo de su vida. A esto hay que sumar su formación como eclesiástico y su apertura humanística cimentada en su acercamiento a creaciones como las citadas y a otras de culturas modernas, de modo especial las literarias, en español, francés, inglés, italiano y alemán.

Tener en sus manos viejos manuscritos —los había en la biblioteca del seminario— lo llevó a convertirse en paleógrafo espontáneo y a percatarse de lo que son las fuentes primarias en la indagación histórica. A todo esto, bullía ya en su espíritu el interés por lo indígena. De esos años de formación data su aprendizaje del náhuatl y la lectura de algunos textos en esta lengua.

Don Ángel María se ordenó sacerdote, trabajó como cura párroco en varios lugares de la región central de México y estuvo en estrecho contacto con

[6] *Loc. cit.*
[7] *Ibid.*, p. 219.

comunidades indígenas nahuas y otomíes. Nunca descuidó su profesión sacerdotal y así, más tarde, en la Basílica de Guadalupe impartió por muchos
años lecciones sacras, eruditos comentarios de la Biblia, teniendo a la vista
sus textos originales en hebreo, arameo y griego. Pero también siguió su otra
vocación, la de humanista, historiador de modo especial de las creaciones
literarias y las crónicas de los pueblos nahuas.

Larga fue su vida, aunque menos de lo que pudiese desearse, pues sólo
rebasó en unos meses los 75 años de edad. ¿Cómo se ubicó a sí mismo en
cuanto mexicano y hombre universal? Nadie dudará de su indigenismo.
Pero tampoco, conociendo su persona y sus obras, habrá alguien que pueda
tildarlo de estrecho de mente o de posturas "anti", como era frecuente en su
tiempo y sigue siéndolo aún entre algunos que pasan por sabios y no son
sino grotescos académicos de rabiosa afiliación. Él, que dedicó buena parte
de su vida a desenterrar y presentar con enfoque humanístico los tesoros de
la literatura náhuatl, describió así, en paralelo, lo que fue a sus ojos el quehacer de algunos españoles muy poco después de consumada la Conquista. Sus
palabras, que guardan relación con las que he citado en que habla del Renacimiento, son una valoración equilibrada de lo que a su juicio fue el actuar
de algunos españoles que dejaron profunda huella en el ser de México:

> ...No bien cesa el fragor de las armas y comienza a organizarse la sociedad nue-
> va, cuando se ensaya la construcción de una visión histórica del pasado. Era la
> llamada del Renacimiento español, tan original como humano, la que ardía en las
> almas de los primitivos gobernantes, organizadores sociales y difusores de la cul-
> tura occidental entre nosotros. Con un humanismo integral quieren recoger lo
> que el hombre del pasado mexicano ha hecho, los aportes y las elevaciones de
> la cultura universal que ellos han traído, y la misma misteriosa manera de pensar
> y sentir de las almas de los pueblos que sucumbieron...[8]

Al igual que en las líneas anteriores, en las que hace valoración de la actitud y las obras de españoles humanistas que rescataron los grandes aportes
de las culturas indígenas, hay en otros trabajos de Garibay apreciaciones en
las que expresa lo que pensó acerca de la Conquista. El tema que ha sido
muchas veces objeto de encendidos debates, lo aborda él precisamente en el
capítulo I de la segunda parte de su *Historia de la literatura náhuatl*, a la que
dio como subtítulo el de "El trauma de la Conquista" (1521-1750). Comienza describiendo las posturas extremas, para él, origen de un desgarramiento
que ha afectado al ser de México:

> ...Un prejuicio doble ha hecho que vivamos siempre en contienda espiritual. La
> primera faz es la que la Conquista fue el mayor de los males. Detuvo la marcha
> de una cultura que iba a superar a todas las que se han mostrado en la secuencia

---

[8] "Los historiadores del México antiguo en el virreinato...", *op. cit.*, p. 329.

de los siglos. Peor es la segunda faz: fue el máximo de los bienes. Apenas por la Conquista llegamos a humanos. Era la raza de estos pueblos una horda más de fieras que de hombres; la voz de España la elevó.[9]

Pintar así las dos posturas extremas puede parecer grotesco. Sin embargo, la lectura de autores como doña Eulalia Guzmán, por un lado, y José Vasconcelos, por otro, muestra que tales extremos no son imaginarios. Continúa Garibay:

...Falsos uno y otro —como todos los extremos—, no podemos hacer otra cosa que rechazarlos. La verdad es un matiz de ambos errores. Altísima cultura fue la antigua, y en disgregación al venir Cortés. Hay en ella elementos netamente originales en la historia humana. Cuando se acabe de hacer, serena y amorosamente, la investigación sobre sus orígenes y contenido, el mundo se quedará asombrado de lo que corrió la humanidad del Continente Nuevo sin tener los influjos del Viejo. ¡Bella apariencia en la que el hombre mostró ser siempre el Hombre! Pero gloriosa semilla de vida traía la nueva. No en los hierros de los soldados sino en las enseñanzas de los misioneros es donde debe buscarse la riqueza que ha formado a América. Ellos, paternalmente, maternalmente diremos mejor, dieron calor y vida a la mortecina cultura que los estragos de la invasión había triturado...[10]

Y da luego un ejemplo de lo que entiende por haber dado calor y vida a esa cultura que, como expresa, "la invasión había triturado". El ejemplo lo tiene fácilmente al alcance:

...Todo lo que nosotros hemos estudiado en la primera parte de este ensayo [es decir, el caudal literario de la antigua tradición indígena] a ellos lo debemos. Sin su minuciosa diligencia, sin su suave amor a los indios, nada conociéramos de ellos, sino la vaga y dura verdad que va descubriendo la investigación arqueológica sobre los monumentos de los pueblos sin historia...[11]

Esta afirmación la acompaña don Ángel María con otra en la que correlaciona lo aportado por la arqueología y aquello que conocemos por los testimonios escritos: "...En México la arqueología viene a comprobar, no a descubrir: las mayores bellezas eran conocidas por los relatos de los misioneros recogidos de labios del indio amargado por la derrota, que se consuela narrando en las largas noches del convento las legendarias tradiciones..."[12]

Bien conoció Garibay, y lo mostró en sus varios libros sobre literatura indígena, cómo se llevó a cabo el transvase a la escritura alfabética de nume-

---

[9] Ángel Ma. Garibay K., *Historia de la literatura náhuatl*, 2 vols., México, Porrúa, 1953-1954, t. II, p. 9.
[10] *Loc. cit.*
[11] *Loc. cit.*
[12] *Loc. cit.*

rosos textos transmitidos por la oralidad. De ese proceso se ocupó ampliamente en los capítulos de su *Historia...* que dedicó a los que llama "misioneros etnógrafos" y de modo especial a fray Bernardino de Sahagún. Y, como
lo veremos luego, también hurgó en las relaciones existentes entre la oralidad y el contenido de los códices que le prestaba apoyo.

Con el ejemplo dado de lo que fue aportación de los frailes etnógrafos,
lingüistas e historiadores, y con el de su actitud de comprensión hacia los
indígenas, quiso ilustrar Garibay lo que describió antes como "gloriosas se-
millas de vida" que aportó la nueva cultura. Situóse así en la que consideró
postura apartada de extremos en su apreciación acerca del encuentro ya
irreversible entre indígenas y españoles. Volviendo sobre el mismo asunto al
final de su *Historia de la literatura náhuatl,* tras comentar una comedia o farsa
debida al bachiller Bartolomé de Alva Ixtlilxóchitl, descendiente de la nobleza texcocana, concluye su libro con estas palabras, reconocimiento de algunos rasgos que tiene como característicos en el ser de México: "...Pensa-
mos en el ser de México, en el México multiforme y multilingüe, en que la
risa satírica y la burla sarcástica son murallas y disfraz de un sentimiento
amargo, pero aéreo; dolorido pero bañado de luz..."[13]

Anticipóse así a quienes hoy proclaman precisamente el carácter pluriét-
nico —que él llamó "multiforme"— y plurilingüístico de México. Y anticipóse también, con breves pero certeras palabras, en la descripción de esas
actitudes —"...risa satírica, burla sarcástica, disfraz de sentimiento amargo,
doloroso y bañado de luz..."— tan frecuentes en quienes hemos nacido en
esta tierra.

¿Su método y sentido crítico? En varios de sus trabajos, pero sobre todo
en su Introducción a la *Historia de la literatura náhuatl,* describe Garibay el
método y el enfoque crítico con los que acometió sus investigaciones. Por
una parte se plantea, como cuestión básica, la de la existencia de fuentes ge-
nuinas para el estudio de la expresión literaria de los nahuas prehispánicos.
Esto, que aún en tiempos más recientes vuelve en ocasiones a ser objeto de
debate, lo discute siguiendo los planteamientos que formuló el jesuita Joseph
de Acosta a su colega Juan de Tovar. Tres fueron las preguntas que le hizo
y que Garibay reproduce, notando que en ellas está el meollo de los cuestionamientos críticos que deben hacerse respecto de las fuentes en las que
pudo conservarse la expresión del pensamiento indígena anterior a la Conquista.[14]

Éstas son las preguntas: "¿Qué certidumbre y autoridad tiene esta relación o historia?", es decir, la que Juan de Tovar había preparado sobre las
antigüedades nahuas. "¿Cómo pudieron los indios, sin escritura, pues no la

---

[13] *Historia de la literatura náhuatl,* t. II, p. 369.
[14] El texto de las cartas de Acosta y Tovar sobre esta materia se halla en la *Biografía de fray
Juan de Zumárraga* de Joaquín García Icazbalceta, 4 vols., México, Porrúa, 1947, t. IV, pp. 89-95.

usaron, conservar por tanto tiempo la memoria de tantas y tan variadas cosas?" Y "¿cómo se puede creer que las oraciones o arengas que se refieren en esta historia —aquí agregaremos (dice Garibay) los poemas y los antiguos relatos de carácter estético— las hayan hecho los antiguos retóricos que en ella se refieren, pues sin letras no parece posible conservar oraciones largas y en su género elegantes?"[15]

Siguiendo y comentando las respuestas que dio Tovar a Acosta, formula Garibay una elucidación acerca del origen de los testimonios en náhuatl que han llegado hasta nosotros. Respecto de la primera pregunta, citando a Tovar, recuerda que el virrey Enríquez "mandó juntar las librerías que ellos [los indígenas] tenían de estas cosas, y los de México, Tezcuco y Tula se las trajeron porque eran los historiadores y sabios de estas cosas". Por su parte añade don Ángel María que, además de esa compilación relativamente tardía dispuesta por Enríquez, hubo antes otras como las que dieron apoyo a los trabajos de fray Andrés de Olmos, Toribio de Benavente Motolinía y Bernardino de Sahagún. A propósito de lo que hizo posible la obra de Tovar, Olmos y Sahagún, señala:

> ...Y si Tovar se ufanaba de que la autoridad para él era mucha porque, además de que él vio en sus libros [o códices], lo trató antes de la peste [la de 1545] con los ancianos que supo sabían de esto, ¿qué diremos de la época de Olmos, comenzada en 1528, y de la de Sahagún que trabajaba en el tercer decenio del siglo en documentación similar...?[16]

En lo que concierne a la segunda cuestión, además de atender a la respuesta de Tovar, "que tenían sus figuras y jeroglíficos con que pintaban las cosas en esta forma, que las cosas que no había imagen propia, tenían otros caracteres significativos de aquéllos y con estas cosas figuraban cuanto querían", proporciona Garibay una más detenida descripción de los varios géneros de signos glíficos empleados por los nahuas. Su conclusión es que "...Si existió, como hay razón para creerlo, todo un sistema completo, no llegó hasta nosotros sino un cúmulo de residuos que apenas nos dan la idea de cómo pudo ser la representación del pensamiento..."[17]

Subrayando así la importancia que tenía el contenido de los libros indígenas, concentra luego la atención en lo que expresó Tovar tocante a la tercera pregunta:

> ...Mucha mayor importancia tenía el elemento oral en la cultura anterior a la Conquista. Es lo que puntualiza Tovar brillantemente ahora: "Para tener memo-

---

[15] La exposición y comentario de Garibay a estas cartas se halla en *Historia de la literatura náhuatl*, t. I, pp. 11-15.

[16] *Ibid.*, pp. 12-13.

[17] *Ibid.*, pp. 13-14.

ria entera de las palabras y traza de los parlamentos que hacían los oradores, y de los muchos cantares que tenían, que todos sabían sin discrepar palabra, los cuales componían los mismos oradores, aunque los figuraban con caracteres, pero para conservarlos con las mismas palabras que dijeron los oradores y poetas, había cada día ejercicio de ello en los colegios de los mozos principales, que habían de ser sucesores de éstos, y con la continua repetición se les quedaba en la memoria sin discrepar de palabra... Y de esta manera se conservaron muchos parlamentos, sin discrepar de palabra, de gente en gente, hasta que vinieron los españoles que en nuestra letra escribieron muchas oraciones y cantares que yo vi y así se han conservado..."[18]

Haciendo suya esta explicación, Garibay, adelantándose una vez más a quienes en fechas recientes han cuestionado la posibilidad de lograr un genuino transvase de la oralidad y del contenido de los códices a la escritura lineal alfabética, formula la siguiente concisa conclusión: "...Tenemos brevemente documentada la existencia de composiciones de carácter literario en la antigua civilización, y también de su paso a la luminosa prisión del alfabeto..."[19]

Lo que él describe como "paso a la luminosa prisión del alfabeto", efectivamente lo fue. Al escribirse con letras, los cantos y discursos quedaron atrapados, apartados ya de su mundo en el que se entonaban o pronunciaban acompañados de un ritual ante un pueblo que reverente y conmovido los escuchaba. Pero a la vez puestos en "la prisión del alfabeto" en que quedaron fijados, fue ésta, como con una palabra lo notó, "luminosa", para siempre manifiesta en cuanto perdurable manera de preservación del pensamiento.

Tras esta elucidación, el siguiente paso que da Garibay es ya el de describir las principales fuentes en que en "la luminosa prisión del alfabeto" se conservan textos literarios en náhuatl. Veintitantos son los manuscritos que registra. Ellos le permitían elaborar la Primera Parte de su *Historia...* que abarca la que califica de "etapa autónoma", la anterior a la Conquista. En relación con la Segunda, la del "trauma", sus fuentes son distintas. Como lo expresa, las ha localizado en varios repositorios, tanto de México como del extranjero. Don Ángel María realizó para ello acuciosos trabajos de archivo, de manera especial en la Biblioteca Nacional de México. En otros casos se valió de reproducciones fotográficas que obtuvo de lugares como la Biblioteca Bancroft, de la Universidad de California en Berkeley.

Su método, según lo describe, fue realizar la paleografía de los textos, preparar su traducción, revisándola y, en ocasiones, sometiéndola al examen de los muy pocos que en esos años se dedicaban a tareas afines. Entre ellos estuvieron Byron McAfee y quienes se consideraban sus discípulos, Charles E. Dibble y Arthur J. O. Anderson. La fidelidad, hasta donde ella es

---

[18] *Ibid.*, p. 14.
[19] *Loc. cit.*

posible, le preocupaba en su labor de traductor. Sin hacer violencia a la lengua receptora, el castellano, se esforzaba siempre por no dejar perder lo más característico de la expresión en náhuatl. De sus comentarios a los textos, importa notar sobre todo su afán por situarlos en sus correspondientes contextos de cultura. Más que hacer complicadas disquisiciones, su propósito era acercar al lector a lo propio y peculiar de los distintos géneros literarios nahuas y de la correspondiente composición dentro de ellos. A diferencia de otros estudiosos que se habían ocupado de algunos de estos textos —como Daniel Brinton, Francisco del Paso y Troncoso, Eduard Seler y Walter Lehman— teniéndolos como materia de indagación etnohistórica, Garibay adoptó un enfoque humanista dirigido a poner de relieve su significación literaria, como producciones de valor profundamente humano y por ello de interés universal. Éste es probablemente el principal mérito de sus trabajos. Con ello propició el acceso a un aspecto muy importante y no tomado en cuenta de la capacidad creadora de los antiguos mexicanos.

Sin exageración puede decirse que, con su obra, puso en marcha un proceso que hoy se ha extendido más allá de México. Gracias a él universalmente se reconoce que existió y está al alcance una rica literatura indígena en náhuatl con producciones de gran valor. Muchos son ya los que, a partir de los trabajos de Garibay, se acercan a estos textos y hacen suyo su disfrute, entre ellos no pocos de estirpe náhuatl que mantienen viva su lengua y forjan en ella nuevas formas de expresión.

GARIBAY, ÁNGEL MARÍA

Fecha de nacimiento: 1892 (Toluca, Estado de México).
Fecha de fallecimiento: 1967 (México, D. F.).

ESTUDIOS

En 1906 ingresó en el Seminario Conciliar de México, donde aprendió náhuatl, otomí, latín, griego, hebreo y otras lenguas; fue ordenado sacerdote en 1917.

LABOR ACADÉMICA

Fue bibliotecario y profesor del Seminario Conciliar de México (1919-1924).
Como párroco de varias localidades del Estado de México, recogió relatos y tradiciones indígenas.

En 1941 recibió el nombramiento de canónigo lectoral de la Basílica de Guadalupe.

En 1952 fue nombrado profesor extraordinario de la Facultad de Filosofía y Letras.

A partir de 1956 se desempeñó como investigador en el Instituto de Investigaciones Históricas y como director del Seminario de Cultura Náhuatl.

Tradujo a Esquilo, Sófocles, Eurípides y Aristófanes.

Escribió en los diarios capitalinos *Excélsior*, *El Universal* y *Novedades*, así como en otras publicaciones mexicanas y extranjeras.

Dirigió las primeras ediciones del *Diccionario Porrúa* (1964).

Ingresó en la Academia Mexicana de la Lengua en 1952 y en la Academia Mexicana de la Historia en 1962.

Reconocimientos

Doctor *honoris causa* por la UNAM (1951).
Premio Nacional de Literatura (1965).

Principales obras

Poesía indígena de la altiplanicie; divulgación literaria, México, UNAM (Biblioteca del Estudiante Universitario, 11), 1940, 211 pp.

Épica náhuatl; divulgación literaria, México, Universidad Nacional Autónoma de México (Biblioteca del Estudiante Universitario, 51), 1945, 156 pp.

Fray Juan de Zumárraga y Juan Diego; elogio fúnebre, México, Ábside (Bajo el signo de Ábside, 49), 1949, 30 pp.

Historia de la literatura náhuatl, México, Porrúa (Biblioteca Porrúa, 1), 1953, 2 vols. ilus.

Llave del náhuatl; colección de trozos clásicos con gramática y vocabulario, para utilidad de los principiantes, 2a. ed., México, Porrúa, 1961, 385 pp.

La literatura de los aztecas, México, Joaquín Mortiz (El legado de la América Indígena. Instituto Indigenista Interamericano), 1964, 138 pp.

Sabiduría de Israel; tres obras de la cultura judía, México, Porrúa ("Sepan cuantos...", 51), 1966, 189 pp.

Mitología griega; dioses y héroes, México, Porrúa ("Sepan cuantos...", 31), 1977, 260 pp.

ALFONSO CASO Y LA ARQUEOLOGÍA DE OAXACA

Marcus Winter

I

A MEDIDA que se acerca el fin del siglo, resulta cada vez más claro que Alfonso Caso puede considerarse como el arqueólogo-antropólogo mexicano más significativo, influyente y productivo de los últimos 100 años. Sus obras mayores abarcan unos sesenta años, desde la publicación de *Las estelas zapotecas* en 1928 hasta la aparición póstuma del segundo volumen de *Reyes y reinos de la mixteca* en 1977. Fue un brillante investigador, gran maestro y administrador. Casi todos los estudiantes de antropología y arqueología en México durante las décadas de los años treinta a los sesenta tuvieron algún contacto directo con él, ya fuera en el campo, en el salón de clases o por medio de sus conferencias.

Alfonso Caso nació en 1896 en el Distrito Federal. Estudió leyes y fue profesor en la Facultad de Derecho de la UNAM. Tuvo gran interés en la historia de México y en su arqueología. Estudió con Hermann Beyer y en 1930 excavó en Zacapu, Michoacán. En 1925 publicó su primer trabajo sobre arqueología, "Un antiguo juego mexicano: el *patolli*" (Marquina, 1951). Fue nombrado director del Museo Nacional de Arqueología, Historia y Etnografía, y en 1931, autorizado por el Departamento de Monumentos de la Secretaría de Educación Pública, comenzó sus exploraciones en Monte Albán, donde dirigió las excavaciones durante más de una década. En la primera temporada descubrió la Tumba 7 que le dio fama mundial. En 1939 fundó el Instituto Nacional de Antropología e Historia, del que fue su primer director. Posteriormente ayudó a establecer la Escuela Nacional de Antropología e Historia como parte del mismo instituto.

La combinación de antropología e historia en la misma institución refleja continuidad cronológica en México entre lo prehispánico y la actualidad. La rica documentación colonial que puede aplicarse al estudio de los grupos prehispánicos muestra el uso necesario de la historia en la antropología. Asimismo, la ENAH estudia el papel de los grupos indígenas en la integración del presente. En otras palabras, refleja una concepción de la antropología necesariamente vinculada con la historia. Caso ayudó a crear esta disciplina mexicana, y por lo tanto no es sorprendente su inclusión en un libro sobre historiadores de México.

La vida profesional de Alfonso Caso puede dividirse en tres periodos: los trabajos de campo en arqueología en Oaxaca durante los años treinta; las actividades administrativas del INAH durante los cuarenta; y sus últimas décadas, cuando fungía como fundador y primer director del Instituto Nacional Indigenista. En este puesto creó 11 centros coordinadores con el fin de integrar los grupos indígenas a la nación en el ámbito regional (Aguirre Beltrán, 1971). En los cincuenta y los sesenta Caso continuó sus estudios de los grupos prehispánicos de México; escribió sobre los aztecas, y especialmente sobre los mixtecos y sus manuscritos prehispánicos y coloniales. Murió el 30 de noviembre de 1970.

En 1971 Gonzalo Aguirre Beltrán recopiló y publicó una selección de escritos de Caso en el libro *La comunidad indígena*. En su prólogo, Aguirre Beltrán analiza con detalle los conceptos de cultura, indigenismo y aculturación que guiaron los trabajos administrativos y aplicados de Caso en sus 22 años al frente del INI. Aguirre Beltrán se refiere a las raíces de Caso en la arqueología y la antropología, y especialmente a la influencia ejercida en él por Manuel Gamio. El lector interesado en este periodo de la vida de Caso deberá consultar el ensayo y los artículos.

Otras semblanzas del maestro aparecen en el libro *Homenaje al doctor Alfonso Caso*, publicado en 1951 en conmemoración del 25 aniversario de su artículo sobre el *patolli*; el mismo libro incluye una bibliografía del arqueólogo y funcionario.

Por su papel clave en la creación e institucionalización de la antropología y la historia en México, la vida de Caso merece ser tratada en profundidad, teniendo en cuenta su formación personal, académica y profesional, además de las lecturas, relaciones con colegas y otras influencias que figuraban en su pensamiento. Tal biografía, lejos del alcance del presente ensayo, requeriría una investigación histórica y personal profunda. Aquí el propósito, relativamente superficial y limitado, es mencionar y comentar los trabajos de Caso sobre la época prehispánica. Tal vez servirá como introducción a la obra de este autor para las nuevas generaciones de estudiantes que han surgido desde 1970 y que no lo conocieron personalmente, y para reflexionar un poco sobre las contribuciones de un individuo que tanto tuvo que ver con el establecimiento de las disciplinas reunidas en el INAH.

II. Las estelas zapotecas

La primera publicación mayor de Caso, *Las estelas zapotecas*, refleja dos características importantes de sus trabajos posteriores: el deseo de sistematizar y clasificar la información, y el afán de hacerla disponible y accesible a otros investigadores: "Por ese motivo he creído indispensable dar el primer paso, para estudiar arqueológicamente, de un modo *sistemático,* esas antigüedades, publicando en el presente libro fotografías y dibujos de las piedras de que tengo noticia, con el objeto de poner al alcance de todos los investigadores el material conocido, pues la descifración de esta escritura tiene que ser obra colectiva" (Caso, 1928: 8).

Existían en colecciones de museos y particulares muchas piedras grabadas y urnas con jeroglíficos, pero nadie había organizado estos datos. En su forma característica, Caso recolectó y ordenó la información; su publicación lleva al lector, paso por paso, a entender la escritura zapoteca. Consideraremos este estudio como ejemplo precoz de la metodología y el estilo de Caso.

Después de mencionar el propósito del estudio, el arqueólogo establece que las estelas de Monte Albán son zapotecas. Poder relacionar los datos arqueológicos con grupos etnolingüísticos es fundamental en los estudios mesoamericanos, porque establece las ligas entre la arqueología, la historia y la actualidad. Caso nota que las urnas funerarias y las estelas de Oaxaca muestran las mismas —o muy similares— divinidades y jeroglíficos, mientras que los códices de Oaxaca son diferentes. Las urnas siempre habían sido atribuidas a los zapotecos porque se encuentran "entre los límites de la zona que ellos habitaron" (1928: 9). Así concluye que las urnas y las estelas son producto de la misma cultura, la zapoteca. En cambio, los códices de Oaxaca utilizan otras convenciones gráficas y muestran otros dioses —similares a los de los códices nahuas—, por lo cual corresponden a otro grupo.

Así lo comenta:

...entre los manuscritos indígenas que han llegado hasta nosotros, no hay ninguno que tenga semejanza con las piedras y vasos que se conocen como zapotecas, por lo que no podemos llamar zapoteca a ninguno de estos códices, pues es imposible que un pueblo haya empleado un estilo artístico y una escritura cuando trabajaba en piedra o barro, y otro estilo totalmente diferente y una escritura distinta si confiaba al pincel las representaciones. A no ser que algunos de estos códices hayan sido pintados por zapotecas después de haber sufrido la influencia de los nahuas o los mixtecas [Caso, 1928: 12].

En sus investigaciones posteriores Caso mostró que de hecho los códices conservados de Oaxaca corresponden en su mayoría a los mixtecos de un periodo posterior a las estelas zapotecas.

Como siguiente paso el autor clasifica los jeroglíficos en dos grupos, los que estaban acompañados por numerales y los que no. Los numerales llegaban del 1 al 13, por lo cual, basándose en datos comparativos de los mayas y los mexicas, argumenta que los glifos corresponden a nombres de días en el *tonalámatl* o calendario ritual de 260 días. También, con base en información etnohistórica del padre Córdoba, un sacerdote español que compiló un diccionario y relatos costumbristas de los zapotecos, estos glifos se pueden relacionar con nombres de individuos según su día de nacimiento en el mismo calendario.

Ni la comparación con los otros calendarios ni los datos históricos le permitieron establecer el orden de los días, por lo cual asignó letras a los jeroglíficos. Su clasificación es exhaustiva y con pocas modificaciones sigue en uso hoy en día (Urcid, 1992).

En seguida identifica el signo del año y los portadores del año. De nuevo invoca datos comparativos e históricos, y termina la sección con una lista comparativa de siete diferentes sistemas de escritura en Mesoamérica. El estudio continúa con una presentación de jeroglíficos sin numerales, una breve sección sobre el calendario mixteco y, finalmente, el catálogo que representa 60% del libro.

Las piedras grabadas catalogadas se dividen en estelas, jambas, dinteles y lápidas; cada una está documentada con fotografías y dibujos y acompañada de la información sobre su procedencia original y actual, su tamaño, y una descripción e interpretación.

Las estelas zapotecas es un modelo de sus publicaciones siguientes. Sus otras obras de gran envergadura son de estilo similar, y todas se clasifican detalladamente, se describen, se analizan, al tiempo que se comparan. Se recurre a una combinación de documentos históricos, y todo ello es muestra del gran alcance de Caso en sus lecturas y su habilidad para manejar detalles y poner todo en un contexto entendible. Como escritor es siempre cuidadoso y exhaustivo; su presentación es sencilla, directa y personal, pero nunca redundante, pedante o condescendiente. Las ilustraciones, siempre bien integradas, apoyan el texto.

Del estudio de las estelas se derivan cuatro conclusiones: primero, la escritura zapoteca corresponde a Monte Albán y es distinta de la de los códices; segundo, la escritura zapoteca es distinta pero está muy relacionada con la maya y con otras escrituras; tercero, la escritura zapoteca es muy antigua (Caso sugiere que quizás el calendario de 260 días se originó en la cultura zapoteca); y cuarto, el calendario mixteco y el mexica son similares entre sí, y los códices de Oaxaca probablemente son mixtecos.

Las conclusiones sugieren las futuras rutas de las investigaciones de Caso, así como los temas que él confirmará y apoyará después. Sólo el origen del calendario de 260 días queda todavía en cuestión, aunque hasta ahora la hipótesis de Caso parece correcta.

III. Exploraciones en Monte Albán

Las exploraciones en Monte Albán abrieron nuevos panoramas tanto para el mismo Caso como para la arqueología de México en general. Fue allí donde se establecieron los fundamentos de la arqueología de Oaxaca (Caso, 1932, 1935, 1938, 1942).

En la primera temporada (1931-1932) se inició la liberación y consolidación de la gran escalinata de la Plataforma Norte que da hacia la Plaza Principal, y aunque Caso no menciona la importancia que tuvo para el turismo, lo cierto es que la liberación, consolidación y restauración de edificios fue la parte más visible del proyecto. En temporadas subsecuentes se acondicionaron los edificios del Patio Hundido, los Edificios A, B y I de la Plataforma Norte; también se trabajó en la Plaza Principal y en los edificios centrales (Montículos G, H, I y J). También se descubrieron y acondicionaron los edificios de los lados este y poniente de la Plaza (Montículos P, R, S, el Juego de Pelota, L, M y IV). Se trabajó además en la escalinata norte de la Plataforma Sur que da hacia la Plaza, y también en el Edificio X, las residencias de las Tumbas 104 y 105, el patio de la Tumba 103, y otras estructuras menores, incluyendo el templo construido sobre la Tumba 7.

Caso menciona brevemente las técnicas de restauración utilizadas:

Reconstrucción de muros. Como generalmente los muros aparecen destruidos en su parte superior, pero conservan bastante de sus cimientos, hemos reconstruido la parte que falta con aparejo llamado poligonal o pelásgico, para contrastar con la parte de aparejo antiguo conservada. Pero en algunas ocasiones en que esto no es posible, sobre todo en ciertos detalles (escalones, escalerillas para sostener el estuco, cornisas, etc.), empleamos el mismo sistema de aparejo que tiene la construcción antigua, pero en este caso quedan distinguidas las dos construcciones, por el sistema general, del que ya hemos hablado, "entallando" la parte antigua y "rejoneando" la parte reconstruida.

Muros de contención. Muchas veces es indispensable dejar al descubierto detalles de épocas más antiguas que aparecen en un monumento, pero entonces el núcleo, formado de piedras y tierra, tiene que ser consolidado construyendo un muro de contención.

Estos muros los hemos construido, en todos los casos, con piedra irregular y sin presentar al exterior superficie labrada, procurando que las hiladas de las piedras sean irregulares, para dar la impresión de un simple relleno. También en este caso "rejoneamos" las juntas, y llamamos a este tipo "reconstrucción de núcleo"... [Caso, 1935: 16].

Desde la primera temporada Caso inició la búsqueda de tumbas.

...Con el fin de encontrar objetos y piedras con inscripciones y para estudiar los métodos de enterramiento que se usaban en Monte Albán, emprendimos la exploración de las tumbas. Nuestro propósito era también ver si se podía establecer la existencia de diferentes culturas y diferentes épocas, en caso de que no perteneciera toda la ciudad a una sola época y cultura, lo que parecía muy probable en virtud de las superposiciones de la Plataforma Norte y la diferencia que habíamos notado en la escultura... [Caso, 1969: 21].

Tal vez por el descubrimiento de la Tumba 7 se continuó en busca de otras; después de 16 temporadas se habían registrado 168 y aproximadamente 300 entierros.

Las tumbas y los entierros son dos tipos de enterramientos humanos. Las tumbas son construcciones arquitectónicas, como criptas, a menudo utilizadas en múltiples ocasiones; los entierros generalmente son sencillos, de un solo individuo, con pocos elementos arquitectónicos, y utilizados una sola vez. Las tumbas en Monte Albán casi siempre son parte integral de residencias, y los entierros se encuentran igualmente asociados a las unidades domésticas. Caso evidentemente sabía esto, pero su objetivo era más bien el de obtener objetos, por lo cual las excavaciones fueron limitadas y no expusieron las casas enteras. Los entierros y las tumbas reflejan por lo general el *status* social de las unidades domésticas. Hoy en día se trata de excavar y estudiar las tumbas y los entierros en el contexto total de la unidad doméstica para poder analizar la organización económica, social y política de la antigua comunidad.

Caso y sus ayudantes realizaron pozos estratigráficos para establecer la cronología, que se documentó claramente y en detalle en *La cerámica de Monte Albán* (Caso, Bernal y Acosta, 1967). Se trata de un estudio exhaustivo de la cerámica, incluyendo figurillas de barro. El estudio es complicado si no se está familiarizado con el material, pero es muy completo. En años recientes mucha cerámica de Monte Albán ha sido recolectada en recorridos y en excavaciones. Muchos ejemplos de casi todo lo que se ha encontrado están registrados en *La cerámica de Monte Albán*.

La clasificación de urnas de Monte Albán (abarca, además, figurillas, silbatos y vasijas efigie) también surgió de las exploraciones hechas por Caso (Caso y Bernal, 1952). Con el coautor de este estudio —Ignacio Bernal—, Caso organizó las urnas o grupos de urnas por periodo, dándoles nombres descriptivos, como por ejemplo: "Diosa con el Moño en el Tocado". Al final del estudio los dos autores resumen los datos etnohistóricos de nombres de dioses zapotecos y se preguntan si los nombres pueden asignarse a las urnas. Concluyen que se requieren más estudios comparativos para determinar los nombres de la urnas y ligar las representaciones con dioses específicos.

Los trabajos de Caso tienen una gran ausencia: la controversia. Tal vez esto refleje la falta de discusión, argumentos u opiniones contradictorios —o la ausencia de puntos de vista dignos de una respuesta del propio Caso—. O tal vez los trabajos son más que nada descriptivos y no pretenden polemizar. Todos sus estudios fueron precursores —casi no tienen antecedentes—. De manera que Caso estableció y construyó la arqueología oaxaqueña. Ahora, cuando han transcurrido ya tantos años, los estudios siguen siendo valiosos y los datos son básicos, aunque de vez en cuando resulta evidente que presentan problemas.

Un ejemplo de ello son los trabajos de Caso relacionados con la época IV de Monte Albán, que resultan confusos y un tanto ambiguos. En los años posteriores, en vez de atender y explicar las contradicciones, los arqueólogos aceptaron lo dicho por Caso y se encontraron en no pocas ocasiones con dificultades.

Caso definió una época IV en la arquitectura, pero en la cerámica definió un periodo designado III-B-IV: "...la gradación para pasar del periodo III-B al periodo IV de esta época es prácticamente insensible, por lo que en la descripción anterior abandonamos la idea de hablar de dos épocas, como hacíamos antes, y llamamos a este largo periodo, que dura probablemente más de siete siglos, la Época III-B-IV..." (Caso, Bernal y Acosta, 1967: 444). Pero surge la pregunta: ¿cómo se pueden diferenciar los dos periodos?

> ...Monte Albán IV no se caracteriza por una diferencia con la cerámica de Monte Albán III-B, sino porque un hecho de una importancia capital ocurrió, y es que la ciudad fue abandonada y los edificios se derrumbaron, por lo que no se hicieron más construcciones por los zapotecos. Pero sin embargo, entre el escombro se siguieron haciendo entierros y depositando ofrendas, y el hecho curioso es que la cerámica de antes y la de después del abandono de Monte Albán parece ser la misma. En cambio, la cerámica mixteca es muy diferente y se puede distinguir fácilmente. Es posible que los zapotecos que vivían en Zaachila y que dominaban muchos sitios del valle, y los mixtecos de Monte Albán, fueran contemporáneos. Es más, sabemos que lo fueron por lo menos durante el siglo xv, hasta la Conquista. Por tal motivo, mientras que las épocas anteriores de Monte Albán, calificadas en la cerámica de I a IV, son sucesivas, las épocas IV y V pueden ser, al menos en parte, contemporáneas... [Caso, 1969: 15-16].

Si la cerámica de dos periodos es indistinguible, o si los periodos o épocas diferenciados por la cerámica son contemporáneos, no parece haber divisiones claras en el tiempo. Por eso el uso de la época III-B-IV causó confusión. Por ejemplo, se intentó establecer un periodo IV en los sitios San Luis Beltrán y Lambityeco, pero sin tener en cuenta ni reconocer las ligas que estos sitios tenían con el III-B-IV de Monte Albán.

En forma similar, un gran grupo de sitios localizados en recorridos de superficie fue atribuido a III-B en Etla, mientras que otro grupo grande en Ocotlán y Zimatlán fue asignado al periodo IV, sin mostrar claramente la diferencia en la cerámica. Ambos grupos probablemente sean más o menos contemporáneos y correspondan a III-B-IV (Lind, 1991-1992: 180). Por lo tanto, debe ser posible hacer una o varias divisiones en el III-B-IV; pero esto no se ha hecho, y mientras tanto se ha convenido en tratar esta época como una unidad.

Otra ambigüedad en los trabajos de Caso está implícita en la manera de distinguir la "cerámica Mixteca".

...Los barros característicos de esta Época V son naturalmente diferentes a los de las épocas anteriores; pertenecen a los tipos que se encuentran en la Mixteca. Esto no quiere decir que los objetos hayan sido necesariamente importados de la Mixteca al valle de Oaxaca. Son demasiado abundantes, no tanto en Monte Albán, pero sí en otros sitios, como Yagul y Cuilapan, para que esto parezca probable. Debe de tratarse de copias locales de formas y barros originarios de la Mixteca. Junto con estos tipos, que por las razones anteriores hemos llamado mixtecos (poniendo una M al fin de su nombre, *v.gr.* G3M), encontramos piezas fabricadas con los mismos barros tradicionales de Monte Albán y con las mismas formas que consideramos zapotecas. Esta asociación es la que demuestra la contemporaneidad parcial a la que ya nos hemos referido de Monte Albán IV y V... [Caso, Bernal y Acosta, 1967: 447-448].

La identificación de grupos étnicos con base en artefactos puede ser complicada tanto en términos prácticos como teóricos. Las exploraciones recientes en la Mixteca demuestran que su cerámica no es la misma que la del valle de Oaxaca; los barros y algunas formas y acabados son diferentes, aunque también tienen atributos en común. Poner una M a los "tipos" no resuelve la necesidad de enfrentar los problemas de difusión, imitación o intercambio en el registro arqueológico.

IV. Exploraciones en La Mixteca

Desde el comienzo del proyecto Monte Albán, Caso intentó establecer una base comparativa, por lo cual se realizaron trabajos en Mitla (Caso y Rubín de la Borbolla, 1936) y en la Mixteca. A pesar de importantes hallazgos y múltiples referencias a grandes zonas y saqueos, nadie había realizado exploraciones científicas en la región. A partir de 1933 Caso efectuó varios recorridos por la zona junto con sus alumnos y ayudantes, Martín Bazán, Eulalia Guzmán, Daniel Rubín de la Borbolla y Juan Valenzuela. Y a partir de 1937 se realizaron exploraciones más en forma.

Pasaron por Yucuita, pero tal vez ante la mala conservación de los edificios optaron por trabajar en Yucuñudahui (Caso, 1938), y posteriormente en Tilantongo (Caso, 1938) y Monte Negro (Acosta, s. f.). Ahora se sabe que Yucuita es contemporáneo de Monte Negro y mucho más accesible. Las exploraciones en Yucuñudahui incluían intervenciones en el Juego de Pelota y la Tumba 1. En esta última se encontraron vigas y morillos bien conservados, diversas pinturas y una piedra grabada. Probablemente se trate de una población ligada a la ahora conocida cultura ñuiñe, centrada en la Mixteca Baja. En Monte Negro se trabajó durante tres temporadas, 1937-1938, 1938-1939 y 1939-1940 (Acosta, s. f.), y en Tilantongo y Chachoapan se encontraron restos que datan de lo que ahora se llama posclásico.

Probablemente las intervenciones de Caso ayudaran a conservar los sitios, ya que posteriormente se contrataron guardianes para Yucuñudahui y para Monte Negro. Los trabajos en la Mixteca permitieron a Caso establecer una secuencia cronológica inicial para aquella región y relacionarla con Monte Albán, el valle de México y la zona maya (Caso, 1942: 169).

V. OTRAS ACTIVIDADES

La décima temporada en Monte Albán parece marcar un cambio en la trayectoria de Caso. Según Acosta (s.f.), durante la temporada 1939-1940 Caso se quedó en la ciudad de México. Jorge R. Acosta se quedó supervisando las exploraciones en Monte Negro, mismas que Caso había dirigido en las dos temporadas anteriores.

Caso preparó y publicó informes —tipo resumen— de las primeras ocho temporadas en Monte Albán, con datos detallados de los edificios intervenidos, las tumbas exploradas, las ofrendas encontradas (jades, urnas y piedras grabadas) y las pinturas en las tumbas. Todo ello acompañado por planos de las estructuras investigadas. Hizo comparaciones con otras regiones, especialmente con Teotihuacán, de donde procedían los pocos datos comparables disponibles.

En el año 1939 se fundó el INAH y a partir de entonces Caso tuvo que dedicar más tiempo a la administración y a la política que a los trabajos arqueológicos de campo. El último año en que Caso publicó un informe de campo sobre Monte Albán fue 1939, aunque los trabajos en Monte Albán continuaron cada año hasta 1949 inclusive (temporadas 9-17). En 1958 se inició otro periodo de trabajos (temporada 18). El informe de exploraciones en Monte Negro quedó inédito (Acosta, s.f.), a no ser por un resumen (Caso, 1942: 161-171) y por la publicación de los datos osteológicos (Romero, 1951). Los resúmenes de las temporadas 13, 14, 16, 17 y 18 en Monte Albán ya se han publicado (Acosta, 1958-1959, 1974, 1975, 1976, 1978).

Es interesante que aunque el Horizonte Arcaico ya se había establecido —pero no fechado y dividido bien, ya que esto sucedió apenas en los años sesenta—, Caso parece no haber mostrado mucho interés en localizar o buscar sitios "arcaicos" —ahora preclásicos o formativos— en lo que sería el pre-Monte Albán en el valle de Oaxaca. Por lo menos en sus escritos no menciona ni se pregunta de dónde vino tanta gente para poblar y conformar Monte Albán. Durante algún tiempo se consideró que Monte Negro era más antiguo que Monte Albán, considerando unas fechas tempranas obtenidas mediante radiocarbono. Sin embargo, trabajos recientes muestran que Monte Negro y otras ciudades tempranas de la Mixteca son contemporáneas de las épocas I y II de Monte Albán.

Al disminuir la atención directa al trabajo de campo, Caso tal vez pudo dedicar más tiempo a la síntesis de sus ideas y a resumir la información obtenida (véanse, por ejemplo, Caso, 1965a, 1965b, 1965c, 1965d). En 1947 publicó otro estudio sobre la escritura zapoteca, ahora describiendo y asignando una posición cronológica a los danzantes y a las "lápidas de conquista" del Montículo J. Esta nueva información apoyó su idea de la antigüedad de la escritura zapoteca, ya que muchos glifos aparecen en los danzantes y piedras asociadas de la época I, la más antigua de Monte Albán.

La interpretación de las lápidas de conquistas como lugares conquistados o subyugados por Monte Albán la siguen aceptando hoy en día la mayoría de los mesoamericanistas. Por ser grabados en grandes bloques, los danzantes podían haber tenido un significado similar a las lápidas: una manifestación del poder de los líderes de Monte Albán al representar personas (danzantes) o pueblos (lápidas) conquistados o subyugados. En su forma característica, Caso se limitó a describir glifos y a analizar los grabados sin especular sobre los detalles de la organización política.

VI. Los códices

El estudio de los códices mixtecos es otro campo en el que contribuyó Caso de manera monumental (véanse, por ejemplo, Caso, 1954, 1960, 1964, 1966). En *Las estelas zapotecas* manifestó su interés en esos manuscritos, y el descubrimiento de los huesos grabados en la Tumba 7 de Monte Albán condujo a su estudio en serio:

> ...el descubrimiento de la Tumba 7 de Monte Albán, en donde aparecieron objetos de clara procedencia mixteca y huesos labrados en los que se mencionaban fechas históricas... nos llevaron a la idea de realizar un estudio completo de estos manuscritos, elaborando un catálogo que más tarde se transformara en un diccionario biográfico de los príncipes mixtecos. Emprendimos esta obra en el año de 1935, con nuestros alumnos del curso de Arqueología Mexicana de la Universidad Nacional, habiéndose hecho las primitivas tarjetas, que sirvieron de materia prima para elaborar el diccionario biográfico que será publicado en la obra a la que nos hemos referido... [Caso, 1949: 148].

La obra mencionada es *Reyes y reinos de la mixteca*, publicada en dos volúmenes: *El análisis* (volumen I, 1977) y *El catálogo* (volumen II, 1979). Pero la pieza clave para el estudio de los códices fue el encuentro casi fortuito de un documento colonial que Caso había considerado perdido: el Mapa de Teozacoalco, correspondiente a un pueblo en la Mixteca Alta. Caso consideró este mapa como una "...verdadera 'Piedra de Roseta', para la traducción final de los códices mixtecos" (1949: 145). Dicho mapa documenta una cadena de individuos, casamientos y relaciones de parentesco desde los siglos prehispánicos hasta la época colonial. Con él no sólo fue posible ubicar los códices en un espacio como el mixteco, e identificar los lugares precisos mostrados con símbolos y glifos, sino también ubicarlos en el tiempo, ya que las personas tardías representadas en el Mapa de Teozacoalco eran figuras históricamente conocidas. Así se podían seguir las generaciones hacia atrás y ligar a las personas prehispánicas con el calendario actual.

Al demostrar que los códices eran mixtecos, Ca~ɔ pudo descartar otras interpretaciones, lo que casi no ocurría en la arqueología por la falta de estudios previos.

> ...Queda demostrado... que este grupo de códices fue elaborado por los mixtecos. No se trata de aztecas, como creyera la señora Nuttall, ni de zapotecas, como creyera Cooper Clark, ni se refiere exclusivamente a dioses o a hombres; la verdad es que... se trata de genealogías de reyes que vivieron efectivamente en la Mixteca, pero que fundaron sus orígenes en genealogías divinas. Sus historias, reales y terrenas, tuvieron siempre un prólogo en el cielo [Caso, 1949: 150].

En otra parte de la obra Caso apunta:

> ...Los manuscritos que hemos podido leer, y que son los Códices Vindobonensis (reverso y parte del anverso), Nuttall, Colombino, Bodley, Selden I y II, y Becker I y II, además de numerosos lienzos y manuscritos poscortesianos, relatan historias genealógicas de los principados mixtecos. Podemos saber ya cuándo nació un rey y cómo se llamaba; quiénes fueron sus padres y sus hermanos; las guerras que sostuvo; cuándo y con quién se casó; los nombres de sus hijos y los días en que nacieron y, por último, cuándo murió; y todo esto con especificaciones precisas de años y días, que pueden ser traducidos a nuestra propia cronología. Estas historias se llamaban en mixteco *tonindeye*, "historias de linajes"... [Caso, 1949: 146].

Cierto es que todavía hay mucha investigación pendiente relacionada con los códices. Por ejemplo, investigadores recientes han identificado en el terreno contemporáneo lugares ilustrados en los textos. Sin embargo, la labor de Caso es imprescindible para iniciar el estudio de los códices mixtecos.

VII. Observaciones

En sus trabajos arqueológicos Caso siempre se quedó cerca de lo concreto y palpable —los monumentos arquitectónicos y los artefactos—. No especuló ni practicó la arqueología como antropología, ni como lo que ahora se llama arqueología procesual, que presta atención a la economía, la organización social y la política. Si trató sobre la religión fue porque ésta se hallaba expresada en las urnas. Su concepción de la ciencia arqueológica no se expresa en términos filosóficos, sino se refleja indirectamente en sus manuscritos, en la presentación racional y lógica de la información. El resultado de esta idea de la arqueología quedó claro al dar a conocer al mundo el esplendor de los zapotecos y los mixtecos.

Hizo lo que se propuso en 1930:

...Cuando en 1930 me proponía hacer las exploraciones en Monte Albán, los objetivos fundamentales eran allegar datos para obtener un conocimiento más profundo de la escritura y calendario zapotecos, el estudio arquitectónico de los monumentos, y el estudio de la cerámica; me proponía también hacer excavaciones en las tumbas, para obtener informaciones acerca de la religión, el vestido y el instrumental de los zapotecos y muestras del arte de los lapidarios y de los orfebres zapotecos y mixtecos. Por último, ver si era posible establecer una cronología... [Caso, 1969: 1930].

Si la obra arqueológica de Caso se destaca por la descripción analítica, es igualmente notable por la escasez de reflexiones abstractas sobre el sentido mismo de la arqueología. Una de sus pocas obras con sabor filosófico es el breve manuscrito publicado en la serie "Colección de Mensajes" bajo el título *A un joven arqueólogo mexicano* (Caso, 1968). En este texto Caso mantiene que la arqueología no es "sólo auxiliar de la historia" (1968: 17), sino que se trata de una ciencia que busca la verdad (1968: 47). Su concepción de ciencia aparentemente implica el usar técnicas de las ciencias naturales como la clasificación, cronología como fechamiento por radiocarbono, estratigrafía, comparación con otras áreas y presentación en un lenguaje racional. La ciencia, sea natural o social, se basa en parte en la teoría, y la teoría a su vez puede tener una base filosófica. Pero tales consideraciones no aparecen en la obra de Caso. Para él "...la arqueología [es] una ciencia que pretende reconstruir las culturas antiguas y revivir el modo de vivir del pasado..." (1968: 23). Evidentemente, no le preocupaban las cuestiones abstractas, como la definición de cultura, o la relación entre arqueología y antropología; tampoco los problemas teóricos más concretos sobre el establecimiento de periodos cronológicos o la identificación de grupos étnicos. Las manifestaciones materiales de la arqueología en Mesoamérica, y en Oaxaca en particular, son tan absorbentes que es fácil olvidar los asuntos filosóficos que rodean la actividad del arqueólogo. Si no hay otras personas trabajando el mismo material o región —o por lo menos algo parecido—, tal vez no se llegue al estímulo o a la discusión, y menos a la necesidad de entrar en polémicas sobre métodos o interpretaciones.

Los tiempos cambian y en la arqueología hoy se plantean preguntas no formuladas hace 50 años. Aunque puede ser que Caso supiera que las descripciones duran más que algunas teorías y explicaciones. De todas maneras, el trabajo de Caso es ejemplar; dejó una gran herencia rica en datos útiles. Parte de su obra queda en forma de instituciones, pero no dejó una escuela de pensamiento, quizá porque las condiciones no eran propicias para ello. La excavación de un depósito arqueológico no es repetible, como sí lo es un experimento en el laboratorio, por lo cual resulta imperativo el registro cuidadoso y bien difundido. La información que Caso dejó para las generaciones futuras siempre será parte de los fundamentos de la arqueología de Oaxaca.

Bibliografía

Acosta, Jorge R., "Exploraciones arqueológicas en Monte Albán, VIII temporada", *Revista Mexicana de Estudios Antropológicos*, núm. 15, México, 1958-1959, pp. 7-50.

———, "Informe XIV temporada de exploraciones en la zona arqueológica de Monte Albán, 1945-1946", *Cultura y Sociedad*, vol. I, núm. 2, México, 1974, pp. 69-82.

———, "Exploraciones en la zona arqueológica de Monte Albán, Oaxaca, XVII temporada, 1949", *Cultura y Sociedad*, vol. II, núm. 3, México, 1975, pp. 1-16.

———, "La XIII temporada de exploraciones arqueológicas en Monte Albán, 1944-1945", *Cultura y Sociedad*, vol. III, núm. 4, México, 1976, pp. 14-26.

———, "Exploraciones arqueológicas en Monte Albán: XVI temporada, 1948", *Cultura y Sociedad*, vol. V, núm. 8, México, 1978, pp. 1-11.

———, "Exploraciones en Monte Negro. Manuscrito inédito", Instituto Nacional de Antropología e Historia, México, s.f.

Aguirre Beltrán, Gonzalo, Prólogo, en *Alfonso Caso, la comunidad indígena*, recopilado por G. Aguirre Beltrán, México, SEP (SepSetentas, 8), 1971, pp. 7-44.

Bernal, Ignacio, "Caso en Monte Albán", en *Homenaje al doctor Alfonso Caso*, México, 1951, pp. 83-89.

Caso, Alfonso, *Las estelas zapotecas*, México, Talleres Gráficos de la Nación, 1928.

———, *Las exploraciones en Monte Albán: Temporada 1931-1932*, México, Instituto Panamericano de Geografía e Historia, publicación núm. 7, 1932.

———, *Las exploraciones en Monte Albán: Temporada 1934-1935*, México, Instituto Panamericano de Geografía e Historia, publicación núm. 18, 1935.

———, *Exploraciones en Oaxaca, quinta y sexta temporada, 1936-1937*, México, Instituto Panamericano de Geografía e Historia, publicación núm. 34, 1938.

———, "Resumen del Informe de las exploraciones en Oaxaca durante la 7a. y la 8a. Temporada 1937-1938 y 1938-1939", *Vigesimoséptimo Congreso Internacional de Americanistas*: Actas de la Primera Sesión, celebrada en la ciudad de México en 1939, vol. II, México, Instituto Nacional de Antropología e Historia, 1942, pp. 159-187.

Caso, Alfonso, "Calendario y escritura de las antiguas culturas de Monte Albán", en *Obras completas de Miguel Othón de Mendizábal*, vol. I, México, 1947, pp. 113-143.

————, "El Mapa de Teozacoalco", *Cuadernos Americanos*, vol. XLVII, núm. 5, México, 1949, pp. 145-181.

————, *Interpretación del Códice Gómez de Orozco*, México, 1954.

————, *Interpretation of the Codex Bodley*, 2858, México, Sociedad Mexicana de Antropología, 1960.

————, *Interpretación del Códice Selden*, 3135 (A.2), México, 1964.

————, "Sculpture and Mural Painting in Oaxaca", en *Handbook of Middle American Indians*, vol. III, parte 2, G.R. Willey, editor, Austin, University of Texas Press, 1965a, pp. 849-870.

————, "Lapidary Work, Goldwork, and Copperwork from Oaxaca", en *Handbook of Middle American Indians*, vol. III, parte 2, G.R. Willey, editor, Austin, University of Texas Press, 1965b, pp. 896-930.

————, "Zapotec Writing and Calendar", en *Handbook of Middle American Indians*, vol. III, parte 2, G. R. Willey, editor, Austin, University of Texas Press, 1965c, pp. 931-947.

————, "Mixtec Writing and Calendar", en *Handbook of Middle American Indians*, vol. III, parte 2, G. R. Willey, editor, Austin, University of Texas Press, 1965d, pp. 948-961.

————, *Interpretación del Códice Colombino*, México, 1966.

————, *El tesoro de Monte Albán*, México, INAH (Memorias del Instituto Nacional de Antropología e Historia, 3), 1969.

————, *Reyes y reinos de la Mixteca*, vol. I, México, FCE, 1977.

————, *Reyes y reinos de la Mixteca*, vol. II, México, FCE, 1979.

———— y Daniel F. Rubín de la Borbolla, *Exploraciones en Mitla, 1934-1935*, México, Instituto Panamericano de Geografía e Historia, publicación núm. 21, 1936.

———— e Ignacio Bernal, *Urnas de Oaxaca*, México, INAH (Memorias del Instituto Nacional de Antropología e Historia, 2), 1952.

————, Ignacio Bernal y Jorge R. Acosta, *La cerámica de Monte Albán*, México, INAH (Memorias del Instituto Nacional de Antropología e Historia, 13), 1967.

Dávalos Hurtado, Eusebio, "Bibliografía del Dr. Alfonso Caso", en *Homenaje al doctor Alfonso Caso*, México, 1951, pp. 33-39.

Lind, Michael D., "Unos problemas con la cronología de Monte Albán y una nueva serie de nombres para las fases", *Notas Mesoamericanas*, núm. 13, Cholula, 1991-1992, pp. 177-192.

Marquina, Ignacio, "La obra del doctor Alfonso Caso", en *Homenaje al doctor Alfonso Caso*, México, 1951, pp. 21-31.

Pompa y Pompa, Antonio, "Liminar", en *Homenaje al doctor Alfonso Caso*, México, 1951, pp. 15-20.

Romero, Javier, "Monte Negro, centro de interés antropológico", en *Homenaje al doctor Alfonso Caso*, México, 1951, pp. 317-329.

Urcid Serrano, Javier, *Zapotec Hieroglyphic Writing*, tesis doctoral, Department of Anthropology, Yale University, New Haven, EUA, inédito, 1992.

CASO, ALFONSO

Fecha de nacimiento: 1896 (México, D. F.).
Fecha de fallecimiento: 1970 (México, D. F.).

Estudios

Maestro en filosofía (1918).

Abogado y arqueólogo por la Universidad Nacional, donde fue catedrático durante dos décadas.

Trabajo profesional

Director de la Escuela Nacional Preparatoria (1928-1930).

Abogado del Departamento de Arqueología del Museo Nacional de Arqueología, Historia y Etnografía (1930-1933).

Director del Museo Nacional de Arqueología, Historia y Etnografía (1933-1934) y del Instituto Nacional de Antropología e Historia (1939-1944).

Cofundador de la Escuela Nacional de Antropología e Historia (1939).

Trabajó 12 años (1931-1943) en la exploración de Monte Albán.

Director general de Enseñanza Superior e Investigación Científica de la Secretaría de Educación Pública (1944).

Rector de la UNAM (1944-1945).

Titular de la Secretaría de Bienes Nacionales e Inspección Administrativa (1946-1948).

Director del Instituto Nacional Indigenista de 1949 a 1970.

Vocal de la Comisión Nacional de los Libros de Texto Gratuitos.

Premios y menciones especiales

Miembro de El Colegio Nacional.

Miembro de la Academia Mexicana de la Historia, correspondiente de la Real de Madrid.

Miembro de la American Anthropological Association.

Miembro de la Sociedad de Geografía y Estadística, México, D. F.

Formó parte de la Sociedad "Antonio Alzate".

Miembro fundador de la Sociedad Geográfica de La Paz, Bolivia.

Miembro de honor de la Sociedad de Americanistas de París.

Miembro de la American Association of Teachers of Spanish, Washington Academy of Sciences.

Honorary fellow del Royal Anthropological Institute of Great Britain and Ireland.

Doctor *honoris causa* de la Universidad de Albuquerque, Nuevo México.

Premio Nacional de Ciencias 1960.

Principales obras

El teocalli de la Guerra Sagrada (descripción y estudio del monolito encontrado en los cimientos del Palacio Nacional), México, Talleres Gráficos de la Nación, 1927, 66 pp.

El pueblo del sol, México, Fondo de Cultura Económica/SEP, Subsecretaría de Cultura, 1953, 125 pp.

La cerámica de Monte Albán (coautor con Ignacio Bernal y Jorge R. Costa), México, Instituto Nacional de Antropología e Historia (Memorias del INAH), 1967, 493 pp.

Los calendarios prehispánicos, México, UNAM, Instituto de Investigaciones Históricas (Serie de Cultura Náhuatl, monografías, 6), 1967, 266 pp.

Reyes y reinos de la Mixteca: Diccionario biográfico de los señores mixtecos, México, Fondo de Cultura Económica, 1979, 2 vols.

DANIEL COSÍO VILLEGAS

Enrique Krauze

I

Toda biblioteca mexicana que se respete contiene los hermosos tomos de la *Historia moderna de México*: en los tersos lomos, el viejo escudo nacional; en las portadas, el célebre mural de Diego Rivera: *Un domingo en la Alameda*. Los cinco tomos de color rojo pálido, correspondientes a la vida política interior y exterior durante la República Restaurada (1867-1876) y el Porfiriato (1876-1911), fueron escritos por Daniel Cosío Villegas. Los de color café y azul que refieren, respectivamente, la vida social y económica en los mismos periodos, fueron obra de varios historiadores dirigidos por Cosío Villegas. Detrás de esos 11 plácidos volúmenes hay decenas de miles de lecturas, un esfuerzo inmenso de investigación, análisis, comprensión y síntesis que se prolongó por 23 años. Y allí están, como tantas obras mexicanas, como una vieja parroquia o una plaza. Los hombres pasan junto a ellas, las miran o las soslayan, sin advertir que esconden un milagro de creación. Cosío Villegas tuvo el aliento para hacerla porque se sintió responsable de su país y porque para su generación, heredera de Vasconcelos, ser revolucionario era ser creador:

> Revolucionario —había dicho Vasconcelos en 1924— debería llamarse el que construye mejor y más de prisa; el que trabaja más bien y con más empeño; el que inventa y crea y se adelanta al destino; el que levanta una torre más alta que todas las que había en su pueblo; el que formula una teoría social más generosa que todas las tesis anteriores y dedica su vida a lograrla; el que con sus obras aumenta el bienestar de la gente.

Con sus obras, Cosío Villegas aumentó nuestro conocimiento de México en una dimensión que quizá con el tiempo, cuando la palabra revolucionario vuelva a significar creación, se llegará a aquilatar. Pero como ese venturoso momento puede tardar algunos decenios importa mucho recordarlo, no sólo en discursos o en brindis sentimentales cada aniversario, sino del modo en que él lo hubiese deseado, cumpliendo el cometido de su obra: leyéndola.

Admitamos de entrada que no es fácil. Esos inmensos tomos asustan hasta a las ratas de biblioteca. Les ha sucedido un poco lo que a Alfonso Reyes: las obras monumentales dificultan su propia lectura si no las acompaña o precede una antología. Al final de su vida, Cosío Villegas comenzaba a trabajar en una síntesis de la *Historia moderna de México* porque no ignoraba el tamaño —y el peso, y los pesos— disuasivo de sus libros. En otra parte he recordado la escena:

> cuatro días antes de su muerte, el sábado 6 de marzo de 1976, lo encontré leyendo su primer tomo. Le pregunté, algo crudamente, si no era raro que hubiesen salido tan pocas reseñas de sus últimos libros sobre el Porfiriato. Me contestó que el fracaso de ventas era indudable y que por ello pensaba escribir, de un jalón, ese resumen. Pero como no creyendo que las fuerzas le alcanzaran me remarcó orgullosamente el increíble conocimiento de hombres y situaciones que alguna vez había llegado a manejar.

Luis González, su discípulo y amigo más cercano, tomó la estafeta de Cosío Villegas en ésta y en otras empresas: el tomo III de la *Historia general de México* incluye una lectura de la *Historia moderna de México* bajo el título de "La era liberal", resumen que el propio Cosío Villegas hubiese suscrito sin chistar aunque añadiendo un pequeño toque de solemnidad, impensable en su heredero universal.

Para dar un programa de los hechos que estudió Cosío y de las distintas formas en que se acercó a ellos se puede pensar en seis apartados. El primero sería un panorama histórico del país desde la Colonia hasta mediados del siglo xix. Su objeto ponderaría las condiciones de desventaja en las que México se arrojó a vivir la vida independiente y a perseguir los dos fines principales de la civilización occidental: la libertad política y el bienestar material. Los siguientes cuatro apartados corresponderían a dos pares de periodos y enfoques. Tanto para la República Restaurada como para el Porfiriato, Cosío Villegas empleó dos métodos de hacer historia: la narración y el discurso moral. En el primer caso se acercó al novelista y al detective: tramas —traumas—, personajes, proyectos, destinos, una vertiginosa historia dominada por los verbos. En el segundo, osciló entre el abogado y el profeta: ponderación de lo bueno y lo malo, lo inteligente y lo torpe, lo que sirvió y lastimó, la historia convertida en juicio moral, en juicio final. A este género del ensayo histórico y moral pertenecerían también los textos de Cosío Villegas sobre la Revolución Mexicana.

Una de las críticas que con mayor justicia se hicieron a Cosío Villegas es que los títulos de sus capítulos, aunque ocurrentes, eran por lo general vagos e inexactos. Es difícil que el lector se entere por ellos de lo que va a leer.

En un primer acceso el lector advertiría de inmediato el margen enorme de responsabilidad que Cosío le concede al hombre como propulsor de la historia. Aunque su lienzo no excluye la acción de vastas fuerzas económicas, sociales y naturales, la suya es una "versión personalista" del pasado. En *Daniel Cosío Villegas, una biografía intelectual*, intenté describirla:

> ...Una persona llamada México se explica por sus "fines", teleológicamente. Nació "impreparado" para la modernidad. El legado de España fue un lastre gigantesco: nada había dejado en sus colonias que promoviera la ciencia, tecnología, comunicación, educación. La gran tragedia de México (y de los pueblos latinoamericanos) fue su incapacidad para discernir el curso de la historia occidental en su provecho. Abandonaron el sistema central español por el sueño del liberalismo y apenas aclimatados a él, al doblar el siglo xx, los sorprende la moda generalizada de un Estado fuerte y central muy similar al español. Había una cierta fatalidad en el retraso con que México había iniciado su carrera modernizadora, pero el problema para Cosío era la falta de inteligencia de nuestros gobernantes e intelectuales que no descifraron a tiempo el destiempo.

El tratamiento de la República Restaurada se compone de varios capítulos. Para empezar Cosío Villegas se pregunta por qué sucumbió la breve arcadia de los liberales. Ningún misterio de nuestra historia le intrigaba más:

> Las figuras principales que soportaron el peso de ambas guerras dejaron al país en 1867 un equipo de hombres sin el más remoto paralelo en nuestra historia por su capacidad intelectual y sus prendas morales; un equipo de hombres que por haberse forjado en la escuela de la adversidad y del rigor más agudos, por haber sido actores en el drama y artesanos en la obra de levantar de la ruina y la desolación la fábrica atrevida de un México moderno y occidental, ganaron la madurez y la sazón del "hombre en su punto" de Gracián.

¿Por qué este grupo de ideólogos —Juárez, Lerdo, Iglesias, Zamacona, Zarco, Altamirano, Prieto, Ramírez, Payno, Romero, Riva Palacio, Montes, Martínez de la Torre, Vigil, Vallarta, etc.—, los más brillantes, tenaces y desinteresados de nuestra historia, los que prometían a México avanzar simultáneamente hacia la libertad y el progreso material, fueron derrotados por las armas y el proyecto de Porfirio Díaz? Para contestar a esta pregunta fundamental, el lector hallará una coreografía de razones y pasiones, de actitudes y personajes, un clima de "Convención Francesa" que en su misma borrachera de libertad llevaba el germen de una paz que se fue imponiendo primero en las conciencias, después en la vida política y finalmente en los sepulcros.

La narración rápida y esquemática de los cambios políticos durante la República Restaurada aparece en los textos de Cosío: elecciones, partidos, la revuelta de la Noria, la habilidad política de Juárez, el extraño fracaso de Lerdo, el puritanismo legal de Iglesias, el triunfo final de Díaz en Tuxtepec.

Uno de los capítulos más finos en la *Historia...* de Cosío es "La cavilación sobre la paz". En él recoge las reflexiones de varios personajes de la época sobre la necesidad de la paz. El país había vivido en estado de guerra desde 1810 posponiendo hasta las calendas griegas —o aztecas— su avance material. Era hora de dejar las armas, tanto las de fuego como las ideológicas. El país seguía siendo un "cuerno de la abundancia" cuyos beneficios descenderían como el agua de las montañas hacia el valle si el mexicano dejaba de pelear contra el mexicano. Esta larga cavilación sobre la paz fue anterior al Porfiriato y, en cierta forma, preparó su llegada.

En su "Defensa de la República Restaurada" está Daniel Cosío Villegas —ese liberal de museo, puro y anticuado, como él mismo se decía— de cuerpo y alma. Conocía a tal grado a los protagonistas de la Reforma y la República Restaurada que muchas veces imaginó haber vivido realmente entre ellos. Para él no había dudas: en aquel breve espacio de 10 años en que la Constitución del 57 se acató religiosamente, "México se acercó... a la vida democrática mucho más de lo que estuvo antes y de lo que estaría después". En la visión democrática y liberal de Cosío Villegas —como en la de Madero— el momento clave de nuestra vida independiente es 1856-1857:

> ...La historia mexicana tiene páginas negras, vergonzosas, que daríamos mucho por poder borrar; tiene páginas heroicas, que quisiéramos ver impresas en letra mayor; pero nuestra historia tiene una sola página, una página única, en que México da la impresión de un país maduro, plenamente enclavado en la democracia y en el liberalismo de la Europa occidental moderna. Y esa página es el Congreso Constituyente de 1856. A él concurrieron los hombres de las más variadas tendencias; hombres, además, de convicciones muy definidas; de pasiones fuertes algunos y otros con un temperamento combativo que fácilmente alcanzaba la temperatura del fuego; pero en ningún momento, ni siquiera usando inocentes triquiñuelas parlamentarias, nadie quiso imponerse por la violencia o la sorpresa, o desconocer, o siquiera regatear las resoluciones en la mayoría...

En 1956-1957, la Universidad de México organizó los festejos del centenario de la Constitución Liberal. Aunque no faltaron ditirambos para aquella Carta Magna, el tono general fue de indulgencia. Había sido —se decía— una Constitución limitada: generosa con el individuo, limitativa al Estado, ciega con la sociedad. Estos argumentos —recordó Cosío— daban la razón a los más antiguos y célebres críticos del 57: Justo Sierra y Emilio Rabasa. La defensa más sólida era entonces criticar a estos críticos. Lo hizo en varias conferencias que más tarde reunió en un libro apasionado: *La Constitución de 1857 y sus críticos.*

En esa "Defensa de la República Restaurada" se recogen tres capítulos de ese libro polémico. Los tres están construidos como alegatos contra tesis de *La Constitución y la dictadura*, una de las grandes obras de Emilio Rabasa.

El método de Cosío era siempre el mismo: tomó las ideas centrales de Rabasa y las sometió a la prueba de la historia. El resultado de este pugilato histórico fue revelador.

Rabasa criticaba la elección popular directa de primer grado con que la Constitución ordenaba escoger a los magistrados de la Corte, y proponía, en cambio, la inamovilidad de éstos. Pero Cosío acude a la prueba de la historia: mientras la elección directa se practicó durante la breve década liberal, no se coló ningún "animal político" a la Corte. Los electores sabían su cuento y los elegidos no necesitaban seguridad económica para ser honestos. La diferencia entre esos magistrados libres y los cautivos que siguieron después —tanto en el Porfiriato como en la Revolución— estaba en el temple moral. Eran hombres distintos: "fiera, altanera, soberbia, insensata, irracionalmente independientes". Dudo que el lector pueda hallar en toda la obra de Cosío un capítulo más emotivo.

Rabasa sostenía que la Constitución creó —ni más ni menos— la dictadura, entre otras cosas porque orilló a los gobernantes a fabricar las elecciones. Había que excluir del sufragio a los analfabetos. Cosío recorrió las elecciones que mediaron entre 1861 y 1880 y mostró que todas fueron limpias, pero su argumentación medular fue una defensa de la igualdad política de los hombres, independientemente del origen o escolaridad. Quienes creen a estas alturas, como creía don Porfirio a las suyas, que México sigue impreparado para la democracia deberían concentrarse en estos argumentos que finalmente se convierten en una cátedra de la verdadera función del Poder Legislativo: no suplir al Ejecutivo sino tamizar, ponderar, canalizar sus iniciativas.

Pero en esta "Defensa de la República Restaurada" Cosío Villegas también se ocupa del legendario trío de Paso del Norte: don Benito, don Sebastián y don José María. El lector estará quizá acostumbrado a pensar en Juárez como el impasible o el inflexible. En el texto de Cosío hallará un personaje nuevo: no sólo el consumado político y el hombre de principios sino una faceta que lo engrandece aún más: el creador de toda una doctrina internacional, un brillante ideólogo de la diplomacia. El texto sobre Lerdo de Tejada es uno de los más personales de Cosío. Ningún protagonista de nuestra historia le atraía e intrigaba más que este personaje volteriano: inteligente y escéptico, pícaro y libresco, pleno de talento y humor:

...Es un gran misterio de la historia mexicana, que nadie ha despejado todavía, y que tal vez nunca se aclare de un modo cabal, por qué Lerdo, un hombre estupendamente dotado para las artes de gobierno, con una experiencia política apenas inferior a la de Juárez, y que asciende, según se dice, en mejores condiciones que ningún otro presidente en la historia moderna del país, fracasa en su gestión hasta el grado de no poder concluir su periodo constitucional y de tener frente a sí dos revueltas liberales, la tuxtepecana de Díaz y la decembrista de Iglesias, más una conservadora, la cristera. León Guzmán, con el extremismo característico de la época, pintaba así el misterio: "El señor don Sebastián Lerdo de Tejada ha reunido dos veces el voto casi unánime del pueblo mexicano; la primera para ascender con aplauso a la presidencia de la República, y la segunda para descender vergonzosamente de ese elevado puesto".

En sus ensayos sobre Sebastián Lerdo de Tejada, Cosío Villegas —otro personaje volteriano— agotó una amplísima bibliografía extranjera y nacional para aclarar, en parte, el misterio. Finalmente, al ocuparse de don José María Iglesias narra el triste fin de otro mártir de la República Restaurada. Iglesias llevó su devoción por las leyes a un extremo que lo exaltó para la historia pero lo maniató para la presidencia. El gran jurista quiso levantarse en armas tardíamente, lanzó varios manifiestos, inició un éxodo que lo llevó a Estados Unidos y terminó, como Lerdo, en la soledad.

II

En 1876 se inició el crepúsculo de la República, una era que —a los ojos de Cosío— aún no concluye, y cuyos valores son muy distintos a los de la Reforma. En la *Historia moderna de México* Cosío dedicó al estudio del Porfiriato cuatro volúmenes: dos a la vida política interior (de 1876 a 1884 y de 1884 a 1910) y dos a la vida política exterior divididos temáticamente: el primero, a las relaciones con Centroamérica —que debería cobrar ahora una enorme actualidad—, y el segundo, a los vínculos y querellas con los principales países europeos y Estados Unidos.

De este mar de información proviene lo que se puede llamar la Narración del Porfiriato. En un estupendo libro de Cosío, *Estados Unidos contra Porfirio Díaz*, se habla de las vicisitudes que precedieron al reconocimiento del régimen de Porfirio Díaz por parte de los Estados Unidos, el modo en que Díaz, sus embajadores y ministros —Vallarta, Mata y Zamacona— vencen a sus homólogos norteamericanos —el presidente Hayes, los ministros Fish y Evarts y el embajador Foster— en un ajedrez diplomático de varios tableros. El lector confirmará que tal análisis merece la curiosa propaganda con que se anunciaba el libro: "Seguro de sus fundamentos como la mejor historia, ligero en su lectura como la mejor novela".

Ya entrados en la política interna quizás la aproximación inicial sería "Mátalos en caliente", que fue la famosa frase con la que, según cuenta la leyenda, Díaz ordenó a Luis Mier y Terán la represión de una oscura sublevación lerdista en 1879. Para Lerdo aquél había sido un sesgo definitivo en nuestra historia, prueba de la diferencia esencial entre la vida republicana y la vida pretoriana. Cosío Villegas no exculpa a Díaz, pero su opinión sobre los hechos es un poco distinta. En seguida vendría un texto de "palpitante" actualidad. Su tema: el desastre financiero con que finalizó el digno régimen de don Manuel González. Los estudiosos de la susceptibilidad mexicana a las fluctuaciones monetarias hallarán provecho en aprender cómo la peregrina idea de acuñar monedas de níquel estuvo a punto de costarle al Presidente no el brazo que le faltaba, pero sí todo lo demás.

Para continuar con la narración vendría un pequeño tratado de zalamería mexicana: "El barbero de Sevilla". Todos los interesados en cortejar a las altas personalidades políticas con los elogios más irresistibles deberían tomar nota de la altura que este género alcanzó en el Porfiriato, cuando gobernaba al país el caudillo "con la cabeza cubierta de nieve, como el Popocatépetl" (aunque en lambisconería, como en tantas cosas, la Revolución ha llegado mucho más alto que el Porfiriato).

También se incluye la historia de una lucha solitaria: Justo Sierra, guía de la Unión Liberal, hace en 1892 el último intento por renovar la vida política, limitar el Poder Ejecutivo y fortalecer el Judicial. Es entonces cuando pronuncia su célebre frase: "El pueblo mexicano tiene hambre y sed de justicia". La iniciativa de Sierra quedó sepultada para la eternidad. Hacia fines de siglo, Porfirio Díaz le explicaba, en carta confidencial, que había tenido (seguía teniendo y seguiría teniendo) razones (que algún día le confiaría) para seguir sacrificándose en la Presidencia contra sus propias y más profundas convicciones democráticas.

En esa misma narración se da cuenta del primer acto de solidaridad que tuvo México con Nicaragua cuando este país era acosado —como tantas otras veces en la historia— por la bananera soberbia del Big Stick norteamericano. Tan gallardo se portó don Porfirio en ésta y otras lides internacionales, que en 1927 el general Calles se sintió obligado a repetir, casi puntualmente, este episodio.

Misterio es una palabra que fascinaba al detective Cosío, y con ella aborda la curiosa historia de "Los Científicos", grupo de intelectuales-políticos que prosperó a la sombra del caudillo hasta adquirir un poder que todo el mundo consideró inmenso. ¿Por qué razón estos "primeros tecnócratas" de nuestra historia fueron ciegos a los presagios revolucionarios? ¿Por qué Limantour, Macedo, Pineda y compañía no discurrieron una transición inteligente al régimen de Porfirio Díaz?

Por último, viene la historia del movimiento antirreeleccionista. Aquí el gran personaje es Madero. Cosío no se tragó nunca la píldora inocente de la inocencia de Madero. Desechó las versiones consagradas, estudió la trayectoria del apóstol desde 1904 y leyó con cuidado *La sucesión presidencial en 1910 y el Partido Demócrata*. Su conclusión: además de un auténtico iluminado, Madero fue un político inteligente, paciente y audaz.

Cosío acostumbraba prologar cada volumen de la *Historia moderna de México*, y a esos prólogos llamativamente los denominó "Llamadas". Todas sin excepción son interesantes, pero como veredictos del Porfiriato destacan dos.

La "Cuarta llamada particular" describe, comprende y enjuicia la vida social durante el Porfiriato. Muy influido por su maestro Harold Laski, Cosío pensaba que el liberalismo social había bloqueado el entendimiento de los conflictos sociales al grado de la ceguera. Todos los problemas —desde el alcoholismo hasta la ignorancia— parecían taras individuales. Cosío no compartía este liberalismo social y lo consideraba inconsistente con la desaparición total en el Porfiriato del otro liberalismo, el verdadero, el político.

La "Séptima llamada particular" es uno de los balances más equilibrados y justos sobre la gran prenda histórica del Porfiriato: el progreso material. Cosío desecha las versiones que lo niegan. Recorriendo cada rama de la economía mide la cantidad y calidad de cada progreso y pondera su traducción a la vida social. Su imagen no es, por supuesto, enteramente halagüeña para el Porfiriato, pero el saldo es en general positivo: hubo progresos en el sentido recto del término y una congruencia profunda con la filosofía y los valores de la época. Pero no todo fue miel sobre hojuelas.

Socialmente, el juicio es condenatorio. En lo económico el Porfiriato pasa con calificaciones satisfactorias aunque desiguales. En lo político la calificación es cero porque no hay números negativos. Desmintiendo la idea de la "consolidación del Porfiriato" con las mejores y más dramáticas razones, Cosío afirma: "Porfirio, el hombre que tuvo una indudable visión para imaginar el avance, la transformación material del país, colocó la vida política nacional en el nivel más bajo posible, descansando firmemente... en esa triste realidad". Se trata de un texto luminoso que complementa simétricamente su defensa de la República Restaurada; es una condenación del Porfiriato.

III

Octavio Paz encontró una resonancia entre el momento en que Cosío Villegas decide volverse historiador y las remotas clases de "Sociología Mexicana":

> Al final de la lección inaugural de 1923 Cosío Villegas había dicho: "Si nuestro país no triunfa ni avanza hemos de creer que una fuerza superior —la mano de Dios o del demonio— traza el camino fatal de los pueblos y de los hombres y que el nuestro es fracasar". En 1947 vuelve a hacerse la misma pregunta, aunque en términos menos impregnados de religiosidad... La crítica le había servido, en 1923, para preparar un futuro que creía inminente: ahora le serviría para interrogar al pasado. No buscaba una edad de oro sino una explicación: ¿Cuáles eran las causas de nuestro fracaso? La historia, que es la madre de la sabiduría, es la hija del desengaño.[1]

---

[1] Octavio Paz, "Daniel Cosío Villegas: Las ilusiones y las convicciones", en *Plural*, núm. 55, 1976, pp. 74-80.

Aunque éste fue sin duda un motivo profundo de su conversión en historiador, ciertos hábitos mentales de Cosío determinaron también su decisión. Desde 1926 por lo menos, cuando presentó su trabajo "El comercio del azúcar en el siglo XVI"; en sus trabajos técnicos, ensayos, y notablemente en "La riqueza legendaria de México", Cosío conservó —con sus palabras— "la costumbre de no estudiar un problema presente sin conocer los antecedentes pasados del mismo, con el objeto de poder examinar si era un problema con raíz profunda y qué podría motivarlo".[2]

El ambiente intelectual lo empujó otro poco. En 1947 la musa de la historia enamoraba a los jóvenes intelectuales adscritos a El Colegio de México. Guiados por José Gaos, muchos aspirantes a sabios empezaron a buscar en la historia la esencia del ser mexicano. El libro de Dilthey sobre los mundos históricos, donde se sostenía que "el hombre sólo se conoce viéndose en la historia, nunca por medio de la introspección", gozó de gran influencia en aquella cofradía y algo de esa moda contagió al secretario de la institución.[3]

Pero en el fondo la decisión se fincó en la vieja ética hacedora, fundadora de la generación del 15. Cuando un distinguido historiador norteamericano, Charles Hale, escribió que "la *Historia moderna* fue, esencialmente, el esfuerzo de una figura pública, de un intelectual recién llegado al campo de la historia, por encontrar en el pasado una guía para su país en crisis", Cosío se apresuró a responderle que había "visto con mucha más claridad de la que [él mismo] hubiera logrado los verdaderos móviles que [lo] llevaron a estudiar y escribir la *Historia*". El que su trabajo histórico tuviese como punto de partida la voluntad de servicio a México era cosa que Cosío no tenía demasiado clara, al menos antes de leer la frase de Hale. En sus memorias se refiere más bien a los motivos vocacionales y de relevo generacional; en cambio, nunca dudó de la conexión entre "La crisis de México" y su *Historia moderna de México*: "Pertenecen —afirmó más de una vez— a un mismo tronco", son dos momentos de un solo movimiento intelectual.[4]

Cosío Villegas desembocó en la historia gracias a un atrevimiento que se llamó "La crisis de México". El ensayo había sido más una pregunta que un manifiesto público. Algunas respuestas, la de Revueltas sobre todo, le abrieron una incógnita mayor y una promesa: el pasado. Como intelectual, sintió la necesidad de entender ese "deterioro" del liberalismo que se llamó "Porfiriato", esa reacción al Porfiriato que fue la Revolución y la fatalidad histórica llamada "neoporfirismo". La clave de nuestra historia parecía esconderse en aquel régimen que había durado tanto y cuyos valores, increíblemente, re-

[2] EK/DCV, 23 febrero 1971.
[3] EK/Luis González.
[4] Charles Hale, "The Liberal Impulse: Daniel Cosío Villegas and the *Historia moderna de México*", *Hispanic American Historical Review*, vol. LIV, núm. 3, agosto, 1974, pp. 479-498. DCV a Charles Hale, 4 noviembre 1974. EK/DCV, 23 febrero 1971. James Wilkie y Edna Monzón de Wilkie, entrevista con Daniel Cosío Villegas, 8 abril 1964.

nacían. Como un hombre obsesionado en hacer una obra de beneficio colectivo, Cosío sintió el imperativo de dar a entender el proceso que había llevado a la crisis. En su anteproyecto a la Fundación Rockefeller escribió: "Se tratará de una historia viva, valiosa no sólo como una investigación básica no intentada hasta ahora, sino por su significado práctico para México, si lo que se desea es evitar, en el futuro cercano, los errores del pasado inmediato".[5]

Su historia quiso prestar un servicio psicoanalítico nacional.

El Seminario de Historiadores dirigido por Cosío quedó integrado definitivamente en 1952. Para entonces se había abandonado el proyecto original de elaborar dos historias paralelas, la Moderna y la Contemporánea, y el esfuerzo del grupo se concentró en la primera. El plan era producir seis libros, tres referidos a la República Restaurada (1867-1876) y tres al Porfiriato (1876-1911). En cada periodo habría un tomo dedicado a la vida política, otro a la social y uno más a la económica. Éstos quedaron a cargo de dos economistas metidos a historiadores: Francisco Calderón y Fernando Rosenzweig; al frente de los sociales estuvieron dos jóvenes historiadores: Luis González y González para la República Restaurada y Moisés González Navarro para el Porfiriato. Los tomos de política fueron, desde un principio, coto exclusivo del director.

El organigrama de la empresa era toda una novedad, por lo menos en México. Al frente estaba el director, hombre de edad, experiencia y autoridad que vigilaba y coordinaba el trabajo. En el nivel inmediatamente inferior, los cuatro historiadores gerentes, personas con cierta experiencia en el ramo de escribir historias, no tan sólo monografías. Un escalón más abajo aparecían personas encargadas de elaborar monografías con subtemas de los libros, así como recolectar materiales, labor a la que no eran ajenos tampoco los gerentes y el director. En el último peldaño estaba la mano de obra histórica, "lectores" de periódicos encargados de marcar lo que les parecía sobresaliente y pasarlo a las mecanógrafas que vertían la información en fichas impecables y uniformes, que a su vez se convertían en la materia prima de los redactores. Horario: de 9 a 2 de la tarde. Número de aviadores: cero.[6]

El grupo de historiadores se manejaba de modo bastante democrático. El Seminario hacía las veces de las juntas de administración y a él asistían los encargados de los tomos y el director. Cada vez que se discutía uno de los temas, el encargado presentaba sus planes provisionales y las fuentes principales por consultar. A medida que avanzaba la redacción parcial se realizaban nuevas juntas en las que se discutía y criticaba el trabajo. El lector estaba obligado a aceptar las sugerencias del Seminario o a dar suficientes razones

---

[5] DCV/a David Stevens, 26 agosto 1947.

[6] EK/DCV, 1 y 23 febrero 1971. *Historia moderna de México*, "La República Restaurada: Vida política", México, Hermes, 1955, pp. 24-28; Wilkie, *op. cit.*, 30 abril 1964.

para conservar su punto de vista en el caso de tener diferencias con sus jueces. Con este sistema de trabajo se pretendía combinar la colaboración individual de cada historiador con la colaboración de conjunto. Se partía del supuesto de que el estudio a fondo de un periodo histórico trasciende la capacidad de un solo individuo y que había que acudir al trabajo de grupo o en equipo para poder hacer la tarea.[7]

El proyecto de Cosío era emular las glorias del *México a través de los siglos* editado hacia 1887-1889 y del *México, su evolución social* editado a principios de siglo bajo la batuta de Justo Sierra. Advirtió, por lo menos en la segunda, un error fundamental de reclutamiento: don Justo se había preocupado por encargar monografías a los prohombres de la época, gentes con poco interés y tiempo para escribir y que, en consecuencia, produjeron una obra desigual. La primera lección que dejaba la lectura de esas grandes obras era la de desconfiar de los grandes nombres.[8]

El procedimiento con que Cosío reclutó y distribuyó el trabajo intelectual se asemeja más al trabajo de un gremio que al de una empresa capitalista. En esto, una comparación con el Polyfórum de Siqueiros puede resultar útil. Siqueiros subcontrataba el *rough work* de su obra, pero sin permitir que los aprendices la concibieran o idearan siquiera en parte. Tantos metros, tal color, tantos pesos. Se trataba, pues, de una empresa capitalista. La de Cosío era más respetuosa y creyente en las facultades y la inventiva individual de los aprendices, incluso demasiado respetuosa: ¿Podía confiarse en el discernimiento de los "lectores", los verdaderos proveedores de la empresa? ¿Cómo saber si algo fundamental se les escapaba? La experiencia personal del investigador en el archivo, enfrentado con el caos de la documentación, es algo indispensable en historia. Sólo él sabe qué es lo significativo. A nadie puede prestarle sus ojos.[9]

Otra faceta democrática fue la variedad de credos e ideologías que sostenían los gerentes y redactores de la obra:

En el grupo de estudiantes o de jóvenes historiadores que trabajaron conmigo en la *Historia moderna de México* había muchos matices políticos. Por lo menos dos de nuestros jóvenes historiadores eran profundamente católicos, algunos de ellos algo así como militantes católicos; el resto eran personas de un criterio más bien liberal, quizás con cierta inclinación izquierdista. No teníamos ningún marxista en el grupo y no me hubiera gustado tenerlo, no porque le tenga yo miedo a los marxistas, sino porque ellos ya tienen contestación para todas las cosas de este mundo, de modo que es inútil preguntarles... [En efecto] Si se compara el tomo de "Historia social" correspondiente a la "República Restaurada" con el tomo de "La vida social" correspondiente al Porfiriato, el primero redactado por tres per-

[7] *Ibid.*
[8] Wilkie, *op. cit.*, 30 abril 1964.
[9] Enrique Krauze, "Daniel Cosío Villegas, el empresario cultural", en *Plural, op. cit.*, pp. 7-17.

sonas liberales, y el segundo redactado por un católico militante, se aprecian ciertas diferencias. Hay un capítulo sobre el papel de la Iglesia en un movimiento de renovación social, de análisis de las cuestiones sociales durante el régimen de Díaz, escrito, naturalmente, por un católico, que intentaba decir que la Iglesia participó en ese movimiento. Bueno, nosotros pensamos que mientras se tratara de indicar que la Iglesia católica en efecto había hecho algo y se había preocupado por las cosas, ese criterio era no sólo inobjetable, sino deseable, ya que la mayor parte de las historias han sido escritas por liberales y, en consecuencia, han tendido a disminuir el papel de la Iglesia católica en México. Lo que no hubiéramos admitido en el Seminario es que este señor hubiera pretendido decir que todas las obras de beneficencia eran hijas de la Acción Católica.[10]

El director conservó estas buenas costumbres democráticas hasta el final pero manchó su expediente con un acto de vanidad: en vez de colocar en la solapa de los tomos sociales y económicos el nombre de los autores, puso el suyo propio.

No todo el dinero para la empresa provino de la Rockefeller: el Banco de México aportó mecanógrafas; la Secretaría de Hacienda, local; El Colegio de México y el propio Banco pagaron el sueldo de algunos investigadores. Con todo, la mayor parte llegó, en efecto, de la Fundación. Fueron cuatro partidas enviadas a El Colegio de México:

1 julio 1948	10 000 dólares
1 julio 1950	14 500 dólares
5 diciembre 1951	18 192 dólares
1 julio 1954	13 880 dólares
TOTAL:	56 572 dólares

Tomando en cuenta para la conversión las dos devaluaciones, de 1948 y 1954, la Fundación aportó 662 000 pesos para la historia.[11]

El sueldo de Cosío a todo lo largo del trayecto fue de 5 000 dólares anuales, cifra razonable, a pesar de lo cual no dejaron de circular las versiones más increíbles sobre la cantidad de dinero que el Tío Sam metía mensualmente en su bolsillo. Un antiguo condiscípulo suyo, el científico Luis Enrique Erro, comentó secamente que "no se podía escribir una historia de México con dinero norteamericano", y ésta fue, sin duda, una de las mayores críticas de los críticos al crítico: ser lo que alguno denominó un "becario profesional" de fundaciones norteamericanas.[12]

[10] Wilkie, *op. cit.*, 30 abril 1964.
[11] *Cf.* Reportes anuales de la Fundación Rockefeller: Aportaciones a humanidades en El Colegio de México. *Cf.* también correspondencia DCV/David Stevens y DCV/Marshall, en ADCV.
[12] EK/Gastón García Cantú, mayo 1976. EK/José Iturriaga, agosto 1978.

Hay varios hechos que desmienten el cargo. El primero es la vieja relación del propio gobierno mexicano con la Rockefeller, para proyectos agrícolas por ejemplo, una relación técnica que no necesariamente llevaba móviles políticos y que dio frutos, como la famosa revolución verde de Borlaug. Cosío, además, nunca negó el origen de los fondos cuyo monto publicaba la propia Fundación cada año. En fin, mientras redactaba su historia (que en modo alguno favorece a los Estados Unidos y que intenta desenmascarar, en más de un caso, la torpeza y ruindad de su política exterior) Cosío no sólo no era amigo del Tío Sam, sino que era visto como "pro comunista". En 1953, a raíz de un episodio detectivesco que le aconteció en Nueva York, la embajada le negó la visa: iba a sustentar una conferencia sobre "El comunismo en América Latina" y unos agentes del FBI lo registraron y le pidieron información sobre la actividad comunista en México. Como protesta tomó el primer vuelo de regreso y dejó colgada a la Universidad de Columbia, sede de las pláticas. El resultado fue que por años se le prohibió la entrada a los Estados Unidos.[13]

El problema de financiamiento se hubiese subsanado de existir en México fundaciones culturales apoyadas por la iniciativa privada, pero la gran empresa privada en México ha sido casi siempre inculta, conservadora, clerical y antiintelectual. En consecuencia, casi todo el apoyo a la cultura en México ha llegado del gobierno, con las buenas y malas consecuencias que esto acarrea.

Cosío vivió en carne propia este complejo problema del financiamiento intelectual en países como México. Desde sus años en el Fondo de Cultura Económica se enfrentó a la sordera de la iniciativa privada. Particularmente ilustrativa fue una experiencia que tuvo en 1951 cuando se le ocurrió fundar la revista *Historia Mexicana*. Pocos habían reparado en que Argentina, Colombia, Chile, Perú y, más ampliamente, América Latina tenían ya sus revistas históricas específicas, mientras que México carecía de ella. Cosío advirtió este agujero en la oferta cultural. Por lo demás, el Centro de Estudios Históricos de El Colegio tenía ya varios años de fundado, y según una idea suya de tiempo atrás, cuando se inicia una actividad intelectual a la que se quiere dar arraigo y proporciones, viéndola como actividad permanente, debe crearse una revista académica que le sirva de expresión. Ésta era la lección del Fondo de Cultura y su revista *El Trimestre Económico*.

La necesidad de que el CEH tuviese su revista, y la barbaridad de que el país careciese de un órgano histórico siquiera mensual, convencieron al empresario de que bien valía la pena echarse a cuestas su organización. Había dos problemas iniciales: el primero era que El Colegio y desde luego el CEH vivían en condiciones económicas limitadas, por lo que no podían darse el lujo de

[13] EK/DCV, 1973.

gastar dinero en una revista; el segundo consistía en seleccionar a los colaboradores.

Cosío hizo un inventario de toda la gente que estudiaba nuestra historia, no sólo de El Colegio —que tenía entonces escasísimos profesores y estudiantes— sino de la Universidad, de ciertas universidades de provincia y aun del tipo de historiador autodidacto que siempre ha florecido en México. También pensó en invitar a profesores interesados en la historia de México, tanto norteamericanos como europeos.

Pero el obstáculo principal era financiero. Cosío apeló a la gente rica que conocía, con resultados decepcionantes. Su carta mayor para *Historia Mexicana* era Raúl Bailleres quien le dio 5 000 pesos. A esa suma Cosío pudo agregar pequeñas cantidades producto de varias suscripciones por dos años. También logró recabar algunas suscripciones de las bibliotecas públicas del interior del país —que nunca tienen dinero para comprar nada y menos libros—. La revista, que desde un principio combinó la investigación, la crítica, la divulgación y hasta la polémica histórica, se mantuvo con ese dinero los dos o tres primeros años. Después pasó a El Colegio de México: ya no era una empresa incierta y la propia institución había mejorado un poco su situación económica. De ese modo, *Historia Mexicana* se convirtió en la revista oficial del Centro de Estudios Históricos.[14]

Hacia 1955, un curioso periodista (probablemente el propio Cosío) se propuso averiguar cómo marchaba la investigación de Cosío y su equipo. Llegó a la oficina de la calle de Cinco de Mayo que Hacienda proporcionaba al grupo pero, para su mala fortuna, el director estaba ausente:

…Siete mujeres más había ante sendas mesas, y sólo tres varones, perdidos ante aquel ejército femenino y entre mesas, armarios, papeles, libros, ficheros, mapas, estantes, máquinas de escribir, escupideras y cestos de desecho. Aquello tenía todo el aspecto de una fábrica intelectual: alcé instintivamente la vista con la certeza de toparme con la alta y humeante chimenea; mis oídos estaban oyendo ya el agudo silbato que anuncia la entrada y salida de los operarios; buscaba, seguro de encontrar, huellas de grasa o de aceite, de algún combustible conocido. Nada de esto había, y, sin embargo, no se borraba la impresión de fábrica…[15]

La *Historia moderna de México* y la revista *Historia Mexicana* fueron las dos fábricas de historia que Cosío armó en los cincuenta, pero en proyecto tenía otra más: la unificación de todos los documentos sobre nuestra historia contemporánea en cinco pasos: apoyo y organización de la Hemeroteca Nacional; estímulo y asesoría a la Biblioteca Nacional para la catalogación del Fondo Basave, el más rico en libros y revistas sobre el periodo; llamado a

---

[14] EK/DCV, febrero 1973. DCV a Luis Chávez Orozco, 11 abril 1951.
[15] Original en ADCV.

los prohombres de la Revolución para que permitieran la microfilmación de sus archivos; elaboración de una bibliografía completa de la Revolución; publicación de una historia documental de la misma.[16]

Si Cosío tenía una mentalidad empresarial para la historia, lo menos que se puede hacer con su fábrica de *Historia moderna* es someterla a una "auditoría" y esto es, parcialmente, lo que se intenta en las páginas que siguen, concentradas en los libros escritos directamente por Cosío y publicados en 1957. Conviene adelantar, por lo pronto, que de aquella tormentosa relación entre la veleidosa Clío y su otoñal pretendiente no surgió un historiador Cosío Villegas sino dos: el de la óptica microscópica y el de la óptica moral.

El historiador con microscopio fue el único que percibió el público, la crítica y el propio Cosío. Hasta 1955 había escrito un libro gigantesco en que confluyeron los esfuerzos de investigación de siete años: el primer tomo de la *Historia moderna de México* publicado ese año y dedicado a estudiar la vida política durante la República Restaurada, desde 1867, cuando Juárez llega victorioso a la capital (después de confirmar que Maximiliano tenía las piernas muy cortas) hasta la salida (por piernas) de don Sebastián Lerdo de Tejada de la capital, vencido por la revuelta de Tuxtepec en 1876. En 1953, el historiador con microscopio había publicado también *Porfirio Díaz y la revuelta de la Noria*, una especie de libro piloto para calibrar la reacción del público, que finalmente se incluyó en el primer tomo.

El historiador moralista escribió un par de libros: *Estados Unidos contra Porfirio Díaz* y *La Constitución de 1857 y sus críticos*. El primero es un orgulloso relato de la gallarda política exterior de Porfirio Díaz durante su primer régimen presidencial. El segundo es una defensa apasionada de la Constitución del 57 y de la República Restaurada, la época, según Cosío, más limpia, más humana, más madura que ha vivido el país.

El historiador microscópico escribió la mayor cantidad de páginas, consultó un número pasmoso de documentos; conoció casi en persona a todos los personajes primarios y secundarios de la política mexicana entre 1867 y 1876 y leyó toda la prensa periódica de esos años. En 1956, cuando concluye el viaje y la beca, Cosío Villegas, a solas, hace un balance moral y, frente a toda la historia posterior, prefiere tomar un romántico partido por las maravillas que conoció en el país de los liberales.

IV

Desde un punto de vista historiográfico, el viaje no pudo estar mejor planeado. Cosío rehuyó uno de los mayores peligros que acechan a todo historiador: la origenitis, esa manía de remontarse a Tláloc para explicar la angina

---

[16] DCV a Agustín Yáñez, agosto 1965.

de pecho de Juárez. Aunque para Cosío México nace en 1821, y aunque su historia ideal hubiese partido de esa fecha, el buen sentido práctico le aconsejó deslindar los límites de su historia entre 1867 y 1910. De ese modo "podía excavar más hondo", no sólo por tratarse de un periodo limitado, sino relativamente cercano.[17]

Su viaje no se originó en una especial receptividad a las sirenas del pasado. De hecho, la idea implícita en el proyecto era permanecer anclado en el presente, tratando de advertir sólo aquellos aspectos del pasado que hubiesen trascendido a él. Los hechos típicos de la sociedad que iba a estudiar, lo que es importante sólo en su contexto y muere al cambiar la página, le atraían poco. Aun la gente importante en el pasado, la que influyó entonces, le despreocupaba al comienzo: su interés, en definitiva, partía de un presente que llamaría al pasado en busca de pruebas, explicaciones, antecedentes.

A esta limitación se aunó la que a la postre sería una de las decisiones más criticadas de todo el viaje: la parcelación territorial en economía, política y sociedad. Como revela "La crisis de México", ensayo que atiende más al problema político que al económico y social, para entonces Cosío creía que la verdadera infraestructura de las sociedades es la política. Aunque escribió que la historia económica y social "corregía" a la política, no es casual que se haya reservado el estudio del poder. Sus acompañantes en el viaje no dejaron de contagiarse de este prejuicio, impuesto sutilmente por él: los tomos de historia económica y social escritos por ellos atañen a la política económica y social soñada, planeada, desarrollada y frustrada por los gobernantes, más o por lo menos tanto como a la vida social y económica del país.

Otro viajero en la República Restaurada, Frank Knapp, el insólito biógrafo de Sebastián Lerdo de Tejada, justificó el primer tomo de la *Historia*... de Cosío Villegas por su multiplicidad: historia constitucional, institucional, biográfica, militar, literaria, periodística; una historia que se detenía, amorosamente, en todos los aspectos políticos de la sociedad.[18]

Ante sus críticos, Cosío se defendió en esa misma línea, argumentando que esa parcelación tripartita de la historia tenía años de practicarse en otros países. No negaba que los hechos históricos fuesen complejos, pero veía en su división ventajas prácticas: un profesional de la economía estaba, por ejemplo, más capacitado para ver la "faceta" económica de los problemas. Al público, al lector, le estaba reservada la visión de conjunto. No obstante que a pesar de la obviedad del primer argumento, los críticos totalizadores no quedaron convencidos. Con el tiempo, la idea de que una historia integral hubiese superado a la parcial convenció incluso a los dos principales compañeros de ruta de Cosío: Moisés González Navarro y Luis González.[19]

[17] EK/DCV, 16 febrero l971.
[18] *Hispanic American Historical Review,* vol. XXXV, núm. 2, pp. 417-419.
[19] EK/ Luis González. Moisés González Navarro: sobre Daniel Cosío Villegas, *Historia mo-*

Otro motivo de controversia fue la periodización impuesta por Cosío a su territorio histórico. El tomo I de la *Historia moderna de México* anunciaba en la introducción, que denominó "Llamada general", que el proyecto se dividiría en dos etapas: la República Restaurada (1867-1876) y el Porfiriato (1876-1910), con tres libros (vida política, vida económica y vida social) para cada una. De inmediato surgió la duda de si el proceso económico y social entre 1867 y 1910 debía fragmentarse. Era obvio que los criterios de periodización habían sido eminentemente políticos y que, aun en este sentido, el corte de 1876 no parecía del todo convincente. Cosío argumentó —entre otras cosas— que iniciar su historia en 1876 era tanto como narrar un día a partir de las 10 de la mañana: muchos de los procesos históricos actuantes en la etapa porfiriana habían surgido durante la República Restaurada. Pero la defensa tajante era imposible: en teoría, el mismo argumento podía ser válido para "empalmar" la República Restaurada con la época de la Reforma, y así sucesivamente hasta los aztecas. Cosío tuvo razón en sugerir que estos problemas de periodización eran un deporte que divertía más a algunos filósofos de la historia que a los historiadores, ocupados, en verdad, en ella. Con todo, la periodización quedó como uno de los reparos de su *Historia* aunque, a diferencia de la parcelación tripartita, la intensidad del reparo vino de más a menos.[20]

El interés original de explicar el presente por el pasado, fue transformándose paulatinamente con el contacto del historiador y su objeto de estudio. En pleno viaje, Cosío olvidó su propósito de no abandonar el mirador del presente y se dejó llevar por el vértigo de sus hallazgos. Ninguna operación histórica le entusiasmaba tanto como la de "descubrir" aunque fuese el mínimo detalle. Los miles de fichas que se apiñaban en su cuartel histórico general atestiguaban lo típico e influyente de aquella época y casi nada de lo trascendente. No importaba. Ya en el prólogo al tomo I, Cosío aceptaba, implícitamente, un cambio de miras y curiosidad: después de convivir diariamente con los "hombres en su punto" de la República Restaurada, le interesaba entender el fracaso liberal frente al "villano" de la historia, frente a Porfirio Díaz: ¿cómo fue que una pléyade de individuos del más alto valor físico, intelectual y moral había sido incapaz de guiar a México por la doble senda modernizadora de la libertad individual y del bienestar general?

Este cambio de giro lo metió en nuevos problemas con los filósofos de la historia. En *Porfirio Díaz y la revuelta de la Noria* Cosío se había declarado discípulo del historiador Fustel de Coulanges, a quien indignaba el aplauso final de los alumnos porque al hacerlo "estaban aplaudiendo a la historia".

derna de México, "El Porfiriato: vida política", en *Historia Mexicana*, vol. XX, núm. 3, enero-marzo, l917, pp. 470-477.
[20] Daniel Cosío Villegas, Respuesta a la ponencia de Lawrence Perry en el Tercer Congreso de Historiadores Mexicanos-Norteamericanos en Oaxtepec, noviembre l969, en ADCV.

Lo que pasaba por una adhesión formal al credo positivista ("presentar las cosas como realmente sucedieron") en el fondo no era sino un recurso retórico. Pero muchos críticos se limitaron a leer los propósitos de Cosío y éstos les parecieron penosamente positivistas e ingenuos. ¿Cómo era posible —adujo Luis Villoro, con buen sentido— que pretenda ahora descubrir al villano de la historia después de habernos prometido la absoluta imparcialidad frente a los hechos?[21]

Lo cierto es que su verdadero propósito no fue, siquiera, el de "atrapar al villano". Ante los miles de fichas extraídas de las fuentes primarias, su actitud fue simple, inocente si se quiere: dar una imagen verdadera, fiel, primero de la República Restaurada, y, más tarde, del Porfiriato; una imagen tal y como "brotaba" del material. Mostrar, no demostrar. Pero no se atrevió a declarar estos propósitos de anticuario histórico quizá porque no le sonaban elegantes.[22]

V

La operación que los historiadores llaman "heurística" y que cristianamente significa "busca o investigación de documentos o fuentes históricas" dominó todo el viaje historiográfico de Cosío sin mayor resistencia de su parte. Había un cierto voluntarismo en su curiosidad científica ante las fuentes. Se diría que intentaba desmentir su imagen de buen ensayista, de buen lanzador de ideas sin mayor base empírica.[23]

En 1949 y 1953 Cosío reúne dos bibliografías políticas del Porfiriato que lo convencen todavía más de la bondad de su empresa. En 1949 había encontrado que las 276 obras que revisó encuadraban más en un "arte histórico" que en una historia científica. Eran demasiado breves, unipersonales, subjetivas, apasionadas, parciales, etéreas y descriptivas. La mayoría olvidaban la República Restaurada: confundían el alba con las 10 de la mañana. El Porfiriato esperaba todavía una historia objetiva. El prejuicio porfirista de los historiadores porfirianos y el antiporfirista de los historiadores revolucionarios bloqueaban la imparcialidad; faltaban monografías; las historias publicadas no habían descendido al nivel de las fuentes primarias, quizá por el misterio en que éstas suelen conservarse; en nada ayudaba tampoco la magnitud de la figura histórica de Porfirio Díaz, objeto de amor o de odio para los historiadores, pero rara vez un hombre de carne y hueso en las his-

[21] Luis Villoro, "La tarea del historiador", *Historia Mexicana*, vol. IX, núm. 3, enero-marzo, 1960.

[22] EK/DCV, 16 febrero 1972.

[23] El 29 de septiembre de 1955 se organizó una mesa redonda para criticar la obra de Cosío en la que participaron Antonio Gómez Robledo, Leopoldo Zea, Arturo Arnáiz y Freg, Jorge Portilla y Luis Villoro. El moderador fue Jaime García Terrés. Arnáiz y Freg sugirió que Cosío era mejor ensayista que historiador, pero el cargo era anterior. Copia ADCV.

torias. Había que desechar, pues, la historiografía política del Porfiriato porque ninguna de sus obras eran "racionales, científicas ni lógicas".[24]

En 1949 Cosío había revisado 50 000 páginas de esta literatura secundaria; en 1953 el número llegaba a 225 000. Una nueva bibliografía incluía ahora 858 obras. Amasado ese capital, las historias anteriores a las suyas le parecieron aún más limitadas: algunas eran productos de "oligofrenia", hijas de un juicio ligero que sólo persigue héroes y villanos; la figura de Porfirio Díaz, su biografía, desbalanceaba el conjunto en detrimento de otros aspectos políticos; Cosío llegaba al extremo de preguntarse "hasta qué punto los estudios de la época lograban reflejarla" y si "bastaba con recurrir a ellos para conocerla y apreciarla". Veredicto negativo: la bibliografía política del Porfiriato era prácticamente inútil. Nadie podía acusarlo —creía— de guiar una empresa redundante.[25]

Aunque la enfermedad de negar a los precursores es frecuente en el gremio de historiadores, la soberbia de Cosío estaba justificada de alguna forma: tenía razón en quejarse de la falta de monografías, problema que dejaba al historiador mexicano ante la perspectiva penosísima de tener que descender hasta los cimientos históricos, a menudo inaccesibles o inexistentes. Las grandes historias de Inglaterra, la *Cambridge Modern History* dirigida por lord Acton, por ejemplo, suponían años y hasta siglos de previa labor monográfica. Con la notable excepción de la obra de José C. Valadés, con la que Cosío es claramente injusto, las fuentes secundarias revisadas por él no cumplían ese propósito porque pertenecían, en su mayoría, a la historia romántica. En el fondo de su crítica existía un problema de géneros: en efecto, poco se había escrito en México sobre la época que tuviese la marca de equilibrio, profundidad, seriedad, imparcialidad de una obra como las inglesas, es decir, de una obra académica. La que él dirigió fue, de hecho, la primera.

Habiendo superado —y desechado— el empleo central de las fuentes secundarias, Cosío consultó una cantidad inmensa de fuentes primarias. Entre ellas, la consentida fue la prensa periódica que resultó protagonista principal en la obra, al grado de que no resulta excesivo afirmar que la *Historia moderna de México*, en sus tomos políticos, es la historia moderna de la prensa en México. Una nota repetitiva en el primer tomo de la *Historia* es la transcripción de toda la gama de opiniones periodísticas frente a los hechos, desde la prensa más oposicionista hasta la oficiosa y oficial. Hay una fe en la veracidad impoluta de ese medio, un regodeo en no omitir ningún espejo de opinión para que el lector se forme su propia idea de lo que en verdad ocurrió. De las 89 fuentes primarias que Cosío utilizó, 42 fueron diarios y,

---

[24] Daniel Cosío Villegas, "El Porfiriato: si historiografía o arte histórico", en *Extremos de América, op. cit.,* pp. 115-182.

[25] Daniel Cosío Villegas, *La historiografía política del México moderno,* sobretiro de la *Memoria del Colegio Nacional,* 1953. EK/DCV, 23 febrero 1971.

lo que es más impresionante, de las 3 120 citas del libro, 90% provienen de los periódicos.[26]

El historiador norteamericano Charles Hale descubrió un incurable positivismo en esta obsesión de Cosío: el uso de la prensa le pareció inmoderado e indebida la confianza en su veracidad natural. Era incorrecto pensar que la prensa aportara —como había sostenido Cosío en la "Llamada general"— "datos brutos y no embellecidos", porque la prensa podía ser también subjetiva. Para Hale, Cosío estaba embelesado por esos héroes liberales cuya misión primordial en esta tierra era hablar o escribir; por el país liberal en el que las ideas y opiniones circulaban profusa y alegremente.[27]

Cosío tuvo tiempo de defenderse de sus fiscales. No dejaba de aceptar que su utilización de la prensa había sido exagerada, pero no podía conceder la superioridad del documento sobre el escrito doctrinal porque, para ese caso, cualquier producto de la pluma humana resultaba igualmente subjetivo. La prensa le había servido para afinar la cronología de los hechos, ausente de las historias románticas, y era utilísima para calibrar la temperatura política en el país.[28]

El uso inmoderado de la prensa periódica hubiese sido menor de haber contado Cosío con un buen número de archivos privados. Muchos de ellos le fueron negados porque —entonces y ahora—, debido a la supuesta vigencia del coco antiporfiriano, las familias temen represalias. El gran ausente del tomo I fue, en buena medida, el Archivo de Porfirio Díaz. Cosío tuvo un interés enorme en consultarlo directamente, pero la Universidad Nacional había encomendado la tarea de clasificarlo a Alberto María Carreño, que publicaba los documentos a cuentagotas. Cosío y Carreño sostuvieron una sonada polémica en torno a esta situación que a fin de cuentas resultó intrascendente: cuando a fines de los sesenta Cosío consultó, por fin, los papeles de don Porfirio, encontró pocos datos reveladores.[29]

De cualquier forma, el tomo primero de la *Historia* significó una revolución heurística. Cosío consultó archivos personales, institucionales y estatales; boletines; periódicos estatales y nacionales; archivos estatales, nacionales y privados en los Estados Unidos; memorias, debates parlamentarios, leyes, monografías, las desdeñadas fuentes secundarias y obras generales. Un *tour de force* de empirismo y seriedad nada despreciable frente a la apatía no siempre imaginativa del investigador mexicano.

Para Manuel González Ramírez, Cosío Villegas había resultado un esclavo del documento; Pedro Gringoire se asustaba por "el tropel de datos";

[26] EK/ DCV, 17 febrero 1971.
[27] Charles Hale, "The Liberal Impulse...", *op. cit.*, pp. 487-488.
[28] Daniel Cosío Villegas, *Historia moderna de México*. "El Porfiriato, vida política interior", Segunda parte, 1972, pp. 944-946.
[29] Véase "Crítica y prejuicio", de Alberto María Carreño, *El Universal*, 13 julio 1951. También Daniel Cosío Villegas, "Historia y prejuicio", *Historia Mexicana*, vol. I, julio-septiembre, 1951.

José Miranda apuntaba, piadosamente, el mérito de haber "removido" las fuentes primarias, aunque en su crítica al estilo introdujo por primera vez la palabra terrible: "farragoso". Luis González veía un logro intrínseco en la multitud y variedad de las fuentes que se citaban y, muy agudamente, Hale no deja de aceptar que esa inmersión de Cosío en la época liberal sirvió para que nos entregara una visión "interna" de esos años, sin la contaminación visual, *a posteriori*, de la Revolución.[30]

Es indudable que la heurística dominó el libro. Cosío imaginaba que la historia yacía en los miles de fichas que reunió. Otros pensaban que no. Que la historia es revelación. La polémica es viejísima e insoluble y cada lector tiene una respuesta. ¿Los hechos están allí?, o, como dice la buena fórmula francesa, "los hechos, hechos son". Cosío tenía una respuesta honesta y simple para desanudar el problema: decía que había dos tipos de historiadores: los que inventan la historia y los que la descubren. Uno requería prendas divinas; el otro, sólo la laboriosidad y cierta coquetería literaria: prendas animales y humanas, respectivamente.

VI

El primer tomo reunió muchas historias en una: todas historias políticas. Historia legislativa, periodística y parlamentaria en el larguísimo capítulo "El relajamiento constitucional", donde Cosío va presentando una por una las facultades de excepción pedidas por el Ejecutivo y ventiladas en el Congreso, la prensa de todos colores, etc... Historia de las ideas en el hermoso capítulo "La cavilación sobre la paz", donde Zarco, Vigil, Sierra, Martí, Riva Palacio, Zamacona y muchos otros escritores, abogados y políticos (incluyendo a Porfirio Díaz) dan su visión de las bendiciones éticas, políticas, legales, morales y —un poco menos— económicas, que esperaban al país al concedérsele la paz. Historia jurídica, electoral, biográfica, de pequeño y grande chisme político, en "La primera tormenta" desatada sobre la convocatoria a elecciones de Juárez. Fue, en fin, historia militar en "La discordia civil": desde su barrera de primera fila, Cosío narra las dos revueltas de Díaz: la de la Noria y la triunfal de Tuxtepec.

El reproche central que sus inquisidores hicieron al libro fue la ausencia de espíritu "hermenéutico", terminajo histórico que significa "espíritu de comprensión" o, según la excelsa academia, "Arte de interpretar textos para fijar su verdadero sentido". Fernández MacGregor echaba de menos la caracterización de los personajes: "se mueven en sus páginas sin que sepamos quiénes son y qué llevan en sus espíritus. Son puros nombres. Aun el mis-

[30] La reseña de Gringoire apareció en *Excélsior*, 8-9 julio 1955. Miranda publicó la suya en *Historia Mexicana*, vol. II, p. 257. El resto en ADCV.

mo protagonista (Porfirio Díaz) es una sombra; apenas si nos asomamos a sus estados de ánimo durante las diversas fases de la revuelta" (de la Noria). Y los cargos seguían: a los personajes les faltaba "alma", eran demasiado mecánicos; existían más supuestos de los necesarios en el libro; se arrojaba al lector a una súbita inmersión en el tema sin darle antecedentes, coordenadas. El "tropel de datos", la volcadura del archivo, se había hecho —según Gringoire— a "expensas del análisis". La obra, en definitiva, carecía de "humanidad".[31]

No faltaron abogados defensores. José Fuentes Mares escribió, entusiasmado, que en las páginas de Cosío se "sentía" la "angustia de la libertad", de una libertad que los liberales usaban y abusaban y que fatalmente se les iba de las manos. González Ramírez opinó que lejos de faltarle espíritu de comprensión con sus personajes, Cosío apuntaba hipótesis seductoras y ponía como muestra un "atisbo de fecundas consecuencias" relativo a Porfirio Díaz: el aprendizaje político del caudillo a través de sus múltiples fracasos. Luis González veía vivos y coleando a los personajes de Cosío gracias a la "varita de la sensibilidad". ¿Quiénes tenían, por fin, la razón?[32]

Los críticos añoraban una historia integral en la que apareciese la vida con toda su complejidad, con todos sus colores. De haberla conocido, habrían empleado esta frase de Michelet a Saint Beuve escrita en 1837:

Si yo no hubiera hecho entrar en la narración sino la historia política, si no hubiese tenido en cuenta los elementos diversos de la historia (religión, derecho, geografía, literatura, arte, etc...) mi conducta hubiese sido distinta; pero se necesitaba un gran movimiento vital, porque todos estos elementos diversos gravitan juntos en la unidad de la narración.[33]

El reparo mayor era la ausencia de ese "gran movimiento vital" de los hombres arrastrados por sus pasiones, creencias, dudas, sentimientos, no sólo por ideas y fines. Nada de eso aparecía en la *Historia*. Había una cierta sequedad en el tratamiento de esas personas, aridez que pareció tanto más rara, cuanto que Cosío ignoraba otro tipo de "unidad" histórica distinto de las personas. Lo que sus críticos añoraban, en el fondo, era que sus personajes *fuesen* algo, que tuvieran *ser*. Pero Cosío no podía complacerlos sin dejar de *ser* él mismo.

Por temperamento, por formación, por una condición casi visceral, había esquivado siempre las preocupaciones y ocupaciones metafísicas. En su men-

---

[31] Copias de las reseñas en ADCV. Véase también Pedro Gringoire, "Libros de nuestros tiempos", *Excélsior*, 7 diciembre 1953, y Genaro Fernández McGregor, "Un capítulo de *Historia moderna de México*", *El Universal*, 7 diciembre 1953.

[32] Fuentes Mares, en *Excélsior*, 6 julio 1955, y en *Historia Mexicana*, vol. V, núm. 3, enero-marzo, 1956.

[33] Marc Bloch, *Introducción a la historia*, México, FCE, 1952, p. 120.

te no cabían los sistemas, las cosmogonías, las ontologías. El hombre y la historia no son así, ni van para allá. Los hechos desprendidos de los hombres, las estructuras, esas "vastas fuerzas impersonales" (T. S. Eliot) que marcan, para los historicistas, la vida de los hombres, carecían de significado en Cosío. Su único "sistema" era más bien una forma de antropología filosófica. El sujeto y el objeto de la historia es el hombre, son las personas. La única metafísica que implícitamente cultivó Cosío fue, en todo caso, una axiología; su preocupación era el hombre como un conjunto de valores (biológicos, intelectuales y morales) a realizar.

Cosío tenía mucho de existencialista. Concebía la vida como una riesgosa empresa de libertad en la que la salvación y la condena corren al parejo. La palabra "ser" se le oía muy poco en la conversación y aparecía menos aún en sus escritos; para él, por ejemplo, nadie *era,* de una vez y para siempre, inteligente, sino que *estaba* inteligente.

Con los existencialistas habría aceptado, sin reparo, que tenía una visión desangelada del género humano. Cosío era un hombre fundamentalmente pesimista; cuando por azar encontraba un raro espécimen que cumpliera con las prendas de valor, inteligencia y bondad que siempre andaba buscando entre sus semejantes, le profetizaba de inmediato el *too good to be true.* Habría hecho suya al pie de la letra la helada frase de Kant: "Del torcido tronco del género humano no ha salido nunca nada recto". El calificativo de "miserable", aplicado a esta vida, se le escuchaba mencionar frecuentemente.[34]

¿Qué historia podía escribir un hombre así? Luis González, autor del tomo de "Vida social en la República Restaurada" (volumen III de la *Historia)* lo explicó claramente:

…Hay historiadores que se inclinan por el sustantivo y los hay que prefieren el verbo. Aquéllos se complacen en mostrar escenarios, temperamentos, cuadros de costumbres; a éstos les gusta relatar acciones. Cosío Villegas opta por el relato de acontecimientos. Reduce al mínimo el soporte que para la historia representan las imágenes costumbristas, los paisajes y la pintura de caracteres. Todo lo llena con vida efímera, con ideas y conductas relampagueantes. Una sensación de desesperanza producen estas páginas en que nada permanece. Se suceden batallas grandes y pequeñas, debates en la prensa y el parlamento; esto es, ejércitos de decisiones humanas que mueren a poco de haber nacido. Nada se detiene, todo fluye vertiginosamente. Cosío Villegas ha conseguido despertar en el lector la conciencia del movimiento incontenible de la historia.[35]

No hay que olvidar, además, un detalle práctico: en esa época —y en

---

[34] EK/Luis González.
[35] Reseña de Luis González al libro *Porfirio Díaz en la revuelta de la Noria,* en ADCV.

todas— Cosío era un lector voraz de novelas policiacas: en ellas los personajes suelen ser "desalmados". [36]

En el fondo, el reparo de los críticos esencialistas es de origen romántico. Pero los liberales de la República Restaurada no eran, estrictamente hablando, románticos. La pasión que ponían en defender sus planes e ideas no es signo de romanticismo. El personaje central en la República Restaurada no es la emoción, la sensibilidad desbordada, tampoco el nacionalismo sino la inteligencia y sus misteriosas relaciones con la práctica y el poder. Aquellos generales, abogados, escritores, periodistas, están expresados en el libro de Cosío. Sus vidas nos parecen pobres, limitadas, ¿no lo eran?, ¿o no eran, más bien, distintas a las nuestras? En este sentido Cosío fue todo menos un positivista: era la vida política —no necesariamente el ejercicio del poder— lo que otorgaba "significación" y "movimiento vital" a esas vidas. Esa capa ilustrada, batalladora con armas y palabras, situada en la cumbre de un país desconocido para ellos y dormido, que apenas se enteraba de la existencia de "México" cuando le llegaba la leva, pudo muy bien ser sólo aquello que vio Cosío.

La aparente falta de otra "alma" en los liberales explica la dificultad del lector contemporáneo de Cosío para digerir la *Historia*. Pero hay algo más que nuestro siglo brutal y supuestamente preocupado por el dolor humano nos ha inculcado como doctrina y que nos impide leer un capítulo como "La discordia civil" sin malestar: ¿dónde está, precisamente, el dolor humano, la individualidad de los muertos, el pueblo que luchó, los peones en la danza inventada por las élites? Aun aquí, Cosío Villegas es un historiador sincero: el dolor y el pueblo están ausentes, porque en gran medida lo estaban en la mente de los liberales. Cosío, historiador en el siglo xx, debió consignarlo. Pero, ¿vivía en el siglo xx? No. No vivía en el siglo xx. En 1956 llevaba ocho largos años dedicado a reunir decenas de miles de fichas, a catalogarlas y acariciarlas, a revisar casi mil obras secundarias, a sumergirse con frenesí en la prensa periódica y comprobar diariamente su condición libérrima, a recorrer archivos, documentos, a conocer a todos los prohombres y participar en todos los debates. Se había fabricado una perfecta máquina del tiempo, pero había olvidado la fórmula del regreso: "Para mí —escribió entonces— la imagen de la República Restaurada es clara, vivaz, tanto que a veces me parece haber vivido en ella".[37]

Curiosa traslación: en 1948, al iniciar su aventura, Cosío se había propuesto permanecer en el presente y recoger sólo los trozos de pasado que arrojaran luz sobre el neoporfirismo. Ocho años después, gravitaba casi físicamente en el pasado aunque sin advertir los peligros de falta de perspec-

---

[36] EK/Luis González.
[37] "Tercera llamada particular", en *Historia moderna de México*, "La República Restaurada: vida social", p. 32.

tiva que el viaje suponía. Los defectos de su grueso volumen sobre la República Restaurada son consecuencia natural de ese extravío en el país de los liberales. Es indudable que el historiador debe simpatizar con su tema e involucrarse en él, pero nunca llegar al extremo de volver a la simpatía simbiosis, porque entonces la realidad pierde sus contornos y escribir historia se vuelve, literalmente, imposible. El sueño del historiador protagonista es siempre frustrado. Silvio Zavala[38] se preguntaba por qué Cosío le había dedicado todo un libro a la primera revuelta de Porfirio Díaz —mucho intelectual para tan poco tema— y su pregunta daba en el blanco: perdido —aunque felizmente— en la información, Cosío dedica menos páginas de las debidas a ciertos sucesos significativos y muchas más de las tolerables a sucesos menores. Es el riesgo de construcción que corre toda la historia pasada por el microscopio: confundir el bosque con los árboles e indigestar de árboles al lector.

De aquella transmigración al país de los liberales lo sacó una conjunción astrológica más. En 1956 se cumplía el Centenario del Congreso Constituyente. Hubo conferencias y debates, se editaron varios libros y folletos, pero para Cosío, mucho de lo que se habló y escribió tenía el defecto de reverenciar artificialmente, sin entenderlos, a los hombres de la Reforma. Se trataba de condenarlos a seguir siendo estatuas. De la Constitución de 1857 se hablaba como de un código venerable pero utópico, limitado, individualista: un antecedente imperfecto del de 1917. El ruido conmemorativo de 1956-1957 lo despertó del sueño y le regaló un boleto de regreso al presente, la única posible salida intelectual a su condición vicaria: defender a los liberales. No había podido escribir una historia equilibrada de la era liberal porque a pesar de sus métodos científicos y desapasionados se había confundido apasionadamente con los protagonistas. Pero esa misma identificación le permitía volver al propósito original de juzgar al neoporfirismo, sólo que ahora ya no como un miembro solitario de la generación de 1915, sino como el último sobreviviente de la Generación de la Reforma. De aquí surgió el segundo historiador: el moralista.

La defensa adoptó la forma curiosa de un alegato jurídico, una nítida exposición del credo liberal que Cosío presentó en varios ciclos de conferencias (en la Escuela de Economía, en la Universidad de Guadalajara y en el Colegio Nacional) y que más tarde recogió en el libro *La Constitución de 1857 y sus críticos*. Escogió los fiscales de la Reforma —los críticos— más formidables: Justo Sierra y Emilio Rabasa. El primero había puesto en tela de juicio la sabiduría práctica y hasta los sustentos filosóficos de la Constitución del 57 en una serie de brillantes editoriales publicados hacia 1878 en el diario *La Libertad*. El propósito de Sierra había sido señalar los defectos de la

---

[38] Silvio Zavala, "Cosío Villegas, historiador", *Historia Mexicana*, vol. III, núm. 4, pp. 606-608.

Constitución liberal, pero su efecto práctico fue realmente el de proveer a la dictadura de Porfirio Díaz de la ideología que lo nutrió durante su larga vida. Rabasa, en cambio, justificó al Porfiriato *a posteriori* en su libro *La Constitución y la dictadura*, aparecido en 1912. Sus ideas, más refinadas histórica y jurídicamente que las de Sierra, no eran, en el fondo, distintas a las del ideólogo, pero tuvieron el efecto insospechado de proveer a los constituyentes del 17 de la idea de un Ejecutivo poderoso, bloqueando, para Cosío, la continuidad en el proyecto político de las dos constituciones. En esta vinculación de Rabasa y los constituyentes del 17 reside uno de los secretos del alegato jurídico de Cosío: detrás de sus interlocutores aparentes, de Sierra y Rabasa, se escondían los verdaderos: los artífices de la Revolución y el neoporfirismo. Cosío pretendía darles voz a los muertos ilustres de la Reforma para contrastar sus actitudes morales con las de las generaciones que los heredaron. Se trataba de defenderlos, en suma, del embate de toda la historia posterior.[39]

Su tono concordaba con el clima de Convención Francesa que como lector había respirado por ocho años; su método consistió en someter a "la prueba de la historia" las críticas, reparos, temores, propuestas de Sierra y Rabasa en contra del liberalismo original, el liberalismo político. Sierra pensaba, por ejemplo, que la ciencia sociológica (aquí, en rigor, el lector puede poner el sistema que le plazca) desmentía al liberalismo y otorgaba leyes inmutables para diseñar la felicidad social. Sostenía que el progreso y la prosperidad no se alcanzarían sin la paz y sin la limitación de la "libertad declarada" en la que creían "nuestros padres venerables". Sólo la "libertad práctica" podría conducir a México por el camino correcto. Para Sierra, la Constitución del 57 había sido sólo un "bello poema"; los constituyentes embriagados de palabras como "democracia, libertad, igualdad" que en "ningún momento habían sido un hecho" desconocían, en cambio, nuestras condiciones reales. El hombre, sostenía Sierra, es sólo la "celdilla de ese gran organismo natural que es la sociedad". Partiendo de ese "disparate histórico" que es "considerar al hombre anterior a la sociedad", la Constitución había aceptado la "absurda teoría del contrato social", sancionando así la desintegración del pueblo mexicano.

Rabasa, por su parte, negaba que la Constitución hubiese sido obra de todos los hombres de la Reforma: en su factura habían participado muy pocas personas, y el mérito de muchas de ellas, el de Ignacio Ramírez, por ejemplo, se había sobrevalorado. La Constitución había nacido, por lo demás, menos viva que moribunda debido al recelo que el país sentía por la ley escrita después de decenios de revueltas y caos y debido, también, a la heterogeneidad del Congreso y a la debilidad de los liberales puros. Rabasa re-

---

[39] Daniel Cosío Villegas, *La Constitución de 1857 y sus críticos*, México, 1957; Wilkie, *op. cit.*, 30 abril 1964.

probaba la elección popular de magistrados a la Suprema Corte de Justicia y proponía en cambio la receta de la inamovilidad como única garantía de independencia para los jueces. Otra prescripción suya era restringir el voto a quienes supieran leer y escribir, admitiendo, implícitamente, que la cultura política es una función de la educación. En fin, las facultades que la Constitución de 1857 daba al Poder Legislativo le parecían inconvenientes: corría el riesgo de ocuparse en cosas nimias, entorpecer proyectos que requerían decisión ejecutiva y promover, no el progreso, sino la ineficacia.

El abogado defensor los despachó en orden. La crítica de don Justo no sólo le daba la impresión de "desacierto y fragilidad" sino que le provocaba "tanta conmiseración como la que él mismo sentía por nuestros padres venerables", la creencia dogmática de que la sociología podía entregar normas inflexibles capaces de ordenar científicamente al organismo social le parecía tan "rancia" como a Sierra le había parecido el postulado de la igualdad de todos los hombres. En cuanto a la creencia de don Justo en el progreso, Cosío pensaba que era insustancial mientras no existiese un acuerdo "de dónde está el adelanto que la etimología de la palabra supone". Por lo demás, Sierra no había especificado las "condiciones reales" del país de las que decía partir y cuando se aventuró a dar la receta económica de promover los ferrocarriles y la inmigración y la política de limitar las libertades individuales, la historia se encargaría de mostrar que las medicinas habían sido desacertadas, en el primer caso, y peligrosas en el segundo.[40]

Cosío concedía a Rabasa una "inteligencia poco común, lúcida, penetrante, belicosa"; ser "un buen escritor", un hombre de "gran integridad", de "fuertes convicciones", "preocupado sinceramente por los males del país y ansioso de contribuir a remediarlos". Pero todos estos elogios a una figura que sin duda —en su proverbial soberbia— Cosío veía como su par, no restaban un adarme de equivocación a las ideas de Rabasa sobre la Constitución de 1857, y el abogado defensor se remitía a las pruebas: el número de constituyentes activos había sido mayor que el admitido por Rabasa lo mismo que la contribución individual de cada uno. No sólo de ideas se había nutrido el Congreso, también de una saludable pasión, y ese extremo lo había representado "el Nigromante". Aducir, por otra parte, que la Constitución había fallado debido al desprestigio de la letra escrita, a la debilidad de los liberales frente a los conservadores, los moderados y la Iglesia, no parecía, en buena lógica, una forma de disminuir el mérito de los liberales puros sino de acrecentarlo. Por otro lado —sostenía el abogado Cosío—, la inconveniencia de la elección popular de magistrados no resistía la prueba de la historia porque en los únicos años en que esta disposición había funcionado no se coló a la Corte un hombre tonto o ignorante, ni siquiera un "animal

[40] *Ibid., op. cit.*, pp. 13-62.

político". La receta de la inamovilidad era teóricamente impecable, pero prácticamente inútil. La diferencia no estaba más que en la pasta moral de los hombres. La Suprema Corte de la República Restaurada, electa popularmente y removible cada cuatro años, no sólo había sido independiente sino que "sentía orgullo y hasta soberbia de su independencia: la Corte como cuerpo y cada magistrado como individuo". Aquellos hombres, como predicaba en el remoto 1915 Antonio Caso, en verdad "parecían gigantes", eran "...fiera, altanera, soberbia, insensata, irracionalmente independientes..."[41]

La atmósfera propicia a la libertad y al hombre libre había sido —según el defensor Cosío— la gran obra del Congreso Constituyente, una obra mayor incluso que la propia Constitución: "...expresar una inconformidad era, para aquellos hombres, una función a un ejercicio tan natural como caminar o respirar". "Juárez y Lerdo, como gobernantes, sentían la libertad igual que sus adversarios, sabían que la libertad de sus enemigos era la condición de su propia libertad y que la del país dependía de la libertad de todos." Qué diferencia con los tiempos actuales, declaraba Cosío, en que los magistrados son inamovibles y ricos, pero serviles; nosotros somos incapaces ya de "confiar al hombre y a la ley" la solución realista y valiente de nuestros problemas.[42]

Tampoco favorecía la prueba de la historia, ni la lógica, ni el sentido común —argumentaba Cosío—, la prédica de Rabasa sobre la necesidad de acabar con la elección popular, y por lo que respecta a la idea de limitar el voto a los alfabetos, el propio Rabasa se encargaría de contradecirla en otro célebre libro suyo, *La evolución histórica de México*, aparecido en 1920. ¿En qué medida podía admitirse que el alfabetismo haría buenos ciudadanos y buenas elecciones? En 1920, Rabasa pensaría que en ninguna. Entonces recordaría la antigua sabiduría política de los ingleses y franceses, ajena a la lectura y escritura, y la lección de Carlomagno, quien "supo gobernar al mundo" sin saber leer. En 1920 admitiría también que el carácter comercial de la prensa en México invalida su utilidad política y sostendría, en definitiva, la inconveniencia de dar un valor excesivo a la instrucción: la vida es y ha sido la mejor maestra.[43]

El pleito —de caballeros— no terminó allí. El abogado inculpó al fiscal no haber estudiado realmente el funcionamiento del Poder Legislativo durante el único periodo en que la pobre Constitución fue vigente: la República Restaurada. De haberlo hecho —pensaba Cosío— Rabasa hubiese comprobado que si bien "el Congreso hizo estéril mucha de la acción del Ejecutivo, lo obligó también, por primera y única vez en nuestra historia, a idear planes de

[41] *Ibid.*, p. 117.
[42] *Ibid.*, p. 119.
[43] *Ibid.*, pp. 147-150.

acción, no conforme a la caprichosa vanidad del dictador sino según la voluntad de la mayoría parlamentaria, como ocurre en toda democracia". Por lo demás, Rabasa olvidaba los muchos asuntos que el Congreso había renunciado a abordar en beneficio del Ejecutivo. Era, en suma, "un organismo poderoso pero de buen sentido".[44]

La Constitución de 1857 y sus críticos es, seguramente, el libro más apasionado que escribió Cosío Villegas, la válvula moral por donde escapó todo el inmenso detalle de actitudes humanas que fue recolectando en su visión microscópica. Pero su exaltación y defensa de la Arcadia liberal frente a toda la historia posterior no se redujo a esa obra; permeó varios de sus escritos de la época. Hacia 1957, por ejemplo, habían salido a la luz los tomos de vida social y económica de la República Restaurada y el de vida social porfiriana. En las "Llamadas" que como director del proyecto incluía en cada tomo de la *Historia moderna de México*, puntualizó aún más el respeto que le merecían "aquellos gigantes".

La política social y económica de los liberales había acertado, si no en sus frutos —les faltó tiempo—, sí en sus concepciones, y los ejemplos que proporcionaba Cosío eran abrumadores aunque no, desde luego, convincentes: optimismo, inteligencia, habilidad y moralidad en el manejo de las finanzas públicas; fe mística y generosa en los beneficios que traería la inmigración; cabal entendimiento de los problemas sociales y económicos del país así como de los mejores remedios para atacarlos; conciencia plena y angustiada de la penuria presupuestal que les impedía resolver los hirientes problemas de mendicidad, insalubridad, invalidez, ignorancia. Conciencia, también, del inconveniente económico, social y moral del sistema de latifundios; dolor ante la irredención del indio pero, al mismo tiempo, fortaleza suficiente para no caer en la tentación paternalista de la tutela o el fácil expediente de la discriminación; desesperación, impaciencia por resolver el problema de una educación insuficiente y rudimentaria. Esta conciencia múltiple de los problemas del país que Cosío contemplaba en sus liberales no tenía, además, el solo sustento emocional de la piedad sino el del conocimiento profundo: aquellos hombres conocían a la perfección la geografía y la historia del país. Pero su rasgo definitorio no era de corte intelectual o físico, aunque la creación de la Escuela Nacional Preparatoria en 1867, el auge de la ciencia, la literatura, las artes, la jurisprudencia, etc... y la valentía que mostraron en las condiciones más adversas, así parecían proclamarlo. Las prendas "de este grupo de hombres sin el más remoto paralelo en nuestra historia" eran, primordialmente, de orden moral: su respeto a la ley y a la libertad y al equilibrio aristotélico que inspiró día a día ese decenio.[45]

[44] *Ibid.*, pp. 151-172.
[45] Véanse la "Segunda y Tercera llamadas particulares" en los tomos II y III de la *Historia moderna de México*.

Para Cosío había mil anécdotas que probaban el dicho de Gracián aplicado a estos "hombres en su punto", pero quizá ninguna más nítida que las razones por las que bautizaron la era que comenzó el 15 de julio de 1867 con el nombre de "República Restaurada". Restaurada porque resistió, porque se negó a morir; pero no victoriosa, porque tras serlo en las armas debía serlo en el plano más complejo del gobierno. Restaurada y no victoriosa porque carecía de soberbia, porque intentó la reconciliación digna con los enemigos y porque era lo suficientemente humilde como para saberse frágil.[46]

Pero si México "se acercó entonces a la vida democrática mucho más de lo que estuvo antes y de lo que estaría después", ¿por qué terminó el breve sueño de esa Arcadia? ¿Quién fue el villano?[47]

Cosío adelantó algunas hipótesis en la "Primera y la Cuarta llamadas particulares", esta última correspondiente al tomo de la vida social en el Porfiriato. No podían ser más que teorías, porque el propio Cosío no había iniciado aún su estudio del periodo 1876-1911, pero vale la pena desenterrarlas, así sea esquemáticamente, para terminar con una crítica a la imagen final que Cosío construyó de la República Restaurada.

Una sola razón de orden estructural reconoce Cosío en la derrota de los liberales frente a Díaz. México era entonces "una sociedad desequilibrada" en la que el desarrollo político sobrepasó con mucho a la poca transformación social y económica que alcanzaba sólo "al copete de la pirámide". "A una constitución liberal, a una vida democrática, a una libertad pública e individual ilimitada, a un interés apasionado en la cosa pública, a una vida política, en suma, sana, robusta y libre, no correspondía una economía vigorosa o siquiera ágil y despierta."[48]

Junto a esta explicación que postula la "esterilidad de toda actividad puramente política", Cosío presentaba un abanico de razones a tono con su permanente óptica personalista. A partir de 1867, al grupo liberal le había faltado la cohesión que da la oposición, el enemigo que por decenios había representado el partido conservador. Ahora el enemigo estaba en casa: eran los militares liberales. Tras los años de guerra, el militar mexicano padecía la "hipertrofia del derecho propio y la atrofia del ajeno". Había probado las mieles del poder irrestricto y difícilmente podía olvidarlas. Por lo demás, el clima de discusión libérrima no era precisamente —apunta Cosío— el mejor para un país que busca asentarse. El caciquismo crónico, la penuria del erario, la psicología aventurera de sumarse a la bola, el desgaste físico y nervioso, la sensación generalizada de irritabilidad eran factores ciertos y visibles en el polvorín. A los militares, en definitiva, los

---

[46] Daniel Cosío Villegas, "La República Restaurada: apreciación de conjunto", conferencia en la Facultad de Filosofía y Letras, septiembre 1967.
[47] *Historia moderna de México*, "La República Restaurada: vida política", *op. cit.*, p. 65.
[48] "Tercera llamada particular", *op. cit.*

envenenaba mortalmente aquel espectáculo de un México convertido en foro abierto y universal, aquella discusión libre y alada. Que de ahí nació la desconfianza y el odio al ideólogo, el distanciamiento de éste del hombre "de acción"; que ésa fue, por ejemplo, la fuente del desprecio profundo de Porfirio Díaz por la palabra y por la pluma; que ahí tuvo su origen inmediato la fórmula de "menos política y más administración"... que había de dar al traste con todas las libertades públicas tan recientemente conquistadas, es cosa de la que no me cabe duda.[49]

En el fondo, Cosío veía la caída de su República Restaurada como el choque entre una generación de intelectuales y otra de políticos en su sentido más descarnado: el militar. Aquéllos eran oradores fogosos, teóricos, parlamentarios en quienes la fe religiosa en la libertad estaba justificada histórica y moral pero no políticamente: habían fallado en conciliar los frutos de esa libertad con la otra perla codiciada de la civilización occidental: el bienestar material.[50]

El país —pensó Cosío— se sintió defraudado por la libertad, y este desencanto se acentuó conforme avanzaba el siglo xix y apuntaban los albores del xx. La moda ideológica, no sólo mexicana sino mundial, ponía énfasis en el bienestar, no en la libertad. A partir de 1914 los órganos ejecutivos de gobierno se fortalecerían increíblemente, dándole la razón histórica —no moral— a Rabasa, a Porfirio Díaz y a la Revolución Mexicana. El surgimiento en la URSS de "la primera dictadura que no se avergüenza de su nombre", y el *New Deal* rooseveltiano eran capítulos de un solo proceso centralizador.

Hubo un momento —concluía Cosío, refiriéndose a su Arcadia— en que el mexicano "esperaba de la libertad la solución de todos sus problemas: los políticos desde luego, pero también los económicos y sociales". Pero sus preferencias cambiaron y la paz y el pan le parecieron más tentadores. Algo similar ocurrió en todo el mundo.

Un nuevo cambio sobrevino... y de una importancia quizá mayor que ningún otro: el del concepto de autoridad, de lo que es un gobierno, de lo que puede y debe esperarse de él. Se le pide, por sobre todas las cosas y antes que todo, eficacia para resolver los problemas del individuo, de la familia, del municipio, del Estado, de la nación, del mundo. Y para ser eficaz la autoridad o el gobierno tiene que moverse desembarazadamente y tropezar con un mínimo de limitaciones, obstáculos, inhibiciones; debe tener, en suma, un poder grande y concentrado, y una amplitud casi infinita para usarlo.[51]

[49] "Primera llamada particular", en el primer tomo de la *Historia moderna de México, op. cit.*, p. 70.
[50] "Cuarta llamada particular", en el cuarto tomo de la *Historia moderna de México*, "El Porfiriato: vida social".
[51] *La Constitución de 1857... op. cit.*, pp. 196-199.

Los fines concretos del equipo humano que ascendió al poder con Porfirio Díaz, los fines más abstractos de las ideologías de moda, los fines de la religión del poder en el siglo xx, "siglo de perplejidades", eran contrarios a los de los liberales. Como éstos, Cosío Villegas mantuvo el antiguo concepto de la autoridad como algo que, en principio, es necesario limitar, y el antiguo concepto de la libertad individual como algo que, en principio, es necesario fomentar. Dos máximas sajonas eran su Biblia. La primera era de Madison: "La gran dificultad de idear un gobierno que han de ejercer unos hombres sobre otros radica, primero, en capacitar al gobierno para dominar a los gobernados, y después, en obligar al gobierno a dominarse a sí mismo". La segunda es de aquel historiador y empresario histórico cuya vida es extrañamente similar a la de Cosío: lord Acton: "El poder corrompe, el poder absoluto corrompe absolutamente". Al comulgar con ellos, Cosío ejecutaba, por si hiciera falta, una pública admisión de su anacronismo: seguía siendo un liberal de museo.

Imposible criticar el liberalismo de Cosío desde un punto de vista científico: había escogido como valor fundamental la libertad, y la supremacía entre los valores no puede dirimirse científicamente: su ámbito es el de las creencias. Lo que sí es legítimo poner en tela de juicio son algunos de sus supuestos históricos, entre éstos el más evidente: ¿hubo en realidad una ruptura tan clara entre la República Restaurada y el Porfiriato, entre el liberalismo de 1867 a 1876 y toda la historia mexicana posterior?

No se trata de entrar aquí en una discusión sobre la consistencia o la dialéctica del proyecto estatal mexicano; baste decir que el consenso actual concibe el desarrollo del Estado nacional como un proceso continuo iniciado en 1810, sin solución hasta nuestros días. Curiosamente, la historia crítica actual le está dando la razón a la historia oficial y desmiente las hipótesis de ruptura en las que creía Cosío.

Atendiendo sólo a los elementos que se encuentran sobre este tema en la obra de Cosío, es claro que entre la República Restaurada y el Porfiriato hay más semejanzas que diferencias: ambos son, en esencia, proyectos liberales. En lo político, coinciden en su vehementísimo deseo de paz, de restringir los poderes locales, los caciquiles y los del ejército, en beneficio del poder central. En lo social los vincula su embeleso con la idea de la inmigración y el dogma de la libertad de trabajo y de asociación. En lo económico, don Porfirio y la República Restaurada apuestan a los ferrocarriles, al capital extranjero, y en lo cultural, ambos toleran la libertad de creencias, son moderadamente nacionalistas, admiran más de la cuenta al modelo norteamericano y tienen confianza en que la educación redimirá al indio.[52]

En definitiva, los liberales y los porfirianos compartían más de una idea,

[52] Luis González, "El liberalismo triunfante", en *Historia general de México*, t. III, México, El Colegio de México, l976, pp. 165-281.

pero sobre todo, y muy íntimamente, la fe en el progreso. Acaso su única diferencia haya sido la actitud ante la libertad política (la de prensa, en especial), diferencia marcada a pesar de que Díaz toleró la crítica de la prensa mucho más de lo que la leyenda negra acepta.

Hasta aquí las ideas. Pero ¿y los hombres?; los liberales, ¿fueron en realidad una generación irrepetida? Es cierto que el Porfiriato permanece hasta ahora como una época negra de nuestra historia, pero a buen seguro que si se la estudiara en el plano de las artes, las letras, la cultura, la industria, sus hombres no irían claramente a la zaga de los de la República.

VII

Y por fin, su juicio sobre la Revolución Mexicana. Cosío hubiera querido escribir la historia contemporánea de México. De hecho propició y guió —además de otras empresas con ese fin— buena parte de la *Historia de la Revolución Mexicana* que ha editado, casi completa, El Colegio de México. La vida no le alcanzó para escribirla. Hubiese fatigado archivos, hemerotecas, bibliotecas, microfilmes, tesis, entrevistas, etc... pero tengo para mí que su juicio sobre el pasado inmediato no hubiera diferido de aquel llamado profético que publicó a fines de 1946 bajo el título de "La crisis de México". Ningún demócrata mexicano puede dejar de considerarlo un clásico. México —creía Cosío— había perdido el rumbo: los grandes propósitos de la Revolución —libertad política, igualdad material, justicia social, nacionalismo educativo— se habían enfangado. Vivíamos un neoporfiriato. Sobraban explicaciones del fracaso, pero Cosío destacaba una en particular: "Todos los hombres de la Revolución Mexicana, sin exceptuar a ninguno, han resultado inferiores a las exigencias de ella".

El riesgo no era sólo la falta de democracia, bienestar e igualdad, sino algo mucho más ominoso: la pérdida de la identidad. En todo ha resultado profético, menos en lo último. "Del Porfiriato a la Revolución", escrito en 1952, compara la revuelta de Tuxtepec con la Revolución Mexicana, tanto en su origen —que Cosío diferencia con su habitual claridad— como en su paralelo desenlace. Para este historiador venturosamente perdido en el país de los liberales, toda la historia posterior es una caída, una desviación del cauce bueno, un error político y moral: cambiar la libertad individual, "a la luz de nuestros días el fin más apremiante que pueda proponerse un hombre", por un valor fundamental pero que a la postre ha resultado evanescente: el bienestar material.

¿Fueron los liberales, en realidad, una generación irrepetida, una oportunidad perdida en nuestra historia? Hacia 1980, en la biografía de Cosío Villegas, aventuré esta reflexión:

Más allá de sus prejuicios, de los resortes psicológicos que guiaron su pluma y de sus indudables limitaciones, la obra de Cosío tiene la virtud de impedir la abstención moral de quien la lee. Es preciso tomar partido. Uno tiene que decidir si aquella República Restaurada fue una representación democrática o una democracia, si aquellos hombres que "parecían gigantes" lo eran en verdad. Si el lector de Cosío piensa en fortalecer a la sociedad civil frente al Estado; si conserva el viejo concepto anacrónico de autoridad como algo inevitable pero indeseable; si es un poco anarquista, recela de los esquemas y tiene fe en la libertad de y no para, aceptará que, cuando menos en su consistencia moral, el Porfiriato y la Revolución negaron a la República Restaurada. Este extraño e improbable cofrade de Cosío podría muy bien parafrasear a Orwell: "todos los liberales eran liberales, pero algunos eran más liberales que otros".

Hoy en día no quitaría una coma.

[Versión editada en 1994. Textos tomados de Enrique Krauze, *Daniel Cosío Villegas, una biografía intelectual*, México, FCE, 1991; y de Enrique Krauze (comp.), *Daniel Cosío Villegas, el historiador liberal*, México, FCE, 1984.]

COSÍO VILLEGAS, DANIEL

(Historiador, economista, politólogo y periodista mexicano.)
    Fecha de nacimiento: 1898 (México, D. F.).
    Fecha de fallecimiento: 1976 (México, D. F.).

ESTUDIOS

Maestría en filosofía en la Escuela de Altos Estudios (1917-1919).
    Estudios en la Escuela Nacional de Jurisprudencia (1918); se recibe de licenciado en derecho en 1925.
    Realiza estudios en economía en la Universidad de Harvard (1925-1926).
    Realiza estudios en economía agrícola en la Universidad de Wisconsin (1926-1927) y los continúa en la Universidad de Cornell (1927-1928).
    Maestro en artes en la Universidad de Wisconsin (1928).
    Estudios en la London School of Economics (1928).
    Estudios en la École Libre de Sciences Politiques.

TRABAJO EDITORIAL

Director de la *Revista de Ciencias Sociales* de la Facultad de Jurisprudencia en 1922.

Colabora con José Vasconcelos en la publicación de la revista *La Antorcha* y la dirige después junto con Samuel Ramos (1925).

Cofundador y director de la revista *El Trimestre Económico* (1948).

Fundó y dirigió *Historia Mexicana* (1951-1961).

Fundó *Foro Internacional* (1960), revista que luego también dirigió (1960-1963).

Trabajo profesional

Secretario general de la Universidad Nacional (1929).

Director de la Escuela Nacional de Economía (1933-1934).

Cofundador y director de la carrera de economía de la UNAM (1933-1934).

Cofundador del Fondo de Cultura Económica (1934-1940).

Cofundador de la Casa de España en México (1938).

Secretario de la Casa de España en México (1938-1940).

Cofundador de El Colegio de México (1940).

Miembro del Consejo de Administración del Banco de México (1933-1936).

Miembro del Consejo de Administración del Banco Nacional Hipotecario y de Obras Públicas (1934-1939).

Director del Departamento de Estudios Económicos del Banco de México (1940-1944).

Secretario-tesorero de El Colegio de México (1940-1957).

Presidente de El Colegio de México (1957-1963).

Cofundador de la Facultad de Economía de la Universidad de Nuevo León (1958).

Trabajo diplomático

Delegado plenipotenciario a la IV Conferencia Comercial Panamericana (1931).

Consejero financiero de la Embajada de México en Washington (1934-1936).

Encargado de negocios en la Legación de México en Portugal (1936-1937).

Embajador especial de México en el Consejo Económico y Social de las Naciones Unidas (1957-1968).

Presidente del Consejo Económico y Social de las Naciones Unidas (1959).

Presidente del Consejo de Administración del Fondo Especial de las Naciones Unidas (1961).

Premios

En 1951 es electo miembro de El Colegio Nacional.

Premio Nacional de Letras 1971.

PRINCIPALES OBRAS

Miniaturas mexicanas. Viajes, estampas, teorías, México, Cvltvra, 1922, 118 pp.
"Nuestro pobre amigo", en *El Universal Ilustrado*, México, 30 pp. (novela, 1924).
La cuestión arancelaria en México, 5 vols., México, Ediciones del Centro Mexicano de Estudios Económicos, 1932.
Estudio sobre la creación de un organismo económico-financiero panamericano, México, Secretaría de Relaciones Exteriores, 1933, 70 pp.
Aspectos concretos del problema de la moneda en Montevideo, México, Secretaría de Relaciones Exteriores, 1934, 101 pp.
Porfirio Díaz en la revuelta de La Noria, México, Hermes, 1953, 309 pp.
Historia moderna de México, 7 vols. en 10 tomos, México, Hermes, 1955.
Estados Unidos contra Porfirio Díaz, México, Hermes, 1956, 344 pp.
La Constitución de 1857 y sus críticos, México-Buenos Aires, Hermes, 1957, 199 pp.
El estilo personal de gobernar, México, Joaquín Mortiz, 1974, 128 pp.
El sistema político mexicano, 5a. ed., México, Joaquín Mortiz, 1974, 116 pp.
En colaboración con otros, *Historia mínima de México*, México, El Colegio de México, 1974, 122 pp.
La sucesión presidencial, México, Joaquín Mortiz, 1975, 149 pp.
Historia general de México.
Historia de la Revolución Mexicana.

RECORDANDO A JUSTINO FERNÁNDEZ

Teresa del Conde

I. Breve esquema biográfico

El 28 de septiembre de 1904 nació Justino Fernández en la calle de Mesones número 24. Su padre, el licenciado Justino Fernández Modoño, fue un liberal que ocupó la Secretaría de Justicia e Instrucción Pública durante la última década del gobierno de don Porfirio. Yo he visto documentos referentes a artistas que gozaron de becas en el extranjero —uno de ellos fue Francisco Goitia— firmados por Justino Fernández padre. La madre debe de haber sido mucho más joven que su esposo, era oriunda de Valladolid, y muy bella, según dicen quienes la conocieron; murió en 1949. Clementina Díaz y de Ovando, amiga y colega cercanísima del doctor Fernández, ha dejado en varios escritos una serie de datos sobre la trayectoria escolar de éste. Por su conducto sé que se inició con los hermanos maristas del Colegio Francés, que se encontraba a poca distancia de su casa.

Los primeros años de su infancia fueron tranquilos, pero, como es lógico, en 1911 la familia empezó a padecer, como todas las familias "bien" de la ciudad de México, las vicisitudes de la lucha revolucionaria. Llegaron las estrecheces e incluso el hambre. No tengo modo de indagar cómo eran los estudios en los colegios maristas de aquellos tiempos, pero me imagino que deben de haber seguido un esquema análogo al que guardan hoy. He preguntado a mis amigos, los pintores Castro Leñero, que allí estudiaron —Juan, el mayor, es hermano marista y jefe de las misiones a Corea—, qué impresión guardan del colegio. Refieren que los maristas eran estrictos, muchos estaban titulados e impartían ellos mismos las clases, no se ponía énfasis en ninguna materia en particular, y la preparación técnica era buena. Había un prefecto encargado de la disciplina, los pecados "de impureza" se castigaban severamente y los niños tenían que irse a confesar en seguida, se impartía clase de religión y moral, se rendía veneración al beato Marcelino de Champagnat, fundador de la orden, y se seguían los programas institucionales que privaban en México en las demás escuelas.

Justino Fernández siempre se acreditaba un 10 en la clase de dibujo, pero en cambio tenía mala letra y deficiente ortografía, según nos dejó saber su colega, el doctor Francisco de la Maza, quien murió en 1971. Cuando Justino tenía 16 años (1920) su familia decidió emigrar a los Estados Unidos, donde el muchacho tuvo que trabajar, como tantos otros, inicialmente como empleado en una *drugstore* y como repartidor de helados. Allí conoció la amargura, según palabras de Edmundo O'Gorman, porque resulta que al emplearse con mejores auspicios en un monopolio comercial, "Fernández iba y venía sumergiéndose paulatinamente en el alegre bullicio de las transacciones mercantiles". Pero ocurrió algo que fue su salvación, dependiendo del lado desde donde se le mire. Lo corrieron porque tenía la manía de dibujar a todas horas, a decir de don Edmundo.

Esto parece ser incompatible con el desempeño de sus servicios en aquel exigente monopolio que, como todos los de su clase, demandaba —como hasta la fecha sigue haciéndolo—, entre otras cosas, el sacrificio del espíritu.

Durante una visita a la hacienda de Totoapan, Justino Fernández y Edmundo O'Gorman, quien era dos años más joven que aquél, se conocieron y entablaron una amistad que duró toda la vida de Justino. La casa de los O'Gorman en San Ángel era típica de esa villa y estaba decorada de manera especialmente *cozy*. Era una mezcla afortunadísima de los típicos interiores ingleses con la tónica colonial mexicana: mucha madera, los lomos de los libros a la vista, tallas doradas, azulejos, pinturas. Su dueño era Cecil Crawford O'Gorman, en cuya trayectoria yo me interesé cuando trabajé en la curaduría de la exposición *Siete pintores: otra cara de la escuela mexicana* para el Palacio de Bellas Artes (1984), en la que don Cecil estuvo representado con varias pinturas. En 1936 retrató tanto a su hijo Edmundo como a Justino Fernández en similares poses de intelectuales y pensadores.

Aunque probablemente Cecil Crawford O'Gorman favoreció un poco a su modelo, puede advertirse en este retrato que Justino Fernández no cambió mucho de fisonomía con los años. El pintor respetó un rasgo que le era muy característico: tenía las orejas despegadas. La que aparece visible está pintada —a mi parecer— un poco baja, los ojos son más grandes y suaves que los ojos que pude apreciar personalmente. La mirada del retrato es más inocente, los lentes son aproximadamente de la misma forma que los que siempre usó. La pose es calma, meditada, no hay en ella la audacia un poco retadora con la que nos mira Edmundo O'Gorman desde el cómodo sillón tapizado que su padre eligió para retratarlo en pose relajada. Justino, en cambio, está sentado muy erguido en una banca de madera ante una mesa cubierta por un hermoso tapiz flamenco, de diseño muy similar al que ostenta el cuadro de Hans Holbein *Los embajadores* en la National Gallery de Londres. Pese al tapiz, al florero de cerámica de donde surgen tres flores, al libro de la Editorial Alcancía y a los planos de dibujo, el cuadro tiene un cierto aire monacal, si bien el modelo dista mucho de parecerse a un monje. El joven dibujante y estudioso del arte viste un saco de *tweed* verde sobre un suéter cerrado de lana color azul turquesa por el que asoma el impecable cuello de la camisa blanca. A la altura de su cabeza, del lado derecho, hay una ventanilla de arco rebajado con parteluz de fierro que deja vislumbrar un paisaje de campiña. Aunque se trata de un temple, esta pintura es luminosa, como todas las de Crawford O'Gorman y las de su hijo Juan, el gran arquitecto y muralista, que por cierto no fue tan cercano a Justino como lo fue su hermano Edmundo.

Menciono que Crawford O'Gorman incluye como elemento simbólico un libro cuyo lomo ostenta la palabra Alcancía. Se trata de la editorial que en 1932 fundaron Justino Fernández y Edmundo O'Gorman, en la cual realizaban ellos mismos no sólo lo que conocemos por coordinación editorial, sino la composición e impresión de los textos. El libro que aparece en el retrato que comento está lujosamente encuadernado, pero en realidad las ediciones fueron modestas, realizadas en papel Garamond (grueso, amarillento, muy hermoso), y cuando incluían ilustraciones, éstas iban pegadas a mano. Y una cosa más: los tirajes eran de colección. Sólo llegaban a los 200 ejemplares, de los cuales la mitad se publicaba en inglés y la mitad en español. Hoy día encontrar un volumen de la Editorial Alcancía es un positivo hallazgo. A mí me fue prestado el ejemplar de *Portrait and Landscape* de Manuel Toussaint y tuve que hacer varios juramentos y manifestaciones de mis buenas intenciones para lograr extraerlo de la biblioteca de su dueño, el señor Danilo Ongay, a quien pertenece el retrato pintado por Crawford O'Gorman que he intentado describir.

Nunca abandonó Justino Fernández el arte tipográfico; "nada del oficio de los impresores le fue ajeno", aseveró Xavier Moyssén en un ensayo del homenaje titulado *Justino Fernández. Realizador de sus propios libros* (1964). Todo lo que imprimió bajo el rubro de la Imprenta Universitaria tiene una gran dignidad de presentación, igual que los libros publicados por el Instituto de Investigaciones Estéticas a partir de 1956 y hasta poco antes de su muerte, momento en que su principal seguidor en este sentido era precisamente Xavier Moyssén, empedernido bibliófilo que ha hecho de su biblioteca un mito. Ambos acostumbraban visitar a don Antonio Teixidor cada domingo en su casa de San José Insurgentes para hablar única y exclusivamente de libros. Yo tuve oportunidad —ya muerto Justino— de asistir a una de esas reuniones, muy protocolarias, presididas por la esposa de don Antonio, Mona Teixidor. Ellos a su vez eran progenitores de un compañero mío de estudios: Toño Teixidor, cuya vocación primordial fue la música, aunque luego ingresó a la orden del Espíritu Santo, probablemente porque sus padres eran tan extremadamente religiosos que él optó por darles ese gran gusto.

Los señores Teixidor ya fallecieron y Toño al parecer sigue de sacerdote. Su orden heredó la biblioteca, según tengo entendido. Don Antonio escribió un *in memoriam* para Justino Fernández que lleva el hermoso título de "La amistad en el espejo". Uno se imaginaría el espejo de Lewis Carroll por cuyo intersticio se puede penetrar al otro lado... Pero no, se trata del Día del Juicio en el que el Gran Juez ajustará cuentas con nosotros los pecadores. El alma de Justino queda salvada en ese texto gracias a la intervención especular de Clementina Díaz y de Ovando, quien persuade al Señor de las muchas cosas buenas y perdurables que el maestro nos dejó. Probablemente aun sin su intervención Justino Fernández hubiera resultado absuelto, pero no se sabe, pues sus costumbres no eran tan morigeradas ni tan ortodoxas como las de don Antonio Teixidor.

Justino Fernández tuvo el tino de estudiar filosofía. Yo no entiendo a un historiador del arte alejado de las cuestiones filosóficas y de la historia de las ideas. Entre 1925 y 1938 realizó el equivalente de lo que hoy día integraría una licenciatura y dos maestrías. Sus más notables profesores de filosofía fueron José Gaos y Juan David García Bacca. Ambos procedían de la escuela clásica de la filosofía alemana, de modo tal que en cuanto a bagaje intelectual vienen a ofrecer convergencias con Ortega y Gasset.

La formación filosófica de Justino se deja sentir en sus libros, pero también, y en forma preponderante, se constituía en eje de sus clases. Yo recuerdo que para explicar la obra de Miguel Ángel realizó una buena síntesis de todo el neoplatonismo florentino y que leyó textos de Plotino, Marsilio Ficino y Pico della Mirandola.

II. RECORDANDO A JUSTINO. UNA MEMORIA PERSONAL

Cuando yo me encontré con el doctor Fernández en la Facultad de Filosofía y Letras de la UNAM, ya había leído algunos de sus libros y tenía además ciertas referencias de su persona, pues él, de niño y de adolescente, había frecuentado los mismos barrios que mis tíos maternos. "Tu profesor es hijo del ministro", me advertía mi madre cuando le contaba de mi asistencia a sus cursos de historia del arte en los que había sido admitida aun cuando yo era entonces estudiante de psicología.

Fue en 1964 cuando decidí adherirme formalmente a sus clases. El curso monográfico de ese año fue sobre Miguel Ángel, pues se conmemoraba el cuarto centenario de su muerte, ocurrida en Roma en 1564. Yo me encontraba recién llegada de una primera estancia larga en esa ciudad que llegué a conocer bastante bien y que determinó mi viraje del estudio de la psicopatología a la vocación por todo lo que tuviera que ver con el arte y los fenómenos creativos.

"Justino es muy buen dibujante —proseguía mi madre—. Me acuerdo que delineaba maravillosamente las fachadas de las principales iglesias y edificios notables. Así se ganaba la vida... No fuimos propiamente amigos porque él no prestaba mucha atención a las 'yeguas finas' del Colegio Francés de San Cosme... Has de saber que él nació cuando su padre era ya mayor, un personaje conocidísimo y muy fino, pero casi un anciano. De allí la seriedad de Justino..." —interpretaba ella, seguramente sin mucho conocimiento de causa.

Se me quedó la idea de la seriedad del doctor Fernández y no me le acerqué por entonces directamente, pero permanecí como alumna suya. Soy testigo de que, para explicar la simultaneidad de visiones del cubismo, por ejemplo, no se valía únicamente de diapositivas, sino que pintaba él mismo un cuadro cubista en el pizarrón.

Uno de sus temas predilectos era Goya, a quien también le dedicó dos semestres completos en aras de llevar a su alumnado a calibrar, diacrónicamente, al artista mexicano que se le constituyó en pasión: José Clemente Orozco. Mi visión sobre Orozco y la de muchas otras gentes en buena medida está determinada tanto por los libros como por las clases de Justino Fernández.

Una circunstancia nada fortuita me alejó por un tiempo de la asistencia normal a las aulas: mi propia y prolongada maternidad, que duró algo menos de cinco años, en el curso de los cuales tuve cuatro hijos, uno tras otro. No me retiré del todo de la Facultad y a veces me daba por asistir a las clases de verano que el doctor Fernández impartía en la Escuela para Extranjeros de la UNAM. Se veía que disfrutaba con ellas pues le daban oportunidad de hacer gala de su buen inglés: un inglés rico en vocabulario, bien articulado, que pronunciaba con inevitable dejo de acento latino.

En 1970 regresé a la Facultad como alumna curricular, esta vez con la intención de estudiar "a fondo" la carrera de historia. Como deseaba terminarla a la mayor brevedad, me propuse presentar en extraordinario todas las materias que según criterio de mi asesor (el doctor Pedro Rojas) eran susceptibles de acreditarse de ese modo. Don Justino fue mi sinodal tres veces, al lado de su adjunto, el maestro Xavier Moyssén, y en una ocasión con Jorge Alberto Manrique, que era en ese tiempo el más joven de todos los maestros. Ya para entonces tenía trato amistoso con Justino, quien me reconoció como hija de "la Nena" (así llamaban a mi madre de cariño) e incluso me invitó dos veces a su casa en la calle de Santa Mónica, donde pude echar un ojo —pero con suma discreción— a la nutrida biblioteca que a su muerte se incorporó a la del Instituto de Investigaciones Estéticas.

En el momento de escribir estos renglones tengo frente a mí dos libros del Instituto que ostentan el sello de la biblioteca de Justino Fernández, facilitados en préstamo para apuntalar un ensayo sobre la Escuela Metafísica. Por cierto, en la biblioteca de don Justino no figuraban las obras completas de Freud, pero sí había trabajos de Carl Gustav Jung.

Frecuentaba yo asiduamente el Instituto de Investigaciones Estéticas, cuyo perfil en mucho se debe a él. En una ocasión le manifesté mi intención de escribir una tesis sobre Julio Ruelas y aún recuerdo lo que me comentó: "Dado su freudismo, Ruelas va a encontrarse en aprietos, aunque en buenas manos. Pero usted va a dar mucha guerra, Teresita" (se refería precisamente a mi freudismo, pues él no era afecto al psicoanálisis). El libro sobre Ruelas se publicó en 1975.

La mañana que me dijo esto fue una de las últimas en que tuve oportunidad de dialogar con él. Vestía un saco de lino crudo con la imprescindible corbata (de moño) y un pantalón oscuro. Ese atuendo era una especie de uniforme para los días soleados, pues por temporadas usaba la misma combinación, o al menos tal es la impresión que guardo ahora que intento rememorarlo. Tenía la cabeza alargada, era de tez clara, más bien pálido, prógnata, esbelto, de porte distinguido y con aire aristocratizante. Los labios delgados y la nariz borbónica hubieran podido darle un tono adusto, pero cierta picardía, producto del humor, se le escapaba de los ojos, traspasaba los cristales de los anteojos, y con bastante frecuencia la línea de su boca se curvaba en una semisonrisa tipo Gioconda. Cambió poco con los años. Me da la impresión de que de joven debe de haberse visto algo viejo —con la cromatina gastada— y que de adulto siempre fue juvenil.

Nunca llegó a la ancianidad. El 12 de diciembre de 1972 yo me encontraba departiendo con algunos amigos en mi casa, entre ellos estaba la escultora Lourdes Álvarez. Sonó el teléfono, la llamada era para mí; se me anunciaba que el maestro había muerto y que el entierro se llevaría a cabo al día siguiente en el Panteón Jardín. Realmente yo no había sido una persona muy cercana para él, pero él sí lo había sido para mí... Aunque tenía noticia del cáncer que lo aquejaba desde hacía tiempo, ignoraba que se encontrase en etapa terminal, pues poco tiempo antes había viajado por primera vez a Grecia, acompañado de amigos. Recuerdo que me invadió una pesadumbre recia que me mantuvo en silencio el resto de la velada. "Tienes que elaborar tu duelo", me decía el estudiante lacaniano Francisco del Villar, quien acababa de iniciar su ejercicio como psiquiatra.

Al día siguiente llamé a otro venerador de Justino Fernández, el profesor Manuel Cazadero, y juntos fuimos a rendir último tributo a sus despojos mortales, que no a su legado, pues se lo rendimos siempre. Hoy día me sorprende que mis colegas jóvenes ya no citen tanto a Justino Fernández. Para mí es piedra de toque y acudo a sus libros con frecuencia. No por ello omito declarar que si bien la consulta de los principales de ellos sigue pareciéndome obligada, en cambio encuentro que algunos de sus ensayos sobre el arte que se estaba produciendo en su momento han envejecido un tanto, pero a eso volveré más adelante.

III. JUSTINO FERNÁNDEZ Y LA HISTORIA DEL ARTE

Se acostumbra contrastar la actitud de Justino Fernández respecto del arte con la de otro gran desaparecido que lo sobrevivió 20 años. Me refiero a Luis Cardoza y Aragón. Pues bien, este último, igual de apasionado por José Clemente Orozco que Justino Fernández, era —como todo el mundo sabe— un poeta sumamente ilustrado, vinculado al surrealismo, al tiempo que ejercía el *Artwriting*. Justino Fernández era en cambio un *scholar*, un académico y un historiador con formación filosófica. La brillantez y el arrojo de Luis contrastaban con la ponderada actitud de Justino. Éste no presentó su examen (por revalidación de estudios) para optar a la maestría en historia sino hasta el año de 1953. Su disertación fue sobre el tratado que afortunadamente se encuentra hoy día en proceso de reedición. Me refiero al libro *Arte moderno y contemporáneo de México,* que mereció por parte del jurado la distinción mayor que entonces otorgaba nuestra Universidad en un examen de grado. Justino Fernández obtuvo *Summa Cum Laude* el 27 de julio de 1953 como maestro en historia con especialidad en historia de las artes plásticas. Al año siguiente, el 30 de octubre, se doctoró con la tesis sobre *Coatlicue*.

Treinta años después a mi vez yo obtuve mi doctorado en la Facultad de Filosofía. No pude presentar mi examen el 30 de octubre (como deseaba hacerlo en memoria de mi maestro), lo hice el día 4 y mi tesis fue sobre Freud. ¡Cómo me habría gustado que Justino Fernández hubiera sido mi sinodal! —precisamente porque el tema le habría parecido de lo más discutible—. Pero los dioses no lo quisieron.

Desde 1936 Justino Fernández ingresó como investigador al Instituto de Investigaciones Estéticas, que ese año cumplía su primer año de vida, pues fue fundado por don Manuel Toussaint inicialmente como "laboratorio de arte" en 1935. Desde 1956 hasta 1968 el doctor Fernández ocupó la dirección, y fue en ese lapso cuando el Instituto adquirió el perfil definitivo que le conocemos, con todo y las mutaciones que la historia posterior lógicamente le ha impuesto.

Hablar del Instituto sería tema de otro escrito.

En los tiempos de Justino no dejaba de ser un cenáculo, una torre de marfil —bastante envidiable, por cierto— en la que se gestaban los más acuciosos e importantes estudios sobre arte mexicano que se publicaban en México. El Instituto se abrió más al exterior durante la etapa de Jorge Alberto Manrique como director (1975-1981) y sigue conservando su relieve internacional, pero en los años a que me refiero y en los inmediatamente posteriores era el único organismo de esa índole en toda América Latina. El Instituto tenía injerencia en todo: en las bienales de Bellas Artes, en los jurados calificadores de los concursos que se celebraban, en la asesoría a publicaciones, en la conservación del patrimonio histórico y artístico, etc. Hoy día, en que el campo artístico se ha extendido notoriamente, los miembros del Instituto distamos de ser los únicos que nos ocupamos de esas cosas.

Justino Fernández no fue muy amigo de los viajes…, aunque sí de los viajes interiores. Apenas en 1952 realizó su primer viaje a Europa, tenía entonces 48 años. Esa estancia de seis meses se abrió con una permanencia de cuatro semanas en París, de donde se trasladó a otras ciudades del continente, visitando además Inglaterra y Suecia. No cruzó el océano de nueva cuenta sino hasta 1971, y el mismo año de su muerte conoció Grecia y el Medio Oriente. Esto no deja de causar sorpresa.

Sin embargo, tengamos en cuenta que existen personas de todas las edades a quienes no les gusta viajar, tal vez por aversión a los aviones o porque dejar el ámbito habitual en el que se desarrolla la existencia les genera angustia. Podría pensarse que para un historiador del arte es indispensable viajar. Pero si tenemos en cuenta que el eje de la producción de Justino Fernández fue la historiografía y la teoría del arte, podemos entender que su confrontación directa con las obras originales no resultaba tan indispensable como nos resulta a los que abordamos el objeto artístico desde el ángulo crítico.

Asimismo, es preciso tener en cuenta que el meollo de la producción de Justino se refiere al arte mexicano y que por su país sí viajó extensamente, además de que también se desplazó en muchas ocasiones a los Estados Unidos, todas las veces visitando museos y estudiando arquitectura. Por cierto, nunca descuidó el estudio de la arquitectura, y yo creo que además de historiador pudo haber sido muy buen arquitecto restaurador y aun proyectista, porque también le fascinaba la arquitectura contemporánea.

A los Estados Unidos sí hacía viajes con harta frecuencia. Impartió además varios cursos y seminarios en universidades norteamericanas. Lo dicho anteriormente no equivale a afirmar que se abstuvo de involucrarse con los grandes temas de la historia universal del arte. Ya he hablado de su pasión por Miguel Ángel; igual podría hacerlo acerca de la que desarrolló por Goya, a quien dedicó no sólo cursos sino, además de otros textos, un extenso análisis interpretativo sobre *Los caprichos* que lleva el título de uno de éstos: *El sueño de la razón produce monstruos.*

Otra de sus preocupaciones fundamentales fue ligar la historia del arte mexicano con el decurso del arte universal. Su libro *Prometeo* (en el que después de Picasso el héroe viene a ser, claro está, José Clemente Orozco) es ejemplar en este sentido. Como crítico, en múltiples ocasiones reseñó exposiciones de arte europeo o norteamericano que se presentaron en México. Por ejemplo, en el número 3 de la *Revista de la Universidad* correspondiente al volumen XI publicó un ensayo amplio sobre la famosa exposición que en 1956 organizó el Museo de Arte Moderno de París (el antecesor del Pompidou) para el Palacio de Bellas Artes.

En cambio, cosa extraña, no se interesó mucho en los artistas latinoameri-canos contemporáneos, salvo cuando se trataba de figuras de primera mag-nitud, como Wifredo Lam. Que yo sepa, jamás viajó al hemisferio sur de nuestro continente. Recuerdo que en cierta ocasión le contestó con picardía a un interlocutor que le narraba anécdotas sobre un reciente viaje a La Paz en Bolivia: "Oiga usted, ¿y qué de veras existen esos países?" Con frecuen-cia tenía salidas de ese tipo, que causaban mucha gracia.

Así como Salvador Toscano y Manuel Toussaint echaron las bases para futuras investigaciones sobre arte prehispánico y arte colonial, respectiva-mente, a Justino Fernández se deben, como ya se ha señalado, las primeras visiones generales sobre la historia del arte en México, y también las pri-meras investigaciones académicamente estructuradas sobre arte moderno y contemporáneo en nuestro país. Ningún tema sobre arte mexicano le fue ajeno, pero yo creo que sus mayores preferencias estuvieron en relación con la modernidad. A partir de 1935, en que publicó su primer libro con esta te-mática, sus estudios fueron acrecentándose hasta dar origen a una obra de obligada lectura aún hoy en día: la historia documental y crítica del arte del México independiente, desde sus antecedentes hasta la presentación del movimiento muralista. Se trata del ya mencionado libro *El arte moderno y contemporáneo de México* (IIE, UNAM, 1952) que, como dije, fue tema de su di-sertación de maestría. Este volumen complementó la trilogía sobre arte me-xicano iniciada por los dos investigadores antes mencionados: Toscano y Toussaint. Se trata de un extenso trabajo que no por ambicioso deja de ser a la vez erudito y profundo, ilustrado con un cuerpo de láminas que en sí cons-tituye un repertorio de información sumamente rico. Puesto que la primera parte de este libro consiste en una visión continua de todo el arte mexicano del siglo XIX, exigió una nueva edición cuyo texto es igual que el de 1952, sólo que forma un volumen aparte. Se trata de *El arte del siglo XIX en México*, cuya primera edición es de 1967.

Fernández se proponía revisar y poner al día todo lo concerniente al siglo XX, y parte de ese propósito quedó plasmado en una utilísima obra de di-vulgación: *La pintura moderna mexicana* (Editorial Pormaca, 1964), que en rea-lidad vino a ser un estudio independiente del publicado en 1952. Este libro extiende el panorama de la pintura mexicana hasta el periodo posmuralista, abarcando las primeras manifestaciones de las corrientes internacionalistas, que sí le suscitaron interés, aunque quizá no alcanzó a introyectarlas del todo. Pero jamás las ignoró, como lo demuestran los numerosos artículos, ensayos e introducciones a catálogos de exposiciones que por sí solos lo sitúan como el crítico de arte mexicano más importante de su tiempo.

Digo "crítico" porque la crítica de arte es un género que incluye una ex-tensa variedad de enfoques, pero en realidad Justino Fernández no se con-vertía en árbitro, es decir, no era discriminatorio. Exaltaba lo que a su parecer era digno de exaltarse. No hablaba de lo que no le parecía bueno ni esgrimía las razones de su disgusto, sino que simplemente mencionaba las cosas que sucedían aunque no suscitaran su interés. Es decir, no "criticaba".

A Justino Fernández cabe el mérito de ser uno de los pocos representantes de la corriente historicista que se ha adentrado en el campo de la teoría del arte mexicano, tema que encaró en tres obras unificadas entre sí por una misma metodología: *Coatlicue: estética del arte indígena antiguo* (IIE, UNAM, dos ediciones, 1954-1959), *El Retablo de los Reyes, estética del arte de la Nueva España* (IIE, UNAM, 1959) y *El Hombre, estética del arte moderno y contemporáneo* (IIE, UNAM, 1962). Posteriormente los tres estudios fueron reunidos en un solo volumen con el título de *Estética del arte mexicano* (IIE, UNAM, 1972).

En cada uno de los volúmenes el autor recogió rigurosamente un amplio repertorio de opiniones, tanto de autores nacionales como extranjeros, acerca de lo que se había expresado a lo largo del tiempo en torno a los periodos tipificados por las obras que escogió para los títulos. Dichas obras son la Coatlicue, el Altar de los Reyes en la Catedral Metropolitana y los frescos de Orozco en el Hospicio Cabañas de Guadalajara. Realizó así una labor que permite comprender y aquilatar el pensamiento sobre arte de un gran número de escritores cuyos juicios datan desde la Conquista hasta nuestros días.

Como ya anoté antes, Justino Fernández fue, además de apasionado estudioso de la obra de José Clemente Orozco, quien más contribuyó a su conocimiento a través de tres libros y de una extensa serie de artículos aparecidos tanto en publicaciones nacionales cuanto extranjeras, sin contar con las secciones que le dedicó en sus obras de carácter general; tan es así que su *Estética del arte mexicano* encontró su conclusión en una imagen que para Fernández adquirió carácter de paradigma: el hombre de fuego en la cúpula del Hospicio Cabañas de Guadalajara. Puesto que su aprehensión del personaje de Orozco trascendió a la apreciación valorativa de su producción plástica, llegando incluso al esbozo de una filosofía sobre su obra, Fernández fue reuniendo textos poco conocidos del muralista que, precedidos por un estudio y complementados con un apéndice, fueron editados bajo el título de *Textos de Orozco* (IIE, UNAM, 1955).

Al agotarse este libro, Jorge Alberto Manrique propició una segunda edición, actualmente también agotada, en la que tuve la honra de participar con una *addenda* integrada por textos que recopilé (inéditos hasta entonces), antecedidos por un ensayo también de mi autoría. La nueva publicación vio la luz en 1985.

Justino volvía al tema Orozco una y otra vez. Le parecía que después del jalisciense era difícil interesarse en otro artista mexicano contemporáneo de vanguardia. Por supuesto que también dedicó vasta atención a Diego Rivera, a David Alfaro Siqueiros y a Rufino Tamayo, pero privilegió a Orozco sobre ellos.

Sin embargo, también logró involucrarse profundamente con un artista que para él pertenecía a las jóvenes generaciones. Me refiero a Pedro Coronel (1923-1985). Alcanzó a ver la publicación de su libro acerca del zacatecano, que salió a la luz en 1971 en edición de lujo (tan de lujo como podían serlo en aquel entonces), publicado por el Instituto de Investigaciones Estéticas.

Revisando ese tomo encuentro que por un lado el texto ha envejecido en algunas partes —cosa que no sucede con la *Estética del arte mexicano*—, pero que de todos modos es útil para seguir el decurso de la pintura y la escultura de Pedro Coronel hasta los tardíos años sesenta. Es precisamente la parte dedicada a la escultura la que está mejor tratada. Me parece necesario aclarar que el primer texto de Justino sobre Pedro Coronel es de 1959 y que después de éste —publicado con motivo de una exposición en el IFAL— escribió otros más, de tal modo que, al igual que José Clemente Orozco, el pintor zacatecano encontró "su crítico" en Justino Fernández.

En este sentido, o sea en el de dedicar amplia atención a un solo pintor, Justino Fernández siguió un esquema que parece perdurar. Pensemos en las mancuernas Baudelaire-Delacroix, Ruskin-Turner, Sylvester-Bacon. Un crítico encuentra un artista viviente por quien siente afinidad y se enaltece enalteciéndolo. A mí me parece perfectamente legítimo, aunque debido a mi espíritu disperso yo no podría dedicarme a practicar esa opción. Sea como fuere, el hecho es que no resulta del todo casual que uno de los últimos trabajos escritos por Justino Fernández en su fecunda vida —trabajo que por cierto es el que cierra su bibliografía— sea precisamente una recensión de las cartas de Orozco a Jean Charlot (*Anales*, núm. 41, IIE, 1972).

Entre libros, ensayos, artículos y recensiones, la bibliografía de Justino Fernández abarca 589 títulos. Es un *corpus* considerable si remarcamos que entre éstos hay más de 12 libros y un buen número de textos largos insertos en volúmenes de varios autores y en revistas especializadas. Tengamos además en cuenta que hay pocos textos periodísticos, pues en tiempos de Justino no era bien visto que un académico se involucrara con el periodismo, menos aún que tuviera una columna semanal fija, como ocurre ahora —para bien o para mal— con algunos de nosotros. A todo esto sumó las ediciones sobre reseñas de exposiciones, que son inmejorables fuentes respecto al pulso de la promoción artística.

Después de su muerte sólo se publicó un anuario de exposiciones más. Cosa explicable: el número de galerías, museos y organismos que presentan exposiciones a lo largo del año resulta inabarcable.

Cabe destacar, en el contexto general de su obra, una preocupación manifiesta por situar el arte mexicano fuera de esa entelequia un tanto mágica y gratuita, propia del nacionalismo a ultranza. Para Fernández nuestros valores son universales, y a demostrar esto dedicó su producción. Como he señalado, no desdeñó escribir sobre temas ajenos al arte mexicano. Su introducción al *Laocoonte* de Lessing (Editorial Nuestros Clásicos, 1960) es uno de los textos más claros que se han escrito en castellano sobre las premisas de la estética neoclásica. El libro *Miguel Ángel: de su alma* (IIE, UNAM, 1964) no sólo ofrece un buen panorama de la labor del artista como pintor, escultor y arquitecto, sino que contiene la gran aportación de incluir una selección de sus poemas, traducidos por él mismo del italiano y puestos en relación con la estética miguelangelesca.

Voy a terminar esta semblanza del doctor Justino Fernández permitiéndome citar un párrafo suyo característico de una actitud que quizá en estos tiempos posmodernos algunos ya no comparten. Sin embargo, "lo retrata", al tiempo que lo inscribe en una época que al formar parte de nuestro pasado reciente es nuestro presente (pues ¿dónde está el pasado sino en el presente?).

Al preguntarse a sí mismo cómo es "ser" un historiador del arte, siguiendo el método de la mayéutica emitió la siguiente respuesta:

> Un historiador del arte es aquel que, poseedor de una fina sensibilidad, la cultiva en la contemplación de obras de arte y que, atraído por su belleza, necesita saber por qué son, cómo son, de qué época, nacidas en cuáles circunstancias, quién las creó, qué expresan y por qué le entusiasman o lo deprimen. También qué resonancias han tenido, cómo han emocionado a otros hombres y, en fin, muchos aspectos más... El historiador recrea imaginativamente, basado en los datos históricos, la vida que fue y en la cual se crearon las obras de arte que contempla y que por su sensibilidad se apropia. Mas no basta todo lo dicho si no se puede comunicar por medio de la palabra, ya sea verbal o escrita.

BIBLIOGRAFÍA

Del Conde, Teresa, "La crítica y el arte colonial, moderno y contemporáneo", en varios autores, *Las humanidades en México,* prólogo de Jorge Carpizo, México, UNAM, Coordinación de Humanidades, 1978.

Fernández, Justino, "Francisco de la Maza, historiador del arte", *Anales,* núm. 41, edición de Xavier Moyssén, México, Universidad Nacional Autónoma de México, Instituto de Investigaciones Estéticas, 1972. La cita con la que concluye esta semblanza está tomada de este texto. La totalidad de este número está dedicado al doctor Francisco de la Maza, quien había muerto el año anterior.

Toussaint, Manuel, *Portrait and Landscape. As shown in the Work of Cecil Crawford O'Gorman,* México, Alcancía, 1938.

Varios autores, *Homenaje a Justino Fernández,* México, Libros de México, edición numerada de 300 ejemplares, 1966. Se trata de una recopilación de textos que comentan la persona y la labor de Justino Fernández, a quien se rinde homenaje por sus 60 años de vida.

Varios autores, *Anales,* núm. 42, edición de Xavier Moyssén, México, UNAM, IIE, 1973. Este volumen está dedicado por entero a Justino Fernández y contiene su bibliografía realizada por Luz Gorráez Arcaute con la colaboración de Danilo Ongay Musa, quien la puso al día.

Varios autores, *Del arte. Homenaje a Justino Fernández,* México, UNAM, IIE, 1977. Especialistas mexicanos y extranjeros así como algunos pintores contribuyeron con textos libres o dibujos realizados *ex profeso* para este volumen, prologado por Jorge Alberto Manrique como director del Instituto.

Varios autores, *Semblanzas. El Instituto de Investigaciones Estéticas, en su quincuagésimo aniversario, rinde homenaje a sus fundadores y a sus miembros desaparecidos,* coordinación del volumen de Beatriz de la Fuente, México, UNAM, Dirección General de Publicaciones, 1985. La breve semblanza de Justino Fernández es de Clementina Díaz y de Ovando, quien entre otras cosas relacionadas con la persona de su semblanteado dice lo siguiente: "De su alegría 'fraternal y magistral' hacía partícipe a amigos y discípulos. Amable, cariñoso, hizo de la amistad un culto, fue amigo de sus amigos, pero no enemigo de sus enemigos".

FERNÁNDEZ, JUSTINO

Historiador y crítico de arte.
  Fecha de nacimiento: 1904 (México, D. F.).
  Fecha de fallecimiento: 1972 (México, D. F.).

ESTUDIOS

Bachillerato en los Estados Unidos y México; maestría en historia (1953) y doctorado en filosofía (1954) por la UNAM; cursos en el Seminario de Investigaciones de Arte en México de la Secretaría de Hacienda.

LABOR ACADÉMICA

En 1936 se incorporó al Instituto de Investigaciones Estéticas de la UNAM.
  De 1956 a 1968 ocupó el cargo de director del mismo Instituto. De 1963 a

1972 dirigió el Seminario de Tesis de Historia del Arte en la Facultad de Filosofía y Letras, y para 1944 fundó la cátedra de Historia del Arte.

Fungió como profesor en la Escuela Nacional de Artes Plásticas, en la Escuela de Verano de la UNAM y en el Mexico City Center.

Fue miembro del Instituto Internacional de Historia del Arte de París (1959-1972); del Consejo Consultivo del Gobierno Mexicano ante la UNESCO (1960-1972); de la Academia Mexicana de la Lengua (1965-1972); de la Academia de Artes (1968-1972) y de la Academia Mexicana de la Historia (1970-1972).

RECONOCIMIENTOS

En 1950 recibió la Medalla Justo Sierra; en 1961, la Medalla al Mérito Docente, ambas de la UNAM.

En 1969 fue nombrado Investigador Emérito de la misma Universidad.

En 1969 recibió el Premio Nacional de Letras.

En 1970 fue condecorado por el gobierno de Italia.

PRINCIPALES OBRAS

El arte moderno en México. Breve historia; siglos XIX y XX, prólogo de Manuel Toussaint, México, UNAM, Instituto de Investigaciones Estéticas, 1937, 473 pp.

Danzas de concheros en San Miguel Allende, México, El Colegio de México, 1941, 49 pp. ilus.

El Palacio de Minería, México, UNAM, Instituto de Investigaciones Estéticas, 1951, 81 pp. ilus.

Arte moderno y contemporáneo de México, prólogo de Manuel Toussaint, México, Imprenta Universitaria, 1952.

Coatlicue; estética del arte indígena antiguo, prólogo de Samuel Ramos, México, UNAM, Centro de Estudios Filosóficos (Ediciones del IV centenario de la Universidad, 15), 1959, 285 pp. ilus.

El Retablo de los Reyes; estética del arte de la Nueva España, México, UNAM, Instituto de Investigaciones Estéticas (Estudios de arte y estética, 4), 1959, 389 pp. ilus.

Arte mexicano; de sus orígenes a nuestros días, 2a. ed., México, Porrúa, 1961, 208 pp. ilus.

La pintura moderna mexicana, México, Pormaca (Colección Pormaca, 6), 1964, 211 pp.

Miguel Ángel; de su alma, México, UNAM, Instituto de Investigaciones Estéticas (Estudios de arte y estética, 9), 1964, 305 pp. ilus.

El arte del siglo XIX en México, México, Imprenta Universitaria, 1967, 256 pp. ilus.

EL PROFESOR O'GORMAN
Y LA METÁFORA DEL MARTILLO

Antonio Saborit

La inteligencia, al igual que la belleza, se solaza contemplándose a sí misma, observó el personaje del Conde en *Los diálogos de San Petersburgo* de Joseph de Maistre; y el espejo de la inteligencia es la propiedad: el orden, la forma, el ritmo. Tal vez De Maistre escribió "proporcionalidad" y no propiedad.[1] Como haya sido, en la insobornable superficie de la propiedad es posible encontrar la inteligencia de Edmundo O'Gorman (1906). La observación del personaje del Conde ayuda a entender y apreciar el cuidado argumentativo de las numerosas aportaciones de O'Gorman al pasado mexicano en libros, ensayos y polémicas. Su extensa obra le devuelve al mundo de la investigación histórica en México una de las más estimulantes y libres aventuras del conocimiento, en fin, del saber y de la imaginación. Se trata de uno de los pocos ingenios auténticamente grandes en nuestra historia moderna.

I

Si se ha de dar algún indicio de los días y el medio de este historiador es justo comenzar en enero de 1932, cuando en minúscula prensa instalada en una de las cocheras de la casa de los O'Gorman en el barrio de San Ángel, Edmundo O'Gorman y Justino Fernández echaron a andar la editorial Alcancía. Sus *plaquettes*, compuestas e impresas a mano en ese viejo mueble de planchas, engranes y palanca que abonaba hoja por hoja el esfuerzo dominical que hacían sus dos directores-prensistas, le regalaron a las letras mexicanas no sólo obras nuevas sino algo del sabor del viejo arte tipográfico mexicano. Con su *Antología de contemporáneos* que reunió poesía de Pellicer, Villaurrutia, Novo, Henestrosa y Paz, entre otros, más los títulos de las obras de Gerardo Diego, Renato Leduc, Miguel N. Lira, Rubén Salazar Mallén, Porfirio Barba-Jacob, Anselmo Mena, Federico García Lorca y Juan Larrea, más lo propio de O'Gorman y Fernández; luego de seis años, Alcancía conformó un catálogo de 20 novedades de pequeño tiraje.[2]

[1] Joseph de Maistre, *The Works of...*, editado y traducido al inglés por Jack Lively, Nueva York, Macmillan, 1965, p. 264.
[2] La lista completa de los títulos de Alcancía, al llegar a sus primeros seis años, en "Alcancía", *Letras de México*, vol. I, núm. 25, 1 de marzo, 1938, p. 2. Éste es el catálogo de los primeros

Ya en la década de los setenta, Salvador Novo, asimismo contemporáneo de O'Gorman, escribió que "en la *Alcancía* de aquellos remotos años aparecía ya el historiador en que iba a convertirse arrobadamente el todavía por los años treinta indeciso artista que bullía en Edmundo O'Gorman".[3] Pero en aquel entonces, sobre las arenas no menos indecisas de los trabajos y los días del periodo presidencial del general Lázaro Cárdenas, el júbilo y la certidumbre que rodearon los talveces con la historia, la edición y el arte tipográfico del joven licenciado O'Gorman se repetían la emoción y el sentimiento de otros colegas. Miguel N. Lira y Alejandro Gómez Arias hicieron en *Fábula* su versión de Alcancía. Los periódicos y las casas editoriales establecidas no recibían materiales fácilmente; pero además, editar y publicar fue grande y verdadera pasión entre la juventud literaria de la década de los treinta.

Alejandro Gómez Arias fue compañero de Miguel N. Lira al cursar la preparatoria. Lira se inició en las artes de la tipografía, cuenta Gómez Arias, con Edmundo O'Gorman:

> Miguel se acercó a ellos [O'Gorman y Justino Fernández] y se aficionó al grado de que, cuando ellos tiraron la toalla de las impresiones, él siguió, aunque con una prensa un poco más grande, también comprada por su propio peculio. Así nacieron las ediciones de Fábula [...] Con la imprenta de Miguel y con el gusto que nos unía por los trabajos gráficos comenzamos a hacer algunos pequeños libros. Entre éstos, recuerdo dos o tres que él hizo personalmente y que eran unas verda-

seis años de la editorial: Alcancía, *Antología de contemporáneos*, cuadernos numerados del 1 al 5, correspondientes a enero, febrero, marzo, abril y mayo de 1932; Gerardo Diego, *Fábula de Equis y Zeda*, marzo de 1932, 50 ejs.; Renato Leduc, *Unos cuantos sonetos que su autor Renato Leduc tiene el gusto de dedicar a las amigas y amigos que adentro se verá*, abril de 1932, 50 ejs.; Miguel N. Lira, *Corrido de Domingo Arenas*, mayo de 1932, 100 ejs.; Rubén Salazar Mallén, *Dos cuentos. Ruta-Orilla*, junio y julio de 1932, 53 ejs.; Justino Fernández, *Aportación a la monografía de Acapulco*, septiembre de 1932, 100 ejs.; Gerardo Diego, *Poemas adrede*, diciembre de 1932, 100 ejs.; Porfirio Barba-Jacob, *Canciones y elegías*, febrero de 1933, 400 ejs.; Renato Leduc, *Algunos poemas deliberadamente románticos y un prólogo en cierto modo innecesario. Los escribió Renato Leduc para Amalia Fernández Castillón*, marzo de 1933, 135 ejs.; Anselmo Mena, *Adioses*, julio de 1933, 50 ejs.; Federico García Lorca, *Oda a Walt Whitman*, agosto de 1933, 50 ejs.; Juan Larrea, *Oscuro dominio*, julio de 1934, 50 ejs.; Anselmo Mena, *Poemas*, noviembre de 1934, 100 ejs.; Juan Sadelev, *Credo*, serie de grabados (según Martín de Vos) con una nota de Edmundo O'Gorman, marzo de 1937, 10 ejs.; Justino Fernández y Edmundo O'Gorman, *Santo Tomás Moro y La Utopía de Santo Tomás Moro en la Nueva España*, una conferencia sobre Vasco de Quiroga, por Justino Fernández, y un ensayo sobre Tomás Moro, por Edmundo O'Gorman, abril de 1937, 400 ejs.; Fray Juan de Ávila, *Relación del saco de Veracruz por el pirata Lorencillo*, 1683, manuscrito núm. 266 bis de la Biblioteca Nacional de París, Colección Goupil, con una introducción de Federico Gómez de Orozco, noviembre de 1937, 50 ejs.; *El conquistador anónimo. Relación de algunas cosas de la Nueva España y de la gran ciudad de Temestitán México. Escrita por un compañero de Hernán Cortés*, edición y preámbulo de Edmundo O'Gorman, marzo de 1938, 100 ejs.

[3] Salvador Novo, "Respuesta del académico de número y Cronista de la Ciudad, señor don...", en Edmundo O'Gorman, *Meditaciones sobre el criollismo. Discurso de ingreso en la Academia Mexicana Correspondiente de la Española*, Centro de Estudios de Historia de México Condumex, S.A., México, 1970, p. 42.

deras obras de arte, de perfección gráfica. Más tarde y como si desarrolláramos una continuación de Alcancía, se nos ocurrió hacer una revista, *Fábula* (1934), donde nos pusimos a recoger trabajos literarios de los amigos y contemporáneos nuestros.[4]

Apenas es de creerse la actividad editorial que animaba el gremio de los historiadores mexicanos hacia 1937, el mismo año en el que O'Gorman presentó el *Credo* de Juan Sadelev bajo el sello de su Alcancía y la primera versión de un trabajo que ha alcanzado cuatro ediciones y numerosas reimpresiones en su ya cincuentenaria vida, la *Breve historia de las divisiones territoriales*. Por esas fechas, Wigberto Jiménez Moreno y Joaquín Ramírez Cabañas preparaban su ambiciosa edición de la *Historia general de las cosas de Nueva España* en tanto que Felipe Teixidor hacía lo propio con las cartas de Joaquín García Icazbalceta; Héctor Pérez Martínez trabajaba el diario de Justo Sierra O'Reilly escrito durante su misión diplomática en Washington en 1848, y Arturo Arnáiz y Freg anotaba la autobiografía del poeta José María de Heredia, tan inédita como el diario de Sierra; Genaro Estrada ajustaba sus *Doscientas notas de bibliografía mexicana* y ponía a circular el texto de las *Enfermedades políticas* de Hipólito Villarroel, mientras que José Rojas Garcidueñas prologaba y anotaba sus *Autos y coloquios del siglo XVI*.

Todo el mundo, a juzgar por estas evidencias, tenía un manuscrito que editar y anotar. Luis Chávez Orozco estaba sumido en los documentos para el estudio de la educación, a la vez que el epistolario de Juan de la Granja era aliñado por Luis Castillo Ledón. Federico Gómez de Orozco, además de su introducción para el fray Juan de Ávila que publicó Alcancía —esto es, su *Relación del saco de Veracruz por el pirata Lorencillo de 1683*—, preparaba el manuscrito de la *Relación historial eclesiástica de la provincia de Yucatán de la Nueva España* de Francisco Cárdenas Valencia, aparte de otra decena de muy diversos papeles. Rubén M. Campos, Ángel María Garibay y un muchacho, Salvador Toscano, espigaban cuidadosamente las páginas de distintos escritos tras los cantos, la producción literaria y el derecho y la organización social de los aztecas. La revista de cultura mexicana *Ábside*, dirigida por Gabriel Méndez Plancarte, publicaba un artículo de Robert Ricard sobre fray Hernando de Ojea y la Biblioteca Histórica Mexicana de Obras Inéditas sacaba la *Historia de la dominación española en México* de Manuel Orozco y Berra. Silvio Zavala editaba los documentos para la historia del trabajo en la Nueva España y las cartas europeas de un célebre predecesor de todo este grupo sin grupo, quien desde el siglo XIX se entregó por completo al rescate y edición de documentos para la historia de México: Francisco del Paso y Troncoso. Vito Alessio Robles editaba un largo escrito de Pedro Tamarón y Rome-

---

[4] Esta cita proviene de Alejandro Gómez Arias, con Víctor Díaz Arciniegas, *Memoria personal de un país*, México, Grijalbo (Colección Testimonios), 1990, pp. 163-164.

ral, mientras que en la serie Papeles de Nueva España, compilada por Del Paso y Troncoso, aparecía la *Crónica de Nueva España* de Francisco Cervantes de Salazar; Manuel Romero de Terreros sacaba la *Relación del conquistador Bernardino Vázquez de Tapia* a la vez que en la serie de la Biblioteca Histórica Mexicana se incluía una biografía de Sor Juana escrita por el célebre bibliógrafo Juan José de Eguiara y Eguren.

Este recuento, si apenas permite columbrar la situación de un grupo de estudiosos, en cambio sí puede ser ilustrativo y dar una idea hoy de aquella fabulosa, entusiasta defensa y actualización de lo usado. En tal empeño se expresa una sólida tradición historiográfica.

En 1937, bajo el sello de su propia Alcancía, O'Gorman y Fernández sacaron en una sola *plaquette* el discurso que pronunció este último en el aniversario de la muerte de Vasco de Quiroga, junto con un ensayo de O'Gorman sobre la influencia de la *Utopía de Tomás Moro en la Nueva España*.

II

Tras ejercer por 10 años como abogado, O'Gorman ingresó al Archivo General de la Nación en 1938. Tal vez ahí diera comienzo la cuenta más formal de las décadas de O'Gorman al servicio de la historia mexicana. Entonces, a sus 32 años, el licenciado por desconfiado preparaba el prólogo a la primera edición mexicana del padre Joseph de Acosta, *Historia natural y moral de las Indias*, así como la primera edición facsimilar que se intentó en Alcancía: *Túmulo imperial de la gran ciudad de México*, de Francisco Cervantes de Salazar.[5]

Las ediciones de Alcancía se transformaron entonces en un espacio exclusivo para las obras de historia, o al menos se comentó en el medio que tal era la decisión de Fernández y O'Gorman. En la sección de "Anuncios y presencias" de la revista *Letras de México* se dijo que O'Gorman y Fernández sólo publicarían trabajos históricos.[6] A juzgar por algunos títulos posteriores de Alcancía, sus directores-propietarios no fueron muy estrictos en la realización de este propósito y el catálogo conservó su carácter misceláneo. Asimismo, entre cofrades, se conocían los empeños y aspiraciones que encendían la imaginación de estos dos amigos. Manuel Toussaint, en el prólogo al grueso volumen de Fernández sobre *El arte moderno en México*, añadió

---

[5] Francisco Cervantes de Salazar, *Túmulo imperial de la gran ciudad de México impreso por Antonio de Espinosa en 1560*. Publícanlo Justino Fernández y Edmundo O'Gorman, precedido de un prólogo por Federico Gómez de Orozco. Edición facsimilar del ejemplar que se conserva en la Henry E. Huntington Library and Art Gallery. Homenaje a la imprenta en América con motivo del IV centenario de su establecimiento, México, Alcancía, 1939, edición numerada de 100 ejemplares.

[6] *Letras de México*, vol. I, núm. 20, 1 de diciembre, 1937, p. 12.

una advertencia atendible que en cierto modo alude muy significativamente a O'Gorman:

> Justino Fernández pertenece a un pequeño grupo cuyo lema pretende ser la comprensión. Trata, en efecto, de apreciar y sentir lo mismo el arte antiguo que el moderno, poniéndose cada vez en el punto visual necesario a cada artista; para estos ansiosos de emociones estéticas arranca la misma curiosidad un Ticiano que un Renoir; un Velázquez o un Picasso. Actitud rara la suya en un medio como el nuestro en que la única especialización posible consiste, no en conocer profundamente un asunto y respetar lo que se ignora, sino en levantar grita y bandería en pro de un ídolo y en declarar a seguidas abominable todo lo que no nos parece igual a él.[7]

Fernández era cuatro años mayor que O'Gorman y tal vez sirva recordar que entonces él ya tenía en su cuenta estos títulos: *Motivos populares mexicanos grabados en madera*, México, 1928; *Aportación a la monografía de Acapulco*, México, Alcancía, 1932; *Un recuerdo de Tasco*, México, Lumen, 1934; *Morelia, Pátzcuaro y Uruapan*, México, Publicaciones de la Secretaría de Hacienda, 1936; su semblanza de Vasco de Quiroga en *Santo Tomás Moro y La Utopía de Santo Tomás Moro en la Nueva España*, México, Alcancía, 1937. Pero el mérito de este trabajo consistía en que Fernández no descubrió ni inventó nada, señalaría el propio O'Gorman. El acierto del libro estaba en la cifra de una comunión y un conocimiento: "Reconoce que la verdadera obra de arte se entronca con la intuición y no con la razón; que es algo religioso, no científico (en el concepto iluminista); que, en suma, es una manifestación de la conciencia mística".[8]

La historia como una modalidad de la vida y la idea de los documentos escritos como objetos culturales más que como fuentes de primera mano fueron los principios que resonaron desde el comienzo del ejercicio historiográfico de Edmundo O'Gorman. El Archivo General de la Nación fue cielo protector para O'Gorman por casi 20 años. En su primer año ahí, entonces en el flanco sur de Palacio Nacional, O'Gorman puso a circular los 100 ejemplares de su edición de *El conquistador anónimo*.[9]

Ahí se dio tiempo para animar su propia pasión por la reflexión filosófica y el cuidadoso rastreo empírico de documentación significativa y útil. Hay algunas evidencias de los entusiasmos que entonces movían a O'Gorman en las páginas del célebre *Boletín del Archivo General de la Nación*: de las encomiendas al catolicismo ilustrado en la Nueva España, de los compendios

[7] Justino Fernández, *El arte moderno en México. Breve historia, siglos xix y xx*, prólogo de Manuel Toussaint, México, Antigua Librería de Robredo, José Porrúa e hijos, 1937, p. 473.

[8] Edmundo O'Gorman, "Justino Fernández", *Letras de México*, vol. I, núm. 18, 1 de noviembre, 1938, p. 8.

[9] *El conquistador anónimo. Relación de algunas cosas de la Nueva España y de la gran ciudad de Temestitán México. Escrita por un compañero de Hernán Cortés*, edición y preámbulo de Edmundo O'Gorman, México, Alcancía, 1938, 100 ejs.

y descripciones geográficas a las bibliotecas y libreros coloniales, de las crónicas religiosas a los procesos inquisitoriales, de la difusión de anécdotas
biográficas coloniales a la elaboración de guías y catálogos para consulta de
materiales históricos. Tan diverso conjunto de piezas expresa una visión de la
deriva de los trabajos y los días de un historiador y de las fuerzas que hay
en ellos.[10]

Pero, por otra parte, la variedad de estas colaboraciones ilustra una suerte de placentera obligación que se impuso O'Gorman en el ejercicio de su
vocación en una época y un momento en los cuales, en sus palabras, el campo de la historia parecía renovar su saber. El argumento de calidad fue central en las entregas de documentos que O'Gorman publicó, comentó y anotó
en las páginas del *Boletín del Archivo General de la Nación*. En ellas está su
vena más ortodoxa, aunque no por tal menos agradecible, en el ejercicio historiográfico: la obtención de la mejor información posible. Pero también le
interesaba divulgarla, incorporar su novedad en el universo de lo conocido
para sacudir su frigidez o bien alentar lo que en él aún tenga vida. Las páginas del mencionado boletín permitieron a O'Gorman ensayar su interés en
la edición de textos en su sentido más estricto: preparar un manuscrito para
su publicación.

Sin embargo, fue en la cátedra universitaria donde O'Gorman expresó con
mayor fuerza y claridad sus conjeturas sobre la necesaria renovación del
pensamiento y la imaginación histórica en México. Pues si la grande pasión
de O'Gorman por editar manuscritos y documentos le hacía parecer otro
alegre cofrade en el tradicionalista gremio de los oficiantes de la historia en
México; si tal gusto le acercaba al prejuiciado eruditismo de quienes en los
documentos buscaban datos y noticias *aprovechables*, sin ensayar lo que él
pensaba crucial: "la lectura por entero atenta y reposada de esas mismas
fuentes [...] como un texto dotado de individualidad y carácter propios",[11]
las esclarecidas lecciones de historiografía universal y de historia de América
que impartía O'Gorman se convirtieron en piedra de escándalo. Extraño
profesor y raras cátedras, como escribió uno de los estudiantes inscritos en
las clases de este heterodoxo en el edificio de Mascarones de la Universidad
Nacional, donde estaba la Facultad de Filosofía y Letras. La esbelta figura
elegante y la franca sonrisa desdeñosa del profesor O'Gorman se grabó en
la memoria de varias generaciones de alumnos. Uno de ellos, Juan Antonio
Ortega y Medina, escribió:

[10] Ernesto de la Torre Villar, "El Dr. Edmundo O'Gorman. Su separación del archivo", *Boletín del Archivo General de la Nación*, México, Secretaría de Gobernación, 1a. Serie, t. XXIII, núm. 2,
abril-junio, 1952, pp. 131-138.
[11] Edmundo O'Gorman, "Plagio e incomprensión", en su prólogo a la primera edición de Joseph de Acosta, *Historia natural y moral de las Indias*, 2a. ed., 1a. reimp., México, Fondo de Cultura Económica (Biblioteca Americana, 38), 1979, p. ci.

Extraño profesor y raras cátedras, se pensaba y discurría con mal sofrenada có-
lera dentro del claustro profesional y hasta tal punto se encrespó la tormenta crítica que a más de un alumno se nos citó a consejo para que expusiéramos nuestras
ideas sobre aquellas intolerables novedades que desde la cátedra lanzaba el incorregible profesor. Contra lo que se suponía, los alumnos, poquísimos en número, no
dijimos lo que esperaban oír los celosos defensores del orden historiográfico tradicional, antes bien coincidíamos, casi unánimemente, en que las lecciones del
licenciado O'Gorman eran estupendas, profundas, bellísimas, ingeniosamente expuestas, demoledoras. A decir verdad defendimos con calor algo que no acabába-
mos de entender, del todo bien, como aquello de que Colón no descubrió América sino que la inventó. Bueno, aclaremos que así nos sonaba la paradoja histórica
de O'Gorman; sus explicaciones nos resultaban a veces enigmáticas y las inter-
pretábamos como Dios nos daba a entender y en más de un caso tomamos el
rábano de sus explicaciones historiográficas por las meras hojas...[12]

Ortega y Medina se refirió a un "cerco bilioso de obstinados eruditos" alrededor de O'Gorman, así como a la incomprensión, resentimiento y menosprecio que se ganaban sus discípulos en esos días apasionados y difíciles.
En el edificio de Mascarones, para salirse del breve compás que suponían
imponerle sus compañeros en la cátedra, O'Gorman afinó un tono peculiar
en sus ensayos y se escudó en Leibniz: sin filosofía la mayoría de los problemas de la historia son laberintos sin salida.[13]

III

"La forma en que se ha hecho la investigación de los hechos del pasado es
en sí un hecho susceptible de historiarse, y sería en extremo recomendable
e instructivo que se estudiara la historia de la historia", escribió Edmundo
O'Gorman en septiembre de 1938, en su obituario a Luis González Obregón, compañero de trabajo en el Archivo General de la Nación. El apunte
resulta de interés pues O'Gorman aún no se probaba como maestro universitario. El estudio de la historia de la historia, creía O'Gorman, solucionaría
muchos problemas propuestos por la discusión abstracta entre quienes ne-
gaban categoría científica a la investigación histórica y quienes abogaban por
establecer "un fuerte y definido principio de causalidad, determinante de
leyes históricas". Entonces apuntó el joven *amateur*:

---

[12] Juan Ortega y Medina, "Y va de cuento...", en *Discursos en el homenaje a Edmundo O'Gorman
en su septuagésimo aniversario*, México, Centro de Estudios de Historia de México Condumex,
S.A., 1977, pp. 16-17.
[13] La paráfrasis de Leibniz, tal y como la expone O'Gorman, dice: "¡Oh, si los historiadores
renunciasen a su menosprecio de la filosofía y comprendiesen que sin filosofía la mayor parte
de los problemas de su Historia son laberintos sin salida!", en *Crisis y porvenir de la ciencia histórica*, México, UNAM, 1947, p. 172.

Por mi parte no veo por qué se ha de privar la historia del elemento más bello y fecundo del espíritu: la pasión. Todo estriba en saber que hay pasiones buenas y que las hay malas y en que la pasión no está necesariamente en oposición a la verdad. Ese deseo de imparcialidad, que indiscutiblemente honra a aquellos hombres [los historiadores mexicanos del siglo XIX], es, sin embargo, lo que produjo esa historia muerta, sin intuición, carente de inspiración que inhabilita a la historia a cumplir su misión fundamental en relación con la cultura. En otros términos, la crítica que comúnmente se hace a ese tipo de historia es que, a pesar de tener el mérito de utilizar el espíritu crítico y de haber ampliado las fuentes de información, es una historia conceptuada en términos de una Ciencia Natural, en tanto que cada día se siente la necesidad de liberarla de esa servidumbre, reconociéndole autonomía científica. Entre nosotros no se han abandonado esos antiguos derroteros; los trabajos de Orozco y Berra, por ejemplo, no han sido superados en lo general, solamente ampliados, y no contamos siquiera con un ensayo, ya anticuado, del tipo de las investigaciones de Burckhardt. Nuestra historia, salvo excepcionales intentos aislados, puede situarse con la producción europea del primer tercio del siglo XIX, y ya es tiempo de reconocer este hecho, para tratar de remediarlo por medio de una acción vigorosa y de cooperación. Naturalmente no pretendo decir que la producción de entonces y la de ahora sea inútil o despreciable, todo lo contrario, aunque fuera a título de enriquecimiento de material debe continuar; pero sí es indudable que a su lado debe iniciarse una historia reflexiva e intuitiva que aprovechando el material acumulado no niegue la posibilidad de estrechar las relaciones con la cultura, para cumplir su íntima finalidad...[14]

La cita *in extenso* permite apreciar a un O'Gorman poco conocido, si bien en lo que va de ese obituario a su ensayo más reciente, "Fantasmas en la narrativa historiográfica", hay un solo autor que se ha esmerado en afinar sus convicciones y conjeturas de juventud. Pero la cita además permite descubrir la raíz de los conflictos de aquel profesor con sus colegas y superiores en la Sección de Historia, a la vez que ayuda a entender el afán filosófico del profesor. Pues fue en el gremio de los filósofos donde O'Gorman encontró el ejercicio apasionado de una vocación: el ambiente más propicio para ensayar con rigor, libertad e imaginación sus diversas contribuciones a la historia de México.

La actividad de los filósofos al principio de los años cuarenta no era menor que la del gremio que no veía con tan buenos ojos el trabajo de O'Gorman, pero en su agenda cupo muy bien la inquietud por la historia de la historia. En la Universidad Nacional estaban los puntuales Cursos de Invierno de la Facultad de Filosofía y Letras, más las actividades del Centro de Estudios Filosóficos —el espacio de Antonio Caso, Samuel Ramos, Eduardo García Máynez, Francisco Larroyo, Juan Hernández Luna y Leopoldo Zea, entre otros—. Los ensayos de estos maestros e investigadores alimentaban

---

[14] Edmundo O'Gorman, "La obra de Luis González Obregón", *Letras de México*, vol. I, núm. 31, 1 de septiembre, 1938, p. 2.

las páginas de su *Boletín Bibliográfico* así como las de sus *Monografías Filosóficas;* otras revistas que publicaban las notas y artículos de los filósofos universitarios eran *Letras de México, Ábside, Tierra Nueva, Luminar, Filosofía y Letras, El Hijo Pródigo* y *Cuadernos Americanos.* Los neokantianos tenían por su lado *La Gaceta Filosófica* y los transterrados de El Colegio de México ofrecían sus cursos en la misma Facultad de Filosofía y Letras de la Universidad Nacional —encomendados a José Gaos, Joaquín Xirau, Luis Recaséns Siches, Juan Roura-Parella, Eugenio Imaz y Juan David García Bacca.

Por otra parte, los libros de filosofía, casi siempre auténticas novedades, inventaron su propio espacio en casas como América, con su Biblioteca Filosófica, La Antigua Librería de Robredo, Stylo, Porrúa, Jus, el Fondo de Cultura Económica, con su Colección de Textos Clásicos de Filosofía, y las imprentas de la Universidad Nacional y la Secretaría de Educación Pública.[15]

En 1942, por ejemplo, a cuatro años de su edición original, *La historia como hazaña de la libertad* de Benedetto Croce llegó al mundo de habla hispana por la diligencia de estos filósofos y la traducción de Enrique Díez-Canedo. Del mismo modo, en 1944 José Medina Echavarría, Juan Roura-Parella, Eduardo García Máynez, Eugenio Imaz y José Ferrater Mora entregaron en español —y con índices que mejoraron la edición alemana— los ensayos de *Economía y sociedad* de Max Weber, empresa que los académicos al otro lado del Atlántico creyeron imposible por mucho tiempo, y gracias a la cual este Weber llegó a lectores un tanto ajenos a la órbita del español, pero más lejos del alemán, como Fernand Braudel. Fernand Braudel tenía dos títulos en español en su gabinete en la Maison des Sciences del Homme: *Pueblo en vilo* de Luis González y González, en la edición de El Colegio de México, y *Economía y sociedad* de Max Weber, en la edición del Fondo de Cultura Económica. La traducción realizada por Medina Echavarría, Roura-Parella, García Máynez, Imaz y Ferrater Mora permitió a muchos franceses, incluido el propio Braudel —quien contó esto al historiador mexicano César Moheno—, tener acceso a los estudios de Weber.[16]

IV

Luis Cardoza y Aragón señaló que los republicanos españoles "...encontraron un México ascendente y en ese medio propicio desarrollaron sus vocaciones". Pocas veces, como en este apunte, se menciona la vitalidad del país

[15] Leopoldo Zea escribió dos reseñas sobre las actividades del gremio de los filósofos en México en los primeros años de la década de los cuarenta que utilicé para este apartado: "La producción filosófica mexicana en 1941", *Letras de México*, año VI, vol. III, núm. 13, 15 de enero, 1942, p. 7; y "La vida filosófica mexicana en 1943", *Letras de México*, año VIII, vol. III, núm. 13, 15 de enero, 1944, p. 9.

[16] César Moheno a A. S., 11 de septiembre, 1993.

que encontró esa comunidad de intelectuales y artistas. "Hubo una transfusión de espíritus que movió y conmovió y dio energía y saber en muchos campos."[17] José Gaos, quien llegó a México en 1938 como ex rector de la Universidad Central de Madrid y como huésped de la Casa de España, fue una figura destacada entre los transterrados pero asimismo pieza clave en la historia de la cultura mexicana. Junto con él y sus colegas agrupados alrededor de la persona y la obra de José Ortega y Gasset llegó a México una manera específica de considerar los escritos y la docencia filosófica como instrumentos de pedagogía y alta política nacionales.[18] Edmundo O'Gorman lo llamó maestro de siempre y siempre amigo al dedicarle su polémico y sugerente ensayo sobre la *Crisis y porvenir de la ciencia histórica* y la amistad entre ambos surgió cuando Gaos preparó y tradujo para la Alcancía de Justino Fernández y O'Gorman una selección de Heráclito de Efeso en 1939.[19]

En 1940 la edición mexicana de la *Historia natural y moral de las Indias* del padre Acosta, preparada por O'Gorman, fue un acontecimiento editorial y significó un *succes d'estime* para el joven subdirector del Archivo General de la Nación.

"En el estudio de O'Gorman apreciamos desde la primera línea hasta la última una reflexión tensa, una actitud alerta, decidida, de buen cazador de ideas, que contrasta abiertamente con la modorra de los pescadores de caña en que están sumidos los historiadores positivistas, a quienes sólo muy de tarde en tarde sacude de su sopor el tirón del pez en el anzuelo —el suspirado documento inédito—", escribió Ramón Iglesia en el primero de dos comentarios que dedicó al Acosta de O'Gorman en *Letras de México*. Iglesia señaló la cuidadosa aplicación del historiador como lector: "…interrogando con habilidad el texto de Acosta para conseguir que le entregara *su* verdad, el sistema de ideas y los conocimientos que en él existen, que podrán relacionarse —¿quién lo duda?— con los de otros autores, pero sin perder nunca de vista que el interés primordial no estriba en estas referencias, sino en la captación de la unidad viva y coherente de la totalidad de la obra examinada".

Iglesia, al igual que Manuel Toussaint al referirse a Justino Fernández, mencionó en este comentario la comprensión en la actitud de O'Gorman. "La actitud de los nuevos historiadores es menos orgullosa; pero infinitamente más comprensiva. Admite previamente su limitación. Postula un tipo de conocimiento histórico más próximo del filósofo que del puramente científico —en el sentido en que hoy suele considerarse este último—, basándose de preferencia en el esfuerzo reflexivo sobre datos ya conocidos, y no en la simple acumulación de datos nuevos…"

---

[17] Luis Cardoza y Aragón, *El río. Novelas de caballerías*, México, Fondo de Cultura Económica (Colección Tierra Firme), 1986, p. 575.
[18] José Gaos, "La filosofía de España", *Letras de México*, vol. II, núm. 1, 15 de enero, 1939, p. 2.
[19] *Los fragmentos de Heráclito*, versión de José Gaos, México, Alcancía, 1939.

Iglesia veía con agrado la representación de las tendencias modernas en el mundo de la cultura en este trabajo de O'Gorman; más aún, recomendaba se le leyera con atención, sobre todo a los historiadores jóvenes, "...a quienes nunca se recomendará lo bastante que no olviden que la rebusca minuciosa de nuevos datos y documentos jamás puede ser un fin en sí, sino un medio para elevarse a perspectivas superiores..."

Por lo demás, anotó Iglesia al final de este comentario, dirigiéndose a las nuevas generaciones de estudiosos de la historia: "Han nacido, por suerte o por desgracia, en una época menos optimista que la centuria pasada, que reconoce sus limitaciones, pero que, consciente de ellas, ha de exigirles un esfuerzo mayor de elaboración y de síntesis. No cabe tener conciencia del pasado sin tener conciencia de sí mismo. Esto quizá no sea fácil; pero hay que arriesgarse. A pesar de todas las dificultades y peligros, ... *it's time to launch the ship...*"[20]

Así que la proximidad con la filosofía llevó a O'Gorman a participar en los seminarios de José Gaos, primero, y a probarse, al igual que los filósofos transterrados, como traductor. Las traducciones de los miembros de la Escuela de Madrid enriquecieron el catálogo del Fondo de Cultura Económica. Después de *Los fragmentos de Heráclito* de Alcancía, José Gaos compuso y tradujo una *Antología filosófica* con presocráticos (en los mismos años en que Martin Heidegger impartía sus cursos en la Universidad de Friburgo sobre los presocráticos),[21] y en los primeros años de la década de los cuarenta entregó las *Meditaciones cartesianas* de Husserl, *La formación de la conciencia burguesa en Francia durante el siglo XVIII* de Groethuysen. El propio Gaos traduciría la *Metafísica* de Aristóteles, para la nueva colección Bibliotheca Scriptorum Graecorum et Romanorum Mexicana que Francisco Larroyo echó a andar en 1944 desde el Departamento de Humanidades de la Universidad Nacional.[22] Eugenio Imaz en esos mismos días tradujo y prologó a Kant —la *Filosofía de la historia*—, dirigió la publicación de la obra completa de Dilthey e inclusive la tradujo —*Hombre y mundo en los siglos XVI y XVII; Hegel y el idealismo; Historia de la filosofía*—; también pasó al español a Cassirer —*Filosofía de la ilustración* y *Antropología filosófica*—, a Burckhardt —*Del paganismo al cristianismo*—, a Huizinga —*Homo Ludens*—, a Weber, y prologó las *Utopías del Renacimiento*. José Carner entregó en español los *Principios de una ciencia nueva en torno a la naturaleza común de las naciones* de Vico y *La Ciudad de Dios del siglo XVIII* de Becker; Wenceslao Roces tradujo las *Reflexiones sobre la historia*

[20] Ramón Iglesia, "Un estudio histórico de E. O'Gorman", *Letras de México*, vol. II, núm. 15, 15 de marzo, 1940, p. 5. El otro comentario de Iglesia: "La *Historia natural y moral de las Indias* del P. Joseph de Acosta", *Letras de México*, vol. II, núm. 19, 15 de julio, 1940, pp. 1-4.

[21] George Steiner, *Heidegger*, trad. de Jorge Aguilar Mora, México, Fondo de Cultura Económica (Colección Breviarios, 347), 1983, p. 12.

[22] Leopoldo Zea, "Clásicos griegos y latinos", *Letras de México*, año VIII, vol. IV, núm. 15, 1 de marzo, 1944, p. 6.

universal de Burckhardt; Joaquín Xirau la *Paideia* de Jaeger. José Medina Echavarría pasó al español el *Diagnóstico de nuestro tiempo* de Mannheim, Luis Recaséns Siches la *Historia de la cultura* de Alfred Weber y Juan David García Bacca tradujo y comentó *El poema de Parménides,* luego fue por más filósofos presocráticos y luego por toda la obra de Platón para la nueva colección bilingüe de Larroyo.

Así, en esa extraordinaria conmoción, O'Gorman sumó su propio ingobernable entusiasmo y tradujo la *Teoría de los sentimientos morales* de Adam Smith y el *Diálogo sobre la religión natural* de David Hume; además, el libro de J. N. Figgis sobre *El derecho divino de los reyes.* Estos títulos sugieren con precisión la naturaleza de las inquietudes intelectuales que se agitaban entonces y precisan el contenido de la ambiciosa agenda historiográfica de este creativo estudioso. En colaboración con el poeta Jorge Hernández Campos, O'Gorman trajo al español la *Idea de la historia de Collingwood* —cuando la muerte de Eugenio Imaz dejó inconcluso el proyecto iniciado por este ensayista y traductor excepcional con otro título de Collingwood, *Idea de la naturaleza.*

V

En 1943, al final del seminario de José Gaos en la Universidad Nacional sobre filosofía y cristianismo, Edmundo O'Gorman ensayó una reflexión sobre "La conciencia histórica en la Edad Media" a partir de una crónica conocida como *La destrucción de Jerusalem.* Luis González y González ha escrito sobre los beneficios que comportó la sola incorporación de José Gaos al ámbito académico nacional en la década de los cuarenta, pues su estímulo intervino para que "el análisis de textos y sobre todo la hermenéutica o comprensión de las fuentes se volvieran curso normal en las facultades de filosofía y letras".[23] Los escritos de O'Gorman ratifican tal afirmación, así como el deber de enlazar la historia filológico-literaria a la historia de las ideas.

En seguida del ensayo para Gaos, O'Gorman entregó a la imprenta las selecciones que realizó de los *Escritos y memorias* de fray Servando Teresa de Mier y de los *Sucesos y diálogos de la Nueva España* de Gonzalo Fernández de Oviedo. El alud de los trabajos realizados por O'Gorman antes de cumplir cuarenta años trae a la mente un acontecimiento crucial en el ámbito académico: que en el mismo año de 1943 Paul Kirchhoff entregó las lúcidas 10 paginitas de su ensayo sobre Mesoamérica.[24]

En los seminarios de Gaos se formaron excelentes lectores de textos y doxógrafos. Y de ahí salió una obra de hermenéutica que es un clásico: *La idea*

---

[23] Luis González, *El oficio de historiar,* Michoacán, El Colegio de Michoacán, 1988, p. 128.
[24] Paul Kirchhoff, "Mesoamérica", *Acta Americana. Revista de la Sociedad Interamericana de Antropología y Geografía,* vol. I, núm. 1, enero-marzo, 1943, pp. 58-68.

del descubrimiento de América. Historia de esa interpretación y crítica de sus fundamentos. Acaso el origen de este libro fueran las criticadas cátedras universitarias del extraño licenciado O'Gorman. Lo que es un hecho más o menos incontrovertible es que el proyecto de este libro se afinó a lo largo de la década de los cuarenta en dos estaciones. La primera de ellas fue el ensayo sobre la *Crisis y porvenir de la ciencia histórica.* "¿Se sabe acaso qué es el descubrimiento de América?", preguntaba en la primera línea de este ensayo. En sus páginas está el registro de la primera pesquisa de O'Gorman tras "la comprensión por dentro del descubrimiento de América". Sin embargo, acaso fuera más adecuado leer *Crisis y porvenir*... como la crítica más severa que O'Gorman enderezó contra sus compañeros en la barra de catedráticos universitarios y contra los practicantes de lo que llamó ahí historia naturalista.

Se investiga por investigar —escribió—. Publicado el inédito documento se agota el impulso, y aquellas investigaciones de más alzada que parecían estar llamadas a engendrar horizontes nuevos, sólo se benefician para imponer correctivos por adición a alguna imagen recibida de la tradición y aceptada sin crítica de los supuestos [...] En lugar de lanzarse por los caminos que abren las nuevas preguntas sugeridas por las investigaciones, no parecen conocer más empeño que el de completar con "detalles" la vieja interpretación. Permiten, así, que ésta se les imponga, como, a sus criados, una vieja aristócrata arruinada...[25]

La segunda estación fue *La idea del descubrimiento de América.* O'Gorman fechó este trabajo en 1949, pero no se publicó sino hasta 1951. Fue un libro inmediato y hondo; una investigación acabada, erudita, clara, analítica —en efecto, tan ortodoxa como la que más—, que O'Gorman acompañó de una reflexión tan seria y añeja como su amistad con Justino Fernández, a quien dedicó con gratitud el libro.

El concepto de "descubrimiento", decía la tesis, era ilegítimo para comprender el suceso al que refiere la historiografía. "Puesto en duda el habitual y venerable concepto, es ya posible iniciar en firme un examen crítico de los fundamentos de la interpretación tradicional del acontecer americano que [...] nos entregará los elementos necesarios para una segunda y más profunda exploración que tenga por objeto ya no el ser del suceso llamado 'descubrimiento de América', sino el ser de América misma."[26]

¿A qué respondía esta inquietud? La disciplina y el conocimiento históricos vivían una época de renovación profunda, en opinión de O'Gorman, y él se impuso la tarea de entender y ejercer la historia en medio de tal sacudimiento renovador. Esta conciencia señaló definitivamente el conjunto de sus trabajos y escritos. Si bien es cierto que la crisis y el porvenir de la histo-

[25] O'Gorman, *Crisis y porvenir de la ciencia histórica*, pp. 7-8.
[26] Edmundo O'Gorman, *La idea del descubrimiento de América. Historia de esa interpretación y crítica de sus fundamentos*, 2a. ed., México, UNAM (Nueva Biblioteca Mexicana, 47), 1976, p. 22.

ria ocuparon las reflexiones de O'Gorman, también lo es que idéntica atención dedicó a la paradoja que advirtió en *La idea del descubrimiento de América:* el angostamiento de miras siempre ha acompañado los momentos de
renovación del saber de la historia.

> Porque esto es lo decisivo: por los años que corren, la manera hoy tradicional de
> concebir la verdad histórica, es decir, a lo siglo XIX, atraviesa por un estado de hon-
> da crisis del cual ya no podrá salvarse, y justamente el anhelo de querer mante-
> nerla, so capa de pureza, al margen de las corrientes del pensamiento vivo de nues-
> tro tiempo es deseo que delata su decadencia; pero la historia pasa con indiferencia
> suprema cerca de quienes se obstinan, en nombre de lo que sea, en rehuir sus so-
> licitaciones.[27]

VI

El laberinto de la soledad y *Libertad bajo palabra,* ambos publicados en la déca-
da de los cincuenta, son libros capitales de la literatura moderna de México.
En muchos sentidos son mejores que muchas piezas de nuestro presente.
Idéntico lugar ocupan los dos títulos más importantes que Edmundo O'Gorman entregó a las prensas en la misma década: *La idea del descubrimiento de
América* y *La invención de América. El universalismo de la cultura de Occidente.*
En ellos O'Gorman resolvió dos partes distintas y complementarias de una
misma inquietud. Pero esto es exacto apenas a cambio de apreciar en el ejer-
cicio intelectual de este historiador su perseverante constancia.

Y para ratificarla, en 1952, tras 14 años de servicio, O'Gorman se separó
definitivamente de la planta del personal del Archivo General de la Nación.
Para despedir a este infatigable investigador, Ernesto de la Torre Villar escribió unas líneas en las páginas del *Boletín:*

> ...Su labor dentro del Archivo no estuvo circunscrita por los viejos cánones que
> ahí se respiraban, ni trató de ser una continuación de las tradicionales formas de
> ver la historia. Su ingreso a la institución marca la entrada de un espíritu nuevo
> dentro de ella. Puede decirse que el espíritu de la modernidad entró con él a ese
> mundo anquilosado que piensa que la historia sólo se ocupa de los hechos de los
> muertos que se encuentran relatados en amarillentos papeles. Con una nueva vi-
> sión de la vida y un nuevo sentido de la historia, su presencia en el Archivo resul-
> taba anacrónica a los ojos de los anticuarios y de los escribas, mas a pesar de esa
> superficial contradicción, el contacto con las riquezas de nuestro Archivo desper-
> tó su entusiasmo y su fecundidad demostrada en sus publicaciones.

De la Torre Villar señaló que en el Archivo General de la Nación, "...en
donde en muchas ocasiones fue figura aislada y sobresaliente, consultada

---

[27] *Ibid.,* p. 5.

por propios y extraños... [O'Gorman] maduró su pensamiento y cristalizaron sus ideas..."[28]

Esta observación permite ensayar una mirada distinta al desconcierto que debió de provocar entonces entre los historiadores la creativa sensibilidad y el entusiasmo de O'Gorman. Este hombre sobrepujó la complejidad que sus colegas eran capaces de presumir. Pero la palabra sensibilidad dice apenas una parte limitada de su ejercicio intelectual. También se escribe para quien pueda con uno, por compulsión, sentirse incoercible. Sin preocuparse de otra cosa, O'Gorman pretendió sumar en sus tareas el rigor empírico y los vuelos de la imaginación, el gusto y la voluntad de estilo, el saber y la intuición. Además incorporó la pasión. Sus iluminaciones americanas engendraron horizontes nuevos para la reflexión y la historia. Esos dos libros eran una invitación a dejar el ensimismamiento de la historia naturalista, pero no todo el mundo atendió. La paradoja implícita no es clara.

Como siempre, el trabajo de O'Gorman resultó más estimulante afuera que adentro del gremio de la historia. "En su libro *La invención de América* O'Gorman habla de un hombre europeo que era un prisionero de su mundo —escribió Carlos Fuentes en uno de sus ensayos—. La cárcel medieval estaba fabricada con las piedras del geocentrismo y la escolástica, dos visiones jerárquicas de un universo arquetípico, perfecto, incambiable aunque finito, porque era el lugar de la Caída."[29]

Treinta y cinco años después de la primera edición de *La invención de América*, el O'Gorman más realizado, en la opinión dicha por lectores que en realidad no vivieron para gozar las iniciativas de este historiador durante las décadas de los setenta y ochenta; en la llegada a este aniversario, se respira un ambiente de indiferente condescendencia similar al que O'Gorman conoció durante los años cincuenta. En la década de los cincuenta, O'Gorman habitaba una cárcel semejante a la medieval: era prisionero de su propio mundo. Su cárcel, si bien cómoda, estaba fabricada con las piedras del cosmopolitismo y de la tradición europea de la historia de las ideas, la cual aprehendió de los refugiados españoles que empezaron a llegar a nuestras universidades en los treinta. Algo debió de contribuir la escuela estadounidense de la historia intelectual, que en los treinta y cuarenta salió en busca de abstracciones: mitos, símbolos e imágenes.[30] Así que las fuentes, los maestros y los temas convirtieron al ejercicio historiográfico de O'Gorman en algo inherentemente cosmopolita. En el interior de tal claustro, quién sabe con qué resonancia se escucharían las palabras con las que José Gaos cerra-

[28] Ernesto de la Torre Villar, "El Dr. Edmundo O'Gorman. Su separación del Archivo", *op. cit.*

[29] Carlos Fuentes, "Espacio y tiempo del Nuevo Mundo", en *Valiente Mundo Nuevo. Épica, utopía y mito en la novela hispanoamericana*, México, Fondo de Cultura Económica (Tierra Firme), 1990, p. 50.

[30] Robert Darnton, "Historia intelectual y cultural", *Historias*, núm. 19, México, octubre-marzo, 1988, p. 42.

ba el largo ensayo con que saludó la publicación de *La idea del descubrimiento de América* ubicándolo "...en la historia de los estudios americanos como aquel autor que desde Humboldt más merecería ponerse a la zaga inmediata de éste". Hasta se pensaría que se trataba de un claustro moderno, pues lo constituían los otros que aparecieron ahí, en la zona muerta de la llamada academia, descubierta a la luz de los trabajos de O'Gorman.

VII

Pocos historiadores entre nosotros han practicado el género del ensayo con la constancia y con tan absoluta claridad de propósitos como Edmundo O'Gorman. En tal decisión se reúnen ni más ni menos las apuestas al perfeccionismo de un método y a la expresividad del estilo. Es curioso que O'Gorman, uno de los autores más sólidos en el campo de la historia nacional, decidiera respaldarse y expresar sus aportaciones al estudio de la historia mexicana a través de un género cuyo centro es precisamente la vulnerabilidad. Pero además de curioso es un hecho que se puede rastrear desde los primeros escritos de O'Gorman —"El arte o de la monstruosidad", por ejemplo, publicado en la revista *El Tiempo* en 1940— hasta los más recientes, como el que leyó en la celebración del bicentenario del Archivo General de la Nación. Calidad de ensayo tuvo la reflexión de O'Gorman sobre la *Crisis y porvenir de la ciencia histórica;* pero los *Fundamentos de la historia de América* así como cada uno de los estudios introductorios a los manuscritos que O'Gorman editó se respaldan en la convención del ensayo.

Esta preferencia de O'Gorman por género tan particular, lejos de ser azarosa o fruto del candor y la fantasía, responde asimismo a su decidida voluntad de estilo. Y para explicarla cabría probar dos explicaciones. La primera, y acaso la más inmediata, tiene que ver con una evidencia cultural apenas atendida: en términos generales, la historiografía mexicana se ha expresado mucho mejor en el espacio ensayístico que en el de las monografías y los amplios, detallados estudios especializados. Pero O'Gorman entendió esta circunstancia —que pasaría por una precisión técnica— como una parte integrada a la tradición cultural mexicana. Lo cual nos remite a la segunda explicación del gusto ensayístico de O'Gorman.

En 1945, al comentar *Del ensayo americano* de Medardo Vitier para otra revista de Octavio G. Barreda, *El Hijo Pródigo*, el licenciado O'Gorman expresó con claridad su postura ante el mismo género que abordaba el referido estudio. Vitier se propuso estudiar el ensayo como un tipo de prosa en el que se han expuesto y estudiado los temas vitales latinoamericanos. En el desarrollo de tal empresa, Vitier clasificó en tres distintos apartados los contenidos del inventario ensayístico americano: en uno quedaron los ensayos de corte cultural, en otro los de temas sociales, políticos y económicos, y en el último los abundantes ensayos correspondientes a cierta "...emoción de lo histórico —como escribió Vitier— ya de raíz nacional, ya generada por la vasta comunidad de pueblos..."

Aunque O'Gorman fue duro con el libro de Vitier, sobre todo con los anacronismos de su cuadro histórico colonial hispanoamericano, el reseñista habría declarado la consonancia de sus opiniones sobre el ensayo con las de Vitier si este último repara en la pregunta que hacía O'Gorman: "¿Por qué precisamente es el ensayo el tipo de prosa en que se exponen las cuestiones vitales latinoamericanas?" Vitier —escribió O'Gorman en la parte final de su reseña— parecía andar ayuno en las cuatro revoluciones que él mismo señalaba: la inglesa del siglo XVII, las de los Estados Unidos y Francia en el siglo XVIII, más las revoluciones de Hispanoamérica del siglo XIX. Todas estas revoluciones eran inglesas en su inspiración filosófica, señaló O'Gorman, "...manifestaciones concretas históricas de la moderna anglicización del mundo..."

O'Gorman añadió:

Y precisamente el no haber reparado en ese gran vuelco histórico moderno, que tan expresivamente se revela con signo inverso en la aparición sobre el escenario moderno de ese personaje llamado "La pérfida Albión", es lo que le impide a Vitier contestar a fondo la pregunta central a que lo incitaba su tema. Porque ¿por qué precisamente es el ensayo el tipo de prosa en que se exponen y discuten las cuestiones vitales latinoamericanas? Ésta y no otra cuestión es la que verdaderamente interesa; pero Vitier ni siquiera se la formula, con lo que creo señalar la deficiencia capital de este libro, por otra parte tan sugestivo y tan lleno de lecciones amables. Señala Vitier los orígenes del ensayo moderno destacando fuertemente [...] la importancia del *The Tatler* (1709), *The Spectator* (1711), la *Edinburgh Review* (1802) y de la *Quarterly Review* (1809), y de los escritores ensayistas como Steele, Addison, Jeffrey, Scott, Lord Macaulay, Gladstone, Lamb, De Quincey, todos de la flora archibritánica. Qué, ¿las fechas no le dicen nada? ¿Olvida acaso las conexiones entre Londres y los anhelos de independencia iberoamericana?, y Blanco White, el Padre Mier, Mina, el anglicismo de Bolívar, ¿nada significan? ¿Quién que esté dotado de algún olfato dejará de percibir las conexiones?[31]

El apunte obliga a realizar las conexiones en él sugeridas, pero además permite recuperar de otro modo el ímpetu polémico y la vitalidad que O'Gorman ensayó en títulos ya imprescindibles en la historiografía mexicana —como *La supervivencia política novohispana*, sus *Meditaciones sobre el criollismo*, *La incógnita de la llamada "Historia de los indios de la Nueva España" atribuida a fray Toribio Motolinía* y *Destierro de sombras*.

---

[31] Edmundo O'Gorman, s/t, *El Hijo Pródigo*, vol. X, año III, núm. 31, 15 de octubre, 1945, pp. 59-60.

VIII

Durante los años sesenta y setenta, Edmundo O'Gorman se debió fundamentalmente a los trabajos de edición. Tal decisión admite dos lecturas. La primera nos lleva hacia el final del siglo xviii, cuando Francisco Javier Clavijero amonestó a los ilustrísimos señores de la Real y Pontificia Universidad de México a propósito de la formación de un recinto especial en donde se recogieran desde piezas arqueológicas hasta pinturas, así como, sobre todo (y el énfasis ya estaba en Clavijero), "...los manuscritos, así los de los misioneros y otros españoles, como los de los mismos indios, que se hallan en las librerías de algunos monasterios, de donde se podrán sacar copias antes de que los consuma la polilla o se pierdan por alguna otra desgracia..."[32]

Doscientos años después de Clavijero, los trabajos de edición podrían significar en el medio historiográfico mexicano una suerte de argucia medievalista para la investigación, o bien, el trabajo editorial representa una de las tradiciones más sólidas en el campo de las humanidades en México. Y la dedicación de O'Gorman en esta zona contribuyó notablemente a enriquecer esta tradición.

La segunda lectura tiene que ver con estrictos requerimientos de la historia de las ideas, que es precisamente el género historiográfico predilecto de O'Gorman. Ayuda recordar, con José Gaos, que si en la historia general es de gran importancia el documento como fuente de conocimiento, "...mayor aún es la importancia de los textos en la historia de las ideas como fuente del conocimiento de éstas".[33]

En 1962 salió la reedición de la *Historia natural y moral de las Indias* del padre Joseph de Acosta, la que O'Gorman acompañó de un prólogo nuevo, tres apéndices y un índice de materias. Notable en este trabajo fue el análisis al que O'Gorman sometió la condena de plagio lanzada contra Acosta, así como la absolución que ganó para el jesuita este editor excepcional. Pues esta vez se reunieron felizmente las intuiciones historiográficas del joven y agudo lector que prologó esta misma obra en 1940 con la erudición de un O'Gorman que durante la década de los cincuenta dedicó buena parte de sus seminarios en la Universidad Nacional al estudio y comentario de textos.

En 1963 siguió su edición de las obras de Francisco Cervantes de Salazar, *México en 1554* y *Túmulo imperial*. En 1968 tocó el turno de su edición de la *Historia de la conquista de México* de Antonio de Solís y, un año después, la de la *Historia de los indios de la Nueva España* de fray Toribio de Benavente,

---

[32] Francisco Javier Clavijero, *Historia antigua de México*, prólogo y edición del original escrito en castellano de Mariano Cuevas, México, Editorial Porrúa (Colección "Sepan cuantos...", 95), 1945, 1964, 1982, p. xviii.

[33] José Gaos, "Edmundo O'Gorman y la idea del descubrimiento de América", *op. cit.*, p. 478.

Motolinía. "Advertí de inmediato —escribió O'Gorman varios años después, refiriéndose a este Motolinía— que en el texto de esa obra aparecían anomalías, contradicciones cronológicas y errores de imposible atribución a fray Toribio, de donde resultaba problemático responsabilizarlo de ella..." O'Gorman conjeturó que "...se trataba de un compendio de la obra histórica —hoy perdida— de ese misionero y que se habría hecho en España por alguien ignorante del idioma náhuatl y de la historia de la misión franciscana enviada a México en 1524..."

En esto consiste la tarea del editor: salvaguardar e incrementar la vida autónoma del texto gracias a un serio acto de interpretación, el cual es en esencia creativo. El editor realiza o cumple la obra del autor; no la concluye sino que la repite, rastrea su elaboración. En 1971, el historiador como editor publicó los llamados *Memoriales* del propio Motolinía; y cuatro años después las *Obras históricas* de Fernando de Alva Ixtlilxóchitl.

Es de creerse que este momento o'gormaniano pasara inadvertido o tal vez sólo se tomara como el guiño de la complacencia del erudito, lapidario académico de la lengua. Los días de gloria de la historia de las ideas eran cosa del pasado, y en su lugar rutilaban las hogueras de la vanidad de la historia social. La imaginación —igual que desde la década de los treinta— impidió a O'Gorman adherirse a un dogma (incluidos los propios) y en el terreno de la edición no se limitó a la conservación, el aplazamiento o la renovación de la vida cambiante del texto. Su esfuerzo se dirigió a ofrecer a nuevos lectores obras recuperadas, rescatadas, reinventadas; obras que, por manos de su curador, eran como una presencia creativa y elocuente.

La edición de los papeles de Motolinía encontró la crítica de varios historiadores, quienes desecharon las conjeturas de O'Gorman por inverosímiles o frágiles. Y la crítica lo llevó a revisar sus conjeturas iniciales. De tal revisión surgió, en 1982, el ensayo de una de las pesquisas más apasionantes de O'Gorman: *La incógnita de la llamada "Historia de los indios de la Nueva España"*, en donde examinó a fondo, breve y claramente, el problema de la atribución de tal obra.

En las páginas de *La incógnita...* O'Gorman mostró ante todo que la fecha 24 de febrero de 1541, tradicionalmente aceptada como la de redacción de esa *Historia...* no lo era en realidad,

...y así expliqué cómo pudieron aparecer en el texto referencias a sucesos de fecha posterior, extrañeza a la que le han sacado el bulto mis inveterados contradictores don Georges Baudot, licenciado Javier O. Aragón (que Dios tenga) y ahora fray Lino Gómez Canedo. Tan significativo hallazgo abrió nueva perspectiva que me permitió descubrir, nada menos, la más plausible razón de ser de la obra y explicar el origen y causa de las anomalías y errores que impiden atribuírsela a fray Toribio. Basta la obvia importancia de esos logros para conceder que mi libro merece la atención de quien de veras se interese en disipar el "misterio", llamémosle así, que ofrece el texto de la *Historia de las cosas de la Nueva España*...[34]

En la disipación del enigma historiográfico contenido en la *Historia de los indios de la Nueva España* "...uno de los testimonios capitales de nuestro más remoto acontecer colonial...", O'Gorman compuso un ensayo de ejemplar perfección metodológica, profundo y riguroso, acabado en el conjunto y en el detalle. La fuente que determinó de manera crucial este estudio de O'Gorman fue la *Relación de la Nueva España* escrita por el doctor Alonso de Zorita, "...que tan copiosas noticias trae acerca del contenido y de la estructura de la gran obra histórica de Motolinía, cuyo manuscrito —hoy lamentablemente perdido— llevó consigo a España a su regreso de México..."[35]

O'Gorman precisó en su ensayo las numerosas interpolaciones, variantes y adiciones que encontró en el texto de la llamada *Historia de los indios de la Nueva España* y abundó en el hecho de tratarse de un compendio del libro perdido de Motolinía, con omisión además de una cuarta parte.

En 1987 apareció *El libro perdido. Ensayo de reconstrucción de la obra histórica extraviada de fray Toribio* realizado en el último Seminario de Historiografía que dirigió O'Gorman, ahora en el Departamento de Historia de la Universidad Iberoamericana de México. La historiografía se nutre de discrepancias y revaluaciones que facilitan los empeños del historiador como editor. En los manuscritos preparados por O'Gorman está una postura intelectual que acaso podría confundirse con la de los historiadores mexicanos que en el siglo XIX dedicaron su renta, tiempo y talento a la edición de textos. Pero nótese, por ejemplo, que el Motolinía de O'Gorman no es el mismo que el de Joaquín García Icazbalceta, menos que el de Luis García Pimentel. La edición descubre una manera específica de leer; es la evidencia de un esfuerzo de comprensión y de una certeza milenaria, tocadas ambas por el deseo de enriquecer el pasado. En la edición se expresa el principio que permite renovar constantemente el pasado mexicano.

IX

Las lecciones y la cátedra universitaria del profesor Edmundo O'Gorman fueron síntesis de un tiempo así como expresión cabal del personaje público que él mismo diseñó para sí. He ahí al incorregible dandy de las sucesivas y previsibles derrotas amorosas y emotivas montado en su diario tranvía del deseo, junto al *connaisseur* impredecible de alegre e inteligente charla, colma-

[34] Edmundo O'Gorman, "Respuesta a un fraile menor", *Nexos*, núm. 112, abril, 1987, pp. 15-16.
[35] Edmundo O'Gorman, *La incógnita de la llamada "Historia de los indios de la Nueva España" atribuida a fray Toribio Motolinía*, México, Fondo de Cultura Económica (Colección Tierra Firme), 1982, pp. 7-8.

da de descubrimientos amenísimos, juicios lapidarios, oportunos sarcasmos, paradojas y hasta una que otra palabra edificante. El admirado profesor O'Gorman: una manera de ser elegante, pero sin la ostentación que hace desmerecer en el arte, con su repertorio de cuidadas casualidades en el estilo de vestir, en las frases laterales, el amaneramiento de su exposición, el cansado manoteo de su genio amargo, las sonrisas aviesas de su controlado pesimismo, la satisfacción de ejercer el civilizado arte de crear enemistades y de deshacerse de la simpatía de quienes se crean la mayoría.

El ingenio nutrido en el trato con varias generaciones de intelectuales y artistas casi de excepción, nacidos a la vuelta del siglo, señaló la melancólica apariencia de este nunca oficial historiador. "Me gusta conversar con los escritores porque descubro que son mucho más ignorantes que los historiadores...", dijo en una ocasión O'Gorman.

Pero las lecciones universitarias de este tan querido profesor, por distintos seminarios, materias y planteles, fueron un ejercicio de comprensión en el más heideggeriano de los sentidos: a través de ellas sus oyentes ingresaban a otro orden o espacio de sentido y de ser. Con salones llenos hasta el tope, durante la década de los cincuenta, o bien con el limitado cupo que fijaron primero el extraño profesor y sus raras cátedras en los años cuarenta y luego su tolerancia cansada durante los años sesenta y setenta, las lecciones de O'Gorman hicieron época en un medio universitario ya muy desatento a los acontecimientos del saber y tan apático como la misma élite ilustrada de sus alumnos, quienes mostraron especial estima y atención al profesor O'Gorman.

Con teatral didactismo este heterodoxo montaba largos, fascinantes monólogos para imbuir en la grey de sus discípulos el placer de estudiar y comprender el entendimiento humano, así como las virtudes y exigencias de la reflexividad. Sin embargo, más de una vez el dandy se apoderaba de la metáfora del martillo de Heidegger y transformaba el augusto magisterio de la historia en un juego de complicaciones amatorias. Todo por instruir a sus oyentes en cuanto a que la transfiguración de la naturaleza del mismo pensamiento aún es pensar.

Pero el personaje de los años recientes, el que evita cualquier ocasión social y se aísla en el claustro de su estudio de San Ángel, el lector estudioso entregado al vicio de las letras y la memoria, el mordaz, preciso crítico del andurrial de la academia, acusa una sorprendente semejanza con el muchacho que en los años treinta editaba los cuadernillos de Alcancía: el artista que se decía —con orden y método— un buscador de lo inútil. Como el joven de entonces escribió en la *Fábula* de Lira y Gómez Arias, pero con el gesto irónico de sus ochenta y tantos años, tal vez O'Gorman hoy volvería a declararse un fracasado.[36] Pero a diferencia de lo que escribió Agripino, un fracasado que jamás llegó a ser un obstáculo para sí mismo.

[36] Edmundo O'Gorman, "Una divagación", en *Fábula. Hojas de México*, mayo, 1934, pp. 213-215.

O'GORMAN, EDMUNDO

Historiador mexicano.
Fecha de nacimiento: 1906 (México, D. F.).

ESTUDIOS

Licenciado en derecho (1928), maestro en filosofía (1948) y doctor en historia (1951) por la UNAM.

LABOR ACADÉMICA

Ha sido historiador del Archivo General de la Nación (1938-1952); a partir de 1940, profesor y director del Seminario de Historiografía de la Facultad de Filosofía y Letras de la UNAM; y miembro de la Junta de Gobierno de dicha institución (1953-1957).

Es miembro de la Academia Mexicana de la Lengua desde 1969.

En 1964 ingresó en la Academia Mexicana de la Historia Correspondiente de la Real de Madrid, corporación de la que fue director desde el 24 de octubre de 1972 hasta marzo de 1987.

También ha sido profesor de la Universidad Iberoamericana.

RECONOCIMIENTOS

Ha recibido el Premio Nacional de Letras (1964), el Premio de Historia Rafael Heliodoro Valle (1983), el Premio UNAM a la Docencia en Humanidades (1986), el doctorado *honoris causa* por la misma UNAM (1978), y una condecoración del gobierno de Polonia (1979). Es profesor emérito de la UNAM.

PRINCIPALES OBRAS

Fundamentos de la historia de América, México, Imprenta Universitaria, 1942, 135 pp.

Crisis y porvenir de la ciencia histórica, México, Imprenta Universitaria, 1947, 349 pp.

Cuadro histórico de las divisiones territoriales de México, México, Secretaría de Educación Pública (Biblioteca Enciclopédica Popular, 3a. época, 193), 1948, 142 pp. ilus.

La idea del descubrimiento de América; historia de esa interpretación y crítica de sus fundamentos, México, Centro de Estudios Filosóficos (Ediciones del IV Centenario de la Universidad de México), 1951, 417 pp.

La invención de América; el universalismo de la cultura de Occidente, México, Fondo de Cultura Económica (Sección de Obras de Historia), 1958, 132 pp. ilus.

Cuatro historiadores de Indias; siglo xvi, México, Secretaría de Educación Pública (SepSetentas, 51), 1972, 251 pp.

México; el trauma de su historia, México, UNAM, Coordinación de Humanidades, 1977, 119 pp.

La Inquisición en México, México, SEP/Conasupo (Cuadernos mexicanos, 90), 1981, 32 pp. ilus.

Destierro de sombras; luz en el origen y culto de Nuestra Señora de Guadalupe del Tepeyac, México, UNAM (Serie Historia Novohispana, 36), Instituto de Investigaciones Históricas, 1986, 306 pp.

CHARLES GIBSON Y LA ETNOHISTORIA DEL CENTRO DE MÉXICO DESPUÉS DE LA CONQUISTA[1]

JAMES LOCKHART

[Traducción de Isabel Quiñónez]

EN DICIEMBRE de 1986, como parte de una reunión conmemorativa en honor a Charles Gibson, dicté la conferencia: "Charles Gibson, etnohistoriador"; más tarde, algunos asistentes fueron muy gentiles animándome a publicarla. Lo hago ahora; eliminé algunos de los toques más personales (no todos) y he hecho añadidos a la sección final, referente a los desarrollos realizados por sucesores de Gibson. Durante ese coloquio no dejamos de mostrar nuestros sentimientos hacia una persona excelente, fuera de lo común; sin embargo procuramos, sobre todo, abordar el significado de la notable y aún muy influyente obra histórica que produjo. La tarea para comprenderla es doble. En primer lugar, es tan profunda y densa que requiere una buena suma de dilucidación, tanto interna como externa; en algunos sitios, Gibson ha sido más admirado que comprendido. En segundo, es necesario analizarla en el contexto de quienes lo antecedieron y los que han escrito después. Antes de Gibson no existía prácticamente nadie en su especialidad; y no siempre tenemos presente hasta qué punto ciertos conceptos operativos básicos para la etnohistoria mexicana, que todos dan por sabidos hoy día, se inauguraron con él. Después de Gibson hubo un pequeño alud de investigación y su ejemplo no fue la causa menos importante; para comprender su impacto o el propósito y la contribución de muchas obras recientes, se debe llegar a inter-

---

[1] Publicado en *Nahuas and Spaniards: Posconquest Central Mexican History and Philology*, University of California at Los Angeles, Latin American Studies, vol. LXXVI, Nahuatl Studies Series núm. 3, Latin American Center Publications, University of California, Los Angeles y Stanford University Press, 1991, pp. 159-182. Este ensayo, traducido por Rodrigo Martínez, apareció en *Historias. Revista de la Dirección de Estudios Históricos del Instituto Nacional de Antropología e Historia* 20, abril-septiembre de 1988, pp. 25-47. El traductor elaboró, además, una "Bibliografía básica" sobre Gibson. Martínez apunta su fuente, *Occasional Papers Series of the Latin American Institute*, Melbourne: La Trobe University, data de 1988 y constituyó el núm. 9 de tal serie. Lockhart refiere en el "Apéndice bibliográfico" de *Nahuas and Spaniards* que durante 1987 reescribió y amplió la conferencia expuesta en 1986. Al iniciar las "Notas" escribe: "hice cambios en artículos publicados antes con el fin de reflejar evoluciones subsiguientes en mis ideas o hechos relevantes descubiertos recientemente; hice también algunos cambios de estilo y algunos ajustes terminológicos. Sin embargo, las enmiendas son, en conjunto, de poca monta" (p. 263). Su comentario calza a este ensayo donde los "ajustes" incluyen, además de los dichos: división en secciones; un párrafo que añade para redondear la última ("Después de Gibson"); nuevas notas de pie de página o cambios en algunas (la final pone al día libros notables sobre el tema). [T.]

relacionar las dos etapas. Quizás una revisión a fondo de la etnohistoria mesoamericana posterior a la Conquista, desde la segunda Guerra Mundial hasta hoy, ayudaría a entender mejor el significado de Gibson que una discusión centrada sólo en él. En todo caso, se ha hecho tanto hasta ahora que son necesarios un inventario y una evaluación. Pero el momento no es enteramente propicio, pues este campo de estudio está creciendo y cambia con demasiada rapidez. Algunas de las obras que hoy se elaboran alterarán considerablemente el panorama dentro de pocos años, y aun otras vienen acercándose a ellas. Entre tanto, este trabajo quizá sirva para dar cierta perspectiva sobre un gigante de la etnohistoria mexicana y para ofrecer un informe provisional sobre las tendencias actuales en el campo de estudio.

Gibson escribió muchos artículos valiosos, así como obras bibliográficas relacionadas de un modo u otro con los indios mexicanos; pero los monumentos capitales que nos legó son dos: *Tlaxcala en el siglo XVI* y *Los aztecas bajo el dominio español*.[2] Me propongo —con la indulgencia del lector— discutirlos virtualmente capítulo por capítulo. Algunos podrán considerar desproporcionada la suma atención que le daré a *Tlaxcala*, pero se debe no sólo a que ha sido un tanto descuidado en comparación con *Los aztecas*, también a que —en algunos puntos— incluso se le adelanta historiográficamente y tiene más pertinencia directa con la práctica actual que el libro elaborado después.

No quiero detenerme en la naturaleza de la etnohistoria como disciplina específica. Alguna vez el mismo Gibson manifestó estar dispuesto a definir la etnohistoria como historia de los indios. Ello no sólo basta para nuestros fines presentes, también manifiesta la inclinación de Gibson por incluir a la etnohistoria en el conjunto de la historia, exactamente como cualquier otra subdivisión temática que emplea en esencia los mismos métodos; y muestra su intención de no aislarla del gran *corpus* —coincido de corazón con tales puntos de vista, si bien yo y otros de mis contemporáneos posiblemente pareceremos más híbridos en nuestra disciplina, o más interdisciplinarios o no disciplinarios con respecto a Gibson—. Esto caracteriza a todo el esfuerzo histórico porque es evolutivo, y no sucede sólo en la etnohistoria. Tengo algunos escrúpulos hacia la categoría de "indio" para nombrar a los habitantes originarios del hemisferio occidental; sin embargo, se necesita algún término equivalente o aproximado a tal categoría y el que empleó Gibson nos será útil aquí.

I. TLAXCALA

Cuando apareció *Tlaxcala en el siglo XVI* en 1952, fue el primer gran estudio en el campo de la historia latinoamericana que hizo de los indios el foco y el

[2] *Tlaxcala en el siglo XVI*, México, Fondo de Cultura Económica-Gobierno del Estado de Tlaxcala, 1991; *Los aztecas bajo el dominio español*, México, Siglo XXI, 1964. Lamento mi actual falta de

tema centrales de la discusión. Claro, podría decirse que los trabajos demográficos de Simpson, Cook y Borah,[3] en plena marcha antes de que apareciera *Tlaxcala*, versaban principalmente sobre los indios, pues los registros de tributos fueron su núcleo metodológico y de archivo, y sólo los indios pagaban tributo. Es indudable que la demografía iluminó mucho las tendencias del mundo indio; empero, el acento se puso en la macrodemografía y en las estadísticas agregadas, que indagaban poco o no estudiaban directamente los patrones culturales y las estructuras de organización de la vida india.

Es cierto que, en los cien años anteriores, los indios cobraron asimismo suma importancia en el conjunto de la historiografía hispanoamericana, pero siempre de manera indirecta; esto es: como objeto de las acciones, políticas o actitudes españolas; como conquistados, convertidos, dominados o en tanto motivos de controversia. En la obra de Lewis Hanke,[4] que alcanzó su plena expresión poco antes de la aparición de *Tlaxcala* —y que sin duda influyó a Gibson en más de un sentido—, los indios parecían llegar a la primera fila y sus características fueron el eje del asunto. Pero los españoles seguían siendo los héroes y los villanos, y sus estereotipos y sus declaraciones partidarias eran la única fuente informativa sobre los indios. Hanke volvió urgente la necesidad de obtener algo más preciso de los indios y sobre ellos, pues un juicio sobre la naturaleza de algo no se da en el vacío, sino que debe ser medido frente a cualquier otra cosa que se pueda descubrir sobre el objeto de análisis. El mismo Hanke era cada vez más consciente de la necesidad de hallar nuevas fuentes que ayudaran a solucionar esto. Pero entonces con dificultad se había logrado avanzar, en esencia, en la comprensión de los indios tras la llegada de los españoles. Por la misma razón, la historia escrita sobre los españoles era hasta entonces incompleta y con frecuencia ilusoria. Resultaba imposible entender la Conquista, la conversión y la dominación sin una adecuada comprensión de las características y la participación de quienes fueron el objeto de la acción.

Con *Tlaxcala*, Gibson sacó de un solo golpe al terreno de estudio del estancamiento concentrado en las actitudes y acciones españolas, y así abrió la posibilidad de una reinterpretación completa sobre la inicial historia hispanoamericana. Pero no fue un giro radical, pues más bien lo realizó en el marco de fuentes y enfoques ya desarrollados en el ámbito. Los conceptos y métodos antropológicos no afectaron profundamente a Gibson, ni en ese momento ni después. Dominó todo lo que los antropólogos escribieron sobre sus temas inmediatos, utilizó esa información y se ganó su respeto; pero

preparación para enumerar y comentar otras obras importantes de Gibson, pues merecerían atenderse.

[3] Para una bibliografía véase Sherburne F. Cook y Woodrow Borah, *Ensayos sobre historia de la población*, México, Siglo XXI, 1977-1980 (ed. orig., 1971-1979).

[4] El libro de elección es, por supuesto, *La lucha española por la justicia en la conquista de América*, Madrid, Aguilar, 1967 (ed. orig., 1949).

siempre actuó según la tradición específica de la primera historia hispanoamericana. El único aspecto potencialmente revolucionario de su tratamiento fue cambiar la dirección del foco: de los españoles hacia los indios, inda-
gando primero en todas las fuentes lo que decían de las acciones, motivos,
actitudes y estructuras de los indios. Incluso podría considerarse que a esto
mismo se estaba dirigiendo el campo de estudio. El enfoque regional, asimismo fundamental para las conclusiones de los estudios, era nuevo y progre-
sivo a la vez, pero no carecía de paralelos. Ya se emprendía un movimiento
deseoso de complementar los estudios de carácter nacional o bien imperial,
que se basaban general y sustancialmente en los registros de archivos españoles, con proyectos centrados en subregiones específicas y fundamentados
sobre un cociente mayor de registros americanos, entre ellos los documentos encontrados en la propia división regional; *Audiencia of New Galicia*, de
J.H. Parry sería un ejemplo. Consecuencia inmediata, automática y notablemente saludable de este procedimiento fue un mayor realismo y el mayor
peso dado a los actores locales.

En los demás aspectos, Gibson usó con vastedad tanto las fuentes como los
tratamientos de la historiografía hispanoamericana que habían estado evo-
lucionando gradualmente a lo largo de más de una centuria. Consciente o no,
procedió de manera acumulativa: en los capítulos sucesivos volvió a pasar
por las diversas etapas que la disciplina ya había transitado. El primer capítulo —sobre la conquista española— incluye material narrativo basado en
gran parte en la misma clase de crónicas que nutrieron los relatos sobre la
Conquista desde William Prescott; sigue el curso de las campañas de modo
similar a grandes rasgos, a fin de determinar rutas exactas y fechas, así como deducir estratagemas de los jefes. Pero Gibson, aparte de no interesarse
en el tono romántico y de concentrar su atención en la parte india, prosiguió
el fluir narrativo en forma mucho más analítica que sus predecesores (y, en
verdad, más que sus sucesores). Fue capaz de mostrar que los tlaxcaltecas
siguieron un curso de acción racional conforme a su propio interés, desconsi-
derando el de otros grupos indios pero teniendo muy en cuenta su propia
posición en el balance interior del poder indígena, sin sobreestimar ni subestimar a los españoles, aunque poniéndolos a prueba sistemáticamente para
obtener conclusiones prudentes.

Los capítulos segundo y tercero se dedican a algo cercano a la historia institucional, que en lo general fue la tendencia que sucedió en nuestra área a
la historia narrativa luego de los años veinte. El capítulo segundo —"Historia religiosa"—, que examina el proceso de cristianización muy a la manera de Robert Ricard,[5] se apoya sobre todo en las crónicas franciscanas y en la

---

[5] Robert Ricard, *La conquista espiritual de México*, México, Jus-Polis, 1949; México, Fondo de
Cultura Económica, 1986. Con frecuencia me asombra que un libro tan bueno haya tenido una
influencia tan perniciosa (que continúe ejerciéndola sobre muchos, incluso en nuestros días).

correspondencia con la Corona, y atribuye a los mismos frailes un papel muy amplio, indispensable. De hecho puede tenerse la impresión de que en este capítulo el avance es menor que en el anterior; tiene, por ejemplo, la frase siguiente: "El éxito del cristianismo en Tlaxcala se debió sin duda en gran parte al carácter personal de los propios frailes" (p. 39). Y en ocasiones Gibson parece decir que buena parte de los problemas y la pérdida posterior del ímpetu ocurrieron porque los sucesores de aquella primera generación eran inferiores. El cambio de foco en el capítulo sobre religión no es tan cabal como en el relativo a la Conquista.

La cronología detallada sobre la construcción de iglesias —pequeñas y grandes— en toda la provincia tlaxcalteca es un paso más allá de la historia religiosa al modo de Ricard. Reconstruida no sólo con crónicas sino con toda clase de registros administrativos —virreinales y locales por igual—, esta cronología condujo a Gibson a establecer un patrón temporal que ensambla muy bien con los progresos que realizó en otros espacios de su interés. La orientación general del capítulo y la parte sobre la construcción de iglesias quizá muestran la influencia de George Kubler, director de tesis de Gibson, que en *Arquitectura mexicana del siglo XVI*[6] realizó una historia espectacularmente completa y sofisticada de las edificaciones monásticas; en cuanto a los otros asuntos, Kubler mostró ser un ricardiano intransigente. Mas en la vena del capítulo primero, Gibson hace una crítica cuidadosa a la leyenda de la conversión de Tlaxcala: muestra que el proceso no sucedió tan pronto, ni fue tan voluntario, total y unánime como los tlaxcaltecas se persuadieron después.

El tercer capítulo habla sobre el gobierno español; conduce al anterior tipo de historia sobre virreyes y audiencias hasta el nivel del corregidor provincial. Dada su naturaleza no puede colocar en primer plano a los indios, pero a través de una reconstrucción cuidadosa de los individuos y los cargos incluidos manifiesta el mínimo poder del gobierno español local, su dependencia con respecto a estructuras indias, la relación cooperativa por lo común entre corregidor y autoridades tlaxcaltecas, y la ineficacia continua de los corregidores para hacer cumplir la legislación importante a favor de los tlaxcaltecas, en especial el fracaso para detener el ingreso masivo de ganaderos y obrajeros españoles a fines del siglo XVI.

El capítulo cuarto —"Gobierno indio"— es el corazón del libro y su legado. Ahí Gibson va más allá del acento en la parte india de un tema hispano-indio: toda la gente involucrada es india. Todavía es posible ver esta parte de la obra como una especie de historia institucional, pero es tan local su nivel, trata de tradiciones y gente tan diversa e introduce las carreras de un

---

[6] *Arquitectura mexicana del siglo XVI*, México, Fondo de Cultura Económica, 1982 (ed. orig., 1948). Kubler —pienso— ejerció más influencia en la prosa, los métodos de investigación y el concepto general de Gibson que cualquier otra persona.

número tan grande de individuos de rango inferior, que parece algo nuevo por completo. La primera sección de este capítulo sobre el gobierno indio es una historia dinástica de las monarquías de los cuatro reinos que formaron Tlaxcala antes y después de la Conquista. Fue elaborada cuidadosamente con fuentes varias donde las genealogías proselitistas son mayoría, y es importante porque muestra la continuidad de estos linajes reales hasta su declinación a fines del siglo XVI. Sin embargo, el rasgo revolucionario del capítulo es el retrato del concejo municipal tlaxcalteca conducido a la manera india, cardinal manifestación corporativa y órgano gubernativo primordial de la región, que alcanzó su madurez hacia 1545-1546 y desde entonces permaneció casi inalterado por el resto del siglo.

En su versión posterior a 1545, como cabildo, fue organizado y vuelto a organizar bajo auspicios españoles y de forma ostensible bajo su esquema, pero difería sustancialmente del modelo español al reflejar estructuras y modos de organización indígenas; y defendió vigorosamente los intereses colectivos de Tlaxcala y de su nobleza indígena. Desde los años previos a la Conquista hubo un abrumador desplazamiento de personas por reclutamiento, mas un reducido grupo de altos nobles procedentes de los cuatro reinos mantuvo el cabildo en sus manos a lo largo de toda aquella centuria. Gibson demostró con claridad y al detalle que el principio español referente a posesión de cargos, según el cual cada funcionario se representaba a sí mismo, a su familia y a sus amigos, así como a un complejo económico, funcionó en lo general pero dio paso al principio indígena de que cada individuo detentaba un cargo en representación de una parte constitutiva del total; cada parte era en teoría distinta y de igual condición, y actuaba por división y en forma rotativa.

Gibson no escribió con tantas palabras ni tanto énfasis lo que acabo de decir; su hábito incluía —junto al descubrimiento de muchos principios y conceptos nuevos e importantes— una fuerte reticencia para expresarlos abiertamente; las generalizaciones sucintas se encuentran enterradas bajo párrafos oscuros o no están "expresadas" en modo alguno, y sólo quienes puedan habérselas con este talante de la obra de Gibson lograrán apreciarla por entero y aprovechar su riqueza. Puede que a veces Gibson no se formulara sus hallazgos como generalizaciones ni aun a sí mismo. Dotado de un fuerte instinto hacia significados y tendencias, fue generoso al presentar modelos, parco para comentarlos; pero en este caso, como en los más, no dudo que haya formulado en su mente el principio esencial. Considérese esta aseveración: "El gobierno indio […] dio un significado nuevo a algunos conceptos políticos puramente americanos, por ejemplo, al adaptar las divisiones cuádruples a los cargos de cabildo" (p. 122).

Lo que más impresionó a Gibson, lo que expresaría con más vigor sobre el autogobierno local de Tlaxcala posterior a la Conquista fue la participación activa de los indios en tal proceso; rechazaron cualquier cosa que no les conviniera y asumieron todo lo que favoreciera sus intereses y la preservación de sus costumbres. En ocasiones Gibson nombró este proceso, más bien rudimentariamente: hispanización o aculturación; pero su agudeza sustancial fue que los indios, permaneciendo como eran ellos mismos, participaron activamente en la interacción de los dos pueblos, que sus características y decisiones determinaron en buena medida lo que los españoles pudieron hacer e hicieron, y que las disposiciones concernientes a los indios ostentaron el sello indígena.

Un protocolo español sobre los acuerdos de 1545 tocantes a la constitución y funcionamiento del cabildo tlaxcalteca ayudó a que Gibson captara la situación, y también un gran número de registros administrativos españoles concernientes a Tlaxcala (como los que se encuentran en los ramos de Indios y de Mercedes del Archivo General de la Nación de México). Pero con mucho las actas de cabildo de Tlaxcala fueron la base documental más importante para esta parte primordial de la obra. Se conserva un volumen completo de ellas, concentrado entre fines de la década de 1540 y la de 1560; aquí había auténticas expresiones internas del mundo indio, estrictamente contemporáneas a los sucesos, que no guardaban el sabor de reportes o de peticiones dirigidos hacia "la parte de afuera".

Sin embargo, los documentos estaban en náhuatl y Gibson declaró más tarde con modestia que desconocía ese idioma; no obstante, por el tiempo en que escribía *Tlaxcala*, Gibson lo estudiaba con ahínco y sus progresos le complacían.[7] El libro contiene diversos fragmentos de anales nahuas —no transcritos ni traducidos al español o al inglés hasta la fecha—, que son citas detalladas y vertidas con corrección al inglés; así pues, Gibson sí aprendió "algo" de náhuatl al investigar para su *Tlaxcala*; aprendió en especial a reconocer ciertas fórmulas repetitivas de los géneros documentales; parece haber conseguido una destreza real aunque quizá un tanto limitada.[8] Abandonó las fuentes en náhuatl después, hacia el periodo de *Los aztecas*.

Para el proyecto de *Tlaxcala* Gibson recibió considerable ayuda de los resúmenes o breves glosas en español que tienen las actas de cabildo, y que fueron hechas probablemente a comienzos del siglo XVII. Aunque las categorías originales de pensamiento permanecen ocultas y numerosos detalles significativos se han perdido, es posible obtener de las glosas el meollo de la mayoría de las sesiones de cabildo que se registraron. No cabe duda, Gibson confiaba en esos resúmenes: unas cuantas veces repite errores (relativamente menores) que el glosador cometió; notablemente en el caso referente a si el tributo podía pagarse con dinero: el glosador reportó los votos

---

[7] Según la muy amable comunicación personal de la Sra. Alice Gibson.

[8] La verdad es que esto nos describe a todos los que ahora proclamamos investigar el náhuatl antiguo.

en contra pero descuidó reportar que hubo tanto como el doble de votos a favor. Con todo, Gibson llevó a cabo un fructífero uso directo de las actas de cabildo sin necesitar mucho náhuatl. Cada sesión la inicia con el registro de los miembros asistentes —que se nombran igual en ambos idiomas—, junto con sus cargos designados por palabras españolas: gobernador, alcalde y regidor. Los registros de las elecciones municipales anuales son igual de transparentes y proporcionan además la afiliación de cada funcionario a determinado reino o cabecera. Gibson principió compilando, hizo nóminas de individuos y listas de membresía de ciertos años; con esta base pudo concluir no sólo que la selección se apegaba fielmente a los principios de rotación y división equitativa entre las cabeceras, sino que al repetir sus cargos un círculo muy pequeño de nobles manejó el cabildo, le dio así continuidad y llegó a ser experto en procedimientos del gobierno hispano-indígena.

Las secciones restantes del libro: el capítulo quinto, sobre la sociedad tlaxcalteca, y el sexto, sobre privilegios, tributos y colonias, son interesantes, por supuesto, pero no en el nivel de la que se ocupa del gobierno indio. En la parte concerniente a la sociedad, Gibson tuvo que alejarse del potencial cardinal de sus fuentes; en todo caso es difícil o imposible hacer justicia al tema sin una comprensión interna de las categorías sociales en náhuatl. Las generalizaciones sociales de este capítulo incluyen algunas aseveraciones por completo anticuadas e inaceptables; éste es casi el único punto del libro sobre el que puede manifestarse algo así (no obstante aun aquí, como sucede siempre con Gibson, hay aspectos de detalle totalmente confiables). A pesar de ello, Gibson captó y transmitió la característica central de la situación: la sociedad permaneció esencialmente intacta no sólo en algunos pueblos, sino en el más vasto conjunto de la provincia. Al observar las enérgicas y a menudo seguras adaptaciones de los nobles, y con escasa evidencia directa sobre la conducta de los macehuales, Gibson tendió a pensar que en los niveles sociales más bajos el cambio fue mínimo; hoy eso no parece probable. La imagen de pasividad que Gibson enmendó para con los dirigentes fue proyectada tácitamente hacia la masa.

En el último e importante capítulo —una miscelánea elegante— sobresale la descripción —hecha básicamente a partir de registros administrativos españoles— de la campaña emprendida por los tlaxcaltecas con el fin de magnificar los servicios que realizaron para los españoles durante la Conquista, y recibir por ello privilegios y recompensas de excepción. Aquí están los indios, manipulando a los españoles con éxito, aguardando a que el recuerdo de lo que en verdad sucedió sea opaco y bombardeando su propaganda año con año hacia los funcionarios españoles, lanzando una entidad de gobierno contra otra sabiendo de lleno que se impresionaba más fácil a la más lejana e ignorante —de ahí sus delegaciones a España—. El trabajo de Gibson sobre las detonantes campañas tlaxcaltecas tuvo un efecto vasto en el cambio general de la usual imagen del indio indefenso. Pero, al mismo tiempo, Gibson no dejó de observar —y decir— que los privilegios logrados llegaron a poca suma; advierte así: "Probablemente la conclusión más impresionante que origina un análisis sobre los privilegios tlaxcaltecas es que afectaron los asuntos prácticos de la provincia sólo en pequeño grado" (p. 169).

Este balance de Gibson es una ganancia crucial que aumenta el valor perdurable de su obra. Aunque pionero, evitó los excesos; evidentemente lo estimulaba alterar la imagen del indio pasivo, mostrar la Conquista como algo distinto a un desastre inmediato y sin paliativo para el orbe indio, y señalar incluso el optimismo y la prosperidad de Tlaxcala en las décadas de mediados del siglo XVI. Pero en modo alguno fue ciego a las circunstancias, en especial al aumento del sector civil español que hacia 1600 estaba dando sin duda un aspecto diferente a la situación; así, integró tal evolución a su forma de proceder. De manera que en su obra no sustituyó al antiguo indio inerte por el —también irreal— indio creador, activo, que siempre tiene la razón y siempre gana. El equilibrio de Gibson se relaciona con una bienaventuranza: su aptitud para no pensar a base de nociones polares. Quizá nunca lo dijo en una sola frase, pero su obra muestra el entendimiento de que la continuidad y el cambio en el mundo indio, más que elementos en riguroso contraste, se traslapaban y eran incluso aspectos sustentadores de un proceso articulado; los tlaxcaltecas aceptaron el cambio para mejor permanecer iguales y sus adaptaciones lograron con mucho el efecto deseado.

El equilibrio y la imparcialidad sobre los que he estado hablando fueron en esencia lo mismo que la apertura, la aparente ausencia de ideas preconcebidas y el escepticismo de Gibson, que tuvieron mucho que ver con la impresionante originalidad de su obra. En verdad no carecía de ideas previas —éstas constituían el bagaje general del campo de estudio en aquel entonces—, sino que al respecto su conciencia era mayor que la de los demás y estaba preparado para probar —y lo hizo— y considerar la validez de cualquier noción que se le presentara ante datos nuevos que miró con frescura. Los frutos más obvios de este proceder se verían después, en *Los aztecas*, pero en *Tlaxcala* es igual de marcado. Algunos lectores han malentendido la obra de Gibson como algo que deriva de un empiricismo mecánico o ciego, opuesto a un enfoque más teórico. Si uno piensa detenidamente, a menudo hacemos pasar como teoría la manipulación de los conceptos y tal actividad es prisionera de nociones heredadas, subsidiaria y dependiente del proceso que genera los conceptos idóneos. Gibson fue un retador, descartó y demolió conceptos inadecuados y tuvo fuerza suficiente para desarrollar otros más satisfactorios y más refinados, aunque no se inclinaba mucho a formularlos con brevedad.

Casi lo primero que la mayoría de los lectores advierte en *Tlaxcala* son sus extensos apéndices y notas bibliográficas; paulatinamente se percibe que constituyen una pieza de la impactante meticulosidad y cuidado con que se trata toda descripción; cada caso ordena una multitud de materiales relevantes, examinados uno a la luz de otro con minucia y metódicamente; es famosa la pasión de Gibson por el detalle y el empleo profuso del mismo. No se piense ese actuar gibsoniano como un enlistar miope y mecánico, fue una actividad creativa a través de la cual inspeccionó todas las partes pequeñas para explorar su significado dentro del contexto más amplio y construir así nuevos, más grandes conjuntos, verdaderamente nuevos porque confrontó de nuevo cada elemento según sus propios términos, atento a cualquier configuración que fuera tomando forma ante él. Los apéndices jamás dejan de ilustrar un punto y la bibliografía es más notable por sus juiciosos comentarios que por su cobertura e impresionante extensión.

La *Relación geográfica* original y completa de Diego Muñoz Camargo fue descubierta numerosos años más tarde en un repositorio escocés. Un mero bibliófilo o un anticuario habrían sentido su labor como algo inútil. Imagino a Gibson: apenas si pestañeó cuando le comunicaron el hallazgo. El descubrimiento de esa primordial versión nueva de los escritos que hizo el cronista más importante de Tlaxcala no afecta la validez de su examen bibliográfico global, ni añade pasmosa información nueva. Gibson estudió el material que tuvo ante sí exhaustivamente, pero no aspiró por fuerza a cubrir literalmente todo el material conocido o por descubrir. Según los criterios de quienes lo precedieron, descuidó los archivos españoles —la concentración en los repositorios americanos fue un acento consciente y acorde con la tendencia general de los estudios—. Tampoco acudió en absoluto a los registros notariales tlaxcaltecas, aunque sabía de su existencia; tal vez la era de los archivos notariales no había llegado realmente, o es más probable que Gibson examinara algunos y viera que su asunto principal eran los tratos económicos habidos entre españoles.

Si uno se quejara de que Gibson tuvo excesiva devoción por el detalle mínimo, también debería quejarse de los escultores, los pintores y los lauderos, pues de manera similar recorren amorosamente cada mínimo aspecto de su material pensando en esa especie de gran unidad que evoluciona gradualmente en su interior. He deplorado con frecuencia entre quienes me rodean la tendencia a concebir el proceso central de la investigación: recopilar, transcribir, traducir y demás como un trabajo fatigoso, de burro, algo mecánico y opuesto a algún otro proceso del entendimiento y la composición. Gibson supo que ambos son un solo proceso, que el informarse y la introspección deben llegar a reunirse en cada nuevo dato; sin embargo, no actuó bajo alguna máxima inculcada, sino, como debe de ser, de la inclinación personal; todos los aspectos del trabajo le alegraban. En Gibson, la síntesis orgánica entre detalles que no pierden su identidad individual —en particular cuando sigue a los miembros del cabildo— anticipó la historia sobre

modelos de ocupación que impactó el campo de estudio desde fines de los
años sesenta, en los setenta y después.

Si consideráramos que *Tlaxcala* hubiera sido escrito hoy, aún se sostendría en lo esencial, muy aparte de que ofrece gran cantidad de información
útil que no va a hallarse en otro lugar. Arthur Anderson, Frances Berdan y
yo publicamos hace ya tiempo una edición cuasi-documental sobre las actas
de cabildo tlaxcaltecas; es más sistemática en detalles sobre varios aspectos
y da a conocer el vocabulario conceptual náhuatl, pero rara vez objeta datos
y hallazgos de Gibson.[9] Al respecto de un punto básico llegamos a conclusiones distintas, o al menos resolvimos un tema sobre el que Gibson permaneció en duda. Acorde a su escepticismo universal, Gibson advirtió que
las actas de cabildo sobrevivientes no hablan mucho sobre la división cuatripartita de Tlaxcala antes de los acuerdos constitucionales de 1545. De ahí
que a veces dudó (y a veces tomó la posición opuesta) que una cabal división
en cuatro partes fuera básica para la organización de Tlaxcala antes de la
Conquista; aún más, desconfió que más allá de la selección de miembros tuviera nada que ver con el funcionamiento de la provincia luego de 1545,
considerando en cambio que Tlaxcala fue gobernada como un todo. Puesto
que se ha descubierto que el principio de subdivisión en partes iguales —más
específicamente, en dos y en cuatro— fue básico para las entidades sociopolíticas en todo el México central, y más allá, titubeamos poco en considerar-
la una característica de la organización tlaxcalteca anterior a la Conquista. Y
en cuanto al papel desempeñado por la división cuatripartita en las funciones de gobierno, un examen más ceñido de todo el texto náhuatl de las actas
de cabildo muestra que cualquier cosa, grande o pequeña, se hacía por separado, por cuartos, y por rotación; como ejemplo, todos los que por tributo
trabajaban para la ciudad de Tlaxcala provenían de un solo subreino cada
vez y los supervisaban miembros del cabildo pertenecientes a ese agrupa-
miento. Uno podía encontrar dentro de la caja única donde se guardaban los
objetos preciados de la ciudad, el dinero y los documentos, cuatro relaciones separadas; asimismo un solo desembolso podía venir de dos o tres fondos separados; mantener una especie de unidad que incluyera todo fue un
motivo de frecuente preocupación para los miembros del cabildo.

Gibson vio que Tlaxcala era menos excepcional en el escenario del México central de lo que parecía; pero tendió a considerar que el patriotismo y la
conciencia histórica tlaxcaltecas fueron poco usuales. Ahora contamos con
miríadas de ejemplos paralelos de ambas características, que deben considerarse como modelos. Lo mismo se aplica a la penetración entre mecanismos
españoles e indígenas de gobierno. Tlaxcala podría parecer excepcional por
haber sido una entidad muy extensa y compleja que conservó su unidad

___

[9] *The Tlaxcalan Actas: A Compendium of the Records of the Cabildo of Tlaxcala (1545-1627)*, Salt
Lake City, University of Utah Press, 1986.

luego de la Conquista; sin embargo hubo otras como Huejotzingo y Xochimilco. Debemos aprender a menudo lecciones generales sobre el ejercicio interno del poder en los pueblos indios localizados en el México central a partir de dichos sitios, que ya cuentan con buena documentación.[10]

Así pues, *Tlaxcala* es más universal de lo que su autor pensó en el momento de ser publicada, y obtendremos buena recompensa si la mantenemos en nuestra lista de obras de primera consulta para asuntos de etnohistoria.

II. LOS AZTECAS

Los aztecas bajo el dominio español, editado en 1964,[11] no precisa recomendación especial pues todo el mundo sabe que es hasta hoy la obra más importante, general y básica —de la Conquista a la Independencia— sobre los indios mexicanos. A primera vista parece incluir todo lo concebible y, como abarca todo el complejo del valle de México, pronto se le reconoció como equivalente a un macroestudio representativo del México central, si no es que más. No obstante, se asemeja a *Tlaxcala*: es regional, exhaustivo, basado en registros americanos, no en españoles, y tales atributos son decisivos para su fuerza. Con todo y su aliento temático el libro tiene un enfoque notoriamente corporativo. De hecho, se refiere menos que *Tlaxcala* a los individuos y el funcionamiento interno (no había aparecido ningún equivalente a las actas de cabildo tlaxcaltecas, ni ha aparecido hasta hoy). En su mayor parte, el libro trata sobre la porción del orbe corporativo indio que es visible por sus relaciones con el ámbito de la autoridad española. Muy diversos registros administrativos españoles y de litigación corporativa indígena ante tribunales españoles son las fuentes para las partes decisivas de la obra. *Los aztecas* no muestra —como *Tlaxcala*— un efecto notable de documentos en náhuatl.

Gibson se concentró en corporaciones cuya escala no era la imperial, ni la mínima del caserío o *calpulli;* su nivel, el medio, fue muy importante y había sido ignorado hasta entonces. En términos de autoidentidad, resultó esencial para los indios, sobrevivió intacto a la Conquista y los españoles se ajustaron a él por necesidad en todas sus disposiciones. Precisemos: las corporaciones implicadas son los numerosos estados indios locales —similares en tamaño a la ciudad-Estado, por lo común— que los españoles nombraron *pueblos* y los indios *altepetl;* ocupaban el valle de México y siguieron siendo la base de todo lo que sucedió mucho después de la Conquista. Gibson rechazó la categoría *village* [aldea] que había sido norma para definir a las

[10] Véase "Complex Municipalities: Tlaxcala and Tulancingo in the Sixteenth Century", *Nahuas and Spaniards, op. cit.,* pp. 23-38.
[11] *Los aztecas bajo el dominio español (1519-1810),* México, Siglo XXI, 1967 (ed. orig., 1964). [T.]

unidades sociopolíticas indias hasta entonces; tampoco retomó el término náhuatl *altepetl* a pesar de su encomiable tendencia a emplear categorías originales, pues con frecuencia no aparecía en las fuentes españolas que utilizó. *Los aztecas* se acerca a un libro sobre el *altepetl* que nunca utiliza esa palabra; en realidad sólo aparece tres veces, una de ellas en el glosario y otra en la cita de una fuente náhuatl. Pero Gibson reconoció que era falsa la tácita generalización operativa según la cual la Conquista había derruido la civilización india hasta dejarla en el nivel de la "aldea". Más bien sobrevivió una entidad compleja parecida a los reinos, y Gibson mostró a fondo que el gobernante dinástico era una de sus características y que comprendía una serie de elementos constitutivos separados. Cada uno de éstos formaba una unidad territorial y debía lealtad y tributo al gobernante.

Los aztecas está ordenado en capítulos amplios, dedicados a un tema de vasta magnitud y desarrollados en forma cronológica por todo el periodo que abarca el libro. Ello ocasiona en un lector superficial la impresión de intemporalidad, pero es conveniente para evidenciar en múltiples dimensiones esa continuidad del cambio gradual, tan característico del periodo. Los capítulos primordiales tienen que ver con el *altepetl,* no así los que considero menores. Los capítulos centrales presentan el *altepetl* de una forma y luego de otra, como marco y factor determinante para casi todo lo que ocurrió mucho tiempo después de la Conquista, más allá de la ciudad española, dando sentido a dos o tres siglos de historia mexicana. Hasta entonces, la curva demográfica elaborada por los especialistas de Berkeley había sido el único hilo para la intelección de esos siglos. La creativa recopilación gibsoniana, que esta vez tomó la forma de cartografía, fue crucial para el proceso de revelar modelos. Siguió las huellas de los componentes de todos los *altepetl* prehispánicos, las encomiendas, las parroquias y las municipalidades coloniales, los cartografió y todos coincidieron. La secuencia de capítulos que exponen esa coincidencia de las diversas entidades tal vez sea el despliegue de mayor majestuosidad y poder de toda la literatura histórica latinoamericana; semeja una fila de altos bajeles que se alinean cada uno a su turno y hacen estallar su descarga de artillería, una y luego otra y aún otra vez más. Claro, por su meticulosidad, Gibson notó de inmediato que los varios tipos de entidades no fueron lo mismo de modo literal, preciso y universal; dedicó un espacio interminable a las diferencias, con lo que situó estos capítulos fuera del alcance de los impacientes e incluso tendió a oscurecer el mensaje cardinal a los distraídos.

La sólida organización cronológica añade fuerza a la batería pesada de los capítulos esenciales —"Los pueblos", "Encomiendas y corregimientos", "Religión", "La administración política de los pueblos"—. Esto es, dichos capítulos, en orden, versan sobre las distintas formas que la entidad básica fue tomando en el tiempo, aunque los corregimientos hacen que desmerezca un poco, porque debían haber ido al final y en cambio se apiñan junto a las encomiendas por falta de material suficiente para integrar un capítulo. "Los pueblos" presenta a las entidades ya plenamente formadas en el periodo prehispánico. "Encomiendas..." hace ver que con alguna variación, por motivos bien aclarados, un *altepetl* con su gobernante o tlatoani llegó a ser encomienda, de ahí que tales unidades fueron determinadas por su precedente prehispánico y no por la decisión administrativa de Hernán Cortés u otro funcionario, alto o bajo. Como nota a pie de página, el corregimiento es visto como una colección de estas unidades, mínimo en cuanto institución y dependiente en lo fundamental de los mismos pueblos indios.

El capítulo sobre "Religión" en particular fue revolucionario, pues dio un giro completo al mundo de Ricard. El capítulo envía mensajes: no sólo la parroquia vuelve a ser la misma entidad que acude a la organización interna ya existente, sino que es posterior a la encomienda, y en realidad es función de la misma, que a su vez lo fue del *altepetl*. Estas realidades colocaron por primera vez la actividad de los mendicantes en el contexto adecuado. Para todos, excepto quizá para los historiadores del arte, la visión ricardiana en que la Iglesia era el único y arbitrario creador del mundo social, cultural e incluso político de los indios ahora estaba muerta. Entre la encomienda y la parroquia se advirtió en especial una gran cantidad de cambios jurisdiccionales; ello en buena medida porque al principio hubo demasiados encomenderos potenciales y demasiado pocos clérigos para manejar parroquias.

"La administración política de los pueblos" expone la transformación parcial del *altepetl* en una municipalidad al estilo español pero modificada, donde los poderes de mando tocan al gobernador y otros nobles ocupan los demás cargos, mientras que la entidad en su conjunto mantiene plena conciencia de sí misma, muy a la manera de la historia que *Tlaxcala* contó antes. "Tributos y finanzas de los pueblos", partes amplias de "El trabajo" y una buena parte de "La tierra" son extensiones del capítulo sobre la organización política de los pueblos, y señalan cómo fueron adaptados y utilizados varios mecanismos del *altepetl*. Una breve sección de "La tierra" que trata de la *congregación* posee especial importancia, no sólo en cuanto muestra que ese programa fue mucho menos amplio de lo que antes se imaginaba y que fracasó con frecuencia cuando se llevó a cabo, dejando sin cambio a más entidades preexistentes de lo que se creía; también deja ver que aun donde tuvo éxito, respetó normalmente la estructura del *altepetl*, esto es, una congregación de ordinario plegó en sí a un *altepetl*, que conservó su identidad y su organización en esencia.

Un segmento particularmente significativo de estos capítulos repasa los mecanismos para conseguir trabajo temporal en las encomiendas y los repartimientos, o por medio de acuerdos informales; manifiesta los pequeñísimos

pasos que implicó cada cambio y la tardanza en aspectos legales relacionados con cualquier cambio experimentado. Un proceso básico de la historia
hispanoamericana fue visto aquí por primera vez como un continuo inteligible en sus propios términos, no como una enigmática sucesión de tres etapas inconexas, definidas en términos legales y conforme a las intenciones
de la Corona. (Por aquel tiempo la única explicación semejante era la de
Woodrow Borah sobre la evolución de la hacienda conforme a una sola línea de fuerzas demográficas y económicas en desarrollo.) En este segmento
de *Los aztecas*, escondida a la mitad de un párrafo (p. 235), Gibson manifestó su afirmación inmortal y siempre válida de que en la historia hispanoamericana la ley es un comentario sobre los acontecimientos más que un factor
que los conforma.

Todas las grandes estructuras del campo en el México central fueron una
especie de permuta o una adaptación del *altepetl*, excepto la vasta hacienda
española. El tratamiento que Gibson da a la hacienda no corresponde directamente a la línea seguida por los capítulos relacionados con el *altepetl*, pero
tiene la misma importancia. En este contexto la verdadera distinción entre
la hacienda y las demás entidades formadas por elementos "permanentes"
emerge con claridad: su nexo con el *altepetl* es más bien oblicuo que directo, y en lugar de únicamente adaptar las estructuras preexistentes, crea nuevas (véase la p. 333). Aunque la hacienda afectó poderosamente a la corporación indígena, de hecho puede decirse que en cierto sentido no pertenece
al libro, y Gibson mostró percepción de ello al no concederle un capítulo
aparte, sino dividiendo los temas relacionados con ella en: "La tierra", "El
trabajo" y "La agricultura". No obstante esa dispersión el mensaje surtió
efecto; en verdad lo concerniente a la hacienda se entendió con más rapidez
y tuvo repercusiones más inmediatas que el verdadero núcleo del libro.
Gibson trazó el proceso de la pérdida india de tierra que acrecentó la de las
haciendas; éste no era ya muy novedoso. Lo nuevo fue su pintura de la hacienda, orientada sobre todo a obtener ganancias en el mercado urbano local, y de su fuerza laboral, que incluso hasta el xviii funcionaba más con trabajadores temporales que con permanentes, más calificados y más caros,
cuyo número los propietarios no pretendían aumentar por ningún motivo.

La indagación de Gibson sobre la hacienda poseía inferencias grandes y
claras con respecto al orbe indio; sin embargo, las reacciones académicas
iniciales se ocuparon en su mayoría de la historia de las empresas españolas. Gibson fue tan importante como François Chevalier al desencadenar una
corriente de estudios sobre la hacienda, entre los que se cuentan algunas de
las obras más distinguidas y refinadas sobre la materia (y que tal vez nos pa-
rezcan excesivas por un tiempo). Ello ratifica las conclusiones gibsonianas a
costa de las de Chevalier. El método de Gibson, que consiste esencialmente
en sus fuentes, también tuvo su impacto. Las fuentes para la parte más nue-

va de las secciones sobre la hacienda difieren mucho de los registros administrativos utilizados para la corporación india; casi todas son registros hacendarios internos, especialmente la correspondencia y las planillas de pago de mayordomos, incluidos en los documentos del conde de Regla que Gibson examinó durante un afortunado viaje a Pullman, Washington. Fue la primera vez que un investigador con facultad para sintetizar y con conocimientos sobre las obras especializadas se dedicó a inspeccionar la hacienda desde su interior; a partir de entonces muy pocos han hecho tal cosa.

En los capítulos menores se halla la pieza antecedente "Tribus" (título que no cesa de ocasionar problemas), entresacada casi sin cambios del material entonces en boga entre etnohistoriadores formados en antropología. A la misma categoría pertenecen la mayor parte de los capítulos: "La población", "La agricultura", "La producción y el intercambio", que a pesar de incluir no pocos y valiosos detalles de archivo, se dedican fundamentalmente al resumen de las descripciones sintéticas del interior del mundo indígena hechas por extraños y que tratan de un nivel más bajo que el corporativo. En conjunto estas partes de la obra son las más anticuadas, aunque muestran o insinúan algunas tendencias importantes. Al tratar el desarrollo de la producción del maíz y del pulque, así como la agricultura chinampera, Gibson ofreció todos los materiales necesarios para la generalización importante, aunque se quedó a punto de hacerla explícita, de que los españoles podían asumir por entero la administración directa de cualquier actividad totalmente india, incluso si el mercado era indígena, cuando ésta se volvía bastante lucrativa como para recompensarlos, pero que podría refrenarlos el grado en que exigiera la práctica esotérica y el trabajo intensivo indígena. El capítulo de "La ciudad", concerniente a la comunidad india de la ciudad de México, se basa en el mismo tipo de investigación de los capítulos principales y contiene mucho material con valiosas posibilidades, pero el enfoque, que considera la corporación india de modo independiente y sin relación estrecha con las actividades españolas, resulta mucho menos viable; en todo caso, el tema está algo divorciado del resto.

Así llegamos a la "Conclusión"; es posible que al lector le parezca superfluo hacer un aparte para discutirla, incluso en un abordaje de *Los aztecas* tan tenaz como éste. Pero no es así, ya que esta particular "Conclusión" no sólo resume los puntos primordiales expuestos en el cuerpo de la obra sino que también difiere en algunos aspectos; y como durante años muchos académicos de otras especialidades no han leído sino la "Conclusión", hay círculos donde el capítulo concluyente ha difundido malinterpretaciones de peso con respecto al impulso del libro. La gran contribución de *Los aztecas*, si se le compara con todo lo escrito antes, fue el despliegue sobre un gran lienzo de esta lección: las estructuras y la vitalidad indias sobrevivieron con vastedad a la Conquista, y afectaron y a menudo casi dictaron cualesquier disposiciones o empresas planeadas por los españoles. Pero a fin de cuentas la decadencia de la corporación pareció ser el resultado, y en consecuencia el mensaje que Gibson proclamó en su "Conclusión" fue de explotación, decadencia y ebriedad sin paralelo. Un hecho (al que regresaré) lo inclinó más hacia esas concepciones sobre la materia: estudió menos el siglo XVIII que los anteriores; si lo hubiera abarcado, quizá sus puntos de vista habrían sido otros. De todas maneras, aunque minimizó el impacto de la leyenda negra en el cuerpo del libro, siempre fue más que simpatizante de ella y su identificación con un grupo al que consideró pisoteado fue parte importante en su motivación; así que el tenor de la "Conclusión" podría haber sido casi el mismo aunque la investigación tomara un curso distinto.[12] Sea cual fuere la razón, la discrepancia permanece. La "Conclusión" no hace justicia a esa multitud de percepciones congruentes que revela el cuerpo del estudio; retrasó seriamente la comprensión de *Los aztecas*, y todavía hoy desencamina a lectores que se topan, impreparados, con el libro. Tuvo al menos una contribución positiva: alentó a que William Taylor se acercara de modo más sistemático al asunto de la ebriedad indígena, de donde resultó una imagen mucho más clara.

III. Después de Gibson

Abordaré ahora dos asuntos: el efecto de *Los aztecas* en la posterior investigación sobre la etnohistoria mexicana, y los giros que esta investigación pueda estar dando a las perspectivas gibsonianas. La primera reacción básica hacia *Los aztecas* entre los etnohistoriadores en ciernes fue alejarse del libro. El vacío inmediato a una obra notable es algo que ha sido observado en la disciplina lo mismo antes que después. A medida que los sucesores comenzaron a animarse, fueron confirmando gran parte del análisis presentado en el cuerpo del libro, incluso, en cuanto a mí, todas las cuestiones que he mencionado. Y dada la generosidad de Gibson para ofrecer todo tipo de detalles significativos, como su esplendidez en las referencias a casos paralelos no usados en el texto, *Los aztecas* perdura como una obra de consulta

---

[12] La "Conclusión" incluye uno de los escasos momentos de pensamiento confuso (mas no de formulación débil) que he visto en la obra de Gibson; en la p. 413 parece adoptar el punto de vista según el cual la "explotación", como se usa en controversias políticas y morales, es una categoría empírica. Constituye un tributo grande hacia Gibson darse cuenta de que sintiendo lo que sentía sobre la relación entre españoles e indios pudiera escribir con tal serenidad; explorar áreas que nada tenían que ver con esa preocupación, y llegar a muchas conclusiones que apuntan en dirección opuesta al sentido primordial de sus creencias (como sucede en el trabajo en las haciendas). Sólo en un sitio he percibido que la inclinación gibsoniana trasluce: cuando trata de los abusos en la encomienda (pp. 81-85). Gibson habla ahí sobre hechos que sin duda desagradan, y más aún con esa pintura, pero son parte habitual de la economía encomendera, en México como en otros lugares. Aquí Gibson, a diferencia de su labor sobre la hacienda, no revela patrones subyacentes ni hace nuevas (y necesarias) distinciones.

fundamental para las nuevas investigaciones sobre los indios del centro de México. Me parece justo manifestar que todo lo realizado y lo que se está haciendo sobre la etnohistoria mexicana posterior a la Conquista fue planeado en torno a *Los aztecas*, para ampliarlo, complementarlo o probarlo, de hecho para partir de él.

Tras casi una década de escrutinio, los lectores comenzaron a darse cuenta que, contra las apariencias iniciales y justo como el mismo Gibson siempre dijo, *Los aztecas* no abarcaba absolutamente todo. No obstante su análisis de la hacienda en el siglo XVIII, que se basa en papeles del conde de Regla, y de muchos detalles interesantes sobre fines de la Colonia, el libro tiene un rasgo primordial que comparte con *Tlaxcala*: un fuerte énfasis en el siglo XVI, especialmente si se piensa en ese siglo XVI más extenso, que en el mundo indio alcanza hasta las dos o tres primeras décadas del XVII. Sin embargo se debe comenzar por el principio. Si Gibson hubiera cubierto en la investigación de primera mano hasta fines del XVII y el XVIII de modo tan cabal como lo hizo para el primer periodo, habría estado en serio peligro de no acabar nunca; en algún momento de su tarea debió haberlo comprendido así. Ahora bien, Gibson fue un innovador audaz y un escéptico sólo en el campo que había inspeccionado minuciosamente por sí mismo; al no haber realizado exactamente eso con respecto al XVIII, tornó a la cautela que ejercía habitualmente si no tenía todos los hechos en la mano, y por ello se inclinó a aceptar sin dificultad los estereotipos que había sobre la decadencia severa y sin alivio del último periodo. Bajo esta luz observó la fragmentación extensa y final del *altepetl*, habló de la nivelación y compresión en la sociedad indígena, y en una parte del libro (p. 181) parece decir que los escribanos indios tendieron a desaparecer en el siglo XVII y más adelante.

Los etnohistoriadores posteriores a Gibson se han concentrado con frecuencia —a veces de manera consciente, a veces más por un azar— precisamente en el siglo XVIII. En conjunto han hallado menos decadencia, mayor conservación y continuidad vital que la previsible en *Los aztecas*. Taylor, el más conocido de los estudiantes de Gibson, se ha inclinado a trabajar sobre el XVIII; su primer libro, *Landlord and Peasant in Colonial Oaxaca*,[13] emprendió fundamentalmente el reto de Chevalier y *Los aztecas*, relativo a una historia de la hacienda, pero aun así la etnohistoria lo absorbe. El tema fue elegido para complementar la investigación anterior sobre el centro y el norte de México, en términos más bien geográficos que temporales, pero al encontrar que el centro gravitacional de los registros caía en el siglo XVIII, Taylor comenzó por lo más reciente y emprendió el camino hacia atrás.[14] Resultó que los indios de Oaxaca retuvieron sus tierras, sus gobernantes dinásticos continuaron en mucho como una fuerza activa en la región hasta el fin del

[13] Stanford, Stanford University Press, 1972.
[14] Taylor, comunicación personal.

periodo colonial. Por supuesto, ello no contradice a Gibson, más bien tiene toda la apariencia de ser una variante regional, y en buena medida lo fue.

En el siguiente libro de Taylor, *Embriaguez, homicidio y rebelión en las poblaciones coloniales mexicanas*,[15] el peso cayó nuevamente sobre el siglo XVIII quizá en buena medida por la naturaleza del ramo Criminal del Archivo General de la Nación. Esta vez, además de Oaxaca, se incluyó la órbita de la ciudad de México. Los pueblos indios, como hace ver, prosiguieron sosteniendo sus derechos a veces con violentos disturbios y protestas locales, como en las centurias precedentes. Aunque hicieron ajustes ante la presencia española, los indios continuaron mostrando modelos de homicidio más o menos normales; y su ebriedad fue vista como una continuación, en gran medida, de prácticas prehispánicas —ahora mejor comprendidas— que adaptaron en forma gradual a las nuevas oportunidades y a las condiciones económicas, y que asimilaron maneras españolas del uso del alcohol. Tal vez no era una moderación al estilo europeo, pero tampoco se trataba de un desmoralizado mar de embriaguez. En este punto la perspectiva de *Los aztecas* —particularmente la de su "Conclusión"— es modificada con firmeza, y no hay duda de que parte del propósito específico de Taylor al emprender este proyecto era probar lo formulado por Gibson. Ya lo mencioné antes, las secciones más revisadas de *Los aztecas*, además de la cuestión del siglo XVIII, son las que tienen que ver con la conducta personal más informal y de orientación interna, que con la conducta formal y de orientación externa, corporativa.

Embriaguez, homicidio y rebelión también amplió significativamente la gama de procedimientos técnicos gibsonianos, porque hizo posible que se penetrara más allá del aspecto corporativo hacia el interior del mundo indio y extrajo patrones significativos aún sin mucha información sobre el contexto específico, al someter a técnicas de muestreo varias series de datos fragmentarios muy dispersos en el tiempo y el espacio. Algunas de las conclusiones cuyo acierto más asombra se hallan en la sección sobre los homicidios; en otras palabras, corresponden a la investigación de acciones cuya naturaleza es muy informal, personal y familiar. Tanto el muestreo estrictamente estadístico como el análisis cualitativo comparado resultaron ser fructíferos. En este libro, el ejemplo metodológico de Taylor tiene particular importancia porque son mucho muy escasos los conjuntos sustanciales homogéneos, generados en un solo tiempo y lugar, de elementos pertenecientes al mundo indígena posterior a la Conquista (aparte de informes, censos y registros parroquiales).

Taylor se encuentra ahora en las etapas finales de otro proyecto localizado en el siglo XVIII: un estudio a gran escala de las parroquias rurales que seguían siendo básicamente indias y los curas españoles que las atendían. Co-

---

[15] México, Fondo de Cultura Económica, 1987 (ed. orig., 1979).

mo en su primer libro, va más allá de una etnohistoria que muy a menudo resulta hermética y combina historias de españoles y de indios, observándolos como a fin de cuentas hay que hacerlo: relacionados entre sí. Gibson habría estado —no hay duda, lo estuvo de hecho— a favor de este enfoque: hacia el fin de su vida dedicó años de esfuerzo a la historia de los españoles. Aunque en un sentido *Los aztecas* es la historia de las relaciones entre la corporación indígena y el aparato de gobierno español, apenas toca la interacción indio-española en cuanto tal, particularmente en el nivel individual o en el de grupos pequeños. Indagar este asunto de una manera no superficial ni fragmentaria es un reto mayor para el futuro cercano; así de importante como es, resulta muy difícil realizarlo porque la mayoría de las fuentes tienden a sistematizar sobre uno de los dos grupos, no sobre ambos. Los hispanos relativamente pobres que vivían en pueblos originalmente indios —foco vital del contacto cultural— no tenían organización corporativa, estaban al margen de las jerarquías españolas y dejaron pocos testimonios de sus actividades *per se*.[16] Taylor ha dado con un ámbito que combina el contacto indio-español con buena documentación referente a los dos grupos.[17]

Los registros internos de las haciendas, que documentan otro punto de contacto fundamental entre españoles e indios, no aportan al parecer una visión coherente sobre el lado indio. Sin embargo, algunas investigaciones sobre las haciendas del siglo XVIII han logrado ahondar lo suficiente en asuntos indios para contribuir a la revisión del proceso. Ejemplo notable es el de John Tutino, quien trabajó sobre haciendas de los valles de México y Toluca de fines de la época colonial.[18] Encontró pueblos indios resueltos a enfrentar a las haciendas españolas en asuntos de trabajo y de tierras, promoviendo un vasto número de litigios, y aplicando incluso un sistema de reclutamiento para el trabajo informal y voluntario que no difería del antiguo repartimiento. Al mismo tiempo, los oficios municipales eran dominados por un grupo de rango superior, aproximado en tamaño a la antigua nobleza, que poseía asimismo muchas más tierras que el común. Un trabajo reciente de Robert

---

[16] Varios etnohistoriadores de reciente cuño emprendieron la tarea pensando que en sus trabajos abordarían con profundidad a los españoles, pero terminaron centrándose sustancialmente en la parte india. Tal vez se requieran dos fases de investigación: una vez que la situación indígena se haya estudiado a fondo en un tiempo y una región dados, debería ser posible que alguien se concentrara en los españoles locales y formara una imagen integrada por ambos elementòs.

[17] Cheryl Martin, *Rural Society in Colonial Morelos*, Albuquerque, University of New Mexico Press, 1985, siguiendo una vena demográfica ha hecho mucho en cuanto a combinar la historia de los españoles con la de los indios. Woodrow Borah, *El Juzgado General de Indios*, México, Fondo de Cultura Económica, 1985, complementa a Gibson al presentar, en la interacción entre altos funcionarios y corporaciones indias, más sobre la parte española que sobre la india.

[18] "Provincial Spaniards, Indian Towns, and Haciendas: Interrelated Agrarian Sectors in the Valleys of Mexico and Toluca, 1750-1810", Ida Altman y James Lockhart (eds.), *Provinces of Early Mexico*, Los Angeles, University of California Press, UCLA Latin American Center Publications, 1976.

Haskett sobre el gobierno indígena en un pueblo del distrito de Cuernavaca, que se basa en registros tanto nahuas como españoles, presenta con mucho mayor detalle y profundidad la continuidad de las dinastías gubernativas, el dominio político y la riqueza relativa de los grupos superiores, y la vigorosa política de facciones en los pueblos indios del área.[19]

Con respecto a la decadencia de los escribanos nahuas en el siglo XVIII, en tanto que yo y otros seguimos recopilando documentos notariales nahuas, comienza a parecer que tal vez se conservó más material del XVIII que de cualquier otro periodo anterior, aunque es cierto que hacia 1770 ocurre una baja notable, cuando los indios empezaron a incrementar sus registros en español.[20]

Quien ha tocado el tema ha confirmado en mayor o menor grado la fragmentación dieciochesca del *altepetl* a que se refiere Gibson; pero algunos trabajos recientes proyectan una luz distinta. Stephanie Woods, en su tesis doctoral sobre el valle de Toluca,[21] evidencia que, para ser reconocida como pueblo indio independiente, una unidad nueva requería enorme iniciativa

[19] Sustancioso como es, el artículo de Haskett, "Indian Town Government in Colonial Cuernavaca", *Hispanic American Historical Review*, 67, 1987, pp. 203-231, sólo esboza los temas que trata a profundidad en su tesis doctoral, *A Social History of Indian Town Government in the Colonial Cuernavaca Jurisdiction, Mexico*, Los Ángeles, University of California at Los Angeles, 1985, que está en proceso de revisión para ser editada. Su sólida investigación logró un retrato a gran escala del gobierno indígena local en acción: lo examina desde adentro, en esa importante región del centro de México y por más de dos siglos; contiene además mucha información nueva sobre la vida social y económica de sectores en el poder. Véase "A Vein of Ethnohistory: Recent Nahuatl-Based Historical Research", *Nahuas and Spaniards, op. cit.*, pp. 183-200.

[20] En cuanto a ejemplos sobre el náhuatl del siglo XVIII y cierta discusión de sus características, véase Frances Karttunen y James Lockhart, *Nahuatl in the Middle Years: Language Contact Phenomena in Texts of the Colonial Period*, Berkeley y Los Angeles, University of California Press, Publications in Linguistics, 85, 1976, pp. 112-121; y en especial, de los mismos: "Textos en náhuatl del siglo XVIII: Un documento de Amecameca, 1746", *Estudios de Cultura Náhuatl*, 13, 1978, pp. 153-175. Véase Lockhart, "Toward Assessing the Phoneticity of Older Nahuatl Texts: Analysis of a Document from the Valley of Toluca, Eighteenth Century", Frances Karttunen (ed.), *Nahuatl Studies in Memory of Fernando Horcasitas*, Austin, University of Texas Press, Texas Linguistic Forum, 18, 1981. Véase Arthur Anderson, Frances Berdan y James Lockhart, *Beyond the Codices*, Berkeley y Los Angeles, University of California Press, 1976, pp. 72-77, 96-97 y 100-109. Si bien es impresionante la cantidad de material en náhuatl del siglo XVIII que ha emergido por ahora, en mi opinión este crecimiento tiene que ver con los caprichos de la preservación de archivos y las tendencias en litigación. Si contáramos con todos los documentos que fueron escritos en náhuatl, se vería que entre finales del XVI y comienzos del XVII se produjeron más páginas por año que en cualquier otro lapso.

[21] La tesis, *Corporate Adjustments in Colonial Mexican Indian Towns: Toluca Region*, Los Ángeles, University of California at Los Angeles, 1984, de concepción bastante gibsoniana en lo esencial, es un amplio estudio de las corporaciones que usa sobre todo registros administrativos españoles y pone especial cuidado en nuevas formaciones corporativas. El tema se escogió en parte para ampliar aquello que impulsó a *Los aztecas*, tanto en tiempo como en espacio, y para complementar el trabajo de Taylor en otras regiones. Una de sus secciones más interesantes se ocupa de los "títulos primordiales" y de las falsificaciones de documentos españoles concernientes a tierras. Para una discusión más detallada sobre el trabajo de Wood, véase en este volumen el ensayo: "A Vein of Ethnohistory...", ya citado.

y perseverancia por parte de los indios; que las entidades aún se consideraban a sí mismas como *altepetl* y así funcionaban, y que su curso de acción se adaptaba a las circunstancias, con el frecuente resultado de una expansión o recuperación por parte del orbe indio más que una fragmentación simple.

El segundo gran avance para la investigación etnohistórica reciente (además de abordar de lleno al siglo XVIII) ha sido dar a conocer, y usar como fuentes, documentos "mundanos" escritos en náhuatl.[22] Éstos llevan directamente al interior del orbe indio, hacia el espacio de los individuos, las interacciones internas, los conceptos indígenas, la sociedad, la cultura (en esencia hacia todas las cosas que escaparon al enfoque corporativo de Gibson y que no están en las fuentes administrativas); permiten completar y a menudo revisar la materia de los capítulos que designé "menores".

La naturaleza y novedad de los documentos en náhuatl han propiciado un movimiento que a veces llamo nueva filología. Casi todos los tipos de documentación española se comprenden tan bien y son tan uniformes, que generalmente pasamos por ellos con rapidez, haciendo notas esqueléticas, y hace mucho abandonamos la diligente publicación documental que efectuaban las generaciones previas. En cambio, las fuentes en náhuatl demandan ser publicadas, y por varias razones la fase documental puede ser en este caso

---

[22] Este movimiento ha ocurrido principalmente en Estados Unidos y bajo la rúbrica de Historia, aunque no todos sus integrantes provienen de facultades de historia. La abrumadora mayoría del trabajo —para decir la verdad llana— ha sido emprendida por un círculo, que me incluye, de algunos apreciables colegas y algunos de mis estudiantes igualmente estimables; varios de ellos se han vuelto colegas. Sin embargo, de ninguna manera dejo de ser consciente con respecto a las contribuciones de personas asociadas con la antropología; su interés ha sido primordialmente y a menudo la época prehispánica, pero al utilizar materiales posteriores a la Conquista han ido por un camino que converge con el nuestro; han dado a la luz materiales útiles y han ampliado la mira del movimiento. Discutir este *corpus* en cierto modo distinto y examinar las relaciones que debieron de exisitir y que existen en la investigación sobre Mesoamérica entre historia y antropología (que veo más como comunidades de habla, círculos de lectura y objetos fabricados gracias a ciertas técnicas de investigación que como "disciplinas" intelectualmente distintas), sería una empresa de gran aliento, y la dejo para el futuro. Por ahora tan sólo mencionaré algunos nombres de entre aquellos que han hecho contribuciones significativas: Luis Reyes García, Pedro Carrasco, Fernando Horcasitas, Herbert Harvey y Barbara Williams, Hanns Prem y Ursula Dyckerhoff, Louise Burkhart. Reyes es, entre ellos, quien ha avanzado más hacia una filología del náhuatl posterior a la Conquista y en la etnohistoria basada sobre documentos en náhuatl; el trabajo que realiza ahora sobre Ocotelolco (Tlaxcala) lo lleva aún más allá en esa dirección. De ninguna manera pretendo decir que los investigadores deberían concentrarse en un solo tipo de fuentes y trabajar un periodo u otro. Más bien, el ideal de difícil alcance sería abordar los cerca de cuatro siglos que se centran alrededor de la Conquista como un solo periodo a estudiar de manera unificada con todos los medios disponibles. Una razón para el enfoque es que la documentación en náhuatl posterior a la Conquista es el recurso más poderoso y aún no aprovechado para aprender más sobre la cultura, la sociedad, la economía y la política de fines de la época prehispánica.
Miguel León-Portilla, Jorge Klor de Alva, Thelma Sullivan y John Bierhorst, aproximándose desde la perspectiva general de la historia intelectual, la religión y la literatura también han hecho impacto significativo en el mundo de los documentos en náhuatl posteriores a la Conquista (el versátil Klor de Alva es, además, antropólogo).

más que introductoria y de transición. Siguiendo las tradiciones prehispánicas, los documentos posteriores a la Conquista escritos en náhuatl son mucho más declamatorios y espontáneos que la mayoría de sus contrapartes
españolas, y nada más por eso, muchos sólo pueden ser apreciados en una
reproducción muy completa. Puesto que los textos en náhuatl tienen tantas
variaciones según la época y la región, en su vocabulario y su ortografía se
localiza buena parte de su mensaje, de modo que es indispensable una rigurosa comparación de transcripciones completas. Más aún, debemos explorar la naturaleza, las convenciones y la significación de varios y diversos
géneros documentales; y sólo puede estudiarse un género si se cuenta con
ejemplos completos. El método de seguir el rastro de carreras individuales
y organizaciones pequeñas, que tanto ha logrado para la historia social y cultural de los españoles y que permite pasar con rapidez por grandes masas
documentales, resulta muy difícil si se aplica a documentos en náhuatl: ya
se ha visto que son en verdad pocas las concentraciones documentales con
la densidad necesaria para ello. Incluso cuando estamos frente a una situación de abundancia de documentos resulta difícil rastrear con seguridad, a
través de las fuentes, a los pocos individuos prominentes en el muy reducido repertorio de nombres usados en el mundo indio. Nos vemos obligados
a realizar estudios más amplios y a una aproximación que se apoye en temáticas más precisas. Los documentos en náhuatl son numerosos, pero no suelen encontrarse apiñados en expedientes o en volúmenes individuales; la
publicación de algunos da acceso a un *corpus* bastante extenso que permite
a los investigadores emprender varias clases de estudios de rango amplio
sin la pérdida desmedida de tiempo en la simple búsqueda de ejemplos.

Por todas estas razones han salido a luz importantes publicaciones documentales en náhuatl, y continúan apareciendo; incluyen lo mismo amplias
muestras que un solo documento extenso o reservas documentales secretas.
Beyond the Codices y el apéndice documental de *Nahuatl in the Middle Years*[23]

[23] *Beyond the Codices* cumplió su propósito al introducir a un buen número de personas a documentos mundanos en náhuatl y sigue siendo una selección significativa (no hay colección
que pueda ser completamente representativa). En sus transcripciones los errores son pocos y
menores. Sin embargo, las traducciones —muchas fueron las primeras de su tipo en publicarse, y las hicieron investigadores que se iniciaban, sin predecesores, en el náhuatl cotidiano
posterior a la Conquista— contienen muchos errores; la mayoría es razonablemente insignificante, pero hay algunos de importancia cardinal para el contenido de un documento dado.
Planeamos una segunda edición muy revisada.

Por otro lado, el apéndice documental de *Nahuatl in the Middle Years*, aunque tiene la misma
fecha, es una tarea posterior. Las primeras etapas de aprendizaje habían pasado cuando se
hicieron estas traducciones, que prácticamente no tienen errores; hasta ahora sólo he hallado
dos o tres fallas francamente pequeñas.

Cualquier traducción del náhuatl antiguo, sin embargo, debe considerarse provisional y
cuando se la vuelve a examinar de lleno prácticamente siempre se originan enmiendas que
van más allá de lo trivial. Pero no quiero sacudir la confianza del lector: en las traducciones en
las que he participado en los últimos 10 años, particularmente en los géneros más familia-

pertenecen al primer tipo. En el segundo se hallan: *The Testaments of Culhuacan*, *The Art of Nahuatl Speech* y la edición alemana hecha por Eike Hinz con
partes de los primeros censos de la región de Cuernavaca.[24] *The Tlaxcalan
Actas* antes mencionadas contienen un sumario detallado de este documento fundamental y muchas selecciones.[25] Con el tiempo, las secciones de comentarios de las publicaciones se han hecho más elaboradas. En *The Testaments of Culhuacan*, cada testamento está precedido por un comentario su-
cinto; en *The Tlaxcalan Actas*, un ensayo extenso discute la organización
sociopolítica y su funcionamiento según los revela el documento; en *The Art
of Nahuatl Speech*, un estudio preliminar que incluye entre otras cosas un
análisis detallado sobre terminología de rango y de parentesco así como sobre convenciones del discurso refinado, ocupa aproximadamente el mismo

res, las grandes incertidumbres afectan sobre todo ciertas unidades léxicas de naturaleza técnica
o altamente específica y su carácter dudoso se resalta y es posible tener confianza en que el
sentido general no cambiará mucho en revisiones futuras.
   Las publicaciones documentales más pequeñas que iluminan géneros suplementarios son:
"Textos en náhuatl del siglo xviii…"; Lockhart, "Y la Ana lloró", en *Tlalocan*, 8, 1980, pp. 21-34;
del mismo, "Toward Assessing the Phoneticity of Older Nahuatl Texts…" y también de Lockhart, "Views of Corporate Self and History in some Valley of Mexico Towns, Late Seventeenth
and Eighteenth Centuries", George A. Collier *et al.* (eds.), *The Inca and Aztec States*, Nueva York,
Academic Press, 1982, aunque no reproduce ningún total de ejemplos.
   [24] S. L. Cline y Miguel León-Portilla (coords.), *The Testaments of Culhuacan*, Latin American Center Nahuatl Studies Series, 1, Los Ángeles, University of California at Los Angeles, Latin American Center Publications, 1984. Frances Karttunen y James Lockhart (eds.), *The Art of Nahuatl
Speech: The Bancroft Dialogues*, Latin American Center Nahuatl Studies Series, 2, Los Ángeles,
University of California at Los Angeles, Latin American Center Publications, 1987. Ambas
publicaciones forman parte de la serie citada, de la que soy editor; para la misma se preparan
otras publicaciones documentales, entre ellas la edición, a cargo de Frances Krug y Arthur
Anderson, de dos de los anales más importantes de la región Tlaxcala-Puebla y un volumen de
censos de la región de Cuernavaca que va más allá de los publicados por Hinz y por S. L. Cline.
   Los dos volúmenes editados por Hinz (junto con Claudine Hartau y Marie-Luise Heimann-
Koenen): *Aztekischer Zensus. Zur indianischen Wirtschaft und Gesellschaft im Marquesado um 1540:
Aus dem "Libro de Tributos" (Col. Ant. Ms. 551) im Archivo Histórico, México*, Hannover, Verlag
für Ethnologie, 1983, están al día en todos los aspectos, esto es, las transcripciones y las traducciones son generalmente excelentes y vienen acompañadas por extensos análisis introductorios. Lo mismo puede decirse sobre su edición a *Discursos en Mexicano, Acta Mesoamericana*, 1,
Berlín, Verlag Von Flemming, 1987, que acaba de llamar mi atención. No debe olvidarse, en
relación con lo anterior, a Richard Andrews y Ross Hassig, traductores y editores del Tratado de
Hernando Ruiz de Alarcón, *Treatise on the Heathen Superstitions that today live among the Indians
native to this New Spain, 1629*, Norman, University of Oklahoma Press, 1984; aunque el documento original está sobre todo en español, es sumamente valioso porque contiene encantacio-
nes en náhuatl, Andrews y Hassig las transcribieron además; su trabajo incluye un amplio
aparato explicativo.
   [25] James Lockhart, Frances Berdan y Arthur Anderson, *The Tlaxcalan Actas: A Compendium of
the Records of the Cabildo of Tlaxcala (1545-1627)*, Salt Lake City, University of Utah Press, 1986.
El documento completo fue publicado por Celestino Solís, Armando Valencia y Constantino
Medina Luna, *Actas de cabildo de Tlaxcala, 1547-1567*, México, Archivo General de la Nación-
Instituto Tlaxcalteca de Cultura, 1985; la transcripción es en esencia confiable, aunque algunos
términos fueron escritos de modo fonético, y si bien la traducción es buena en términos generales, ignora grandes asuntos pendientes sobre significados. El aparato crítico es rudimentario;
pero incluye un extenso índice analítico. Las dos publicaciones se complementan.

espacio que la transcripción y la traducción. Un género mixto, que podría llamarse "documento-más-monografía", parece estar en desarrollo, con igual atención a los "hechos" etnohistóricos, al aparato conceptual desplegado en el documento y al texto en sí, como ejemplo de cierta clase documental.[26]

Gibson vio casi todos estos trabajos, con frecuencia antes de que fueran impresos, y los celebró con entusiasmo creciente al advertir su potencial. Notó con rapidez la facultad de los documentos para dar al lector algo del sabor del vivir nahua. Si uno viene de Los aztecas, quizás el viso que sorprende más pronto sean los ubicuos indicios de influencia española en este material, que presentan a los indios en el proceso de apropiación de los bienes culturales españoles y que revelan el grado de contacto personal entre los dos pueblos; ese contacto resulta haber sido en verdad el motor del cambio en el mundo indígena posterior a la Conquista.[27] Por su acento en lo corporativo y su concentración temática en los indios, Los aztecas ha causado en muchos lectores la impresión de que vivían en gran aislamiento, aunque estoy seguro de que Gibson no se propuso eso.

Cuando inicié mis trabajos de filología náhuatl, mi meta era prepararme para realizar una historia social y cultural de carácter general sobre los indios del centro de México en los siglos posteriores a la Conquista, con la utilización fundamental de fuentes escritas por los mismos nahuas en su propia lengua.[28] Tras década y media de su concepción, la obra está en camino al público.[29] La motivación inicial tenía que ver con los escritos sobre Perú

[26] Resulta cada vez más difícil decidir si los investigadores que producen estos volúmenes deben aparecer como editores o como autores.

[27] Soy consciente de que la frase hace aparecer a los españoles como impulsores primarios, cuando de hecho ambas culturas originaron las secuelas que siguieron; pero en el presente contexto quiero subrayar que un proceso sistemático, multigeneracional, multidimensional no habría sucedido de tal manera durante aquel lapso sin la presencia de españoles y de modelos indígenas. Por supuesto, entre los nahuas ya estaban ocurriendo cambios antes de la Conquista. Los españoles, al relacionarse con los pueblos indígenas, desencadenaron tipos de cambio mucho más rápidos y más obviamente lineales; no determinaron la naturaleza del cambio, pero los resultados fueron igualmente dictados por los atributos de los nahuas y por la cercanía o la distancia entre ambas culturas en gran número de aspectos. Considérese lo diferente que resultaron las cosas en los distritos mineros del norte mexicano, aunque éstos también fueron inundados por españoles.

[28] En cierto momento perdí la noción de que la filología era sólo preparación, y ahora pienso que puede fabricar objetos con valor inmediato y duradero para un grupo de lectores bastante amplio, y que es un buen instrumento para cierto tipo de investigación lingüístico-cultural muy sutil e innovadora.

[29] La introducción más general a los temas de ese libro es mi artículo "Los nahuas después de la Conquista según las fuentes en náhuatl", Historias... 28, abril-septiembre de 1992, pp. 29-48 (ed. orig., 1991).

Mencionaré algunos trabajos relevantes en proceso. Frances M. Krug está a punto de acabar su tesis doctoral, que versa sobre los anales en náhuatl de finales de la Colonia provenientes de la región de Tlaxcala-Puebla. Juan López y Magaña, que hizo su tesis de maestría sobre la vida y los escritos de Juan Bautista de Pomar, usando textos en náhuatl sobre actividades de Pomar, ahora trabaja, siguiendo una vena similar, en Diego de Muñoz Camargo, y busca realizar una

que realicé antes;[30] mi esperanza era utilizar los mismos métodos —seguimiento de carreras y análisis conceptual— en la población indígena y llegar a resultados similares, para lograr una perspectiva equilibrada. Sólo que las fuentes en la lengua de la población a estudiar —requerimiento absoluto para esa investigación— no aparecían entonces muy a la vista en la región andina,[31] pero en el México central eran muy numerosas. Conforme fui familiarizándome con los escritos de Gibson, comencé a ver que mi proyecto también aspiraba a complementar *Los aztecas* al hacer un retrato del mismo sector observándolo desde adentro y con atención para el repertorio conceptual indígena.

Veamos otras investigaciones relevantes. Buena parte de la nueva investigación basada en documentos en náhuatl no contradice directamente a *Los aztecas*: sólo añade dimensiones que no habían sido vistas. El reciente libro de S. L. Cline[32] trata de Culhuacán a fines del siglo XVI, apoyado en un extraordinario conjunto de testamentos nahuas contemporáneos; en el mismo esas nuevas dimensiones son en particular la familia, la herencia, los asuntos domésticos y la tierra. Consideremos sólo un aspecto: la organización de tierras poseídas por familias resulta girar alrededor de categorías que Gibson desconocía, como la distinción entre las tierras de la casa y todas las otras tierras, o entre posesiones heredadas y posesiones compradas. Este universo es tan complejo e importante en otro nivel como el del *altepetl;* de hecho los principios organizativos del *altepetl* tendieron a repetirse en la escala doméstica.

En *Nahuatl in the Middle Years,* Frances Karttunen y yo nos ocupamos de la etnohistoria cultural usando textos para estudiar el impacto del español en

tesis de doctorado que trate a los dos cronistas mestizos como un tipo. Están saliendo a luz trabajos relacionados con estos temas en las actas publicadas de la Reunión de Historiadores Mexicanos y Norteamericanos que tuvo lugar en 1985, Ricardo Sánchez, Eric Van Young y Gisela von Wobeser (eds.), *Ciudad y campo en la historia de México,* México, Universidad Nacional Autónoma de México, Instituto de Investigaciones Históricas, 1991, 2 vols. Stephanie Wood, cuya tesis ya he comentado, sigue trabajando los "títulos primordiales" y también indaga en los códices Techialoyan. Varios artículos con ideas y materiales muy nuevos están en camino. Robert Haskett comenzó un proyecto sobre el repartimiento minero en Taxco, desde la perspectiva indígena, y S. L. Cline lleva tiempo colectando materiales y escribiendo trabajos preliminares sobre Xochimilco, entidad amplia y poco entendida que pide a gritos una investigación pormenorizada; ambos proyectos irán sin duda más allá de la esfera de documentos en náhuatl, como es debido.

[30] *El mundo hispanoperuano, 1532-1560,* México, Fondo de Cultura Económica, 1982 (ed. orig., 1968), y *The Men of Cajamarca: A Social and Biographical Study of the First Conquerors of Peru,* Austin, University of Texas Press, 1972.

[31] Esto puede haber sido una ilusión. George Urioste posee copias de algunos documentos en el quechua de finales del siglo XVII, elaborados en el Perú central, que de cerca son comparables a los materiales en náhuatl; implican que hablantes autóctonos escribían habitualmente en quechua, al menos en algunos sitios de la región andina y despiertan la esperanza de que reservas más grandes sean descubiertas.

[32] *Colonial Culhuacan, 1580-1600,* Albuquerque, University of New Mexico Press, 1986. Los testamentos son los que Cline y León-Portilla publicaron en 1984.

el náhuatl a lo largo del periodo colonial.[33] Nuestro método tenía mucho
en común con el que Taylor usó en *Embriaguez, homicidio y rebelión;*[34] recopi-
lamos todos los ejemplos de palabras tomadas en préstamo del español, y
otros fenómenos lingüísticos con influencia española, en todos los textos en
náhuatl posteriores a la Conquista entonces conocidos y usamos los resultados como muestra sujeta a varios tipos de análisis. Un descubrimiento primordial fue el de las tres fases sucesivas y claramente definidas de influencia, que están en relación con el grado de contacto entre españoles e indios
(la primera llega hasta *ca.* 1540-1550; la segunda, *ca.* 1640-1650; la tercera va
de ahí en adelante). Desde entonces he descubierto que las etapas se corre-
lacionan con patrones temporales de evolución en casi todas las dimensiones de la vida indígena. Estas perspectivas, aún en desarrollo, posiblemente
ayuden a profundizar nuestra comprensión de *Los aztecas.* El libro trata en
especial de la fase 2, la época de mayor florecimiento corporativo en el mundo indio después de la Conquista, lo que hizo más apropiado el enfoque
corporativo que se utilizó. Incluye algo sobre la fase 1; la primera generación que esquivó en gran medida los métodos y las fuentes de Gibson, y
también amenaza ser refractaria a la investigación con base en el náhuatl.
Ya he comentado que el material concerniente a la fase 3 (aparte del relativo
a haciendas) es poco.

Por supuesto, en ocasiones el nuevo estilo de investigación originará con
seguridad revisiones más directas de ciertos detalles de *Los aztecas.* Aunque
en su *Tlaxcala* Gibson mostró la continuidad que tuvieron los rangos del *tlatoani* y del gobernador y también observó continuidades más extensas en el
gobierno local, en *Los aztecas* adoptó la posición de que el cabildo, en el nivel
inferior al del gobernador, fue una creación nueva, española.[35] Haskett, en
la obra antes mencionada, al usar documentos en náhuatl sobre elecciones y
listas de miembros del cabildo, que se compilaron en gran proporción, pudo evidenciar una organización y comportamiento que revelan sobreviven-
cias prehispánicas en todos los niveles del cabildo.

Quizá sólo un resultado de la investigación apoyada en el náhuatl tenga
amplia posibilidad de situar a *Los aztecas* en una perspectiva diferente: el que
se relaciona con el principio organizativo de esa entidad tan crucial en todo

[33] El conjunto de material mundano en náhuatl posterior a la Conquista se ha duplicado desde que apareció esta monografía. Frances Karttunen, "Nahuatl Literacy", George A. Collier *et al.*
(eds.), *The Inca and Aztec Studies,* Academic Press, Nueva York, hace un replanteamiento sucin-
to y legible. *Nahuatl and Maya in Contact with Spanish,* Austin, University of Texas Press. Texas
Linguistic Forum, 26, 1985, de Karttunen inicia una tarea importante: el estudio de procesos
semejantes en otros lenguajes indígenas; ahí es el maya yucateco, y se le compara explícitamente con el náhuatl.

[34] No hubo influencia directa entre estos trabajos; nuestra publicación apareció un poco antes,
pero para entonces el proyecto de Taylor ya estaba muy avanzado.

[35] *Los aztecas,* pp. 174-176.

el libro, el *altepetl*, como lo he venido nombrando. Al referirse a la unidad en su conjunto, Gibson empleó sobre todo el término *town* [pueblo], que puede interpretarse de varias maneras y no plantea verdadero problema. Cuando llega a la organización interna, las categorías básicas de Gibson son *cabecera* o capital y *sujeto* o asentamiento sometido; éstas fueron tan cardinales en el pensamiento de Gibson, que a veces da el nombre de unidad *cabecera-sujeto* a todo el *altepetl*, en vez de pueblo. Sin duda, los registros españoles justifican por completo el uso y la interpretación de Gibson. Pero al ocuparnos de documentos en náhuatl referentes a la organización política, encontramos que *altepetl* designa a toda la entidad y que otros términos se aplican a las partes constitutivas que por lo común llamamos *calpulli*; sólo que no hay una palabra para la parte dominante que gobierna a las demás, lo que no concuerda con el esquema general de organización por medio de un arreglo simétrico de partes independientes, del cual Tlaxcala es un buen ejemplo. La discrepancia entre la concepción española y la nahua sobre la organización india implica demasiados asuntos como para tratarlos aquí. He manifestado algunos planteamientos al respecto;[36] la tesis de Susan Schroeder[37] analiza detalladamente los conceptos políticos en los escritos del cronista nahua Chimalpahin. En términos generales, la relación de los acontecimientos y las tendencias que presenta Gibson no ha sido afectada; pero es claro que *Los aztecas* no captó la organización mental del mundo político indígena.

Rebecca Horn hizo una contribución importante al tema en su tesis doctoral sobre Coyoacán durante el lapso que he llamado fase 2.[38] Horn da a conocer que en el interior del distrito de Coyoacán hubo varias entidades nombradas *altepetl* en los registros en náhuatl, que con el tiempo lograron reconocimiento, de grado diverso, como jurisdicciones políticas o eclesiásticas separadas. Una esmerada división interna clasificó a todos los distritos constitutivos de Coyoacán como pertenecientes a una de sus dos mitades, cada una de las cuales proporcionó durante un periodo prolongado la mitad de los funcionarios de municipalidades más extensas. El mapa trazado por Horn pertenece a una especie de segunda generación, toca muchos más detalles en un área más pequeña que la abarcada por Gibson y toma en cuen-

---

[36] James Lockhart, "Some Nahua Concepts in Postconquest Guise", *History of European Ideas*, 6, 1985, pp. 465-482; "Complex Municipalities...", ya citado, y *The Nahuas...*, capítulo 2. Véase también Haskett, "Indian Town Government...", ya citado.

[37] *Chalco and Sociopolitical Concepts in Chimalpahin*, Los Ángeles, University of California Press, 1984. Un sugerente artículo de Schroeder al respecto aparecerá en una antología que Herbert Harvey prepara para la University of New Mexico Press. Véase *Nahuas and Spaniards*, apartado 11.

[38] *Post Conquest Coyoacan: Aspects of Indigenous Sociopolitical and Economic Organization in Central Mexico, 1550-1650*, Los Ángeles, University of California Press, 1989. Horn ofrece asimismo contribuciones muy sustanciales en cuanto a la tenencia de la tierra; su base es un gran *corpus* documental en náhuatl sobre ventas de tierra y otros documentos relacionados; continúa el proceso —iniciado por Cline, Harvey y Williams— que expande categorías gibsonianas y las dilucida. Véase *Nahuas and Spaniards*, apartado 11.

ta categorías que emergen en la parte náhuatl; es una técnica llena de posibilidades que si es seguida por otros permitirá afinar y extender muy considerablemente el mapa gibsoniano en su conjunto.

Los aztecas también incluye sugerencias para otros lugares de Hispanoamérica. La etnohistoria andina, con todo y el avance logrado en ciertos aspectos, carece hasta la fecha de una explicación adecuada de la relación entre las unidades indígenas y las estructuras introducidas por los españoles. El proceso de recopilación y mapeo se está realizando por fin; en particular con el trabajo, aún en proceso, de Thierry Saignes sobre el alto Perú.* Los resultados nos traen a la mente el centro de México; de seguro Saignes y otros deben haber tenido en cuenta la obra de Gibson. Nancy Farriss debió tener la intención de hacer con la región yucateca algo semejante a lo que Gibson realizó con el valle de México. Su trabajo sobre los mayas yucatecos es comparable a Los aztecas en alcance y en escala.[39] Es mucho más elaborado por lo que toca a antropología; aporta mucha más información sobre el funcionamiento interno (de alguna manera, pero más extenso, es como Tlaxcala), y hace más justicia al pensamiento indígena. Sin embargo, no traza las entidades indígenas a la manera de Gibson; esto queda como tarea para el futuro, junto con el análisis correspondiente a la estructura de las unidades sociopolíticas y sus ramificaciones. Los aztecas figura también como punto de referencia en las comparaciones entre Yucatán y el México central que hace Farriss; ello tiene la consecuencia de que Yucatán parezca más singular de lo que parecería si se hubiera comparado con la investigación posgibsoniana más reciente.[40]

Así, el trabajo que Gibson contribuyó a estimular está brindando cambios. Pero, en cuanto a modelos, puntos de partida y fuentes de ideas, hechos y referencias, Los aztecas y Tlaxcala continuarán iluminándonos durante un largo porvenir.[41]

---

* Escrito antes de la desaparición de T. Saignes. [E.]

[39] Maya Society under Colonial Rule, Princeton, Princeton University Press, 1984. Las comparaciones entre Maya Society y Los aztecas podrían extenderse mucho. Me impresiona que, a diferencia de Gibson, Farriss —quizá por la naturaleza de los archivos locales— usó menos las fuentes civiles y más las eclesiásticas, lo que da a las cosas un sesgo muy diferente. Farriss también hizo buen uso de algunas fuentes en lengua indígena y de estudios al respecto; pero la lengua indígena no es un asunto central para estos dos libros.

[40] Si se considera que el trabajo de Farriss estuvo en gestación durante un buen tiempo, no puede uno quejarse realmente de que sólo haya dependido de Gibson. Pero ya es tiempo para poner un alto a la práctica común de utilizar a Los aztecas como una descripción completa y autosuficiente sobre el México central indígena en los siglos posteriores a la Conquista.

[41] He puesto al día las descripciones sobre algunos trabajos en proceso a los que hice referencia en la versión original de este ensayo, elaborada en 1986; pero no he añadido análisis sobre lo que se ha publicado desde entonces. Entre las siguientes obras notables se hallan: Louise M. Burkhart, The Slippery Earth: Nahua-Christian Moral Dialogue in Sixteenth-Century

Mexico, Tucson, University of Arizona Press, 1989; Bernardo García Martínez, *Los pueblos de la Sierra: El poder y el espacio entre los indios del norte de Puebla hasta 1700*, México, El Colegio de México, 1987; Susan D. Gillespie, *The Aztec Kings: The Construction of Rulership in Mexica History*, Tucson, University of Arizona Press, 1989; Serge Gruzinski, *Man Gods in the Mexican Highlands: Indian Power and Colonial Society, 1520-1800*, Stanford, Stanford University Press, 1989; y Rodolfo Pastor, *Campesinos y reformas: La mixteca, 1700-1856*, México, El Colegio de México, 1987. Entre ellos, el libro de Burkhart representa una gran contribución para los estudios históricos que se basan en el náhuatl.

GONZALO AGUIRRE BELTRÁN:
HISTORIA Y MESTIZAJE

GUILLERMO DE LA PEÑA

CITANDO a Charles Hale, Aguirre Beltrán ha hecho notar que en los textos de la historia liberal mexicana —incluso los escritos en nuestra centuria desde la perspectiva liberal— "el indio" del pasado y del presente nunca llega a constituirse en un tema y menos en un sujeto histórico.[1] De manera análoga, el marxismo rígido condena a los indios al limbo de "los pueblos sin historia": según esta perspectiva "la historia es la historia de la lucha de clases" y sólo se realiza plenamente al surgir lo que la Europa del siglo XIX llamaba "la civilización" —es decir, la desigualdad económica, el poder social diferenciado, el conocimiento acumulado en la escritura.[2]

En contraste, Gonzalo Aguirre Beltrán, desde los comienzos de su obra intelectual, ha erigido a los indios, y en general a los hombres de los pueblos colonizados, en sujetos y agentes de la historia. Y no es sólo que considere que los pueblos "no occidentales" tienen una dinámica propia. Más allá de visiones esencialistas y fragmentarias, sostiene que el devenir de tales pueblos es parte fundamental de la historia mundial moderna. Ésta no es simplemente una trayectoria de sojuzgamiento y destrucción por parte de "los triunfadores blancos": es también un proceso complejo e irreversible de mestizaje biológico y cultural. Tal es la perspectiva que Aguirre Beltrán introduce en el panorama de la historiografía mexicana del siglo XX.

Puede aducirse que no es una perspectiva inédita: la encontramos, con distintos matices, en Francisco Javier Clavijero, Andrés Molina Enríquez y en los indigenistas de la Revolución Mexicana —Manuel Gamio, Moisés Sáenz y Alfonso Caso—; y don Gonzalo se apresura a proclamar este linaje intelectual. Sin embargo, probablemente es el primero que en el siglo XX mexicano utiliza explícitamente ese enfoque como una herramienta sistemática en la tarea moderna de "escribir la historia". Si bien no es un historiador profesional sino un antropólogo, varias de sus obras señeras difieren de las de

[1] "Lázaro Cárdenas", en *Obra antropológica, XV. Crítica antropológica. Contribuciones al estudio del pensamiento social en México*, México, Fondo de Cultura Económica/Universidad Veracruzana/INI/Gobierno del Estado de Veracruz, 1990, p. 256.

[2] Aguirre Beltrán critica expresamente esta posición en su libro *Antropología médica*, México, Centro de Investigaciones y Estudios Superiores en Antropología Social, 1986, pp. 16-21. Una discusión más amplia puede encontrarse en Eric R. Wolf, *Europe and the People without History*, Berkeley, University of California Press, 1982.

sus colegas antropólogos en cuanto abordan y utilizan los temas y las técnicas específicas de los historiadores. También difieren de las de muchos historiadores por su voluntad teórica y por su diálogo incesante con el pensamiento antropológico.

I. Raíces y contextos

Es difícil excavar las raíces intelectuales de un autor tan rico en profundidades y anchuras. Pero podemos indagar en los contextos de su actividad. Nacido en Tlacotalpan en 1908, hijo de un connotado médico local, creció en el marco de una familia extensa, de tradición liberal y letrada, y de fuerte presencia y raigambre en la región de la Hoya del Papaloapan. No es casualidad que entre sus parientes cercanos se encuentren artistas como Alberto Beltrán y literatos como Neftalí Beltrán, para mencionar sólo dos de los nombres más conocidos.

En la década de 1920 a la biblioteca paterna llegaba puntualmente la innovadora *Revista de Occidente*, y el joven Gonzalo, según propio testimonio, no sólo se aficionó a las brillantes disertaciones historicistas de José Ortega y Gasset y sus maestros alemanes sino también a la nueva literatura española e hispanoamericana. Exploró además una veta un tanto insólita: la de la literatura ácrata, en los textos de sus padres fundadores, Bakunin y Kropotkin, y en los de los maestros españoles Eliseo Reclus, Enrique Malatesta y sobre todo Francisco Ferrer Guardia.[3]

La influencia del anarquismo lo llevó a rechazar una visión elitista y eurocéntrica de la cultura, y a admirar —sin perder distancia crítica— al mayor de los libertarios mexicanos: Ricardo Flores Magón, a quien años más tarde antologaría y dedicaría un importante ensayo.[4] Con todo, en el momento de elegir carrera universitaria, se inclinó por la profesión paterna, y no por los estudios humanísticos. Con apenas 23 años, concluyó sus estudios de medicina en la Universidad Nacional. De ellos ha guardado toda su vida un profundo interés por el problema de la salud y una exigencia de rigor científico, manifestada en el amor al detalle exacto y a la explicación racional. Paradójicamente, sus 10 años de práctica médica en la pequeña ciudad cafetalera

[3] G. Aguirre Beltrán, "Una vida en la antropología mexicana", discurso pronunciado en 1957 en la Universidad Nacional Autónoma de México, y luego reproducido parcialmente en Fernando I. Salmerón Castro, "Un rol necesario en un momento oportuno. Entrevista a Gonzalo Aguirre Beltrán", en Jorge Durand y Luis Vázquez (comps.), *Caminos de la antropología. Entrevistas a cinco antropólogos*, México, Instituto Nacional Indigenista/Conaculta, 1990; véanse especialmente pp. 205-206. Véase también la intervención de Aguirre Beltrán en el Seminario sobre Indigenismo de San Cristóbal de Las Casas, noviembre de 1972, citada en Alfonso Villa Rojas, "Integración e indigenismo en el pensamiento de Aguirre Beltrán", *Homenaje a Gonzalo Aguirre Beltrán*, México, Instituto Indigenista Interamericano, 1973, vol. I, pp. 4-6.

[4] Ricardo Flores Magón, *Antología*, introducción y selección de Gonzalo Aguirre Beltrán, México, UNAM (Biblioteca del estudiante universitario, 93), 1970.

de Huatusco lo condujeron a descubrir su vocación en las ciencias humanas. Convencido de la importancia de los factores históricos y sociales como condicionantes de la salud, se dio a escribir una monografía sanitaria del municipio, y se encontró con la sorprendente riqueza de los archivos locales, que hablaban de una larga tradición de conflictos de tierras entre la comunidad indígena y las haciendas invasoras. Al descubrir que "la verdadera historia de Huatusco estaba en sus luchas agrarias",[5] emprendió una investigación que culminaría en el libro *El señorío de Quauhtochco* (1940), al que Silvio Zavala e Irving Leonard saludaron como precursor.[6] Efectivamente, ahora vemos que es uno de los primeros estudios científicos mexicanistas de un asunto importantísimo: el de las movilizaciones campesinas. Hay varios párrafos significativos, al final del libro, que muestran que las simpatías anarquistas del joven autor no habían muerto. Por ejemplo:

La propiedad, se ha dicho con razón evidente, es un robo. Propiedad es sinónimo de violencia. ¿Por qué, pues, hemos de condenar a ese doctor don José Antonio Navarro, presbítero dueño de haciendas, si consumó un atentado que ha adquirido plena carta de naturalización entre nosotros? [...] porque nuestra actual propiedad tiene su base, bien cercana por cierto, en el despojo cometido [...] sobre los huesos ignorados de los legítimos dueños de la tierra plantaremos nuestra viña [...][7]

Se anuncian además en este libro ciertos temas que serían recurrentes en los ulteriores trabajos del joven médico: la pervivencia secular de la dominación del indio, la resistencia multiforme de éste, la calidad y los ritmos de los cambios culturales, la ambivalencia de la organización política local, los condicionamientos sociales de la salud. Cincuenta años más tarde constatamos que tales temas se han convertido en componentes esenciales del clima de investigación, discusión y polémica en el que nos movemos los historiadores, antropólogos y sociólogos del México contemporáneo.

Pero volvamos a la trayectoria intelectual de nuestro autor. En 1942 tuvo lugar un acontecimiento decisivo: su encuentro con el ilustre antropólogo Manuel Gamio, jefe del Departamento Demográfico de la Secretaría de Gobernación y encargado del Archivo General de la Nación. Veinticinco años antes, Gamio había concebido un ambicioso plan, precursor de las teorías de desarrollo regional: el estudio integral y multidisciplinario de las distintas "poblaciones regionales" del país.[8] Este plan debía mucho a las ideas del

[5] F. I. Salmerón Castro, *op. cit.*, p. 204.

[6] La reseña de Zavala se publicó en la *Revista de Historia de América*, núm. 10, 1940, pp. 131-132; la de Leonard en *The Hispanic American Historical Review*, vol. XXII, núm. 1, 1940, pp. 169-170.

[7] vid. *El señorío de Quauhtochco*, 2a. ed., p. 168.

[8] Véase Manuel Gamio, *Programa de la Dirección de Estudios Arqueológicos y Etnográficos*, México, Oficina Impresora de la Secretaría de Hacienda, Departamento de Fomento, 1918.

antropólogo germano-estadounidense Franz Boas, mentor de Gamio, sobre el estudio de las "áreas culturales"; pero el mexicano las había reformulado en su proyecto de incorporación de la población indígena y "forja" nacionalista.[9] La originalidad de la visión de Gamio se plasmó en la monumental obra *La población del valle de Teotihuacán* (1922), a la vez estudio piloto y primera entrega de su plan maestro; pero la continuidad del proyecto se frustró al caer su autor en desgracia política en 1925.[10]

En cualquier caso, al presentarse Aguirre Beltrán a Gamio en el Departamento Demográfico y manifestarle su inquietud por la investigación social e histórica, recibió la encomienda de estudiar una cultura hasta entonces ignorada: la de los negros de México, en la región donde parecía conservarse de una manera distintiva: la costa chica de Guerrero. Pero antes de ir al campo a indagar sobre esa "población regional", el novel investigador debía rastrear sus orígenes en los documentos coloniales y su desarrollo en la época independiente. Aunque Gamio pronto dejaría su puesto para asumir la gran responsabilidad de dirigir el recién creado Instituto Indigenista Interamericano, Aguirre Beltrán continuó y amplió la tarea —al tiempo que heredaba la jefatura del Departamento—, de la que habrían de salir los libros *La población negra de México* (1946), *Cuijla. Esbozo etnográfico de un pueblo negro* (1957) y *Medicina y magia* (1963).[11] Sin embargo, en la historia de estos libros intervienen otras fuertes influencias intelectuales y vocacionales: las que recibió durante sus estudios de posgrado en antropología en Northwestern University (Illinois, 1945-1946), y en particular las de sus dos profesores: Melville J. Herskovits e Irving A. Hallowell.

La experiencia en Northwestern estuvo en buena parte motivada por una recomendación de Alfred Métraux, etnólogo francés especialista en la cultura haitiana. Al ver la riqueza enorme de los materiales recopilados por Aguirre Beltrán, Métraux lo indujo a sistematizarlos y analizarlos bajo la dirección de Herskovits, quien era entonces la figura más destacada en el campo de los estudios antropológicos afroamericanos. Herskovits inició a su nuevo pupilo mexicano en la lectura de la vasta literatura anglosajona sobre relaciones interraciales e interétnicas, y lo guió a la Biblioteca Ayer de Chicago, donde el insaciable estudiante encontraría una riquísima colección de documentos y escritos de funcionarios y viajeros sobre la trata de esclavos.[12] Educado en la Universidad de Columbia bajo la tutoría de Boas —igual que

[9] M. Gamio, *Forjando patria. Pro nacionalismo*, México, Porrúa Hnos., 1916.

[10] Gamio encontró intolerable la corrupción existente en la Secretaría de Educación Pública, y la denunció con abundantes pruebas, lo cual lo hizo antipático a los ojos tanto del secretario en turno como del Presidente de la República. *Cf.* Ángeles González Gamio, *Manuel Gamio. Una lucha sin final*, México, UNAM, 1987, pp. 79-82 y 183-196.

[11] Como veremos, Aguirre Beltrán descubrió que era incongruente considerar a los afromexicanos como una "población regional" y decidió estudiarlos en todo el territorio de la nación.

[12] Véase F. I. Salmerón Castro, "Un rol necesario en un momento oportuno", *op. cit.*, p. 208.

Gamio—, Herskovits, cuyo propio trabajo de campo se realizó en el Caribe (Haití, Trinidad, Guayana Holandesa) y África (Dahomey), formuló y encabezó un vasto programa de investigación sobre el mundo negro en las Américas. En este programa, los aspectos principales eran: *a)* la cuidadosa reconstrucción histórica y demográfica de la llegada y distribución de los esclavos africanos; *b)* la persistencia de rasgos y complejos culturales de África en las poblaciones donde la descendencia africana era predominante; *c)* la comparación sistemática de culturas y subculturas africanas y afroamericanas; *d)* el estudio de la difusión de rasgos y complejos culturales africanos hacia las culturas americanas en general; *e)* el influjo de las culturas coloniales y nacionales en los mundos afroamericanos (incluyendo los procesos de aculturación, acomodación y resistencia).[13]

Por su parte, Hallowell, uno de los responsables de la introducción de la teoría psicoanalítica en el análisis antropológico, interpeló directamente la mente médica de Aguirre Beltrán y llamó su atención sobre la importancia de los procesos psicológicos —entendidos desde teorías comprehensivas de la personalidad— en los encuentros interculturales y en el cambio cultural.[14]

Como veremos, la impronta de Northwestern es clara en los tres libros de Aguirre Beltrán (antes citados) sobre el mundo afromexicano, y también en sus teorías personales sobre el cambio cultural. Pero es menester señalar el otro gran contexto de su pensamiento: el de la política indigenista, a la cual dedicaría 30 años de su vida. Durante esos años recuperaría el tema general de su primer estudio: el cambio en los pueblos indios.

Una vez que hubo retornado a México, se asumió plenamente como antropólogo profesional, pero nunca creyó en la antropología académica, aislada de la práctica. Como director de Asuntos Indígenas de la Secretaría de Educación Pública (1946-1949), y después en el Instituto Nacional Indigenista como investigador de la meseta tarasca (1949-1950), coordinador de la región tzeltal-tzotzil (1951-1952), subdirector (1952-1956) y director (1966-1976), diseñó un conjunto de programas de acción vinculados dialécticamente al desarrollo de sus teorías sobre la aculturación e integración de los indígenas. Para él, ni siquiera es lícito hablar del indigenismo como una "antropología aplicada", pues —en sus palabras— "toda la teoría indigenista salió de la

---

[13] La intencionalidad y metodología de Melville J. Herskovits se expone en dos de sus artículos más conocidos: "The Negro in the New World: The Statement of a Problem", *American Anthropologist*, núm. 32, 1930, pp. 145-155, y "Problem, Method and Theory in Afroamerican Studies", *Afroamerica*, núm. 1, 1945, pp. 5-24. Véanse también, entre su vasta producción, los libros *Life in a Haitian Valley*, Nueva York, Alfred A. Knopf, 1937; *The Myth of the Negro Past*, Nueva York, Harper and Bros., 1941, y *Trinidad Village*, Nueva York, Alfred J. Knopf, 1947 (con Frances S. Herskovits).

[14] Véase el artículo de Hallowell, "Sociopsychological Aspects of Acculturation", en R. Linton (comp.), *The Science of Man in the World Crisis*, Nueva York, Columbia University Press, 1945, así como su libro *Culture and Experience*, Philadelphia, University of Pennsylvania Press, 1955.

práctica; no es más que práctica llevada a nivel científico".[15] El indigenismo es más que una mera teoría: es un compromiso ético de la persona que observa y piensa sistemáticamente y actúa como miembro responsable de una colectividad nacional. Así, incluso la investigación histórica debe ser entendida como una consecuencia de este compromiso.

II. Cinco planteamientos analíticos

Antes de abordar los trabajos historiográficos de Gonzalo Aguirre Beltrán, trataré de resumir los cinco grandes planteamientos que a mi juicio constituyen en conjunto su mayor aportación analítica. Proporcionan, asimismo, la clave para entender la relación entre su visión del pasado y su compromiso con el presente y el futuro.[16] Todos ellos versan sobre el problema de la pluralidad cultural mexicana, desde sus orígenes coloniales hasta nuestros días.

El primer planteamiento, expuesto original y brillantemente en el libro *La población negra de México* (1946), se refiere a la naturaleza de la estructura de desigualdad social que nos legó la Colonia. Tal estructura ha de entenderse como una compleja construcción cultural, en la que se conjugaban las percepciones y evaluaciones vigentes sobre las características somáticas —expresadas en una barroca terminología jerárquica—, la división social del trabajo, las ideas jurídicas y el derecho positivo, las instituciones políticas y las formas de dominación *de facto* existentes. Aguirre Beltrán la caracterizó como una estructura de castas (siguiendo la propia nomenclatura colonial), donde indios y negros ocupaban sendos nichos diferenciados, subordinados y formalmente inamovibles. Después de este análisis, cualquier estudioso de la evolución sociocultural de nuestro país debe preguntarse por las condiciones históricas en que este tipo de desigualdad ha persistido o bien se ha ido modificando; es decir, cómo y por qué la igualdad ante la ley proclamada por nuestras constituciones republicanas ha podido o no ser llevada a la práctica.

El segundo planteamiento, presentado sobre todo en el libro *Medicina y magia. El proceso de aculturación en la estructura colonial* (1963), concierne precisamente a las diferencias evolutivas, desde el punto de vista cultural, entre la población negra y la indígena. La primera, por su fragmentación étnica de origen, movilidad geográfica, y participación directa y múltiple en la economía de los colonizadores, no conservó ni recreó sistemas teórico-prácticos que pudieran manifestarse, por ejemplo, en una medicina o terapéutica específica. Así, el caudal africano, en vez de tomar un cauce propio, enri-

---

[15] En F. I. Salmerón Castro, "Un rol necesario…", *op. cit.*, p. 224.
[16] Véase mi ensayo "Gonzalo Aguirre Beltrán", en *Instituto Nacional Indigenista. 40 años*, México, Instituto Nacional Indigenista, 1988.

queció el de la receptiva cultura mestiza, que ya desde el siglo XVII anunciaba su vigor y expansión. En cambio, el segmento indígena, aunque recibió el impacto de los sistemas europeos y africanos, mantuvo y refuncionalizó los propios, a causa de su reducción territorial y segregación socioeconómica, y merced al desarrollo de mecanismos psicosocioculturales de defensa. Mediante el examen pormenorizado de casos llevados ante la Inquisición, y también mediante pesquisas históricas y etnográficas sobre las comunidades de Michoacán y Chiapas, Aguirre Beltrán dejó establecida la naturaleza distintiva y homeostática de los grupos indocoloniales. Este enunciado llevaría a autores como Eric Wolf a formular modelos de autorreproducción cultural, como, por ejemplo, el de las comunidades corporativas.[17]

El tercer planteamiento consiste en una teoría dialéctica de la aculturación de la población indígena en México y de la eclosión del mestizaje como un movimiento global de la nación en crecimiento. Esta teoría se encuentra expuesta principalmente en el libro *El proceso de aculturación y el cambio sociocultural* (1957, 1970, 1981); obra que es, por cierto, una reflexión formidable sobre la cultura nacional. Su único antecedente comparable es probablemente *Los grandes problemas nacionales* (1909), de Andrés Molina Enríquez; pero en Aguirre Beltrán, a diferencia de Molina Enríquez, el componente biológico se subordina al político-cultural en la definición y conformación de los grupos étnicos. Para Aguirre Beltrán, aculturación e integración —dos caras de la misma moneda— son procesos que implican fuerzas de signo contrario: de identidad y alteridad, de aceptación y rechazo, de dominación y resistencia, cuyo encuentro lleva a síntesis parciales y a nuevas oposiciones, antes de lograrse la síntesis total. En el México actual, los protagonistas del proceso son los dos grupos étnicos fundamentales: el indígena y el mestizo, y la historia de la cultura nacional no es distinta de la historia de la constitución e interrelaciones de ambos protagonistas.[18]

En un primer momento, el avance de lo mestizo representó la negación simultánea de la sujeción colonial y de lo indio, puesto que el emergente concepto de nación cobraba sentido al diferenciarse voluntariamente tanto

[17] Wolf formula su célebre modelo en tres artículos: "Types of Latin American Peasantry: A Preliminary Discussion" (*American Anthropologist*, vol. LVII, 1955, pp. 452-471), "Aspects of Group Relations in a Complex Society: Mexico" (*American Anthropologist*, vol. LVIII, 1956, pp. 1065-1078) y "Closed Corporate Peasant Communities in Mesoamerica and Java" (*Southwestern Journal of Anthropology*, vol. XIII, 1957, pp. 1-18), así como en el libro *Sons of the Shaking Earth*, University of Chicago Press, 1959. En las cuatro obras cita trabajos de Aguirre Beltrán. Los más directamente relevantes para el modelo de Wolf son el libro *Formas de gobierno indígena* (1953) y los artículos sobre asentamientos humanos ("Teoría de los Centros Coordinadores", 1955) y sobre las instituciones comunitarias ("Las instituciones indígenas en la época contemporánea", 1954, escrito en colaboración con Ricardo Pozas).

[18] Como se explicará más adelante, Aguirre Beltrán considera que, al menos desde la mitad del siglo XIX, los otros dos grupos históricamente importantes en México —el europeo y el africano— perdieron vitalidad como entidades diferenciadas y se subsumieron en el grupo mestizo.

de la influencia peninsular como del pasado precolombino. Pero lo indio resistió y la propia continuidad de los mecanismos de dominación alimentaron su persistencia. Sin embargo, en la búsqueda de una identidad propia, la cultura mestiza se ha topado, inevitable y contradictoriamente, con el pasado prehispánico y con la realidad del indio de carne y hueso. En una última síntesis, el mestizo puede reconocerse como la unión de los contrarios, asumir la aculturación multisecular y crear la nacionalidad mediante el indigenismo. No se puede, ni sería deseable, rescatar al indio colonial; pero sí recuperar al indígena, liberado de sus connotaciones de la sociedad de castas, como factor de mestizaje y cocreador de la nacionalidad.

No se trata en tales reflexiones de propiciar una visión romántica de lo que el indigenismo implica. El autor demanda como premisa indispensable "el respeto a la personalidad y la cultura indias"; pero, insiste, "sin que ello impida una decidida intervención". Puesto que el cambio y la penetración son "fenómenos irreversibles", debemos convencernos de que "sin la acción indigenista, el cambio sociocultural que habrán de experimentar los grupos indios habrá de resolverse en la desorganización de los pueblos subordinados y no en su integración productiva...". Si bien la sociedad nacional busca constituirse en términos de la igualdad de todos los individuos frente a la ley, de tal manera que las desigualdades económicas sean superables mediante la movilidad social y las políticas de bienestar, este tipo de proceso —que para los indígenas implica la transición de una situación de casta a una de clase— puede sufrir distorsiones si se carece de estrategias bien definidas.

Ahora bien, la cuarta gran aportación de Aguirre Beltrán al pensamiento antropológico mexicano es justamente el análisis del cambio sociocultural manipulado y deformado en un contexto de relaciones interétnicas asimétricas. Este análisis cobra sentido a partir de otro concepto innovador: el de región intercultural, puesto que la subordinación compleja del indio no puede ser comprendida simplemente desde un punto de vista individual, y ni siquiera desde la perspectiva de la comunidad, sino como parte de sistemas regionales peculiares.

Estas ideas —que recogen e integran las de varios ilustres precursores, como Gamio, Sáenz, Redfield, Malinowski, De la Fuente y Steward— están presentes desde los inicios de la obra que nos ocupa; pero su formulación más redondeada y sistemática se encuentra en el libro *Regiones de refugio. El desarrollo de la comunidad y el proceso dominical en Mestizo-América* (1967).

Al hablar de "proceso dominical", Aguirre Beltrán se refiere a la supremacía que, como resultado y herencia de la colonización, ejerce un grupo mestizo o "ladino", residente en una ciudad primada, sobre las comunidades rurales (indígenas) que giran en su torno, donde las condiciones tecnológicas son muy rudimentarias. El modelo de región de refugio, que incluye parámetros ecológicos, demográficos, económicos, administrativos e ideológicos, vuelve obvios los mecanismos dominicales: segregación racial, monopolio político, dependencia económica, tratamiento discriminatorio, mantenimiento de distancia social y acción evangélica impositiva. Hace también patente la gran falacia de querer entender al indio como aislado del mundo mestizo, o de pretender "redimirlo" sin romper drásticamente con la situación objetiva de sujeción. Este planteamiento, evidentemente, constituye una poderosa justificación intelectual del indigenismo moderno. Además, la teoría de las regiones interculturales dio un golpe mortal a los estudios de comunidad que desdeñaban la historia y las vinculaciones locales con la economía y el poder supracomunitarios, y marcó un claro antecedente al pensamiento crítico latinoamericano que florecería en las décadas de 1960 y 1970.

Y esto nos lleva al quinto planteamiento, que es sin duda el más polémico: el que relaciona el final de la sujeción intercultural con la desaparición de las instituciones tradicionales de poder comunitario: mayordomías, cofradías, cabildos. Según Aguirre Beltrán —quien lanzó estas ideas desde 1953 en el libro *Formas de gobierno indígena*, que fue precursor de la antropología política, no sólo en México sino también en el ámbito internacional—, tales instituciones funcionan para los indios como mecanismos de defensa; pero a la vez son resabios coloniales que perpetúan la discriminación. Por ello, deben ceder ante el municipio republicano, que no reconoce privilegios de indios ni mestizos sino los derechos y obligaciones que atañen por igual a todos los ciudadanos. Al respecto, Aguirre Beltrán difiere de Moisés Sáenz, uno de sus grandes predecesores, quien pensaba que el reconocer al indígena como partícipe de la identidad nacional implicaba aceptar la validez de sus formas de gobierno.[19] Difiere también de las corrientes contemporáneas de pensamiento indianista, que proclaman que no sólo los individuos sino también las etnias son sujetos de derecho y como tales pueden, si así lo desean sus miembros, buscar formas específicas de representación.

En cualquier caso, las tesis de nuestro autor obligaron al estudio cuidadoso de las instituciones locales, a la reflexión acerca de sus dimensiones y adaptabilidad, y al análisis de los cambios organizacionales, simbólicos e ideológicos que han sufrido. Sin el desafío arrojado por *Formas de gobierno indígena*, no existiría la respuesta múltiple y a mi juicio valiosa de los antropólogos que, desde 1968, han realizado indagaciones críticas en el ámbito político y han cuestionado el indigenismo gubernamental.

III. La aculturación de los negros y los indios mexicanos

Las relaciones de los antropólogos con la práctica historiográfica no han sido siempre cómodas. Los estructuralistas —sean de la especie británica o

---

[19] Moisés Sáenz, *México íntegro*, 5a. ed., México, Secretaría de Educación Pública, 1982.

de la francesa— construyen sus análisis en pura sincronía. Apenas en los
años recientes hay intentos serios de encontrar las determinaciones históricas en las estructuras, y las estructurales en la historia.[20] Por su parte, los
evolucionistas (incluso los marxistas) no están interesados en secuencias históricas específicas sino en vastos esquemas de desarrollo comparativo. En
cuanto a los boasianos, su interés por la historia corre el peligro de limitarse
al rastreo particularista de los antecedentes de un rasgo o complejo de rasgos culturales, sin conceder demasiada importancia a la transformación de los
contextos sociales en que esos rasgos o complejos cobran significado.[21]

Pocos son los genuinos etnohistoriadores que, armados de los conceptos
antropológicos sobre la constitución de la sociedad y la interpretación de la
cultura, se comprometen con la tarea de entender, en toda su complejidad,
el pasado y la dinámica de los grupos socioculturales. Aguirre Beltrán es
uno de ellos. Desde los inicios de su carrera enfrentó un formidable desafío:
no simplemente comprender la estructura o la historia particular de una etnia
o un grupo racial o una comunidad sino —sin dejar de lado los concienzu-
dos estudios de caso— dar cuenta de los procesos constitutivos de la sociedad y la cultura mexicana como una totalidad, desde la Colonia hasta nuestros días.

Superada la visión positivista y atomística de "impactos" y "sobreviven-
cias", la misión del etnohistoriador se construye al hacer inteligibles los
procesos de síntesis.[22] Mucho debe tal visión global y sintética al interés de
nuestro autor por la población mexicana negra: ésta, trasplantada, dispersa,
sujeta a procesos de miscegenación y cambio cultural, volvía imposible un
enfoque estático y circunscrito rígidamente a un territorio. Incluso no es descabellado afirmar que los ubicuos esclavos africanos y sus descendientes
proporcionaron, al colarse en todos los intersticios sociales, el primer impulso aglutinador de la sociedad colonial. En *La población negra de México*,
Aguirre Beltrán da un rotundo mentís a las tesis que minimizaban la importancia numérica del tronco africano: documenta acuciosamente el fenómeno de la trata de esclavos y muestra que, además de los negros moriscos
traídos durante las primeras décadas coloniales, arribaron al virreinato de

[20] Véanse las obras precursoras de Marshall Sahlins, *Historical Metaphors and Mythical Realities.
The Sandwich Islands Kingdom*, Ann Arbor, University of Michigan Press, 1981; *Islands of History*,
Chicago, University of Chicago Press, 1985.

[21] Ranajit Guha, "Introduction", en Bernard S. Cohn, *An Anthropologist among Historians and
Other Essays*, Delhi, Oxford University Press, 1990.

[22] La visión que tiene Aguirre Beltrán de la sociedad colonial y poscolonial, no como un mosaico o rompecabezas donde se yuxtaponen grupos culturales heterogéneos y discretos sino
como un solo campo analítico en que fuerzas sociales diversas concurren, chocan, se disocian o se
mezclan, tiene obvios paralelos con los estudios de Max Gluckman sobre la sociedad sud-
africana (*Analysis of a Social Situation in Modern Zululand*, Manchester University Press, 1958) y
los de Bernard S. Cohn sobre el mundo indostánico (*An Anthropologist among Historians and
Other Essays, op. cit.*).

la Nueva España, entre 1580 y 1640, varias decenas de miles de esclavos procedentes del África occidental. Aunque sus orígenes tribales eran diversos, procedían de dos regiones vecinas: el golfo de Guinea y la zona congoangoleña; y esto permite suponer alguna similitud cultural entre ellos. Aguirre Beltrán fue el primero (¿el único?) en desenterrar y analizar, para México, los detalles del infame comercio esclavista, utilizando documentos del Archivo General de la Nación y del Archivo de Hacienda, tales como cédulas reales, ordenanzas, contratos y testamentos, y también fuentes impresas y manuscritas, como memorias de viajeros y tratados portugueses y brasileños.

Igualmente, Aguirre Beltrán fue el primero en construir la trayectoria demográfica de las castas en la Nueva España, mediante la cuidadosa manipulación de los padrones disponibles. Así consiguió establecer la presencia de seis castas distintivas a lo largo del tiempo colonial: los europeos, los euromestizos, los indios, los indomestizos, los afromestizos y los africanos. Según sus cálculos, los africanos (o negros "puros") llegaron a constituir 2% de la población a mediados del siglo XVII —mientras que los europeos eran 0.8%—; en cambio, a principios del siglo XIX los negros representaban sólo 0.1%. Pero en ese siglo y medio la población afromestiza pasó de 6.8 a 10.1%: había sufrido una evolución muy similar a la de los indomestizos, que ascendieron de 6 a 11.5%. En otras palabras, el componente africano se había disuelto en la población de mezcla, tanto que en buena parte se confundía con la población indomestiza. Esta confusión llevó a Humboldt a afirmar erróneamente que en México, a diferencia de otras colonias españolas y portuguesas, la cantidad de gente con sangre negra era insignificante.

Dos capítulos del mismo libro —*La población negra…*—, sobre los patrones de reproducción y las características de la "línea de color", proporcionan una interpretación dinámica de las razones de la mezcla biológica y cultural de los africanos con los otros grupos poblacionales. Las mujeres esclavas, numéricamente bastante inferiores a los hombres, eran muchas veces tomadas por concubinas por sus amos; por su parte, los esclavos mostraban preferencia por las indias, pues el fruto de su vientre libre era también libre. La legislación española, originada en las *Siete Partidas de Alfonso el Sabio,* daba al esclavo o esclava el derecho de casarse con quien eligiesen; y también el de comprar su libertad, si lograban ahorrar o conseguir el dinero necesario. Así, muchos negros o mulatos manumisos pudieron medrar económicamente, sobre todo en las zonas urbanas y mineras, y casarse (o juntarse) con mujeres de "mejor" casta. Al final de la Colonia, y con más fuerza en el siglo XIX, tratado por Aguirre Beltrán en un capítulo añadido en la segunda edición, la confluencia de indo, afro y euromestizos en una economía de creciente orientación mercantil dio lugar al surgimiento de una sola población de mezcla. En los albores del siglo actual esta población era ya mayoritaria. Sólo las escasas aldeas cimarronas (de esclavos escapados que permanecieron en largo aislamiento), como la que estudió Aguirre Beltrán en la monografía *Cuijla*, han podido conservar un componente biológico predominantemente africano y ciertos rasgos culturales exclusivos: la construcción redonda de las viviendas, algunos vocablos de raíz congoleña, el concepto de sombra, la preparación de alimentos, los arreglos matrimoniales (el "casamiento de monte")... Pero también abundan en esas aldeas los rasgos españoles e indígenas (nahuas), tanto que la cultura cimarrona debe definirse también como una cultura mestiza. Un rasgo psicosocial central: el *ethos* agresivo, se explica precisamente por la confrontación con la hostilidad externa (*i.e.*, con las autoridades coloniales persecutorias y, hoy en día, con la discriminación de la sociedad nacional).

En contraste con los negros, los indios, si bien disminuyeron en términos absolutos y relativos, permanecieron como un segmento claramente distinguible. (De constituir 98% de la población en 1570, bajaron a 75% en 1642 y a 60% al final del periodo virreinal). Esta persistencia identitaria se vincula, en primer lugar, al arraigo territorial de las comunidades de labradores, que contrasta vivamente con la movilidad y adaptabilidad de los negros.

Desde *El señorío de Quauhtochco*, Aguirre Beltrán había constatado la importancia de la tierra comunal, de cuya encarnizada defensa fue cronista. Luego, en *Formas de gobierno indígena* (1953), reconstruyó la transformación de la organización política y social del mundo indio, del *calpulli* prehispánico a los cabildos de las repúblicas de indios en el virreinato y a los aún débiles municipios contemporáneos. Tal reconstrucción, basada en las relaciones coloniales de los cronistas religiosos y los funcionarios, así como en la legislación virreinal y republicana, se enriqueció en el mismo libro con tres estudios de caso, realizados con un enfoque diacrónico ("de larga duración", diríamos hoy): el de la región tzeltal-tzotzil, el de la sierra Tarahumara y el de la meseta tarasca. Resultaba obvio para nuestro autor que las instituciones comunitarias funcionaban, desde el siglo XVI, en el contexto de esquemas globales de dominio y orden social; por ello coordinó la publicación de un nutrido volumen titulado *Métodos y resultados de la política indigenista en México* (1954), donde tres historiadores (Silvio Zavala, José Miranda y Moisés González Navarro) y tres antropólogos (Alfonso Caso, Ricardo Pozas y él mismo) unieron sus esfuerzos para analizar aún más detalladamente la evolución de las instituciones vinculadas a los indígenas. Una conclusión fundamental fue que el mundo comunitario indígena ha sido a la vez instrumento y resultado de un triple proceso de subordinación, explotación y exclusión. Si en la Colonia la comunidad alimentaba el trabajo forzado de la encomienda y el repartimiento, y los gobernadores indios cobraban tributo y prevenían la conducta social indeseable a los ojos de las autoridades españolas, en épocas posteriores los pueblos de indios han seguido cumpliendo la función de reservorios de trabajo estacional barato. Y, ayer y hoy, la férrea costumbre defensiva, la indumentaria distintiva, las lenguas, la endogamia local y las obligaciones rituales tienden a mantener a los indios en un mundo marginado (un mundo de "incapacidades asignadas") de los avances y el bienestar de la sociedad más amplia.

Aguirre Beltrán llevó a cabo otros dos estudios histórico-regionales en Veracruz: el de la sierra de Zongolica y el de su natal Hoya del Papaloapan.[23] En ambos casos documenta los conflictos seculares entre indios y españoles (y después mestizos), la presencia poderosa de encomiendas y haciendas, el despojo de tierras, la formación de ciudades que dominaban los *hinterlands* indios.[24]

Ya está dicho que un importante resultado de las pesquisas regionales de Aguirre Beltrán (cinco, en total) fue su modelo de las regiones de refugio, una contribución señera a la teoría antropológica (en México y en el mundo).[25] No es un modelo historiográfico; pero permite entender que la historia del indio, si bien es una historia de exclusión, no lo es nunca de aislamiento; y que la propia reproducción de las estructuras indígenas implica agentes no indígenas —es decir, implica asimismo un cierto tipo de acción aculturativa—. El término inglés *acculturation*, de aceptación corriente en la literatura antropológica, denota la influencia recíproca de dos o más mundos culturales.[26] Aguirre Beltrán, en *El proceso de aculturación* (1957), defiende su uso en castellano (contra Fernando Ortiz y otros autores) en lugar del vocablo transculturación, que destaca la transición de una cultura a otra, y no la interpenetración de las culturas, que es lo que debe investigarse. Añade que es condición *sine qua non* para estudiar el proceso la consideración de las características de los grupos portadores de diferentes culturas y de las contradicciones económicas, políticas y simbólicas que entre ellos se establecen. Aculturación no equivale a sumatoria: es oposición y síntesis.

A partir de estas premisas, Aguirre Beltrán llevó a cabo dos estudios históricos de aculturación, que culminaron en los libros *Medicina y magia* (1963) y *Zongolica: encuentro de dioses y santos patronos* (1986). El primero, subtitula-

---

[23] Estos estudios fueron continuados durante un periodo largo de tiempo —según lo permitieron las múltiples obligaciones del autor—, y sus resultados completos aparecieron recientemente (véase la siguiente nota).

[24] G. Aguirre Beltrán, *Zongolica: encuentro de dioses y santos patronos*, Jalapa, Universidad Veracruzana, 1986; "Zongolica: las marquesas de Selva Nevada y las luchas agrarias durante la Colonia", *La Palabra y el Hombre*, octubre-diciembre de 1987, pp. 5-31; "El municipio y las formas de gobierno indígena en Zongolica", en Brigitte Boehm de Lameiras, *El municipio en México*, Zamora, El Colegio de Michoacán, 1987, pp. 263-279; *Pobladores del Papaloapan*, México, Ediciones de la Casa Chata, 1992.

[25] Véase la detallada y laudatoria reseña que Robert C. Hunt escribió del libro *Regiones de refugio*, en *American Anthropologist*, vol. LXXI, 1969, pp. 545-552.

[26] A. L. Kroeber lo define como "...the increasing contact of culture wholes, with attritions, penetrations and adjustments of these...", en su texto clásico *Anthropology: Culture Patterns and Processes*, Nueva York, Harcourt, Brace & World, 1963.

do *El proceso de aculturación en la estructura colonial*, es un prodigioso buceo en los documentos de la Inquisición, donde se describen las definiciones de enfermedad y las prácticas terapéuticas de gente perteneciente a diferentes castas. El estudio se ayuda de los conceptos del psicoanálisis para entender que "salud" y "enfermedad" son estados en que intervienen elementos racionales e irracionales, conscientes e inconscientes, donde las creencias y emociones transmitidas culturalmente desempeñan un papel tan importante como el de las causas llamadas naturales. Así, para la sociedad novohispana, pueden identificarse tres raíces culturales básicas en la explicación de la salud, la enfermedad y la curación: la española-europea, la africana occidental y la mesoamericana. De las tres provenía un cúmulo de conocimientos y prácticas que hoy llamaríamos "científicos (con fundamento en la observación y experimentación sistemática) y —más abundantemente— creencias, evaluaciones y prescripciones arbitrarias". Todos estos elementos se combinaban y entrecruzaban en los discursos y actuaciones de los actores coloniales. Por ejemplo, en los discursos que atribuían orígenes maléficos a la enfermedad, aparecían juntas nociones indígenas (nagual, chan, tona), africanas (la sombra) y europeas (alma, espíritu, bruja, demonio) en boca de personas de diferente categoría social. Es decir: se había creado un nuevo complejo cultural, aunque sus componentes pudieran haber tenido peso distinto entre varios grupos sociales. Entre los indios, el nagualismo (la creencia en la capacidad de ciertos individuos de convertirse en animales para realizar acciones dañinas) era un factor importante de control social y mantenimiento de las fronteras étnicas. Entre los negros y afromestizos del siglo XVII se encontraban más frecuentemente las nociones africanas sobre posesión manifestada en éxtasis, como explicación de la pérdida o la recuperación de la sombra.[27] Por otro lado, la riqueza de los conocimientos empíricos de los indios sobre los efectos (curativos, estimulantes, alucinógenos) de las plantas mesoamericanas, que desde el siglo XVI había llamado la atención de misioneros y sabios europeos, llevó a la elaboración de tratados más o menos científicos de herbolaria; pero ésta fue también utilizada por la población mestiza en asociación con conceptos mágicos de las tres culturas. Pueden multiplicarse los ejemplos —no faltan, en este libro fascinante—; pero el punto analítico central es que, pese a los esfuerzos inquisitoriales de reprimir las creencias y prácticas teñidas de heterodoxia, la emergente población de mezcla, destinada a ser mayoritaria, fue construyendo un mundo cultural propio, resistente, plural y elástico; y que esta mezcla cultural también se hallaba presente, aunque con manifestaciones distintivas, en los reductos indios.

[27] Las nociones y prácticas relacionadas con la posesión por orishas (seres preternaturales), de débil desarrollo en México, dieron lugar en el mundo caribeño y en Brasil a los cultos sincréticos afroamericanos: la santería, el vudú, el candomblé, el umbanda.

El libro sobre Zongolica es una exploración del sincretismo cultural en una región de refugio, forjado en el siglo xvi y reproducido hasta nuestros días. El método seguido es original e innovador. Dos capítulos se centran en el estudio de la toponimia regional, donde opera un campo lingüístico de vinculaciones entre nombres nahuas y nombres de santos católicos. Partiendo de la hipótesis de que estos nombres nahuas no se escogieron al azar ni son simplemente descriptores o metáforas de los accidentes geográficos, sino más bien afirmaciones simbólicas sobre el significado religioso de cada lugar, Aguirre Beltrán descifra la etimología de los nombres de los municipios (actuales) y la relaciona con los mitos de la cultura nahua. Luego hace uso de una Memoria de visitas de clérigos, de 1565, para identificar los santos patronos de cada pueblo cabecera y estancia; y procede a buscar las leyendas y mitos medievales asociados con estos santos. El resultado es tremendamente sugerente: aunque, por supuesto, no hay una correspondencia mecánica entre los mitos nahuas y los católicos —a veces hay más bien un sistema de oposiciones—, lo que es innegable es que en la constitución de las creencias coloniales no hubo un "borrón y cuenta nueva" sino un complicado proceso de negación recíproca, combinación y mezcla.

Otro capítulo compara el calendario de fiestas católicas de la región con el de las ceremonias religiosas del mundo tolteca y mexica, habida cuenta de la información derivada del análisis toponímico. Finalmente, al hablar del siglo xx, Aguirre Beltrán muestra el papel que en la reproducción de la religión sincrética desempeñan las mayordomías y cabildos tradicionales, y cómo éstos han sufrido los efectos disolventes de, por un lado, la modernización económica y, por otro, la penetración de sectas evangélicas y de las nuevas tendencias de la teología católica liberacionista.

En las conclusiones de su estudio de la religión en Zongolica, Aguirre Beltrán reafirma sus tesis indigenistas. Los tiempos de la historia, a lo largo del siglo xx, adoptan un ritmo acelerado. Desaparecerán, por fin, los últimos reductos del sistema colonial de castas; y la cultura indocolonial, en torrente precipitado, se unirá al mar de la cultura mestiza. Pero tales mutaciones acarrean conflictos. El cambio debe ser dirigido por organismos especializados, coordinados por el Estado, que sustituyan la acción dominical y encaucen el proceso de aculturación. Con todo, la acción indigenista no es efectiva sin un profundo respeto a las culturas de los indios, y el respeto requiere el conocimiento y la comprensión científica. Éste es el desafío que conduce a la investigación etnohistórica y hacia el desarrollo de la teoría.

A partir de 1977 Aguirre Beltrán ha reanudado y ampliado un antiguo proyecto suyo sobre la historia de la antropología mexicana en dos de sus especialidades, la antropología médica y la antropología lingüística, donde —entre otras cosas— busca mostrar cómo ambas se conformaron a partir de las exigencias de la praxis.

En la obra *Lenguas vernáculas. Su uso y desuso en la enseñanza: la experiencia de México* (1983) examina el desarrollo de las teorías y los métodos lingüísticos en el contexto del dilema planteado desde los comienzos de la evangelización: crear una lengua única —el castellano— como vehículo de cualquier tipo de comunicación y transmisión del conocimiento, o usar las lenguas indígenas existentes como instrumentos esenciales del aprendizaje —incluso del aprendizaje del castellano—. La antropología médica se interroga sobre un dilema semejante: ¿cuáles son las posibilidades y las consecuencias de imponer una medicina definida como "correcta", de manera unilateral, por los agentes occidentales?, ¿cómo pueden entenderse científicamente los mundos terapéuticos indígenas? Por supuesto, Aguirre Beltrán no sólo expone con enorme erudición las distintas posturas sino además él mismo toma partido: la respuesta no es la supresión, pero tampoco la defensa de la heterogeneidad cultural. La meta —el sentido de la historia— es un mundo mestizo y aculturado. Esta toma de partido, que refrenda los compromisos ideológicos y políticos de toda una vida, no ha dejado de suscitar múltiples cuestionamientos.

IV. Cuestiones polémicas

Desde mi punto de vista, para apreciar en su justo valor tales cuestionamientos, debemos volver a examinar el problema de la hegemonía de la cultura mestiza en la constitución de la identidad nacional.[28]

Con mucha razón, Aguirre Beltrán y otros indigenistas han sostenido que la mezcla biológica de la población indígena con la europea y la africana se ha convertido en un hecho aceptado socialmente y ha dado origen a la ideología del mestizaje como factor de nacionalidad. Al decir "todos somos mestizos", los mexicanos nos distanciamos del racismo y además aprendemos a valorar, rescatar e intercomunicar nuestras raíces culturales múltiples.[29] Por ello se arguye, desde la perspectiva del indigenismo, que no sería congruente querer separar esas raíces, so pretexto de respeto a las culturas aborígenes, puesto que ello, en la práctica, reproduciría la segregación excluyente y las relaciones asimétricas que caracterizan a las regiones interculturales de refugio. En ese sentido, la reivindicación de la cultura india —o, en su caso, de la cultura africana— no puede entenderse sino en el contexto de su contribución a la cultura nacional mestiza considerada como un todo orgánico. Si incluimos iconos prehispánicos, como el águila y la serpiente, en nuestra simbología nacional, éstos han sido ya dotados de un nuevo significado, al

---

[28] Me ocupo un poco más detenidamente de la polémica indigenista en "Gonzalo Aguirre Beltrán", *op. cit.* Véase también, de Guillermo Bonfil, "El Estado, el indigenismo y los indios", en Jorge Alonso (comp.), *El Estado mexicano*, México: CIESAS/Nueva Imagen, 1982.

[29] *Cf.* Alan Knight, "Racism, Revolution, and Indigenismo: Mexico, 1910-1940", en Richard Graham (comp.), *The Idea of Race in Latin America, 1870-1940*, Austin, University of Texas Press, 1990.

asumirlos la nación en surgimiento. Igualmente, la identidad colectiva fundamental para los mexicanos debe nutrirse de un sentido de pertenencia a la sociedad nacional, y no a etnias o comunidades locales o regionales.

Sin embargo, a estos argumentos habría que oponer otros que pudieran calibrar en toda su amplitud el fenómeno de la pluralidad étnica, tal como se manifiesta en nuestra historia contemporánea. En los últimos 30 años, las regiones de refugio no sólo han sufrido transformaciones internas sino además muchos de sus habitantes han emigrado a otros lugares de México e incluso fuera del país. Al convertirse en moradores de ciudades o de zonas de agricultura capitalista avanzada, casi todos ellos se han proletarizado y al mismo tiempo han adquirido nuevos conocimientos y hábitos culturales; sin embargo, ello no necesariamente implica que se sientan "mestizos", ni que otros los dejen de clasificar como "indios". En la frontera norte y en los campos agrícolas de California, por ejemplo, los trabajadores provenientes de la sierra Mixteca, en los estados de Oaxaca y Guerrero, han formado asociaciones que reivindican su identidad étnica y han recuperado y refuncionalizado muchos elementos de su cultura vernácula, empezando por su propio idioma. Lo que hay que resaltar es que tal reivindicación no implica un rechazo del mundo moderno; por el contrario, se ha vuelto un factor de afirmación ciudadana. Pertenecer a la organización mixteca, así, sirve para conseguir empleo, exigir mejores salarios, buscar vivienda y servicios médicos, y defenderse de la arbitrariedad de las autoridades tanto mexicanas como estadounidenses.[30] Más aún, en el área de Los Ángeles se transmiten programas de radio en lengua mixteca que proporcionan información relevante para la vida de los migrantes.

En otras palabras, en el mundo moderno hay formas de participación que se logran mediante la reproducción de identidades y culturas supuestamente tradicionales. Otros ejemplos pertinentes de lo mismo en el territorio mexicano serían las asociaciones políticas regionales, como la Coalición de Obreros, Campesinos y Estudiantes del Istmo (en Oaxaca) y la Unión de Comuneros Emiliano Zapata (en Michoacán), que utilizan respectivamente emblemas de las culturas zapoteca y purépecha para recrear solidaridades de clase y luchar "por la salvaguarda de los derechos sociales y políticos".[31]

Ahora bien, esta revaloración de las diferencias culturales y las solidaridades históricas es en muchas circunstancias una respuesta a la falta de efectividad de las instituciones del mundo que llamamos "moderno". Con frecuen-

---

[30] Carol Nagengast y Michael Kearney, "Mixtec Ethnicity: Social Identity, Political Consciousness, and Political Activism", *Latin American Research Review*, vol. XXV, núm. 2, 1990, pp. 61-92.

[31] Marie-France Prevot-Schapira y Hélène Rivière d'Arc, "Les zapoteques, le PRI et la COCEI. Affrontements autour des interventions de l'État dans l'Isthme de Tehuantepec", *Amerique Latine*, núm. 15, 1983, pp. 64-71; José Eduardo Zárate, "Faccionalismo y movimiento indígena", en Jesús Tapia Santamaría (coord.), *Intermediación social y procesos políticos en Michoacán*, Zamora, El Colegio de Michoacán, 1992.

cia, las instituciones modernas no son capaces de garantizar los derechos de los individuos y por tanto obligan a éstos a buscar la protección de grupos corporativos de índole variada (familias, etnias, redes clientelistas).[32] Pero, más profunda y específicamente, la explicación es que el paso de una sociedad de castas a una sociedad de clases no implica por fuerza la destrucción de la etnicidad, entendida ésta como la afirmación grupal de una identidad histórica que es distinta pero no irremediablemente excluyente de la identidad impulsada por el Estado nacional. Desde esta perspectiva, la ideología del mestizaje debe aceptarse como un fenómeno importante y sin duda positivo en la historia de la nación; pero no puede absolutizarse ni convertirse en fetiche. En consecuencia, si el mestizaje cultural y la destrucción del corporativismo étnico no constituyen el único horizonte de cambio para la sociedad indígena, debemos polemizar con el indigenismo y buscar una nueva teoría que tenga en cuenta la pervivencia de la pluralidad étnica en la formación de la cultura nacional.[33]

Pero Aguirre Beltrán nunca ha rehuido la polémica; nunca ha creído que las posiciones políticas comprometidas lo eximan de la necesidad de justificar científicamente todas sus afirmaciones, y así lo muestra el enorme rigor de sus escritos, y el cuidado con que ha leído y respondido sin cortapisas todas las objeciones e incluso los ataques que se han hecho a sus planteamientos. A lo largo de su obra defiende a brazo partido el carácter a la vez científico y humanista de la antropología y su recreación como investigación-acción en la antropología mexicana, y hace patente su desacuerdo no sólo con los opositores del indigenismo mexicano sino también con ciertas variantes de éste. No le interesa la crítica abstracta y generalizadora, ni la invectiva *a priori*, sino el análisis minucioso y fundado de los problemas.

Por la gran riqueza intelectual y humana que nos ha transmitido, podemos celebrar la actitud científica comprometida que representa Aguirre Beltrán. Al volverse al pasado, esta actitud ha generado una producción historiográfica deslumbrante e imprescindible.

BIBLIOGRAFÍA

(1940), *El señorío de Quauhtochco. Luchas agrarias en México durante el Porfiriato*, México, Ediciones Fuente Cultural, 1940, 220 pp.; 2a. ed.: Jalapa, Gobierno del Estado de Veracruz-Llave, 1980, 198 pp.

[32] *Cf.* G. de la Peña, "Individuo, etnia, nación: paradojas y antinomias de la identidad colectiva", en Ernesto Garzón Valdés y Fernando Salmerón (comps.), *Epistemología y cultura. En torno a la filosofía de Luis Villoro*, México, UNAM, Instituto de Investigaciones Filosóficas, 1993.

[33] Véase Guillermo Bonfil Batalla, *El México profundo. Una civilización negada*, 3a. ed., México, Grijalbo/Consejo Nacional para la Cultura y las Artes, 1990.

(1942), "El trabajo del indio comparado con el del negro en la Nueva España", *México Agrario*, núm. 4, 1942, pp. 203-207.

(1946), *La población negra de México, 1519-1810. Estudio etnohistórico*, México, Ediciones Fuente Cultural, 348 pp.; 2a. ed., correg. y aum.: Fondo de Cultura Económica, 1972, 376 pp.

(1952), *Problemas de la población indígena de la cuenca del Tepalcatepec*, México, Instituto Nacional Indigenista (Memorias del INI, III), 363 pp.

(1953a), *Formas de gobierno indígena*, México, Imprenta Universitaria, 221 pp.; 2a.: Instituto Nacional Indigenista (Colección Clásicos de la Antropología Mexicana), 1985.

(1953b), "Teoría y práctica de la educación indígena", ponencia informativa del INI al IV Congreso Nacional de Sociología, Estudios Sociológicos (UNAM), pp. 257-364.; 2a. ed. en forma de libro, correg. y aum.: México, Secretaría de Educación Pública (Colección SepSetentas, 64), 1973, 286 pp.

(1954) (con Ricardo Pozas), "Instituciones indígenas del México actual", en A. Caso *et al.*, *Métodos y resultados de la política indigenista en México*, México, Instituto Nacional Indigenista (Memorias del INI, VI), pp. 171-272.; 2a. ed. como tomo II de *La política indigenista en México*, Colección SEP-INI, 1973, 278 pp.

(1955a), *Programas de salud en la situación intercultural*, México, Instituto Indigenista Interamericano, 191 pp.

(1955b), "Teoría de los Centros Coordinadores", *Ciencias Sociales*, vol. VI, núm. 32, pp. 66-77.

(1956), "Indigenismo y mestizaje. Una polaridad bicultural", *Cuadernos Americanos*, vol. LXXXVIII, núm. 4, pp. 35-51.

(1957), *El proceso de aculturación*, México, Universidad Nacional Autónoma de México (Colección Problemas Científicos y Filosóficos, 3), 270 pp. 2a. ed.: Universidad Iberoamericana, 1970, 206 pp.; 3a. ed.: Ediciones de la Casa Chata, 1981.

(1958), *Cuijla. Esbozo etnográfico de un pueblo negro*, México, Fondo de Cultura Económica, 242 pp.

(1961), *La universidad latinoamericana*, Jalapa, Universidad Veracruzana.

(1963), *Medicina y magia. El proceso de aculturación en la estructura colonial*, México, Instituto Nacional Indigenista, 444 pp.

(1967), *Regiones de refugio. El desarrollo de la comunidad y el proceso dominical en Mestizo-América*, México, Instituto Indigenista Interamericano, 384 pp.; 2a. ed.: Colección SEP-INI, 1973, 368 pp.

(1969), "Oposición de raza y cultura en el pensamiento antropológico mexicano", *Revista Mexicana de Sociología*, núm. 31, pp. 51-71.

(1970), "Los símbolos étnicos de la identidad nacional", *Anuario Indigenista*, núm. 30, pp. 101-140.

(1976), *Obra polémica*, edición y prólogo de Ángel Palerm, México, Centro de Investigaciones Superiores del Instituto Nacional de Antropología e Historia, 230 pp.

(1983), *Lenguas vernáculas. Su uso y desuso en la enseñanza*, México, Ediciones de la Casa Chata, 468 pp.

(1986), *Zongolica: encuentro de dioses y santos patronos*, Jalapa, Universidad Veracruzana, 216 pp.

(1987), "La esclavitud en los obrajes novoespañoles", en Susana Glantz (comp.), *La heterodoxia recuperada. En torno a Ángel Palerm*, México, Fondo de Cultura Económica, pp. 249-259.

(1992), *Pobladores del Papaloapan. Biografía de una Hoya*, México, Ediciones de la Casa Chata, 246 pp.

(1990-1994), *Obra antropológica*, 15 volúmenes, México, Fondo de Cultura Económica/Instituto Nacional Indigenista/Gobierno de Veracruz/Universidad Veracruzana.

AGUIRRE BELTRÁN, GONZALO

Médico y antropólogo mexicano.
Fecha de nacimiento: 1908 (Tlacotalpan, Veracruz).

Estudios

Cursó la carrera de medicina, pero se dedicó a la antropología. En 1945 ingresó a la Universidad de Northwestern para estudiar antropología africanista e investigar en la Biblioteca Ayer de Chicago.

Labor académica

Fue rector de la Universidad Veracruzana (1956-1963), diputado federal (1961-1964), subsecretario de Cultura Popular de la Secretaría de Educación Pública (1970-1974), director del Instituto Nacional Indigenista (1971-1972) e investigador en el Centro de Investigaciones y Estudios Superiores en Antropología Social.

Reconocimientos

Premio Nacional de Historia y Ciencias Sociales (1979).

Principales obras

La población negra en México, 1519-1810; estudio etnohistórico, México, Ediciones Fuente Cultural, 1946.

La medicina indígena, México, UNAM, Instituto de Investigaciones Antropológicas, 1947.

Formas de gobierno indígena, México, Imprenta Universitaria (Cultura mexicana, 5), 1953, 221 pp. ilus.

Cuijla; esbozo etnográfico de un pueblo negro, México, Fondo de Cultura Económica (Sección de obras de antropología), 1958, 242 pp. ilus.

Medicina y magia; el proceso de aculturación en la estructura colonial, México, Instituto Nacional Indigenista (Colección de Antropología Social), 1963, 443 pp.

WIGBERTO JIMÉNEZ MORENO:
UNA SEMBLANZA ACADÉMICA

CARLOS MARTÍNEZ MARÍN

FUE don Wigberto Jiménez Moreno un intelectual nato que se interesó por el pasado de México, por su rescate, desde temprana edad, en los inicios de su escolaridad básica. No sólo se interesó en una historia positiva, en una narrativa de hechos del pasado en sucesión temporal, sino en su interpretación, en la disciplina de la historia como una explicación para entender el pasado. En su caso, primordialmente de México en la trama de la historia universal; por ello muy pronto, en su temprana juventud, se convirtió en un investigador y en maestro, con lo que se allegó lo necesario para realizar ese trabajo de comprensión y explicación de los fenómenos históricos. Su carácter firme y tenaz lo facilitó; esto lo pondera el maestro Ernesto de la Torre, que bien lo conoció, cuando en breve párrafo lo caracteriza; dice que fue de "curiosidad insaciablemente ágil y despierta para captar lo importante, inteligencia precisa que discernía lo trascendente de lo puramente episódico...".[1]

Esas virtudes y características le permitieron ascender rápidamente a la posición de un joven y brillante intelectual académico. Pasó desde entonces su vida en las principales instituciones de México dedicadas al trabajo de la historia y al de la antropología. Allí aprendió de los maestros que ya lo eran, participó con ellos en interesantes y útiles trabajos, y el saber adquirido, a su vez, lo proporcionó a los que después llegaron.

Poco después fue al extranjero a estudiar antropología. También allí llamó la atención de los más importantes académicos de la disciplina. Estudió, investigó, enseñó, dirigió y organizó todo lo que era necesario, indispensable para conocer los problemas de la lingüística indígena, los problemas culturales de los pueblos mesoamericanos y de aquellos del norte del país, su etnohistoria y su arqueología, su etnografía antigua y la contemporánea. Así, como historiador y antropólogo, identificó problemas, muchos los resolvió, y con ello puso orden y concierto en la difícil comprensión de la historia prehispánica de México y esclareció muchos asuntos relativos a la historia de la Colonia.

Sus trabajos muestran sus principales preocupaciones, como el conocimiento y manejo del acontecer histórico global, de los detalles, de los entornos

---

[1] Ernesto de la Torre, "Wigberto Jiménez Moreno (1909-1985) y su bibliografía antropológica e histórica", *Historia Mexicana*, vol. XXXV, núm. 2, México, 1985.

en los que se produjeron los hechos que lo conformaron. Así, identificó problemas en sus fuentes de conocimiento merced a sus rigurosos análisis, lo mismo que en los documentos con los que sustanció historias locales, regionales, generales y nacionales que estructuró con el contexto de su sabiduría. Identificó espacios en los que se produjo el devenir; puntualizó y aclaró la cronología para obtener la certidumbre del tiempo; se ocupó tanto de grupos sociales como de individuos con nombre propio; en fin, produjo y legó trabajos que fueron bien recibidos, que abrieron rutas para la comprensión, que fueron novedosos y sobre todo útiles y científicos, y que si bien en ocasiones suscitaron la discrepancia, por su valor se sostuvieron, y él mismo se encargó de su defensa. En general sus tesis fueron aceptadas y sirvieron enormemente para los avances del conocimiento y de la investigación; tuvieron y tienen vigencia porque fueron construidas con todos los requisitos que demanda la ciencia. Por todo ello, Wigberto Jiménez Moreno es un sobresaliente representante de la historiografía mexicana del siglo xx.

I. Su acceso a la historia y a la antropología[2]

El maestro Jiménez Moreno nació en la ciudad de León, Guanajuato, en el año de 1909. Allá recibió su preparación básica, de tal peso específico, que fue la que en corto plazo le permitiría su rápido tránsito hacia los medios intelectuales y científicos de la capital del país.

Él mismo relataba y dejó escrito[3] cómo fue su paso por las escuelas leonesas: en ellas recibió la enseñanza elemental, la secundaria y la preparatoria. En la Escuela Preparatoria se graduó de bachiller en 1926. En su relato también nos informa cómo desde la escuela primaria fue acercándose a la historia; desde el segundo año "despertó a la fascinación del México precortesiano",[4] cuando supo de "las hazañas y logros de Nezahualcóyotl", pero también de las "de sus equivalentes bíblicos: David y Salomón".[5] Tales experiencias lo interesaron "desde entonces [en] la antigua Mesoamérica y [en] el Cercano Oriente", cuyas historias le "resultaron comparables".[6] "A partir de entonces —prosigue el maestro— me interesé en la historia de México, sobre todo en la prehispánica y en la virreinal."[7] Allá también leyó ávidamente en las "tres bibliotecas públicas" que había, una de ellas "ampliamen-

---

[2] Wigberto Jiménez Moreno, "Mi acceso a la antropología y a la historia…", discurso pronunciado… en ocasión del recibimiento del grado de doctor en humanidades…, Universidad de las Américas, Puebla, 1978. El maestro Jiménez Moreno llamó su "acceso" al periodo 1933-1946 de su carrera académica.

[3] *Ibidem*, s. p.

[4] *Idem*.

[5] *Idem*.

[6] *Idem*.

[7] *Idem*.

te dotada", y también en la biblioteca del obispo don Emeterio Valverde, adonde acudió por cuatro años todos los días a nutrirse del excelente "acervo de veinte mil volúmenes con énfasis humanístico [que] fue mi primera y formativa universidad". Además, se benefició de la "atmósfera romántica —anacrónica ya desde bastante atrás— [que se] percibía en mi ciudad, en donde florecía un movimiento literario, musical y pictórico", lo que facilitó su interés por la cultura general.[8]

Don Wigberto supo también acercarse a mentores que le dedicaron su atención, pudo hacer vastas lecturas con disciplina y orden, como lo testimonia el hecho de que antes de ser bachiller ya había leído la obra completa de Marcelino Menéndez Pelayo.[9]

Cuando concluyó su bachillerato tuvo empleos diversos durante dos años y a los 20 de edad se inició como profesor de las escuelas Preparatoria y Normal. Al principiar su trabajo docente, en temprana juventud, ya tenía plena conciencia de su vocación: en esos años produjo sus primeros trabajos de historia sobre su tierra. Fue cuando acudió a presentarlos y a participar como delegado de su Escuela Preparatoria al Primer Congreso Mexicano de Historia que tuvo lugar en Oaxaca en 1933, en el que participó en la sección de Historia Antigua; allí presentó dos trabajos en la sesión que presidió Alfonso Caso, y todo fue decisivo: don Alfonso lo invitó a colaborar en el Museo Nacional que él dirigía y le ofreció enviarlo al extranjero.

Al año siguiente, 1934, vino a la ciudad de México a ocupar una plaza en el Museo Nacional de Arqueología, Historia y Etnografía en donde estudió, enseñó e investigó; revalidó su bachillerato y estudió historia en la Sección de Ciencias Históricas y Geográficas de la Facultad de Filosofía y Letras de la Universidad Nacional Autónoma de México. Poco tiempo después, también impulsado por Caso, fue a Harvard en donde se recibió como estudiante graduado. En las dos etapas de estudio, aquí y en Harvard, tomó cursos y se relacionó con reconocidos especialistas: en México fueron sus maestros Federico Müllerried, Enrique Juan Palacios, Pablo González Casanova, Pablo Martínez del Río, principalmente; en Harvard, hizo estudios con los renombrados antropólogos Alfred M. Tozzer, Ernest A. Hooton, Carleton S. Coon, Herbert Spinden y William Duncan Strong. También allá inició relaciones con otros más, entre los que se cuentan Eric Thompson, France Scholes, Kluckhohn y Ekholm.

Cuando Jiménez Moreno llegó a México procedente de León, en la ciudad se vivía un ambiente de avance en ritmo acelerado en los estudios y trabajos de la historia y de la antropología; por entonces se fundaron instituciones oficiales para la docencia, la investigación y la promoción; también aparecieron nuevos y variados medios de comunicación y difusión de las

---

[8] *Idem.*
[9] *Ibidem* y *Curriculum vitae*, 1981.

dos disciplinas y se produjeron eventos regionales, nacionales y naturalmente los internacionales; de éstos algunos se repitieron en el país, y otros nuevos empezaron aquí. Todo con la participación de talentos de primer orden.
También aparecieron revistas y publicaciones especializadas, algunas de las
cuales sobreviven. A ese movimiento le tocó incorporarse al maestro, y en
él participaría amplia y exitosamente; estuvo y participó en casi todos los
eventos, fundaciones, revistas y reuniones; estuvo presente y activo no sólo
como asistente sino como investigador, maestro, conferencista, ponente; presentó trabajos en diferentes grados de avance o terminales; fueron hipótesis, propuestas, avances, conclusiones, discursos e interpretaciones; todos producto de sus permanentes y globales o monográficas actividades científicas.

En este contexto y entre tantas actividades se produjo la preparación y
acceso de Wigberto Jiménez Moreno a la historia y a la antropología; todo
este proceso lo evocó en el discurso ya mencionado que leyó y publicó años
más tarde, cuando recibió el doctorado *honoris causa*.[10] En el tiempo que
transcurrió entre su ingreso al Museo Nacional y la recepción del mencionado y merecido grado realizó una labor científica múltiple, de investigación y docencia, de promoción y apoyo, aportadora y valiosa, la que no debe
dejar de mencionarse, así sea mediante abreviada reseña, muy formal, para
que pueda valorarse más ampliamente su obra a partir del anterior resumen de sus orígenes profesionales y a través de su historia académica, para
apreciar debidamente el lugar que tiene en la historiografía y la antropología mexicanas. Un breve registro de sus puntos curriculares, aunque sea a
vuelapluma, servirá para tal propósito.

El maestro Jiménez Moreno recibió el título profesional de etnólogo otorgado por la Secretaría de Educación Pública y el correspondiente grado de
maestro en antropología por la Universidad Nacional Autónoma de México; obtuvo los reconocimientos de estudiante graduado en los Estados Unidos,
ya reseñados, y el doctorado *honoris causa* en Humanidades que le otorgó la
Universidad de las Américas en México y el de igual calidad en Geografía e
Historia de la Universidad Complutense de Madrid.

Desempeñó cargos académicos y académico-directivos desde 1934 hasta
su muerte, todos en México, en el Instituto Nacional de Antropología e Historia y antes en las dependencias que lo formaron: en el Museo Nacional de
Arqueología, Historia y Etnografía ocupó los puestos de arqueólogo, filólo-
go, etnólogo y jefe del Departamento de Etnografía. También fue director
del Museo Nacional de Historia; fue en seguida director del Departamento de
Investigaciones Históricas, presidente del Consejo de Historia y director del
Programa de Historia Indígena.

La pertenencia a muchas instituciones científicas y académicas testimonia
el reconocimiento a su valor; fue miembro de cuando menos una veintena,

---

[10] Jiménez Moreno, "Mi acceso…", *op. cit.*

como la Sociedad Mexicana de Historia de México, fundador de la Sociedad Mexicana de Antropología, miembro de número de la Academia Mexicana de la Historia y correspondiente de la Real de Madrid, del Seminario de Cultura Mexicana, de la Sociedad Alemana Mexicanista, de la Société des Americanistes de París, de la American Anthropological Association, de la Society for American Archaeology y de la Academia de la Investigación Científica de México, miembro correspondiente de la Academy of the Franciscan History de Washington, del Instituto Gonzalo Fernández de Oviedo de Madrid y de muchas más.

En cuanto a honores, cabe mencionar los dos referidos doctorados *honoris causa*. Fue además objeto de varios nombramientos de profesor honorario, recibió menciones honoríficas y condecoraciones de importantes instituciones.

Dictó incontables conferencias en universidades y centros científicos de México y de muchos otros países; pronunció discursos de los que cabe recordar el de la apertura de cursos en la Escuela Nacional de Antropología e Historia de México en 1949 y el de la clausura de los de la Universidad Internacional Menéndez Pelayo en Santander, España, en 1965. Y presentó ponencias y trabajos en una gran cantidad de reuniones científicas locales, regionales, nacionales e internacionales. Además, formó parte de comités organizadores y directivos para reuniones, de comités directivos permanentes, y desempeñó muchas otras actividades que sería "muy largo enumerar", según reza su *Curriculum vitae*.[11]

II. El entorno académico en las décadas cuarta y quinta

En la década de los años treinta se inició un fructífero periodo de desarrollo y de logros en las instituciones y las actividades académicas en los campos de las humanidades y las ciencias sociales; ese tiempo le tocó vivir intensamente al maestro. Fue el periodo de las dos décadas en que se da su "acceso" a la historia y la antropología. Entre las varias instituciones en las que participó —sociedades, foros, academias y reuniones, y congresos—, tuvo especial significado su obra en la Sociedad Mexicana de Antropología, a la que no sólo perteneció, sino que por las características particulares que tuvo esa institución, que fue núcleo, centro primordial en donde nacieron, se desarrollaron y fueron presentadas muchas de las mejores aportaciones de sus miembros, influyó especialmente en los trabajos del maestro que fueron decisivas contribuciones a la antropología y a la historia mexicanas, sobre problemas de las épocas prehispánica y colonial; hay que precisar que fue especialmente en las mesas redondas y en las conferencias en las que presentó las más valiosas.

[11] Jiménez Moreno, *Curriculum vitae*, 1981.

Aunque en mayor o menor medida sabemos algo de ello, hay que destacar todas las actividades que realizó dentro de la SMA: presentó ponencias, dictó conferencias, realizó actividades múltiples en el funcionamiento, en particular de la mesas redondas. No se olvide que a él y a Miguel Othón de Mendizábal les corresponde el crédito de su origen: ellos concibieron la necesidad de una sociedad de antropólogos, dado el avance académico de la antropología. Comunicaron la idea a don Alfonso Caso, y así, en el otoño de 1937 se reunieron los tres con Rafael García Granados, Paul Kirchhoff y Daniel F. Rubín de la Borbolla para hacer realidad el proyecto de su fundación: lo discutieron, trabajaron y lograron dar vida a la Sociedad en octubre de 1937. La SMA nació en ese periodo de impulso a las instituciones que ya existían y a las nuevas que entonces surgían para organizar, orientar y promover la investigación y la enseñanza de varias disciplinas que se practicaban de manera dispersa, insuficientemente, o que no tenían aún expresión en el país. Esto acontecía bajo signos y circunstancias propicios: no sólo se fundó la Sociedad, también otras academias, se hicieron congresos, se dictaron conferencias, se investigó y se publicó con denuedo, se sistematizó la enseñanza superior, particularmente la de la antropología y la historia. Debe recordarse asimismo que en ese tiempo se fundó también el Instituto Nacional de Antropología e Historia y se reunió en él la enseñanza unitaria de la antropología. El país, gobernado por Lázaro Cárdenas, tuvo entonces instituciones propias para el desarrollo de las ciencias sociales, de las humanidades, porque fue una época en la que se dieron las condiciones para hacer investigación en ciencias humanas, lo que tendería bases firmes para arribar al conocimiento de la fisonomía cultural y a la historia de la identidad social y nacional.

Las primeras actividades de la SMA se concretaron en conferencias, casi con exclusividad, luego disminuyeron porque esta actividad tomó su dimensión y su lugar y porque fueron surgiendo otras tareas. En sus inicios fue importante instrumento para comunicar avances de las investigaciones y realizar confrontaciones que suscitaron polémicas, que produjeron trabajos, los que hubo que publicar, por lo que fue necesario crear la respectiva revista. De las actividades de la Sociedad Mexicana de Antropología derivaron campos de estudio como el de la historia mixteca, de la cual no se contaba con suficiente número de crónicas, pero era rica en documentos pictográficos. Y a partir de trabajos de Mendizábal, Enrique Meyer, Enrique Juan Palacios y Jiménez Moreno sobre Tula se originaron, primero, las exploraciones arqueológicas en la metrópoli tolteca, y a poco andar la primera mesa redonda de la SMA. Todos sabemos qué han sido y cómo son estas mesas redondas, desde la primera que se llevó a cabo en Chapultepec. En ellas se han analizado problemas antropológicos e históricos, redundando en innovaciones temáticas, regionales, generales, metodológicas, teóricas, y se han propuesto hipótesis, se han ofrecido informes, se ha polemizado; en suma, se han logrado avances significativos en las disciplinas de su incumbencia. Varias han sido decisivas, como la mencionada sobre los toltecas, igualmente la de los olmecas, la del norte de México, la del occidente, la de huastecos y totonacos, la de los valles centrales, la de Oaxaca y la de Chiapas; otras que versaron sobre cronología prehispánica o sobre religión, etcétera.

En todas las mesas redondas que organizó la SMA en vida del maestro Jiménez Moreno él participó, a excepción de una. A ellas no sólo asistía, porque, como bien dice Alfredo López Austin,[12] don Wigberto pertenecía a los congresos, e indudablemente así fue, aunque yo creo que más aún a las reuniones de la Sociedad. Por ello fueron muchos los trabajos que en sus foros presentó y publicó, siempre novedosos y de aportaciones significativas. Desde los primeros tiempos de la SMA, los trabajos de investigaciones presentados originaron conocimientos y más trabajos, a veces aparentemente dispersos, pero que a la postre mostraron congruencia y organicidad; ejemplos de ellos son los de Alfonso Caso sobre la citada historia mixteca; algunos de Mendizábal, quien desafortunadamente no pudo producir ya más; varios de Kirchhoff y muchos de otras personas, miembros o participantes. Jiménez Moreno contribuyó ahí mucho al avance del conocimiento sobre los toltecas, los olmecas históricos, los chichimecas, los tarascos, los grupos del norte de México, o bien, de la historia de Guerrero, de Veracruz, de los señoríos del valle de México y de los valles circunvecinos; de religión, de conquistas y de colonización; unos acerca de la época prehispánica y otros sobre los tiempos coloniales.

III. Docencia

La carrera docente del maestro Jiménez Moreno duró 55 años; empezó —como ya apuntamos— en 1930 como profesor en la secundaria, en la preparatoria y en la Normal de León, escuelas en las que sirvió hasta 1933. En el siguiente año, cuando vino a la ciudad de México, enseñó en el Museo Nacional de Arqueología, Historia y Etnografía hasta 1938; también en la Facultad de Filosofía y Letras de la Universidad Nacional Autónoma de México en la sección que entonces tenía de Ciencias Históricas y Geográficas, desde 1936, y desde 1937 en la Escuela Nacional de Ciencias Biológicas del Instituto Politécnico Nacional. Los cursos y carreras que se ofrecían en estas tres instituciones se fundieron entre 1940 y 1942 para constituir la Escuela Nacional de Antropología e Historia, en la que desde luego, en forma automática, fue maestro hasta su muerte. También lo fue en la Escuela de Verano

---

[12] Alfredo López Austin, "Semblanza de Wigberto Jiménez Moreno...", en *Antropológicas*, núm. 3, México, 1989, p. 87.

de la Universidad Nacional por varias décadas y en la Universidad de las Américas desde que era el Mexico City College, y por cortas temporadas en la Universidad Iberoamericana, en El Colegio de México y en otras instituciones de enseñanza superior del país.

En el extranjero impartió cursos en los departamentos de Antropología de las universidades de Texas, Illinois, Minnesota, Wisconsin, Arizona y California en Los Ángeles; en el Departamento de Historia de la de Wisconsin y en Tulane, en 1979, dio la Cátedra Extraordinaria Andrew Mellon; y en sus últimos años, en León, impartió clases a posgraduados del Colegio de El Bajío, que fue fundado y dirigido por él mismo.

En esta larga carrera docente de más de medio siglo no es común, como él mismo afirmó, introducir "...en el estudio del náhuatl y de la historia antigua de México y la etnohistoria a una... constelación de discípulos... tanto de México como de los Estados Unidos, Hispanoamérica, España, Francia, Inglaterra, Holanda, Alemania y Japón".[13]

Indudablemente así fue, pero la institución en la que su trabajo fue permanente y continuo, amplio y fructífero, que es el que mejor conozco y que atañe tanto a la historia como a la antropología mexicanas, fue la Escuela Nacional de Antropología e Historia. Allí pasamos por sus cursos cientos de alumnos, allí formó a los más de sus discípulos, allí contribuyó a la formación general de muchos antropólogos mexicanos y de otras latitudes que concurrían a estudiar en la ENAH, y no sólo contribuyó a formar a los que se dedicaron a especialidades de enfoque histórico, también a los de etnohistoria, la que introdujo en la escuela con el apoyo de sus autoridades, de maestros y alumnos, y no como un enfoque, mucho menos como algo circunstancial: insistiendo en el estudio de esa disciplina a poco se formalizó como subespecialidad, que más tarde configuró la especialidad que hasta ahora existe. Allí fue repetidas veces consejero técnico, jefe de varias especialidades; llegó a ser el decano y como tal también fue director.

De los varios cursos que impartió en la escuela, el de Historia Antigua de México y el de Orígenes y Caracteres de la Cultura Mexicana marcaron hitos, en ellos demostró su sabiduría e hizo patente su vasta información, así como su procesamiento y elaboración, y en ellos también sintetizó mejor sus interpretaciones de la historia mexicana.

Su curso de Historia Antigua de México cubría la temporalidad del Horizonte Posclásico, del que aparte de varias otras evidencias hay noticias escritas para documentarlo; ámbito temporal cuyo estudio llevó más atrás, a un periodo transicional que él llamó Epiclásico, lo que presentó y analizó en su trabajo sobre la historia pretolteca. El espacio de su materia de conocimiento fue el de los valles centrales del altiplano mexicano, la región vera-

---

[13] Jiménez Moreno, *Curriculum vitae*, 1981.

cruzana, la Mixteca, de Guerrero a Michoacán y el Occidente. Los grupos de ese desarrollo histórico fueron los olmecas históricos, los toltecas, los mixtecos, todos los epigonales de Tula, los del reino de Michoacán, totonacos y huastecos, y mexicas y chichimecas, que ingresaron entonces en el ámbito mesoamericano.

Los problemas tratados en el curso eran muchos, tanto en la consideración de los hechos como en la identificación de personas y lugares; de éstos muchos tuvieron relevancia, ya que fueron los que enmarcaron y aclararon los hechos. Esto se discutía ampliamente en el curso, así como la difícil cronología, asunto de especiales particularidades, en el que explicaba los modos de fechamiento de acontecimientos; igualmente el intrincado tema de los dos discursos paralelos, que se insertan y se entrecruzan en las fuentes y que complican enormemente, aún hoy día, la explicación de la historia mesoamericana: el histórico propiamente dicho y el mítico. También tenía un lugar especial el intento del maestro por reducir a una realidad asequible la forma de concebir el universo y la construcción simultánea de la historia entre los mesoamericanos. Los problemas de las relaciones interétnicas de las multiétnicas comunidades prehispánicas estuvieron muy presentes en sus explicaciones; también los movimientos de población de los muy dinámicos grupos sociales de los periodos Epiclásico y Posclásico; así también los resultados de la organización estatal, ya de por sí compleja, de los poderosos señoríos que practicaban la expansión y el dominio sobre otros a los que subordinaban y expoliaban.

El otro curso, el que llevaba el título de Orígenes y Caracteres de la Cultura Mexicana, fue una magna síntesis de la historia de la cultura mexicana, de su contexto y de sus vertientes originales: las dos historias, la mesoamericana y la hispánica, desde sus tiempos más remotos hasta los primeros contactos en el siglo XVI, primero, y después el análisis de la síntesis cultural que se conformó en los siglos de la Colonia. Se veía en ese curso: la historia antigua mexicana, la Conquista, la expansión colonizadora, sus motivos, sus actores, la violencia, el sometimiento, la conversión y los nuevos asentamientos y, naturalmente, las manifestaciones de la nueva cultura. Era un curso ambicioso que sólo pudo concebir y realizar el poseedor de una amplia información y de una cultura como las del maestro, histórica y antropológica, sólida y universal. Impartió otros cursos de suma importancia, como los de náhuatl clásico, que eran muy rigurosos y exigentes, expuestos con la técnica y metodología del lingüista, y el Seminario de Historia Antigua de México, en el que se analizaban las fuentes históricas, su manejo, su comparación, y se realizaba la crítica tanto de su contenido como de sus relaciones historiográficas.

Esos cursos constituyeron el núcleo de sus actividades académicas: los nutría permanentemente de vasta información, los mantenía al día con permanente renovación. De ellos surgieron propuestas, planteamientos de problemas, discusiones, conclusiones e interpretaciones que enriquecían su trabajo de investigación, lo que a la vez alimentaba los cursos. Esto, que por sí solo pudo ser suficiente en su historia académica, adquirió mayor relieve por las dotes que tenía para la explicación, las que lo identificaron como un excelente maestro que transmitía óptimamente su sabiduría, sin limitaciones, abiertamente, con honestidad y con pasión, aparte de que nunca gravaron su carrera docente ni la eventualidad ni la improvisación.

IV. La investigación del México prehispánico

Para el trabajo de investigación del México prehispánico, Jiménez Moreno se enfrentó a la multiplicidad de problemas que entraña la reconstrucción de su historia y su cultura, desde el manejo y uso de las fuentes, llenas de incongruencias y fragmentarias no sólo porque las prehispánicas fueron etnocéntricas, puesto que surgieron del poder estatal fuertemente centralista, tal como correspondía al grado de desarrollo de los grupos mesoamericanos, sino igualmente porque están muy mezclados los registros históricos con el intrincamiento religioso. El registro contiene versiones contradictorias, confusas, particularmente las que fueron recuperadas en la época colonial temprana, debido a que el orden y la congruencia se habían perdido durante la destrucción en la conquista y en la mengua de los que hacían la historia: sacerdotes y especialistas de las instituciones, y porque los registros que quedaron ya no fueron "declarados" correctamente, o bien porque quienes documentaron esa historia no la comprendían bien a bien.

La crítica de las fuentes es indispensable y don Wigberto aceptó el desafío, tanto en las investigaciones como en sus cursos especializados: el Seminario de Análisis de las Fuentes de la Historia Antigua de México y el de Historia Antigua, así como los cursos de Náhuatl. Los problemas que enfrentó fueron muchos, como la identificación de lugares, la determinación de si existieron realmente, sobre todo de los que presentaban cierta ambivalencia: una existencia real y una mítica; de aquellos que se repetían; los de las rutas de las migraciones, los de las conquistas, que hubo que localizar y fijar; los que determinan territorios étnicos y los de unidades políticas; también tuvo que identificar lugares desaparecidos y otros más.

Un problema de capital importancia fue el de la cronología, uno de los más arduos y que menos entendieron los cronistas, cuyo sistema interesó pero no fue debidamente usado ni esclarecido, por el registro mismo y por sus implicaciones religiosas. Fue éste uno de los temas en los que más profundamente penetró el maestro y en el que logró hallazgos que hicieron luz en la ingente necesidad de poner orden en el tiempo histórico, dimensión demasiado embrollada en las fuentes históricas, y también porque si el calendario mesoamericano fue uno solo, no ocurrió lo mismo con la utilización de las fechas históricas entre los diferentes grupos, que las aplicaron en forma etnocéntrica y con distinto comienzo del año. El asunto se complica otro tanto por la falta de una cuenta histórica en casi toda Mesoamérica, excepción hecha del área maya, pues de estas circunstancias se derivó la falta de entendimiento del ciclo secular por parte de los cronistas. Desde que el maestro descubrió la diferencia entre las fechas "mixtecas" y las "mexicas" en el *Códice de Yanhuitlán* al considerar las tres formas de comienzo del año, planteó que en las fuentes había fechas diferentes en los sistemas "mixteco", "mexica" y "texcocano"; si de momento esto causó estupefacción, luego hubo una mayor comprensión. Él y Paul Kirchhoff, que también investigaba el problema, esclarecieron en gran medida este difícil tema.

El mito, otro de los problemas que presentan las fuentes, fue abordado por el maestro Jiménez Moreno con especial interés, para entender el mito mismo y para comprender y explicar su inserción y su función en el discurso histórico. Espigó y bordó acerca de este tema, por ejemplo, sobre el mito de la creación, conocido como el de "los soles cosmogónicos", y su función como norma y medida de las eras históricas, específicamente en el fin de la teotihuacana y el comienzo de la tolteca, ya histórica. Con la figura de Quetzalcóatl "se apasionó": hombre y dios de la historia y de la religión mesoamericanas y protagonista en los hechos del comienzo del señorío tolteca en Tula y de su propio fin; la historia mezclada con explicaciones míticas que Jiménez Moreno interpretó y trató de "traducir" al tiempo histórico. Estos temas son ejemplo de cómo el maestro daba al mito validez de discurso histórico, razón por la cual se empeñó en explicarlos y en separarlos.

V. LA HISTORIA PRECOLONIAL

El propósito de hacer la historia precolonial de México fue preocupación de toda la vida de don Wigberto, pero no sólo de él: fue un tema que todo el mundo abordó hacia 1950, y poco después hubo señales de que se realizaría esa tarea; él mismo dio cuenta de ello cuando hizo el inventario de los estudios de historia antigua que se habían hecho entre 1937 y 1950, trabajo que publicó en los *Anales del Instituto de Antropología* de 1952. Enumeró ahí los trabajos de Robert H. Barlow, y aludió en particular a dos que por entonces elaboraba este autor: una historia de Chalco, y otra de Huejotzingo en el siglo XV, que, según dice, correspondían a la proyectada historia precolonial que iban a escribir Barlow y Jiménez Moreno. El proyecto no se realizó por la muerte del primero en 1951. No obstante el tropiezo, el maestro agrega en el mismo artículo de 1952 que está ya "empeñado en redactar su *Historia precolonial de México*"[14] y que contaba para ello con la ayuda del director del Instituto Nacional de Antropología e Historia; la intención continuó y el proyecto incluyó a poco —en 1953— a becarios que empezaron a hacer estudios de especialización en la Escuela Nacional de Antropología e Historia, que eran pasantes de la Facultad de Filosofía y Letras de la Universidad; con ellos integró un grupo que trabajaría con él. Se empezó con cursos que él señaló, varios fueron de los que impartía en la Escuela; el programa se cumplió entre 1953 y 1955, pero los becarios tomaron su propio rumbo, y al parecer el proyecto se abandonó. Empero, los trabajos sobre historia precolonial que el maestro publicó antes y después de esos frustrados proyectos, al conjuntarlos en su bibliografía, producen una satisfactoria sensación de totalidad, porque los trabajos principales, esas decisivas aportaciones, junto con otros de menores dimensiones, pero importantes también —monográficos, regionales, bibliográficos e instrumentales y sus "síntesis", "textos" y "manuales"—, constituyen un conjunto que podemos llamar sin exageración la "Historia precolonial de México" de Wigberto Jiménez Moreno. Cubren el ámbito territorial de Mesoamérica casi en su totalidad, e incluyen en sus límites temporales tres mil años de historia —desde el Horizonte Preclásico Inferior hasta el choque con los españoles—. El conjunto, al que no me referiré pormenorizadamente —sólo a lo más significativo para justificar esta idea—, es el siguiente:

Empieza con el *Códice de Yanhuitlán* (1940), documento cuyo contenido se refiere a la época colonial, pero que aporta información para reconstruir la historia mixteca prehispánica, y que, ante todo, durante la investigación Jiménez Moreno encontró las claves cronológicas con las que se inició el discernimiento de la compleja y muy étnica manera de fechar, no sólo de los *ñusabi*, sino también de mexicas, texcocanos y otros grupos más. Con posterioridad completó con este trabajo, además de otros, lo que denominó "Estudios mixtecos".[15]

Siguió, en orden cronológico, su trabajo "Tula y los toltecas según las fuentes históricas", de 1941, presentado en la Primera Mesa Redonda de la Sociedad Mexicana de Antropología; el trabajo se originó en 1938, "cuando a raíz de un debate con Mendizábal propugné la correcta identificación de Tula, que era costumbre confundir con Teotihuacán".[16] El trabajo sirvió para establecer cuál fue la Tula de las fuentes, que fue la metrópoli tolteca, lo que produjo una historia más correcta y objetiva, ubicada en el principio del último periodo de desarrollo prehispánico, y dio lugar asimismo a una serie

---

[14] Jiménez Moreno, "Los estudios de historia precolonial de México (1937-1950)", *Anales del Instituto Nacional de Antropología e Historia*, t. IV, núm. 32, México, 1952.

[15] Jiménez Moreno, "Estudios mixtecos", *Vocabulario en lengua mixteca*, por fray Francisco Alvarado, México, 1962.

[16] Jiménez Moreno, "Mi acceso...", *op. cit.*

de trabajos, como la larga serie de excavaciones arqueológicas que fijaron finalmente el parteaguas cultural y cronológico entre dos épocas distintas.

Siguió otro trabajo muy cuidadoso, basado en un análisis hecho con mucho rigor de las fuentes escritas, que también estableció diferencias culturales entre grupos distintos en el tiempo, que en las fuentes se registraban erróneamente como contemporáneos, el de los creadores de los monumentos que habían ido apareciendo en una zona del sur de Veracruz y el occidente de Tabasco, y los grupos que habitaban esta región en el periodo Posclásico: ése fue el trabajo sobre los olmecas, que consta de dos partes, una de ellas presentada en 1942 en la mesa redonda "Relación entre los olmecas, los toltecas y los mayas",[17] y otra representada por el ensayo del mismo año "El enigma de los olmecas".[18] En estos trabajos Jiménez Moreno aclaró que los olmecas de las fuentes históricas escritas eran distintos y más recientes que los que ya eran llamados "olmecas" por investigadores norteamericanos a partir de sus monumentos, localizados casi en la misma área de los anteriores: se trata de aquellos que los arqueólogos denominaron después "olmecas arqueológicos". De este problema "olmeca" trató toda la reunión mencionada. Los arqueólogos norteamericanos fecharon en el Clásico esa cultura arqueológica, mientras que Jiménez Moreno, apoyado por Alfonso Caso y Miguel Covarrubias, sostuvo que esos olmecas (los de los monumentos) eran más antiguos, posición que "fue vigorosamente enfrentada por los norteamericanos hasta los años sesenta, cuando el fechamiento con radiocarbono y las nuevas excavaciones aclararon que los mexicanos tenían razón".[19] Empero, para Jiménez Moreno el "problema olmeca" no fue sólo un asunto arqueológico de temporalidad: él pudo separar en su trabajo de 1942 a los olmecas del sureste —los llamados después "arqueológicos"— de los del altiplano que cobraron importancia hacia los siglos XII y XIII, y a los que luego llamaron "históricos". En suma, este trabajo "no solamente jugó un papel determinante en nuestra concepción actual de la cultura olmeca, sino de Mesoamérica en general", y al ser confirmada la tesis del maestro en 1959 se convirtió en un artículo "clásico" "que es testimonio de la amplia visión de Jiménez Moreno respecto de la historia… de Mesoamérica".[20]

En corto tiempo el maestro había logrado despejar incógnitas, aclarar confusiones y separar grupos decisivos en la historia antigua que no habían

[17] Jiménez Moreno, "Relación entre los olmecas, los toltecas y los mayas, según las tradiciones", *Mayas y olmecas*, Sociedad Mexicana de Antropología, Segunda Mesa Redonda, México, 1942.
[18] Jiménez Moreno, "El enigma de los olmecas", *Cuadernos Americanos*, año I, núm. 5, México, 1942.
[19] John Paddock, "Mesoamerica before the Toltecs", introducción a la Parte I, *Ancient Oaxaca*, Stanford, 1966, p. 1.
[20] Paul Schmidt, "Acerca del autor y la obra", prólogo a *El enigma de los olmecas, Reimpresos 2*, México, UNAM, Instituto de Investigaciones Antropológicas, 1979.

sido contemporáneos, y se supo entonces que la dimensión temporal y la profundidad histórica de las culturas mesoamericanas correspondían a tiempos más antiguos.

Los trabajos continuaron, ahora sobre tarascos, xaltocamecas, texcocanos y tlaxcaltecas, y formaron parte del *corpus* de su obra de historia prehispánica, en el que quedaron incluidas las ediciones informales de las notas de su clase de Historia Antigua, que eran mimeográficas y conocidas del maestro, las cuales muestran las novedades, los avances, las interpretaciones y conclusiones; de ellas hay varias ediciones, de 1949, 1953, 1956, 1959, 1961.

Un cuarto trabajo, presentado en la mesa redonda de 1954, fue la "Síntesis de la historia precolonial del valle de México". Es importante, comprende la historia del valle desde los toltecas hasta los mexicas, y naturalmente no se limita sólo al valle central, sino que se extiende a los valles circunvecinos y otras regiones adyacentes. La dimensión temporal abarca todo el Horizonte Posclásico, la era del Quinto Sol y la de los toltecas. Empieza el trabajo revisando los acontecimientos más antiguos, fechados, que se ubican en la transición del Horizonte Clásico: es la época de los pipiles que abandonan el altiplano mexicano, de los olmecas xicalancas y Cholula, acontecimientos que forman el preludio de la "historia escrita" de los valles centrales; continúa con la historia de la "Gran Tula", de 908 hasta 1184 d. c., según la cuidadosa cronología ajustada por el mismo Jiménez Moreno. Fija esa historia en sus tres periodos, desde Mixcóatl hasta Topiltzin; continúa con la historia del valle en su segunda etapa, la de los chichimecas y de los nuevos grupos inmigrantes, hasta el ascenso y hegemonía de Azcapotzalco y su derrota (1427-1432), y la tercera etapa la llenan los mexicas y los señoríos del valle poblano-tlaxcalteca. Revisa las crisis intermitentes de esa historia manifestadas en la diáspora tolteca, producto de crisis agrícolas; la derrota tepaneca, causada por crisis políticas, y las crisis mexicas, hasta la final: la conquista europea. Las señala como referencias pero a la luz de la tesis de "la muerte de los imperios", de Arnold Toynbee.

Con estos estudios logró Jiménez Moreno reconstruir un completo y buen escenario de una historia antes recreada de manera fragmentaria o incompleta, cronológicamente ajustada en forma artificial y bastante limitada a toltecas y mexicas. Había ya discutido problemas que, según vimos, discernió con éxito; faltaba ampliar esa historia hacia el pasado, para unirla con la ya bastante conocida por la arqueología; historias que con frecuencia solían construirse por separado.

Con su trabajo "Síntesis de la historia pretolteca", que él llamó "bosquejo", "a grandes rasgos"... del desarrollo cultural mesoamericano, dio amplitud temporal y espacial a esa historia, llevándola a una extensa revisión y recreación desde los tiempos en los "que empieza a fabricarse acá la cerámica", es decir, desde 2000 a. c. hasta 800 o 900 de nuestra era; se trata de una historia que abarcó ya unos tres mil años, la que, además, hizo comparable con la de otras culturas de la Antigüedad.

La historia pretolteca se extiende desde el Horizonte Preclásico —de agricultura ya y de tiestos— hasta el fin del Horizonte Clásico (ruptura del orden clásico) y principios del Posclásico (época ya estatal y militarista), es decir, llega sólo hasta el advenimiento de los tolteca-chichimecas con Mixcóatl al frente.

Para su historia pretolteca, sus principales testimonios no fueron tanto los escritos como los proporcionados por los materiales arqueológicos; la reconstruyó y escribió con gran responsabilidad profesional, en consulta permanente con los arqueólogos Alfonso Caso, Ignacio Bernal y Eduardo Noguera, principalmente, y acudiendo a los trabajos más adecuados, pertinentes y recientes entonces. El trabajo se publicó en 1959;[21] esa historia mesoamericana llega hasta la caída del periodo Clásico y principios del Posclásico.

Con estos estudios y los señalados, la historia precolonial de México estaba bastante completa, incluso con sus marcos de referencia y sus interpretaciones, que pronto se publicarían en el libro de 1962 *Historia de México. Una síntesis*. Finalmente, la unidad y el tratamiento total los haría, en forma muy sintetizada pero muy completa, en un texto para enseñanza media escrito en colaboración con María Teresa Fernández y que se publicó en 1963, trabajo que tiene importancia en la historiografía como una historia mesoamericana.[22]

VI. La historia colonial

De los temas sobre el México prehispánico Jiménez Moreno se ocupó durante mucho tiempo. Da la impresión de que les dedicó mayor atención, pero no fue así: dedicó tiempo suficiente a la historia colonial, de la que hizo importantes investigaciones. Para rastrear los variados temas de esa historia fue a los archivos, y también los allegó mediante programas de rescate: los municipales, los parroquiales y los regionales; su interés lo dirigió a la conquista española, pero más a la colonización, principalmente la de la "Zona Intermedia" y la de las extensas y lejanas tierras norteñas. Utilizando también las disciplinas antropológicas, sus esquemas, sus conceptos y sus temas, se ocupó primero de la conquista del centro del país, luego de su extensión hacia los territorios norteños y occidentales que formaron lo que hoy llamamos "Mesoamérica marginal", y luego de las campañas en las que los europeos empezaron a penetrar en el norte, en terrenos de los grupos nómadas. En las investigaciones sobre esa historia de algo más de 50 años que duró

[21] Jiménez Moreno, "Síntesis de la historia pretolteca de Mesoamérica", *Esplendor del México antiguo*, México, 1959.

[22] Wigberto Jiménez Moreno y María Teresa Fernández, *Historia de México*, México, 1963.

su conquista, destacó los problemas principales, entre ellos el de la extensión real de Mesoamérica, lo que era el mundo de los sedentarios y el de los nómadas, y reconstruyó, clasificó y ordenó los problemas a la luz de las particularidades con las que definía uno de los "dos Méxicos". Se ocupó también, ampliamente, de la lenta y tardada ocupación de Aridamérica. También fueron estos temas objeto de trabajos presentados en las mesas redondas, en la tercera y en la serie de tres que tuvieron lugar en ciudades norteñas, aunque no sólo allá. En ellos se ocupó de la vasta temática de tan grande ámbito temporal y tan extenso espacio territorial: de Guanajuato, de su historia y del significado histórico que tuvo debido a su posición geográfica y a su pujante desarrollo regional; de Zacatecas y su importancia por la economía que se consolidó en la región con el establecimiento de la minería, de las comunicaciones y del desarrollo ganadero; de Durango, de Chihuahua, de Coahuila, de Nuevo León y de San Luis Potosí; de los centros mineros y de las villas y pueblos de productores asignados al apoyo de la explotación minera, así como de las comarcas que les dieron soporte; también del exterminio de los nómadas, de las dificultades en el control de esos extensos territorios; de la distinta y ardua evangelización, y de muchos otros temas. Una buena cantidad de sus trabajos sobre esa temática, los más importantes tal vez, fueron recopilados en *Estudios de historia colonial* de 1958.[23]

VII. Los conceptos de áreas culturales y de desarrollo histórico en la historia de México

El maestro Jiménez Moreno contribuyó a la sistematización como concepto del área geográfico-cultural denominada "Mesoamérica", que ha tenido gran éxito y ha sido de inmensa utilidad; y a pesar de que últimamente se ha puesto en duda su vigencia, permanece indemne, tal vez porque hasta ahora ha sido insustituible en los estudios prehispánicos. Propuso asimismo otros conceptos similares, culturales unos, históricos otros, es decir, de distribución de rasgos culturales y de desarrollo histórico.

Mexamérica

Basado en sus estudios sobre los grupos del norte, Jiménez Moreno propuso otra categoría geográfico-cultural de mayor alcance histórico y territorial que la de Mesoamérica, la que podríamos considerar una macroárea, y a la cual llamó "Mexamérica";[24] él la consideraba más comprensiva, realista, útil

---

[23] Jiménez Moreno, *Estudios de historia colonial*, México, Instituto Nacional de Antropología e Historia, 1958.

[24] Jiménez Moreno, *From Mexamerica to New Spain*, Tulane University, 1980.

y necesaria para el estudio y entendimiento de la historia prehispánica y colonial; de la cultura anterior a la Colonia comprendería Mesoamérica, Aridamérica y Oasisamérica, que así se extendería desde Centroamérica hasta lo que finalmente llegó a ser más o menos la frontera septentrional de Nueva España; aunque su uso no prosperó, parece útil para los estudios de los indios americanos de ese extenso territorio, anteriores a la presencia de los europeos.

La Zona Intermedia y los Dos Méxicos

Para el maestro, estas categorías no sólo tuvieron sentido metodológico, también lo tuvieron como concepto histórico, y fueron importantes en su concepción de la historia de México. El tema, como es de suponerse, no es ajeno a sus actividades en la Sociedad Mexicana de Antropología; por más que las categorías parecen muy históricas, las derivó de varios trabajos suyos originados en las mesas redondas; la que llamó "Zona Intermedia" la elaboró partiendo de la consideración de los componentes biológicos y culturales que entraron en juego en esa área durante la Colonia y sus resultados en el mestizaje y la dinámica económica y sociocultural. Basándose en estos procesos planteó lo diferente que fue del resto del país.

Otra categoría fue la de los "Dos Méxicos", la cual la estableció a partir de las diferencias entre los resultados, por un lado en lo que había sido Mesoamérica, con los colonos frente a los indios sedentarios, de comunidad, y por otro el norte con su sociedad excluyente, con pobladores hispánicos y los indios, antes nómadas, languideciendo y acabándose en una colonización que no pudieron soportar y que acabó exterminándolos; a ésos los llamó los Dos Méxicos, uno al sur y otro al norte, indígena el primero, hispano el segundo; dos universos que para él no siempre se han entendido, entre cuyas diferencias ha desempeñado un papel relevante la porción del país entre ambas áreas, precisamente la ya mencionada Zona Intermedia, en la que percibía que se habían dado procesos determinantes en nuestra historia. Esta área, que durante la Colonia quedaba en la llamada "Tierra Adentro", según el maestro abarcó un territorio que de norte a sur se extendió entre San Luis Potosí y Pátzcuaro, y de oriente a poniente desde Querétaro hasta Guadalajara. Él concebía que en ella se había generado y desarrollado el México mestizo, nacional, cuya conciencia fue la fuerza principal, telúrica, de la historia del país, lo que fue, además, lo singular y original. Ésta es en realidad parte importante de la interpretación que tenía de la historia mexicana.

Porque el maestro fue originario de esa región, se ha sugerido que la categoría es esencialista; sin embargo, creo que no es así. Él conocía objetivamente la historia de la región y por eso la concebía como resultado de la convergencia de causas y fuerzas de su propio desarrollo que convirtieron aquel territorio en el escenario de procesos decisivos. Por esto, y por muchos argumentos más de Jiménez Moreno, puede concluirse que esta idea sobre la importancia de la Zona Intermedia y su papel sobresaliente en asuntos primordiales del desarrollo histórico de México no parece elaboración subjetiva ni provincianista, sino que debe considerarse una interpretación objetiva y crítica de la realidad que allí se dio durante toda la Colonia, a la que él aludía frecuentemente en sus escritos y en sus clases: el importante desarrollo económico y social, que conformó una región próspera a la que el maestro llamaba también el "Crisol de la Nacionalidad". El privilegio que dio en sus investigaciones a Guanajuato, especialmente al Bajío y a León, como lo demuestran varios de sus trabajos generales y el grupo de sus historias regionales, no sólo se debe al hecho de que fuera oriundo de la región, y esto hay que entenderlo en el contexto de la concepción que tenía de la historia de México.

Fisiografía, cultura y carácter

También le interesó profundamente la consideración del territorio, su fisiografía y la ecología (desde antes de que este asunto se pusiera en boga) y su influencia en los pobladores, y, naturalmente, las diferencias y diversidades que veía en éstos. Sin ser geograficista,[25] sí consideraba la reciprocidad y la interacción del hombre y el medio. Fisiográficamente diferenciaba el altiplano mexicano de las dos penínsulas y éstas entre sí, y así razonaba sobre los diferentes papeles de sus pobladores en cuanto a cultura y desarrollo e historia. Consideraba bastante distintos en conducta y en espíritu a los pobladores de la costa del Golfo de los de la costa del Pacífico, y a su vez a los del altiplano; los veía diferentes y contrastantes en sus respuestas individuales y colectivas y realizando papeles diferentes y hasta opuestos en la historia, y aun adujo, entre otros argumentos, las representaciones formales, de las que infería las actitudes, y formuló las correspondientes paradojas de nuestra historia, conocidas por todos; con ellas explicaba "las fuerzas telúricas" que producían "los bruscos cambios sociales" y las revoluciones las comparaba con volcanes en actividad, y así explicaba la ansiedad y zozobra de los mexicanos y los movimientos revolucionarios.[26] Esto en buena medida se relaciona con la corriente de la antropología norteamericana de cultura y personalidad, con las propuestas de Samuel Ramos y Octavio Paz y con algunas de las ideas de los integrantes del grupo Hiperión, aunque hay que señalar que él no fue propiamente seguidor de esa corriente. El "juego de metáforas y oposiciones", dice Alfredo López Austin, "nos revela un sentido

---

[25] Jiménez Moreno, *Historia de México. Una síntesis*, México, 1962.
[26] *Ibidem.*

más profundo: la idea que tiene de sí y de su obra".[27] Haya sido así o no, se trata indudablemente de una interpretación singular, convertida por cierto en apasionado discurso.

Su concepción de la historia

El maestro Jiménez Moreno fue poco explícito en lo que concierne a una concepción teórica de la historia; sin embargo, fue lo suficientemente claro y conciso al respecto en el "Prólogo" a su *Historia de México,* el texto de 1963.[28] Ahí afirma que la historia tiene naturaleza dual: "es, por un lado, registro de sucesos importantes, y, por otro lado, explicación del pasado". Agrega que por las necesidades actuales de entender el pasado se ha vuelto "una disciplina eminentemente explicativa" con la que se cuenta para manejarlo mejor.

En su concepto, de la explicación del pasado se derivarán y formarán ideas y conceptos para conocer —mediante la reflexión— ese pasado, para volverlo inteligible, para pensar atinadamente y llegar a definiciones "conceptuales" de fuerzas, causas y hechos "de índole histórica".

Pero no se trata sólo de registrar sucesos para la memorización, sino que "la historia… como las demás ciencias… se propone… volver inteligible el pasado y facilitar el pensamiento acerca de… sus problemas".

En esta síntesis de su idea de la historia en general se enmarca su actividad intelectual y profesional, que consistió en ver "el desarrollo histórico mexicano a través de amplios panoramas, de horizontes muy vastos…",[29] lo que se tradujo en grandes esfuerzos, no sólo para aclarar y desentrañar problemas y convertirlos en conceptos y discursos de explicación histórica, sino que luchó por llegar a una historiografía menos pasional,[30] no tan cargada de ideología, de interpretación más serena. Así, no se inclinó unilateralmente hacia ninguna de las dos vertientes principales de nuestro desarrollo histórico, como frecuentemente ha sucedido, de manera que ni fue indigenista acrítico ni agudo hispanista; entendió como casi nadie las culturas mesoamericanas y también la de los pobladores del norte, naturalmente a los de la Zona Intermedia, así como las diferencias de unas y otros, pero también conoció profundamente las culturas hispánicas y sus componentes históricos: la de los antiguos pobladores de la península ibérica, el papel de las culturas clásicas y de las arábigas, y comprendió ampliamente la diversidad religiosa, de pensamiento y de creación. Por su conocimiento de lo europeo y

[27] Alfredo López Austin, *op. cit.,* p. 90.
[28] Wigberto Jiménez Moreno y María Teresa Fernández, *op. cit.,* "Prólogo", pp. XVII-XVIII.
[29] Ernesto de la Torre, *op. cit.,* p. 315.
[30] Alfredo López Austin, *op. cit.,* p. 87.

de lo americano, sobresale entre sus ideas el vital planteamiento de la necesidad de revisar serenamente los conflictos y las contradicciones en la Conquista, la Colonia, la Independencia y el siglo XIX, y hace una especial referencia a la supresión que de nuestra historia del pasado colonial marcó a nuestra historiografía. Percibió como necesaria esa revisión para no dejar de lado ninguno de los componentes que integran nuestro proceso histórico, y menos aún aniquilando a alguna de las partes que confluyeron y participaron en el largo proceso de nuestro desarrollo cultural.[31]

Muchos temas sobre la extensa obra de don Wigberto Jiménez Moreno quedan desafortunadamente fuera de este trabajo, en espera de mejores análisis y mayor espacio.

Entre los pendientes queda un problema, que es de algún modo una interrogante: ¿a qué corriente de pensamiento histórico podría adscribirse el maestro? En antropología hay una respuesta evidente: a la antropología cultural, predominante ya desde el tiempo en que él fue a Harvard, y concretamente la corriente del cambio, lo que se podrá sostener ampliamente a partir de todos sus escritos. Pero en cuanto a la historia, no es fácil identificarlo con alguna corriente, pues en eso fue menos explícito; debido a su objetividad y al irrestricto respeto por la cultura de los diferentes, especialmente en lo relativo a credos y pensamientos, resulta difícil, de momento, cualquier conclusión; a reserva de precisar y profundizar las reflexiones sobre su obra global, por ahora hay que conformarnos con indicios que apuntan en alguna dirección. Por una parte, hay que recordar su coincidencia con la tesis de Toynbee sobre "la muerte de los imperios",[32] al reseñar las crisis periódicas que hubo en el valle de México, desde la que produjo la diáspora tolteca hasta la de la caída de Tenochtitlán en 1519-1521. Por otra parte, hay que recordar sus interpretaciones sobre la caracterización de los distintos pobladores en la historia de las varias partes del país, que coinciden con temáticas similares de los estudios sobre México y lo mexicano, que, como ya advertí, en este momento parecen sólo coincidencias, pues aunque no se adscribió a esa corriente, sí influyeron decididamente en sus interpretaciones *El perfil del hombre y la cultura en México* de Samuel Ramos (1938) y *El laberinto de la soledad* de Octavio Paz (1950); otro indicio es su enfoque generacional a la manera de Ortega y Gasset en la *Historia de México;*[33] ¿confluencias o influencias?

[31] Jiménez Moreno, "Origen y desarrollo de la Escuela Nacional de Antropología e Historia", *Revista Mexicana de Estudios Antropológicos*, t. X, p. 141. "Cincuenta años de historia mexicana", *Historia Mexicana*, t. I, núm. 3 (3), p. 454. *Historia de México. Una síntesis*, pp. 30-31. "Prólogo", *Historia de México*, pp. XVIII-XIX. Alfredo López Austin, *op. cit.*, pp. 87-88. Ernesto de la Torre, *op. cit.*, pp. 315-317.

[32] Jiménez Moreno, "Historia precolonial del valle de México", *Revista Mexicana de Estudios Antropológicos*, t. XIV, Primera Parte, México, 1954-1955, p. 235.

[33] Jiménez Moreno, *Historia de México. Una síntesis*, pp. 123-132, y *El enfoque generacional en la historia de México*, México, 1974.

Finalmente, cabe considerar también su propio testimonio, que está en el último párrafo del discurso que pronunció el 16 de junio de 1978 en la Universidad de las Américas, con el que hizo reconocimiento a todo lo que posibilitó "su acceso" a la historia y a la antropología. Especificándolo puntualmente, se refirió primero "al lugar donde nací, la circunstancia[34] y el momento en que me formé"; en segundo lugar, a "la familia de que procedo"; en tercero, a "la rica herencia cultural del México vigoroso, proteico e imperecedero al que pertenezco"; y en cuarto lugar, "por sobre todo, la ayuda de la inteligencia suprema que rige el universo, padre de la hermandad de los hombres de todas las razas, lenguas, naciones e ideologías".[35] Es decir, a su terruño, su familia, su país y, sobre todo, a Dios; lo cual es del todo congruente con su persona, su espíritu intelectual y su credo.

BIBLIOGRAFÍA

De la Torre, Ernesto, "Wigberto Jiménez Moreno (1909-1985) y su bibliografía antropológica e histórica", *Historia Mexicana*, vol. XXXV, núm. 2, México, El Colegio de México, 1985.

Jiménez Moreno, Wigberto, "Tula y los toltecas, según las fuentes históricas", *Revista Mexicana de Estudios Antropológicos*, México, Sociedad Mexicana de Antropología, 1941.

————, "El enigma de los olmecas", *Cuadernos Americanos*, año 1, vol. V, México, 1942.

————, Relación entre los olmecas, los toltecas y los mayas, según las tradiciones", *Mayas y olmecas*, México, Sociedad Mexicana de Antropología, 1942.

————, "Tribus e idiomas del norte de México", *El norte de México y sur de los Estados Unidos*, México, Sociedad Mexicana de Antropología, 1943-1944.

————, "Origen y desarrollo de la Escuela Nacional de Antropología e Historia", *Revista Mexicana de Estudios Antropológicos*, t. X, México, Sociedad Mexicana de Antropología, 1948-1949.

————, "Historia antigua de México", notas de la cátedra de, México, Escuela Nacional de Antropología e Historia, 1949 (mimeografiado).

————, "Cincuenta años de historia mexicana", *Historia Mexicana*, t. I, núm. 3 (3), México, El Colegio de México, 1952.

————, "Los estudios de historia precolonial de México (1937-1950)", *Anales del Instituto Nacional de Antropología e Historia*, t. IV, núm. 32 de la colección, México, INAH, 1952.

————, "Historia antigua de México", México, Sociedad de Alumnos de la ENAH, 1953 (mimeografiado).

[34] ¿Referencia a Ortega y Gasset?
[35] Jiménez Moreno, "Mi acceso a la antropología y a la historia", *op. cit.*

Jiménez Moreno, Wigberto, "Síntesis de la historia precolonial del valle de México", *Revista Mexicana de Estudios Antropológicos*, t. XIV, Primera Parte, México, Sociedad Mexicana de Antropología, 1954-1955.

———, "Notas sobre historia antigua de México", México, Sociedad de Alumnos de la ENAH, 1956 (mimeografiado).

———, *Estudios de historia colonial*, México, INAH, 1958.

———, "Historia antigua de México", Jalapa, 1958 (mimeografiado).

———, "Síntesis de la historia pretolteca de Mesoamérica", *Esplendor del México antiguo*, México, Centro de Investigaciones Antropológicas de México, 1959.

———, "Estudios mixtecos", *Vocabulario en lengua mixteca*, por fray Francisco de Alvarado, México, Instituto Nacional Indigenista/Instituto Nacional de Antropología e Historia, 1962.

———, "Mexica, Toltec and Mixtec History", en *XII Congrès International des Sciences Historiques*, Viena, 1965.

———, "Mesoamerica before the Toltecs", *Ancient Oaxaca*, Stanford, California, Stanford University Press, 1966.

———, "Mesoamérica", *Enciclopedia de México*, t. VIII, México, 1974

———, "Discurso pronunciado… en ocasión del recibimiento del grado de doctor en humanidades *(h.c.)* en el recinto universitario", Puebla, México, Universidad de las Américas, 1978.

———, *From Mexamerica to New Spain*, Andrew Mellon Lectures, Nueva Orleáns, The Graduate School of Tulane University, 1980.

———, "La crisis del siglo XVII y la conciencia nacional en Nueva España", *Universidad Complutense. Acto de Solemne Investidura de Doctores*, Madrid, 1980.

Jiménez Moreno, Wigberto y Salvador Mateos Higuera, *Códice de Yanhuitlán*, México, Instituto Nacional de Antropología e Historia, 1940.

Jiménez Moreno, Wigberto y Alfonso García Ruiz, *Historia de México. Una síntesis*, México, Instituto Nacional de Antropología e Historia, 1962.

Jiménez Moreno, Wigberto, José Miranda y María Teresa Fernández, *Historia de México*, México, ECLALSA, Librería de Porrúa Hnos., 1963.

Jiménez Moreno, Wigberto y Luis González, "Historiografía prehispánica y colonial de México", *Enciclopedia de México*, t. VI, México, 1972.

López Austin, Alfredo, "Semblanza de Wigberto Jiménez Moreno, el historiador", *Antropológicas*, núm. 3, Sección "Nuestros Maestros", México, UNAM, Instituto de Investigaciones Antropológicas, 1989.

Schmidt, Paul, "Acerca del autor y la obra", en Wigberto Jiménez Moreno, *El enigma de los olmecas, Reimpresos* 2, México, UNAM, Instituto de Investigaciones Antropológicas, 1976.

JIMÉNEZ MORENO, WIGBERTO

Fecha de nacimiento: 1909 (León, Guanajuato).
Fecha de fallecimiento: 1985 (México, D. F.).

ESTUDIOS

Historiador, etnólogo y lingüista.
Estudió en la Universidad de México (1934).
Estudió en la Universidad de Harvard (1934-1935).

TRABAJO PROFESIONAL

Investigador de la Universidad de California (1945-1946).
Profesor del Museo Nacional de Arqueología, Historia y Etnología (1934-1938).
Profesor de la Facultad de Filosofía y Letras de la UNAM desde 1936.
Profesor de la Escuela Nacional de Antropología desde 1939.
Profesor del Mexico City College desde 1947.
Jefe del Departamento de Etnografía del Instituto Nacional de Antropología e Historia (1940-1953).
Director del Museo Nacional de Historia (1953-1956).
Director del Departamento de Investigaciones Históricas del Instituto Nacional de Antropología e Historia (1959-1973).
Director del Consejo de Lenguas Indígenas desde 1939.
Fundador y director de El Colegio del Bajío (1982).

TRABAJO EDITORIAL

Director del *Boletín Bibliográfico de Antropología Americana* (1937-1945).

PREMIOS Y MENCIONES ESPECIALES

Miembro de la Academia Mexicana de la Historia.
Miembro de la Academia de la Investigación Científica.
Obtuvo la beca Guggenheim.

PRINCIPALES OBRAS

Historia antigua de León, León, Moderna y Fotograbado, 1932, 72 pp.

Códice de Yanhuitlán (reproducción facsimilar con un estudio preliminar de W. Jiménez M.), México, Museo Nacional, 1940, 89 pp.

La colonización y evangelización de Guanajuato en el siglo XVI, México, Ed. Cultura (sobretiro de *Cuadernos Americanos*, año III, núm. 1), 1944, 29 pp.

Historia antigua de México, ENAH, 1953, 89 pp. (mimeográfica).

Estudios de historia colonial, México, INAH, 1958, 179 pp.

Vocabulario en lengua mixteca (reproducción facsimilar con un estudio de W. Jiménez M.), México, Instituto Nacional Indigenista, INAH, 1962, 204 pp.

Historia de México (coautor), México, Porrúa, 1963, 573 pp.

FRANCISCO DE LA MAZA
Y EL ARTE EN LA NUEVA ESPAÑA

Elisa Vargaslugo

I

ESTA semblanza de Francisco de la Maza no pretende ser sino una respetuosa aproximación a su personalidad académica, la cual fue una de las más destacadas y brillantes que hayan pasado por las aulas de la Facultad de Filosofía y Letras de la Universidad Nacional Autónoma de México. Tuve la fortuna de conocer al maestro De la Maza cuando yo estudiaba la preparatoria en el colegio Luis G. León, en donde él era profesor de varias materias de historia. Felizmente desde esa época se estableció una relación amistosa entre el maestro y yo, que se fue fortaleciendo a través de los años, sobre todo porque al inscribirme en la carrera de historia de dicha Facultad de Filosofía y Letras asistí a sus cursos, y más tarde, mi ingreso al Instituto de Investigaciones Estéticas —en donde él ya era investigador— me proporcionó la oportunidad de estudiar y trabajar siempre cerca de tan notable maestro. Por razones profesionales, el doctor De la Maza fue una de las personas con las que más viajé, tanto por el país como por el extranjero. Por lo tanto, lo que yo pueda informar aquí acerca de su persona y su obra —aunque no deje de ser, como es natural, una versión personal y perfectible— tiene cuando menos la garantía de ser el producto de impresiones y experiencias directas.

El 7 de mayo de 1913 nació Francisco de la Maza en la capital del estado de San Luis Potosí, ciudad en donde hizo sus estudios primarios. La sólida religiosidad de su ambiente familiar y, al parecer, especialmente de su madre, lo hizo anhelar, siendo aún muy joven, la vida religiosa. Dos fueron los fallidos ensayos que hizo por tomar ese camino: primero dentro de la comunidad agustina y luego dentro de la franciscana. El mismo maestro, al hablar de su niñez, escribió: "La iglesia de San Agustín fue, hace más de cuatro décadas, mi segunda casa. Allí estaba yo en las mañanas, a todas las misas, y en la tarde, al rosario. A veces, en sillón de confesionario, en la sacristía, estudiaba latín".[1] Lo importante de esos intentos de vida religiosa que hizo el joven De la Maza fue la sólida base de cultura humanística que

---

[1] Francisco de la Maza, "Niñez potosina", en Francisco de la Maza, *Páginas escogidas*, San Luis Potosí, Editorial Universitaria Potosina (Col. Cactus, 9),1990, p. 195.

eso le dejó y que con tanto éxito utilizó y desarrolló después en su vida académica. Estudió la primaria en la escuela de las señoritas de Santiago, "profesoras de pellizco y reglazo",[2] que le enseñaron hasta ecuaciones de segundo grado y logaritmos. Para cursar la secundaria ingresó al Colegio de San Luis, "...bajo la dirección paternal pero rigurosa del ingeniero Jacobo Cossío".

Desde niño se despertó en él la admiración por las obras de arte. Él mismo cuenta que le gustaba mucho contemplar la hermosa sacristía del templo de San Francisco; y que de tanto verla logró "descifrar" el nombre del pintor Francisco Martínez, autor de la preciosa pintura *El ángel de la redoma* que cuelga de uno de sus muros, y comenta que examinó hasta el cansancio el relieve que representa *La estigmatización de San Francisco,* que adorna el dintel de la puerta que lleva a la antesacristía. La contemplación de la riqueza formal del templo del Carmen lo hizo vibrar con mayor fuerza y profundidad, pues recordaba cómo, al contemplarlo, "...sabía que había, además de la forma, un misterio, aunque no supiera expresármelo". Intuía que con todo ese conjunto artístico "...tenía una irradiación que no podía contenerse sólo en algunas formas, como las estípites y los roleos", sino que "se hacía universal" y que por "...ocultas ondas impalpables..." se unía a "otras creaciones de otros lugares y otros tiempos".

Frases que son sumamente importantes porque revelan un fino sentido para captar el valor universal de las creaciones artísticas. Añade De la Maza en esas mismas memorias que en esos momentos juveniles de su vida, "...mis sentimientos religiosos aminoraban y los estéticos crecían. El esplendor me bastaba sin necesidad del Numen y, sin olvidar el símbolo, me interesaba más la obra que la idea. En mi mente juvenil no había teorías ni filosofía del arte. Era una fe sin doctrinas, ni teologías, un amor sin cálculos ni conveniencias. Las explicaciones vendrían después...".[3] ¡Qué duda cabe!, esas tempranas experiencias de emoción artística fueron el nacimiento de la vocación de este historiador del arte.

Ya trasladado a la ciudad de México, Francisco de la Maza hizo sus estudios preparatorios, entre los años de 1933 y 1934, en las escuelas "Gabino Barreda" y la Nacional Preparatoria. En 1935 ingresó a la licenciatura de leyes en la Universidad Nacional, pero después de tres años pasó a la Facultad de Filosofía y Letras en donde, en 1944, obtuvo la maestría en historia con la tesis titulada *Enrico Martínez, cosmógrafo e impresor de Nueva España*. Nueve años después, en 1953, presentó su sonado examen doctoral —culminación de su brillante carrera— con la tesis titulada *Guadalupanismo mexicano*, que le mereció *magna cum laude*. La Editorial Porrúa de inmediato publicó el trabajo en la interesante colección México y lo Mexicano (núm. 17). La

[2] *Ibidem.*
[3] *Ibidem*, p. 202.

importancia de esa obra queda perfectamente esclarecida con las palabras
que el mismo autor dejó escritas en la Introducción.

> Es —dice De la Maza— la historia de este culto, del guadalupanismo mexicano,
> lo que intento escudriñar en este estudio, sin más novedad para los especialistas
> que el análisis de algunos sermones... que son un guión que se devela de la psi-
> cología criolla... El Guadalupanismo y el Arte Barroco son las únicas creaciones
> auténticas del pasado mexicano, diferenciales de España y del mundo. Son el es-
> pejo que fabricaron los hombres de la Colonia para mirarse y descubrirse a sí mis-
> mos... He querido explicarme el cómo se desarrolló, a través de siglos, este mag-
> nífico movimiento religioso y patriótico...[4]

En este ensayo historiográfico e interpretativo quedó revelado el criterio
historicista que sería uno de los fundamentos de su metodología. Desde 1941
había sido admitido como investigador en el Instituto de Investigaciones Estéticas de la UNAM, y en 1954 se le otorgó la categoría de investigador de tiempo completo. Este hecho marcaría la consolidación de su carrera como investigador humanista e historiador del arte novohispano. Pero De la Maza
fue, a la vez que acucioso investigador, un gran maestro. Desde muy joven
le interesó la docencia. Vivió de ella por muchos años, mientras hacía su carrera, antes de ingresar al Instituto de Investigaciones Estéticas. De tal manera que antes de consagrarse como el gran profesor de Arte Colonial, lo fue
de varias materias afines tales como Historia Universal, Historia de México,
Geografía Humana, Cultura Hispanoamericana, etc. Como prácticamente todos los que nos hemos iniciado en la carrera docente, De la Maza comenzó
dando clases en secundaria y preparatoria, y más tarde en la Universidad.
Por supuesto, no sólo fue maestro en la UNAM, sino que impartió clases y
conferencias en muchas universidades del país y en varias de España.

II. La cátedra de arte colonial

El primer curso de arte colonial que impartió Francisco de la Maza puede
decirse que fue privado y gratuito. Lo impartió a sus alumnas de bachillerato del mencionado Colegio Luis G. León, entre las que tuve la suerte de
contarme. Nuestros cursos de bachillerato terminaban a las dos de la tarde,
así que para asistir al curso de arte colonial, que daba principio a las cuatro,
regresábamos al Colegio inmediatamente después de comer, entusiasmadas
por las exposiciones de Francisco de la Maza y por la idea de visitar con él el
corazón de la ciudad de México. Afortunadamente supimos apreciar y entender la importancia de ese curso, valoramos la oportunidad que nos ofre-

[4] Francisco de la Maza, *El guadalupanismo mexicano*, México, Porrúa y Obregón (México y lo
Mexicano, 17), 1953, pp. 9-10.

cía el profesor de mostrarnos él mismo el arte colonial, del cual casi ninguna de nosotras tenía la menor idea. Como parte del curso De la Maza organizaba visitas al centro histórico, inaugurando así los más tarde llamados "cursos vivos de arte". Así vimos con nuevos ojos la Catedral Metropolitana y entramos por primera vez a muchos templos y claustros de la ciudad y alrededores, escuchando la docta palabra del joven historiador.

Por supuesto que la iniciativa del maestro De la Maza, de enseñar gratuitamente arte colonial a un grupo de muchachas preparatorianas, no fue solamente por mejorar nuestra información, sino, fundamentalmente, como un medio de aprender él mismo a dar un curso sobre esa materia. Fue sin duda una inteligente manera de prepararse para las futuras oportunidades académicas que él ansiaba alcanzar y que no tardarían mucho en presentársele.

Había sido Manuel Toussaint —primer gran conocedor del arte novohispano y creador del Instituto de Investigaciones Estéticas— quien fundó la cátedra de Arte Colonial en la Facultad de Filosofía y Letras de la UNAM y quien dejó de impartirla hacia 1946. Fue entonces cuando su discípulo Francisco de la Maza lo sustituyó y de inmediato cobró gran popularidad entre los alumnos. Don Manuel Toussaint falleció en 1953, así que a partir de esa fecha De la Maza se convirtió en la más joven y brillante autoridad en la materia. Para 1955-1956, como maestro, como investigador y como expositor, su fama era enorme. Las lecciones impartidas por De la Maza, más que lecciones rutinarias apegadas a programas, fueron brillantes y muy amenas conferencias; muchas de ellas largamente aplaudidas. A ellas acudían, además de los alumnos inscritos en los cursos, estudiantes de otros colegios de la Facultad de Filosofía y Letras, y muchas personas que iban especialmente a escucharlo. Entre éstas se contaban alumnos de otras facultades de la UNAM —Leyes y Arquitectura, principalmente—, sin que faltaran preparatorianos y, además, amigos del maestro, guías de turistas y estudiantes extranjeros. Fue, pues, en el vetusto edificio de Mascarones —en donde estaba instalada la Facultad de Filosofía y Letras—, tantas veces añorado por él, donde se consagró la fama de Paco de la Maza como gran maestro y expositor.

La mejor cosecha de aquellos años en los que De la Maza derrochó entusiasmo y sabiduría, por medio de su oratoria docente, fue el considerable número de vocaciones que ahí nacieron, que se mantienen laborando y que a su vez han despertado otras vocaciones, habiéndose formado así la sólida cadena —de cinco generaciones ya— que correlaciona maestros con alumnos, a través de los años; único medio de dar consistencia y continuidad académica al cultivo de cualquier disciplina. Puede afirmarse que sin ese fuerte impulso que De la Maza dio a los estudios de arte novohispano, tal vez no se habría alcanzado todavía el alto nivel de información e interpretación con que hoy día se trabaja esta materia. Francisco de la Maza no fue un profesor más, fue el gran historiador del arte novohispano, sin rival; fue la pieza clave que unió a la generación precursora con quienes ahora estamos empeñados en esa misma tarea y quien, como se verá, abrió nuevas perspectivas.

Francisco de la Maza impartió la cátedra de Arte Colonial en la Facultad de Filosofía y Letras a lo largo de 23 años, alternando viajes de estudio por el país y en el extranjero, en donde también, como quedó dicho, dictó cátedras y conferencias. Fue su salud, ya muy resentida al comenzar la década de los setenta, la causa que le hizo abandonar sus clases en la Universidad.

III. La riqueza de su obra escrita

Una veintena de libros y casi trescientos artículos en revistas y periódicos —la mayoría de ellos sobre arte colonial— son el testimonio de la dedicación, de la sabiduría y del trabajo que desplegó Francisco de la Maza. Son también páginas amenas, producto del magnífico don del escritor innato. Su estilo literario se caracteriza porque tiene la soltura del lenguaje hablado. Efectivamente, escribía igual que como hablaba: con la misma facilidad, espontaneidad y gracia. Eso le permitía una redacción rápida y limpia. Sus borradores —siempre a lápiz— casi no llevaban borrones ni tachaduras.

Además de esa limpieza poco común, que pone en relieve la precisión de su pensamiento, en las cuartillas que de su mano se conservan luce una letra clara y de bello trazo, que acusa la bondad de los ejercicios de la caligrafía Palmer, convertida en una escritura decididamente personal, muy pareja en tamaño y en el desarrollo lineal.

El maestro De la Maza, especialista en arte novohispano, se ocupó, sin embargo, como conviene a los mejores intelectuales, de variadas disciplinas. Su amor a la cultura lo llevó a adentrarse por diversos caminos del saber, tal como queda demostrado en su extensa bibliografía. Escribió muchas y bellas páginas sobre literatura, sobre cultura clásica, sobre litografía, sobre arte del siglo xix, sobre religión, etc. Tuvo grande y profunda admiración por Sor Juana Inés de la Cruz, a cuya obra dedicó dos publicaciones. Ensayó también la poesía y en 1953 publicó un librito titulado *Doce poemas*, de corta edición, y que circuló sólo entre sus amigos. También escribió cuento, género que quedó representado en su bibliografía por el texto titulado "El estilo Luis XVII" —editado en 1958—, escrito como contestación al bachiller José Rojas Garcidueñas —también investigador en el Instituto de Investigaciones Estéticas—, quien había escrito, con su magnífica prosa, otro cuento corto para hacer un poco de broma sobre la incapacidad mecánica que De la Maza había demostrado cuando trató de manejar un automóvil.

Como quedó dicho, son muy numerosos los artículos escritos por el maestro, pero indudablemente los que se encuentran en la revista *Anales del Ins-*

tituto de Investigaciones Estéticas, por ser el resultado de sus trabajos como investigador de dicho centro universitario, tienen —en mi opinión— una categoría académica de primer orden. Suman más de treinta artículos y pueden clasificarse en dos géneros: los que son básicamente documentales, que dan a conocer obras o nombres de artistas, y los de carácter especulativo. Estos últimos son artículos de fondo, ensayos que contienen muchas de las ideas y juicios estéticos del doctor De la Maza, y algunos de ellos son estudios fundamentales para la historia del arte novohispano, del arte del siglo XIX y aun del arte moderno.

Aunque algunos de estos temas hayan sido tratados posteriormente por otros autores, no se podrá escribir ningún buen trabajo, por ejemplo, sobre la Capilla del Rosario de Santo Domingo de Puebla, o sobre la obra del pintor Rodríguez Alconedo o sobre el *art nouveau* o sobre "lo cursi", sin tomar en cuenta esos trabajos. Vale la pena, pues, destacar el contenido de algunos de ellos.

"La decoración simbólica de la Capilla del Rosario"[5] fue la aportación más importante que hizo a los estudios iconográficos, disciplina que él inició en México, aun antes de que en nuestro medio académico se conocieran los trabajos académicos de Erwin Panofsky sobre la materia. De la Maza, guiado por su intuición y talento y auxiliado seguramente por su formación religiosa, dedujo la necesidad de los análisis iconográficos para desentrañar el significado más profundo del arte barroco religioso. La metodología que empleó en este fino y erudito artículo alentó muchos estudios posteriores de este género.[6]

Muy importante fue en su momento el hermosamente ilustrado trabajo sobre la arquitectura *art nouveau*, ensayo en el que el autor habla primeramente de los orígenes y desarrollo del estilo en Europa, y en una segunda parte se ocupa de dicho estilo en México. En los párrafos dedicados a los antecedentes, el autor hace la proposición —tal vez artificiosa, como él mismo advierte, pero útil— de presentar la naturaleza expresiva del *art nouveau* como parte de un desarrollo formal "...con directriz de la línea curva...", dentro de la que incluye los artes gótico y barroco. Opuestamente a esa línea destaca la "...directriz de línea recta..." a la que pertenecen —dice el maestro— el arte grecorromano, el arte del Renacimiento y el arte neoclásico. Presenta así al *art nouveau* como reacción contra el academicismo y el romanticismo, y preparación para el arte contemporáneo. Proporciona muy valiosos

---

[5] *Anales del Instituto de Investigaciones Estéticas*, núm. 23, p. 5.

[6] Con motivo del V Centenario del Encuentro de Dos Mundos, el gobierno del Estado publicó un libro sobre la Capilla del Rosario, titulado *Domus Aurea*, escrito por el maestro Antonio Rubial, de la UNAM. El libro está bellamente ilustrado con láminas a color y se enriqueció con la información sobre la comunidad dominica y sobre la devoción del Rosario, pero aunque afina algunos aspectos escriturales, los fundamentos y las conclusiones del análisis iconográfico, teológico y artístico hechos por De la Maza no se ven superados.

puntos de vista sobre el *art nouveau* en Francia y en Alemania. Al ocuparse del desarrollo que tuvo en México, destaca los edificios más importantes que se construyeron en la capital, como el Palacio de Bellas Artes, la antigua tienda de departamentos llamada El Centro Mercantil, y se da gusto describiendo los muebles e interiores de la Casa Requena, que estuvo situada en la calle de la Santa Veracruz y que hoy forma parte de los tesoros que se exhiben en el Museo Gamero de la ciudad de Chihuahua. Al final de este artículo, la preocupación y la tristeza por el futuro urbanístico de la ciudad de México se apoderaron del doctor De la Maza, como en tantos otros escritos y ocasiones de su vida, y después de citar a Sigfrid Giedion acerca de que cada época debe ser capaz de organizar su propia vida urbana, el autor escribió: "...La pobre ciudad de México ha vivido muchas épocas... cada época ha destruido con fervor la que le precede, porque no ha sabido respetar su pasado, ni desplazarse, ni buscar nuevos espacios..."[7]

Lo cursi fue definido por el doctor Antonio Gómez Robledo como lo exquisito fallido. De la Maza quedó encantado con esta definición que calificó de profunda, comprensiva y rigurosamente filosófica, cuando escribió su muy valioso ensayo "Notas sobre lo cursi",[8] tema que en verdad lo atraía enormemente por el "misterio" encerrado en esa categoría del sentimiento. A la definición de Gómez Robledo él añadió que lo cursi podía entenderse también como "el quiero y no puedo"; el querer, por ejemplo, alcanzar la máxima elegancia sin lograrlo, pero dentro de una actitud sincera, y consideraba la sinceridad como una de las características de ese fenómeno. Acompaña su escrito con una rica información e ilustraciones acerca de obras que él consideraba cursis y que no eran —escribió— "...ni arte culto, ni popular, ni burgués, ni 'popis', ni naïf...", sino arte cursi.

En su intención de profundizar en el fenómeno, expresó que para lo cursi "...la vida es una continua sucesión de felices deseos y utópicas realidades...". Observó que en las creaciones cursis las modas no rigen; que los temas patrióticos no se presentan con personajes vivos; que los calendarios que él llamó "mitológicos" se ocupaban siempre de temas indígenas para exaltar "la raza de bronce", etcétera.

Termina el ensayo con un apartado sobre "Lo camp y lo cursi". Lo camp fue una categoría —hoy prácticamente olvidada— que apareció en aquellos años con la pretensión de crear una nueva sensibilidad, un nuevo gusto, y que se dio a conocer en el medio intelectual por algunos jóvenes intelectuales de la época. De la Maza combatió lo camp, porque le parecía un concepto demasiado amplio, inasible y confuso. Y después de varios estupen-

[7] Véase Francisco de la Maza, *Obras escogidas*, prólogo de Elisa Vargaslugo, San Luis Potosí, Comité Organizador de "San Luis Potosí 400" e Instituto de Investigaciones Estéticas de la UNAM, 1992.

[8] *Anales del Instituto de Investigaciones Estéticas*, núm. 39, p. 33.

dos párrafos en los que justifica los calificativos negativos que le dedicó a lo camp, termina diciendo que él se queda con las categorías de buen y mal gusto y de lo cursi. Este artículo es uno de los más profundos que se hayan escrito en México sobre el tema.

El año de 1939, cuando el maestro contaba con 26 años de edad, se inició su producción bibliográfica con la monografía histórico-artística *San Miguel de Allende. Su historia, sus monumentos*.[9] Este primer libro de Francisco de la Maza fue publicado por la UNAM, con prólogo de su maestro Manuel Toussaint. Entre las frases más significativas que Toussaint dedicó al joven autor —quien evidentemente se perfilaba ya como un investigador nato y excepcionalmente prometedor— parece oportuno citar las siguientes:

…Francisco de la Maza pertenece a la última pléyade de investigadores de quienes esperamos una total renovación… quien ha sabido trazar esta monografía nos asegura… un brillante futuro. Como historiador es audaz; niega o afirma el valor sorprendente… podemos o no estar de acuerdo con sus opiniones… pero no podemos menos que conceder atención a sus conclusiones y a sus razonamientos… Para la historia general de México es de valor… el nuevo cuadro que nos ofrece, tan lleno de vida… Concede toda la importancia que puede, y hace bien, a la historia y descripción de los monumentos sanmigueleños, así templos como casas. Sus descripciones son generalmente correctas y lo mismo la apreciación que hace de cada templo… no podemos menos que admirar este libro… que será indispensable como base para futuros investigadores…

Avalado de esta manera por su "maestro", De la Maza ingresó con paso firme al mundo de la cultura. Por supuesto, el sabio Manuel Toussaint le hizo ver que la obra no era perfecta, intercalando, entre los justificados elogios, con tono paternal, atinadas observaciones acerca de las deficiencias que veía en este estudio juvenil, a manera de buenos consejos académicos para triunfar.

En general el contenido de los libros de Francisco de la Maza —ya sean trabajos cortos o de mayor envergadura—, cuyos temas, como quedó dicho, son muy variados, se caracteriza por estar estructurado de la siguiente manera: cuando la hay, información documental básica, información artística, análisis y descripciones formales, juicios críticos y estéticos. Estos recursos no fueron, claro está, exclusivos de Francisco de la Maza, sino que constituían ingredientes de lo que se perfilaba como la metodología moderna para el historiador del arte. Su mérito radicó en la genialidad que tuvo, no sólo para captar esas novedades sino para manejarlas con originalidad y enriquecerlas con comentarios y atisbos lúcidos, que llaman la atención del lector receptivo hacia el meollo de los fenómenos históricos y artísticos.

[9] Francisco de la Maza, *San Miguel de Allende. Su historia, sus monumentos*, prólogo de Manuel Toussaint, México, UNAM, Instituto de Investigaciones Estéticas, 1939.

Por otra parte, obviamente, el carácter original de sus obras, su manera novedosa de enfocar los fenómenos y expresarlos, fue la floración de su privilegiada sensibilidad. Leer a De la Maza es disfrutar de amenas lecciones de arte, que con lenguaje sencillo contienen siempre profunda sabiduría. Es, a la vez, encontrarse con su espíritu estético y con una personalidad magistral que pretende realmente enseñar al lector, despertar su curiosidad. Me parece que éstas son las cualidades sobresalientes que se encuentran en sus obras.

De su amplia bibliografía se destacan someramente sólo algunas de sus obras. Su estudio *Arquitectura de los coros de monjas*,[10] por ejemplo, es un texto indispensable para la docencia en los cursos de arte colonial. En él se ofrece un registro importante de los coros monjiles en varias ciudades del país. Se valora la función arquitectónica, religiosa y doméstica que estos recintos tenían dentro de los conventos y se comenta su categoría como obras de arquitectura religiosa, por lo que resulta también bibliografía fundamental para nuevas investigaciones sobre el tema. Fue tan grande su interés por esta parte de los templos de monjas —sitio que efectivamente era el centro de esas vidas femeninas—, que años más tarde dirigió la restauración del coro del templo de San Jerónimo, en donde tantas veces rezó Sor Juana Inés de la Cruz, cuya persona y obra, como quedó dicho, él tanto admiró. Lamentablemente esa fiel reconstrucción, apegada a los documentos y a la misma arqueología que se hizo en ese sitio, fue torpemente destruida para dejar, en vez de la verdad arquitectónica, un espacio degradado e irreconocible, como puede verse.

Dentro de esta misma categoría de obras cortas, pero llenas de información y valiosas opiniones, que han conservado vigencia por las útiles aportaciones y puntos de vista del autor, se cuentan: *La ciudad de Cholula y sus iglesias* (UNAM, 1959), estudio monográfico de los principales templos de esa ciudad y de los tesoros que dentro de ellos se guardan. *El alabastro en el arte colonial* (UNAM, 1966), que sigue siendo el único estudio que a la fecha existe sobre este bello material de la región poblana utilizado por los artistas barrocos. *La ciudad de México en el siglo XVII* (Fondo de Cultura Económica, 1969), que son dos pequeños libros que hablan de cultura, arte y sociedad en esas centurias, y que por lo tanto son de gran utilidad para recrear la imagen y la vida de la ciudad de México en los tiempos coloniales. *Catarina de San Juan* (1a. ed., Editorial Libros de México, 1971) es uno de sus ensayos más finos, en el que se ocupa de la vida y las visiones piadosas de una mujer originaria de la India, que por azares de la vida llegó a México vendida como esclava y devino casi santa en la ciudad de Puebla. El texto es una especie de fenomenología de las visiones piadosas que esclarece el significado de esas actitudes. El breve tratamiento de dichos asuntos —pertenecientes a

[10] Francisco de la Maza, *Arquitectura de los coros de monjas en México*, México, UNAM, 1956.

la teología católica— está planteado con sencillez y denota actitudes propias del sentimiento religioso. Francisco de la Maza ofrece en este precioso ensayo una imagen muy bien recreada de "los viajes al interior del alma", que fueron actitudes esenciales en la cultura novohispana.[11]

De primera importancia para el conocimiento general del arte novohispano son, a mi modo de ver, *Cartas barrocas desde Castilla y Andalucía* y *El pintor Cristóbal de Villalpando.*[12] El primer libro, escrito gracias a una beca de la UNESCO, proporciona al lector importantes juicios críticos y comparativos sobre el arte barroco español y el arte barroco mexicano. Se destacan en sus páginas los seguimientos que hizo el investigador sobre las obras de Jerónimo de Balbás y de José Benito de Churriguera, cuyos trabajos fueron definitivos para el desarrollo del barroco en México. Su aguda mirada registró cuanta relación formal encontró entre creaciones españolas y mexicanas. En suma, este libro contiene conceptos fundamentales madurados *in situ* acerca de las relaciones, semejanzas y diferencias entre el barroco que a través de la madre patria llegó a la Nueva España.

Su gran amor a la cultura y al arte de la antigüedad clásica se manifestaron en varios artículos, pero sobre todo en dos libros: *Antinoo, el último dios del mundo clásico* (UNAM, 1966) y *La mitología clásica en el arte colonial* (UNAM, 1968). El contenido de este último libro se explica por el título. Constituye un registro de obras clásicas o clasicistas en la Nueva España, acompañado de conceptuosos comentarios. Pero su creación más importante en este terreno fue *Antinoo...,* sin duda uno de sus grandes libros, escrito con verdadera devoción hacia la belleza y la cultura de la antigüedad. Libro documentado con notable erudición y numerosas ilustraciones, y completado poco tiempo después con la publicación de notas tituladas *Completando el libro: Antinoo, el último dios del mundo clásico,* en las que registró 15 esculturas más y dio noticias sobre libros y otras obras que no conoció mientras elaboraba su estudio.

De la Maza inicia esta investigación, que le llevó mucho tiempo y le exigió viajar por muchos sitios de Europa, dando a conocer la importancia del tema con estas frases: "Nunca en la historia del arte se pusieron al servicio de un solo modelo y en unos pocos años tantos artistas, tantos talleres, tantas ciudades... Antinoo ha sido el reto más solemne que se ha hecho la escultura... Un adolescente griego inundó el Imperio Romano con su presencia". Informa que fue tal el deseo de representar la bella figura de Antinoo, que se hicieron esculturas, pinturas, camafeos, monedas, y afirma categóricamente: "Con la escultura antinoica muere el arte clásico. Mil años de arte se

---

[11] Véase la segunda edición crítica de *Catarina de San Juan. Princesa de la India y visionaria de Puebla,* México, Conaculta, 1990.

[12] Francisco de la Maza, *Cartas barrocas desde Castilla y Andalucía,* México, UNAM, Instituto de Investigaciones Estéticas, 1963, y *El pintor Cristóbal de Villalpando,* México, INAH, 1964.

resumen en una cabeza de Antinoo...", y se pregunta en este punto del texto: "¿Quién fue este adolescente griego que obró semejante milagro?... ¿Cómo se logró este broche de arte egregio en la moribunda estética clásica?" He aquí la razón de ser de esta obra magnífica que fue elogiada por la gran escritora francesa Marguerite Yourcenar, con quien Francisco de la Maza sostuvo correspondencia, precisamente en la época en que trabajaba en este asunto.

El fenómeno histórico-artístico de Antinoo —envuelto en el misterio del remoto pasado y por un amor que lo deificó— le fascinó al doctor De la Maza, quien se entregó al propósito de estudiarlo para su propia satisfacción, pero también para demostrar que desde México se pueden hacer investigaciones sobre obras europeas. Es precisamente ante la creación de este libro, hecho con tanta dedicación, admiración y amor por Antinoo y la cultura clásica, cuando hay que recordar las palabras —ya mencionadas— del propio autor acerca de que "...la admiración es una entrega, que es una forma de amor..."; sentimientos que efectivamente alientan en las páginas del libro —por demás erudito, analítico y crítico— que constituye la mejor lección del clasicismo que nos dejó el autor.

De la Maza fue un historiador moderno. Nunca de gabinete, sino incansable investigador de campo que hizo cuando menos tres largos viajes a Europa e incontables excursiones, "paseos coloniales" —como los llamó Manuel Toussaint— dentro del territorio mexicano. Su método de investigación y docencia comenzaba por observar las obras de arte en donde se encontraran. Fue el verdadero instaurador de los "cursos vivos de arte", que en la actualidad, afortunadamente, proliferan, y uno de los primeros maestros en imponer el uso de diapositivas a color para dar sus lecciones. Sin pretender definir su pensamiento dentro de ninguna categoría metodológica, conviene hacer algunos comentarios acerca de sus conceptos sobre el arte barroco. Como él mismo escribió basándose en sus experiencias infantiles frente al arte barroco de su ciudad natal, valiéndose de una visión retrospectiva, afirmó haber intuido tempranamente que "...la admiración es una entrega, que es una forma de amor; que es una 'vía unitiva', como llaman los místicos a la aproximación a Dios, y Dios, como dijo San Juan el teólogo, es amor. La admiración es una religión de la forma, del color, del sonido, en suma, del símbolo poético".[13]

Seguramente el sentimiento religioso que habitaba el alma del joven potosino, y que tan claramente se manifiesta en estas frases, exaltó su innata hipersensibilidad y lo condujo con intensidad al sentimiento estético. Él mismo se refirió a ese paso del sentimiento religioso a la emoción estética, al escribir: "...Mis sentimientos religiosos aminoraban y los estéticos crecían"; cita que ya fue transcrita en páginas anteriores.

[13] Francisco de la Maza, "Niñez potosina", *op. cit.*

Escuetamente, puede decirse que su manera de ver las obras de arte estaba determinada por un sentido esencialista de raíces platónicas, combinado con un moderno criterio histórico de la belleza, que le permitía admirar incondicionalmente la belleza de cualquier tiempo y, desde luego, con su personal actitud, casi devota, por ciertos temas, que lo hacía audaz en sus apreciaciones, tal como juzgó Toussaint cuando prologó su primer libro. Aunque le interesaron todas las expresiones artísticas, todas las etapas del arte, todas las modalidades, De la Maza fue fiel a sus primeras experiencias ante el barroco potosino y su especialidad fue el arte de la Nueva España, y en particular fue el gran admirador y estudioso del barroco.

La necesidad que de la expresión barroca tuvo el hombre de la Nueva España, y el éxito apoteósico y triunfalista, que permanece plasmado en tantos monumentos, quedaron explicados así por De la Maza: "...las ideas 'metafísicas' de Platón se convirtieron en potencias divinizantes, que el hombre tiene que labrar en su propia alma en un doble juego de gracia natural infusa y actividad natural propia, dando así 'movimiento al espíritu'..." De ahí, dedujo que esa posibilidad de "movimiento" del espíritu deriva de la necesidad barroca de aspiraciones visuales móviles, generalmente ascendentes.

Este fenómeno De la Maza lo relacionó íntimamente con la conciencia de pecador que invadía el alma del hombre barroco, pero que, alerta ante la existencia de fuerzas espirituales salvadoras, manifestó plásticamente esa necesidad ascensional. Por eso puede decirse que en el arte barroco hubo el intento de unir a la experiencia de las formas concretas un sentimiento de lo sobrenatural. Plásticamente, De la Maza consideró, acertadamente, la formación y el desarrollo de la dinámica barroca como creación posible en todas direcciones y dúctil a todas las posibilidades de la imaginación. Afirmó que las formas ornamentales modifican, subrayan, transforman un espacio porque tienen todas las posibilidades volumétricas imaginables, por ejemplo, la Capilla del Rosario de Santo Domingo de Puebla, que se transformaría en nada si se desnudara de su ornamentación. En su opinión las creaciones barrocas son inquietas, móviles, hacen alardes mixtilíneos, son el rompimiento definitivo y a la vez recordatorio de lo clásico, son expresión de un espíritu artístico insaciable, como es el espíritu humano. "Si el hombre clásico aspiró a la inmovilidad —afirmó el doctor De la Maza—, el hombre barroco se sabe imperfecto, aspira a la perfección desde la tierra... Se retrata como es, sin idealizaciones, sino como vívida y consciente realidad de su caída..." En suma, poseía una idea trascendente de la estética y de la creatividad del arte barroco. Supo intuir "la dinámica barroca orbicular". Es decir, que para contemplar una obra barroca hay necesidad de que el espectador facilite la inmersión de todos los sentidos.

No menos interesante es el alto valor histórico que veía en este estilo. Sobre este aspecto habló mucho y otro tanto dejó escrito en muchos de sus trabajos. Hacía gala de inteligente criterio historicista cuando afirmaba que cada etapa del arte mexicano es sustancial y parte fundamental de un ser completo que se llama la "nación mexicana". Que el arte mexicano es expresión de la historia de México. En muchos de sus textos se siente un hondo esfuerzo —a veces cargado de angustia o de disgusto— por tratar de hacer entender al lector o a los escuchas por qué hay que respetar el arte de todas las épocas de nuestra historia, cuya suma —solía decir— hace la cultura mexicana.

De acuerdo con este pensamiento tituló su discurso de ingreso a la Academia Mexicana de la Lengua "El arte colonial de México como expresión de su historia", discurso en el que insiste en el valor histórico del arte. En otro de sus textos afirma: "...[En] cien años de barroco salomónico y cuarenta de churrigueresco... se cubrió el país de arte barroco, [esto] quiere decir que fue sincero, espontáneo, que fue necesidad vital cumplida, que fue el más fiel retrato que de sí mismo hizo el mexicano... Es pues una parte entrañable y compositiva, sustancial de la historia de México..." El hacer entender este significado histórico-real que aparte del valor religioso tuvo el arte barroco, fue sin duda uno de los impulsos intelectuales que caracterizan la obra de De la Maza. Fue su anhelo más hondo como investigador de la materia.

Una de sus opiniones más trascendentales y más valientes es aquella que dejó escrita en su artículo "Manuel Toussaint y el arte colonial de México",[14] que dice:

...La simbiosis cultural de España y Anáhuac, más que en su Literatura, en su Jurisprudencia, en su Economía, en su Música, está en sus Artes Plásticas. El símbolo de México del pasado no es Teotihuacán, es la Catedral de Zacatecas; es Querétaro; el Carmen de San Luis; Oaxaca o Tonanzintla. Españoles, criollos, indios y mestizos dejaron el sello de trescientos años de fecunda historia en las piedras y en las maderas doradas... de los siglos coloniales. No conocer la arquitectura colonial de México, la más importante de las manifestaciones artísticas de su pasado inmediato, es ignorar el más heroico esfuerzo por superarse, por ser sí mismo, que haya logrado México antes de 1910.

Considero que estos párrafos ilustran, aunque no sea de manera completa, el pensamiento histórico y artístico que le dio significado a la vida académica de Francisco de la Maza y que pone en alto relieve su amor a México desde un consciente criterio de cultura universal. Y quizá una de las facetas más conocidas del prestigiado humanista es la de haber sido —como efectivamente lo fue— el gran defensor de los monumentos de arte en México, especialmente de los monumentos novohispanos que constituían su objetivo profesional principal y que desafortunadamente, por muchas causas, han

[14] Francisco de la Maza, "Manuel Toussaint y el arte colonial en México", *Anales del Instituto de Investigaciones Estéticas*, núm. 25, México, UNAM, 1957.

sido tan atacados y destruidos a lo largo de los siglos. Famosas son sus campañas en este campo desigual contra la inculta sociedad y las autoridades igualmente desinformadas, pero sobre todo desinteresadas.

De la Maza fue siempre valiente, extremadamente valiente en esta empresa que llevó a cabo en escritos, conferencias y entrevistas de prensa. Fue incansable en este compromiso, al que se entregó con la misma intensidad con que solía hacer sus investigaciones, siendo con ello congruente con su labor académica y con el alto valor histórico que informa las obras de arte.

Por toda su obra escrita, pero de manera muy importante por su labor docente tan brillante, tan amena, tan llena de inusitadas proposiciones que iban surgiendo de sus discursos; sin duda también por su figura viril y magnífica, sonora voz, Francisco de la Maza tuvo un arrastre extraordinario como maestro y alcanzó renombre internacional como investigador del arte colonial. Quienes tuvimos la fortuna de conocerlo de cerca sabemos que tuvo, además de talento, una naturaleza hipersensible. En buena parte de ahí venía su personalidad extraordinaria, muchas veces difícil de sobrellevar o de comprender, pero casi siempre irresistible. Lamentablemente, su gran estudio sobre el arte barroco en México, que todos esperábamos, a su muerte —acaecida el 7 de febrero de 1972— quedó apenas "bosquejado" en unas cuantas cuartillas.

DE LA MAZA, FRANCISCO

Historiador mexicano.
 Fecha de nacimiento: 1913 (San Luis Potosí , San Luis Potosí).
 Fecha de fallecimiento: 1972 (México, D. F.).

ESTUDIOS

Maestro en ciencias históricas (1943) y doctor en letras por la UNAM (1953).
 Amplió sus estudios en varias ciudades de Alemania Occidental (1964).

LABOR ACADÉMICA

Fue profesor en la UNAM desde 1945 e investigador del Instituto de Investigaciones Estéticas (1941-1954 y 1959-1961).
 En 1956, becado por la UNESCO, estudió el barroco en Italia y España.

Ejerció la docencia en la Escuela Nacional de Antropología e Historia (1943-1959) y El Colegio de México (1947-1949).

Profesor huésped en la Universidad de Texas (1954).

Colaboró en *Anales del Instituto de Investigaciones Estéticas, Artes de México, Ábside, Arquitectura, Caminos de México, Cuadernos Americanos, El Nacional, Estilo, Excélsior, Letras de México, Historia Mexicana, Letras Potosinas, México en el Arte* y *Novedades*.

PRINCIPALES OBRAS

Enrico Martínez; cosmógrafo e impresor de la Nueva España, México, Sociedad Mexicana de Geografía y Estadística (Temas de México-Serie historia, núm. 2), 1943, 174 pp.

Las tesis impresas de la Antigua Universidad de México, México, UNAM, Instituto de Investigaciones Estéticas, 1944, 21 pp. ilus.

La ciudad de Durango; notas de arte, México, Grama, 1948, 30 pp. ilus.

El guadalupanismo mexicano, México, Porrúa y Obregón, 1953, 129 pp. ilus., láms.

Arquitectura de los coros de monjas en México, México, UNAM, Instituto de Investigaciones Estéticas (Estudios y fuentes del arte en México, núm. 6), 1956, 115 pp.

La ciudad de Cholula y sus iglesias, México, UNAM, Instituto de Investigaciones Estéticas (Estudios y fuentes del arte en México, núm. 9), 1959, 159 pp., láms. planos.

Cartas barrocas desde Castilla y Andalucía, México, UNAM (Estudios de arte y estética, núm. 8), 1963, 174 pp., láms.

Antinoo, el último dios del mundo clásico, México, UNAM, Instituto de Investigaciones Estéticas (Estudios de arte y estética, núm. 10), 1966, 411 pp. ilus.

La ciudad de México en el siglo XVII, México, Fondo de Cultura Económica, 1968, 133 pp. ilus.

El churrigueresco en la ciudad de México, México, Fondo de Cultura Económica (Colección Popular, núm. 314), 1985, 125 pp. fotos.

ÁNGEL PALERM VICH:
UN NATURALISTA DE LA SOCIEDAD HUMANA*

MODESTO SUÁREZ

I

ÁNGEL PALERM VICH nació en la isla de Ibiza el 11 de septiembre de 1917 y murió en la ciudad de México el 10 de junio de 1980; era entonces profesor numerario de la Universidad Iberoamericana. Su vida coincidió con acontecimientos sociales de gran trascendencia para el hombre del siglo xx. Quien había tenido entre sus aspiraciones infantiles la de seguir la carrera de ingeniero naval, algo nada extraño en la industrializada Cataluña y en la marítima Ibiza,[1] se vio enfrentado desde muy joven a la responsabilidad de tomar parte en la guerra civil y al asumirla optó por el sacrificio de combatir en esa lucha cruenta y por una vida en el exilio.

Dos palabras, "ambivalencia y ambigüedad", pronunciadas en varias ocasiones por Palerm durante la entrevista que le hizo Marisol Alonso para el Archivo de la Palabra del Instituto Nacional de Antropología e Historia de México, caracterizan la vida del siglo xx. Estrechamente relacionadas entre sí, una significa "la coexistencia de dos sentidos opuestos" y la otra, "lo impreciso, lo equívoco, lo susceptible de ser interpretado de varias maneras". La vida de Palerm, al fin y al cabo un hombre de este siglo, parece haber estado rodeada por circunstancias de esa naturaleza. El mundo de los opuestos fue para él una experiencia cotidiana desde su niñez.

Criado en Ibiza, en las islas Baleares, vivió desde pequeño en lo que él describió como un ambiente ambivalente.[2] Aunque la descripción se refiere a dos influencias familiares (la de su madre, relacionada con la religión ca-

---

* Tomado de Modesto Suárez (coord.), *Historia, antropología y política. Homenaje a Ángel Palerm*, México, Alianza Editorial Mexicana, 1990.

[1] "...nosotros íbamos a escuelas industriales y a escuelas de artes y oficios. Y la ambición de un buen muchacho catalán que pasaba por ese proceso era la de hacerse ingeniero industrial, y uno de mis mitos de chico era ser ingeniero naval." En "Entrevista al doctor Ángel Palerm Vich realizada por Marisol Alonso en la ciudad de México los días 1, 13 y 29 de marzo; 5 de abril; 12 de junio; 17, 18, 23 y 26 de julio, y 19 y 21 de agosto de 1979", Archivo de la Palabra del Instituto Nacional de Antropología e Historia, p. 9. (En adelante citada como Entrevista. Las páginas corresponden a la versión mecanografiada que obra en el Archivo de la Palabra. De este texto, y de los demás provenientes de esa entrevista aquí reproducidos, he suprimido las repeticiones de palabras y de frases propias del lenguaje de la conversación.)

[2] *Ibid.*, p. 24.

tólica, y la de su abuela y su tío abuelo, con el liberalismo), la existencia de
fuerzas contradictorias fue la realidad de Cataluña y, en última instancia,
de España misma. El mundo de Palerm fue desde su infancia un mundo de
contrastes entre protestantes, masones y católicos,[3] republicanos y conservadores, anarquistas y comunistas, campo y ciudad, comerciantes y campesinos, Ibiza y Barcelona, y Barcelona y Madrid.

El contraste comenzaba desde la lengua. Palerm cuenta cómo, durante una
campaña de propaganda organizada por la CNT (Confederación Nacional del
Trabajo) en Aragón, le impresionó oír a los campesinos expresarse en castellano: ésta "era una lengua aprendida en la escuela... el idioma que hablaban los funcionarios públicos que llegaban de Madrid, lo que se hablaba en
el Instituto [de Ibiza], pero eso, de repente, de ver campesinos que hablaban
castellano, y lo hablaban bien, era bastante chocante".[4] No sólo la lengua era
diferente, también lo fueron las condiciones de vida del campesinado arago-
nés: "...fue realmente la primera vez que entré en contacto con campesinos
que no eran catalanes; el campesino catalán es otro mundo. El campesino ara-
gonés [era] mucho más pobre, mucho más inculto..., pero con un gran espíritu de lucha en ese tiempo".[5] Eran varios mundos coexistentes dentro de
su familia, dentro de Cataluña y dentro de España.

El ambiente ambivalente y ambiguo de sus años formativos fue para Palerm, sin embargo, una rica fuente de experiencias sociales e intelectuales,
porque el mundo de los opuestos no era el de una dualidad única sino el de
la confrontación entre varias dualidades, que habrían de manifestarse en
forma política durante la guerra civil y permanecerían en lucha constante
durante todo ese conflicto.

El contraste entre elementos y fuerzas ambivalentes siguió a Palerm, como
a otros refugiados españoles, en su exilio mexicano: el nacionalismo revolucionario de Lázaro Cárdenas, el reparto de tierras, la expropiación del petróleo, la pobreza, los conflictos con la vieja oligarquía nacional y las presiones
norteamericanas.[6] A lo anterior se agregó, en términos culturales pero con

---

[3] La siguiente anécdota contada por Palerm es bastante ilustrativa: "...más tarde... supe...
por amigos de... mi abuelo Vich, que [él] no solamente había sido masón y había llegado a
tener alguna posición importante dentro de la masonería, sino que había sido... republicano;
que de joven había participado en conspiraciones contra la monarquía; que... siendo administrador de algo... de Hacienda... o quizá concejal o alcalde... había mandado tirar las bardas
que separaban el cementerio religioso del civil, donde enterraban a los protestantes y a los no
bautizados, y que, como resultado de esto y [de] otras cosas, se le había negado, cuando él se
murió... enterrarlo de día, no tocaron las campanas, lo enterraron de noche... y hubo un gran
pleito que tuvo que librar mi abuela... para que lo enterraran en la parte del cementerio que
era de la familia... en la parte católica" (ibid., pp. 12-13).

[4] Ibid., p. 76.

[5] Ibid., p. 73.

[6] Ángel Palerm, "Sobre los antropólogos españoles de México desde el exilio de 1939", Co--
munidad (Cuadernos de difusión de la Universidad Iberoamericana), vol. XII, núm. 61, p. 331.
En relación con la pobreza véase Entrevista, pp. 223-224 y 232.

repercusiones personales, la actitud ambivalente del mexicano hacia quien tiene origen extranjero, especialmente español.[7] Palerm vivió en México la situación difícil de ser un pensador crítico y de tener un origen extranjero.

En los individuos, como en las sociedades, coexisten elementos contradictorios cuya oposición define su carácter. Palerm no fue la excepción. En él convivieron elementos del mundo ibicenco, español y mexicano. Sus experiencias en Cataluña, y en general en España, le hicieron tomar conciencia de profundos problemas sociales y generaron en él la convicción de que era posible hacer algo para resolverlos. En México recibió su formación intelectual, complementada más tarde por su estancia en Estados Unidos, su "segundo exilio", como él la llamaba.[8] Ángel Palerm fue al mismo tiempo catalán, español y mexicano, sin importar que en algún momento estos tres elementos estuvieran en contradicción. Quién, sino un mexicano, pudo haber escrito (en respuesta a la angustiada pregunta de un alumno después de ocurrida la tragedia de Tlatelolco del 2 de octubre de 1968) las siguientes palabras:

En uno de los prolongados silencios que este día caracterizaron nuestra plática, cada quien envuelto en sus propias preocupaciones, uno de los muchachos me preguntó: "Maestro, ¿y ahora qué?" Sin contestar me puse a pensar cuántas veces se habrá oído esta misma interrogante en la historia de México.

Pensé en los antiguos habitantes de Teotihuacán, hace quizá cuatro mil años, cuando agotada la caza comenzaron a proteger y cultivar una extraña planta silvestre, en la que difícilmente reconoceríamos al ancestro del maíz, la piel vegetal de México.

Pensé en los laboriosos constructores de las pirámides redondas de Cuicuilco y Tenantongo, sumergidas por la lava del Xitle, arrojados por la erupción a la otra orilla del lago y convertidos en los fundadores de una nueva civilización. Recordé la destrucción de Teotihuacán y Tula, la huida de los dioses inclementes de la fertilidad y del agua, la invasión tumultuosa de nómadas salvajes, de guerreros despiadados y de divinidades sedientas de sangre.

Pensé en los indios y en los españoles ante las ruinas de Tenochtitlán arrasada, y en la moderna ciudad de México; en los misioneros y en los templos del virreinato; en los insurgentes con sus caudillos despedazados; en Juárez solitario en su coche por los caminos de México...

---

[7] A este respecto, véanse los comentarios de Palerm en Entrevista, pp. 406, 545 y 547, y "Sobre los antropólogos españoles de México desde el exilio de 1939", p. 331.

[8] Palerm recibió su formación académica elemental en Ibiza, bajo la influencia de maestros que él recordaba con admiración y afecto (Entrevista, pp. 4-5 y 30-33). Sin embargo, como él mismo indicó, "...la experiencia política parece haber sido para nosotros [los exiliados españoles del segundo grupo] más significativa que cualquier experiencia académica previa" (Ángel Palerm, "Sobre los antropólogos españoles de México desde el exilio de 1939", p. 331. La distinción entre los dos grupos generacionales de exiliados españoles en México se encuentra en esa misma página).

Pero no dije nada. Al fin, casi por instinto, todo mexicano sabe que pertenece a un pueblo y a una cultura con una increíble capacidad de supervivencia y de renovación.[9]

Quién, sino un español, pudo escribir sobre la situación española:

El desconcierto proviene, sobre todo, de darse plena cuenta, por primera vez, de que los exiliados hemos cambiado tanto como los españoles de España, sólo que probablemente en direcciones diferentes. Por primera vez, entonces, tenemos también la conciencia aguda de contemplar a España como a un país transformado durante nuestra ausencia y, en consecuencia, crecientemente extraño.[10]

En un texto donde analiza la obra *The Spanish Civil War* de Hugh Thomas, Palerm basa su razonamiento crítico en la idea de paradoja:

Si por algo se caracteriza la historia española ("vividuras" y judiadas aparte), es por esas diferencias de ritmo y de circunstancias con el resto de Europa. En ciertos aspectos España se anticipa y prefigura instituciones, rasgos y complejos culturales que aparecen más tarde en "Europa". Otras veces, España ofrece aparentes o reales anacronismos a los ojos "europeos". Edificó el primer imperio colonial moderno, y fue la primera en perderlo. Creó el primer Estado moderno, y todavía en el siglo XX lucha por mantener su unidad. Desarrolló las primeras manufacturas europeas, y está en los últimos lugares del Occidente industrializado. Inició, con pocos años de diferencia, una reforma y una contrarreforma. Secularizó el poder civil, e hizo de la religión el vínculo más poderoso de su unidad.[11]

Lo paradójico fue también un elemento fundamental en el desarrollo político e intelectual de Ángel Palerm. Paradoja significa "lo opuesto a lo generalmente aceptado, lo aparentemente incompatible con el resto de las cosas". Sin embargo, como apunta Roque Barcia, de ellas pueden surgir grandes verdades y grandes sistemas, "...porque las paradojas son como las utopías; muchas ideas se consideran como utopías en una nación o en un siglo, porque aquel siglo o aquella nación no las comprende, porque las ideas de que hablamos son mayores que aquella nación y que aquel siglo".[12] La paradoja expresa una situación de marginalidad, tanto del sujeto que concibe una idea como del objeto de la misma. Lo marginal sugiere a su vez la existencia

---

[9] "El movimiento estudiantil: notas sobre un caso", *Comunidad* (Cuadernos de difusión de la Universidad Iberoamericana), vol. IV, núm. 20, agosto de 1969, p. 529.

[10] "Carta de México. Sobre la coyuntura política española", *Razón y Fe*, núms. 942-943, julio-agosto de 1976, p. 37.

[11] "La guerra civil española de Mister Thomas", *Anuario de Historia*, año II, México, UNAM, Facultad de Filosofía y Letras, p. 260.

[12] Roque Barcia, *Diccionario de sinónimos castellanos*, 3a. ed., Buenos Aires, Joaquín Gil, editor, 1944, p. 457.

de una frontera (tema, dicho sea de paso, que atrajo siempre la atención de Palerm).[13] Frontera, en lo político y lo científico, significa "la búsqueda de la utopía". Ésta es un intento por crear un mundo nuevo o, para decirlo con las palabras de Lewis Mumford, maestro de Palerm en Filadelfia, una voluntad de "...hacer el mundo tolerable...".[14] Paradoja, marginalidad, frontera y utopía son cuatro manifestaciones del espíritu creativo.

II

Las experiencias vividas por Palerm explican en buena medida sus preocupaciones políticas y científicas. Su condición de exiliado, consecuencia directa de su voluntad de cambio en el destino español, fue en sí misma una condición de frontera que lo llevó de una zona marginal a otra, en términos utópicos, por supuesto. Quien en condiciones normales hubiera sido probablemente un ingeniero naval, decidió dedicar su vida profesional al estudio de la antropología, al análisis de la cultura y de la civilización humanas. Esta decisión no debe sorprender. La antropología es la disciplina de las fronteras y de las utopías; compara rasgos culturales y culturas y reconstruye en lo posible la evolución de las sociedades. Consecuentemente, el antropólogo es un hombre de frontera, un exiliado de su propia cultura, interesado en entender su sociedad de origen a través del conocimiento de otras realidades sociales y, en algunos casos, como el de Palerm, en mejorar la condición humana haciendo realidad una utopía. Desde las fronteras de la sociedad y de la ciencia él buscó explicaciones nuevas que hicieron caducas soluciones anteriores; en el lenguaje de Karl R. Popper empleado por Ángel Palerm, "...la marcha de la ciencia debe verse como un proceso durante el cual se demuestra la falsedad o insuficiencia de las hipótesis y teorías heredadas y se proponen otras nuevas más satisfactorias pero igualmente provisionales".[15]

El contraste entre los análisis de Hugh Thomas y Ángel Palerm sobre la guerra civil española es el de la indiferencia e incomprensión de quien al sen-

[13] Por ejemplo, su interés por los procesos de frontera de la España de la Reconquista, del México septentrional, de los Estados Unidos durante la expansión hacia el oeste y de las fronteras internas en China.

[14] Lewis Mumford, *The Story of Utopias*, Nueva York, Boni and Liveright Publisher, 1922, p. 11.

[15] Ángel Palerm, *Antropología y marxismo*, México, Centro de Investigaciones Superiores del Instituto Nacional de Antropología e Historia/Nueva Imagen, 1980, pp. 42-43. En otro escrito donde habla de la utopía y la ciencia como rupturas, Palerm concluye: "El progreso de la ciencia no es lineal y continuo, sino que se hace de rupturas y de nuevos comienzos. La crítica utópica pide a la sociedad exactamente la misma actitud. Es decir, una ruptura con lo que es y con lo que se piensa que es, y el establecimiento de un nuevo comienzo que se relaciona con la realidad y el pensamiento actuales de una manera esencialmente negativa" ("La universidad y la socialización de la educación", *Comunidad* (Cuadernos de difusión cultural de la Universidad Iberoamericana), vol. XI, núm. 56, 1976, p. 183).

tirse superior permanece en los márgenes y quien, con una actitud digna y humilde, llega a lo esencial a partir de lo marginal.

Hay en Ángel Palerm dos vertientes. Una, de carácter político, corresponde a su experiencia catalana y española y otra, de índole intelectual, a su experiencia mexicana. Su desarrollo intelectual coincide en algunos aspectos con el desarrollo de Max Weber y Karl A. Wittfogel, para mencionar dos casos ligados intelectualmente a él. Palerm, hombre de acción, se dedicó con entusiasmo a la política desde sus años juveniles en Ibiza; etapa que culminó con su incorporación a la causa republicana en la guerra civil. La vertiente intelectual fue una prolongación de su acción política.[16] La lucha emprendida por Palerm fue encauzada hacia el descubrimiento de las razones que explicaban los problemas enfrentados por la precoz España en esa época. La oposición al fascismo lo llevó al extremo de la resistencia armada y en el ámbito intelectual a su preocupación más importante: el estudio del despotismo como fenómeno recurrente en las sociedades humanas. La descripción hecha por la viuda de Max Weber parece corresponder a Ángel Palerm:

> Su sed de saber, así como su deseo y habilidad para enseñar a otros, ciertamente firmes y profundas, habían sido claras desde su niñez. Una mente insaciable necesita siempre de continuo sustento. Empero, otros elementos activos de su naturaleza exigían también realización. Él creía que el conocimiento de su realidad y el dominio de ella a través del intelecto era sólo un paso necesario para conformarla directamente mediante la acción. Más que un pensador, parecía ser un luchador y un dirigente nato.[17]

Al igual que Wittfogel,[18] Palerm participó desde muy joven en política y, como consecuencia de su oposición al fascismo (nazismo en el caso de Wittfogel), fue obligado al exilio, donde continuó su lucha a través de la investigación científica de los problemas sociales y políticos que lo motivaron. Cualquiera de los dos pudo haber escrito: "Desde la etapa estudiantil, mi vida ha transcurrido en incesantes polémicas científicas y políticas, y debo confesar que he procurado siempre resistir la tentación del eclecticismo disfrazado de objetividad".[19]

El entrelazamiento de la política y la ciencia constituyen un común de-

---

[16] Como puede verse en la siguiente descripción de las tareas del científico social: "...el trabajo duro de obligar a la historia y a la sociedad a demostrar sus verdades..." (*Antropología y marxismo*, p. 10).

[17] Marianne Weber, *Max Weber. A Biography*, traducción y edición de Harry Zohn, New Brunswick y Oxford, Transaction Books, 1988, p. 166. [Ésta y las demás traducciones al español contenidas en este texto son de Modesto Suárez.]

[18] Para una biografía intelectual de Karl A. Wittfogel véase G. L. Ulmen, The *Science of Society. Toward an Understanding of the Life and Work of Karl August Wittfogel*, La Haya, París, Nueva York, Mouton Publishers, 1978.

[19] Ángel Palerm, "Sobre los antropólogos españoles de México desde el exilio de 1939", p. 330.

nominador en la evolución del pensamiento de estos tres científicos sociales, lo cual no es sino un reflejo de su condición de hombres de nuestro siglo.

Fue Maquiavelo, en su obra *El arte de la guerra*,[20] quien consideró el fenómeno bélico como la actividad más esencial de la vida política.[21] Organizar un ejército y hacer la guerra son dos actos políticos. La influencia del autor florentino puede percibirse en la siguiente frase de Karl von Clausewitz: "...la guerra no es sólo un acto de política sino un verdadero instrumento político, una continuación de la actividad política por otros medios".[22] Clausewitz destacó por vez primera el papel del genio militar en la guerra. El genio es una armoniosa combinación de dotes mentales y de temperamento que permite llevar a cabo una actividad muy especial, la conducción de las acciones militares.[23] Dentro de este conjunto armónico se encuentra un elemento llamado por este escritor *coup d'oeil*: "...el conocimiento instantáneo de una verdad que normalmente pasa inadvertida para una mente ordinaria o que ésta percibe después de mucho estudio y reflexión".[24] El genio militar tiene un modo de conocimiento de lo social propio del hombre de acción; la capacidad de comprender, en forma rápida y simple, el sentido de procesos sociales sumamente caóticos y complejos, con el propósito de influir en ellos. Es una especie de intuición, de conocimiento inmediato de lo social a través de la acción. A lo anterior se agrega generalmente un alto sentido de responsabilidad. Quien dirige operaciones militares tiene el poder de decidir sobre las vidas de los combatientes bajo su mando. La participación en la guerra, y especialmente en un conflicto de la naturaleza de la guerra civil española, implica un compromiso con una causa, compromiso que llega al extremo de poner en peligro la vida propia.

Ángel Palerm decidió incorporarse a las milicias de la Federación Anarquista Ibérica al comienzo de la guerra civil. Nunca había recibido instrucción militar (de los campesinos aragoneses aprendió los rudimentos del manejo de un arma de fuego; ellos le enseñaron a cargar y disparar escopetas de caza); sin embargo, como él mismo indica, "...aprendimos de prisa".[25] Más tarde asistió a una escuela de instructores militares, cuyo director era "...medio anarquizante...", partidario de un método de enseñanza que éste llamaba "socrático" o "mayéutica", muy diferente de lo que sería el método

---

[20] *The Art of War*, traducida al inglés por Ellis Farneworth, revisada y con una introducción de Neal Wood, Indianápolis, The Bobbs-Merril Company, 1965.

[21] Félix Guilbert, "Machiavelli: The Renaissance of the Art of War", en Peter Paret (comp.), *Makers of Modern Strategy from Machiavelli to the Nuclear Age*, Princeton, Princeton University Press, 1986, p. 24.

[22] Karl von Clausewitz, *On War*, editada y traducida por Michael Howard y Peter Paret, Princeton, Princeton University Press, 1976, p. 87.

[23] *Ibid.*, p. 100.

[24] *Ibid.*, p. 102.

[25] Entrevista, p. 96.

empleado por Palerm para la enseñanza de las ciencias sociales, "...nos dieron un obús y nos dijo: 'pues aquí los dejo para ver qué aprenden'".[26]

Herido en cuatro ocasiones, Palerm conoció de primera mano el mundo efímero y violento de la guerra. Para 1939, aproximadamente 190 de los 200 miembros de la primera promoción, a la cual él pertenecía, habían muerto a resultas de los combates.[27] Él tenía plena conciencia de su participación en la destrucción de ciudades y pueblos, como el caso de Belchite,[28] experiencia amarga para un ser apacible, con raíces en una cultura no propensa a la violencia.[29] Sin embargo, como hombre de acción, su participación en la guerra fue la continuación de la política por otros medios.

Muy pronto percibió que para combatir con éxito era necesario aprender el arte de la guerra;[30] esta percepción lo llevó a separarse de los anarquistas, quienes rechazaban la disciplina, el orden y la autoridad militares, y a incorporarse a las brigadas internacionales y al Partido Comunista, organización política de la cual fue expulsado años más tarde por su oposición a las políticas estalinistas. Empero, el anarquismo dejó en él una huella indeleble.[31] Palerm hablaba con orgullo de la capacidad combativa del ejército republicano;[32] por méritos en campaña alcanzó el grado de comandante en jefe de Estado Mayor de Brigada y por su valiente comportamiento en la batalla del Ebro recibió la Medalla del Valor. Sobre sus hombros descansó una de las mayores responsabilidades que puede tener un ser humano: la toma de decisiones que sitúan a otros entre la vida y la muerte. El combate es una forma de vida en que se depende constantemente de los demás; probablemente a causa de sus experiencias en la guerra él tenía en alta estima la lealtad personal.[33] Todavía el año de la entrevista para el Archivo de la Palabra, Palerm mantenía correspondencia con algunos de sus compañeros de la guerra civil.

[26] *Ibid.*, p. 108. Y sin duda aprendieron rápidamente: "...lo hicimos tan bien que como a la media hora disparamos un obús, afortunadamente sin espoleta, y fue a caer a la base de antiaéreos del Tibidabo, de donde bajó un camión lleno de anarquistas furiosos diciendo: '¿Dónde están los fascistas?'" (*ibid.*, pp. 108-109).

[27] *Ibid.*, pp. 109-110.

[28] "...dejamos los pueblos deshechos, entre ellos y nosotros. Es una de las cosas que más me impresionó al volver a hacer ese recorrido, llegar a Belchite y encontrar que... no quedó una casa en pie, un pueblo... [de unos] quince mil habitantes, ni una casa en pie..." (*ibid.*, p. 120).

[29] Al hablar de las profesiones preferidas por los ibicencos de su tiempo, Palerm indica que muy pocos elegían ser guardias civiles o soldados: "...los catalanes se educan en la idea de que la violencia es mala..." (*ibid.*, pp. 19-20).

[30] "...si estamos en una guerra no hay más que pelearla como guerra, con el ejército..." (*ibid.*, p. 112).

[31] "...ideológicamente, seguía siendo anarquista y nunca he dejado de serlo; es decir, es casi temperamental. Me disgusta la burocracia, aborrezco cualquier forma de autoridad y cosa de autoridad ocasional o jerárquica" (*ibid.*, p. 161). Por eso también dijo: "...me hice, curiosamente, militar, la peor suerte que le puede caer a un anarquista" (*ibid.*, p. 162).

[32] *Ibid.*, p. 147.

[33] *Ibid.*, p. 395. La lealtad de Palerm era conocida: "Él era extraordinariamente leal hacia los

Sin duda, la experiencia militar hizo de Ángel Palerm un mejor científico social.

A su aguda inteligencia se sumó la cualidad descrita por Clausewitz; además, conoció de primera mano la crudeza de la lucha por el poder y el comportamiento del ser humano en condiciones sociales extremas.[34] Este mundo de la acción fue posiblemente el origen de su atracción por el *verum factum* de Juan Bautista Vico.[35]

La otra vertiente de Palerm fue su actividad científica. Su decisión de hacerse antropólogo, después de haber estudiado historia, si bien sugerida por su maestro Pablo Martínez del Río,[36] tiene sentido a la luz de su experiencia anterior. Por la naturaleza de su objeto de estudio, las ciencias sociales en

amigos, pero se distanciaba de los seguidores" (Eric R. Wolf, "Ángel Palerm Vich, 1917-1980", *American Anthropologist*, vol. LXXXIII, núm. 3, septiembre de 1981, p. 614).

[34] Bastante conocido es el caso del historiador Ramón Iglesia, también refugiado español, a quien la experiencia bélica le hizo cambiar su perspectiva de la historia de la conquista de México: "Pero la guerra estalló y me aprisionó, de este modo adquirí una experiencia viva y directa de los problemas militares, una experiencia que todos los libros de historia del mundo no me habrían dado. Vi de primera mano lo que es la guerra, una piedra de toque para todos los valores humanos, a causa de que en la guerra estamos siempre bajo la opresión de la muerte, lo cual en tiempos normales está fuera de visión. Vi la parte jugada por los comandantes, que sabían cómo mandar, y la parte representada por los soldados, que sabían cómo obedecer y morir. Y vi también la profunda necesidad de establecer la jerarquía y la disciplina en un ejército, algo que habíamos olvidado, o acaso habíamos desdeñado en nuestra civilizada, liberal e individualizada sociedad. Y esto fue lo que hizo renovar mi concepción total de cierto número de problemas históricos, incluyendo en éstos el libro de Bernal. Después de la guerra releí su libro y leí más cuidadosamente que antes el texto de Gómara. Comparé los dos y obtuve conclusiones... Aunque no acepto la exclusiva importancia que Gómara da a Cortés, reconozco ahora que la parte de Cortés en la Conquista fue mucho más significativa que la que le otorga Bernal" (citado en *El exilio español en México*, México, Salvat/Fondo de Cultura Económica, 1982, p. 245).

[35] Véase, por ejemplo, su discusión sobre el valor y la importancia de las teorías científicas en *Antropología y marxismo*, pp. 53 y ss. Palerm consideraba la ciencia nueva de Vico como "...el primer planteamiento riguroso de la posibilidad y necesidad de una ciencia social..." ("La investigación social: problemas y posibilidades", en Centro Nacional de Productividad (comp.), *Los recursos humanos y el desarrollo agrícola (siete ensayos)*, México, Ediciones Productividad, 1969, p. 170).

[36] De acuerdo con Palerm, la conversación con Martínez del Río fue más o menos en los siguientes términos: "... le expliqué cómo trabajaba para vivir, y luego me preguntó: 'Bueno, ¿y por qué decidió usted dedicarse a la historia?'... le dije... porque pensaba hacer la tesis sobre la guerra de España... '¿Por qué sigue ocupándose de estas cosas que no hacen más que amargarle a uno? A fin de cuentas usted está en un país nuevo, lo que debe hacer es interesarse y preocuparse del país. En historia nunca va a tener muchas posibilidades de hacer nada en México; en cambio, en antropología hay un campo muy amplio y abierto.' Pues, ¿qué es la antropología? [preguntó Palerm]. `Bueno, le voy a pasar unos libros'" (Entrevista, p. 347). El estudio de la historia y la antropología derivó en Palerm de una auténtica vocación, como puede verse en un trabajo del primer año de la carrera de historia en el cual se ve la semilla de dos intereses que cultivaría durante toda su vida profesional: "Sobre las relaciones poligámicas entre indígenas y españoles durante la conquista de México, y sobre algunos de sus antecedentes en España", en Jorge Gurría Lacroix *et al.*, *Cortés ante la juventud*, México, Jus, 1949, pp. 231-277 (véase también la introducción de Rafael García Granados, pp. 3-5, donde explica el origen de los trabajos compilados en esta obra).

general, y la antropología no es excepción, están inevitablemente ligadas a la política:

[La antropología] no podría ser ciencia pura, en el sentido corriente del término, sencillamente porque desde su nacimiento, vayamos a buscar sus orígenes tan lejos como se quiera…, se ha caracterizado por una decidida vocación para aplicar y usar de alguna manera sus conocimientos. Es más, podría uno llegar a decir que el conocimiento antropológico, y con él la antropología, se generaron, precisamente, ante ciertas necesidades de naturaleza muy peculiar del comercio, de la guerra, del proselitismo religioso y la conquista.[37]

No es coincidencia entonces que Weber, Wittfogel y Palerm estuvieran interesados en el análisis de esa relación.

Por otra parte, si tenemos en cuenta la labor de sus valiosos y originales precursores (entre los que se cuentan por ejemplo Joseph de Acosta, Toribio de Benavente Motolinía, Bartolomé de las Casas, Diego de Landa, Vasco de Quiroga, Bernardino de Sahagún y otros),[38] la antropología mexicana siempre ha estado relacionada con problemas de política. Por eso para Palerm, como miembro de la generación joven de refugiados formada intelectualmente en México,

la práctica de una antropología crítica resultó, además, inseparable de su propia formación antropológica en el medio mexicano. Los que en aquel entonces éramos los antropólogos jóvenes, asumimos, con mayor o menor congruencia, la tradi-

---

[37] Ángel Palerm, "Antropología aplicada y desarrollo de la comunidad", *Anuario Indigenista*, vol. XXIX, diciembre de 1969, p. 153. Donde más adelante agrega: "Es infortunado que la historia de la antropología se haya caracterizado, más bien, por las motivaciones de los estados dedicados a la conquista militar, a la dominación y a la subyugación económica, política y espiritual de otros pueblos" (*ibid.*, p. 154).

[38] "Resulta imposible, en nuestra área de especialización geográfica [los estudios mesoamericanos y americanistas], ignorar a los autores del siglo XVI y XVII, aunque algunos de nuestros colegas de Estados Unidos han conseguido el milagro. El manejo de la inmensa masa de información que ofrecen resulta indispensable, tanto para los que tienen inclinación histórica como para los que se mueven más a gusto en el campo de la antropología social. Así nos vimos conducidos, por fortuna, a estudiar a Sahagún, Landa, Zorita, Acosta y a decenas de otros autores que, lo confieso, se leen con más placer, y es posible que con mayor ilustración, que la mayoría de nuestros contemporáneos" (Ángel Palerm, *Historia de la etnología. Los precursores*, México, Secretaría de Educación Pública/Instituto Nacional de Antropología e Historia, 1974, p. 10). En otro lugar Palerm comenta: "Lo curioso, y lo que quizá se considere incluso paradójico, es que en el proceso de aceptar y asumir la herencia mexicana fue cuando descubrimos la tradición crítica y utópica de los antiguos etnólogos españoles. Pero ésta es, asimismo, una tradición mexicana y no española. La obra de los etnólogos de América era tratada en España como fuente histórica, como acervo documental, cosa que evidentemente es, mientras que en México estaba incorporada, además, al pensamiento vivo y a la praxis de la antropología. De esta manera, los antropólogos exiliados establecieron una liga sentimental e intelectual con los etnólogos del pasado español" ("Sobre los antropólogos españoles de México desde el exilio de 1939", p. 332).

ción crítica de la antropología mexicana, pero como una condición misma del ser antropólogo en México.[39]

Esto es, como una condición existencial, tanto para la antropología como para el antropólogo. En su contribución al homenaje a Karl A. Wittfogel, Palerm habla de "...la inevitable conexión entre la ciencia social y la política, relación ésta que puede ignorarse sólo en perjuicio de la ciencia misma y quizá también de la política".[40] Aquí se encuentra, a mi juicio, la base de su interés por el trabajo de campo como el fundamento de una investigación que lleve al enjuiciamiento crítico de las decisiones políticas que afectan las condiciones del hombre en sociedad y al aprovechamiento de sus resultados para promover cambios sociales.

La preparación profesional de Ángel Palerm tuvo lugar en la Universidad Nacional Autónoma de México y en la extraordinaria Escuela Nacional de Antropología de la década de los cuarenta, donde se unieron la tradición intelectual mexicana, europea y norteamericana, dando lugar a condiciones muy favorables para el desarrollo del conocimiento de lo social:

> [Se vivía] un periodo... excepcional, maestros mexicanos muy buenos, de los que quizá no se ha vuelto a repetir una hornada como aquélla, tanto en Antropología como en Filosofía y Letras. Luego, muchos de los intelectuales europeos que habían venido refugiados a México, en un momento u otro, a partir de la subida de Hitler al poder, todavía no regresaban a sus países, por lo menos la mayoría de ellos estaba todavía en México. [Además] las circunstancias de la guerra habían hecho, sobre todo en el caso de los antropólogos norteamericanos, que dedicaran mucho más interés y más trabajo de lo que habían hecho antes, a la antropología... de América Latina, en particular de México... Nosotros, como estudiantes de la Escuela de Antropología, tuvimos el privilegio de todos estos grupos tan diversos y de tan diversa formación... era un ambiente intelectual muy cargado...[41]

Dentro de la formación impartida en la Escuela Nacional de Antropología (ENA) estaba además la investigación. Todos los profesores la llevaban a

---

[39] Ángel Palerm, "Sobre los antropólogos españoles de México desde el exilio de 1939", p. 332.

[40] "Sobre el modo asiático de producción y la teoría de la sociedad oriental: Marx y Wittfogel. Una aplicación a Mesoamérica", en G. L. Ulmen (comp.), *Society and History. Essays in Honor of Karl August Wittfogel*, La Haya, París y Nueva York, Mouton Publishers, 1978, p. 16.

[41] Entrevista, p. 357. "A ello no fue ajeno, desde luego, aparte de las condiciones locales, una coyuntura histórica: la segunda Guerra Mundial. Mientras la guerra, por un lado, envió de Europa a América una corriente de fugitivos y refugiados, entre los que se encontraban numerosos científicos sociales, por otro lado privó a los antropólogos norteamericanos de muchos de sus campos favoritos de investigación y les indujo a dedicar mayor atención a América Latina, en particular a México y Perú.

De esta manera, la difusión de las nuevas corrientes teóricas de la antropología se realizó, aunque involuntariamente, del mejor modo posible. O sea, usando los mecanismos del contacto personal y de la colaboración de los antropólogos nacionales y extranjeros en la investigación,

cabo y atraían a los alumnos hacia ella, dando a la enseñanza una dimensión diferente.[42] Esta experiencia fue para Palerm en lo científico lo que la guerra civil española fue en lo político, una constante fuente de inspiración en la búsqueda de la utopía, aunque con la gran diferencia de que en la ENA la utopía había sido alcanzada, constituyendo para él un modelo a seguir en la creación de un ambiente intelectual y científico.

Su estancia en la ciudad de Washington como funcionario de la Unión Panamericana fue para Palerm una interesante combinación de actividades intelectuales y diplomáticas. Él estaba sin trabajo; la austeridad de los programas de gobierno de Adolfo Ruiz Cortines, la inflación y el problema latente del rechazo hacia el español[43] hicieron difícil que los buenos augurios de su maestro Pablo Martínez del Río (sobre la seguridad del trabajo si estudiaba antropología) se cumplieran, al menos inmediatamente. A través de Juan Comas, Palerm tuvo conocimiento de una vacante como editor de la *Revista Interamericana de Bibliografía* publicada por el Departamento de Asuntos Culturales de la Unión Panamericana. En este organismo, Ángel Palerm encontró un ambiente bastante agradable y propicio para el trabajo intelectual. Además, por primera vez se encontró en un medio realmente latinoamericano.[44] Ahí se hizo cargo de *Ciencias Sociales*,[45] boletín cuatrimestral iniciado por Theo R. Crevenna, de la Oficina de Ciencias Sociales de la División de Filosofía, Letras y Ciencias, en enero de 1950, y lo transformó en una re-

en la enseñanza y en las discusiones científicas" ("Sobre el modo asiático de producción y la teoría de la sociedad oriental: Marx y Wittfogel. Una aplicación a Mesoamérica", p. 64).

[42] Entrevista, p. 360.

[43] En relación con este problema véase Entrevista, pp. 385-393. A este respecto Palerm recuerda una conversación que tuvo con Julio de la Fuente antes de salir a los Estados Unidos: "Ángel, ¿por qué estudiaste antropología? Bueno [respondió Palerm], pues por esto y por esto, una explicación muy complicada y muy larga al menos. Y entonces me dijo: `Bueno, ...pero ya te das cuenta que en México no tienes... en antropología, ninguna perspectiva... pero... como médico, como ingeniero, como abarrotero... tienes muchos campos abiertos, pero el de la antropología yo creo que no'". Palerm mismo aclara que este comentario no expresaba antagonismo personal de parte de Julio de la Fuente: "...era una de las gentes más abiertas que había en México" (*ibid.*, pp. 441-442). Javier Malagón, también refugiado español y amigo cercano de Ángel Palerm, indicó que tal vez por estar ligada en aquella época la antropología mexicana al indigenismo esta disciplina era considerada campo exclusivo de los antropólogos mexicanos (entrevista celebrada en la ciudad de Washington el 2 de enero de 1989). Esta hipótesis puede complementarse con la estrecha relación entre la antropología y la política.

[44] *Ibid.*, p. 462.

[45] El nombre de Ángel Palerm apareció por primera vez en el volumen II, números 11 y 12, correspondientes al periodo octubre-diciembre de 1951. Como editor de *Ciencias Sociales*, su nombre apareció por vez primera en el volumen III, números 14 y 15, correspondientes a abril-junio de 1952. El primer artículo publicado, "Notas sobre la clase media en México. Comentarios a un estudio de Nathan L. Whetten", fue escrito por él y marcó la transición del boletín a la revista (núms. 14 y 15, pp. 18-27) [la segunda parte de este trabajo se publicó en el núm. 18, pp. 129-135]. En 1954 Palerm hizo el siguiente balance: "Desde el mes de enero de 1950, la Oficina [de Ciencias Sociales] publica bimestralmente un boletín titulado *Ciencias Sociales*. Inicialmente, aparecían sólo extractos de artículos y libros sobre América Latina, publicados en cualquier parte del mundo. Posteriormente, se ha agregado un registro bibliográfico seleccionado,

vista donde, además de artículos, se publicaron resúmenes informativos y síntesis en español de obras con temas antropológicos, históricos y sociológicos impresas en diversos países. Como resultado de la preparación de la mayoría de estos resúmenes y síntesis:

> ...aprendí mucho; y... bajo el efecto de [estas] publicaciones... empecé a incorporarme a la vida académica norteamericana... empecé a dar clases en seminarios de posgrado en la American University..., en la Universidad Católica... y a recibir invitaciones para... dar conferencias [en] Princeton..., Harvard... empecé realmente a moverme con libertad dentro del medio académico norteamericano.[46]

La estancia en Washington fue para Palerm su "segunda educación",[47] le permitió entrar en contacto con la ciencia social norteamericana y mantener una relación personal con pensadores que ejercerían en él una importante influencia, como fue el caso de Karl A. Wittfogel, a quien conoció en el simposio sobre las civilizaciones de regadío celebrado en Tucson, Arizona, en diciembre de 1953, durante la reunión anual de la American Anthropological Association.[48] Además de un proceso de maduración intelectual, la permanencia en los Estados Unidos dio a Ángel Palerm la oportunidad de crear y estrechar lazos profesionales y de amistad con colegas que, como él, ocuparían con el tiempo un lugar destacado en el campo de las ciencias sociales.

Empero, la vertiente política, su preocupación por la utopía, siempre presente en él, lo llevó a dejar la actividad científica que venía desarrollando para aceptar el cargo de ayudante ejecutivo que en 1958 le ofreció el entonces secretario general de la Organización de Estados Americanos, doctor José Antonio Mora. Como en todo lo que él hacía, Palerm trabajó en su nuevo cargo con dedicación y seriedad, viviendo algunos de los momentos más difíciles de las relaciones entre los países del continente americano.[49]

---

una sección de artículos originales, una sección de crítica y otra de noticias de interés sobre las actividades de los científicos sociales en el Hemisferio. *Ciencias Sociales* ha llegado ya a su quinto año de publicación, con un considerable aumento de circulación y tamaño. Cuenta, en la actualidad, con 48 páginas de formato, y colaboran distinguidos especialistas norteamericanos y latinoamericanos" (Ángel Palerm, "La Oficina de Ciencias Sociales de la Unión Panamericana", *Boletín Bibliográfico de Antropología Americana*, Instituto Panamericano de Geografía e Historia, vols. XV y XVI, 1952-1953 [publicado en 1954], parte segunda, p. 365).

[46] Entrevista, pp. 480-481. La American University y la Catholic University son dos de las varias universidades en el Distrito de Columbia. Lawrence Krader impartía clases en la primera institución y Michael Kenny en la segunda. Ambos serían invitados por Palerm años más tarde a impartir seminarios y dirigir investigaciones en la Universidad Iberoamericana y en el Centro de Investigaciones Superiores del INAH.

[47] Entrevista, p. 474.

[48] Conversación del autor de este texto con Karl A. Wittfogel celebrada el 2 de noviembre de 1986 en la ciudad de Nueva York.

[49] Sobre su labor como ayudante ejecutivo véase Entrevista, pp. 481-492. Como funcionario de la OEA estuvo por primera vez en Madrid: "...nunca había ido a Madrid... bajé del avión en una ciudad desconocida que me pareció otra ciudad latinoamericana; no familiar... llegué a

III

Palerm volvió a México después de declinar una invitación de las autoridades de la Universidad Estatal de Nueva York en Stony Brook, entonces de reciente creación, para hacerse cargo de la dirección del Departamento de Antropología.[50] Después de algunas dificultades,[51] decidió ingresar como profesor de etnología en la Escuela Nacional de Antropología e Historia, donde, en compañía de otros profesores y alumnos, intentó hacer cambios para mejorar el nivel académico de esa institución. Como consecuencia de acontecimientos derivados de los sucesos de 1968, decidió renunciar a su cargo y posteriormente aceptar la invitación que le hicieron Luis González y Felipe Pardinas para incorporarse como profesor del Departamento de Antropología Social en la Universidad Iberoamericana.

Ángel Palerm llegó a la Universidad Iberoamericana en la plenitud de su madurez profesional. De hecho, esta institución y sus alumnos fueron los afortunados beneficiarios de los frutos cosechados en el transcurso de muchos años. El Palerm político y científico encontró un ambiente adecuado para poner en práctica su utopía académica, inspirada en el deseo de formar nuevas generaciones dentro de un marco de excelencia académica.[52] Encontró una institución al inicio de un profundo proceso de cambio promovido decididamente por el entonces rector, doctor Ernesto Meneses Morales. Palerm se incorporó a este proceso y lo enriqueció con sus aportaciones.[53]

Con su fina agudeza para distinguir lo sustancial de lo intrascendente, percibió que muchos problemas del México contemporáneo estaban siendo marginados por los antropólogos. Sin embargo, para abordar esos temas era necesaria una transformación de la antropología a través del conocimiento de su teoría, de la práctica de la investigación de campo y de la recuperación de la sociología europea, en especial la de Karl Marx, Max Weber, Gaetano Mosca y Vilfredo Pareto, como un modo de compensar la abrumadora influencia ejercida entonces por la ciencia social norteamericana.[54]

Madrid como hubiera podido llegar a Buenos Aires o a Lima, con más emoción desde luego, pero con la misma falta de conocimientos" (*ibid.*, pp. 499-500).

[50] Entrevista, pp. 541-542.

[51] A Palerm le había sido ofrecida la subdirección del Museo Nacional de Antropología, pero el ofrecimiento fue objeto de ataques por parte de algunos de sus colegas. Sobre este problema véase Entrevista, pp. 543 y ss.

[52] "...nunca he aspirado a hacer [de la Iberoamericana] la escuela más importante; por muchas razones no puede serlo... pero sí he aspirado a hacerla la mejor..." (*ibid.*, p. 572).

[53] *Ibid.*, p. 564.

[54] *Ibid.*, pp. 564 y 568, y "Sobre los antropólogos españoles de México desde el exilio de 1939", pp. 332 y ss. Para la incorporación de Weber, Mosca y Pareto, véase "Sobre el modo asiático de producción y la teoría de la sociedad oriental: Marx y Wittfogel. Una aplicación a Mesoamérica", pp. 32-33: "La resurrección del interés por la sociedad oriental provino de algunos sociólogos europeos que, desde finales del siglo XIX y principios del XX, iniciaron un diálogo a dis-

Ángel Palerm estaba preparado para alcanzar estos objetivos. La antropología era para él una especie de ciencia natural, como disciplina fundada en la investigación de campo y en el quehacer teórico,[55] y le gustaba recordar el calificativo honroso de naturalistas de las sociedades humanas con el cual se conocía a los antropólogos en el siglo XIX.[56] Estrictamente hablando, la "...antropología no es una... disciplina histórica, es casi una ciencia natural, en el sentido de que observa los fenómenos, no a través de papeles, sino en vivo".[57] Esto no significaba la ausencia de la historia; su formación de historiador y antropólogo buscaba un diálogo entre ambas disciplinas. La antropología era "...la otra cara de la historia. En la historia vemos procesos; en la antropología macroprocesos...".[58] La relación entre la antropología y la historia tenía además otro punto de contacto. A diferencia de otras ciencias, la primera carece de un cuerpo teórico: la "...teoría [antropológica] no puede enseñarse como se enseña la teoría de la física; hay que enseñarla con la historia... de la teoría... como una revisión de las teorías".[59] Resultado de esta preocupación fue su *Introducción a la teoría etnológica*[60] y los tres volúmenes titulados *Historia de la etnología*.[61] La vena teórica de Palerm no se redujo a reconstruir la teoría creada por otros pensadores; él, como lo reconoce Karl A. Wittfogel, también aportó elementos originales a la evolución de las ideas.[62]

Como disciplina semejante a una ciencia de la naturaleza, la antropología se construye mediante la investigación realizada en el campo. Éste equivale al laboratorio del antropólogo. Esta comparación hecha por Palerm recuerda a Bronislaw Malinowski, antropólogo de origen polaco que escribió algunas de las mejores páginas sobre la metodología del trabajo de campo:

Nadie soñaría hacer una contribución a la ciencia física o química sin dar una descripción detallada y completa de la preparación de los experimentos; una descripción exacta de los aparatos utilizados; de la manera en que las observaciones

tancia con Marx. El más importante de ellos fue, desde luego, Max Weber, aunque en justicia debería citarse también a Mosca y Pareto".

[55] *Ibid.*, p. 9.

[56] Véase, por ejemplo, *Antropología y marxismo*, p. 29.

[57] Entrevista, p. 521.

[58] *Idem.*

[59] *Ibid.*, pp. 565-566.

[60] *Introducción a la teoría etnológica*, México, Universidad Iberoamericana, Instituto de Ciencias Sociales, 1967. Segunda edición, corregida y aumentada, publicada en 1988 por la Universidad de Querétaro.

[61] *Historia de la etnología. Los precursores*, México, Secretaría de Educación Pública e Instituto Nacional de Antropología e Historia, 1974; *Historia de la etnología. Los evolucionistas*, México, Secretaría de Educación Pública e Instituto Nacional de Antropología e Historia, 1976 e *Historia de la etnología: Tylor y los profesionales británicos*, México, Ediciones de La Casa Chata, Centro de Investigaciones y Estudios Superiores del INAH, 1977.

[62] Véanse, por ejemplo, "Sobre el modo asiático de producción y la teoría de la sociedad oriental: Marx y Wittfogel. Una aplicación a Mesoamérica", "¿Un modelo marxista para la formación colonial de México?", "La formación colonial mexicana y el primer sistema económico

fueron realizadas; de su número; del tiempo dedicado a ellas y del grado de aproximación con que cada medición fue hecha. En ciencias menos exactas, como la biología y la geología, esto no puede ser hecho con el mismo rigor, pero todo estudioso debe hacer lo posible por presentar al lector todas las condiciones bajo las cuales el experimento o las observaciones fueron realizados.

En la etnografía, donde tal vez la presentación abierta de estos datos es todavía más necesaria, desafortunadamente no ha sido siempre proporcionada con suficiente generosidad en el pasado, y muchos escritores no emplean completamente el reflector de la sinceridad metódica conforme ellos se desplazan entre los hechos y los presentan ante nosotros en una completa oscuridad.[63]

A la manera de los antropólogos clásicos, Ángel Palerm se forjó en el trabajo de campo. Por esta razón él indica que aprendió el oficio de Isabel Kelly, cuando se incorporó al proyecto de investigación que ella dirigía en la región del Tajín.[64] Esta experiencia tan positiva lo convenció de que en la formación del antropólogo había algo semejante a la relación medieval generada entre el maestro, el oficial y el aprendiz.[65] Uno de los principales males de la antropología mexicana era la falta de esta práctica supervisada: "...la antropología necesita, ante todo, restaurar su eminente vocación tradicional por el trabajo de campo y la investigación empírica".[66] Palerm estableció las prácticas de campo como materia obligatoria desde el primer año. La idea era equilibrar la formación libresca con la investigación y desarrollar las cualidades del estudiante bajo la guía de un investigador más experimentado.

Sobre la base firme de una planta de profesores de tiempo completo y la flexibilidad de la presencia temporal de profesores invitados, la mayoría de ellos proveniente de instituciones académicas de Estados Unidos y Europa,

mundial" y "Articulación campesinado-capitalismo: sobre la fórmula M-D-M", los tres últimos publicados en el libro *Antropología y marxismo* ya citado.

[63] Bronislaw Malinowski, *Argonauts of the Western Pacific. An Account of Native Enterprise and Adventure in the Archipelagoes of Melanesian New Guinea*, con un prefacio de James George Frazer, Londres, George Routledge & Sons, 1922, p. 3. Los puntos de contacto entre Palerm y la antropología social británica se dan fundamentalmente en el trabajo de campo. Ángel Palerm parafrasea a A.R. Radcliffe-Brown en referencia a la relación entre la historia y la antropología: "...la historia es muy difícil de convertirla en una ciencia rigurosa, porque uno lo que tiene son papeles, es una historia, como decía Radcliffe-Brown, ...hecha de conjeturas" (Entrevista, p. 521). Sobre la historia como conjetura véase A.R. Radcliffe-Brown, *Structure and Function in Primitive Society*, Londres, Cohen and West, 1952. Para las críticas de Palerm a la corriente de la antropología británica consúltese, entre otras cosas, *Antropología y marxismo*, pp. 48 y ss.

[64] El "...rigor del trabajo de campo, la metodología, la reflexión analítica... los aprendí con Isabel Kelly" (Entrevista, p. 382). Los resultados de ese proyecto fueron publicados en un libro en el cual Palerm figura como coautor (Isabel Kelly y Ángel Palerm, *The Tajín Totonac. Part I, History, Subsistence, Shelter, and Technology*, Washington, Smithsonian Institution, Instituto de Antropología Social, publicación número 13, 1952. De acuerdo con el propio Palerm, "...parece que mi contribución, tanto en el trabajo de campo como en la redacción del volumen, fue lo suficientemente importante para que ella me pusiera de coautor" (Entrevista, p. 383).

[65] El contexto de la referencia es el mundo académico y su carácter necesariamente elitista (*ibid.*, pp. 375-376).

[66] *Antropología y marxismo*, p. 29.

y de un programa de estudios y de investigación lo más variado y rico, adaptable a las características personales y a los intereses intelectuales de cada alumno, Palerm construyó lo que posiblemente fue el mejor departamento de antropología social en América Latina. Ahí promovió el estudio de las teorías sociológicas, del campesinado, del Estado, de la burocracia y de las élites, de la industrialización, de los barrios proletarios y marginales de las ciudades, de los sistemas locales y regionales de dominio,[67] y estimuló la publicación de los resultados analíticos en *Comunidad,* la revista de la Universidad Iberoamericana, de la cual fue uno de sus fundadores, y en libros. La conjugación de años de experiencia política y científica, de sus cualidades naturales de liderazgo intelectual, entre las cuales se encontraba su carisma y su facilidad para la impartición de conocimientos (pues, como decía Baltasar Gracián, escritor admirado por Palerm: "Poco es conquistar el entendimiento, si no se gana la voluntad..."),[68] los contactos científicos y académicos cultivados desde su paso por la ENA, más un ambiente universitario propicio para el estímulo de la reflexión intelectual explican los resultados exitosos del proyecto académico de Palerm. Su sentido de lo práctico lo llevó a diseñar un proyecto adecuado a las condiciones mexicanas y a un presupuesto limitado. El Departamento de Antropología Social de la Universidad Iberoamericana fue el modelo seguido posteriormente por Palerm cuando se crearon el Centro de Investigaciones Superiores del Instituto Nacional de Antropología e Historia (CIS-INAH)[69] y el Departamento de Antropología de la Universidad Autónoma Metropolitana, cuya organización le fue encomendada.[70] Su influencia indirecta fue todavía mayor a través de la dispersión de sus discípulos en nuevos centros académicos.

Puede decirse, entonces, que la vida de Ángel Palerm fue una preparación para esa empresa. El activista y pensador utópico tuvo como propósito político una España y una América libres y democráticas, y como propósito científico la verdad y la excelencia académica. En él estas dos utopías dependían una de la otra, eran las caras de una misma moneda (como también lo eran entre sí la antropología y la historia), pues la verdad científica solamente puede encontrarse dentro de un ambiente de libertad. El siguiente texto suyo se refiere precisamente a la relación entre la política y la ciencia social:

> Una cosa es reconocer los nexos que existen entre la ciencia social y la política, lo mismo que entre los científicos y la sociedad en que viven, y otra cosa es politizar

---

[67] "Sobre los antropólogos españoles de México desde el exilio de 1939", p. 338.

[68] Baltasar Gracián, *Obras completas,* estudio preliminar, edición, bibliografía, notas e índices de Arturo de Hoyo, Madrid, Aguilar, 1967, p. 23. La referencia está tomada de *El héroe.*

[69] "...en cierta forma toda esa experiencia de la Ibero... la utilicé en el CIS-INAH... en montarla de una manera semejante pero con muchos más recursos" (Entrevista, p. 616).

[70] *Ibid.,* p. 620.

la ciencia y la actividad científica. Ello es quizá inevitable en ciertas situaciones específicas, pero la tendencia permanente del científico es la búsqueda desinteresada de la verdad, más allá de las contingencias de una circunstancia histórica concreta y a veces en lucha contra ella.[71]

Quien quiso ser recordado por haber creado una opción alternativa institucional para la antropología mexicana,[72] también lo será por otra importante aportación, invocada por la American Association for the Advancement of Science para elevar a Ángel Palerm al rango de miembro de número: "...su destacado liderazgo en el desarrollo de la investigación antropológica en México".[73]

PALERM VICH, ÁNGEL

Antropólogo e historiador español-mexicano.
Fecha de nacimiento: 1917 (Ibiza, España).
Fecha de fallecimiento: 1980 (México, D. F.).

ESTUDIOS

Licenciatura en historia en la UNAM (1949).
Maestría en antropología en la Escuela Nacional de Antropología e Historia (1951).

TRABAJO PROFESIONAL

Funcionario y editor de la Unión Panamericana en Washington (1952).
Asistente ejecutivo de la Secretaría General de la OEA (1958-1961).
Director del Departamento de Asuntos Sociales de la OEA (1961-1965).

[71] "Sobre el modo asiático de producción y la teoría de la sociedad oriental: Marx y Wittfogel. Una aplicación a Mesoamérica", p. 44, donde más adelante concluye: "Por supuesto que existen estrechas relaciones entre la ciencia y la política; lo he estado repitiendo constantemente. Pero los hallazgos genuinos de la ciencia, cualesquiera que sean las motivaciones y las posturas del científico, tienen cualidad y valor propios (*ibid.*, p. 45).

[72] "...en la antropología en México quiero ser recordado por algo y me gustaría serlo por haber roto el monopolio institucional del INAH. Es decir, por haber puesto empeño en crear un departamento, una escuela de antropología en una universidad, independiente, fuera de la férula del INAH." Entrevista, p. 450.

[73] American Association for the Advancement of Science, carta del 7 de enero de 1980 mediante la cual se comunicó a Palerm la distinción de que fue objeto.

Profesor de la Universidad Americana (1960-1965).

Profesor de la Universidad Católica de Michigan (1961).

Profesor visitante de la Universidad de San Marcos en Lima, Perú (1965-1966).

Profesor de la ENAH (1965-1968).

Profesor del Instituto de Ciencias Sociales de la Universidad Iberoamericana (1967-1980).

Profesor visitante en la Universidad Complutense de Madrid (1970-1971).

Profesor visitante en la Universidad de Texas en Austin (1972-1978).

Director y fundador del Centro de Investigaciones Superiores del INAH (1973).

PRINCIPALES OBRAS

(En colaboración con Isabel Kelly), *The Tajín Totonac, Part 1: History, Subsistence, Shelter and Technology*, Washington, The Smithsonian Institute, 1952.

(En colaboración con otros), *Studies in Human Ecology*, Washington, Pan American Union, 1957.

Introducción a la teoría etnológica, México, Universidad Iberoamericana, 1967.

Agricultura y sociedad en Mesoamérica, México, SEP, 1972.

(En colaboración con Eric Wolf), *Agricultura y civilización en Mesoamérica*, México, SEP, 1972.

Obras hidráulicas prehispánicas en el sistema lacustre del valle de México, México, INAH, 1973.

Historia de la etnología I: Los precursores, México, SEP/CIS-INAH, 1974.

Historia de la etnología II: Los evolucionistas, México, SEP/CIS-INAH, 1976.

Modo de producción y formaciones socioeconómicas, México, Edicol, 1976.

Historia de la etnología III: Tylor y los profesionales británicos, México, Ediciones de la Casa Chata, CIS-INAH, 1977.

Antropología y marxismo, México, Nueva Imagen, 1980.

JESÚS REYES HEROLES

José Luis Barros Horcasitas

I

Jesús Reyes Heroles (1921-1985) estudió las instituciones de México y fue un hábil practicante del arte de lo posible. Contribuyó al esclarecimiento de nuestra historia; reflexionó sobre las intrincadas relaciones que ésta guarda con las formas y usos de la política, y administró y ejecutó la acción gubernamental. Ciertamente su experiencia de político se nutrió de su labor intelectual, y viceversa, lo que añade interés a sus aportes de índole historiográfica. Interpretó nuestra historia en términos de una continuidad que, según él, se evidencia en un liberalismo mexicano de carácter social.

En Reyes Heroles —político, ideólogo, historiador y catedrático— se percibe la inusitada conjunción del hombre introspectivo con el hombre de acción. Sujeto al ejercicio del poder, vivió pleno de contingencias entre la pluralidad y la concertación, al tiempo que exploró un mundo más alejado, el de las ideas, con rigor de intelectual.

En el prefacio de *El liberalismo mexicano*, su obra magna, Reyes Heroles rastrea las ideas liberales en México. Analiza la transformación del liberalismo europeo y norteamericano, acometida por los liberales nativos con el fin de adaptarlo a las instituciones que recién nacían a la vida independiente. Apunta que, bajo el signo del liberalismo, se cobijaron inquietudes y aspiraciones nacionales que refluyen a la teoría. Así, en ese primer acercamiento, Reyes Heroles esboza el papel del liberalismo en el proceso de conformación del Estado nacional, cuando la sociedad se encuentra en transición, y se verifica el proceso de secularización de las instituciones y de la sociedad. Más adelante examina la perspectiva que se desprende de la obra de José María Luis Mora, el clima incierto y agitado que impera durante el siglo XIX; luchas que, entre derrotas y triunfos, imprimieron al país un sesgo de realidad fluctuante. Ese vaivén tiene como referencias el orden colonial, que sobrevive con la Independencia, y el orden laico que pretende emerger. Para Reyes Heroles, la difícil etapa de la sociedad fluctuante fue consecuencia, en grado mayor, del choque de intereses colectivos, de ideas, de principios políticos; se explica más por las cosas que por las personas, y son las ideas, los intereses más colectivos que individuales, los dos órdenes en colisión, lo que en verdad rinde cuenta de aquellos momentos difíciles.

Así, la primera mitad del siglo XIX es, según Reyes Heroles, el periodo en el que se definen las instituciones políticas, y en cuyo proceso se van perfilando los ámbitos de lo público y lo privado. La incorporación de las ideas y la transformación de la realidad aparecen ligadas a los fenómenos que resultan en ambos órdenes. En este punto Reyes Heroles considera necesario sopesar los resultados del liberalismo nativo, sus rendimientos, a través de ponderar el desempeño de las ideas, así como las leyes e instituciones a través de las cuales modificaron la realidad política y social del país. A 150 años de haber sido introducidas las ideas liberales, el estudioso manifiesta una preocupación que se evidencia a lo largo de toda su obra: la de la continuidad de un proyecto nacional.

En la parte última de *El liberalismo mexicano* examina los conceptos que paulatinamente van formando una estructura ideológica más firme, y que a su vez son puntos de referencia para discernir el sentido de la política liberal traducida en actos. En este punto aparece el sello distintivo que define al liberalismo mexicano, y que lo aparta del económico al reivindicar características preponderantemente sociales y políticas. A decir de Reyes Heroles será hasta la Revolución Mexicana cuando la corriente social del liberalismo nativo encuentre el contenido más importante de su proyecto.

Durante el siglo XIX el liberalismo no logró conciliar —aunque, desde luego, sentó las bases para ello— las libertades y los derechos políticos. Pero, en el sentido de una continuidad, se constituyó una de las corrientes capitales de la Revolución, sin la que ciertamente no podrían explicarse los términos en que fue formulada la Constitución de 1917. Señala que la revolución social de 1910 sólo puede ser interpretada a partir de una serie compleja de explicaciones. Para el historiador, la Revolución supone el contacto de ideas que apelaban a la situación propia del país y de él emanadas, así como de otras que fueron recibidas y adaptadas a la situación nacional; igualmente de problemas añejos y, desde luego, y como referencia inmediata, del Porfiriato, que en la concepción reyesheroliana de la continuidad histórica del liberalismo mexicano aparece como un tropiezo en su desarrollo.

Dicho de otra manera, la Revolución enfrentará los restos del feudalismo que la corriente liberal no pudo resolver, sobre todo en lo que se refiere a la propiedad, y que el Porfiriato fortaleció. El liberalismo social no triunfó en el momento en que surgió, pero ciertamente legó las concepciones del federalismo, la secularización y las libertades, en beneficio de la conformación del régimen político subsecuente.

De la monumental y acuciosa interpretación de nuestra historia llevada a cabo por Reyes Heroles, y de la vasta síntesis de ese periodo en términos conceptuales y doctrinarios, se desprende el propósito que el historiador tuvo de reconstruir la historia de México desde la perspectiva del liberalismo, así como su convicción de que era necesario demostrar su vigencia, y de que en esta corriente está una parte sustantiva de la identidad nacional, puesto que el liberalismo social mexicano es un proyecto político que debe ser rescatado y continuado.

II

Reyes Heroles hace referencia a la crisis del liberalismo cuando el cuerpo teórico tuvo que encarnar en las situaciones concretas y particulares de los Estados europeos. En este examen, en que apunta la necesidad de estudiar las relaciones entre el liberalismo económico y el político, suscribe el análisis que Guido de Ruggiero desarrolla en la *Historia del liberalismo europeo*, en el sentido de que el liberalismo se expresa en diferentes corrientes. Para nuestro historiador dicha diversificación explica, como en el caso de algunos Estados europeos para Ruggiero, el surgimiento durante el siglo xix de un liberalismo mexicano. En consecuencia, en Reyes Heroles existe una preocupación por identificar e interpretar la doble vertiente, económica y política, del liberalismo, con el fin de aislar las particularidades del liberalismo mexicano. En varios de sus textos, entre ellos *La historia y la acción* y *México, historia y política*, así como en algunos de sus discursos, que si bien solían ser parcos, se revelan como verdaderos y provechosos ensayos, rescata parte de los análisis del propio Ruggiero, de Benedetto Croce y de Karl Polanyi, y establece que la historia política del siglo xix en México se significa, en los liberales nativos, por el intento de conciliar la libertad y la justicia sociales.

Atendió el hecho de que la modernidad política europea del siglo xviii resultó de una mezcla de distintas corrientes del pensamiento, en una identificación que cobra cuerpo unitario en el liberalismo, y cuya concepción limitó al Estado en sus poderes y funciones. El liberalismo ético-político coloca al hombre como el depositario de todos los valores y, consecuentemente, reivindica el ámbito de la acción del individuo como inalienable. Es el individuo quien pugna por establecer los límites del Estado, con el fin de defender el reducto de su libertad.

Ahora bien, durante el siglo xix el liberalismo se tradujo en un cuerpo de principios que pugnaban por la autorregulación económica de la sociedad y, por lo tanto, por la defensa de las leyes del mercado. Se sumaba, pues, a la defensa del individualismo jurídico-político, reivindicando, como derechos propios y naturales del individuo, el de la propiedad y el de la libertad. De esta manera se verifican coincidencias y rupturas en el orden de la teoría, pero, sobre todo, en el de la experiencia política e histórica de Europa, y —como lo afirma Reyes Heroles— también en el caso de México.

La aparición de nuevas demandas sociales, y su reivindicación por parte de gobernantes liberales, orilló a diversos pensadores a distinguir las carac-

terísticas del liberalismo económico y del liberalismo político. El panorama
teórico en el que se reformula la naturaleza de la sociedad política —la justicia social como un contenido sustantivo— implica un cuestionamiento de
las tesis iusnaturalistas. En efecto, se postula el carácter ya no natural sino
eminentemente social de los derechos. De esta suerte, se afirma que la sociedad puede reformular y delimitar, por medio de la ley y del Estado, tales
prerrogativas.

La filosofía iusnaturalista difícilmente podía traducirse, en las postrimerías del siglo XVIII y en los inicios del XIX, en el establecimiento de la sociedad
de mercado, del régimen de la propiedad, y de los derechos del individuo
aún en conflicto. Ante ello, Jeremy Bentham incorporó a la doctrina liberal
la noción de utilitarismo, y postuló dicho principio como el único que debía
guiar a gobernantes y legisladores en la conducción del gobierno y en la formulación de las leyes. Se trata, de acuerdo con Bentham, de lograr la satisfacción de la mayor parte de la colectividad, en el entendido de que los derechos
naturales del hombre eran una ilusión, pero no así la evidencia objetiva de
que la búsqueda del placer y el evitar el dolor son constantes del comportamiento humano y social.

Aunque igualmente utilitarista, John Stuart Mill muestra mayor sensibilidad ante los hechos económicos, políticos y sociales que provocaron el movimiento cartista inglés de 1839-1842, las revoluciones de 1848 y la Comu-
na de París en 1871. Estos hechos revelan la aparición de una clase obrera
que encarnaba el papel de un nuevo protagonista político. Para Stuart Mill
la sociedad debía ser una comunidad de creadores que desarrollaran sus capacidades, y no una mera masa de consumidores y propietarios impulsados
por un individualismo exacerbado. Al mismo tiempo reconocía que la mayor
parte de la sociedad asalariada estaba sometida a condiciones de sobrevivencia, en virtud de la injusta distribución de la riqueza y del poder económico.
De esta manera era evidente la necesidad de desestimar el cumplimiento
indiscriminado de los principios liberales.

Así pues, fue necesario reformular una política social y, en consecuencia,
reivindicar la intervención protectora del Estado. Algunos estadistas europeos se vieron obligados a establecer ciertas garantías laborales y prestacio-
nes sociales; y, en otros casos, adoptaron medidas de corte arancelario con
el fin de proteger mercados e industrias.

III

En esta revisión de la historia y el pensamiento europeos, Reyes Heroles establece que el liberalismo político tuvo un papel importante en el desarrollo
de nuevas formas de organización de la realidad social y económica. Repre-

sado por los intelectuales progresistas, el liberalismo en el México del siglo
XIX habría de modificarse conforme a nuestra situación específica. Esta voluntad de adaptación buscaría consolidar los valores ético-políticos de la libertad
y justicia sociales.

Por lo que respecta a las fuentes que intervinieron en la formación del liberalismo mexicano, con anterioridad a la recepción de las ideas europeas del
siglo XIX, Reyes Heroles señala algunas. Una de ellas consiste en el legado
ideológico de las utopías del siglo XVI, que con Vasco de Quiroga reivindican
el bien social, y con Bartolomé de las Casas la libertad. Son los humanistas
del siglo XVI los que promueven la coexistencia pacífica de las distintas razas, tras la Conquista. Por otra parte, se desplegará un esfuerzo gigantesco
por parte de los humanistas del siglo XVIII, en su propósito de conciliar la modernidad con una recia ortodoxia católica. Se intenta, pues, amistar al liberalismo con el pensamiento de los teólogos y juristas españoles del siglo XVI.
Ahí están Clavijero y Alegre, que trataron de integrar las expresiones tradicionalistas del derecho peninsular con los principios contractualistas de la
época. En Clavijero es patente la influencia de Feijoo, y en el pensamiento
de fray Servando Teresa de Mier se dan cita el pensamiento liberal, marcado
por el iusnaturalismo racionalista, y la teoría contractual como origen y fundamento de la sociedad. Fray Servando será, con todo, un liberal alejado de
los principios democráticos, ya que en él influyen las limitaciones del derecho español. Así, rechazaba la adopción de un régimen liberal en la metrópoli, y su incorporación en México.

Otra influencia es la del liberalismo francés, de carácter permanente en la
formación del liberalismo mexicano. En este sentido Reyes Heroles identifica, de principio, la presencia del pensamiento de Montesquieu y de Rousseau,
y posteriormente la de Benjamin Constant. Una última influencia se encontraría representada por la Constitución de los Estados Unidos de América, que
sobre todo se expresa en los hombres de la Revolución de Ayutla. Durante
la época se lee *El Federalista* y a quienes comentan la Constitución del vecino
país. Asimismo se lee a Alexis de Tocqueville, ya que en 1835 aparecen traducidos los dos primeros volúmenes de *La democracia en América del Norte*.

Este conjunto de influencias, que contribuye notablemente a propósito de
las libertades, los derechos humanos, el federalismo, la soberanía, el contrac-
tualismo y la secularización, sirve a los liberales mexicanos para proponer
una nueva forma de organización social y política, a la vez que constituyen
elementos de diagnóstico de la realidad del país. Fueron éstos los medios
para pensar la unidad y el desarrollo nacionales como fines deseables, según lo entendieron los liberales mexicanos; y estos medios, por ellos adoptados, los distinguieron de los conservadores.

Frente a la herencia de la Colonia, de acuerdo con la terminología que Reyes Heroles retoma de José María Luis Mora, los liberales trataron de cons-

truir un orden secularizado y laico, democrático y moderno; un orden político que proponía la subordinación del Estado al derecho, y la consolidación del régimen federal, así como la adopción de la representación política, la libertad en la ley, y el principio de soberanía popular. El liberalismo mexicano propuso, además, un modelo social que identificaba a los legítimos depositarios de la autoridad. Brindó, pues, un marco sociológico y político que en todo caso se anticipaba a las realidades nacionales, y que lejos de constituir un impedimento a su desarrollo, alentaba su evolución. De esta manera se logró el gobierno de las clases intermedias con el apoyo popular, anticipándose a la formulación del programa y a los intereses del pueblo. En tal propósito, el liberalismo logró su cometido.

Para el historiador, por otro lado, democracia y liberalismo están en contacto. Se desecha así del pacto constitucional la iniciativa de voto restringido sólo a los propietarios, proponiéndose, en cambio, el derecho al voto universal; que la sociedad en verdad fuera representada en el Estado por medio de procesos electorales, que se permitiera el acceso democrático a los puestos públicos. Asimismo, la extinción de privilegios y la lucha contra los fueros representaron medidas anticoloniales y socialigualitarias. Con todo, este principio se completó con el de no reelección, luego de la Revolución Mexicana. Para Reyes Heroles, ésta no sólo impidió la formación de una oligarquía hereditaria y vitalicia, sino que además constituyó la realización histórica del liberalismo.

El federalismo propuesto por la doctrina liberal representó los intereses de las clases medias dispersas a lo largo del territorio y ayudó a enfrentar la disgregación. Constituyó también un mecanismo de contención frente a la concentración económica y poblacional, que a su vez se reflejaba en el ámbito de lo político. Con todo, Reyes Heroles juzga que el sistema federal, si bien ha preservado las peculiaridades regionales y ha contribuido a su integración, no ha impedido la centralización económica.

Ahora bien, por lo que se refiere a un aspecto social de la doctrina, muchos liberales, al encarar la realidad del país, abjuraron del individualismo clásico, principalmente por lo que se refería a la propiedad de la tierra. Así, se trató de resolver las múltiples demandas expresadas en las rebeliones de las comunidades indígenas en todo el territorio nacional que luchaban por mantener sus propiedades.

Reyes Heroles insiste, a propósito de la corriente social del liberalismo mexicano, en que ésta triunfó no en 1857, sino con el advenimiento de la Revolución Mexicana y la promulgación de la Constitución de 1917.

Por otra parte, la separación de la Iglesia y el Estado impulsó la secularización de la sociedad, de manera que, como lo señala el historiador, si la secularización de conciencia significó la libertad de la misma, la secularización de la sociedad no pudo significar sino su liberación. Reyes Heroles subraya

el papel de los intelectuales liberales, sensibles a las demandas políticas y sociales de los más necesitados.

IV

La obra del historiador Jesús Reyes Heroles, hombre de acción y de reflexión,
permanece como un legado que se transforma con el tiempo. Para el intelectual y político veracruzano, todos los caminos conducen a la historia, y
según él mismo lo afirmaba, la historia habita en la entraña de todo conocer
y hacer. Así las relaciones de los que actuaron, las ideas y los fines de los
que hicieron el derecho, la sociología, la ciencia, la literatura, la economía,
la política, y en su más amplio sentido el arte, la milicia, la teología. En su
momento Reyes Heroles confesó que, ya fuera por vocación o por equivocación, había arribado a la historia con el propósito de buscar explicaciones al
mundo en que vivimos. De tal suerte buscaba dilucidar el sentido de los hechos, hasta donde ello fuera posible, pero situándose en una posición de
equilibrio; es decir, equidistante entre aquellos que todo lo ven como fruto
de la necesidad, y aquellos que todo lo atribuyen a la voluntad del hombre,
admitiendo para éste que, de grado o por fuerza, está en aptitudes de escoger entre las opciones.

En el discurso con motivo de su recepción como académico de número
en la Academia Mexicana de la Historia, el 7 de agosto de 1968, Reyes Heroles señaló que el mero hecho de aceptar la continuidad y ver la transformación como culminación del proceso histórico proporciona un prolífico
terreno para la influencia de la historia en la acción. Se trata, pues, de recuperar la enseñanza de la historia con el propósito de iluminar el presente y,
en la medida de lo posible, diseñar los tiempos futuros.

En el caso concreto de nuestro país, Reyes Heroles reconoce que los patriotas del siglo XIX, partiendo del liberalismo —una teoría de supuesta validez
universal—, supieron matizar una serie de principios dudosos o inaplicables,
y construir una forma política particular: un liberalismo social que, limitan-
do los dogmas económicos, se afanó por conjugar las libertades espirituales
y políticas del hombre con sus necesidades económicas y sociales, apartándose del extremo del dejar hacer, del dejar pasar. La generosa preocupación
de Jesús Reyes Heroles por desentrañar la historia nacional lo convirtió en un
hombre que sigue siendo contemporáneo de los mexicanos.

V. Reflexión

Para don Jesús Reyes Heroles, el liberalismo mexicano es un transcurrir de
nuestra historia que comienza con la revolución de Independencia, o con el

periodo inmediatamente anterior, a principios de 1800, y termina intempestivamente en 1867; aunque es una continuidad, pues culmina con la Reforma y continúa sólo después de 1910. El periodo que va de 1867 a 1910 —la República Restaurada y, en particular, el Porfiriato— es, según él, una alteración, una aberración de la tradición liberal mexicana. Para Reyes Heroles la Reforma se caracterizó también por su preocupación social, su interés por la población indígena y la reforma agraria. El historiador consideraba que éstos eran los antecedentes directos de lo que sucedió después de 1910 y por ello omite explícitamente el Porfiriato, que en su opinión no forma parte de la tradición liberal. Su concepción coincide en gran medida con las propias interpretaciones de los revolucionarios, desde Madero hasta Carranza.

Aquí cabe hacer un paréntesis. Charles Hale, quien también ha rastreado los fundamentos del pensamiento político mexicano, menciona que Cosío Villegas prefirió estudiar minuciosamente el periodo específico que omitió Reyes Heroles. Lo que interesó particularmente a Cosío Villegas fue encontrar las raíces de lo que a su juicio era la verdadera tradición liberal. Para Reyes Heroles esa tradición es muy amplia: un movimiento que cambia gradualmente, que abarca desde Madero hasta la reforma económica y social de Cárdenas, y que más tarde incluye la promoción industrial de Miguel Alemán. En cambio, Cosío Villegas consideraba que el liberalismo revolucionario se limitó al impulso político y constitucionalista de los primeros años: los de Madero. Lo que encontró durante el periodo de Juárez y Lerdo fue algo muy cercano a un modelo liberal; un modelo no tanto de sociedad liberal ideal, como de sistema político liberal. Fue un periodo de libre expresión en la prensa, y en el que el sistema judicial funcionaba libremente. Cosío encontró que éste fue un periodo ejemplar en la historia de México.

Desde luego, Charles Hale no niega la existencia de una continuidad en la tradición liberal, que pudo haberse transformado; no ser lo que era antes, pero continúa. Su punto de vista se aleja del de Reyes Heroles, pero también del de Cosío Villegas, porque encuentra que hay liberalismo entre los partidarios de Díaz y no sólo entre sus opositores. Además, considera que después de 1867 el liberalismo empezó a dejar de ser una ideología en lucha contra una sociedad tradicional y un grupo de instituciones, para convertirse en un proyecto unificador. Con el creciente consenso político, en particular después de 1867, se desarrolló una especie de sistema político liberal. De ese modo, Juárez y Lerdo fueron decididamente los personajes liberales de la Reforma. Pero Díaz también fue un liberal en el sentido prístino de la palabra. Ascendió al poder en 1876 porque consideró que Lerdo estaba volviéndose un líder autoritario. Él mismo, a su vez, se hizo autoritario; sin embargo, nunca dejó de emplear el término "liberal" para designarse.

De alguna manera, quienes estaban en el poder —en Francia los republicanos, en España la monarquía restaurada— tenían la impresión de que los ideales del liberalismo se habían realizado. Fue esencialmente un periodo de consenso político. Los conflictos entre los diferentes partidos eran poco profundos: en Francia, durante la Primera República, los partidos se llamaban a sí mismos "liberales conservadores". La misma tendencia surgió en México en el grupo que simpatizaba con Porfirio Díaz y que en 1878 fundó el periódico *La Libertad*: Justo Sierra, Francisco Cosme y Telésforo García. Su periódico era "liberal conservador", se llamaban "nuevos liberales". Desarrollaron una doctrina de "política científica", parcialmente inspirada en ideas positivistas. Para ellos, "política científica", "nuevo liberalismo" y "liberalismo conservador" se vuelven sinónimos. En cierto modo estaban justificando el régimen de Díaz al decir que los ideales de 1857 se habían desgastado y que eran demasiado abstractos para aplicarse apropiadamente a la historia de México.

Enrique Krauze señala que el libro que discierne con claridad este problema es *La Constitución de 1857 y sus críticos*. Para él, los liberales puros fueron los hombres de la Reforma y la República Restaurada, los opositores al régimen de Díaz y los maderistas.

Para 1893, el mismo grupo —antes que nadie, Justo Sierra— propuso un plan para limitar el poder de Díaz, y en particular el control del Poder Judicial por el Ejecutivo. Al hacerlo, Justo Sierra recurrió en 1893 a los mismos argumentos "científicos" que había utilizado para fortalecer el poder en 1878. (Quienes se oponían al grupo de Sierra los llamaron "científicos", nombre que desde entonces ostentaron con orgullo; pero en realidad eran constitucionalistas.)

El corolario de todo esto, señala Hale, es la existencia de antecedentes no sólo constitucionalistas en la oposición abierta a Díaz, sino también en los llamados "científicos", miembros del sistema porfiriano. Ha habido renuencia de parte de algunos intérpretes a seguir las diversas formas de continuidad que cruzan a todo lo largo del periodo de Díaz y lo enlazan con el inmediatamente posterior, por ejemplo las ligas posibles entre el constitucionalismo "científico" de 1893 y el constituyente de 1917.

En sus trabajos sobre las ideas políticas del periodo que va de 1867 a 1910, Hale se ha preguntado cuáles fueron exactamente las ideas del grupo encabezado por Sierra que fundó el periódico *La Libertad* y apoyó a Díaz. En su opinión el año decisivo fue el de 1876, cuando eran francos simpatizantes de José María Iglesias en contra de Lerdo. Entonces fundaron el periódico *El Bien Público*. Eran constitucionalistas declarados. Pero dos años más tarde, en 1878, se les encuentra apoyando a Díaz y pidiendo cambios a la Constitución en nombre de la ciencia. Existen algunos documentos muy interesantes de 1877 que no son conocidos y que muestran las angustias de Sierra, en particular al tratar de justificar este cambio de iglesista a porfirista. Se le criticó duramente por ello y dio justificaciones muy elaboradas, no siempre convincentes, aunque mostraban una considerable tensión interior. Se formaron la idea de que la Constitución, antes que algo impuesto, debía ser algo que surgiera de las realidades de la nación. Esto se justificaba por la aplicación de una nueva doctrina política influida por el positivismo, en el cual el gobierno se vio como algo que debe brotar naturalmente de la realidad nacional.

De este modo, Hale supone que a Reyes Heroles le fue difícil sostener como historiador este aspecto del liberalismo —la necesidad de recuperar la democracia, el liberalismo constitucional y la libertad para la acción política, durante el periodo excluido—; que haya habido efectivamente una sólida continuidad. Hale cree que lo sostuvo implícitamente, pero que al hacerlo defendió el mantenimiento de las instituciones constitucionales en un sentido jurídico; esto es, la existencia de un sistema parlamentario, un sistema federalista, un sistema judicial, todos los cuales, formalmente, fueron parte de la limitación constitucional al poder del Estado. Con todo, afirma Hale, es impresionante que Reyes Heroles, en su papel de político y hombre de Estado, haya dirigido la reforma política que, en cierto sentido, fue un esfuerzo por demostrar la continuidad del constitucionalismo liberal.

Respecto de las influencias intelectuales de Reyes Heroles, José María Luis Mora ocupa un lugar clave por la diversidad de vasos comunicantes entre éste y los pensadores europeos de la época. En efecto, Enrique Krauze lo considera, junto con Lucas Alamán, el pensador e historiador más inteligente de la primera mitad de nuestro siglo XIX, y ambos admiraron la obra del irlandés Edmund Burke (1729-1797). Asimismo, Mora siguió su huella a través de los liberales clásicos franceses, como Benjamin Constant, entre otros, no obstante que las *Reflexiones sobre la Revolución Francesa* fueron publicadas en México desde 1826 por la Oficina de Matías Rivera, que sin apartarse un ápice de su fe en la libertad política terminó por criticar el desarrollo y desenlace de la Revolución Francesa.

Krauze afirmó que la preponderancia francesa en la cultura mexicana desplazó a Burke junto con otros pensadores aún más influyentes como Bentham y Adam Smith. Lo mismo ocurriría, en la segunda mitad del siglo, con Spencer y Mill. A partir de la Revolución Mexicana, el pensamiento político inglés, en particular el de los clásicos del liberalismo constitucional, se fue alejando de nosotros hasta volverse extraño o inasequible.

Burke fue un personaje excéntrico en la segunda mitad del siglo XVIII inglés: hacia 1770 propuso una reforma radical en la estructura política patrimonial de su tiempo; criticó la corrupción económica en el parlamento y la concentración del poder en el partido dominante de su época: el partido Whig; denunció las trampas en los distritos electorales —los llamados "burgos podridos"—; en 1776 justificó, contra viento y marea, la independencia de las colonias americanas; entabló un juicio célebre contra la dirección abusiva, corrupta y monopólica de la principal empresa colonial inglesa, la East India Company; inventó la fórmula "cuarto poder" para referirse a la prensa y, en fin, escribió cientos de textos, tratados y discursos que apenas ahora se están recogiendo con el debido esmero editorial en la propia Inglaterra.

A causa seguramente de su crítica temprana a la Revolución Francesa (1791), Burke ha pasado a la historia del pensamiento político occidental como un conservador. Lo que lo caracteriza, en realidad, es una noción clásica de la libertad individual. Desde ella critica a la Revolución Francesa. Burke no es un conservador como De Maistre, sino un hombre que cree profundamente en el cambio, pero un cambio que en la práctica beneficie a los hombres concretos que lo viven. Burke introdujo el concepto moral de limitar el poder en una era donde lo normal era la expansión irrestricta del mismo.

Burke, observa Krauze, tuvo seguidores en México luego de su breve auge hacia 1830, y dos excepcionales lectores: Daniel Cosío Villegas, que discurrió en 1942 la traducción de algunos de sus textos políticos en el Fondo de Cultura Económica, y Jesús Reyes Heroles, que lo leyó con una actitud similar a la de Alamán: buscando fórmulas para emular al gran reformador. Burke es uno de los representantes más notables de la tradición política que en casi cualquier caso confía en la reforma y abjura de la revolución. Su pensamiento crítico preparó a Inglaterra para las grandes reformas electorales de 1832 y 1867 que no sólo previnieron la violencia revolucionaria sino que construyeron uno de los edificios políticos más admirables de la historia. Se entiende que Reyes Heroles, el más lúcido reformista de las últimas décadas en México, haya seguido sus pasos, con éxito al menos en una instancia: la Reforma Política de 1978.

En las clásicas historias del liberalismo europeo, los autores suelen privilegiar la aportación de sus países. Inglaterra ostenta a Locke y Stuart Mill; Francia a Constant, Guizot y Tocqueville; Italia a Mazzini y Croce. Así, no sin antes recordar, con orgullo, que el sustantivo liberal tuvo su origen en las Cortes Españolas de 1810, el brasileño Merquior incluye en su historia del liberalismo a Herzen, Madison, Sarmiento, Ortega, Weber, y omite a Rusell. Por otra parte, debió mencionar a algún mexicano: desde el doctor Mora hasta Cosío Villegas, pasando por Reyes Heroles. Merquior distingue en el siglo xx cinco corrientes liberales: el liberalismo de izquierda de entreguerras —Kelsen y Keynes—, el moralismo liberal de la posguerra —Popper—, el neoliberalismo puro —Von Mises y Hayek—, el neocontractualismo de Rawls, Noszick y Bobbio y, finalmente, el liberalismo sociológico de Raymond Aron. Los liberales franceses tenían una formación más jurídica e histórica que la de sus correspondientes ingleses (Stuart Mill, por ejemplo, era filósofo y economista), y sin caer en el sociologismo estaban más habituados a tener en cuenta los condicionamientos históricos y sociales de las instituciones políticas.

Lo anterior viene a colación porque entre las otras realizaciones historiográficas de Reyes Heroles se cuenta su brillante ensayo *Mirabeau o la política*, donde se pueden observar nuevamente las influencias tanto de los liberales europeos de los siglos XVIII y XIX, como de Ortega y Gasset. Por cierto, el filósofo español también afirmó que el liberalismo tiene por origen una actitud medieval, la "franquía" del caballero ante la injerencia del Estado.

Haciendo especial referencia a este ensayo, Félix Moreno Canalejas indica que al gran teórico mexicano de la política, Jesús Reyes Heroles —al lado de Justo Sierra, José Vasconcelos y Jaime Torres Bodet—, con su deslumbrante carrera política a través de muchos años, se le ha permitido llevar a la realidad sus brillantes ideas.

En *Mirabeau o la política* Reyes Heroles discurre entre las obras y los pensadores de su formación intelectual. Así, *Fragmentos de ética*, de Benedetto Croce, le permite afirmar que un hombre dotado de genio o capacidad política se dejará corromper en cualquier actividad, pero no en la que concentra su pasión, su amor, su gloria, el fin sustancial de su vida.

Asimismo, señala que Ortega y Gasset efectúa una clara disección entre el político y el intelectual, en tanto que hay dos clases de individuos: los ocupados y los preocupados, los políticos y los intelectuales. El político reflexiona después de hallarse fuera de sí, comprometido en la acción, nunca se ve a sí mismo, inmerso como está en la acción; el ruido externo le impide oír su intimidad. El intelectual viene a ser un ensimismado. Esto es, la definición es clara, pero da origen a actos confusos y contradictorios. En cambio, la política es clara en lo que hace y es contradictoria cuando se la define.

Siguiendo con Ortega, Reyes Heroles advierte que tampoco debe confundirse al revolucionario con el grande o pequeño reformador. El gran reformador cree que es posible transformar, cambiar, en la paz, evitando el corte de cabezas, una sociedad y un Estado; quiere efectuar cambios sin interrumpir la marcha de la sociedad, sabe levantar nuevos cimientos y recimentar. El pequeño reformador se ancla en la idea o en el propósito de salvar una sociedad y su Estado —más frecuentemente éste que aquélla— mediante parches y zurcidos. Por último, no es ley establecida que toda revolución provoque su contrarrevolución, que ésta acabe por triunfar.

Ortega afirma que el Estado no es más que una máquina dentro de una nación y, para conservarla, el pequeño político olvida esta relación y se dedica a pensar sólo lo que le conviene hacer en el Estado y para el Estado. El gran político debe pensar que la perfección del Estado se halla fuera de él, en la perfección de la nación, y además debe plantearse cómo hay que organizar el Estado para que la nación se perfeccione. En la historia triunfa la vitalidad de las naciones, no la perfección formal de los Estados. Como vemos, Reyes Heroles se confirma en el pensamiento político de Ortega.

El camino es, por un lado, ampliar el concepto de representación, y por otro,

introducir nuevas formas de participación de la colectividad, formas que
abarquen a la sociedad en su extensión y variedad, ensanchar los contactos
existentes entre sociedad y Estado, y crear nuevos contactos para que cada
vez en mayor medida la sociedad esté en el Estado, sin identificarse con él.

En cuanto a Mirabeau, Reyes Heroles revisa la obra del político e intelectual francés. En el libro *Ensayo sobre el despotismo* Mirabeau subraya que en
el fondo todo tiende en un Estado a la libertad, a la instrucción, pues la moderación y la equidad son los vínculos fundamentales de una sociedad.

Por el *Ensayo...* pasan todos los clásicos, griegos y latinos; cae en el exceso de Tácito e igualmente de Montaigne y Montesquieu. No es posible afirmar, como superficialmente se ha hecho, que Mirabeau sólo tuviera afición
por las cosas del intelecto. Tiene el don o sentido de la oportunidad, a la vez
que unas antenas para captar lo que el medio ambiente demanda. Un orador lo es, más que por lo que dice, por lo que es.

El biógrafo de Mirabeau —James Prior— dice que éste citaba al irlandés
Edmund Burke, lo que le valió grandes aplausos, y lo más notorio fue que
varias ocasiones en la Asamblea Nacional usó como suyos grandes pasajes,
con algunas alteraciones triviales, de los discursos y de los escritos del mismo Burke.

Reyes Heroles agrega que cuando en una ocasión se le reprochó lo anterior, Mirabeau admitió el hecho y se disculpó por ello, diciendo que no había tenido tiempo para poner en orden sus propios pensamientos sobre
algunos temas que se veía obligado a tratar, ya que en ningún otro autor podía encontrar esa unión entre argumento y elocuencia. Y es aquí donde se
puede confirmar la múltiple interconexión de las influencias ideológicas con
nuestro historiador mexicano. Porque Reyes Heroles también plantea tales
vasos comunicantes a partir del mismo pensamiento del irlandés, quien no
negaba que la libertad fuera una abstracción y ésta adquiría su verdadero sentido cuando se realizaba en las instituciones y a través de ellas, lo que nos
remite a una clara huella en Mirabeau.

Además de haber sido precursor de la política del compromiso, Reyes Heroles menciona que Burke vio en los frenos que emanan de los intereses diversos la causa de la moderación e impedimento para el poder arbitrario.
Desde su viaje a Francia en 1773, Burke reflexionó sobre lo que veía venir,
aunque no sabía ni por dónde ni hasta dónde. Le irritaba el dogmatismo racionalista y la antirreligiosidad que privaban en los altos círculos de aquel
país, lo que lo hacía diferente a Mirabeau. No cabe duda, entonces, que Di-
derot, Voltaire, la propia Enciclopedia y Rousseau estaban también en el
pensamiento de Mirabeau y, por supuesto, en el ideólogo mexicano.

Burke recomendó el modelo inglés a los franceses, porque en Gran Bretaña se verificaba un proceso que permitió incorporar a las nuevas clases, las
de la riqueza monetaria, al cuadro de la aristocracia. Su hipótesis para Fran-

cia no resultó viable, como los hechos lo demostraron y como, además, Tocqueville se encargaría de probar, dice el historiador mexicano.

Reyes Heroles señala que la exposición de Tocqueville alcanza un gran rigor lógico, pues éste argumentaba que en Inglaterra la aristocracia se funda en la riqueza, que es algo inalcanzable, y no sobre el nacimiento, que no lo es. Que fueron la destrucción de la libertad política y la separación de clases las que causaron casi todas las enfermedades de que murió el antiguo régimen francés. Además, como prueba Bernard Fay, el poder de las ideas americanas en Francia, de 1789 a 1792, fue enorme y su influencia en los Estados Generales y en las Constituyentes, muy marcado, a tal punto que para este autor, con la Declaración de los Derechos del Hombre, la noche del 4 de agosto de 1789, se dio una comunión espiritual entre Francia y los Estados Unidos.

Finalmente, Reyes Heroles esboza una fina crítica sobre la conducta de Mirabeau, propia de su agudeza política. Dice de él que no le cabía en la mente que en el gobierno palabra y acto tienden a identificarse y confundirse, a tal grado que parecen llegar a ser lo mismo, que en ocasiones se habla para no tener que actuar y en otras el actuar obliga a no hablar; que palabra y silencio están trabados con el quehacer gubernamental. Mirabeau quiere influir y hablar. No andaba desencaminado su padre cuando decía que no podía dejar descansar su nombre una semana entera.

REYES HEROLES, JESÚS

Nace en Tuxpan, Veracruz, el 3 de abril de 1921, hijo del matrimonio formado por Jesús Reyes y Juana Heroles. En ese lugar transcurren los primeros años de su infancia. En otras ciudades transcurrirá su educación: Tampico, Ciudad Victoria, San Luis Potosí. De 1935 a 1938 cursa la Preparatoria en el Instituto Científico y Literario Autónomo de San Luis Potosí. En 1939 ingresa a la Licenciatura de la Facultad de Derecho de la UNAM. Ese mismo año se convierte en auxiliar de la Secretaría Particular de la Presidencia del Partido de la Revolución Mexicana, ocupada por el general Heriberto Jara. En 1944 recibe el título de Licenciado en Derecho por la Universidad Nacional Autónoma de México, presentando como tesis la investigación *Tendencias actuales del Estado,* que le vale la mención honorífica.

Asesor de la Secretaría del Trabajo. Profesor adjunto del Seminario de Derecho del Trabajo en la Facultad de Derecho de la UNAM. En 1945 viaja a Argentina, país en el que realiza estudios de posgrado en las Universidades de Buenos Aires y La Plata, así como en el Colegio Libre de Estudios Superiores de Buenos Aires. Asiste como delegado a la Conferencia Latinoamericana de la Organización Regional Interamericana del Trabajo. En 1946 es nombrado presidente sustituto del Grupo Especial de la Junta General de Conciliación y Arbitraje. De 1946 a 1963 es profesor de Teoría General del Estado en la Facultad de Derecho de la UNAM.

En 1947 asiste como delegado a la Conferencia Latinoamericana de la Organización Internacional del Comercio y del Empleo, en La Habana, Cuba. Ese mismo año redacta la "Carta de La Habana". Asiste como delegado a las reuniones del Consejo Interamericano de Comercio y Producción, en Chicago. En el periodo de 1948 a 1952 es profesor de Economía en la Escuela Superior de Comercio y Administración del Instituto Politécnico Nacional. En 1949 se incorpora como miembro al IEPES, del PRI. De 1949 a 1953 funge como secretario general del Instituto Mexicano del Libro. En 1951 asiste como delegado a las reuniones del Consejo Interamericano de Comercio y Producción, en Bahía de Todos Santos, Brasil. De 1952 a 1958 es asesor de la Presidencia de la República, durante la presidencia de don Adolfo Ruiz Cortines. De 1953 a 1958 desempeña el cargo de jefe de Estudios Económicos de los Ferrocarriles Nacionales de México. En 1957 publica su obra más importante, referencia obligada en la historiografía nacional: *El liberalismo mexicano.* De 1958 a 1964 desempeña el puesto de director general técnico del Instituto Mexicano del Seguro Social. En 1960 colabora con la obra colectiva *México. Cincuenta años de Revolución,* con el texto "La Iglesia y el Estado". Asiste a la Sexta Conferencia Interamericana de Seguridad Social, en México.

En 1961 viaja a Santiago de Chile para asistir a la Segunda Conferencia Interparlamentaria Americana. De 1961 a 1964 es diputado federal a la XLV Legislatura. En 1963 asiste a la Tercera Conferencia Interparlamentaria Americana, en Guanajuato. Asiste en 1964 a la Séptima Conferencia Interamericana de Seguridad Social, en Asunción, Paraguay. De 1964 a 1970 desempeña el cargo de director general de Petróleos Mexicanos. De 1964 a 1967 es vocal del Patronato para el Fondo de las Actividades de Alta Especialidad Docente del IPN. En 1967 es presidente del VII Congreso Mundial del Petróleo. En 1968 ingresa a la Academia Mexicana de la Historia, correspondiente a la Real de Madrid. Su importante discurso de recepción se titula "La historia y la acción". En 1969 ingresa a la Real Academia de la Historia, de Madrid. En 1970 es nombrado director del Combinado Industrial de Ciudad Sahagún (Diesel Nacional, Siderúrgica Nacional y Concarril). De 1972 a 1975 desempeña el cargo de presidente del Comité Ejecutivo Nacional del PRI. De 1975 a 1976 funge como director del Instituto Mexicano del Seguro Social. En 1976 es miembro del Consejo Directivo del Fondo para la Historia de las Ideas Revolucionarias de México. Es nombrado presidente del Comité Interamericano de Seguridad Social. De 1976 a 1977 desempeña el cargo de secretario de Gobernación. En 1979 participa en el Encuentro Hispano-Mexicano de

Científicos Sociales. Recibe el título de doctor *honoris causa* por la Universidad de Alcalá de Henares, en 1981, donde pronuncia el discurso "En busca de la razón del Estado". De 1982 a 1985 se desempeña como secretario de Educación Pública. En 1983 asiste a la Asamblea General de la UNESCO, en París. Y el 19 de marzo de 1985 fallece en Denver, Colorado, Estados Unidos, víctima de cáncer pulmonar.

PRINCIPALES OBRAS

Tendencias actuales del Estado, tesis de licenciatura, México, UNAM, 1944, 281 pp.
El liberalismo mexicano, México, UNAM, Facultad de Derecho, 1957-1961, 3 vols. ilus.
México: historia y política, Madrid, Tecnos (Semilla y surco. Colección de ciencias sociales. Serie de ciencia política), 1978, 320 pp.
Revolución educativa, México, Secretaría de Educación Pública (Cuadernos SEP), 1983, 27 pp.

EDUARDO BLANQUEL FRANCO O
LA HISTORIA COMO ENSEÑANZA PERSONAL*

RICARDO PÉREZ MONTFORT

> Si la imagen antigua del maestro es el arcaduz,
> esa rueda hidráulica cuyas cazoletas recogen el agua,
> la levantan un trecho y la vierten para quedar vacías,
> Blanquel es la imagen del arcaduz.
>
> JORGE ALBERTO MANRIQUE (1987)

EDUARDO BLANQUEL FRANCO nació en la ciudad de México en 1931. Sus primeras aproximaciones a la historia académica coincidieron con las de aquellas generaciones que vivieron su juventud en la preparatoria de San Ildefonso entrados los años cuarenta; esas generaciones que iniciaron sus estudios profesionales en diversos edificios del centro de la capital, tiempo antes de inaugurarse la Ciudad Universitaria. El futuro maestro de historia —en el sentido más cabal de la palabra "maestro", como diría Gloria Villegas— acudió al espléndido edificio de Mascarones, en donde adquirió lo que él mismo llamó "mi adicción" al conocimiento histórico. Asistiendo con entusiasmo a las cátedras de Edmundo O'Gorman, de Arturo Arnáiz y Freg, de José Gaos y de varios más, Eduardo Blanquel fue asumiendo y ejerciendo la creatividad intelectual que pronto le valdría el reconocimiento de sus principales maestros y colegas.

Desde muy temprano su vida profesional lo vinculó a la docencia. A nivel secundario impartió los cursos de las historias universal y mexicana en la Preparatoria Nacional y en el Colegio Franco Español. Y en licenciatura y estudios superiores, su "profesión de ideas" estuvo presente en las aulas de las universidades Iberoamericana, de los Andes (Venezuela), de Texas en Austin y sobre todo en la Facultad de Filosofía y Letras de la UNAM. Como profesor de las materias de Historiografía General, Geografía Histórica, Comentario de Textos, Revolución Mexicana y del Seminario de Revolución Mexicana se desempeñó frente a cerca de diez generaciones. Si contamos que la licenciatura en historia se realiza en términos generales en un promedio de cuatro o cinco años, fueron por lo menos un millar y medio los estudian-

---

* Esta semblanza le debe mucho a la maestra Gloria Villegas, sin cuya invaluable ayuda no hubiera sido posible completar este raquítico reflejo de la gran personalidad de Eduardo Blanquel F.

tes que pudieron escuchar su cátedra seria y rigurosa, a veces agresiva y apasionada, pero invariablemente amable y sugerente. En 1986 la Universidad Nacional tuvo a bien reconocerle sus 30 años de magisterio.

El amor por el aula parecía venirle directamente de sus propios maestros. En clase mencionaba con frecuencia y admiración frases de O'Gorman, y de Arnáiz, lo mismo que planteamientos de Gaos y de Leopoldo Zea. También eran comunes sus referencias a otros patriarcas de la historia mexicana, como Daniel Cosío Villegas o Francisco de la Maza, con quienes también tuvo mucho que ver tanto en conceptos como en trabajos y estilos. Sin embargo, el talento y el conocimiento se combinaban en él de manera elocuente con recursos muy propios, frente a un alumnado que tanto lo quería y admiraba como le temía y odiaba.

La pasión por la enseñanza le brotaba sobre todo frente a jóvenes de entre 16 y 25 años: aquellos que cursaban los últimos años de la preparatoria y los primeros de la carrera de Historia. No era raro que algunos discípulos suyos lo siguieran desde los años preparatorios hasta el fin de la licenciatura e incluso hasta los estudios de maestría. Para la mayoría Eduardo Blanquel nunca dejaría de ser su maestro. Pero también supo atraer la atención de otra clase de escuchas —quienes también hacían las veces de alumnos— que iban desde el ámbito heterogéneo de los salones provincianos de conferencias hasta el espacio solemne de la representación nacional. Desde los ocupantes modestos de las salas particulares de las clases medias hasta los arrogantes oidores de los amplios apartados de la Gran Comisión del Poder Legislativo, fueron muchos los que pudieron compartir sus dones de brillante expositor. Tampoco era extraño que un séquito de damas aristocráticas lo persiguiera y tomara apuntes de prácticamente cada palabra que osaba salir de su boca. Pero a pesar de ser un gran orador, Eduardo Blanquel parecía preferir el aula al *podium*, aunque éste no fuera ajeno a su paso por el mundo, sobre todo durante la celebración de alguna efeméride revolucionaria. A través de su cátedra era capaz de establecer una relación personal con su auditorio a través de la historia. La exposición de sus conocimientos era invariablemente la invitación a una visita compartida alrededor de un fenómeno, proceso o idea, en un tiempo dado y en un espacio previamente establecido por él o por sus antecesores más admirados.

Aunque el área geográfica y cronológica de su interés particular era el México de los años que iban de 1908 a 1952 —es decir: el periodo que comprende la Revolución mexicana y el llamado "México contemporáneo"—, en las cátedras de Historiografía General y Geografía Histórica Eduardo Blanquel demostraba la amplitud de sus conocimientos y sus aficiones por la teoría de la historia. Estas cátedras las había heredado en la década de los años setenta del ya mítico profesor de la Facultad de Filosofía y Letras Edmundo O'Gorman. Si bien Blanquel profesaba abiertamente un historicismo muy particular —y también muy personal—, un respeto crítico caracterizaba sus explicaciones sobre los filósofos presocráticos, los místicos o los reformistas, así como un ameno rigor le servía para exponer las ideas centrales del positivismo o del materialismo histórico. La revisión —a veces hasta "la tortura"— de ideas, circunstancias y lugares históricos daban a su clase un aire de disección entomológica. Esto sucedía sobre todo en la materia obligatoria de Comentario de Textos, que, impartida en los primeros años de la licenciatura de Historia en la UNAM, se convertía en una especie de "primer taller del historiador". Para este ejercicio inicial de interpretación, Blanquel solía transitar con su filosa elocuencia por textos de Francisco I. Madero, de Justo Sierra o de Octavio Paz, extrayéndoles tantas posibilidades como las que él mismo poseía en su propia multiplicidad. Ésta se manifestaba no sólo en la cantidad de temas de discusión e interpretación que surgían a lo largo de aquellas lecturas colectivas, sino que estaban presentes en los acercamientos y tratamientos que cada fenómeno histórico le sugería desde su aquí y su ahora.

Si algo quedaba claro en las clases de Blanquel era su "pasión por la historia". Y esa pasión puede percibirse hasta hoy en cada rincón de sus escritos, pero sobre todo en cada referencia suya que el recuerdo permite a cada uno de sus desheredados alumnos.

Cierto es que el legado de Eduardo Blanquel está muy cerca de sus discípulos. Javier Garciadiego capitalizaría una de las referencias más citadas del maestro: "Los libros de Blanquel son sus alumnos". Sin embargo, su herencia escrita tampoco fue tan limitada. Haciendo un balance —sin duda apresurado— de su obra en el papel, a lo largo de 56 años de vida, queda claro que no es la cantidad sino la calidad la que hace al maestro historiador. Para ser más precisos: es la calidad al servicio de la esperanza la que lo hizo tan excepcional en el medio contemporáneo del quehacer histórico.

Asintiendo a una clasificación un tanto esquemática pero al fin explicativa de su presencia entre la historia y los historiadores del siglo XX mexicano, la actividad profesional de Eduardo Blanquel puede dividirse en tres ramas generales: el investigador y pensador de fenómenos históricos y de sus teorías respectivas; el divulgador de una visión a la par múltiple y particular de la historia; y el periodista de fondo —es decir: el forjador de opiniones— preocupado por el devenir de sus propios tiempos, de la historia en la que él mismo participaba y vivía. Estas tres ramas no tendrían su sello tan personal si se pensaran independientes. Las variaciones de cada cual serían una de tantas cazuelas sujetas a la rueda del arcaduz con el que sabiamente lo comparara en alguna afortunada ocasión su amigo y colega Jorge Alberto Manrique. En el molino de Eduardo Blanquel todas esas cazuelas se alimentaban del mismo río racional y emotivo que emanaba del manantial de su propio rigor y generosidad.

I

La medalla con que la Universidad Nacional Autónoma de México reconoció los 30 años de docencia de Eduardo Blanquel en 1986 y la placa con su nombre que hoy en día acompaña la entrada de uno de los salones del segundo piso de la Facultad de Filosofía y Letras dicen muy poco sobre su labor como amante y maestro de historia. Es más bien el eco suyo atesorado por amigos, maestros y alumnos —guardado celosamente entre pecho y espalda— el que habla de las cualidades magisteriales de Blanquel. Así como las clases de O´Gorman, como las de Arnáiz, o como las de Francisco de la Maza, las clases de Blanquel se han convertido en un mito entre los historiadores setenta y ochentaytantoseros de la UNAM y de la Ibero. Los apuntes de sus cátedras son objeto valioso guardado celosamente entre estudiantes y colegas. La historia misma de la Facultad de Filosofía y Letras, la del Departamento de Historia de la Universidad Iberoamericana y la de tantos otros centros de enseñanza histórica está marcada por aquel eco de la cátedra de Eduardo Blanquel.

En la Facultad de Filosofía y Letras de la UNAM las sesiones matutinas de su Historiografía General se componían de un auténtico paseo por las ideas y las épocas de las principales figuras del quehacer histórico, desde Homero hasta Hegel. Eran particularmente elocuentes los momentos dedicados a Tucídides y San Agustín, aunque quizás durante las horas dedicadas a Juan Bautista Vico el maestro Blanquel alcanzaba sus dimensiones estelares. En cada explicación había un impulso para discutir y reflexionar sobre la historia en general o sobre una idea específica relacionada con el momento que vivían él y sus alumnos.

La materia de Revolución Mexicana impartida por Blanquel era también un estudio minucioso de personajes, acontecimientos e ideas. Con puntual seguimiento se internaba en las aficiones espiritistas y homeopáticas de Francisco I. Madero, o en el talante traicionero e interesado del embajador Henry Lane Wilson. Lo mismo narraba casi hora por hora y día a día la Decena Trágica, que sintetizaba de manera excepcional las interminables sesiones de la Convención de Aguascalientes o del Congreso Constituyente de Querétaro. Conocía al dedillo la prensa, los libros, hasta los manuscritos inéditos y los libelos de la época; y el trabajo de archivo al que impulsaba a sus alumnos más cercanos mostraba su avidez insaciable por el conocimiento del detalle. No parecía desaprovechar momento alguno para comentar los textos de reciente aparición sobre la temática revolucionaria, aunque sus constantes referencias a anécdotas y circunstancias muy concretas eran lo que más sabor le daba a sus exposiciones.

De esta manera el maestro Blanquel concebía sus cátedras no sólo como un espacio para la narración y la explicación de la historia, sino como un gran ejercicio de reflexión compartida, en la que invariablemente aparecía una característica propia: la de la enseñanza de la historia como una experiencia única, como un acto claramente personalizado.

II

En el legado histórico escrito por Eduardo Blanquel sobresalen los textos que tuvieron una difusión masiva. Desde aquel cuya autoría compartiera con Jorge Alberto Manrique destinado al último año de la educación primaria, *Mi libro de sexto año de historia y civismo*, que se publicara en 1966, hasta la última gran obra en la que participó en 1985: los ocho tomos publicados por la Secretaría de Educación Pública de *Así fue la Revolución Mexicana*. En esta última, además de escribir sobre el fin del régimen porfiriano y sobre Francisco I. Madero, Eduardo Blanquel —junto con su hijo Gustavo— tuvo a su cargo la coordinación de todos los documentos que se publicaron en los ocho tomos, y en particular el "Conjunto de testimonios" que aparecieron en el tomo VI.

Otros textos de amplísima divulgación fueron los que escribió para la *Historia mínima de México* —que originalmente se habían elaborado para servir como guiones de televisión—, obra conocidísima coordinada por Daniel Cosío Villegas y editada por El Colegio de México hacia 1973. En aquella *Historia mínima...* a Eduardo Blanquel le correspondieron los apartados sobre la Revolución mexicana, misma que dividió en dos periodos: 1910-1920 y 1921-1952.

Pero quizá la obra de Blanquel que más público alcanzó fue aquella que llevó el título general de *Tiempo de México* y que entre 1982 y 1983 apareciera como fascículos semanales en los principales periódicos del país, logrando un tiraje de más de 28 millones de ejemplares.

No tan conocidos como los anteriores fueron sus trabajos de índole monográfica, entre los que podrían destacarse *Nuestras historias. México y el Grupo Nacional-Provincial*, publicado en 1979, y su *Ricardo Flores Magón,* editado en 1985 en una serie auspiciada por el Consejo Nacional de Recursos para la Atención de la Juventud (CREA), titulada "Grandes Maestros Mexicanos".

En este último texto Blanquel retomó al personaje que había sido tema de su tesis de maestría en Historia de México en 1963. Si bien el texto editado por el CREA es una introducción al pensamiento de Flores Magón expuesto a manera de antología de sus escritos, no cabe duda que Blanquel rescató en él mucho de lo que escribiera en su temprana e inédita tesis. De manera elocuente estos dos extremos de la obra escrita de Blanquel se ocupan ante todo de sus preocupaciones fundamentales como historiador: las ideas y los hombres frente a las circunstancias concretas de su tiempo.

No es la intención de este ensayo revisar cada uno de los escritos de Eduardo Blanquel. Más bien se trata de hacer un breve recorrido por aquellos que pueden considerarse como ejemplos de sus principales ideas sobre la historia. Por ello vale la pena iniciar con su anteriormente citada tesis, *El pensamiento político de Ricardo Flores Magón: precursor de la Revolución Mexicana* (1963), en cuya introducción aparecen algunas premisas fundamentales de su pensamiento histórico.

Eduardo Blanquel fue fundamentalmente un historiador de las ideas. Éstas eran vistas como hechos específicos capaces de generar una interpretación, "un punto de vista propio" de quien las estudia. En la introducción de su tesis, al describir su método, planteaba: "...no estamos creando el pasado cuando éste es pre-existente a toda especulación sobre él, y por lo tanto la limita, sino tratando únicamente de hacerlo inteligible, al comprender el sentido, tácito o expreso de las ideas y las acciones que lo produjeron...".[1] Un par de páginas adelante añadía: "...Para el historiador la pregunta fundamental es la de las condiciones reales que determinaron las formas de pensar y de hacer en los hombres y en los grupos. La dignidad mayor de su tarea estará en dar razón de cómo y por qué, en un momento dado, quienes actuaron lo hicieron de una cierta manera. Por lo tanto hechos, documentos, ideas, no pueden ser metas en sí, sino vías de acceso a la historia que reflejan..."[2]

De esa manera la revisión exhaustiva del pensamiento magonista se convierte, en la tesis de Blanquel, en una profunda reflexión sobre las ideas más relevantes que se discuten en el ocaso del Porfiriato y los prolegómenos de la Revolución mexicana. Narrando la historia de aquel periodo a través de los escritos, las actitudes y las contradicciones de Ricardo Flores Magón, Blanquel se interna en las vicisitudes que llevan a este precursor y a sus seguidores a plantear un modelo democrático nacional claramente opuesto al del régimen imperante. A partir del análisis del Programa Liberal de 1906 y de las condiciones específicas en las que el país se encontraba inmerso durante aquellos años, queda clara no sólo la deuda que la Revolución mexicana tuvo con el pensamiento magonista, sino la integridad misma de este personaje y de la mayoría de sus correligionarios.

Este último fenómeno, la integridad de Ricardo Flores Magón, su actitud crítica y particularmente su condición de hombre de principios, emerge en el texto de Blanquel de una manera que claramente demuestra la admiración que él mismo sentía hacia las cualidades del personaje estudiado. Estas cualidades se engrandecían al ubicarlo en sus difíciles y tortuosos tiempos. En el epílogo de dicha tesis, Blanquel se explaya mostrando lo que él con-

---

[1] Eduardo Blanquel Franco, *El pensamiento político de Ricardo Flores Magón: precursor de la Revolución Mexicana* (tesis de maestría inédita), Facultad de Filosofía y Letras, UNAM, 1963, pp. V-VI.
[2] *Ibid.*, p. IX.

sideraba "lo perdurable" de la ideología magonista. Ahí destaca no sólo las ideas centrales que se oponen al modelo porfiriano —la reestructuración de la tierra como patrimonio nacional, la promoción de la autosuficiencia para lograr la independencia del pueblo en la construcción nacional, y el Estado regulador y democrático— sino que resalta la fe que el mismo magonismo tenía en la libertad y en la solidaridad "como forma de realización de lo humano". Y remata afirmando: "...Tendido como un puente entre dos épocas, [Ricardo Flores Magón] expresó el drama de toda transición. Pero tuvo conciencia de ello y optó por un extremo, el de los que, según él mismo decía, 'marchan más aprisa, van adelante'".[3]

La preocupación por las cualidades humanas de este tipo de personajes fue una constante en el quehacer histórico de Eduardo Blanquel. De ahí su interés y afición particular no sólo por Ricardo Flores Magón, sino por Francisco I. Madero, Emiliano Zapata y Luis Cabrera, en el presente siglo, y sobre todo por Miguel Hidalgo en el siglo pasado. Sin embargo, el estudio de los personajes y sus ideas fue sólo una faceta de dos preocupaciones mayores: la comprensión cabal de la historia del llamado "México contemporáneo" y sus antecedentes, y la actitud crítica frente a los acontecimientos pasados y presentes desde una perspectiva racional, profundamente personal.

Estas dos premisas acompañaron invariablemente sus textos, tanto de divulgación como los de investigación específica, publicados en las décadas de los setenta y ochenta. La herencia de Edmundo O'Gorman y la discusión en el Seminario de Historia Contemporánea en México, de El Colegio de México, presidido por Daniel Cosío Villegas, eran evidentes en aquellos textos. Rindiendo homenaje a ambos, Eduardo Blanquel publicó en 1973 dos trabajos que tuvieron como tema central el "México contemporáneo" y que mostraron varias facetas relevantes de su pensamiento histórico. El primero fue el ya mencionado capítulo "La Revolución Mexicana" de la *Historia mínima de México* y el segundo fue su participación en el IV Congreso Internacional de Historia Mexicana celebrado en el mes de octubre en Santa Mónica, California, Estados Unidos.

Los textos incluidos en la *Historia mínima*, además de mostrar "...el cauce central de nuestra historia...", pretendían presentar lo que los autores consideraban "...la explicación de cómo y por qué ocurrió en nuestro país lo que en él ha·ocurrido...".[4] En el capítulo v, Eduardo Blanquel daba inicio a su apartado haciendo una verdadera profesión de fe historicista. Decía: "La Revolución mexicana, como todo hecho histórico, es variable con el paso del tiempo y compleja en su organización y desarrollo..."[5] La narración de los periodos 1910-1920 y 1921-1952 contiene una prosa espléndida, sencilla y

[3] *Ibid.*, p. 149.
[4] Daniel Cosío Villegas *et al.*, *Historia mínima de México*, México, El Colegio de México, 1973.
[5] *Ibid.*, p. 135.

bien cuidada, capaz de describir y explicar momentos complejísimos en un solo párrafo. Decía, por ejemplo, al comentar el periodo 1914-1917:

...la Revolución parecía no detenerse nunca en su tarea de descubrir viejas y nuevas dolencias nacionales. La urgencia del problema agrario en ciertas zonas del país hacía imposible cualquier espera. La intensidad con que se debatían las cuestiones políticas se explicaba por los años pasados en silencio forzoso. Las ambiciones de los nuevos caudillos conscientes de su fuerza popular y armada no parecían tener límites. A un lustro de iniciada la Revolución, el país se mostraba como lo que verdaderamente era: un mosaico humano con necesidades tan distintas, y a veces tan encontradas, que escapaban a toda forma posible de verdadera organización nacional...[6]

En aquellas páginas Blanquel demostró un poder de síntesis que iba mucho más allá de las pretensiones iniciales del librito. Su prosa incluía no sólo las explicaciones necesarias y las referencias a personajes y acontecimientos fundamentales del México contemporáneo, sino que mostraba una clara actitud crítica hacia los mismos. Tal es el caso de las frases finales de su texto en las que presentaba su visión del alemanismo.

...La acumulación de capital propiciada por la guerra y por una política de tolerancia indiscriminada hacia la inversión extranjera hicieron posible un crecimiento espectacular de la economía mexicana. Pero sostener y sobre todo aumentar el ritmo de crecimiento de un país dependiente requería de alguien que, dentro de sus propias fronteras, pagara el progreso. Aquellos a quienes la Revolución había señalado siempre como destinatarios de la riqueza nacional debían aplicarse primero a crearla. Se frenó entonces la reforma agraria y los instrumentos legales que la garantizaban fueron desvirtuados. Los movimientos obreros se reprimieron duramente y muchos de sus líderes mantenidos en la quietud por medio de una tensa política de corrupción...[7]

Más cerca de su concepción general de la historia estaría el trabajo que presentara en el IV Congreso Internacional de Historia Mexicana. Bajo el título de "Esquema de una periodización de la historia política del México contemporáneo" aparecieron algunas de las proposiciones más sugerentes de su acercamiento al estudio de los acontecimientos y personajes mexicanos más relevantes del presente siglo. Aunque también en este breve trabajo se encuentran algunas de sus ideas particulares sobre el devenir histórico y la tarea misma del historiador. Sus primeros párrafos son elocuentes:

Es indudable que la familiaridad con la historia deja, o debería dejar, una particular sensibilidad para el cambio, un desconfiar en principio de todo sistema de

[6] *Ibid.*, p. 142.
[7] *Ibid.*, p. 154.

cortes que intente someter a rigideces algo que fluye como la vida misma, que es la vida misma [...]. Si como es verdad el quehacer histórico está condicionado por las tendencias del momento y el lugar de quien lo lleva a cabo, cualquier forma de diferenciar o dividir será siempre y necesariamente mudable, subjetiva y arbitraria...[8]

Dicho lo anterior, Blanquel plantea que para el caso de la historia contemporánea de México hay dificultades severas en la periodización, si se parte de la aplicación de criterios economicistas o exclusivamente culturales. Él se inclina a favor de una directriz más cercana a la cuestión política afirmando: "Puede sostenerse que es la vida política la que, dentro de la realidad mexicana, establece perfiles de definición más claros y marca de algún modo sus etapas. La fuerza de dirección que el aparato político mexicano tiene todavía es incontestable y evidente...". Sin embargo, insistía en que su propuesta partía —como todo— de la propia experiencia. Y haciendo un brevísimo recuento reconoció su propia trayectoria diciendo que "hemos entrado en el juego de las formas 'modernas' de la historia. Hemos pagado tributo a la organización industrial del trabajo histórico; sin embargo, seguimos pensando que la historia requiere, mucho menos de lo que se cree, del 'diálogo' y la confrontación 'interdisciplinaria'. Si la historia ha de ser auténtica deberá correr, entre otros muchos, el riesgo de ser profundamente personal...".[9]

De esta manera, sin separarse del todo de las enseñanzas de Daniel Cosío Villegas, este Blanquel de 1973 parecía deslizar sus afanes más hacia las cercanías de Edmundo O'Gorman. Cierto es que se trataba de una complementación entre los dos estilos patriarcales de hacer historia, pero dando lugar a una visión muy propia. Por ambas venas originales circulaba la crítica y el uso delicado de la razón, la ponderación a ultranza de la libertad y la tolerancia. Y en aquellos dos veneros intelectuales nunca dejó de abrevar Eduardo Blanquel, quien logró convertirlos en un solo cauce fecundo.

Con Edmundo O'Gorman mantuvo una relación estrecha hasta el final de su vida, en 1987. Conocía su obra muy de cerca, sabiéndolo demostrar tanto en su cátedra individual como en conferencias y homenajes. Por fortuna quedan algunos escritos del mismo Blanquel sobre su maestro, en los que se establece claramente su íntima identificación. En uno de ellos, el que sirvió de homenaje en el 70 aniversario de O'Gorman, Blanquel habla de su cátedra universitaria y de su visión de la historia, como lo harían hoy sus propios alumnos. "Mientras esta casa (la UNAM) siga siendo lo que debe ser, casa de libertad y tolerancia, el magisterio de Edmundo O'Gorman seguirá siendo

---

[8] James W. Wilkie, Michael C. Meyer y Edna Monzón de Wilkie (comps.), *Contemporary Mexico, Papers of the IV International Congress of Mexican History,* University of California Press, El Colegio de México, 1976, p. 723. Esta idea volvería a aparecer como elemento introductorio en los fascículos de *Tiempo de México,* véase *infra.*

[9] *Ibid.,* p. 725.

fecundo, entre los que cultivan la historia muy especialmente, porque en la índole misma del historiador y en la humildad de su tarea la tolerancia debe ser el valor supremo. El no regañar a los vivos ni a los muertos sino comprenderlos y explicarlos. Dar siempre razón de la razón de los otros aunque algunos, más que por razón por dogma, se nieguen a concederle a él la suya propia..."[10]

Por su parte, la relación de Eduardo Blanquel con Daniel Cosío Villegas se truncó con la muerte de éste en 1976. Su influencia, sin embargo, puede encontrarse en muchos de los escritos de Blanquel de manera explícita; desde su misma tesis sobre Flores Magón hasta los textos que aparecen en *Así fue la Revolución Mexicana*. Pero quizá el libro que más se apoyó en las ideas primigenias de Cosío Villegas fue *Nuestras historias. México y el Grupo Nacional-Provincial*.[11] Por ser un libro de escasa circulación vale la pena revisarlo con cierto detenimiento. Se trata de un recuento sumamente sugerente no sólo de las historias de las compañías de seguros La Nacional y La Provincial, sino de una visión muy "blanqueliana" de la historia mexicana, de cómo él concebía el tránsito del México decimonónico al México contemporáneo. En la misma presentación, Eduardo Blanquel reconocía su deuda con Cosío Villegas, afirmando:

...Hace unos cuantos años, al prologar un libro ágil y sugestivo, don Daniel Cosío Villegas reiteraba su "vieja, viejísima... queja por la indiferencia histórica de todos o casi todos los organismos públicos y privados" de México. Y aplaudía sin reservas que una institución —en aquella ocasión un banco— pidiera y publicara un libro para celebrar uno de sus cumpleaños. Como participo de esos puntos de vista acepté escribir esta historia.[12]

Sin embargo, en esa misma presentación Blanquel también aclaraba sus propias ideas iniciales, entre las que destacaba la de hacer un libro que mostrara "...la vida mexicana como un todo, donde todo se implica y se explica recíprocamente...". El resultado fue un amplio y elegante ensayo histórico, en el que su prosa sintética volvía a mostrar sus mejores dones. En poco más de doscientas páginas Blanquel presentó un recuento muy completo de esa vida mexicana y sus avatares en párrafos breves y certeros, como pueden atestiguarlo los siguientes ejemplos. Al hablar de los últimos estertores del Porfiriato, decía:

...Ciertamente el sistema político mexicano había envejecido mucho en sus hombres y en sus métodos, y resultaba inoperante y estrecho frente a una realidad

[10] *La obra de Edmundo O'Gorman. Discursos y conferencias de homenaje en su 70 aniversario, 1976*, Facultad de Filosofía y Letras, UNAM, 1978.

[11] Eduardo Blanquel, *Nuestras historias. México y el Grupo Nacional-Provincial*, México, 1979.

[12] *Ibid.*, p. 15.

nueva que, paradójicamente, él había hecho posible. La conciencia de la necesidad de una renovación era casi general, y además estaba justificada por la avanzada edad del presidente. El propio general Díaz planteó tal posibilidad y seguro
de que su acción política había sido el agente más eficaz del cambio cualitativo del
pueblo mexicano hacia una capacidad democrática de que antes carecía, habló en
1908, en la famosa entrevista Díaz-Creelman, de que había llegado el momento de
abandonar la presidencia; inmediatamente los intereses creados se movilizaron
para nulificar ese propósito...[13]

Pero el recorrido histórico que propone este libro no habla sólo de asuntos políticos. Se incorporaban al texto frescas referencias a la cultura y a la
vida cotidiana de cada periodo, y uno que otro dato estadístico mostraba su
claroscuro en el follaje narrativo de Blanquel. A lo largo de aquella prosa
discreta y rica a la vez, Blanquel llevaba al lector de la mano por organizaciones empresariales exitosas y golpizas a sindicatos, después lo sumer-
gía en la arquitectura urbana del momento para salir a flote con un ritmo
de baile o un peinado de moda. Así era capaz de contar, por ejemplo, la
vida en la ciudad de México durante el régimen avilacamachista con estos
apuntes:

La Universidad, siempre pobre, nunca realmente autónoma, trabaja cada vez más
para alimentar los cuadros de dirección nacional...
   ...El jefe de gobierno se confiesa creyente y la pugna religiosa, vuelta a plantear en los últimos años, se serenó como por ensalmo...
   ...La ciudad sigue creciendo y empieza a llenarse de edificios de "apartamen-
tos", respuesta constructiva a las pretensiones de los grupos mejorados por el
avance industrial.
   ...Los automóviles aumentan en número más que cualquier otra forma de transporte, y los semáforos les salen al paso intentando gobernarlos.
   El último "tren de mulitas" que corría entre calles empedradas del México viejo
se jubila para siempre...
   ....La moda femenina vuelve a las audacias. Las hombreras se ensanchan y las
faldas suben y se estrechan. Las telas brillantes, las lentejuelas, el canutillo y
los flecos, vuelven por sus fueros...[14]

Pero la crítica blanqueliana no se dejaba adormecer por los vapores de lo
cotidiano. A lo largo de todo el texto es posible encontrar reflexiones sere-
nas sobre las carencias y las miserias de los actores históricos. Éstas se agu-
dizan sobre todo hacia el final del libro. La situación mexicana durante el
sexenio de Luis Echeverría, mismo que estaba a punto de concluir cuando
Blanquel terminó su balance histórico, pasó por su pluma de manera áspera
y ruda. El historiador describía la situación así:

[13] *Ibid.,* p. 63.
[14] *Ibid.,* pp. 140-141.

En 1975 la deuda pública llegó a 22 553.7 millones de dólares, y el rédito que se pagó por ella equivale al monto del total de los ingresos provenientes de nuestras exportaciones en ese mismo año. En agosto último el peso se devaluó para evitar la fuga de capitales y hacer más dinámicas las exportaciones. La medida, a pesar de ser técnicamente correcta, resultó tardía y además inoperante, porque la confianza y la credibilidad en las medidas oficiales ya casi no existe. El mercado de cambios sigue siendo caótico, las compras de dólares aumentan, y el peso sigue depreciándose. La industria trabaja a media capacidad: el comercio ha anulado muchas operaciones; los precios galopan, y el desaliento se generaliza.[15]

Pero a pesar de un panorama tan oscuro, en el que aparecían desde la incapacidad gubernamental hasta el *smog*, desde la marginación hasta el fracaso cinematográfico mexicano de los setenta, Eduardo Blanquel cerró su texto de 1976 con una idea esperanzadora, que ya se recogía en la premisa central del libro. Esta reflexión, un tanto extraña en un libro de historia de las compañías de seguros La Nacional y La Provincial, era la siguiente:

El proceso de nuestra conciencia nacional no está concluido, pero sí ha caminado mucho. Nos permite descubrirnos mutuamente necesarios, y nos exige una solidaridad auténtica. Si estas páginas contribuyen en algo a fortalecer esa conciencia, habrán colmado sus fines.[16]

De esta manera, la esperanza con la que iniciaba su texto era la misma que colmaba sus últimos párrafos:

Hace 166 años, México inició la lucha por su independencia política y, hace 155, la logró. Desde entonces, el empeño más entrañable y sostenido de su historia ha sido alcanzar la modernidad, entendida ésta como una buena suma de democracia, tolerancia, derecho a la educación, acceso de todos a la riqueza, independencia económica e industrialización. Los logros son desiguales pero el empeño permanece.[17]

III

En los primeros años de la década de los ochenta, Eduardo Blanquel llevó a cabo uno de sus proyectos más ambiciosos: la realización de una historia de México, desde la Independencia hasta los años sesenta del presente siglo, que, además de tener una difusión de máxima amplitud, lograra una visión fresca, atractiva y renovadora de los procesos históricos nacionales, capaces de interesar a toda clase de lectores. El proyecto se llamó *Tiempo de México*. Se trataba de la edición de 50 fascículos producidos por la Secretaría de

[15] *Ibid.*, p. 184.
[16] *Ibid.*, p. 16.
[17] *Ibid.*, p. 205.

Educación Pública que aparecieron semanalmente durante 1982 y 1983 en los principales periódicos nacionales. Los fascículos estaban dirigidos —según sus responsables administrativos— principalmente a profesionales, empresarios, políticos, empleados públicos y privados, obreros, campesinos, estudiantes, amas de casa y alumnos de las escuelas primarias.

Propuestos a manera de planas periodísticas, estos fascículos lograron una difusión asombrosa. Según sus editores, en su primera época se distribuyeron 450 000 ejemplares cada semana en el *Excélsior*. En su segunda época se distribuyeron 683 000 ejemplares cada semana, además del *Excélsior*, en *El Nacional, Unomásuno* y *El Día* en la ciudad de México, en *El Dictamen* de Veracruz, en *El Porvenir* de Monterrey, en *El Diario* de Ciudad Juárez, en *El Diario de Yucatán*, en *El Imparcial* de Hermosillo, en *El Diario* de Irapuato, en el *Norte* de Chihuahua, en el *Nueva Era* de Puebla, en el *Informador* de Guadalajara y en el *Novedades* de Acapulco. De esta manera en menos de dos años los fascículos de *Tiempo de México* lograron, como ya se dijo, un total de 28 millones de ejemplares publicados.[18]

Al igual que la *Historia mínima* y *Así fue la Revolución, Tiempo de México* fue obra de un equipo. Sin embargo en este último caso, Eduardo Blanquel no sólo escribió textos, sino que ideó los 50 fascículos que componen la obra completa y coordinó prácticamente toda la elaboración de los mismos, con excepción de los siete últimos números de la primera época. El equipo estaba formado por varios alumnos de Eduardo Blanquel, como Josefina MacGregor, Juan Puig y Jovanca Molina. Pero además incluía entre sus filas a José Emilio Pacheco, Bernardo Ruiz y Luis Chumacero. También participaron en el proyecto Marta Suárez Coéllar, Rafael Pérez Villanueva, Eduardo Osuna y Gustavo Blanquel.

La idea de hacer una historia de amplia divulgación a manera de hoja periodística partía de la valoración de los periódicos como "una fuente primordial, insustituible", pero también con una intención de bajar a la historia de sus pedestales "broncíneos". En la edición completa en forma de libro aparecida en 1984 el mensaje inicial a los lectores —con claro aire blanqueliano— decía:

Tiempo de México ofreció la oportunidad de transmitir una historia más auténtica, la que va haciéndose al ritmo de la vida diaria, la que se ignora a sí misma como heroica o como ejemplar, la que hacen los hombres de carne y hueso. Una historia que permite mirar a sus protagonistas sujetos a las limitaciones de su propio tiempo, porque, como no podría ser de otra manera, ignoran el futuro, porque desconocen el destino final de sus acciones. Una historia, en fin, como la que sólo puede aprenderse en las páginas de los periódicos.[19]

---

[18] *Tiempo de México*, segunda época, SEP, 1984.
[19] *Ibid.*

Pero Blanquel y su equipo no trataban solamente de hacer una historia accesible o de índole periodística. Había detrás de aquel esfuerzo una intención seria de "escribir historia, es decir, reelaborar e interpretar el testimonio periodístico del pretérito. Además existía la oportunidad de divulgar los resultados de investigaciones serias y novedosas sobre nuestro pasado,[20] y por si eso fuera poco, también se pretendía asumir una posición crítica ante los personajes y los acontecimientos. Esto era particularmente cierto en los editoriales que aparecían en cada fascículo y que, además de las notas políticas y las "entrevistas", corrieron por cuenta de Eduardo Blanquel. Así, por ejemplo, el editorial del segundo número que cubría el periodo de septiembre de 1810 a diciembre de 1812 decía:

> Es innegable que los caminos que toma la historia resultan imprevisibles. La agitación que vive la Nueva España desde 1808 parecía puramente política. Cuando estalló la rebelión encabezada por Hidalgo casi todos suponían que la situación continuaría igual. No se vislumbraba ningún cambio, pero el caudillo de Dolores ha señalado un rumbo que nadie esperaba y que tal vez ni sospechaba. Su movimiento se ha convertido en una verdadera revolución que pretende transformar la sociedad en que vivimos.
> Sabemos que ante todo Hidalgo es, por vocación y formación, un verdadero humanista, y eso nos explica su conducta: nada de lo que atañe al hombre le resulta ajeno, bien sea espiritual o material.[21]

Con frecuencia los editoriales preparados por Blanquel no sólo sintetizaban el sentir que flotaba en los aires del periodo tratado, sino que parecían referirse a sus propias preocupaciones, justamente embonadas con las que intentaba revivir dándole un verdadero sentido histórico a su reflexión. Así, en las páginas interiores del fascículo 18, correspondiente al periodo que iba de agosto de 1872 a junio de 1876 y cuyo encabezado era "Lerdo, presidente constitucional", el editorial afirmaba:

> La discordia ha vuelto a apoderarse del país. El partido liberal triunfante se ha dividido y la lucha por el poder parece no tener fin. La política se ha corrompido y sólo queda, por fortuna, una prensa libre y viril que critica y también señala rumbos.
> La aspiración mayor de nuestra sociedad es la paz, todos cavilamos sobre ella, todos la consideramos el mejor de los bienes. Ojalá llegue, pero que no sea al precio de la libertad.[22]

En estos años de 1982-1983, Eduardo Blanquel ensayaría de una manera magistral lo que retomaría en 1984: su tarea como periodista de fondo en el periódico *La Jornada*. Su capacidad de síntesis lograba en *Tiempo de México*

---

[20] *Ibid.*
[21] *Ibid.*, primera época, núm. 2.
[22] *Ibid.*, primera época, núm. 18.

momentos que combinaban su aguda percepción del momento histórico con la reflexión interpretativa que lo caracterizaba. Quien siga uno a uno los editoriales de estos fascículos podrá estar muy cerca de las ideas centrales de Blanquel sobre la historia mexicana y su proyección en el presente que le tocó vivir. Aquí sólo habremos de citar un par de ejemplos más.

El país tiene un nuevo y poderoso partido, el Revolucionario Institucional —escribía Blanquel en el editorial de *Tiempo de México*, 2a. época, núm. 16, correspondiente al periodo de abril de 1943 a septiembre de 1946—. De primera instancia, su nombre parece contener una contradicción —revolución e institucionalidad— aunque tal vez se quiera decir que los principios de la revolución se consideran ya lo suficientemente válidos, depurados y claros como para convertirlos en una forma de vida nacional.

Pero debemos tener presente que toda institucionalización excesiva amenaza parálisis, y que el ejercicio del poder puede entonces transformarse de política en administración.[23]

Otra vez la crítica asomaba en las breves líneas de la editorial histórica blanqueliana. Y esa misma crítica quedó plasmada en el último recuadro que escribiera para *Tiempo de México* en su número 25 de la segunda época. Al hacer un balance del sexenio lopezmateísta, de manera muy clara dejaba sentado lo que creía una de las enormes fallas del sistema mexicano. Esa falla que seguía ahí, en el presente del historiador Eduardo Blanquel, se enunciaba de la siguiente manera:

Resulta así que, a cincuenta y cuatro años justo de iniciada la revolución, su tesis fundamental, la democracia como expresión de la voluntad popular, como forma de vida nacional, sigue siendo una espera, una esperanza incumplida del pueblo mexicano.[24]

Uno de los últimos proyectos de gran envergadura en los que participó Eduardo Blanquel fue la serie de ocho tomos titulada *Así fue la Revolución Mexicana* que publicaran en coedición el Senado de la República y la Secretaría de Educación Pública en 1985. En aquel año se celebraron, con una gran cantidad de actividades políticas, académicas y artísticas, el 175 aniversario de la Independencia nacional y el 75 aniversario de la Revolución mexicana. Uno de los productos de aquella celebración fue la serie de ocho libros antes mencionada. En ella Blanquel participó como coordinador de la documentación del proyecto, escribiendo algunos de sus apartados específicos y preparando el volumen VI completo llamado "Conjunto de testimonios". Cabe mencionar que en dicho proyecto participaron una gran cantidad de

---

[23] *Ibid.*, segunda época, núm.16.
[24] *Ibid.*, segunda época, núm. 25.

alumnos y colegas de Blanquel, entre los que habría que destacar a Álvaro Matute, Arnaldo Córdoba, Gloria Villegas, Aurora Cano, Teresa Franco, Javier Garciadiego, Luis González y González, Martha Poblet, Miguel Soto, Rosalía Santín, Juan Felipe Leal, Martha Strauss y Cuauhtémoc Medina. A algunos —los más jóvenes— se les daba una primera oportunidad para participar en un proyecto de esta índole, y para la mayoría se trató de un logro editorial relevante.

Eduardo Blanquel plasmó en esta empresa mucho de lo que ya venía cultivando desde tiempo atrás. El primer texto suyo que aparece en el tomo I de *Así fue la Revolución*, "La entrevista Creelman", es una reelaboración de un artículo que publicara en la revista *Vuelta* en abril de 1978.[25] Y los dos apartados sobre Madero aparecidos en el tomo II de aquella colección —"El mundo familiar de Francisco I. Madero" y "Primeras actividades políticas"— formaban parte de la investigación que Daniel Cosío Villegas le había encomendado a principios de los setenta y que daría lugar a los tres primeros libros de la célebre *Historia de la Revolución Mexicana* de El Colegio de México.[26] Estos libros nunca llegaron a la prensa, dada la muerte prematura de Eduardo Blanquel. Sin embargo, en *Así fue la Revolución* aparecieron lo que podría considerarse los primeros avances de aquellos trabajos.

Tanto la entrevista Díaz-Creelman como la personalidad y las ideas de Francisco I. Madero recibieron de parte de Eduardo Blanquel un trato que mostraba claramente el sello personal del maestro. Después de desmenuzar los porqués, los cómos y los cuándos de aquel momento crucial en los prolegómenos revolucionarios, el autor llegaba a una conclusión bastante innovadora de la citada entrevista. La tituló "El bumerang político". La entrevista no sólo fue el anuncio del final del Porfiriato, sino también el canto de cisne del tirano. Otra vez las cualidades sintéticas de Blanquel lograban un momento sin igual al referirse tanto al poder como al hombre. Su texto cerraba con el siguiente párrafo:

El Caudillo se quedó solo frente a todos. Anclado nuevamente en la realidad se descubrió a sí mismo como un prisionero. Comprendió, quizá por primera vez, que su poder era limitado y que su capacidad de decisión y de maniobra era menor de lo que siempre había creído. Tal vez en ese momento tomó la decisión de morir en el poder, de no abandonarlo de ninguna manera y a ningún precio. Esa decisión habría de manifestarse en su tenaz encastillamiento dentro de sí mismo y dentro de sus más antiguas y personales convicciones, síntoma agudo de vejez.[27]

[25] *Vuelta*, núm. 17, abril de 1978, México, pp. 28-33.
[26] Estos libros corresponderían al periodo 1911-1914 y en las contraportadas de los tomos publicados se anunciaban con los siguientes títulos: 1. "La caída del Porfiriato", 2. "La república democrática" y 3. "La república castrense".
[27] *Así fue la Revolución Mexicana*, t. I, "Crisis del porfirismo", SEP, México, 1985, p. 138.

Por otra parte, el tratamiento de los antecedentes familiares y de las primeras actividades políticas de Francisco I. Madero mostraba un acercamiento muy puntual y una reflexión aguda sobre el sentido y la vida de quien fuera uno de sus personajes revolucionarios más admirados. Si bien en estos dos apartados aparecidos en *Así fue la Revolución* la concepción blanqueliana de la personalidad de Madero apenas se atisbaba, en cambio quedaba clarísima la circunstancia en la que surge su lucha y su interés por la democracia. Blanquel sostenía que Madero era un hijo predilecto del régimen porfiriano, muy al contrario de como lo presentaba la historiografía mexicana hasta aquel momento. Los Madero, y en particular don Francisco I., eran —como todo— un genuino producto de su tiempo y como tales los presentaba diciendo:

La trayectoria de los empresarios Evaristo Madero Elizondo y Francisco Ignacio Madero González, así como la decisión oposicionista de este último, fincada en la convicción de que el pueblo mexicano estaba apto para la democracia, lejos de ser contraria al proyecto nacional del general Díaz, lo encabezaba muy acabadamente: la modernización del país entendida como el tránsito de una sociedad agraria a otra industrial. Los Madero resultaban ser como el espejo social y político en que el viejo presidente hubiera querido mirarse.[28]

De igual manera, el contenido del tomo seis de aquella serie demostraba la tesis contraria al enunciado de que la Revolución mexicana careció de principios ideológicos. Los documentos reunidos en aquel libro muestran otra de las aportaciones importantes de Blanquel en el estudio de la Revolución: la identificación y documentación detallada de los "principios generales que confrontados con la realidad y matizados por ella van configurando una ideología". En términos sintéticos lo dice en la presentación de dicho tomo:

Los propósitos finales de la Revolución fueron los del liberalismo, su instrumento de análisis, el positivismo. El encuentro de estas dos doctrinas resultó fecundo y novedoso porque permitió descubrir con gran claridad los alcances y modalidades del liberalismo mexicano haciendo prevalecer la realidad sobre las ideas, apartándose así no solamente del liberalismo clásico, sino del propio liberalismo de los reformistas del siglo xix.[29]

Y para demostrar estas ideas, Eduardo Blanquel —junto con su hijo Gustavo— llevaba al lector a través de más de 40 textos que tocaban cuatro grandes rubros: *1)* El debate sobre la democracia, *2)* Los planes revolucionarios, *3)* La cuestión agraria y *4)* El problema obrero. Tratando de dar un panorama de la discusión ideológica mexicana desde 1906 hasta 1917, el resultado

---

[28] *Así fue la Revolución Mexicana*, t. II, "Caída del antiguo régimen", SEP, México, 1985, p. 183.
[29] *Así fue la Revolución Mexicana*, t. VI, "Conjunto de testimonios", SEP, México, 1985.

de este "Conjunto de testimonios" era de una riqueza extraordinaria, si se considera que se trata de una primera reunión lógica y sistematizada de los documentos en donde se encuentran las principales ideas que permearon el proceso revolucionario. El contenido del tomo hablaba por sí mismo, pero además cada apartado estaba precedido por nuevas muestras de la capacidad sintética e interpretativa de Eduardo Blanquel. He aquí un párrafo extraído de la presentación del apartado relativo a los planes revolucionarios:

> Los planes generalmente revolucionarios, aunque no todos lo sean verdaderamente, constituyen uno de los géneros más característicos de la literatura política mexicana. Además, esos documentos reflejan fielmente dos características sobresalientes de la realidad del país a partir de la Independencia: una raquítica vida institucional, cuya más clara manifestación es la lucha de numerosos caudillos por alcanzar el poder nacional, y la herencia doctrinaria del iluminismo y del liberalismo que considera a la ley el más poderoso instrumento de cambio social.[30]

Si se siguen tan sólo las presentaciones de aquellos cuatro apartados bien podría el lector acercarse a una interpretación muy blanqueliana de todo el proceso ideológico sufrido en el país entre 1906 y 1917.

Aquel mismo año de 1985, Eduardo Blanquel publicó el que sería su ensayo definitivo sobre Ricardo Flores Magón, mismo al que ya se ha hecho referencia en estas líneas. Bajo el subtítulo de "Una aproximación a su pensamiento" y como presentación de una antología de escritos del prócer, este ensayo no sólo recogía las principales ideas de su lejana tesis de maestría, sino que incorporaba algunas nuevas reflexiones y experiencias maduradas durante más de veinte años. Esto es notable sobre todo en las últimas cuatro páginas. Si bien la premisa de la combinación liberalismo-positivismo como eje central del proceso ideológico de la Revolución mexicana se mantenía incólume, la incorporación del anarquismo y su discusión con el liberalismo, al igual que la profundización en la dimensión personal de Flores Magón, enriquecían enormemente este texto. Era particularmente noble la visión que Blanquel exponía sobre los ángulos utópicos magonistas, sobre todo después de su criticada expedición a Baja California en 1911. Dice, por ejemplo:

> El verdadero utopista no se conforma con imaginar un mundo nuevo y perfecto según valores específicos y fundamentalmente distintos a los que están vigentes, sino que trata de construir ese mundo, por eso el utopista es necesariamente un revolucionario. Así las cosas, y en esto no hay paradoja, la utopía empieza cuando va a dejar de serlo.[31]

---

[30] *Ibid.*, p. 1085.
[31] Eduardo Blanquel, *Ricardo Flores Magón*, Colección "Grandes Maestros Mexicanos", núm. 1, México, CREA, 1985, p. 41.

Sin embargo, quizá el momento de mayor intensidad en aquella presentación se encuentra en los párrafos en los que Blanquel describe los últimos años de vida de Flores Magón. Preso y casi ciego, el luchador aparece buscando en su evasión una especie de paraíso magonista llamado "La ciudad de la paz". Admirando a este hombre de principios y entendiendo cabalmente su drama personal, Blanquel escribe esta frase final:

> (La ciudad de la paz) era el resultado de una última lucha por no someterse a las limitaciones de una realidad dolorosa e intolerable, porque si la cárcel lo contenía físicamente, también era verdad, decía, que "el espacio no es bastante grande para la extensión de mis alas".[32]

A la distancia no parece casual que con este texto y la antología de escritos de Ricardo Flores Magón se lanzara al público juvenil una serie de libros titulada "Grandes Maestros Mexicanos". Dos grandes maestros se unieron así en este primer tomo dedicado a los jóvenes mexicanos.

IV

Otras dos facetas completarían esta revisión superficial de la actividad historiográfica del maestro Eduardo Blanquel Franco: sus guiones históricos para cine y/o televisión y sus artículos de opinión escritos principalmente para el periódico *La Jornada*. Además de los textos aparecidos en la *Historia mínima de México*, que, como ha quedado dicho, originalmente fueron escritos para la televisión, Blanquel dedicó parte de su tiempo a idear la manera de llevar a las imágenes dramatizadas algunos momentos y personajes "históricos". Hacia 1983 o 1984, el maestro compartió con algunos de sus alumnos un guión cinematográfico —al parecer recién escrito— que llevaba el título de *Zapata*. La historia empezaba en el presente con el encuentro de un viejo zapatista y un joven citadino que inspecciona un panteón morelense. A través de un largo *flashback* se recorrían diversas escenas zapatistas de tiempos revolucionarios: la elección de Emiliano Zapata como calpulelque de Anenecuilco, las primeras tomas de tierras y la coincidencia con el movimiento maderista, el encuentro entre Zapata y Madero en junio de 1911, el momento de la firma del Plan de Ayala en Ayoxustla, Puebla, la preparación de la celada de Tlaltizapán entre Guajardo y González, la emboscada y asesinato de Emiliano Zapata, y la confusión sobre su identidad al presentar el cadáver a la prensa. Finalmente, el guión concluía con la insistencia del viejo zapatista inicial sobre la supervivencia y eventual resurrección de Emiliano. A lo largo de las escenas descritas y dramatizadas queda claro el conoci-

[32] *Ibid.*, p. 42.

miento al detalle de los momentos históricos. No sólo por las descripciones pormenorizadas de escenarios, objetos, vestuarios, actitudes, corridos, etc., sino —y sobre todo— por la recreación de los "ambientes espirituales". La obsesión por el detalle lo llevaba a redactar párrafos descriptivos como los siguientes:

> El grupo, de alrededor de 80 hombres, ha llegado a un lugar, detrás de la iglesia del pueblo, donde se levanta una arcada. Ahí, frente a una mesa desproporcionadamente baja, se acomodan en sillas muy rústicas y desiguales cuatro hombres ya mayores. Los cuatro visten al estilo campesino del sur. Dos tienen sus sombreros encima de la mesa, otro al lado de su pierna derecha y el último lo sostiene sobre su rodilla izquierda.
>
> Conforme los hombres van llegando, y después de saludarse muy ceremoniosamente, ocupan algunas sillas o bancos, otros se sientan sobre algunas piedras o simplemente se encuclillan; otros, los más, permanecen de pie. Algunos fuman cigarros de hoja o pequeños cigarros de papel de arroz (usar "Carmencitas")...[33]

Esta imagen parecía la animación de las célebres fotografías revolucionarias de los Casasola, sin dejar fuera el uso de los recursos contemporáneos con el fin de hacer —por alguna vez— creíbles las reconstrucciones en la raquítica cinematografía mexicana de género histórico. Y en cuanto a los "ambientes espirituales" Blanquel demostraba un particular talento para reunir información y carácter a sus diálogos. Por ejemplo, en la escena en que se prepara la firma del Plan de Ayala, Trinidad Ruiz, Emiliano y Eufemio Zapata protagonizan la siguiente conversación:

> EMILIANO ZAPATA. Era necesaria tantita paz para que mi compadre Montaño se pusiera a escribir el Plan. Me ha dado mucha pena con él; nomás se rasca la cabeza cada vez que le digo que hay que cambiarle a lo que lleva escrito. Será que es profesor y como que por eso pone todo muy elegante; pero no, hay que ponerlo clarito para que todos lo entiendan.
>
> TRINIDAD RUIZ. Pues la verdad, general, yo tampoco entiendo ese afán de que un plan y un plan; ya ven lo que sucedió con el de San Luis. Madero ya hace casi quince días que nos mandó atacar por lo que le pedimos del Plan, quesque por necios. La verdá...
>
> E. Z. Por eso, Trinidad, para demostrar que no es pura necedad, para que ahora sí quede bien clarito lo que queremos y dicho por nosotros y no por Madero ni por ningún otro. Para que la gente sepa que no somos puros ladrones y comevacas y asesinos como dicen, sino que peleamos por una bandera.
>
> T. R. Mira, general, yo sé poner mi nombre aunque sea con trabajos, pero con más trabajos apenas sé leer y pues tampoco voy a entender por clarito que esté el mentado plan. Cuantimás la gente, y ya ves aquí nomás, en esta sierra ¿cuántos nos hemos encontrado que nomás hablan mexicano?

[33] Eduardo Blanquel, *Zapata* (guión cinematográfico), manuscrito inédito, *circa* 1983 (?), p. 4.

EUFEMIO ZAPATA. Pues ya habrá manera de explicar; la gente está muy atrasada, pero si se le explica que se trata de sus tierras, claro que van a entender; eso sí lo van a entender...[34]

Al parecer ninguno de los guiones de esta índole que escribiera Blanquel se llegaron a producir.[35] La arrogancia del medio cinematográfico y televisivo mexicano estaba —y aún está, salvo escasísimas excepciones— muy lejos de reconocer la necesidad de una asesoría histórica y menos aún de evaluar positivamente la capacidad de los historiadores de escribir guiones interesantes.

A partir de 1984 los integrantes del equipo que echó a andar el periódico *La Jornada* invitaron al maestro Eduardo Blanquel para que hiciera uso de un espacio semanal dedicado a la crítica. Su conocimiento enciclopédico y su rigor analítico ya eran ampliamente reconocidos, tanto entre los medios académicos como entre la alta burocracia estatal. Sus ideas y palabras se habían proyectado mucho más allá de las fronteras académicas y él mismo aceptó darle continuidad a esa proyección en una empresa periodística llena de esperanzas. Su columna aparecía todos los lunes para demostrar que Eduardo Blanquel ejercía libremente su derecho de expresión, con la creatividad, la síntesis, el rigor y el conocimiento que lo caracterizaban. Fueron muchas las preocupaciones que compartió con sus lectores, pero quizá no tantas como sus esperanzas. En aquella columna de *La Jornada* Eduardo Blanquel narró historia política y experiencias personales, expuso las muchas corruptelas del sistema mexicano y alabó sus muy escasos logros, analizó declaraciones y actos de funcionarios públicos y revisó ideas, circunstancias y sentidos de múltiples documentos cruciales para la historia contemporánea del país.

El año de 1985 fue particularmente rico para la labor periodística de Eduardo Blanquel. Seguramente entusiasmado por el lugar que *La Jornada* estaba adquiriendo en la opinión pública y desde luego por el interés que despertaron muchos de sus artículos, el maestro supo utilizar aquella cátedra escrita para dar cauce a sus posturas personales. Unas veces denunciando, otras lamentando, las más criticando, frecuentando las ironías puntuales, pero casi siempre con certera firmeza y rigor, los editoriales firmados por Eduardo Blanquel contenían invariablemente sus virtudes personales: la rectitud y la integridad.

Recorrer los artículos de Blanquel desde los últimos meses de 1984, durante el dramático año de 1985 y las primeras semanas de 1986 deja un sabor tenso, cargado de recelos y exigencias, pero optimista en el fondo. A fines de 1984 luchó porque se valorara y conociera la figura de Ricardo Flores Magón

---

[34] *Ibid.*, p. 23.
[35] Se sabe que Eduardo Blanquel escribió por lo menos otro guión que se ocupaba de fray Antón de Montesinos.

antes de que fuese incorporada al burdo maniqueísmo de los homenajes gubernamentales.[36] Y cuestionando el *slogan* delamadridista de la "revolución educativa" a través de las ideas sobre la educación de los revolucionarios del constituyente de 1917, recibió el año nuevo con una serie de escritos sobre el diálogo de sordos que existía —y aún existe— entre la historia que van haciendo los historiadores y los monolitos ahistóricos que aparecen en los discursos políticos del momento.[37] A partir de febrero saltó de uno a otro tema. La protesta por un caso de censura y de impertinencia burocrática sufrido por Edmundo O'Gorman en recintos académicos universitarios,[38] precede su lamento por el rápido deterioro económico y espiritual de la vida intelectual mexicana. En seguida pone al PRI en la mira y le dispara una duda sobre la procedencia de sus interminables recursos económicos —que no ideológicos—.[39] Después se lanza a criticar el uso de los símbolos nacionales, que debieran representar a todos los mexicanos y que en aquel marzo de 1985 parecieran moverse sólo a partir de los intereses de un pequeño grupo en el poder.[40] Acto seguido dedica sus renglones críticos a la herencia del recién fallecido Jesús Reyes Heroles, y como presintiendo los resultados de su ausencia continúa hasta el siguiente lunes con la exigencia democrática mexicana cuya satisfacción paulatina tendría como resultado la mediatización de la violencia social.[41] Sin embargo, un caso muy concreto lo baja a la política callejera al finalizar el mes. Desde su columna el historiador Eduardo Blanquel se ocupa de una situación que involucraba a un personaje que eventualmente entraría en la historia de la ignominia mexicana. Se trataba del tristemente célebre Antonio Zorrilla Pérez, quien en 1989 sería aprehendido y acusado por vínculos con el narcotráfico y sobre todo por ser uno de los autores intelectuales del asesinato del periodista Manuel Buendía. En mayo de 1985 las mismísimas filas del PRI habían puesto en entredicho su candidatura por una diputación argumentando que la "renovación moral" iba en serio. El hecho provocaba en el articulista Blanquel cierta dubitativa esperanza. Por eso encabezaba su columna con la frase "Las ganas de creer".[42]

Como historiador preocupado por el uso político de la historia entró muy tempranamente a la polémica que suscitó la conmemoración de los 500 años de la conquista española de América. En sus artículos dedicados al tema dejó claras sus simpatías por la posición crítica de O'Gorman frente a las proposiciones "personalísimas" de Miguel León-Portilla.[43]

[36] *La Jornada*, 3 de diciembre de 1984.
[37] *Ib.*, 7 de enero de 1985.
[38] *Ib.*, 4 de febrero de 1985.
[39] *Ib.*, 11 de marzo de 1985.
[40] *Ib.*, 18 de marzo de 1985.
[41] *Ib.*, 25 de marzo y 14 de mayo de 1985.
[42] *Ib.*, 27 de mayo de 1985.
[43] *Ib.*, 3 de junio de 1985.

En julio y principios de agosto volvió a tocar varios temas: trató la necesaria separación de Estado e Iglesia, criticó acremente el centralismo, evocó al 68 para señalar la ceguera histórica y el conservadurismo despiadado del senado de la República, y una vez más insistió en la instrumentación de los procesos democráticos en el país a través de una clara diferenciación entre el PRI y el gobierno.[44]

En la segunda mitad de agosto de 1985 Blanquel deleitó a sus cada vez más numerosos lectores con una crónica sobre una corta visita que hiciera al estado de Chiapas. Sus reflexiones sorprenden por su actualidad. Retratando la miserable situación de los indígenas se conmovía ante la situación de que todavía tuvieran fe en la palabra de los presidentes. Les reconocía a los grupos étnicos chiapanecos, mucho más que a los miembros de la élite política delamadridista, la capacidad para soñarse miembros de una comunidad más amplia que la suya, una comunidad verdaderamente nacional.[45] En septiembre continuó con el asunto chiapaneco y escribió uno de sus testimonios reflexivos más personales. Después de volver al panorama mísero de los grupos étnicos chiapanecos y a su falta de cabida en el proyecto económico gubernamental, Blanquel escribió seguramente muy sobrecogido el siguiente párrafo para hacerse a él y a todo mundo la pregunta final:

Cuánto desencanto hay en aquella pinta indígena que decía: *Lla no queremos ber el presidente*. Cómo no entender su desinterés en nosotros, su cerrazón defensiva, si cuando salen de sí mismos y nos piden auxilio sólo reciben la condena política y el silencio.

¿Podremos celebrar sin un riguroso examen de conciencia que nos recuerde la existencia de millones de seres, no únicamente indios, que son mexicanos sólo formalmente porque viven acampados fuera de una supuesta y metafísica entidad nacional?[46]

Poco antes de los sismos de 19 y 20 de septiembre de aquel cada vez más trágico año de 1985, la vehemencia de Blanquel arremetió contra las insólitas declaraciones del regente capitalino en el sentido de que aquellos disidentes u opositores a su administración que no les fuera grata la vida en la ciudad de México que se fueran. Blanquel no sólo coronó su columna con un enérgico "Yo no me voy", sino que argumentó de manera implacable la necesaria conciencia que debía imperar en todas las consideraciones de los funcionarios públicos sobre la dimensión colectiva y total del entramado social que actúa y vive bajo su responsabilidad:

Yo no me voy, ciudadano Aguirre Velázquez —anunciaba la prosa exaltada de Blanquel—, porque esta casa no es sólo suya, también es mía.

[44] *Ib.*, 17 y 24 de junio, 2, 15, 22 y 29 de julio, 5 y 12 de agosto de 1985.
[45] *Ib.*, 19 de agosto de 1985.
[46] *Ib.*, 9 de septiembre de 1985.

Yo no me voy y trataré —como otros mexicanos— de construir aquí, en este país y en ninguna otra parte, no un paraíso, porque los paraísos no existen, pero sí una realidad social más libre y más justa para compartirla con todos los mexicanos, con aquellos hombres a los que la intolerancia expulsó de su país, y con aquellos otros que libremente han escogido esta patria como su patria...[47]

Al igual que la mayoría de los habitantes de la ciudad de México, Eduardo Blanquel y su familia se conmovieron hasta la médula con los sismos de aquel septiembre. El maestro, sin embargo, no abandonó su columna semanal y en octubre volvió a los tipos regulares de aquella prensa emergente. La historia y la crítica política contemporánea regresaron con elegancia y soltura. Sus preocupaciones recorrían tanto las politiquerías universitarias como la viabilidad de los decretos expropiatorios presidenciales, el monolítico espacio de la administración pública centralista y el raquitismo de la política en los municipios. También se ocupó de las comparecencias de algunos secretarios de Estado frente al Poder Legislativo. Fue particularmente incisivo y hasta cierto punto premonitorio su comentario sobre el secretario de Programación y Presupuesto. Su columna del 2 de diciembre de 1985 concluía así:

En momentos en que las más audaces creaciones de la ciencia ficción y sus presentidos "mundos felices" empiezan a ser reales, en la era de la computación, Salinas de Gortari no desentona. A veces, ganado por la imaginación, parecía que podía descubrir en su voz sonidos electrónicos muy distintos y distantes de la voz de quienes lo interrogaban y cuyas preguntas *no estaba programado para contestar... no estaba programado para contestar...*

Al parecer, asistimos al término de una larga y entrañable etapa de nuestra historia: que sea para bien; de ahí que suene tan contradictoria y distante la voz del nacionalismo, dizque revolucionario, cuando hace apenas unas horas se oyó en el espacio una orden: "Atención Houston... Listo México... *Go ahead...*".[48]

Durante las últimas semanas de 1985 y las primeras de 1986, la prosa incisiva de Eduardo Blanquel abría nuevas trincheras con el mismo armamento consistente en el conocimiento histórico riguroso y rindiendo honores a sus más caros principios: la fe en la democracia, la tolerancia, el reconocimiento a los valores profundos de los hombres y la condena implacable a la corrupción y la deshonestidad. Durante aquellos meses atacó la debilidad de las propuestas —y por lo tanto de las convicciones— de la izquierda mexicana en materia de alianzas regionales. También revisó las políticas municipales de la derecha, y, otra vez de manera premonitoria, apuntó sus dudas en caso de un resurgimiento del navismo potosino. Alrededor de este tema estableció un diálogo periodístico con el también malogrado Segundo Por-

---

[47] *Ib.*, 17 de septiembre de 1985.
[48] *Ib.*, 2 de diciembre de 1985.

tilla, para después interesarse en las próximas elecciones por realizarse en el estado de Chihuahua. En todos estos artículos Blanquel hacía gala de un olfato muy sensible capaz de identificar zonas de conflicto, sentires populares y clasemedieros, y, sobre todo, áreas de incertidumbre social causadas por la ineficacia del gobierno. Las características, cualidades y particularmente los defectos del sistema político mexicano —desde sus más remotos orígenes hasta su presente vivo— provocaban en la columna de Blanquel la emergencia invariable de una razón crítica —a veces erudita y seca, a veces generosa y juguetona—. Sus argumentos dilapidaban las declaraciones irresponsables, pero no perdían la ocasión para generar cierta fe en el futuro bienestar del país, producto de la paulatina implantación de la democracia.

Uno de sus últimos artículos en *La Jornada* se tituló "Los caminos de la solidaridad". En el breve espacio de la página 5 y en su correspondiente media plana inferior, aquel lunes 24 de febrero de 1986 terminó su argumento afirmando lo que podría ser una combinación de los principios más característicos de su integridad como historiador, como maestro y como crítico de su momento. Combinación que mostraba su gran entereza intelectual y moral. Gran entendedor de las contradicciones del ser humano, pero también riguroso en la disección e identificación de sus defectos y debilidades, Blanquel cerraba su columna de aquel día con un reconocimiento y un llamado. El primero a la esperanza y el segundo a la vía para seguirla cultivando:

> Hoy hay contradicción en decir que un momento tan vital para la nación como el que estamos empezando a vivir requiere de un gobierno muy sólido y a la vez muy flexible; así han sido los que han dejado huellas profundas en nuestra historia y en la historia de todos los pueblos.
>
> No cabe la menor duda que hoy como nunca los caminos de la solidaridad deben estar construidos con democracia, no sólo política, sino económica y social...[49]

Sin embargo, Eduardo Blanquel tenía un severo defecto. Su corazón era débil y frecuentemente lo dejaba indispuesto. En este primer lustro de los ochenta sobrevivió todas sus actividades con un marcapasos. Muchas veces se refugió al lado de su discreta esposa Estela en su casa de la colonia Campestre Churubusco afectado por su mal cardiaco. Sus hijos, Eduardo, Irama, Yajaira y Gustavo, junto con sus nietos, frecuentemente lo visitaban, y poco a poco todo volvía a la normalidad.

Jorge Alberto Manrique recuerda a aquel Blanquel que bromeaba diciendo: "Soy el hombre del corazón más grande" al referirse a su cardiaca deformidad.

De pronto sus alumnos recibían noticias y rumores de que lo habían hospitalizado y de que las cosas no andaban bien. No obstante, al breve tiempo

---

[49] *Ib.*, 24 de febrero de 1986.

o al siguiente semestre reaparecía con su característica mirada empestañada y oscura, y con su voz enérgica, unas veces serena y otras cargada de intensidades pasionales.

Sin embargo, el 24 de mayo de 1987, en un hospital de Houston, Texas, el corazón de Eduardo Blanquel dejó de latir. Sus cenizas fueron enterradas bajo la sombra de un árbol que se levanta entre el edificio de la Rectoría y la Biblioteca Central en la Ciudad Universitaria. Sus más cercanos familiares, su alumna dilecta, Gloria Villegas, su maestro admirado y querido, Edmundo O'Gorman, su colega y director, Arturo Azuela, y un puñado de seres queridos, presenciaron tristemente la discreta ceremonia de su entierro. Eduardo Blanquel se fue de esta vida mucho tiempo antes de lo que debió hacerlo. Dejó varias tareas inconclusas, es cierto, pero lograría lo que pocos historiadores, maestros y periodistas han conseguido: hacer de la experiencia de conocerlo y admirarlo una imborrable herencia. No fue poco lo que escribió, y fue muchísimo lo que enseñó. La integridad de sus principios, el uso honesto y personal del conocimiento histórico y de sus ideas, la pureza de su esperanza en un futuro democrático para su país, su repudio absoluto al chisme y a la maledicencia —a veces tan presente en los corrillos académicos— y ante todo su trato cotidiano envuelto en una recatada pero firme ternura, llenan el recuerdo de quienes tuvieron la fortuna de conocer al maestro en historia de México, Eduardo Blanquel Franco.

BLANQUEL FRANCO, EDUARDO

Historiador mexicano.
Fecha de nacimiento: 1931 (México, D. F.)
Fecha de fallecimiento: 1987 (Houston, Texas).

ESTUDIOS

Estudió en la Universidad Nacional Autónoma de México, donde obtuvo el grado de maestro en historia en 1963.

Fue profesor de la UNAM, de la Universidad Iberoamericana, de la Universidad de Texas, Austin, y de la Universidad de los Andes, en Caracas, Venezuela.

En 1986 recibió la Medalla UNAM por 30 años de docencia.

Fue colaborador de las revistas *Vuelta* y *Nexos*, y del periódico *La Jornada*.

Principales obras

"La Revolución Mexicana", en *Historia mínima de México,* México, El Colegio de México, 1973.

Nuestras historias: México y el Grupo Nacional-Provincial, México, Imp. Miguel Galas, 1979.

Tiempo de México (con otros autores), México, sep, 1983-1984.

"La entrevista Creelman", "El mundo familiar de Francisco I. Madero" y "Primeras actividades políticas", en *Así fue la Revolución Mexicana,* México, sep-Conafe, 1985.

Ricardo Flores Magón, México, crea-Terra Nova, 1985, Colección Grandes Maestros Mexicanos.

SEGUNDA PARTE
TESTIMONIOS

SILVIO ZAVALA

Conversación autobiográfica con Jean Meyer

I. Yucatán

Nací en Mérida en 1909 y pasé mis primeros 20 años de vida y educación en Yucatán, de suerte que no fue nada más nacer, sino salir a la vida allí; y quiero mucho a esa tierra. Yucatán tiene sus fundamentos de civilización maya muy valiosos. Han atraído a espíritus grandes; equipos enteros de trabajo como, en mi época, el de la Carnegie Institution de Washington, con geólogos, botánicos, etnólogos, lingüistas, historiadores, hombres de visión social como Robert Redfield, etc. El paso de esa escuela norteamericana por la historia de Yucatán fue muy fecundo en aquella época. Estando en Washington, en 1940, vi los armarios llenos de documentos que habían copiado en Sevilla France V. Scholes, la señorita Eleanor B. Adams, Robert S. Chamberlain y Ralph Roys (este último era muy buen historiador, impregnado de etnología). Cuando vi ese dispositivo me dije —yo era entonces un hombre joven que apenas estaba empezando sus estudios—: "¿Qué voy a poder hacer frente a todo este equipo tan grande que va a trabajar la historia de Yucatán?" Propiamente me excluí de la historia de mi estado al contemplar ese espectáculo. Ellos hicieron mucho, pero luego vino el año terrible de 1941, cuando los japoneses atacaron Pearl Harbor y pasó a dirigir la Fundación Carnegie un gran matemático interesado en la bomba atómica. Para él, ir a estudiar la vieja civilización maya en esos momentos resultaba superfluo... Dispersó el equipo y terminó con todo; algunos tuvieron que irse, por ejemplo, a Nuevo México. Chamberlain entró en el Departamento de Estado. En fin, sólo quedó lo que ya se había hecho en el terreno y en las publicaciones, así como los fondos documentales inmensos que se han seguido trabajando poco a poco en la Biblioteca del Congreso de Washington y en las de las universidades de Nuevo México y de Tulane en Nueva Orleáns.

Los yucatecos fuimos estimulados por la enorme fuerza que la Carnegie había traído; ahí tiene usted a Jorge Ignacio Rubio Mañé. Fue ese gran yucateco, no yo, quien en el terreno de la historia hizo la penetración y el enlace entre lo local y los sabios que habían venido a estudiar a Yucatán desde fuera. Pasó varios años fecundos en contacto con los estudiosos, los archivos y las bibliotecas de España. Dejó obras magníficas acerca del pasado yucateco. Después se vino a México, fue director del Archivo General de la

Nación y elaboró sus tomos notables sobre los virreyes de Nueva España. De suerte que no sólo contribuyó fundamentalmente al cultivo de la historia peninsular, ya con documentos, ya con un criterio muy probo en sus trabajos, sino que también aportó mucho a la historia general de México.

Yo he dicho varias veces que nacer en Yucatán predispone al estudio: unos se van a la arqueología, otros a la etnología o a la lingüística, como Alfredo Barrera Vázquez, que dejó un magnífico legado...

No siempre se ve con claridad, en el Nuevo Mundo, que tenemos un horizonte histórico relativamente más corto que el del Viejo Mundo. Y es que yo veía, por ejemplo, en Inglaterra, que se lleva al niño a ver las murallas romanas que están a un paso de su pueblo. Se le enseña muy pronto el pasado tan largo de los viejos países europeos, se le familiariza con las lenguas antiguas y modernas. Yo creo que allí naturalmente nace la vocación histórica. Alguien quiere saber de esto, de aquello o de más allá, o hace un viaje a Grecia o a Roma y se interesa por el pasado clásico; en fin. En México tenemos la fortuna de contar con civilizaciones indígenas antiguas e importantes, y eso, en mi caso por ejemplo, es una realidad. Yo nací en la tierra de los mayas. Si gente de todo el mundo viene a ver y admirar sus obras, ¿por qué un nativo del lugar no va a sentir el mismo interés? Sin embargo, no ha sido el pasado maya el objeto de mi trabajo. En mi caso sólo ha sido un estímulo que despierta la vocación. Yo nací en tierra que tiene catedral, arcos y murallas, conventos, calles en cuadrícula, viejos cascos de haciendas, convivencia de gentes y lenguas distintas, elementos heredados de la colonización hispana que poco a poco me hicieron sentir esa atracción del pasado que para usted puede ser tan clara.

Pero yo salí de Yucatán a los 20 años, y eso era nada más como un trasfondo de interés. Tenía la idea de que el pasado existe, de que conviene conocerlo, y que hasta da gusto saber de él; creo que eso es lo que a mí me dejó Yucatán; pero no salí de la península como historiador.

Tuve un profesor, en la Escuela de Derecho de Mérida, que sembró en mí la primera semilla de interés por lo francés —estaba yo estudiando ese idioma—, y fomentó esa inclinación. Se llamaba Santiago Burgos Brito y era un enamorado de la literatura francesa. Con él conseguí los primeros libros franceses de mi vida, cuando todavía era muy joven; no sabía que ese contacto iba a tener grandes consecuencias en mi vida, pues sembró en mí el interés por aquella cultura, el conocimiento del idioma...; eso lo traje desde mi provincia.

En mi casa había algunos libros de mi padre, pero él no se dedicaba a estas cosas; trabajaba en la industria y el comercio, y luego en la Compañía Naviera del Golfo...; tenía curiosidad, por lo que compraba las obras relativas a la vida peninsular y las de orden general que sus amigos libreros comentaban. La biblioteca de Burgos Brito sí fue importante en mi formación;

ahora está en la Biblioteca Pública del Estado. Por cierto, cuando se recogen bibliotecas particulares valiosas —yo tengo toda una sección de humanismo europeo que no creo figure en muchas bibliotecas de México, y reúno otras especialidades—, cuando fallece la persona, se dispersan los libros o se incorporan a una gran biblioteca, en donde los bibliotecarios mandan cada libro por donde sea, pero de este modo se ha perdido mucho. Bueno, ¿qué leía Burgos Brito, qué significaba su colección, qué efectos tuvo en la vida de su lugar? Éstos son valores que hay que conocer, por eso yo pienso que bibliotecas como la de El Colegio de México o la de El Colegio Nacional deben, hasta donde sea posible, respetar las agrupaciones de origen; esto no les gusta a los bibliotecarios, piensan que sus métodos exigen la completa dispersión, pero hay este otro punto de vista de que uno vive con sus libros, los hace suyos según los trabajos intelectuales que emprende. Por eso la biblioteca del estudioso es muy significativa, refleja la figura intelectual de las personas.

II. Los INICIOS

Mi camino para llegar a la historia pasó primero por las enseñanzas del derecho, lo que nunca he deplorado; la formación jurídica seria, estructurada, hace ver las cosas con cierta profundidad, y nunca me he arrepentido de ese aprendizaje...; se puede decir que mi nacimiento a la historia vino a través de los cursos de derecho constitucional (seguí los de Narciso Bassols, Hilario Medina, Vicente Peniche López) y más tarde del estudio de las instituciones en España.

Primero estudié en Yucatán; después en la Universidad Nacional, en la ciudad de México, en la que en mi tiempo se llamaba todavía Escuela de Derecho; y de ahí salí en 1931, con una beca española, para Madrid. Allá, en la Facultad de Derecho, estaba la gran figura de Rafael Altamira, eminente jurista, pedagogo, literato, filósofo, y a quien además le gustaba el arte; por eso hizo su gran contribución a la historia de la civilización española, y como su cátedra era de derecho indiano, de las instituciones de América, naturalmente quienes estudiábamos derecho, procedentes de América, de Filipinas y de España misma, convivíamos y nos formábamos en ese ambiente. Don Rafael era también, no hay que olvidarlo, juez de la Corte Internacional de La Haya. En su formación en derecho había trabajado con Eduardo Hinojosa, Joaquín Costa y otros historiadores medievalistas de España.

Yo aprendí mucho allá; fue, se puede decir, el comienzo de mi vida de historiador; y cuando me tocó escoger el tema de la tesis de doctorado, estaba bajo dos influencias diversas: una, de un puro y muy reputado jurista, especialista en derecho inmobiliario, hipotecas y todo eso, don Jerónimo González; y la otra, la de don Rafael Altamira, con su historia de la civilización y sus proyecciones sobre el continente americano. Tuve que luchar mucho para decidir, porque don Jerónimo decía que yo servía para estudiar el derecho hipotecario, y era el juicio de un gran conocedor de la materia; me hizo trabajar, le presenté una tesis de maestría que se llama "El tercero en el registro mexicano" (los derechos del tercero en los juicios hipotecarios); le gustó, quería enviarme a Alemania a continuar esos trabajos; él tenía una formación germánica, como tanta gente importante de España en esa época, y le parecía que era un buen camino. Pero don Rafael tenía además mucha ascendencia personal, mucho atractivo; era un hombre bueno y sabio, y me captó. Ahí vinieron los recuerdos de Yucatán, porque yo tenía un tío notabilísimo en la península que se llamaba don Gonzalo Cámara Zavala, íntimo amigo de don Rafael Altamira, y un día don Rafael, que era muy generoso, le escribió una carta diciéndole: "Tengo a su sobrino aquí; está destacando en el grupo de mis estudiantes, creo que puede hacer mucho en el campo de la historia de América". Mi familia me lo comunicó en seguida; bueno, yo di las gracias. Pero esto no fue lo único que me decidió a escoger la ruta, sino el deseo que tenía de trabajar sobre la historia de las instituciones en América, apoyándome en el conocimiento de las de España, y así salió mi tesis, que luego se publicó con el nombre de *Los intereses particulares en la conquista de la Nueva España (estudio histórico-jurídico)*.[1] El interés de Altamira por esta tesis se debía a que respondía a una concepción económica de la historia, a saber, ¿quiénes pagaron la Conquista? Esto le parecía original, y así me lo dijo y lo escribió en el prólogo.

Recuerdo que también en esos primeros tiempos, cuando iba entrando por el largo camino del estudio de la historia de América, salió mi artículo (que por cierto en 1991 fue reeditado por el Cabildo Insular de Las Palmas de Gran Canaria) acerca de las conquistas de Canarias y América, publicado primero en la revista *Tierra Firme* de Madrid; es un estudio comparativo, porque la gente no siempre recuerda que, cuando salió Colón a sus viajes transoceánicos, recaló en el archipiélago de las Canarias, cuya conquista no había terminado al iniciarse la de las islas antillanas. Ese vínculo cronológico ayuda a comprender la conexión que se establece a través del océano. Me decía recientemente el secretario de la Academia de la Historia de Madrid que a él le había importado mucho este artículo. Son dos estudios, digamos, originales, para empezar una labor muy larga. Yo anunciaba en *Los intereses...* que estaba preparando otros trabajos más amplios, y así fue, porque cuando terminó mi trabajo en la cátedra de Altamira, ya doctorado, me atrajo el Centro de Estudios Históricos de Madrid, que tenía mucha fuerza en lingüística, en historia medieval, en historiografía, y contaba con una excelente biblioteca, métodos de trabajo a la altura de los de cualquier país europeo

---

[1] Primera ed., Madrid, 1933; 2a. ed., México, UNAM, 1964; 3a. ed., México, El Colegio Nacional, 1991.

de la época, y figuras como Ramón Menéndez Pidal (que había escrito *La España del Cid)*; Américo Castro, con *El pensamiento de Cervantes;* Claudio Sánchez Albornoz, con su extensa labor acerca de las instituciones medievales...; estaba también Benito Sánchez Alonso, con sus valiosos trabajos de bibliografía e historiografía española.

III. España, Francia y México

Después de mis primeros ensayos, que la gente encontró originales y le parecía que servían para algo, publiqué en 1935, en el Centro de Estudios Históricos de Madrid, los dos primeros libros amplios de los que soy autor, *Las instituciones jurídicas en la conquista de América* y *La encomienda indiana.* Son libros que se consideran fruto de una manera de ver, de un esfuerzo intenso, quizás de una cierta honestidad en el trabajo (no es malo que el historiador tenga esta cualidad, si puede). Después publiqué *El mundo americano en la época colonial,*[2] con un sustancioso suplemento bibliográfico de 936 fichas, muchas de ellas descriptivas y comentadas, que reeditó en 1992 el Instituto Panamericano de Geografía e Historia; son veinte años de fichas agregadas. Me decía el padre Miguel Batllori —que tenía mucha responsabilidad en la biblioteca de la Compañía de Jesús en Roma— que cuando a él se le acercaban jóvenes investigadores les decía: "Empiecen con *El mundo americano...* y después hablaremos de qué camino quieren ustedes seguir". Se trata de un esfuerzo de síntesis apoyado en aportaciones colectivas anteriores que abarcan desde Canadá hasta Argentina, con todas sus variantes, para ofrecer una visión de conjunto de esta parte del mundo y de sus conexiones con Europa, África y Asia.

En Madrid estaba como en mi casa, pues el idioma es el mismo, son similares las costumbres, las ideas, los sentimientos, las tradiciones, de suerte que este periodo español fue importante para mí por la formación y también por la índole de mis trabajos. Yo estaba estudiando la llegada de los europeos al Nuevo Mundo, claro está que tenía que saber de dónde procedían, quiénes eran, cómo vivían. Ha influido mucho en mi labor esa formación española para estudiar la historia europea del Nuevo Mundo, porque se trata de una época muy larga, muy importante y muy mal trabajada en general.

Durante los inicios de la guerra civil los españoles eran tolerantes; algunos sabios, como Américo Castro, me decían: "Bueno, nosotros vemos que usted aquí está haciendo trabajos valiosos. En cuanto le convenga y quiera, pues sígalos; en cuanto quiera regresar a su país, regrese". Era una posición correcta de parte de ellos.

---

[2] Primera ed., México, Porrúa, 2 vols., xxviii+643 y 671 pp., 1968; 2a. ed. en facsímil, 1990.

Claro que me tocó el fin de la Segunda República; el otro día recordaba que debía ir a la Biblioteca Nacional de Madrid, al Fondo de Manuscritos, para proseguir los trabajos que había iniciado sobre Vasco de Quiroga —su información en derecho de 1535 manuscrita está allá— y leyéndola vi cómo decía que se inspiró en Tomás Moro para fundar sus hospitales-pueblos de Santa Fe. Por eso cuando regresé a México en 1937, una de mis primeras publicaciones fue *La utopía de Tomás Moro en la Nueva España*,[3] que es la explicación del ideario social de Vasco de Quiroga y de sus grandes trabajos en defensa de los indígenas, primero como oidor de la Audiencia de México, luego como obispo de Michoacán. Andaba en los últimos toques de ese trabajo; salía de la Biblioteca y muchas veces por la tarde, en La Castellana, se cruzaban disparos en la propia ciudad de Madrid. Otras tardes iba al Centro de Estudios Históricos, y del frente del Guadarrama veía bajar a los heridos, hombres jóvenes que habían sido enviados a combatir con las tropas de Franco; volvían en brazos de los camilleros, lívidos por haber perdido mucha sangre, para ingresar en las clínicas situadas en ese barrio. Ése era el Madrid que por fin yo dejé; en un tren de los últimos, si no es que el último, que pudo llegar a Valencia, porque los franquistas iban a cortar las vías de comunicación. De Valencia, que era el asiento del gobierno republicano, pasé a Barcelona. El espectáculo de esta ciudad jamás lo olvidaré: parte del centro estaba devastado; quemados sus conventos, expulsadas las monjas de sus claustros, los hoteles ocupados por los milicianos con sus armas al brazo; ahí comían y dormían; el gobierno republicano carecía de fuerza; si uno quería un papel de salida de España, era necesario acudir al edificio incautado por los anarco-sindicalistas que daban el sello porque el de la república no valía sin el otro; era tediosa la espera en esas colas interminables. Uno veía volver a las partidas que habían salido por la noche a matar gente, a coger todo lo que encontraban en las casas: vajillas, muebles, pinturas; los familiares ansiosos preguntaban por los desaparecidos; ése fue el espectáculo que a mí me tocó ver en Barcelona: espantoso.

Por ser mexicano me dejaron cruzar hasta Francia, por Perpiñán, y ¿qué veo allá? A unos kilómetros de esa frontera incendiada, el ejército francés de ese momento (era el año de 1937), haciendo maniobras, porque se corrían ya amenazas sobre Francia. Pero ¡qué ejército! Bien comido, bien bebido, bien vestido, contento. Habían ido a hacer ejercicios nada más. Lo que me impresionó mucho, en ese tiempo social del que hablamos, es que cuando se incendia una casa, la del vecino está en peligro, y nunca lo he visto más claro: ese malestar del tren español y el bienestar del tren francés ofrecían un contraste tremendo. ¿Qué es una frontera? Por acá el hundimiento, el incendio, la devastación, la muerte; un poco más allá la civilización, el bienestar, el gus-

---

[3] México, Robredo-Porrúa, 1937, ix+60 pp.

to por la vida. Pero ¿es posible eso a pocos kilómetros de distancia? Luego vi que no era posible; Francia se vio envuelta en el conflicto, que empezó con la llegada de las tropas alemanas y de sus aviones sobre Guernica (España), de las de Mussolini, de las fuerzas auxiliares moras que acudieron en ayuda de las franquistas. Vino el repliegue diplomático de los aliados, la anuencia inglesa a esa barbarie que azotaba a España, y finalmente Francia cayó en su guerra, su ocupación y su desastre.

Ése fue el segundo contacto con Francia. Había estado yo en el país en otro viaje corto, pero no en estas circunstancias de las que hablamos. Francia, en mi tiempo social, cuenta mucho: la he visto de rodillas, la he visto levantarse, la he visto entera ya, en el tiempo del general De Gaulle, y lo que yo no sabía es que iba a pasar nueve años (1966-1975) como embajador de México allá; quién me podía decir a mí que ése iba a ser el curso de mi vida;[4] sin saberlo, tal vez la vida me venía preparando para ello. No podía preverlo, pero así fue. En el caso español, conocía esa España de la república llena de esperanzas, con buenas intenciones, con gente tan valiosa en todos los campos, tratando de levantar un país moderno y democratizado; pero sobrevino la caída estrepitosa de todas esas esperanzas, el desastre terrible que fue esa guerra civil; para volver a México, en 1937, crucé todavía el océano en un barco que salía de Saint Nazaire, que se llamaba *Le Mexique*; poco después ese barco fue hundido por los alemanes. Después vino el exilio doloroso de la gente española, por el triunfo militar del régimen de Franco; se van a Francia, al África del norte. Por fin, gracias a la visión y a la generosidad del régimen mexicano del general Lázaro Cárdenas, se les abren las puertas de nuestro país; vienen aquí muchos compañeros y amigos míos de la época española. Llegaron y, claro, yo debía hacer todo lo posible por ayudarlos; lo procuré en la Casa de España, con Alfonso Reyes; en El Colegio de México, con el mismo Reyes y Daniel Cosío Villegas. De modo que ese capítulo español —transterrado como decía José Gaos— fue largo y significativo en mi vida.

Muchos están sepultados en nuestros cementerios, entre ellos mi maestro Rafael Altamira, que murió aquí a los ochenta y tantos años. Trabajó hasta el fin; hay publicaciones suyas de la última etapa, como su famoso *Felipe II*, dado a conocer por la Universidad; sus estudios de derecho indiano los publicó el Instituto Panamericano de Geografía e Historia, en el que yo trabajaba en muchas cosas con la *Revista de Historia de América*.[5] En ella aparecieron sus cedularios. Son trabajos de envergadura que han sido reeditados, y tienen vida todavía.

Bien, acaba esa etapa de la recepción de los transterrados. Su venida hizo mucho bien. Y ¿quién me iba a decir a mí que cuando estuviese en París —el

[4] Antes, de 1956 a 1963, Silvio Zavala fue delegado permanente de México ante la UNESCO, en París.
[5] Silvio Zavala la fundó en 1938 y la dirigió hasta 1965.

gobierno de México en esa época no reconocía al gobierno de Franco sino al gobierno de la república en el exilio, y este último tenía constante actividad en Francia— diplomáticamente tendría yo contactos con ellos? Así que hasta el final de la desaparición de la república yo estuve en contacto con el exilio español. Formaba parte de mi quehacer habitual.

Conocí a no pocos de esos españoles desde mi estancia en España; a otros —porque la emigración fue muy grande— cuando vinieron a México, y después los traté aquí. Procuré, en la medida en que estuvo a mi alcance, ayudarlos a insertarse en la vida de México. En un sillón de mi casa vino a sentarse José Gaos, y en otro sillón José Medina Echavarría; la plática que tuvimos fue ésta: "Ustedes están en México, haciendo mucho bien; hay mexicanos jóvenes que ya están en contacto con sus enseñanzas…" Pero yo les decía: "Suponiendo que ustedes puedan volver a Europa, están en su derecho de hacerlo. ¿Qué nos va a quedar a nosotros los mexicanos del paso de ustedes por acá?" La Casa de España y la primera etapa de El Colegio de México se concebían como puntos de apoyo para que ellos sobrevivieran y trabajaran y que no se desviaran de lo que sabían hacer, pero la pregunta era ¿qué va a dejar esto a México? Ustedes vienen como una ola… se van… Aquí es donde se incubó la idea que yo traía, por la experiencia en España, de la formación de los investigadores en los centros de trabajo de El Colegio de México. ¿Por qué? Porque a esos centros iban a venir los becarios mexicanos y los de otros países; se les iba a formar después de varios años de trabajo. Eso es Luis González, eso es María del Carmen Velázquez, eso es Ernesto de la Torre; eso fue Susana Uribe, que por su amor a los libros fundó la biblioteca de El Colegio; eso es el caso hispano-mexicano de Carlos Bosch-García, y eso es Bertha Ulloa. Eso fueron también Julio Le Riverend, Isabel Gutiérrez del Arroyo, Luis Muro, Eduardo Arcila Farías, entre otros. Al recordar me pasa que nunca hablo de ello, pero la idea de los centros nació aquí, en este lugar, se la explicamos a don Alfonso Reyes. Él decía: "Yo no quiero formar escuelitas, yo quiero trabajar con adultos". Sin embargo, le gustó luego el trato con los alumnos inteligentes y formados. Cosío, con más sentido pedagógico, respondía: "Bueno, se puede estudiar", y ayudó a la constitución de los centros. Así nació en 1941 el primero de ellos, que fue el Centro de Estudios Históricos, y después vinieron los otros. En la vida que me ha tocado he realizado otras actividades, además de las de investigación y enseñanza. Están las influencias que uno ejerce en los centros de trabajo… pienso que tal vez la idea fue fecunda.

Hace poco, cuando se recordaban los 50 años de la formación de ese Centro (1941-1991), fue oportuno que Luis González, con su talento y su buen humor, presentara un primer catálogo de los egresados, y no olvidó la presencia de los becarios extranjeros. Fue otra apertura que vino de mis experiencias anteriores: no limitar la formación a los mexicanos; abrirnos a los hispanoamericanos; y para mí es tan valioso decir que tengo un discípulo mexicano de tanta valía como Luis González, como decirlo del cubano Julio Le Riverend, de la puertorriqueña Isabel Gutiérrez del Arroyo, del venezolano Eduardo Arcila Farías, del peruano Luis Muro; faros de primer orden en la historia actual salieron de aquí, se formaron en El Colegio, y ellos lo dicen y lo agradecen.

¿Cómo podía yo, si un compañero está trabajando en Perú, sentirlo ajeno cuando yo estoy trabajando la época hispana en México? Es imposible, entonces quizá fue algo de lo que traje a esta labor de formación; no tengo la memoria completa de mi vida, ni me ocupo mucho de ella; cuando converso con mentes como las de Peter Bakewell y Jean Meyer afloran a veces los recuerdos de aspectos de mis experiencias, y digo lo que viene al caso; pero cuando otras personas más jóvenes me dicen: "Vamos a acercarnos al mundo de la historia", les deseo buena suerte si caminan bien dotados y formados por este mundo.

IV. Francia

A Francia volví en 1947, con motivo de una invitación del Quai d'Orsay; por cierto, lo acababa yo de recordar hace poco, porque esa invitación me la hizo Louis Joxe, padre del ministro actual de la Defensa; yo lo quise mucho y él fue siempre generoso y benévolo conmigo. Por ese tiempo Francia tenía a Paul Rivet en el Museo del Hombre; al gran rector hispanista Jean Sarrailh en la Universidad de la Sorbona; a esa figura (con la que naturalmente tenía que entenderme) que era Marcel Bataillon, en el Colegio de Francia; él con su *Erasmo en España,* yo con mi *Tomás Moro* y mi *Vasco de Quiroga,* no podíamos trabajar sin entrar en íntimo contacto. Con personas así yo me sentí en casa; me comprendían, me ayudaban, yo en lo que podía les servía.

Durante los dos años que pasé en los Estados Unidos, con la beca Guggenheim, me tocó ir a la Huntington Library de San Marino, en California, y de pronto vi allá los papeles de Pedro de la Gasca, pacificador del Perú cuando la famosa guerra civil; el catálogo estaba hecho, yo le di a Marcel Bataillon la noticia de que eso existía, él pidió las fotocopias, hizo sus estudios, excelentes, y los expuso en El Colegio de Francia. Así se dieron profundos vínculos de trabajo intelectual; después he tenido otros contactos... François Chevalier, Jacques Lafaye, Claude Dumas, Fréderic Mauro, Jean-Pierre Berthe... tantas figuras valiosas del hispanismo y del hispanoamericanismo francés; todos estaban volviendo a hacer esa Francia grande.

En ese París recién liberado de la ocupación alemana, Fernand Braudel estaba preparando su tesis, se la dirigía Lucien Febvre. No era aún el famoso autor de *El Mediterráneo,* pero ya empezaba a asomarse a lo que después fue; me prestó libros, conversamos en particular sobre un temprano estudio que

dediqué a la moneda en el Paraguay hispano; era muy generoso. Lucien Febvre también lo era —y en sus ideas muy cortés, muy gentil—. De modo que
entre las buenas amistades personales que pude establecer, después de la
segunda Guerra Mundial, estaban estas dos grandes figuras. Marc Bloch había desaparecido, fusilado como resistente, en junio de 1944, por los alemanes. Seguía presente: todos lo recordábamos, lo honrábamos mucho, impre-
sionados por esa vida tan trágicamente terminada, y sobre todo por su
obra. La suya sí que fue una de esas que se llaman seminales. Marc Bloch
era un talento extraordinario y tuvo un papel decisivo en la historiografía.

La llamada "Escuela de los Annales" (por el nombre de la revista fundada
por Bloch y Febvre) se había caracterizado mucho por su afición a las estructuras sociales y económicas, a las series de precios, a la llamada "Historia
cuantitativa". Claro, también le interesaban "las mentalidades" que tanto estudió Lucien Febvre desde su *L'incroyance au temps de Rabelais*, pero el auge
de ellas estaba por venir, digamos, después de 1968. Por lo pronto, triunfa-
ban las series estadísticas, los precios, la historia cuantitativa y estructural,
las gráficas, el "pequeño hombre" y su vida cotidiana. Esos amigos de la VI
Sección de la Escuela de Altos Estudios se burlaban mucho, en arrogante
desafío, de la historia que llamaban de "la vieja escuela", de la "historia-bata-
lla", de la "historia de los acontecimientos" (*"événementielle"*). No querían saber nada de los Estados, de las instituciones, de la política, de las guerras...
Usaban algo de la terminología marxista para votar a favor de las "estructuras" contra la "superestructura".

Yo encontraba extraño que estas mentes francesas, tan lúcidas, siguieran
apegadas a esta corriente dual de pensamiento cuando apenas acababa de
pasar la segunda Guerra Mundial, cuando todavía no terminaban de digerir el enorme acontecimiento, con sus horribles eventos, entre ellos la muerte de Marc Bloch. Braudel había pasado seis años en Alemania, en un campo
de prisioneros de guerra; Febvre, al hablarme de la caída de Francia, no podía contener las lágrimas, y creía en la traición. En ese año de 1947 la vida
estaba tan impregnada de los acontecimientos, la sacudida había sido tan
fuerte, que no podían hablar un cuarto de hora sin que asomaran todas estas
cosas, y sin embargo, según ellos, todo ese torbellino que afectó sus vidas era
pura "superestructura"...

Yo vi claramente esa contradicción, quizá por venir de ultramar y ser discípulo de un historiador de la civilización: Rafael Altamira. Él me enseñó a
tener una concepción global y a no hacer esa dicotomía entre las bases económicas y sociales y el resto de la sociedad. Yo lo veía todo tan unido, tan
influidas unas cosas por otras que, en el fondo, no compartía esa división
de la historia lanzada por los *Annales* que iba a triunfar durante más de una
generación en el mundo entero. Claro, ¿quién puede desconocer todo lo que
esa escuela innovó, descubrió y señaló a la atención de los historiadores? Ten-

go la colección completa, desde el número 1, de los *Annales;* no creo que
haya muchas en la ciudad de México.

Pero me parece que esos notables historiadores fueron parciales también,
quizá porque a fines de los años veinte y en los treinta eran todavía jóvenes
y tenían que abrirse paso frente a obstáculos y tradiciones poco favorables al
cambio. Sus alumnos fueron más radicales aún, porque en las modas intelectuales triunfantes siempre hay algo de inclinación partidista.

Por lo pronto, la vida en 1947 estaba mostrando los lados incompletos de
esa visión. Yo recuerdo tal como la vi a esa Francia que estaba apenas levan-
tándose de la terrible ocupación alemana. No había leche, no había pan, no
había comida, faltaban los transportes; todo estaba racionado, limitado y sujeto a la presentación de tarjetas. Era dura la situación en ese país devastado y succionado por el invasor. En medio de ese estado de crisis, entre tantas
ruinas, me sorprendió una especie de renacimiento de la idea de la grandeza
de Francia.

Esos franceses no querían sobrevivir sin algo más que los restos de su pasado. No, eso no bastaba; anhelaban rehacer una Francia completa que fuera grande, como lo había sido en otros tiempos; abierta a los contactos con
el exterior; había que reanimar su enseñanza, su cultura, su ciencia, sus artes… Me gustó mucho esto porque si la gente, después de tanta pena, no mira a su país con tal esperanza, con esa ambición de que vuelva a ser lo que
fue y que lo supere, no va a ser pronto un gran pueblo. Me sorprendió mucho también. Recordé una plática de José Ortega y Gasset acerca de una du-
quesa rusa en el exilio que conservaba un preciado medallón en el pecho, y
cuando se lamentaba de su penuria y le aconsejaban que lo vendiera, ella
rehusaba hacerlo porque el remedio debía venir con todo y el medallón anun-
ciador de su rango.

V. HISTORIA Y CULTURA

Después de una vida como la mía, de viajes, de funciones, de experiencias,
cuando llegué aquí ya retirado y me preguntaban que si había vuelto a México, yo solía decir que había vuelto a mis papeles y a mis libros que están en
México. Hay una cierta diferencia. Es cierto que México no me deja, me en-
vuelve. En formas inesperadas, que si el Quinto Centenario o la Diana Ca-
zadora, que si esto o aquello, me toman tiempo y me mezclan en los problemas y en las cuestiones netamente mexicanas; nunca me niego a eso…, pero
lo que yo quiero es estar aquí recluido, separado del mundo, acabar con estos ficheros, mire, ya van dos importantes, pues la Universidad de México,
si cumple en su Instituto de Investigaciones Jurídicas con el encargo, tiene
20 años de fichas sobre la encomienda indiana; ojalá que salve todo el fichero que le di, lo están pasando en sus máquinas. El otro fichero ya logró pu-

blicarlo El Colegio Nacional en 1991 con el título de *Ensayo bibliográfico en torno de Vasco de Quiroga*, que es un repaso amplio del mundo del humanismo y de sus influencias en nuestra cultura.

Estuve 16 años en Francia y otros seis años en España. Claro, ya pasé de los 80 años, de suerte que hay mucho que repartir, pero son 25 años de Europa, no de viajes ni de idas y vueltas, sino de estancia en la vida europea.

Al responder a la pregunta de por qué en una vida como la mía dediqué tantos años a estar en el mirador francés, puedo responder que esa experiencia es valiosa, tiene uno alrededor la vida política, la vida internacional, los conciertos, las exposiciones, los sitios de visita. Se familiariza uno con los valores de Francia, y es agradable oír una noche a la orquesta de París, otra noche ir a un teatro de calidad a ver *El Cid* de Corneille, en fin, hay una serie de incentivos de la vida que están al alcance de quien reside allá. Por fortuna yo tenía la base para entenderlos. Y en cuanto a la sucesión política, llegué cuando gobernaba De Gaulle, luego vino Pompidou —a quien estimé mucho—, por fin Giscard, y entonces regresé. Haber conocido a estos hombres de cerca, haber entendido cómo trabajaban, tiene cierto significado en la vida de un hombre de América Latina.

Louis Joxe fue una gran figura; en el Quai d'Orsay dejó una huella honda; y bueno, ¿por qué me entendía yo con ellos?, quizá me ayudaba mi condición de yucateco. Porque Yucatán tiene una base firme de interés y de trabajo con la cultura francesa; ya expliqué que muy joven entré en contacto con esto, así que, curiosamente, este yucateco pasado por tantas aguas se llevaba bien con la gente francesa, la entendía, y ellos me toleraban; eso es lo que pasaba.

Para ejemplificarlo tengo uno de esos recuerdos que vienen de pronto. Llegó una comisión mexicana de alto nivel, encargada de confeccionar el programa de una visita presidencial o de algo por el estilo. El Quai d'Orsay nos acogió y nos puso una gran mesa; estaban todos los franceses correspondientes a los miembros del grupo mexicano, quienes tenían mucha calidad y una buena formación en la lengua y en la cultura francesa; después, cuando estábamos en la conversación, se asombraron los franceses de hallar ese nivel, y lo comentaron favorablemente: "No solemos recibir comisiones con estas cualidades; saben todo de nosotros, y en cuanto al embajador Zavala, no sabemos en cuál de los lados de la mesa colocarlo…" Decir eso en el Quai d'Orsay era mucho decir como posibilidad de trabajo cordial.

Es verdad que conocí la España de José Ortega y Gasset, filósofo formado en Alemania, como tantas gentes, y si España tenía la idea de seguir los modelos alemanes era porque los consideraba los más altos en Europa. En contacto con ellos, muchos españoles pasaron por la experiencia alemana; entonces los jóvenes, claro, seguían el ejemplo de los anteriores, y la Junta para Ampliación de Estudios con todo gusto les daba las becas para ir a Alemania.

En cambio, no pensaban en enviarlos a Iberoamérica. Fue Altamira quien quiso corregir eso y también la tendencia germanófila en la política; él era aliadófilo, y en la guerra de 1914 ya se destacaba en la defensa de los aliados. Ahora bien, ¿qué pasó después en México con la emigración? Vino gente como Eugenio Imaz, con profunda formación alemana, y para ellos lo más natural era dárnosla a conocer; el *Dilthey*, en ocho tomos, al cuidado de Imaz, es una obra fundamental e inmensa. Cuando yo fui a Francia, una de las quejas de Febvre y Braudel era que el Fondo de Cultura Económica no publicaba libros franceses. Decían que todos los estaban traduciendo del alemán o del inglés, y algo influí también en esa corrección: el *Erasmo* de Bataillon, admirablemente traducido y editado por Antonio Alatorre; los libros de Jean Sarrailh, de Fernand Braudel, etc. Nunca dejé de recomendar aquello que Francia producía de buena calidad. Era el ejemplo de mi maestro Altamira. Él sostenía que no había que cegarse y seguir sólo a los alemanes; si venía algo valioso de Italia, había que acogerlo, como se hizo aquí con las obras de Antonello Gerbi; lo mismo si llegaba algo útil de Inglaterra, según se hizo con la *Historia social de Inglaterra* de George Macaulay Trevelyan. Algo se pudo reflejar en los resultados, y ahora el catálogo del Fondo es bastante equilibrado en cuanto a las nacionalidades de los autores traducidos.

Wenceslao Roces murió con libros alemanes en la mano. Yo tuve que aprender la lengua alemana en España, pues sin ella ningún estudiante que tuviera alguna aspiración podía sobrevivir: era indispensable, pero tuve la suerte de trabajar al mismo tiempo con el italiano. Me he defendido un poco de la concentración unilateral especializada; mi vida misma es abierta.

Fue en Madrid, en los años treinta, cuando Lewis Hanke visitó el Centro de Estudios Históricos, y después ha participado en todo género de empresas. Por ejemplo, existe la reunión periódica de historiadores de los Estados Unidos y de México; la organizamos Hanke y yo por primera vez en Monterrey: somos los fundadores de ese movimiento.

Es agradable, en algunas cosas que uno hace, apreciar los resultados de conjunto. Cuando la *Revista de Historia de América* llegó al número 100 impresionó algo. Ya dije que la fundé en 1938, y aunque ya no la hago, me satisface ver que continúa, con sus índices y anexos. Es un surco de los que a veces se abren en el campo y muestran ser fecundos.

Algunas veces me han preguntado respecto a la obra *El mundo americano en la época colonial*; ¿por qué me fijé en todo ese grupo de pueblos europeos que vienen a América y se extienden desde Canadá hasta Argentina por el Caribe, etc.? Bueno, pues es una idea alemana, porque Leopold von Ranke, que tiene más influencia sobre mí de lo que parece, percibió la historia europea de las nacionalidades, y le atrajeron aquellas épocas en que todo ese grupo heterogéneo de pueblos europeos salió hacia determinadas empresas paralelas, a veces hasta dando lugar a conflictos, pero se mueve como una corriente general. Él se fijó en las cruzadas, en la expansión ultramarina. Yo aconsejaría mucho que alguien trabajase este pensamiento de Ranke de una civilización europea heterogénea, pero que, de pronto, se mueva en determinadas direcciones análogas. *El mundo americano en la época colonial* es eso, según se ve en otro estudio anterior al mío, el del alemán formidable Georg Friederici sobre el descubrimiento (bien llamado, a mi juicio) y la conquista europea de América.[6]

Friederici es importante, yo tengo su obra completa, y me han servido mucho esas visiones tan amplias que atraen a veces al espíritu alemán y que a todos nos sirven y nos impresionan. Últimamente, en estos tiempos de torpezas en torno del Quinto Centenario de 1492, trajeron al Museo Franz Mayer una lindísima exposición de libros escogidos en los mejores centros alemanes, relativos al tema de la salida europea en ese momento; una especie de homenaje a Colón, precioso trabajo. Entonces yo escribí que al verla me acordaba de los buenos tiempos de la ciencia alemana y que me gustaba mucho que junto a tantas palabras sin valor, frustradas, sectarias, falsas, etc., se hiciera presente otra vez una manifestación alemana en este campo, al cual sus autores han hecho contribuciones tan perdurables como las de Alejandro von Humboldt, que ha sido llamado el "segundo descubridor de América".

VI. EL HISTORIADOR

El historiador tiene una vida personal, pero también está la vida social que lo rodea. A mí me tocó la guerra de Franco en España, la guerra civil; de modo que viví todo el ciclo de la República: su nacimiento, su florecimiento, su caída; después viví la segunda Guerra Mundial. Ese ambiente no lo escoge uno, es el mundo el que se lo da, aquel en el que le toca a uno vivir; yo he llamado a esas circunstancias "el tiempo social del historiador", que se combina con el tiempo personal. Y todavía hay una tercera dimensión, la del historiador que está en un presente y tiene que mirar al pasado que escoge para dialogar con los muertos. Ahora muchos estudian la historia contemporánea, pero lo normal es que el historiador entre en relación con el tiempo pasado, lo cual le da esa tercera dimensión temporal. Yo estoy convencido —hasta donde lo he podido ver— de que es allá donde está la médula de nuestro oficio: estamos viviendo en un presente, somos como somos por la persona, las circunstancias, y por el tiempo social que nos toca, pero escogemos mirar algo hacia atrás. En ese diálogo entre el presente y el pasado

---

[6] Tres volúmenes publicados originalmente en Stuttgart-Gotha, 1925-1936, y cuya traducción al español por Wenceslao Roces (vol. I) y Angelika Scherp (vols. II y III), se publicó en México, FCE, 1973-1987-1988.

es donde se prueba al historiador, para saber, en primer lugar, si sirve para estudiar la historia, y después cómo lo hace, qué logra dejar su obra como legado: ésa es la médula de toda la cuestión.

En la experiencia vital de un historiador ya viejo, puedo distinguir tres etapas. La primera, de nacimiento de la vocación y la formación para ejercerla, es muy grata cuando tiene uno la suerte de estar en ambientes apropiados, con profesores de calidad, bibliotecas y archivos valiosos, y comienza la familiaridad con los temas que se van a desarrollar.

Pero le pasa al historiador que llega una segunda etapa en la cual la gente advierte que hay una persona formada, con tales o cuales cualidades de trabajo, y empiezan a acumularle funciones sociales, como ser director de esto, profesor de aquello, participante en tal proyecto internacional, etc. Es decir, las múltiples obligaciones que recaen sobre el investigador ya maduro no son las de la producción personal de sus obras, sino las que la sociedad le encomienda como deberes colectivos de esta época. No me he negado, si se estudia mi carrera, a desempeñar esas funciones sociales anexas; mas en todo tiempo, aun en los más apretados, no corté el hilito inicial del investigador y, a pesar de las muchas interrupciones, seguí leyendo y escribiendo todo lo posible.

Luego viene el tercer tiempo, que es el del retiro. Ya el mundo exterior debe pesar menos, hay que pagar la última deuda con ese regreso a los papeles y a los libros, a una edad en que las solicitudes sociales normalmente disminuyen. Este tiempo puede ser muy fecundo: llevo ya 15 años inmerso en él, y si se ve lo que ha salido, tal vez pueda estimarse que, aun con la vida corta que me queda, se va a perder menos conforme logre sacar estos suplementos, estas comunicaciones de la información que tengo. Claro, al momento del fallecimiento todavía se perderá alguna parte, pero no tanto como lo que he acumulado aquí desde hace 15 años.

Así percibo estas tres etapas en la vida del estudioso, y en la extrema vejez me parece aconsejable distinguirlas, procurando retratar cada una de ellas de la mejor manera posible.

México, D. F., 28 de mayo de 1992

[Versión editada, 1994]

ZAVALA, SILVIO

Historiador mexicano.

Fecha de nacimiento: 1909 (Mérida, Yucatán).

Estudios

Estudió en la Universidad del Sureste y en la UNAM.
Doctor en derecho por la Universidad Central de Madrid (1931).

Trabajo profesional

Vocal por México del Instituto Panamericano de Geografía e Historia.
Profesor honorario de la cátedra de Historia de México en el Colegio de San Nicolás de Hidalgo.
Profesor honorario del Institute of Latin American Studies de la Universidad de Texas.
Director del Museo Nacional de Historia.
Jefe de la Sección de Educación, Ciencia y Cultura en la ONU.
Fue miembro de la Junta de Gobierno de la UNAM (de 1949 a 1956).
Fundó y dirigió el Centro de Estudios Históricos de El Colegio de México (1940-1956).
Presidió El Colegio de México de 1963 a 1966. Es profesor emérito del mismo.
Colaborador de la Sección Hispanoamericana del Centro de Estudios Históricos de Madrid (1933-1936).
Secretario del Museo Nacional de Historia del Instituto Panamericano de Geografía e Historia (1947-1965).
Presidente del Consejo Internacional de Filosofía y Ciencias Humanas (París, 1965-1971).

Trabajo diplomático

Delegado permanente de México (1956-1963) y miembro del Consejo Consultivo de la UNESCO (1960-1966).
Embajador de México en Francia (de 1966 a 1975).

Premios y menciones especiales

Becado por la Fundación John Simon Guggenheim.
Becado por la Fundación Rockefeller.
Premio Nacional de Letras 1969.
Presea Vasco de Quiroga 1986.
Premio Rafael Heliodoro Valle 1988.

Medalla Eligio Ancona del gobierno de Yucatán.

Palmas Académicas de la Academia Nacional de Historia y Geografía de México.

Premio Príncipe de Asturias 1993.

Miembro de la Sociedad de Historia de Argentina, Instituto San Martiniano.

Miembro del Instituto del Derecho Argentino.

Miembro del Instituto Histórico y Geográfico del Uruguay.

Miembro de la Sociedad Chilena de Historia y Geografía.

Miembro de la Sociedad de Geografía e Historia de Costa Rica.

Miembro de la Sociedad de Geografía e Historia de Guatemala.

Miembro de la Academia de Ciencias Históricas de Monterrey, Nuevo León.

Miembro de la Sociedad Mexicana de Geografía y Estadística.

Miembro del Patronato de la revista *Annales, Economies, Sociétés, Civilisations* de París.

Miembro nacional, por México, de la Comisión de Historia del Instituto Panamericano.

Miembro de la Academy of American Franciscan History de Washington.

Miembro de El Colegio Nacional, de México.

Miembro del Consejo de la Crónica de la Ciudad de México.

Miembro de la Academia Mexicana de la Historia.

Académico de la Academia Nacional de Historia y Geografía de México.

Académico correspondiente de la Academia Nacional de la Historia Argentina, de la Academia Chilena de la Historia, de la Academia de Historia de Cuba y de la Academia Nacional de Historia de Venezuela.

Vicepresidente de honor, International Council of Museums.

TRABAJO EDITORIAL

Fundador y director de la *Revista de Historia de América*.

Director de la Biblioteca Histórica Mexicana de Obras Inéditas.

PRINCIPALES OBRAS

La encomienda indiana, Madrid, Junta para Ampliación de Estudios e Investigaciones Científicas, Centro de Estudios Históricos (Sección Hispanoamericana, 2), 1935, 356 pp.

Fuentes para la historia del trabajo en la Nueva España, 8 vols., México, Fondo de Cultura Económica, 1939.

De encomiendas y propiedad territorial en algunas regiones de la América española, México, Antigua Librería Robredo, 1940, 86 pp.

La filosofía política en la conquista de América, México, Fondo de Cultura Económica (Colección Tierra Firme, 27), 1947, 163 pp.

Estudios indianos, México, El Colegio Nacional, 1948, 464 pp.

América en el espíritu francés del siglo xviii, México, El Colegio Nacional (Biblioteca de El Colegio Nacional, 11), 1949, 314 pp.

Aproximaciones a la historia de México, México, Porrúa y Obregón (México y lo mexicano, 12), 1953, 160 pp.

Hispanoamérica septentrional y media, periodo colonial, México, Instituto Panamericano de Geografía e Historia (Comisión de Historia, 48. Programa de Historia de América, 11, 3, publ. 150), 1953, 170 pp.

El mundo americano en la época colonial, 2 vols., México, Porrúa (Biblioteca Porrúa, 39-40), 1967.

Los esclavos indios en la Nueva España, México, El Colegio Nacional, 1968, 460 pp.

Las instituciones jurídicas en la conquista de América, 2a. ed., México, Porrúa (Biblioteca Porrúa, 50), 1971, 621 pp.

Orígenes de la colonización en el Río de la Plata, México, El Colegio Nacional, 1977, 708 pp.

El servicio personal de los indios en el Perú, México, El Colegio de México, Centro de Estudios Históricos, 1978.

El servicio personal de los indios en la Nueva España, 1576-1599, México, El Colegio de México/El Colegio Nacional, 1984.

Apuntes de historia nacional, 1808-1974, México, El Colegio Nacional/Fondo de Cultura Económica, 1990, 229 pp.

WOODROW BORAH

I

ME INTERESÉ en la historia de México cuando era estudiante en la universidad, pues crecí en el sur de California, con su fondo de cultura hispánica. Mis primeros contactos con historiadores mexicanos los tuve en 1938-1939 cuando disfruté de una estancia en México de 14 meses. En aquel entonces casi toda la vida cultural de la capital se concentraba en el centro de la ciudad. Investigué en el Archivo General de la Nación, en la Biblioteca Nacional y en varios depósitos de libros y documentos particulares. El doctor Edmundo O'Gorman me ayudó mucho y facilitó muchos de mis contactos con eruditos mexicanos de entonces. Me acuerdo muy bien de Federico Gómez de Orozco, Manuel Toussaint, Justino Fernández, y los demás del círculo que después dio origen al Instituto de Investigaciones Históricas y al Instituto de Investigaciones Estéticas de la UNAM. Además, durante mis viajes por el interior de la república encontré muchos comerciantes, curas y demás, que me trataron con mucho cariño, a la vez que me enseñaban mucho de la vida mexicana. En el Palacio Nacional pude ver lo que sucedía en el Patio de Honor durante todo un año del gobierno del general Cárdenas. En el Archivo General de la Nación los empleados me informaban mucho acerca de lo que acontecía, con un trato amistoso y su generosa conversación.

Hasta el final del primer año de mis estudios de posgrado había mantenido la posibilidad de especializarme en historia europea medieval o en historia de América Latina, con particular atención en México. Al empezar el segundo año tuve que escoger y decidí en favor de la historia mexicana.

Mis relaciones con historiadores e instituciones de enseñanza e investigación en México, como en otras partes, siempre han sido de cooperación, de ayuda mutua, y de allegar los recursos necesarios para el buen entendimiento entre colegas. Cuando empecé mis estudios en México, el ambiente cultural del país había sufrido los daños de la Revolución. Durante el Porfiriato se había formado un grupo de investigadores y escritores que mantenían contacto con Europa en un alto nivel. Los trastornos de la Revolución rompieron muchos de estos lazos e impidieron la creación y distribución de los medios necesarios para formar la siguiente generación. Los sabios mexicanos que encontré en 1938-1939 eran hijos de hacendados venidos a menos o autodidactos hechos a fuerza de voluntad. Las ideas que entonces se tenían del mundo lejano a México eran a veces muy curiosas y con poco sentido de la realidad. Poco a poco México ha ido costeando la formación de nuevas generaciones de estudiosos con becas en el extranjero y con el establecimiento de instituciones de alta cultura para llegar a un buen nivel universal. Daniel Cosío Villegas y la aceptación generosa de los refugiados españoles ayudaron muchísimo en este sentido.

II

Durante mis muchas visitas a México he asistido a congresos, coloquios y reuniones de investigadores. En ocasiones he dado conferencias por invitación de personas interesadas. Entre 1981 y 1982 dirigí un seminario en el Instituto de Investigaciones Históricas de la UNAM, del cual se publicó un libro llamado *El gobierno provincial en la Nueva España*. Siempre he tenido conciencia de que vengo como invitado y que tengo que comportarme como tal.

La principal experiencia con la historia de México ha sido la cordial acogida que siempre me han brindado los mexicanos, pero sobre todo el poder ser testigo de la enorme expansión de la ciudad de México. En 60 años he visto cómo un país que era pobre y agrícola se transformó en un país industrializado, a la vez que la población se multiplicó de 15 millones a casi 90 millones.

III

El panorama general de la historia en los años treinta era realmente de índole muy diversa. La historia de los Estados Unidos se distinguía por un particularismo aislante. En cambio, los estudios históricos en Europa experimentaban una participación abierta a todas las corrientes, incluso el mismo Marc Bloch y sus asociados. En lo referente a la historia de América Latina, privaba a veces un interés en asuntos comerciales, y en otras los estudios se centraban en los orígenes. Los Estados Unidos se encontraban bien dotados de instituciones, bibliotecas, centros de estudio, apoyos para becas, y contaban con las posibilidades de publicar en las series especializadas. Algo muy diferente ocurría en Europa, a causa de la guerra, y en América Latina.

Evidentemente, durante los 70 años de mi vida profesional he visto muchos cambios. En los grupos profesionales de este país siempre ha habido un grupo que apoya a los opositores al gobierno y aun del país. Así, de partidarios de los nazis hemos pasado a partidarios de los soviéticos, y ahora pasamos a la búsqueda de qué apoyar en materia de oposición. Los conceptos de la historia varían de acuerdo con las posiciones de grupos de un lado u otro. La segunda Guerra Mundial amplió la visión de los historiadores nacionales e influyó en los historiadores de América Latina, induciendo en ellos una visión más benévola.

Probablemente ningún historiador haya logrado permear a la sociedad con sus ideas, aunque quizá Frederick Jackson Turner sea la excepción. Las ideas del gobierno y de la sociedad provienen más bien de la ciencia política y de la económica, y en ocasiones de más allá de éstas, como de las ciencias físicas, por ejemplo.

Los mecanismos de incorporación de los nuevos conocimientos históricos a la conciencia social, desde mi punto de vista, están determinados por la formación de las nuevas generaciones a través de las universidades.

Así, la investigación debe nutrir a la enseñanza. Cuando he tratado de informar a mis alumnos sobre el México de carne y hueso que conozco, he encontrado en ellos la incredulidad, sumergidos como están en sus conceptos de un México muy romántico. Por ello la historia tiene que ser espejo de la vida humana. Forzosamente se divide en muchos campos y muchos conceptos, siempre afligidos con la tendencia humana al orgullo y al error. El hombre tiene que explicarse el porqué de su ser y cómo ha llegado a ser lo que es, o bien, se ve en la necesidad de elogiar los hechos de sus pagadores. A fin de cuentas el historiador serio se encuentra en la teología.

Desde mi punto de vista la función social de la historia es formar la justificación de la existencia de la sociedad o de una de sus partes. Además, da empleo a cierto número de intelectuales que de otra manera serían una amenaza al orden social.

BORAH, WOODROW

Historiador estadunidense.
Fecha de nacimiento: 1912 (Utica, Misisipí, Estados Unidos).

LABOR ACADÉMICA

Catedrático de historia en la Universidad de California (Berkeley).

PRINCIPALES OBRAS

(En colaboración con Sherburne F. Cook), *The Aboriginal Population of Central Mexico on the Eve of the Spanish Conquest*, Berkeley, University of California, 1963, 157 pp., tablas, mapas.

"Hernán Cortés y sus intereses marítimos en el Pacífico. El Perú y la Baja California", *Estudios de Historia Novohispana*, 1971, vol. IV, pp. 7-25.

Comercio y navegación entre México y Perú en el siglo XVI, México, Instituto Mexicano de Comercio Exterior, 1975, 258 pp. ilus. grabs.

El siglo de la depresión en la Nueva España, trad. de María Elena Hope Porter, México, Secretaría de Educación Pública (SepSetentas, 221), 1975, 157 pp., láms.

(En colaboración con Sherburne F. Cook), *Ensayos sobre historia de la población; México y el Caribe,* trad. de Clementina Zamora, México, Siglo XXI (América Nuestra, América Colonizada, 2), 1977, 419 pp. ilus.

"Alguna luz sobre el autor de las enfermedades políticas", *Estudios de Historia Novohispana,* 1985, vol. VIII, pp. 51-79.

(Coord.), *El gobierno provincial en la Nueva España; 1570-1787,* México, UNAM, Instituto de Investigaciones Históricas, 1985, 249 pp., mapas, cuadros.

(En colaboración con Sherburne F. Cook), *El pasado de México; aspectos sociodemográficos,* trad. de Juan José Utrilla, México, Fondo de Cultura Económica, 1989, 487 pp. ilus.

RAÚL GUERRERO GUERRERO

I

En la escuela primaria de Alfajayucan, Hidalgo, mi pueblo natío —Escuela Oficial para Niños, pues aún no se implantaba la coeducación—, se enseñaba Historia de México en cuarto año, que era el último que se impartía, pues no era escuela completa. Para obtener el certificado de educación primaria había que terminarla en la ciudad de México. En tercer año se enseñaba Geografía del Estado de Hidalgo y nociones de Historia del Estado de Hidalgo. En la Escuela Antonio Alzate, de la ciudad de México, se enseñaba Historia de México y también se impartía esa materia en la escuela secundaria, lo mismo que en el bachillerato en la Escuela Nacional Preparatoria. Los libros de texto para Geografía del Estado de Hidalgo, Historia del Estado de Hidalgo e Historia de México eran confeccionados por el profesor Teodomiro Manzano. En la escuela secundaria se empleaba el texto de *Historia de México* hecho por el profesor González Blackaller, y en la Escuela Nacional Preparatoria, el texto para el curso de Historia de México era el tercer tomo de la *Historia* de Alfonso Toro relativo al México independiente.

En la Escuela Nacional Preparatoria iniciamos el curso con el profesor Rafael Ramos Pedrueza, quien a poco tiempo renunció, y continuamos con el licenciado Antonio Díaz Soto y Gama, entusiasta y convencido zapatista que durante el año lectivo se ocupó exclusivamente del jefe del Ejército Libertador del Sur y nos enseñó a conocer al personaje y entender su pensamiento y sus acciones.

Como historiadores reconocidos de entonces recuerdo al doctor Manuel Gamio, al doctor Alfonso Caso, al licenciado Alfonso Toro, al profesor Wigberto Jiménez Moreno, al maestro Miguel Othón de Mendizábal; en el área de la lingüística, a don Mariano Silva y Aceves, y en el campo del folclor a don Rubén M. Campos.

A partir de la actuación de José Vasconcelos en la Secretaría de Educación Pública, durante el gobierno del general Álvaro Obregón —1920-1924—, creo que el cuestionamiento fundamental relativo a la historia estuvo basado principalmente en la exteriorización de ideas nacionalistas, particularmente en buscar el reencuentro de la mexicanidad que, según se decía, iba perdiéndose paulatinamente, y corría el riesgo de perderse en forma definitiva. Desde el siglo XVIII, España y sus colonias sufrieron una corriente afrancesada con la intromisión de la Casa de Borbón a través de la actuación real de

Felipe V. Más tarde, en el México del siglo XIX, con la intervención francesa y el imperio de Maximiliano, tal afrancesamiento se exacerbó y se mantuvo durante el porfirismo. Todavía, por inercia, llegó hasta la etapa de la Revolución. Mas durante el gobierno de Obregón, México volvió a encontrarse a sí mismo con la creación de las misiones culturales organizadas por Vasconcelos, las cuales llevaron a los adultos del campo el alfabeto y otros conocimientos prácticos, y de regreso trajeron muchos aspectos culturales de nuestras etnias que habitan en el medio rural. Entre los precursores de este reencuentro debe contarse a tres grandes artistas mexicanos: en la pintura, Saturnino Herrán, cuyas obras pictóricas, eminentemente nacionalistas, nos mostraron escenas mexicanas: *La muchacha del rebozo*, *La tehuana*, *El jarabe*, *La ofrenda*, *Nuestros dioses* y muchas más; en la poesía, Ramón López Velarde, quien cantó a su pueblo natío, Jerez, dentro del minero estado de Zacatecas, y a las muchachas del lugar, para luego darnos su poema lírico-épico "Suave patria"; y en la música, el maestro Manuel M. Ponce quien, con su buen humor, relataba que para introducir sus canciones en los aristócratas salones porfirianos primero había tenido que quitarles el olor a pulque. Ponce captó muchas canciones populares, particularmente las procedentes de la región del Bajío, y las armonizó; además produjo muchas otras: "A la orilla de un palmar", "Marchita el alma", "Soñó mi mente loca", "Estrellita", y otras; pero sobre todo hizo escuela con su producción propia de música culta para piano, guitarra y orquesta sinfónica, toda de carácter eminentemente nacionalista. De esta manera sus discípulos, Carlos Chávez y Silvestre Revueltas, también nacionalistas, a su vez hicieron escuela siguiendo las enseñanzas de Ponce. Así se formó el grupo de "Los Cinco": Candelario Huízar, Blas Galindo, Salvador Contreras, Daniel Ayala y José Pablo Moncayo, todos con producción musical absolutamente nacionalista.

En mi generación hubo una correspondencia de apoyo por parte de grupos sociales que aceptaron las ideas históricas avanzadas, aunque también hubo detractores que en forma acerba criticaban dichas ideas. Por ejemplo, Diego Rivera, que hizo renacer el muralismo mexicano prehispánico decorando las paredes de varios edificios públicos, era objeto constante de burlas de muchas personas que al referirse a sus pinturas hablaban de los "monos" de Diego Rivera. Este eminente pintor, por excelencia mexicanista, fue almacenando piezas arqueológicas pétreas y de cerámica y construyó un edificio al que llamó "Anahuacalli" —la casa de Anáhuac, la casa de México—, y estableció un excelente museo que abrió al público para que todo el pueblo admirara las exquisitas muestras del arte escultórico del México prehispánico.

Las diferencias de criterio en el ejercicio de la disciplina historiográfica en la década de los años veinte se observaban en los restos del afrancesamiento —en la Escuela Nacional Preparatoria y en las escuelas profesionales, como la de Medicina, en donde prácticamente todos los textos eran en lengua francesa— y en las modas en los planes de estudios, en el vestido, en el tocado, en el calzado, los carruajes, el moblaje; todo era copia del estilo francés. Pero, al mismo tiempo, en esa década comenzó a verse la influencia norteamericana, sobre todo la del cinematógrafo de Hollywood, de manera que en el ambiente intelectual y social de México, especialmente en los centros de población, y desde luego en la propia ciudad capital del país, paulatinamente se fueron introduciendo ideas de los Estados Unidos. Como ejemplo podemos señalar que en la Escuela Nacional Preparatoria la lengua extranjera que se impartía era el francés, cuyo catedrático, Luis Rodier, era el autor del libro de texto. Tal lengua fue cambiada por el inglés, idioma que hasta la fecha continúa enseñándose en las escuelas secundarias. A cambio de esto, debe señalarse que una periodista norteamericana, Frances Toor, enamorada de México, inició en los años veinte la publicación de la revista *Mexican Folkways*, en la que dio a conocer muchos rasgos culturales del México indígena, para lo cual se rodeó de varios intelectuales que aportaron artículos relativos a las culturas indias del país, entre otros, el historiador y poeta José de Jesús Núñez y Domínguez, el pintor Carlos González, el folclorista Rubén M. Campos, el historiador Luis Castillo Ledón, el músico Ángel E. Salas, las folcloristas Concha Michel y Graciela Amador. Todos ellos escribieron artículos, descubrieron romances castellanos en México y muchos corridos que daban a conocer cantando y tañendo la guitarra en plazas públicas. Asimismo, se publicaron artículos firmados por escritores extranjeros, alguno de los cuales se refirió a la obra de José Guadalupe Posada y sus célebres calaveras, y a partir de entonces se conoció como famoso grabador. Al mismo tiempo surgieron escuelas de dibujo y pintura al aire libre, en Coyoacán y otros poblados aledaños a la ciudad de México, de las que egresaron personas que han sobresalido en el arte pictórico.

II

Por mi parte, inicié mis actividades en 1937 publicando artículos en *El Universal Gráfico*, diario vespertino dirigido por el novelista Gregorio López y Fuentes, quien permitió la publicación de mis colaboraciones sobre aspectos del folclor, especialmente acerca de la música y las danzas indígenas del país, que siempre me han interesado como manifestaciones estéticas. Don Gregorio López y Fuentes estableció en su diario una columna para mí a la que se llamó "Manifestaciones de arte popular". Esto me abrió las puertas y entonces el periodista José Pérez Moreno, que manejaba la revista de turismo *Mapa*, y el escritor Teodoro Torres, que dirigía la revista *México de Día*, publicaron artículos míos. En este contexto, el panorama general de la historiografía era eminentemente de búsqueda de lo mexicano para darlo a conocer; se buscaba hacer propaganda de temas de México, pues se sentía la necesidad de encontrarnos a nosotros mismos.

Tuve la suerte de contar con facilidades en el medio público desde mi puesto de folclorista dentro del INAH a partir de 1942, año en que recibí el nombramiento, de manera que los viajes fuera de la ciudad para las investigaciones de campo eran auspiciados por el INAH, y algunos de menos costo los hice con mis propios recursos. Además conté con el gran auxilio de la biblioteca del Museo Nacional de Antropología, que entonces se hallaba en la calle de Moneda número 13, en la que había laborado como bibliotecario, de manera que la conocía más o menos bien.

Por otra parte, vi con gusto que algunos de mis artículos fueron publicados en los *Anales del INAH* y en la *Revista de Estudios Antropológicos,* órgano de la Sociedad Mexicana de Antropología.

Aunque incursioné un poco dentro de la historiografía para apoyar las investigaciones antropológicas, fueron éstas las que más me interesaron desde un principio, de modo que al tratar aspectos folclóricos de México, cuando había que tocar temas prehispánicos, me vi obligado a consultar algunos códices y crónicas del siglo XVI, y tuve dificultades en la consulta de los códices, por lo que solicité el auxilio de algunos de los arqueólogos, quienes en forma amable me ayudaron.

Considero que los historiadores del siglo pasado, cuyas obras son de alta calidad, tuvieron particularmente el carácter de informativas y descriptivas; por su parte, poco a poco los estudios historiográficos actuales han evolucionado notablemente hasta convertirse de informadores en formadores, aunque también contengan información y descripciones, con la circunstancia de que muchos de los estudios actuales han sido confirmados por los hallazgos arqueológicos. Como muestra de ello tenemos las investigaciones en Monte Albán, que llevaron al doctor Alfonso Caso al descubrimiento de las tumbas que guardaban las joyas de ese sitio, ahora conocidas mundialmente.

III

Desde luego que hay cierta correspondencia entre los cambios históricos más importantes y los cambios en la concepción de la historia. Para mí, un notable cambio histórico es el relativo al reencuentro de la mexicanidad a partir del gobierno del general Obregón, cuya motivación a los historiadores y al pueblo mismo ha hecho cambiar también la concepción de la historia, en el sentido de hacer más reales las obras escritas. Además de ser formadoras, se han visto comprobadas y confirmadas en muchos de sus aspectos. Asimismo, podrían citarse cambios en otras disciplinas: la poesía, la literatura, la pintura, la música, etcétera.

En cuanto a los historiadores que han logrado permear a la sociedad con sus ideas, creo que podrían citarse varios: Alfonso Teja Zabre, Luis Chávez Orozco, Silvio Zavala, Manuel Gamio, Alfonso Caso, Daniel Cosío Villegas, Edmundo O'Gorman, Wigberto Jiménez Moreno, etc., cuyas obras han influido en la conciencia del pueblo en busca de positivas transformaciones.

Por su parte, los cambios en las ideas sobre el desarrollo de la historia han servido particularmente para orientar a las nuevas generaciones, de manera que, sobre todo los jóvenes, paulatinamente buscan y encuentran nuevos derroteros, lo cual es sano, benéfico y positivo. Es decir, en los estudios del siglo pasado, algunos de los cuales fueron excelentes —como los de Manuel Orozco y Berra en la historia, los de Francisco Pimentel en la lingüística, los de Alfredo Chavero en la arqueología o los de Nicolás León en varias disciplinas, aún a principios del presente siglo, quien destacó como introductor de los estudios de folclor—, en ocasiones se dejan entrever ciertos aspectos dogmáticos. Éstos han sido relegados a la historia poco a poco, para entablar el diálogo actual con los alumnos, que también tienen algo que decir y que aportar. Por ello deben tenerse en cuenta sus opiniones y sus aseveraciones, y en todo caso, como consecuencia de la conversación y el diálogo, obtener conclusiones valederas provenientes de la experiencia del catedrático y del ansia de saber por parte del alumnado.

Como mecanismo principal de incorporación de los nuevos conocimientos a la conciencia social, considero que la propagación de ideas debe hacerse a través de publicaciones, mismas que en los últimos tiempos han sido propiciadas por las instituciones públicas y privadas; la organización de mesas redondas, simposios, congresos y reuniones en general tendientes a provocar la discusión entre catedráticos, alumnos y público en general, a efecto de obtener conclusiones. Luego, como corolario, aplicar en la práctica las conclusiones, propuestas y recomendaciones que surjan, con el objeto de seguir siempre en busca de la verdad histórica.

La crítica histórica —anota Oscar Wilde en su libro *El renacimiento del arte inglés y otros ensayos*, traducido por León Felipe en 1920— no se encuentra nunca como un hecho aislado en la civilización o en la literatura de un pueblo. Forma parte de ese movimiento complejo hacia la libertad que puede caracterizarse como la revuelta contra la autoridad. No es más que una simple faceta de ese espíritu especulativo de innovación que en la esfera de la acción engendra la revolución y la democracia y en la del pensamiento se enlaza con la filosofía y las ciencias físicas; su importancia como factor del progreso, más que en los resultados por ella obtenidos, descansa sobre el tono del pensamiento que representa y sobre el método que emplea. Siendo la resultante de fuerzas esencialmente revolucionarias, no se la encuentra en la antigüedad, ni entre los despotismos materiales de Asia, ni en la civilización estacionaria de Egipto. Los cilindros arcillosos de Asiria y los jeroglíficos de las pirámides no constituyen la historia, sino el material de la historia...

GUERRERO, RAÚL

Fecha de nacimiento: 5 de diciembre de 1912 (Alfajayucan, Hidalgo).

LABOR ACADÉMICA

Es etnólogo, folclorista y musicólogo. Investigador del Instituto Nacional de Antropología e Historia, adscrito al Centro Regional Hidalgo en Pachuca. Trabaja con otomíes del valle del Mezquital y tepehuas de la Sierra Oriental. Ha fundado la escuela secundaria Justo Sierra en Ixmiquilpan (1952) y la oficial en Pachuca. Preside el Centro Hidalguense de Investigaciones Históricas.

PRINCIPALES OBRAS

El pulque; religión, cultura, folklore, México, Joaquín Mortiz, 1985, xi+299 pp.
Toneucáyotl; el pan nuestro de cada día, México, Instituto Nacional de Antropología e Historia (Colección Divulgación, Serie Testimonios), 1987, 270 pp.

FRANÇOIS CHEVALIER

I

EN LOS inicios de mi carrera me interesé primero por España, que era un "país diferente", entonces menos conocido por los historiadores, que preferían temáticas relacionadas con Italia, Grecia y el norte de Europa. Como aficionado al montañismo, hice desde Francia magníficas excursiones en lo alto de Aragón —el cañón de Ordesa, comparable a la Barranca del Cobre en México—. Luego, como joven historiador diplomado, entré a la Escuela de Altos Estudios Hispánicos (Casa de Velázquez), que abría de nuevo sus puertas en España después de la guerra civil. Visitando el país para buscar un tema de tesis doctoral y atraído por ultramar, en Sevilla me impresionó el Archivo General de Indias por su magnitud y la calidad de la información de toda índole. También me llamaron la atención algunas fuentes publicadas, como las relaciones geográficas de la Nueva España, seguramente las más notables de América, o como aquella que dos siglos después publicó el barón Von Humboldt, *Ensayo político sobre el reino de la Nueva España*.

Me decidí pues por México, un país que me seducía por su gran pasado indígena, más diverso, complejo y original; por sí solo equivalente al resto del continente americano, dada su importancia económica, sociodemográfica y cultural.

Mi primer contacto epistolar con un historiador mexicano fue el que tuve con Silvio Zavala, que había publicado ya en España dos volúmenes muy importantes y seguía escribiendo y publicando otras obras en México. En Sevilla viví tiempos difíciles por la Guerra Mundial, ayudado por jóvenes historiadores, amigos inolvidables, como José A. Calderón Quijano y A. Muro Orejón.

Por otra parte, en Francia la "geografía humana" está muy ligada a la historia. Por haber sido alumno de dos eminentes maestros de geografía, personalmente me siento geógrafo, casi tanto como historiador. Uno de ellos, Raoul Blanchard —de Grenoble—, que más allá del determinismo geográfico nos enseñaba el poblamiento y la vida del campo o de la montaña analizando mapas detallados. En París otro maestro mío fue el célebre medievalista Marc Bloch, quien añadía a la lectura de los documentos de archivos el examen de planos catastrales y la visión directa del terreno, para darle su justa dimensión histórica. Así, en la École des Chartes, donde ingresé, mi primera "tesis" para obtener el diploma fue un estudio de poblamiento rural en Vienne, al sur de Lyon, ubicando en particular las *villae* (fincas) de colonización romana al lado de antiguos pueblos autóctonos, fundaciones monásticas o señoriales, etc. Así nació mi interés por las haciendas coloniales en el medio indígena de México —un tema aprobado en 1942 por Marc Bloch—. Últimamente he esbozado un paralelismo más preciso entre las villas luso-béticas y las haciendas en un trabajo que preparé para un congreso sobre el latifundio antiguo y medieval que se llevó a cabo en Burdeos en diciembre de 1992. También me interesó el agrarismo revolucionario como un fenómeno mexicano emparentado con la descolonización.

En lo que respecta a mis actividades en México, éstas se iniciaron en la primavera de 1946. Fui enviado por el doctor Paul Rivet, americanista, director del Museo del Hombre de París y fundador del IFAL en México. Vine para terminar mi tesis. Aquí tuve naturalmente muchos contactos con los historiadores y antropólogos, empezando por Silvio Zavala, quien presidió mi primera conferencia en el IFAL. También tuve contacto con sus principales colaboradores, discípulos y estudiantes. En el Archivo General de la Nación y en El Colegio de México conocí a José Miranda, a Wigberto Jiménez Moreno y a otros maestros de gran valía, así como a historiadores muy jóvenes entonces, como Luis González, a Ernesto de la Torre, Gonzalo Obregón y J. Le Reverend. Otra institución que me aportó mucho fue el Instituto Nacional de Antropología e Historia, que tenía el mérito de unir dos disciplinas esenciales, antes autárquicas. El INAH se adelantó a una tendencia mundial que dio como resultado la creación de la etnohistoria, disciplina cuyo mejor exponente acaso sea Charles Gibson. Pero aún antes la desarrollaron mexicanos como Gonzalo Aguirre Beltrán y otros que citaré luego. Me interesaba el trabajo en colaboración con el INAH en tanto que ofrecía nuevos paralelismos con los métodos de mis maestros ya referidos. La etnohistoria ha quedado como una característica esencial de las ciencias sociales en México.

En fin, tuve contactos interesantes en la UNAM con Leopoldo Zea y con el entonces director del Instituto de Historia, doctor García Granados, quien publicó un manuscrito de *Instrucciones a los hermanos jesuitas administradores de haciendas* que yo había encontrado inédito en el Archivo de Hacienda.

Aparte de las conferencias y los cursillos que he impartido en El Colegio de México, el INAH y la UNAM, creo que mi mayor participación en las corrientes históricas mexicanas ha tenido lugar en el IFAL. Ahí llevamos a cabo nuestra mesa redonda de historia mexicana comparada, organizada conjuntamente con el doctor Arturo Arnáiz y Freg y una comisión permanente formada por Luis Chávez Orozco, Ernesto de la Torre, J. Miranda, Wigberto Jiménez Moreno y J. P. Berthe. Participaron muchos historiadores o etnohistoriadores mexicanos, como Daniel Cosío Villegas, Alfonso Caso, Jesús Reyes Heroles, Luis González y ocasionalmente Marcel Bataillon, Fernand

Braudel, Woodrow Borah, Stanley Stein, P. Mendes France y otros. Con dos reuniones cada mes, la mesa redonda funcionó con toda regularidad desde 1950 hasta 1962, siendo yo director del IFAL. Tratábamos no sólo de la época colonial, sino tambien de los siglos XIX y XX, hablando con toda libertad de temas delicados entonces, como la intervención francesa en México, los cristeros, la época de Calles, etc. Hubo ponencias del conocido zapatista Antonio Díaz Soto y Gama; del ex ministro de Calles, Luis León; de conocidos villistas y de otros actores políticos, como Jesús Silva Herzog padre. Personalmente aprendí mucho de estas reuniones, pero es una pena que, por falta de recursos y de tiempo, no se hayan publicado más que las ponencias del año 1962 sobre la intervención francesa y la batalla de Puebla. Con ocasión del centenario de dicha intervención, hubo en el IFAL una exposición de pinturas de niños de primaria que fue una fiesta de amistad franco-mexicana.

En cuanto a la historia del arte y la arqueología prehispánica y cristiana, organizamos cada mes, en domingo, "excursiones arqueológicas" bajo la dirección de Gonzalo Obregón y mía, en que se reunían 35 o 40 personas interesadas. En estas visitas se explicaban y describían los monumentos menos conocidos. Hubo también excursiones de varios días, y más aún, una a Palenque y Chiapas con un tren especial —ofrecido por las autoridades mexicanas—, y otras a tierras bastante lejanas, como a Ecuador y Perú, con el doctor Monterde y varios profesores de la UNAM. Por último, se puede añadir el acuerdo firmado el 15 de abril de 1952 entre la UNAM y el IFAL, en el cual se reconocían e incorporaban al plan de estudios universitario nuestros cursos generales de enseñanza superior.

II

Mi principal experiencia como historiador, además de la que tuve en el Archivo de Indias en Sevilla, fue naturalmente la del Archivo General de la Nación, entonces sito en el Palacio Nacional. Pero tambien trabajé otros archivos regionales o municipales en Guadalajara, Zacatecas, Puebla, Monterrey, etc. Muy útiles e interesantes para mí fueron los archivos particulares de diversas haciendas, muchos conocidos gracias al apoyo de don Pablo Martínez del Río, del INAH, quien me presentó a varios miembros de la antigua aristocracia mexicana. Fiel a mi formación y a los métodos de la antropología mexicana, quise conocer sobre el terreno las regiones, las haciendas o lo que quedaba de ellas, los pueblos, los monumentos o edificios que estudiaba en los documentos y archivos. Aprendí mucho en mis viajes, como aquel que hice al territorio de los indios huicholes y ese otro al bajo Michoacán;[1] o, más sencillamente, a la gran feria de San Juan de los Lagos, o

[1] Cf. F. Chevalier, "Une double-voyage dans le bas Michoacan en 1947-1948. Indiens et 'gen-

bien, en otro sentido, a San José de Gracia, en casa de Luis González, quien me enseñó su "patria chica" antes de darla a conocer en su célebre libro *Pueblo en vilo*. Las dos primeras visitas citadas las hice antes de 1950. Por ello fueron viajes a caballo, en zonas hasta entonces sin carreteras, que, en muchos aspectos, representaban incursiones hacia siglos pasados. Comprendí mucho mejor sobre el terreno las complejas relaciones entre comunidades de indios y mestizos/blancos o "gente de razón", como se autollamaban. Conocí *de visu* la protección de las tierras indígenas repartidas por Lázaro Cárdenas en contra de la presión de dicha "gente de razón", así como muchos otros fenómenos, antiguos o más recientes, evocados por los documentos a lo largo de los siglos.

Después de la segunda Guerra Mundial, en el campo de la historia mexicanista se notaba, junto a la influencia del INAH, la del nuevo Colegio de México, con Silvio Zavala y los intelectuales españoles recién llegados, Rafael Altamira —que, por cierto, había sido uno de sus maestros— y sobre todo profesores más jóvenes, como José Miranda. Se trataba de una historia sólida y muy próxima a sus fuentes, económica pero también sociopolítica e institucional, que daba un lugar importante a la cultura y las ideas. Esta historia venía de unirse con provecho a la orientación etnohistórica ya descrita como disciplina propia de México. Paralelamente nacían, y sobre todo crecían, importantes bibliotecas y otros medios de trabajo. La editorial Porrúa reeditaba muchos textos históricos de gran valor y el Fondo de Cultura Económica, recién fundado, difundía las ideas de Ortega y Gasset y traducía particularmente las obras de historiadores y filósofos alemanes.

En el curso de la década 1950-1960 empieza a desarrollarse una tendencia algo diferente, que privilegiaba a la "historia económica y social", expresándola en cifras y múltiples curvas. En esto había probablemente cierta convergencia entre las orientaciones tan diferentes de las dos superpotencias vencedoras de la guerra: lo económico, muy cultivado en los Estados Unidos, como en la obra de Hamilton sobre los precios, y por otra parte el materialismo histórico que se consecuentaba con cierta avidez en la URSS. En París un Labrousse había privilegiado también lo económico. Por su parte Fernand Braudel, en forma muy inteligente y flexible, veía entrar a la historia socioeconómica y demográfica en su fase estadística, matemática y realmente científica. Tuvo —y en parte sigue teniendo— una influencia importante no sólo en Francia, sino también en España con Vicens Vives, en Italia, Polonia, Brasil, los Estados Unidos y México con las primeras obras importantes de Enrique Florescano. La historia había progresado mucho en precisión demo-económica con obras notables en varias lenguas. Mas para ciertos historiadores la historia se iba reduciendo a gráficas y curvas, y pa-

te de razón'", en *Enquétes sur l'Amérique Moyenne*, Melanges. G. Stresser-Péan, México, CENCA/INAH, 1989, pp. 131-327.

ra otros se limitaba a modos y relaciones de producción, estrategias de
clases y dependencias, mientras todo lo demás seguían siendo "superestructuras". Las reacciones y primeros cambios vinieron probablemente con
los movimientos estudiantiles de 1968, muy críticos de sus mayores y de los
conformismos de la tradición del "economicismo". Por su parte Silvio Zavala en su *Conversación sobre la historia* censuraba en 1978 el olvido de las
ideas, de las instituciones, y de lo complejo de la realidad en una historia que
pretendía ser única. En las generaciones más jóvenes se nota, a partir de las
décadas de 1970 y 1980, una vuelta a la historia cultural, institucional, religiosa y política, conservando por supuesto las nuevas adquisiciones socioeconómicas. El mismo concepto de economía se transforma: no se limita ya
a un conjunto de recursos materiales provistos esencialmente por la naturaleza, sino que pone el acento sobre las capacidades del hombre para inter-
cambiar, organizar, innovar y crear riquezas. Últimamente "la perestroika"
ha acelerado estas transformaciones.

III

Los nuevos conocimientos históricos vienen de una élite de investigadores
que se adelanta a las transformaciones de la sociedad, percibiéndolas antes o
influyendo directamente en ellas. Creo que debe haber interacción entre los
dos fenómenos. Por su parte, la incorporación de la historia a la conciencia
social es un fenómeno complejo y muy interesante que desafortunadamente no es posible desarrollar aquí. Está vinculada a un sentido o una conciencia
nacional más o menos desarrollados en un determinado país. Pero la percepción e interpretación de los acontecimientos depende también de la enseñanza orientada por el gobierno, representado por un partido político
dominante. En América Latina triunfaron, tarde o temprano, las élites políticas liberales mensajeras de la nueva "soberanía del pueblo" —en México
sería la Reforma desde 1856-1867—. Pero esto no excluye desviaciones en
general de quienes se autoproclaman como "el pueblo" y hablan en su nombre, sean éstos caudillos u oligarquías que actúan de acuerdo con sus propios intereses. También ocurre que élites del saber y del poder pretenden transformar una preeminencia o victoria política en "una dominación sobre la
historia" y el pasado, sojuzgándolos. Se trata de tentativas que no dejan de
provocar futuros revisionismos, como lo anota Pomian a propósito de Argentina y del Este europeo.[2] Por su parte, el pueblo "real" más educado empieza a participar en asuntos políticos en mucho mayor escala, democrati-
zando la vida política. Esto es lo que observamos ahora en varios países

---

[2] *Cf.* K. Pomian, préface de Diana Quattrochi-Woisson, *Un nationalisme de déracinés. L'Argen-
tine, pays malade de sa mémoire*, tesis doctoral, París, CNRS, 1992.

latinoamericanos, desde México hasta Argentina, que viven una singular aceleración de la historia en los tiempos que vivimos.

Por otra parte, en el nivel más alto de la historia, investigación y enseñanza son y deben ser complementarias, y de ser posible concentrarse en los mismos individuos, o por lo menos entre actores solidarios de la enseñanza superior, presionando sobre la política. La enseñanza sin investigación se esteriliza y corre el riesgo de desviarse. Y al revés: una investigación demasiado especializada o estrecha está en peligro de caer en la erudición y perder el contacto con los jóvenes y las grandes corrientes o tendencias de su tiempo. Personalmente los jóvenes me han aportado mucho. Además, la comunicación con ellos obliga a ir a lo esencial, a tener una visión sintética de los problemas y a repensar la historia.

Así que mi concepción de la historia se desprende de todo lo dicho anteriormente. Añadiré que conocer el pasado me ha ayudado a comprender mucho mejor algo esencial para nosotros: el presente que vivimos. La observación y comparación del presente es a menudo un punto de partida fecundo para analizar y conocer el pasado: es la "historia regresiva", expresión que ya empleaba Marc Bloch hacia los años treinta. Recientemente, sin cambiar el objeto, los fines ni la conceptualización de la historia, sus propios medios y recursos han logrado ensancharse hasta los nuevos e inmensos horizontes que abre hoy la llamada informática.

CHEVALIER, FRANÇOIS

Historiador francés.
Fecha de nacimiento: 27 de mayo de 1914 (Montlucon, Allier, Francia).

Estudios

Liceos Champollion en Grenoble y Saint-Louis en París, Facultad de Letras en Grenoble y París, Escuela Nacional de Chartes, miembro de la Escuela de Altos Estudios Hispánicos (Casa de Velázquez).

Diplomado en archista-paleógrafo, y doctor en letras.

Cargos: encargado de cursos (1946-1949), director del Instituto Francés de América Latina en México (1948-1962), director de la Casa de Velázquez en Madrid (1967-1979), profesor de Historia de América Latina en la Universidad de París-I-Pantheon-Sorbonne (desde 1969), profesor honorario y emérito (1983).

Reconocimientos y membresías

Actualmente es profesor del Centro de Investigación Histórica de América Latina y del Mundo Ibérico.

Miembro correspondiente de la Real Academia de la Historia en Madrid.

Miembro del Centro de Estudios y de Investigaciones Internacionales (Fundación Nacional de Ciencias Políticas).

Recibe el reconocimiento de Caballero de la Legión de Honor, de las Artes y de las Letras; es reconocido con el Águila Azteca, y como miembro de la Orden Haitiana de Honor y Mérito; obtuvo además la Gran Medalla de la Universidad de Madrid.

Principales obras

Land and Society in Colonial Mexico, the Great Haciend, Berkeley, University of California Press, 1963, ix+334 pp.

La formación de los latifundios en México; tierra y sociedad en los siglos XVI y XVII, trad. de Antonio Alatorre, México, Fondo de Cultura Económica, 1976, 520 pp.

L'Amérique Latine de l'Independance a nos jours, París, Prenses Universitaires de France (Nouvelle Clío, L'histoire et ses problémes, 44), 1977, 548 pp.

Las formas y las políticas del dominio agrario, México, IFAL/Universidad de Guadalajara, 1993.

JOSÉ LUIS MARTÍNEZ

Nunca estudié historia sistemáticamente. Poco a poco fui llenando huecos y leyendo sobre todo historia antigua y colonial. Durante años leí con rigor las obras de estos periodos e incluso inicié la redacción de una historiografía mexicana del siglo XVI. Escribí más de mil cuartillas de estudios, pero suspendí este trabajo y quedó incompleto. Sólo he publicado estudios aislados, como los de Sahagún, Mendieta y Cervantes de Salazar. Mi estudio sobre Cortés partió de una primera redacción de cien cuartillas. Ahora trato de continuar este empeño.

El siglo XIX lo conozco más bien por el lado literario. De todas maneras, creo que los dos grandes periodos de nuestra historiografía son el siglo XVI y el XIX. De este último siglo, confieso que me he detenido más en el estudio de los historiadores anticuarios y colonialistas: Ramírez, García Icazbalceta, Chavero, Orozco y Berra, Peñafiel, que en los historiadores políticos, que escribieron sobre su propio siglo, como Bustamante, Zavala, Bocanegra, Arrangoiz. De estos últimos sólo conozco razonablemente a fray Servando, al doctor Mora y a Justo Sierra.

Tengo la impresión de que las visiones encontradas de la historia nacional tienen que ver con posiciones político-doctrinarias. Probablemente el politizador de nuestra historia fue Lucas Alamán, en la primera mitad del siglo XIX. Por una parte, exalta la Conquista y la personalidad de Cortés y, por otra, expone con crudeza a los héroes de la Independencia. A partir de los años en que escribe Alamán, nuestra historia queda escindida en una historia liberal y una historia conservadora.

En nuestro siglo, José Vasconcelos continuó la línea de Alamán y la frivolizó. Alfonso Junco también escribió historia conservadora, concentrado en la apología del cristianismo y en la defensa de figuras controvertidas, como la de Iturbide.

Me llama la atención el tema de "los momentos más altos de la práctica histórica de México". Al respecto voy a mencionar tres momentos culminantes. El primero, fray Bernardino de Sahagún quien, en el último tercio del siglo XVI, se consagra a dirigir la investigación de la cultura del México antiguo y decide escribirla en náhuatl, la lengua del pueblo vencido y cuyas creencias iba a extirpar.

El segundo lo encarna el sabio don Joaquín García Icazbalceta. En 1883, el arzobispo de México, Labastida y Dávalos, le pide su opinión sobre una apología de las apariciones guadalupanas. Don Joaquín se excusa y el arzobispo le insiste diciéndole "que se lo rogaba como amigo y se lo mandaba como prelado". Ante esa orden, García Icazbalceta, hombre profundamente religioso, escribe su carta, de octubre de 1883, en la que hace una exposición histórica de las apariciones. Su estudio es un modelo de investigación de rigurosa objetividad, y sus conclusiones son negativas. Al final de la carta dice:

En mi juventud creí, como todos los mexicanos, en la verdad del milagro; no recuerdo de dónde me vinieron las dudas, y para quitármelas acudí a las apologías: éstas convirtieron mis dudas en certeza de la falsedad del hecho. Y no he sido el único. Por eso juzgo que es cosa muy delicada seguir defendiendo la historia. Si he escrito acerca de ella, ha sido por obedecer el precepto repetido de V.S.I. Le ruego por lo mismo, con todo el encarecimiento que puedo, que este escrito, hijo de la obediencia, no se presente a otros ojos ni pase a otras manos; así me lo prometió V.S.I.

El arzobispo no mantuvo la discreción prometida y la carta de don Joaquín comenzó a divulgarse y a causar a su autor graves disgustos y desánimo en sus trabajos que, de hecho, interrumpió. El sabio García Icazbalceta murió el 26 de noviembre de 1894, fulminado por un ataque de apoplejía. Los aparicionistas no respetaron su muerte, que presentaban como un ejemplo de castigo divino. Se había atrevido a decir su verdad histórica.

El tercer momento culminante ocurre en nuestro tiempo y sus actores fueron historiadores que conocimos. El 26 de septiembre de 1949 se descubrió, en la iglesia de Ixcateopan, Guerrero, un entierro con restos humanos que se atribuían a Cuauhtémoc, el último señor mexica. Ante las encontradas opiniones sobre la autenticidad de dichos restos, el secretario de Educación Pública designó una comisión que quedó integrada por el profesor Arturo Arnáiz y Freg, representante de El Colegio de México; el doctor Alfonso Caso, director del Instituto Indigenista Interamericano; el doctor José Gómez Robleda, representante del Instituto de Investigaciones Sociales de la UNAM; el profesor Rafael Illescas Frisbie, director de la Escuela de Ciencias Químicas de la UNAM y representante del Instituto Nacional de Investigación Científica; el doctor José Joaquín Izquierdo, representante del mismo Instituto; el doctor Wigberto Jiménez Moreno, representante del Seminario de Cultura Mexicana; el doctor Julio Jiménez Rueda, director y delegado del Archivo General de la Nación; el doctor Pablo Martínez del Río, delegado del Instituto de Historia de la UNAM; el ingeniero Pedro C. Sánchez, director del Instituto Panamericano de Geografía e Historia; el profesor Manuel Toussaint, director del Instituto de Investigaciones Estéticas de la UNAM y delegado de El Colegio Nacional, y el doctor Manuel Gamio, con carácter personal.

Los miembros de esta comisión y los asesores que se convocaron, celebraron 37 sesiones, del 6 de enero de 1950 al 7 de febrero de 1951. El doctor

Gómez Robleda se abstuvo de participar en las últimas tres sesiones. Al fin de sus deliberaciones, la comisión concluyó:

No ha encontrado en los estudios y dictámenes... ninguna prueba que demuestre que los restos hallados en la fosa de Ixcateopan sean los del emperador Cuauhté-moc; sino que, por el contrario, destacándose entre otras muchas pruebas adver-sas, los documentos que se han aducido son apócrifos o falsos; la inscripción que ostenta la placa es moderna, y los huesos son, por lo menos, de cuatro individuos diferentes.

Pocos acontecimientos han provocado la expectación y alterado las pasio-nes como lo hizo el "descubrimiento de los restos de Cuauhtémoc". El ser o no partidarios de la autenticidad de los restos se consideró cuestión patrió-tica. Antes y después de rendir su fallo, los miembros de la comisión fue-ron agredidos por la prensa con hostilidad estruendosa. "Se nos describió —comenta Arnáiz y Freg— como un conjunto de 'traidores' y en algunas publicaciones llegó a exigirse que —por serlo— fuéramos fusilados por la es-palda." Y el mismo representante de la comisión escribió:

Consideramos muy honroso el hecho de que por mantener los fueros de la inves-tigación científica, sin torcer la verdad por móviles ajenos a la más estricta hon-radez intelectual, hayamos tenido que soportar una larga campaña de calumnias y de insultos.

La historia de estos acontecimientos, de esta muestra de valor y honradez intelectual al servicio de nuestra historia, se recoge en el volumen *Los hallaz-gos de Ichcateopan. Actas y dictámenes de la comisión*, México, 1962.

En materia referente a los historiadores que logran permear con sus ideas a la sociedad, moldeando la conciencia e imponiendo su visión, debo decir que en el siglo XVI Francisco López de Gómara, al escribir su *Conquista de México*, ofrece una visión de estos hechos que va a servir de punto de parti-da a las interpretaciones y testimonios posteriores. A principios de nuestro siglo, la *Evolución política del pueblo mexicano*, de Justo Sierra, ofrece un pa-norama del conjunto de nuestra historia, que tendrá vigencia. Y en nuestro tiempo, me parece que la obra histórica más influyente ha sido *Visión de los vencidos* (1959), de Garibay y León-Portilla.

Las investigaciones históricas van descubriendo pormenores positivos y negativos de los hechos históricos y van precisando nuestro conocimiento del pasado. Las enseñanzas de la historia, sobre todo en su nivel elemental, tienen que hacer una selección de la abundancia de datos y elegir aquellos que sean los más importantes y relevantes. Escandalizar y destruir las fi-guras históricas es perverso.

La historia es una recuperación y aclaración de nuestro pasado. Al conocernos, nos explicamos, encontramos el sentido que han tenido los hechos que nos conforman y percibimos advertencias para no incurrir en los mismos errores.

Pero, además de sus aspectos utilitarios sociales, la historia es a menudo una afición pura, una manía, una curiosidad inagotable por conocer lo remoto, de parte de los lectores. Y del lado de los historiadores, una compulsión para iluminar lo desconocido o lo confusamente estudiado, y por organizar un conocimiento; por recrear, en los casos heroicos, una cultura y una época.

MARTÍNEZ, JOSÉ LUIS

Historiador mexicano.
Fecha de nacimiento: 1918 (Atoyac, Jalisco).

ESTUDIOS

Estudió dos años de medicina (1938-1939).
Cursó la carrera de letras hispánicas en la Facultad de Filosofía y Letras de la UNAM (1938-1943).

TRABAJO PROFESIONAL

Ha sido docente en la Facultad de Filosofía y Letras de la UNAM desde 1940.
Docente en la Normal Superior (1945-1951).
En la Universidad Femenina (1946-1952 y 1959-1960).
Y en la Universidad de El Salvador, país en el que trabajó para el Ministerio de Cultura (1951).
Director de El Colegio de México en 1950.
Fue miembro del Consejo del Centro Mexicano de Escritores (1950-1953).
De la Junta de Gobierno de El Colegio de México (desde 1967).
Pertenece al PRI, en el que formó parte del consejo consultivo del IEPES (1975-1976 y 1981-1982).
En la Secretaría de Educación Pública fue jefe de redactores del Departamento de Publicidad (1942-1943).
Secretario particular del titular de la dependencia (1943-1946).
Secretario administrador de El Colegio Nacional (1947-1952).
Director general del Instituto Nacional de Bellas Artes (1965-1970).
Vocal de la Comisión Nacional de los Libros de Texto Gratuitos (1967-1971).

En Ferrocarriles Nacionales fue secretario particular (1952-1953) y ayudante del gerente (1953-1958).

Ha sido consejero de PIPSA (1956-1961).

Dos veces diputado federal por Jalisco (1958-1961 y 1982-1985).

Fue presidente del Pen Club de México (1968-1969).

Cronista de la ciudad de México (1975-1986).

Miembro del Comité de Nomenclatura de la Ciudad de México.

Miembro vitalicio del jurado del Premio Internacional Ollin Yoliztli.

Gerente general de Talleres Gráficos de la Nación (1975-1977).

Director general del Fondo de Cultura Económica (1976-1982).

TRABAJO DIPLOMÁTICO

Embajador en Perú, 1961-1962.

Embajador en la UNESCO, 1963-1964.

Embajador en Grecia, 1971-1974.

TRABAJO EDITORIAL

Codirector de la revista *Tierra Nueva* (1940-1942).

Director de *Letras de México* (1943).

Director de la *Revista Mexicana de Literatura* (1943).

Redactor de *El Hijo Pródigo* (1943-1946).

PREMIOS Y MENCIONES ESPECIALES

Ingresó en la Academia Mexicana de la Lengua en 1960 y es su presidente desde 1980.

Pertenece también a la Academia Salvadoreña desde 1982.

Miembro del Consejo de Crónica de la Ciudad de México.

Officier d'Académie de la República Francesa, 1947.

Premio Elías Sourasky, 1978.

Premio Nacional de Literatura y Lingüística, 1980.

Premio Internacional Alfonso Reyes, 1982.

Primer Premio de Cultura Hispánica, de Madrid, 1982, por *Pasajeros de Indias*.

Doctor *honoris causa* por la Universidad de Santo Domingo, 1984.

PRINCIPALES OBRAS

Poesía romántica, México, UNAM (Biblioteca del Estudiante Universitario, 30), 1941, 204 pp.

La literatura mexicana siglo xx, 2 vols., México, Antigua Librería Robredo (Clásicos y modernos: creación y crítica literaria, 3 y 4), 1949-1950.

La emancipación literaria de México, Antigua Librería Robredo (México y lo mexicano), 1955, 88 pp.

De la naturaleza y carácter de la literatura mexicana, México, SEP, Instituto Federal de Capacitación del Magisterio (Ciencia y técnica, 2), 1963, 78 pp.

Nezahualcóyotl, México, SEP (SepSetentas, 42), 1972, 201 pp.

Zapata, iconografía, México, Fondo de Cultura Económica (Tezontle), 1979, 140 pp.

El Códice Florentino y la Historia general de Sahagún, México, Archivo General de la Nación (Colección Documentos para la Historia, 2), 1982, 147 pp.

Pasajeros de Indias, viajes trasatlánticos en el siglo xvi, Madrid, Alianza (Alianza Universidad, 355), 1983, 303 pp.

El ensayo mexicano moderno, 2 vols., México, FCE (Letras Mexicanas, 39 y 40), 1984 (edición refundida y aumentada).

El mundo antiguo, México, SEP, 1984.

La expresión nacional, México, Oasis (Colección Biblioteca de las Decisiones, 7), 1984, 452 pp.

Moctezuma y Cuauhtémoc; los últimos emperadores aztecas, México, Red Editorial Iberoamericana (Biblioteca Iberoamericana), 1988, 127 pp.

Hernán Cortés, 2a. ed., México, UNAM/FCE (Sección de Obras de Historia), 1990, 1009 pp.

Literatura mexicana siglo xx; 1910-1949, México, Consejo Nacional para la Cultura y las Artes (Lecturas Mexicanas, tercera serie, 29), 1990, 374 pp.

La obra de Agustín Yáñez, México, Universidad de Guadalajara (Serie Minotauro. Vinculaciones), 1991, 103 pp.

LUIS WECKMANN MUÑOZ

I

MIS ESTUDIOS escolares comenzaron en La Laguna —Ciudad Lerdo, Durango, y Torreón, Coahuila—, mi lugar de nacimiento. La primaria y la secundaria las cursé en escuelas particulares, y el bachillerato en la Escuela Nacional Preparatoria (UNAM), en México, D.F. Los libros de texto de historia en el ciclo primario y secundario (no los había escritos por mexicanos) eran de autores franceses, y excelentes traducciones de Malet e Isaac, Seignobos, etc. En la preparatoria no había libros de texto, pero tuve dos excelentes maestros: Joaquín Ramírez Cabañas para Historia de México —mis apuntes de clase le sirvieron para escribir uno de sus libros, posteriormente— y para Historia Universal el licenciado Virgilio Domínguez, quien dos años más tarde me invitó para ser su asistente en la cátedra de Historia de la Revolución Francesa en la Facultad de Filosofía y Letras, cátedra que dos años más tarde heredé.

Fue en Filosofía y Letras (1941-1946) donde conocí a mis grandes maestros en el campo de la historia: Pablo Martínez del Río, Rafael García Granados, Manuel Toussaint, Manuel Romero de Terreros, Federico Gómez de Orozco, Rafael Sánchez de Ocaña. Era también famoso Edmundo O'Gorman, pero nunca fui discípulo suyo.

Cuando cursaba mis estudios de bachillerato o en la Facultad en Filosofía y Letras y en la Escuela Nacional de Jurisprudencia —donde también me gradué—, la historia de México era todavía, en cierto modo, una rama de la literatura política. Empezaba apenas a estructurarse El Colegio de México con Daniel Cosío Villegas. A Silvio Zavala, por quien siento gran admiración, no lo conocí en las aulas sino como director del Museo Nacional de Historia. El estudio de la historia universal, por otra parte bastante rezagado, escapaba al influjo de los teóricos —y prácticos— de la política mexicana de entonces, divididos absurdamente entre hispanistas e indigenistas. Por lo demás, había yo descubierto mi vocación por la historia universal, en particular por la de la Edad Media, de manera que no tuve que tomar ningún partido en ningún tipo de controversia; luego fui a especializarme al extranjero.

En el nivel secundario había una falta de profesionalidad entre quienes pretendían enseñar la historia, que resultaba evidente en los libros cuya lectura se recomendaba: sociólogos como H. G. Wells y Max Weber, e incluso el maestro José Vasconcelos, que con todos los innegables méritos que tuvo, no era un historiador de formación. Por otra parte, el punto de vista tradicional y conservador en la historia, sobre todo en la de México, estaba representado por maestros que se identificaban más o menos con el Porfiriato. El problema, me parece, fue que la Revolución aún no producía sus propios historiadores. El primero que conocí, pero cuando ya estaba yo en la Facultad, fue don Jesús Silva Herzog.

Eran más bien prejuicios de clase, por un lado, y del lado de la Revolución, cierto espíritu de demagogia y mucha improvisación lo que imperaba en aquella época. Yo creo que ha sido más bien hasta los años setenta de este siglo cuando se ha podido escribir objetivamente la historia de México. Por fortuna, yo me dedicaba a la historia universal, de modo que sólo fui espectador. Mis incursiones en la historia de México son muy recientes, me he especializado un poco en el periodo 1517-1650, y sobre el siglo XIX he preparado más bien ediciones de documentos: las relaciones franco-mexicanas de 1823 a 1878, y los archivos de Carlota de Bélgica.

El estudio de la historia, en mis años en la Facultad de Filosofía y Letras, tropezaba con serias limitaciones, la más seria de ellas fue la ausencia casi total de bibliografía; me refiero a la historia universal. Las bibliotecas eran muy pobres: en la propia Facultad sólo había una fuente para la historia medieval, la *Patrología latina*, de Migne, que no sé cómo fue a dar ahí. No existía aún la Biblioteca México; las demás eran especializadas en arte, en economía, etc. La vieja Biblioteca Nacional era un refugio, pero tampoco lo sacaba a uno de apuros. Aún no se formaba el Instituto de Investigaciones Históricas de la UNAM. La única biblioteca pública en la ciudad de México de tipo moderno —hasta entonces desconocido para nosotros— era la benemérita Biblioteca Benjamín Franklin, de donde se podían obtener en préstamo muchos e interesantes libros, algunos de ellos clásicos, sobre historia europea. Desgraciadamente la política de esta biblioteca ha cambiado, y ahora sólo se encuentran en ella libros sobre los Estados Unidos. Algunas viejas bibliotecas católicas —medio escondidas, como la de los jesuitas, en Hidalgo 120— proporcionaban un gran solaz; por ejemplo, tenían las obras completas de Mommsen.

En ninguna parte de México se podían encontrar obras indispensables de consulta, como el *Diccionario de arqueología cristiana y de liturgia*, que tuve en mis manos, por primera vez, en Berkeley. Afortunadamente pude tener acceso a algunas bibliotecas privadas, como la excelente de don Pablo Martínez del Río. A la postre, sin embargo, tuve que resignarme a escribir a los libreros en Europa, en donde el mejor servicio, para libros nuevos o de segunda mano, ha sido siempre el de Blackwell's, en Oxford.

En lo que se refiere a la publicación de mis libros, no tuve problemas, por fortuna. El primero lo publicó la Editorial Jus —yo formaba parte del equipo de redacción de la revista de derecho del mismo nombre—, y el segundo y el tercero fueron publicados con prontitud e interés por el Instituto de Historia de la UNAM, que entonces dirigía don Rafael García Granados. "De ahí pa'l real", como se dice, me publicaron la Imprenta Universitaria, el Archivo Histórico Diplomático de la SRE —que dirigía entonces don Daniel Cosío Villegas—, la Editorial Pedone en París, El Colegio de México, Porrúa Hermanos, y ahora el Fondo de Cultura Económica; esto, independientemente del par de libros que he publicado en el extranjero.

II

Para mí el estudio de la historia ha sido una vocación de la adolescencia, a la que poco después añadí la del derecho internacional; ambas materias se complementan maravillosamente. De hecho el derecho internacional, sobre todo el público, *es* historia. Aunque en un principio me interesé mucho por el siglo XVIII o el Antiguo Régimen, pronto pasé a concentrarme en los estudios medievales. ¿Por qué? Porque se trata del único periodo histórico en que hay un sentido de lo maravilloso, casi una tercera dimensión. Las cosas suceden como en los demás periodos históricos, en el tiempo y en el espacio, pero en el medievo hay siempre un significado escondido, un símbolo delante del cual encontramos sólo las apariencias. Por lo demás, la Edad Media gozaba entre nosotros de una pésima reputación: se la veía como la edad del oscurantismo o de la Inquisición. Nada más alejado de la realidad. El medievo fue una especie de gigantesco laboratorio del que fue emergiendo, por etapas si se quiere, todo el mundo moderno. En términos de hoy día puede decirse que fue en este periodo histórico cuando Europa alcanzó su desarrollo.

Me alentó en el camino de estudiar la Edad Media una convicción creciente de que México estructuró su cultura y sus instituciones —por lo que respecta a la herencia española, o, en general, la europea—, en los inicios de la Colonia, sobre la base del legado de la Edad Media, que permea en muchos aspectos nuestra vida diaria y que nos hace diferentes de los países anglosajones de este mismo continente. Así, nos hemos incorporado a lo que no debemos llamar más la "civilización occidental", sino la "atlántica" (porque hay influencias de nuestro lado), a través de un medievo tardío pero aún vigoroso.

Si "la práctica histórica en México" es la investigación histórica y la historiografía, los antecedentes son muy antiguos ya que se remontan a los frailes —primordialmente Sahagún— que primero se interesaron en las "antigüedades" de los indios... a riesgo de ser procesados por la Santa Inquisición. En tiempos modernos, yo diría que la recopilación y edición de las fuentes, que es el primer paso en toda investigación histórica seria, empieza realmente con García Icazbalceta, quien afortunadamente tuvo muchos seguidores: García Pimentel, Del Paso y Troncoso, etcétera.

La correspondencia entre los cambios habidos en la concepción histórica y los cambios históricos más importantes no es ciertamente una relación entre causa y efecto. Son los cambios históricos, en otras palabras los acontecimientos, los que han influido más bien en la manera como los historiadores ven las cosas y tratan de narrarlas. Claro está que los acontecimientos —por ejemplo las revoluciones francesa o mexicana, el surgimiento del protestantismo, la era de los grandes descubrimientos geográficos o científicos, etc.— no son productos de una especie de generación espontánea. Están condicionados, como todo lo demás, por los sesgos que va tomando la evolución cultural de la humanidad. Esto ya ha sido aprehendido por la historiografía contemporánea, que no se ocupa ya tanto, como en anteriores tiempos, de cifras y fechas, de historia meramente política o de mera historia económica, sino, a partir de Burckhardt, de historia cultural, y más cerca todavía de nosotros —el fenómeno contemporáneo— de historia de las mentalidades —la precursora ha sido la École des Annales, de París—, que es la que a mí más me gusta trabajar. Eso puede verse en mis libros *La herencia medieval de México* y *La herencia medieval del Brasil*.

III

La historia no determina el curso de los acontecimientos, pero sí los explica, e incluso señala el camino del futuro, todo ello en función del hombre. El hombre es, después de todo, el único animal dotado de memoria, y la historia es la memoria del hombre. No son tanto los historiadores quienes han permeado a la sociedad con sus ideas, aunque los hay como Tucídides, Tito Livio, San Agustín, Winckelmann, lord Acton, y entre nosotros Alamán y Bulnes. Más bien son los escritores de otros géneros literarios —la historia es un género literario, e incluso puede llegar a ser un arte, como historiografía; y es al mismo tiempo una ciencia, en lo que respecta a la investigación, a la evaluación de fuentes, etc.— los que han apoyado sus argumentos en la historia. Mencionaré solamente tres casos: Joaquín de Flora, en el siglo XII, cuyas profecías y milenarismo han tenido muchas consecuencias —a través de revoluciones religiosas o revueltas de obreros— hasta el siglo XVIII —la Nueva España incluida—; los racionalistas del Siglo de la Ilustración; y más cerca de nosotros, Carlos Marx y su dialéctica histórica.

Encuentro muchas situaciones en que los cambios de ideas sobre el desarrollo de la historia han influido en la realización de algún cambio social. Quizá sea exagerar decir —pero hay un residuo de verdad— que de la pluma de John Locke surgió el parlamentarismo moderno, y de la de Voltaire

—quien, después de todo, es el autor de *El siglo de Luis XIV*— la Revolución francesa y la triunfante burguesía moderna. Y cuántas cosas no han resultado de otras plumas, las de Bentham y los liberales, por ejemplo, o en nuestro caso de la de Flores Magón, e incluso de la de Francisco I. Madero.

Los mecanismos de incorporación de los nuevos conocimientos históricos a la conciencia social son fundamentalmente la lectura, sobre todo la de masas —que en México está todavía distante, desafortunadamente—, las prédicas de un clero ilustrado —que no tenemos—, los diversos medios de comunicación de masas —que en nuestro caso, especialmente la televisión, sólo sirven para difundir la ignorancia—, y sobre todo la educación, la formación general del hombre político, del dirigente, del líder, del estadista.

IV

La enseñanza de la historia debe estar basada en la investigación histórica, especialmente de las fuentes. Todo lo demás, desde mi punto de vista, son "refritos".

Se puede definir al hombre como el animal que está dotado de memoria, y la historia, como la memoria escrita de todo lo realizado por el hombre —o por la sociedad de que forma parte— a través de los milenios históricos, o sea de aquellos de los que ha quedado un testimonio escrito. Todo lo demás —si exceptuamos a la filosofía y otras ciencias del espíritu— tiene que ver sólo con el universo físico, del que puede aprovecharse el hombre e incluso modificarlo, pero el cual no es creación humana. Aquella memoria permite a todo nuevo ser humano hallar en su cuna la experiencia acumulada de todos sus antepasados. Eso lo distingue del resto de los animales, que tienen que empezar de nuevo.

A la manera de un *exemplum,* la historia debe ser estudiada, incluso escudriñada, para aprender las lecciones del pasado y evitar, en muchos casos, caer de nuevo en los errores cometidos, lo que sucede a todos los hombres y a todas las sociedades; así como para mejor preparar el futuro. En algunos países —como el nuestro— la historia, principalmente la enseñanza de ésta, debe contribuir a la formación del espíritu cívico.

WECKMANN MUÑOZ, LUIS

Diplomático e historiador mexicano.
Fecha de nacimiento: 1923 (Ciudad Lerdo, Durango).

Estudios

Licenciado y maestro en historia por la UNAM (1944).
Posgraduado en la Universidad de California en Berkeley (1946-1948).
Doctor en letras por la UNAM (1949).
Licenciado en derecho por la UNAM (1950).
Posgraduado en la Universidad de París (1952).

Labor académica

Profesor en la UNAM, en la Escuela Nacional de Antropología e Historia, en El Colegio de México y en la Universidad de las Américas. Es miembro de la Academia Mexicana de la Historia desde 1989. Ha desempeñado diversos cargos diplomáticos, como embajador de México en Israel (1967-1969), Austria (1969-1973), República Federal Alemana (1973-1974), Irán (1976-1979), Italia (1981-1986) y Bélgica (desde 1986); así como representante de México ante la ONU y otros organismos.

Reconocimientos

Ha recibido condecoraciones diplomáticas en varios países.

Principales obras

Las bulas alejandrinas de 1493 y la teoría política del papado medieval; estudio de la supremacía papal sobre islas, 1091-1493, introd. de Ernesto H. Kantorowicz, México, UNAM, Instituto de Historia (Publicaciones del Instituto de Historia, I Serie, 11), 1949, 311 pp. ilus.

El pensamiento político medieval y las bases para un nuevo derecho internacional, México, UNAM, 1950, 305 pp.

Panorama de la cultura medieval; con una introducción sobre la Edad Media en México, México, UNAM, 1962, 196 pp.

La herencia medieval del Brasil, México, FCE (Sección de Obras de Historia), 1993, 400 pp.

La herencia medieval de México, México, El Colegio de México/FCE (Sección de Obras de Historia), 1994, 680 pp., ilus.

LUIS GONZÁLEZ Y GONZÁLEZ: MIS TROPIEZOS CON LA HISTORIA

I. Primeras visiones del mundo histórico

Si mal no recuerdo, cumplí los 12 años de edad con sólo una imagen histórica, aprendida en casa. La presidían mis abuelos: dos hombres barbudos, dos rancheros honrados que, obtenida la autorización del obispo de Zamora, con la ayuda de un centenar de otros tipos como ellos, fundaron, a partir de 1888, un caserío de calles rectas y tres sitios de uso común: la plaza de armas, el templo consagrado a San José y el asilo donde se enseñaría a las criaturas a leer, a escribir y a contar. El centenar de primitivos hogares eran mejores que las casuchas abandonadas en los ranchos. Las fincas nuevas, en lugar de bajareque y paja, tenían muros de adobe y techumbre de teja. El pueblo de San José de Gracia era un paraíso visitado frecuentemente por el señor obispo de Cázares. Pero desde 1913 dieron en visitarlo también los fronterizos, unos malhechores que a punta de rifle se metían a las casas sin pedir permiso para hacerse de caballos, sillas de montar y ollas con dinero. Algunos en la bola. Los estropicios los hacían a nombre de un señor llamado "gobierno" y de una señora apodada la "revolufia", una pareja muy mal vista por la gente del rumbo. Y como si lo anterior fuera poco, el gobierno dio en perseguir a los padres y a las religiosas. Por salir algunos en defensa de los perseguidos, los del gobierno expulsaron a la gente de San José. Un general dirigió la quema de la iglesia y las casas. Eso hizo que casi todos los hombres en edad de pelear se metieran a la cristiada, aquella lucha que estuvo en un tris de acabar con el "mal gobierno". Si no dejó tendida a toda la gavilla gubernamental fue porque los obispos pararon la guerra. Como los soldados de Cristo Rey pusieron la otra mejilla, los gobernantes cachetearon a su antojo a los antiguos rebeldes. Lo anterior lo saqué de los decires de los mayores. En cambio vi cómo los vecinos regresaban al montón de escombros a que habían reducido al floreciente pueblo. Todo el mundo se puso a reconstruir su casa, la iglesia y el colegio. Mientras los chicos arrancábamos el zacate de los empedrados, los jóvenes que dirigían los curas Pablo y Federico González techaban las viviendas, y los viejos eran encargados de las ordeñas y las milpas. La historia terminó en un enorme júbilo al que mucho tiempo después se le recordaría como las bodas de oro. Entonces no hubo manera de confrontar la imagen microhistórica anterior con la historia de la nación mexicana que se impartía en la escuela oficial, inexistente en mi pueblo, o en el colegio de las "madres" o religiosas, que no se reabrió sino hasta 1939.

Desde 1938 fui alumno del Instituto de Ciencias de Guadalajara, regenteado por los padres jesuitas. En una preparatoria confesional supe de otras dos versiones del saber histórico: la nacionalista conservadora y la concepción cristiana del devenir universal. En los cursos de don José Bravo Ugarte y en las charlas con don José Ramírez Flores me enteré de que había en el mercado dos visiones de la historia de México. La que contaba con la bendición de los Estados Unidos recibía los nombres de "indigenista y liberal" y era la que se enseñaba en los planteles oficiales. La que el padre Bravo nos transmitió en el Instituto de Ciencias fue la "hispanista y conservadora", aunque atenuada por el espíritu objetivo que todos reconocen en la obra de aquel jesuita. El metódico sacerdote enseñaba mediante cuadros sinópticos los antecedentes prehispánicos de la historia de la nación. Hablaba en seguida de las heroicidades de soldados y misioneros españoles. Muy al estilo moderno, exponía los hechos de índole económica, las instituciones sociales, la labor de la Iglesia, el desarrollo de una nación que para conseguir su independencia de España primero se lió a golpes con las autoridades españolas, acaudillada por los curas Hidalgo y Morelos y un titipuchal de héroes menores, y por último, convencida por Iturbide, obtuvo la independencia sin derramamiento de sangre.

Ya sin España en el gobierno, otras potencias quisieron ocupar el sitio abandonado por los parientes españoles. La de peor conducta, la que puso a pelear a unos mexicanos contra otros, invadió el país y se quedó con la mitad del territorio. Era, para colmo de males, vecina, y logró engatusar a un grupo de compatriotas simpatizadores del liberalismo. Los amantes de un gobierno fuerte buscaron ayuda en Europa para impedir el ejercicio del poder a los ahijados de la potencia vecina. La lucha, aunque poco o nada popular, produjo abundancia de sangre, sudor y odios, que 30 años de dictadura porfiriana no desterraron del todo. El padre Bravo Ugarte justificaba el maderismo, pero no todos los "ismos" que le siguieron. En el Instituto de Ciencias de Guadalajara difundía una imagen de la historia de México que no parece muy distante de la verdadera. Aquel jesuita, que llevaba tan mal puesto el apellido Bravo, cumplió con los programas oficiales dándonos el curso de historia universal valiéndose de cuadros sinópticos, charlas y la lectura de Albert Malet. El historiador francés que leímos de punta a punta abría boca a los lectores con estas palabras: "El conjunto de los hechos ocurridos desde la más remota antigüedad hasta nuestros días constituye la historia… Sin embargo, sólo son hechos históricos los que han influido de algún modo en los acontecimientos posteriores". A la versión tan fáctica de Malet e Isaac, José Bravo Ugarte le daba sentido al escribirla en la filosofía cristiana de la historia. Comoquiera, quien más insistió en el concepto teológico de las mudanzas históricas fue el padre que impartía el curso de religión con el nombre de "Ética Aplicada".

En tiempos de la segunda guerra multinacional el gobierno mexicano decidió establecer el servicio de las armas. Uno de cada 10 jóvenes con 18 años encima pasaba 12 meses en un cuartel donde, además de recibir instrucción militar, era objeto de algunos regaderazos de civismo. Al incorporarme al segundo regimiento de artillería de la tercera división, me esperaban un uniforme, carreras en la madrugada, entrenamiento en el uso de los obuses, y en la tarde, lecciones de matemáticas y de civismo en ejemplos, o sea, historia de las heroicidades de los mexicanos. De esta última empecé siendo alumno y a los pocos meses me convertí en maestro. De este modo ingresé a la versión oficialista de la historia de México. Para ese curso me serví de media docena de libros existentes en la brevísima biblioteca del regimiento. En las historias de México de Luis Chávez Orozco, Jesús Romero Flores y Alfonso Teja Zabre opinaban que la principal función de la historia era la de fortalecer el sentimiento patriótico de los mexicanos, y para conseguir tan laudable propósito debía exaltarse la vida prehispánica y sus reyes; denunciar las sucias tretas de que se valieron los conquistadores venidos de España; reconocer la vida ejemplar de la primera oleada misionera y exhibir las maldades del clero, sobre todo a la hora en que quisimos hacernos independientes de la cruel monarquía española y de la fanática Iglesia católica. *Grosso modo*, la historiografía oficial en boga durante esos años proponía la adoración incondicional de Cuauhtémoc, Hidalgo, Guerrero, Juárez, Madero, Carranza y Cárdenas.

A la historia patria de signo oficial le preocupaba poco la transmisión de saberes y mucho el proponer modelos de conducta cívica; el hacer mexicanos patriotas y revolucionarios a fuerza de historia de bronce y metahistoria. Desde el decenio de los treinta ganaba simpatizadores el modelo ruso de historia revolucionaria. Poco a poco penetró, sin abandono del culto a los héroes, la idea de las fuerzas impersonales: el proletariado, la burguesía, la lucha de clases, los modos de producción, la guerra imperialista *et al*. En un santiamén se difundió el materialismo histórico. Gracias a los libros de Luis Chávez Orozco, Rafael Ramos Pedrueza, Alfonso Teja Zabre y Hernán Villalobos me enteré de la interpretación materialista de la historia de México, y en no recuerdo qué manual cursé el materialismo universal. Seguramente me sentí atraído por la filosofía de la historia que se hacía pasar como ciencia. Por esas inclinaciones, mis compañeros me adjudicaron el apodo de "Camarada". Tal vez esa afinidad al marxismo fue la causa de mi expulsión de la escuela de leyes de la Universidad Autónoma de Guadalajara, cuya pluma de vomitar eran las doctrinas provenientes de la Unión Soviética. Pese a mis ideas de entonces, el padre Medina Ascencio propuso mi ingreso a la fábrica de historiadores más prestigiada del país.

II. La versión académica del oficio de historiar

Hasta ahora, el momento más grato de mi vida es la entrada al Centro de Estudios Históricos de El Colegio de México en 1946. Como lo recordé en el discurso de iniciación al Colegio Nacional, aquel Centro de Estudios Históricos, de reciente apertura, dirigido por Silvio Zavala, en el que enseñaban, aparte del director, José Gaos, Ramón Iglesia, Rafael Altamira, José Miranda y otros ilustres transterrados españoles, esculpía investigadores de historia académica, de una historia diferente a la pragmático-ética de las escuelas oficiales y privadas, a la narrativa de los improvisados y al materialismo histórico. Aunque cada uno de los profesores de historia tenía una idea propia de los propósitos y los métodos del oficio de historiar, todos estaban dispuestos a suscribir el célebre aforismo de Ortega: "La razón del historiador no es una razón que generaliza, sino una razón que narra".

Las discrepancias de aquellos maestros no les impedían repetir al unísono la proposición de Trevelyan: "Del pasado histórico nos interesan los hechos particulares y no sólo sus relaciones causales". Quizá también concordaban todos esos recién venidos en que sólo eran memorables los acaeceres típicos, los que hicieron época y los que han sido fecundos en resultados. Ya no únicamente guerras y acciones de los gobiernos; también sucedidos de orden económico, social y cultural. En suma, una enorme y variada multitud de acciones, siempre que fueran documentables y ayudaran a entender el presente.

En un ensayo de 1976 que llamé "La pasión del nido", dije que el CEH nació para decapitar la época precientífica de Clío. Dispuso para ese propósito de los humanistas españoles transterrados; de algunos historiadores que habían contraído el virus científico y de pocos alumnos vocados, becados y de alcances.

Sólo con gente así en el sillón profesoral y en las sillas estudiantiles se podía ejercer un plan de pocas materias, en el que los cursos panorámicos de historia universal fueran la piel; los más o menos monográficos de historia de América, la musculatura; y los instrumentales (metodología, idiomas clásicos y modernos, y ejercicios paleográficos), la osamenta. Sólo con gente así, sentada alrededor de una mesa, era posible aplicar el método de seminario donde un profesor expone, los alumnos contraponen y ambos arriban a una síntesis. Sólo con tales planes y métodos se podía aprender haciendo breves trabajos de investigación semestrales y una tesis gorda y madura al final de la carrera.

La construcción de una imagen seria y firme de la historia de Hispanoamérica constituía el máximo propósito del plan Zavala. Los principios teóricos aprendidos en los cursos del jefe, Iglesia y Gaos y la investigación ratonera en los archivos debían desembocar en el comercio con otros historiadores y los científicos sociales a fuerza de asistir a congresos y mesas redondas, de oír y dar conferencias, de convertirse en profesor y, sobre todo, de hacer artículos monográficos para las revistas especializadas y monografías para gente del gremio. No se pretendía, según don Arturo Arnáiz, extraer manuscritos de la tumba de los archivos para trasladarlos, una vez impresos, a la tumba de las bibliotecas. Aunque se toleraba la tesis del "saber por el saber", se prefería la fórmula de "escribir para colegas" y sólo esporádicamente "para legos". El Centro de Estudios Históricos nos enseñó a descubrir y cultivar perlas, ensartarlas en un hilo, expedirlas a los conocedores, cuidándonos de que no fueran a dar al comedero común. Se nos entrenó para el intercambio de productos dentro de la élite del saber o para esparcirlos entre estudiantes de fuste.

Las prácticas de comunicación intelectual se hacían en un gimnasio conocido por el nombre de Sociedad Mexicana de Historia donde uno a uno los socios exponían ante maestros y alumnos las primicias de su investigación y recibían de su auditorio observaciones sutiles de mala y buena leche. Pero no sólo en el acto ceremonial se intercambiaban dimes y diretes científicos. A la sesión solemne seguía el *post coloquium* en algún restaurante cercano donde se valía la broma y el chacoteo.

En el antiguo Colmex se aprendían muchas cosas de los maestros, casi tantas como las conseguidas del trato habitual con compañeros y con libros. Mucho de lo poco que sé lo debo a mis amigos Antonio Alatorre, Eduardo Arcila Farías, Israel Cavazos, Ernesto Chinchilla, José Durand, Henrique González Casanova, Isabel Gutiérrez del Arroyo, Manuel Moreno Fraginals, Germán Posada, Xavier Tavera, María del Carmen Velázquez, Luis Villoro y otros muchos que mi ingratitud olvida. A la lectura que tanto propició El Colegio de México le reconozco la mayor parte de mi textura profesional, pero también de mi heterodoxia. Si sólo hubiera leído a los grandes maestros de la filosofía crítica de la historia y a los historiadores de moda me habría convertido en un historiador especialista en algún punto y aclamado por las academias. Mientras estuve en el Colmex di en la mala costumbre de meter las narices en obras de literatura, filosofía y ciencias sociales, excepción hecha de la economía. Contraje sobre todo la costumbre de leer libros de Borges, Chesterton, Reyes, Unamuno, Ramos, Picón Salas, Novo, Azorín, Ortega y Gasset, Machado, Paz, Russell, Sartre, Sábato, Neruda y Rilke.

El Centro de Estudios Históricos favorecía el ejercicio docente en sus alumnos, aun en los no vocados para la enseñanza. Casi concluidos los estudios, pero antes de presentar la tesis, impartíamos cursos de Historia Universal y de México. También se fomentaba el envío de artículos a publicaciones periódicas y volúmenes multiautorales. Entonces escribí ensayos sobre la magia novohispana, sobre Mendieta, sobre los albañiles del alba y sobre el optimismo nacionalista. Anduve metido en un periódico estudiantil que no alcanzó la periodicidad; sólo salió un número de la revista *Hispanoamérica*. Después del cuatrienio de estudios formales, lecturas numerosas e intensivas, desveladas, discusiones cultas y políticas..., venía el toque de prestigio que debía dar un instituto de cultura superior de los Estados Unidos o de Europa. Yo escogí Francia. Eso fue en 1951 y 1952. Durante la estación invernal, encerrado en mi cuarto del hotel Iris, leí muchos libros de teoría de la historia en francés. En la primavera de 1952 asistí con entusiasmo a los cursos de Marrou, Merleau-Ponty, Marcel Bataillon, Braudel y algún otro. Visité repetidas veces el Louvre y demás lugares recomendados por las guías y por los amigos. Aunque recién escapada de la trifulca mundial, París era una fiesta. Los que fueron recién casados hicieron allá estudios en toda forma e investigaciones eruditas. Otros perdimos o quizá ganamos gran parte de nuestro tiempo. Todos coincidíamos con Hemingway: "Si tienes la suerte de haber vivido en París de joven, París te acompañará, vayas adonde vayas, todo el resto de tu vida, ya que París es una fiesta que nos sigue". Con espíritu parisiense, pasé unos preciosos meses en España. Para cumplir con ciertos encargos, estuve un par de meses en el Archivo de Indias y en sitios menos serios de Sevilla. Recorrí en tren muchas ciudades de España y hasta leí periódicos, revistas y libros. Fue un paseo de varias pistas.

III. LA FÁBRICA DE HISTORIA MODERNA DE MÉXICO

Acorté mis andanzas españolas para acudir a la invitación de don Daniel Cosío Villegas de incorporarme al grupo que hacía la historia económica, política y social de la penúltima etapa de la historia de México. Aunque me había preparado para el estudio de la Nueva España, acepté la oferta de don Daniel porque temí que nadie me costearía la dedicación a una época oscura, con el prestigio adicional de ser la fea de la historia patria. El miedo a quedarme como "la Magnífica", sin cosa alguna, me llevó al análisis de la vida social de la República Restaurada que me encargó don Daniel a cambio de un sueldo decente para entonces. Desde 1953 fui responsable de uno de los 10 tomos de la *Historia moderna de México*. De otro lo era Moisés González Navarro y de uno más Francisco Calderón. Según don Daniel, su seminario tenía una doble meta: pulir investigadores y ofrecerle a la Revolución hecha gobierno una imagen verídica del pasado inmediato que repudiaba y no podía superar. En un enorme salón prestado por la Secretaría de Hacienda, los seminaristas leíamos, de nueve de la mañana a dos de la tarde, libros, periódicos y documentos. Cosío Villegas, instalado en el fondo del salón, ponía uno de sus penetrantes ojos en las fuentes escritas y el otro en el grupo de investigadores. Comoquiera, el análisis y la interpretación de lo leído por cada quien se hacía a solas en casa o en algún cuarto de El Colegio de México, en aquel caserón colindante con la plaza Rio de Janeiro. Los borradores eran debatidos en junta de los seminaristas. Si mal no recuerdo, mis primeros ensayos sólo pasaron por la mecanógrafa antes de ser objeto de burlas, alabanzas y críticas serias. Los siguientes fueron sometidos a un juez adicional.

En 1955 dejé de vivir en la casa de doña Julieta, de la que algún día escribiré largo y tendido de risa. Entonces pasé a residir a una casucha de una sola recámara que compartía conmigo mi reciente esposa, la poeta Armida de la Vara. Como no pudiera halagarme el estómago, me halagó la cabeza. En adelante todo escrito mío fue corregido por ella antes de llegar a poder de la mecanógrafa, los colegas y el público. Todavía más: se prestó para escribir el capítulo de los ceros sociales en aquel tomo en el que yo analicé las etnias indígenas, Emma Cosío la sociedad pachanguera y Lupe Monroy los cultos en la República Restaurada. Nuestro tomo, como la mayoría de los 10 de la *Historia moderna de México*, produjo más rechiflas que aplausos de parte de la academia. Unos desaprobaron, quizá con razón, el que se hubiera trabajado en equipo. La mayoría no estuvo de acuerdo en que una obra de tanta enjundia se presentara en el lenguaje de la tribu, con total desprecio hacia las teorías en boga, los términos despampanantes y las notas a pie de página. Con éstas se hizo al final de cada tomo un mazacote que puso a rabiar a los eruditos. Por lo demás, la *Historia moderna de México*, quizá por su gordura y su carestía, que no por el repudio de los del gremio, jamás se vendió como pan caliente y fue, según rumores, poco leída.

El director del seminario no cesaba de decirnos que escribiéramos coloquialmente, en forma clara y sencilla. Al que se ponía elegante, don Daniel en persona le quitaba las parrafadas catrinas. Por otro lado, todos estuvimos de acuerdo en que era mejor ser entendido que no aplaudido.

El ejemplo a seguir convivió con nosotros hasta 1959. Aquel hombre gordo, dicharachero y alegre, nos proponía un modo de ser y escribir que era opuesto a la moda científica. La actitud humanista y risueña de don Alfonso Reyes convenció a muchos del estilo sencillo en la vida y en la obra.

Pero este discurso ¿a qué viene? Me obligué con Enrique Florescano a rendir un informe de mis deudas con los prójimos, pero principalmente de las visiones históricas que han pasado por mi cabeza y de los callejones en que he andado metido.

¿Qué hice en la segunda mitad del decenio de los cincuenta? Concluida mi participación en la *Historia moderna de México*, don Daniel me propuso encargarme de una tarea humilde, pero con sueldo suficiente para el mantenimiento de un hogar de cuatro personas. Por otra parte, pronto le tomé el gusto a la labor del bibliógrafo. Me pasaba la primera mitad del día hojeando libros en una de las cuatro máximas bibliotecas capitalinas: la Nacional, la de Antropología, la México y la de Hacienda. Todas las mañanas, Lupe

Monroy, Susana Uribe y yo nos divertíamos haciendo fichas bibliográficas con el añadido de un breve y zonzo comentario. Así fue durante meses. En ese juego que duró dos o tres años se produjo un par de libros en varios volúmenes: el hemerográfico que encabezó Stanley R. Ross y el bibliográfico que salió a la luz pública sin llegar a ningún público con el nombre de *Fuentes de la historia contemporánea de México. Libros y folletos*, México, El Colegio de México, 1961-1962: tres volúmenes de más de 500 páginas cada uno.

IV. ENCARRILAMIENTO EN LA MICROHISTORIA

Por octubre de 1966 tomé la decisión de pasar mi primer año sabático en un sitio sin interés para los académicos, en una aldea sin gracia a la que volvía anualmente por un mes para cumplir con el rito de las vacaciones que, en casa de mis padres, me salían baratísimas, a la altura de mis ingresos. Además, y sobre todo, hacía compañía a quienes se desvivían por complacerme. A finales de aquel año, Armida, seis criaturas y yo nos instalamos en San José de Gracia. Allí volví a escuchar las historias contadas por los viejos y caí en la tentación de aplicar el método de la historia académica a la reconstrucción histórica ejercida por mis paisanos. Ellos narraban lo sucedido en su terruño a partir de sus propios recuerdos y de los dichos de los viejitos. Por mi parte, traté de hacer algo similar con la documentación guardada en los archivos parroquiales y de notarías, además de los decires de los viejos y de lo almacenado en mi buena memoria. Los historiadores orales del pueblo se complacían en el relato de media docena de sucedidos: el tesoro de Martín Toscano, la venta de una parte de Guaracha, la fundación de San José, los estropicios de Chávez, la parcelación del Sabino y la Cristiada. En mi texto se agregaron noticias de la época española, de la aventura del padre Marcos Castellanos, de la vida cotidiana de los rancheros antes de juntarse en San José y, en fin, de los quehaceres económicos, sociales, políticos, bélicos y religiosos de la gente común. A la microhistoria contada le añadí muchos sucesos de toda índole. Los testimonios orales y escritos permitieron hacer una historia global.

La versión tradicional de la historia de San José ignoraba lo acontecido más allá de cien kilómetros a la redonda. La nueva versión refiere al comienzo de cada capítulo los sucesos de alcance nacional y las vidas en la comarca donde se inscribe San José. En la visión de la gente sobresalían los acontecimientos extraordinarios. Mi texto procuró hacer hincapié en la vida económica, social y religiosa de todos los días. La historia oral del rumbo no ponía en tela de juicio los cuentos sobre el origen y la trayectoria de los lugareños. Yo, al someterlos a las operaciones de la crítica, prescindí de muchas consejas populares. La gente de San José, dada a la historia narrativa, casi nunca interpretaba, definía y ensartaba los sucesos de su pequeño mundo en un ámbito mayor. A mí me tocó adjudicarles el género próximo a los sucesos josefinos y situarlos en la trayectoria de la vida nacional. No todos los que narraban sucesos propios lo hacían agradablemente, pero más de alguno contaba las cosas con tanta sabrosura que hubiera querido reproducirla en mi texto. Desgraciadamente, por falta de oído literario como el que tiene, por ejemplo, Ricardo Garibay, no pude escribir sabroso.

Mientras escribía con pluma fuente mi historia universal de San José de Gracia conté con la ayuda de Armida, mi correctora de errores gramaticales y la encargada de hacer los manuscritos. Éstos, a petición de algún pariente, fueron leídos en lugares públicos. Varios del respetable señalaron errores suprimidos en la versión final, en la presentada a los colegas de El Colegio de México. Como ya lo he contado antes, los otros historiadores profesionales de la institución calificaron de "locura", de "falta de sensatez", la historia que llamaba "universal de un poblacho sin historia". Comoquiera, tres asistentes a la lectura de mi narración de minucias pueblerinas le dieron el sí. José Gaos, el venerado maestro, la encontró muy racional, que no producto de falta de cordura. Antonio Alatorre elogió el uso del lenguaje hablado. Daniel Cosío Villegas dio el tírese. Con el nombre de *Pueblo en vilo*, que no el que prefería de *Historia universal de San José de Gracia*, El Colegio de México puso en librerías, en la Navidad de 1968, la cosecha del año sabático. En los setenta, El Colegio reeditó una y otra vez el librito. En 1984, la SEP, en la serie de Lecturas Mexicanas, lanzó a la venta 50 000 ejemplares. La Texas University Press le dio a John Upton el encargo de traducirlo al inglés y a Lysander Kemp de cuidar la impresión en lengua inglesa. Annie Meyer lo tradujo al francés y la editorial Plon, con el nombre de *Les barrières de la solitude,* lo incluyó en una de sus colecciones. Hasta donde sé, los periódicos, a través de la pluma de algunos amigos y no pocos extraños, dijeron lindezas de *Pueblo en vilo*. Los elogios de José Luis Martínez, Rosa María Phillips, Jorge Ibargüengoitia, Jean Meyer, Ruggiero Romano, y el Premio Haring, concedido por la Asociación Americana de Historiadores, me habrían vuelto pavo real si no fuera tan poco sensible a la fama.

A un lustro de la publicación de *Pueblo en vilo* junté los ensayos acerca de la teoría y método de la historia que había escrito para el debate en congresos de historia. En San Luis Potosí, ante un auditorio de historiadores regionales, dije que la microhistoria, dentro de la división tripartita de Nietzsche, pertenecía al género de la anticuaria que "con fidelidad y amor vuelve sus miradas al solar natal" y gusta de lo pequeño y antiguo. Es tan vieja como la historia de mayores pujos. En la época alejandrina florecieron los anticuarios que se apartaban de los asuntos gordos de que se habían ocupado Herodoto, Tucídides y Jenofonte. Ahora se empeñan en hacer la historia de cada pueblo los fronterólogos de la escuela de Turner en los Estados Unidos; los miembros del Department of English Local History del Colegio Universitario de Leicester, dirigido por Finberg; Goubert y sus seguidores en Francia, y en México, un buen número de coleccionadores de hechos insignificantes, de pormenores referidos a su patria chica. En San Luis, donde vive el notable microhistoriador Rafael Arguiñaga y Montejano, dibujé el perfil del cronista ideal de las minicolectividades: oriundo y vecino de la comarca, "todista" o "sabelotodo", con buena dosis de *esprit de finesse*, emotivo, "más amante de su terruño, más solitario, conservador y tímido que el promedio de los hombres". En aquel congreso sostuve que el espacio de la microhistoria es abarcable de una sola mirada. "Los tiempos microhistóricos son el larguísimo y pachorrudo de la geografía y el lento de la costumbre." La microhistoria estudia, más que lo que influye o renace, la tradición de la familia, lo modesto y lo pueblerino. La microhistoria se interesa por todo, pero en un nivel local, por los aspectos de la vida humana y aun los de la vida natural. La historia mira principalmente a los famosos; la micro va a los individuos de estatura media. La vida económica, tanto en su aspecto productivo como de consumo, es un asunto de la mayor importancia para la investigación microhistórica. Lo mismo cabe decir del ocio y la fiesta.

En un congreso de Historia del Noreste que tuvo lugar en Monterrey en 1971 sostuve que el campo de estudio de la microhistoria ofrecía mayor amplitud que el territorio estudiado por la historia a secas. También exageré la distancia metódica. Dije que en la microinvestigación se hace el camino al andar. El microhistoriador se enfrenta a un asunto con muchas emociones y un mínimo de ideas previas y marcos teóricos. Usa testimonios de difícil acceso. "Necesita recorrer a pie, una y otra vez, la sede de su tema y entrevistar a los nativos..." La crítica y la interpretación de las pruebas microhistoriográficas no cuentan con un código de normas comparable al aportado por Langlois y Seignobos. En la historia matria ayudan "la malicia y la simpatía del erudito, las capacidades detectivesca y erótica, la lucidez del indiferente y la ceguera del amante". En el XLV Congreso de Americanistas celebrado en Bogotá en 1985 propuse que para conseguir la resurrección del pasado microhistórico se requieren los auxilios del arte. "La micro se comporta como ciencia cuando va hacia lo histórico y como arte a su regreso del pasado." "Exponer la historia concreta es siempre de algún modo contar historias interesantes..."

La microhistoria, cuyo principal cliente es el pueblo raso, debe comunicarse en el idioma de la tribu y de ser posible en el habla de los buenos conversadores. Como el quehacer microhistórico suele estar bañado de emoción, su forma natural de expresarse es la artística, que no la retórica, ni menos la cursi, que son las salidas de la falsa emotividad. El microhistoriador debe hacer sus frases con claridad, cariño, burla amorosa y respeto hacia el prójimo.

La ponencia de Bogotá, contra lo que acababa de decir, tuvo un remate retórico. Con voz solemne dije:

La microhistoria es la menuda sabiduría que no sólo sirve a los sabios campanudos. Es principalmente autosapiencia popular que ayuda a la liberación de las minisociedades y a su cambio en un sentido de mejoría; proporciona viejas fórmulas de buen vivir; procura salud a los golpeados por el ajetreo y ha venido a ser recientemente sierva o ancila de las ciencias duras del hombre: destruye falsas generalizaciones y permite hacer teorías firmes a los científicos sociales... La práctica microhistórica justifica suficientemente una ocupación académica, un acomodo susceptible de atraer lucros menores, de subir en el mundillo académico y de tener lectores y aun conquistar gratitud en el breve contorno de la propia tierra, en el cenáculo de familiares y amigos...

Desde la primera incursión en la microhistoria he sostenido la idea de que el ejercicio encaminado a historiar la vida de los municipios es un juego noble y desinteresado que hunde sus raíces en nuestra tradición humanística. Estoy convencido de que la historia local nos permite un conocimiento más profundo y detallado de las colmenas humanas. No obstante el menor uso de teorías y otras especies de marcos teóricos, la historia global de una matria puede tener tanto interés científico como la visión macrohistórica de un país o del mundo entero. Si una historia local no traspone el pasado inmediato, puede servirse de principio a fin de esa inestimable fuente que es la tradición oral. Aunque los textos microhistóricos produzcan menos citas en el mundo académico, son más apreciados por el común de los lectores que las monografías que suelen producir los estudiosos de lo macro. La microhistoria, tan ligada a la existencia íntima del hombre, tan placentera, tan aportadora de materia prima semielaborada para las ciencias del hombre, tan malquerida por los pedantes y tan del gusto de los humildes, me inclinaba a ser microhistoriador de tiempo completo. Como el horno no estaba para bollos, tuve que aceptar el papel de chile de varios moles, especialmente los de sabor tarasco.

V. El Colegio de Michoacán y otras aventuras

Compilé, para la Cámara de Diputados, los informes de los presidentes de la República y escribí una historia de los "Balances periódicos de la Revolución Mexicana" que, según mi leal saber, era un buen prólogo para la compilación realizada, pero según los diputados no debía publicarse. Una semana de turista por Apatzingán e infiernos contiguos me inspiró el ensayo sobre "Tierra Caliente". Un recorrido en avioneta, con don José Luis Gutiérrez, director del Banco de Zamora, fue el acicate para hacer brevísimas semblanzas de los pueblos que vimos a ojo de pájaro, de una docena de congregaciones del occidente de México aparecidas en 1971 con el nombre de *La tierra donde estamos*. En ésas, me colé en la Academia Mexicana de la Historia, correspondiente de la Real de Madrid. Hice, para una breve historia de México que leyó por tele Ignacio López Tarso, "El periodo formativo", que va del Siglo de las Luces al siglo de las luchas de Reforma. En seguida, todos los del Centro de Estudios Históricos emprendimos una *Historia general de México* en tres volúmenes en la que me tocó el periodo de Porfirio Díaz, tan prestado a irreverencias. Un número mayor de colomexicanos, por encargo del presidente Echeverría, incurrimos en la tarea de escribir, en una veintena de tomos, la *Historia de la Revolución Mexicana*, de Madero a Ruiz Cortines. Entonces me di el gusto de perfilar en un volumen *Los artífices del cardenismo*, y en otro, hacer el reportaje de *Los días del presidente Cárdenas*, apartándome lo más posible de la historia interpretativa. Desdeñé la corriente que ve en el sexenio de Cárdenas la versión mexicana de la lucha socialista mundial. Sólo expuse las acciones más sonadas del pragmatismo cardenista. Quise escribir con desenfado la crónica de un sexenio caliente, a la manera alegre de Salvador Novo, pero sin novovenenos. El Seminario de la Historia de la Revolución Mexicana, como el anterior de la Historia Moderna, dejan la sensación de que los historiadores mexicanos no están hechos para escribir obras colectivas. Al menor descuido del que ejerce la batuta, cada miembro de la orquesta sigue su muy personal camino, lo cual, a la postre, resulta mejor, si no en beneficio de la ciencia, sí del arte.

Por otro lado, si los voluminosos análisis del Porfiriato y la Revolución hubieran tenido la marca de la uniformidad, no habrían conseguido la lectura ni siquiera de los más acérrimos rivales de don Daniel Cosío Villegas. En la tradición de la historiografía mexicana y mundial hay abundancia de libros en muchos volúmenes, pero muy pocos trascienden la condición de adornos de sala en las grandes mansiones. Para los muchos pigricios que habitan en este planeta sólo son legibles las obras escritas con brevedad y en frases breves. Muy pocos disponen de tiempo y paciencia para leer libros gigantes. No es descabellado desear que el paraíso de Clío sólo esté organizado para soñar, leer y escribir. Comoquiera, ese edén no es posible ni deseable. El cuerpo, la familia, la tribu y la nación del estudioso piden lo suyo y hay que dárselo. Como se debe estar sano, ser paterfamilia responsable, instruir a los competidores que vienen a colaborar en la construcción de México, tenemos que emprender acciones que van desde la cometunga hasta la política. Aun los sabios misántropos deben ejecutar pagos, cobros, tres comidas diarias, amonestaciones y castigos, asistencia a juntas, viajes en autobús, automóvil, tren y avión; papeleos burocráticos y otras diligencias extraprofesionales. Aunque no soy hombre de acción, he tenido que apechugar con algunas direcciones e incluso con la puesta en marcha de un instituto. He referido varias veces la propuesta de don Fernando Solana, hecha a El Colegio de México, de abrir en provincia colegios a imagen y semejanza del Colmex. He dicho que Víctor Urquidi me propuso ser el adelantado de esa cruzada. Otra vez repito que la quema de las naves la ordenó la autoridad del puerto de partida.

También acabo de publicar lo que ahora copio:

> Según consta en el primer Boletín de El Colegio de Michoacán, éste se inauguró el 15 de enero de 1979, en la ciudad de Zamora, en el patio de una casona, rentada para ser sede del Colegio, delante de un público en que se contaban Carlos Torres Manzo, gobernador; Eliseo Mendoza, subsecretario de la SEP; Víctor L. Urquidi, presidente de El Colegio de México; Alberto Valdés, presidente municipal de Zamora; muchos académicos capitalinos y un numeroso auditorio de zamoranos.

Ante tan distinguidos oyentes, justifiqué la presidencia que asumía entonces con la parrafada siguiente:

> Los antiguos purépechas añadían al nombre propio de las personas, en el trance de cumplir los 52 años de edad, el mote de "Patzitzi", que significa "venerable" en la lengua tarasca y simplemente "pachichi" o "arrugado" en el idioma del pueblo... Hace cosa de un año que entré a regañadientes al club de los pachichis, y contra lo prescrito por el buen comportamiento, en vez de contraerme a las quietudes del hogar y de la biblioteca, me he enfrascado en la hechura, a imagen y semejanza de El Colegio de México, de El Colegio de Michoacán...

Con la colaboración de varias instituciones y personas, sobre un valle verde y fecundo, a partir de 1979, se dio vida a El Colegio de Michoacán. En pocos años se pudo hacer una biblioteca de no malos bigotes (con más de cien mil volúmenes de libros); se adquirió un buen lote de aparatos: máquinas de escribir, teléfonos, camionetas y computadoras. Se admitieron pequeños pelotones de alumnos deseosos de aprender los oficios ofrecidos por Colmich: antropología social, historia y ecología humana.

Desde el arranque se dispuso de un buen equipo de investigadores. Del CIESAS llegaron tres parejas de antropólogos (De la Peña-Rodríguez, Durand-Arias y Lameiras-Boehm) y de otras partes los Lira (Andrés y Cecilia), Carlos Herrejón, Agustín Jaciento, los Meyer (Jean y Beatriz), los Moreno (Heriberto y Esperanza), Francisco Miranda, Álvaro Ochoa... Con ellos se hicieron maravillas.

Al concluir el sexenio presidencial para el que fui nombrado, asumí dos papeles que desconocía: el de enfermo y el de teórico. La segunda mitad de 1985 la pasé en ires y venires a la refaccionaria tapatía del doctor y artista José Guerrero Santos. Por otra parte, contra mi afición y capacidad le dediqué un bienio a la filosofía crítica de la historia. De una montaña de libros de Raymond Aron, Phillip Bagby, Felice Battaglia, F. Bianco, F. H. Bradley,

Ferdinand Braudel, Manuel Brioso y Candiani, Jacobo Burckhardt, Burlatski, J. B. Bury, Edward Carr, Germán Carrera, Antonio Caso, Jorge Luis Cassani, Américo Castro, Michel de Certeau, R. G. Collingwood, Benedetto Croce, Gordon Childe, Arthur Danto, Eric Dardel, Wilhelm Dilthey, William Dray, Lucien Febvre, Joseph Fontana, José Fuentes Mares, Hans-George Gadamer, J. K. Galbraith, José Gaos y 100 más, saqué el ratón que lleva el nombre de *El oficio de historiar*.

Abre el libro la idea de que las historias son inseparables de los historiadores. "El oficio de historiar tiene mucho que ver con la sociología, la filosofía, la psicología, la cultura y la ética del sujeto cognoscente." En seguida discute acerca del vastísimo y variado mundo del acaecer histórico: "Cada vez más extenso y accesible... por el creciente interés en nuevos asuntos del pasado". Sostiene que toda acción humana es histórica si es documentable. Asegura con Jan Vansina que "no hay datos insignificantes". Quizá las cosas que se han tenido como simples sean las que descubren mejor la índole del hombre.

El libro invita a la historia global, pero también previene contra el todismo de algunos historiadores, contra la ambición de verlo todo. Recomienda especializarse y habla de los buenos frutos de la especialización. Tampoco desconoce la utilidad de los marcos teóricos, pero sí alerta contra la manía mexicana a repetir los teoremas que se producen en las metrópolis culturales. Es indispensable partir de una imagen interina del pasado que se quiere resucitar, pero no conviene usar imágenes importadas, ajenas a nuestra sociedad. *El oficio de historiar* se detiene en las estaciones conflictivas del método histórico. No elude el problema reciente de la abundancia y variedad de fuentes de Clío ni le escabulle el bulto a los nuevos modos de capturar información. Considera vigente el detectivesco asunto de las operaciones críticas. El sexto capítulo se hunde en el breñal que Gardiner llama "La naturaleza de la explicación histórica". Ningún historiador puede escapar del uso de ligas para unir los acontecimientos, para comprender lo sucedido. Comoquiera, en el reino de Clío las autopsias deben hacerse sin destruir el cadáver, las historias explicadas deben desfigurar lo menos posible las historias vividas. Que el historiador busque estructuras, pero que no olvide que a los lectores de historias les interesan los hechos y no sólo sus relaciones causales. En el séptimo capítulo de *El oficio de historiar* se hacen diversas propuestas para dar forma a nuestros saberes e interpretaciones de lo histórico. El octavo vuelve a un tema muy del gusto de los antiguos y muy soslayado por los modernos: el discurso y, sobre todo, la posibilidad de engancharlo al lenguaje televisivo. En el postrer capítulo procura dar cuenta de las satisfacciones y servicios que presta el conocimiento histórico a la sociedad en su conjunto.

VI. Regreso a la matria

A 10 años de la fundación de El Colegio de Michoacán cerré el viaje redondo iniciado 50 años antes. Desde 1988 vivo otra vez en San José de Gracia. Cumplía el pueblo 100 años cuando nos reconocimos mutuamente. Los dos éramos otros. Quizá si la matria se hubiera mantenido recoleta, suspicaz, rústica e intolerante no se hubiera resignado a la vuelta del hijo pródigo. Quizá si la muchedumbre citadina no le afectara tanto, el prófugo no habría regresado con mujer, libros y multitud de proyectos. En la nueva sede, la esposa dispone de tres jardines y una torre morada de cuatro niveles rebosante de poemarios, novelas, cuentos y libros infantiles. El cronista dispone de una biblioteca de veinte mil volúmenes, entre ellos los de teoría y método de la historia y los de historia general del país y particular de cada uno de sus estados. La biblioteca crece y se pone al día a razón de 1 500 volúmenes al año. Vuelvo a San José con los propósitos de escribir una historia de la construcción de México; poner al día *Pueblo en vilo, Zamora* y *Sahuayo;* juntar en media docena de volúmenes el centenar de artículos dispersos en revistas y periódicos, y ponerme a reconstruir la historia de un yo pobre que le ha tocado medirse con una circunstancia rica y sabrosa. El libro de las escuelas y colegios en los que he dormitado no sólo servirá para dormir.

Las cosas en que he puesto la mira han sido en parte relegadas por lo que han dispuesto mis colegas, favorecedores y jefes. La acción de amigos y patronos me ha llevado a cursos, conferencias, congresos, juntas, homenajes, asesorías, banquetes y consultorios. El ejercicio de la enseñanza a jóvenes inclinados a la historia es cada día menor, pero la impartición de conferencias ha crecido en número y en pluralidad. Del 88 para acá he hablado y debatido frente a públicos heterogéneos, no menos de 12 veces en el año. Por miedo a la repetición, y sobre todo a que se descubra el refrito, procuro ser un conferenciante original en cada caso, y por esa razón mantengo la costumbre de distraer un tiempo razonable a la hechura de la sinopsis que me ayudará a rememorar lo que voy a decir. Por otro lado, las conferencias dadas en cinco o seis ciudades diferentes, y en ocasiones muy distantes del sitio de residencia, exigen horas y felices días. Algo similar puede decirse de los congresos, mesas redondas y coloquios. Con mucho placer asisto al año a siete u ocho reuniones de tipo académico en México, y por lo menos a una fuera del país. En cuanto a pérdida de horas, pasa si usted asiste como moderador de una mesa, pero si lo invitan para ponente, bien dura semanas en la preparación de la ponencia. En la última década se ha puesto de moda la presentación de libros recién editados. Generalmente en cada una de tales presentaciones hablan el autor y dos o tres personas en el papel de padrinos. Las intervenciones del padre y los padrinos duran alrededor de quince minutos por persona, pero la lectura que precede al bautizo del volumen y el coctel que le sigue ofrecen satisfacciones de varia índole pero reducen el tiempo destinado a las tareas proyectadas.

En 1992 presenté 10 libros y todo indica que el número aumentará en el presente año pese al poco peso y la poca elocuencia del presentador. También he figurado en diversas distribuciones de premios. A riesgo de parecer desagradecido, de incurrir en el feísimo pecado de la ingratitud, denuncio las horas sustraídas al quehacer que me he propuesto por los galardones y los reconocimientos recibidos. Estoy muy orgulloso de pertenecer a la Academia Mexicana de la Historia, al Colegio Nacional, al Consejo Nacional de Ciencias, a tres o cuatro juntas de gobierno de instituciones muy prestigiadas; me regocija recibir de manos del Presidente de la República el Premio Nacional de Historia, Ciencias Sociales y Filosofía, y de diversas autoridades los nombramientos de doctor *honoris causa*, maestro emérito, investigador de igual nivel y otros títulos que engordan el ego, reducen la jornada de trabajo y la capacidad de autocrítica.

Antes me avergonzaba por dar a las prensas textos inmaduros o francamente triviales. De 1988 para acá he publicado, sin mayores remordimientos, tres libros y 30 ensayos para la prensa periódica. De *El oficio de historiar* ya di cuenta en párrafos anteriores. Esperé inútilmente que algún académico dijera que es una obra clara, precisa, elástica sin menoscabo de la solidez. Tampoco ha recibido críticas negativas. Se vende bien, pero no despierta comentarios periodísticos. En 1989 apareció *Todo es historia*, que sólo requirió el esfuerzo de juntar en un volumen de 300 páginas 14 artículos publicados con anterioridad. En 1991 Banca Promex imprime para sus clientes, en buen papel y con buenas fotografías, *Michoacán, muestrario de México*, que refríe las descripciones de las nueve comarcas de Michoacán y da por primera vez un bosquejo de los platillos del rumbo, del perfil social y los valores gastroculturales de la cocina michoacana. La segunda parte de este librito de trivia es de historia económica, pero visto desde el lado sabroso, que no el cruel de la labranza que tanto hace sufrir a quienes investigan la historia de la agricultura.

De los artículos de mi último quinquenio laboral ha quedado sin lectores, en ese sepulcro que se llama *México, setenta y cinco años de Revolución*, el más extenso de todos, al que puse un nombre claro: "75 años de investigación histórica en México", que ocupa 50 páginas del tomo IV de la obra citada. También pasó al cementerio de las bibliotecas la "Nueva historia del petróleo mexicano", prólogo a un libro en tres volúmenes. Una buena parte de la historiografía mexicana se escribe con motivo de aniversarios de sucesos célebres. Conforme a la costumbre, un 16 de septiembre publiqué mi versión de las guerras de independencia; un 5 de mayo, la correspondiente a la Reforma; un 20 de noviembre dije lo que pienso de la Revolución Mexica-

na; un 18 de marzo salió mi prólogo sobre la historia de la industria petrolera, y en varias fechas de 1992 comparecí en diarios y revistas con artículos
que tratan asuntos próximos a los que conmemoran el quinto centenario del
descubrimiento emprendido por Colón y demás tripulantes de las tres cara-
belas.

Sin proponérmelo, he incurrido en las revistas de alta divulgación y en los
suplementos culturales de los diarios. Un par de términos aprendidos en el
cuartel 50 años atrás, la expresión de "orden disperso", define bastante bien
la labor académica que he practicado de 1988 para acá. La actividad errática
no es lo que me gusta más, pero es la más visible de mis labores recientes.
Casi todos mis viajes han tenido como pretexto la práctica de mi profesión:
dar una conferencia de asunto histórico, asistir a una convención de colegas,
exponer mi persona al premio concedido por alguna universidad. Los viajes
al Viejo Mundo sólo han sido tres, pero siempre a las cuatro ciudades de
muy buen ver: París, Madrid, Barcelona y Sevilla. Tampoco he tenido la suerte de los colegas que mes a mes incurren en alguna ciudad de los Estados
Unidos. Mi viaje mensual es a la metrópoli mexicana, que no se resigna a la
descentralización de los mexicanos. Otras excursiones frecuentes son a las
capitales de los estados de la república. Los viajes quitan mucho tiempo; comoquiera, tengo la sensación de que el viajero es poco lo que pierde de días y
mucho lo que gana en experiencia, en saber de otros estilos de vida, en distinguir lo propio de cada lugar y ver que el hombre cambia no sólo en el tiempo
sino también en el espacio. Los viajes al interior de la república mexicana
convencen a los residentes de la ciudad de México de lo infundado de la con-
seja de que "fuera de la ciudad de México, todo es Cuautitlán"; es decir,
insignificante. Las excursiones a países del Primer Mundo nos curan a los
mexicanos de la idea de que todo lo hecho en México está mal hecho.

El transporte aéreo, la computadora y la televisión constituyen las máximas maravillas del mundo actual. A las tres he accedido tarde, y me duele.
Una me emociona particularmente: la televisión. En los años cincuenta la vi
como amenaza. En el decenio siguiente intervine alguna vez como entrevista-
dor de personajes de la política, y otra, como ponente en una mesa redonda
televisada, y una más como autor de textos de historia de México que leía y
actuaba Ignacio López Tarso. En los ochenta, Enrique Krauze y Fausto Zerón
demostraron ampliamente con dos series (*Senda de gloria* y *Biografía del poder*) la utilidad de la televisión como lenguaje de la historia. A través de
programas televisivos los historiadores pueden llegar a un público centena-
res de veces más vasto que el de los leeperiódicos y libros. Con todo, la tele-
historia es mucho más costosa que la historiografía, requiere la participación de actores, fotógrafos y otros técnicos del arte televisual, y todavía deja
en los académicos la sensación de ser menos objetiva que la historia que se
ofrece en libros y artículos. La historia televisual es difícil de producir y está

aún en pañales, pero sólo a través de ella se alcanzará el ideal de una historia para todos.

Como quisiera retirarme con una despedida, le cuelgo al largo y tedioso discurso egohistórico anterior dos apéndices, dos cápsulas. Una está extraída de mi agenda y la otra de mi optimismo. La que recoge los compromisos del historiador desde mañana hasta dentro de 14 días dice: agosto 1993. Jueves 26. 6:30 a 8:30: viaje en automóvil de San José al aeropuerto de Guadalajara. Desayuno. Una hora de espera en la sala B. Otra hora de vuelo a la capital. Telefonema a Patricia Rodríguez. Preparar la intervención en el encuentro televisado de *Vuelta*. Viernes 27. 9:00 hrs.: traslado a ciudad Televisa. Instructivos para la buena realización del evento. 11:00 hrs.: "La herencia del siglo XIX", debate entre cinco, moderado por Enrique Krauze. Seguir en Televisa hasta la tarde. Reunión familiar. Sábado 28. 9:00 hrs.: a Guadalajara en el vuelo 116 de Aeroméxico. 10 a 12 hrs.: regreso a San José. Comida con mi tío Bernardo. Acomodar en los anaqueles libros recién llegados. Domingo 29: darle la última mano a "Mis tropiezos con la historia". Comer y charlar con entrevistadora de *Siglo 21*, diario de Guadalajara. Lunes 30: preparar la lección inaugural del curso de Teoría de la Historia. Entrevista con la doctorada Yolanda Padilla. Martes 31: escribir las palabras de homenaje al doctor Zavala. Contestar correspondencia. Septiembre 1993. Miércoles 1. 8:00 hrs.: traslado a Zamora. 10:00 hrs.: clase inaugural del curso de Teoría de la Historia en El Colegio de Michoacán. Regreso a San José. Preparar viaje a Morelia, México y Oaxaca. Jueves 2. 6:00-10:00 hrs.: viajamos Armida y yo a Morelia. 11:00 hrs.: palabras en el homenaje al doctor Zavala. 19:00 hrs.: conferencia sobre nuevas modalidades de la historia en la Biblioteca del Palacio Clavijero. Cena con amigos. Viernes 3.: excursión a Tiripetío con el doctor Zavala. En la tarde, segunda conferencia sobre la microhistoria. Cena de despedida. Sábado 4: en autobús a la ciudad de México. Atención a correspondencia recibida y a diversos asuntos menores. Domingo 5: preparar la ponencia para la IV Semana de Solidaridad en Oaxaca. Reunión vespertina con familiares cercanos. Lunes 6: respuesta positiva a la invitación a participar como ponente en el II Congreso de Academias de la Historia Iberoamericanas. Asistir a la junta de El Colegio Nacional. Acudir a la cita del diabetólogo doctor Serrano. Martes 7: preparar la ponencia para la IV Semana de Solidaridad en Oaxaca. En la tarde, dirigir sesiones ordinaria y solemne de la Academia Mexicana de la Historia. En la noche, asistir al coctel de bienvenida para Carlos Herrejón. Miércoles 8. 8:00 hrs.: traslado en avión a la ciudad de Oaxaca. 11:00 hrs.: sesión inaugural en el Auditorio del Estado. 11:30 hrs.: panel A-1: "Carreterización de la pobreza". 16:00-17:30 hrs.: mi ponencia en Panel A-2: "Análisis cualitativo de la problemática de la pobreza".

Como se ve, la carga de trabajo de los historiadores es fuerte. Comoquiera, estoy seguro de que para la historia de México ninguna época pasada ha sido superior a la presente. El oficio de historiar es ahora profesión universitaria de alto prestigio. Los sucesos dignos de historización han aumentado prodigiosamente. Las bibliotecas, los archivos, los museos, los sitios arqueológicos y demás almacenes de testimonios de la vida mexicana son más y mejores. Se facilita la captura de datos y se pulen los instrumentos de crítica e interpretación. De las filosofías especulativas de la historia, algunas se han esfumado y otras han perdido prepotencia. Constantemente crecen las posibilidades de acercamiento entre la historia contada y la historia vivida. Vivimos ya en el mejor, que no en el menos contencioso, de los gremios aspirantes al conocimiento del hombre.

GONZÁLEZ Y GONZÁLEZ, LUIS

Historiador mexicano.
Fecha de nacimiento: 1925 (San José de Gracia, Mich.).

ESTUDIOS

Maestro en ciencias históricas por la Escuela Nacional de Antropología e Historia (1956).
Cursó tres años de la carrera de derecho en la Universidad Autónoma de Guadalajara (1943-1946).
Estudió historia en El Colegio de México (1946-1949) y en la Facultad de Filosofía y Letras de la UNAM (1952).
Materias de posgrado en la Sorbona de París (1952).

TRABAJO PROFESIONAL

Asistente libre en la Escuela Nacional de Antropología e Historia, El Colegio de Francia y El Colegio Nacional de México.
Docencia desde 1943.
Profesor e investigador de El Colegio de México.
Dirigió el Seminario Fuentes de la Historia Contemporánea de México (1957-1960) en El Colegio de México.
Director del Centro de Estudios Históricos (1963-1965 y 1970-1973) de El Colegio de México.

Becario del gobierno de Francia.

Becario de la Fundación Rockefeller.

Copresidente de la Sociedad Mexicana de Historia (1953).

Miembro de la Academia Mexicana de la Historia Correspondiente de la Real de Madrid, desde 1972.

Miembro correspondiente en el extranjero de la Académie des Sciences, Agriculture, Arts et Belles Lettres, d'Aix en Provence, Francia, desde 1974.

Miembro de El Colegio Nacional (1978).

Miembro del Consejo de la Crónica de la Ciudad de México (1987-).

Cronista (1980) e historiador (1983) de la ciudad de Zamora, Michoacán.

En enero de 1979 fundó en Zamora El Colegio de Michoacán y lo dirigió hasta 1985.

Trabajo editorial

Director de *Historia Mexicana* (1960-1964).

Premios

Por *Pueblo en vilo* obtuvo el Premio Haring de la American Historical Association (1971).

Premio Nacional de Filosofía, Historia y Ciencias Sociales (1979).

Premio José Tocavén (1983).

Premio Nacional de Ciencias Sociales y Filosofía (1983).

Las palmas académicas de Francia (1985).

Recibió la presea "Generalísimo José María Morelos" (18 de mayo de 1979).

Principales obras

González y González, Luis *et al.*, *Fuentes de la historia contemporánea de México, libros y folletos*, 3 vols., México, El Colegio de México, 1961-1962.

La tierra donde estamos: 30 años del Banco de Zamora, México, Banco de Zamora, 1971, 220 pp.

Invitación a la microhistoria, México, SEP (SepSetentas, 72), 1973, 186 pp.

Los artífices del cardenismo, México, El Colegio de México, 1979.

Los días del presidente Cárdenas, México, El Colegio de México, 1981.

Nueva invitación a la microhistoria, México, Fondo de Cultura Económica, (SepOchentas, 11), 1982, 155 pp.

La ronda de las generaciones, México, SEP, Dirección General de Publicaciones, 1984, 131 pp.

Pueblo en vilo, México, El Colegio de México, 1968; Fondo de Cultura Econó-
    mica/SEP (Lecturas Mexicanas, 59), 1984, 349 pp.
Daniel Cosío Villegas, México, Crea/Terra Nova, 1985, 118 pp.
El oficio de historiar, México, El Colegio de Michoacán, 1988, 268 pp.
Todo es historia, México, Cal y Arena, 1989, 306 pp.

MOISÉS GONZÁLEZ NAVARRO

I

ESTUDIÉ la primaria en 1931-1937 en el Colegio Alcalde y en el López Cotilla, ambos particulares y semiclandestinos. No recuerdo los libros de texto, pero sí guardo un recuerdo imborrable de que representamos el martirio de Cuauhtémoc por Cortés: a petición mía me "quemaron" los pies atado a un pupitre. La secundaria la estudié en el Colegio López Cotilla de 1938 a 1940. Los estudios no estaban reconocidos por la SEP, el reconocimiento se obtuvo hasta 1940. Tampoco recuerdo el libro de texto de historia, pero sí que el profesor don José Paz Camacho seguía a Justo Sierra en sus explicaciones y que otro profesor comentó que la expropiación petrolera no debía haberse realizado, pero ya que estaba hecha debíamos apoyarla.

El primer año de la preparatoria lo estudié, en 1940-1941, en la Universidad Autónoma de Guadalajara con un profesor apellidado Martínez que seguía la *Historia de la nación mexicana* del padre Cuevas. Completaba este curso uno de Problemas de México que impartía Carlos Cuesta Gallardo, quien predicaba contra la Revolución Mexicana y en favor del fascismo.

Como gracias a Dios fui expulsado de esta Universidad, en la de Guadalajara terminé la preparatoria. Tuve la fortuna de que mi profesor fuera don José Cornejo Franco, quien enseñaba sin libro de texto, con criterio liberal, pero no jacobino, burlándose un poco de las explicaciones marxistas mecánicas dominantes en esa Universidad, entonces "socialista".

Respecto de la conciencia sobre otros historiadores reconocidos, en esa época fue creciendo en mí la necesidad de entender a Alamán, a quien se consideraba el campeón de la historiografía "católica".

Como estudié la primaria, la secundaria y el primer año de preparatoria en escuelas particulares, conviví al lado de gentes que habían sufrido la reforma agraria o que batallaban contra el obrerismo de Cárdenas. Otros de mis compañeros eran como yo, de modestos recursos, hijos de empleados y de obreros, pero cuyos padres deseaban mantenernos fuera del peligro de la educación "socialista". Recuerdo, por ejemplo, que cuando se afectó la hacienda de un compañero éste comentó indignado que Cristo había sido "socialista", pero no como lo estaban haciendo "ésos".

Tuve también la fortuna de que cuando comencé a interesarme con "seriedad profesional" por el estudio de la historia en el segundo año de preparatoria, mi maestro José Cornejo Franco era el director de la biblioteca pública del estado y me orientó oportunamente. Esta fortuna se acrecentó cuando me fui a estudiar al Centro de Estudios Sociales de El Colegio de México (1943-1947), porque El Colegio tenía entonces una biblioteca pequeña pero básica. Más aún, pude consultar la biblioteca de la Secretaría de Hacienda con entera libertad gracias a que su director era mi maestro don Agustín Yáñez, quien en más de una ocasión en que me decían que no podían prestarme tal o cual libro, me lo prestaba de su biblioteca particular. También me ayudó muchísimo en esto mi maestro don Arturo Arnáiz y Freg cuando dirigió mi tesis sobre Lucas Alamán (1946-1947), porque me presentó con los directores de algunas de las principales bibliotecas y archivos capitalinos; don Antonio Pompa y Pompa fue uno de los que más generosamente me ayudó. También tuve la fortuna de que El Colegio de México publicara mi tesis sobre Alamán en 1952 y de colaborar desde el primer número de *Historia Mexicana* (octubre-diciembre de 1951) y también en la *Revista de Historia de América* (desde junio de 1948).

Como dije, mis estudios en ciencias sociales en El Colegio de México los concluí con una tesis histórica sobre Alamán. Lo hice sin ninguna dificultad; por el contrario, conté con el apoyo de mi maestro José Medina Echavarría quien, de paso, me hizo ver la conveniencia de reducir mi ambicioso tema inicial —el pensamiento político de los conservadores— a Lucas Alamán.

II

Probablemente el primer parteaguas en la investigación histórica en México fue la creación del Centro de Estudios Históricos en El Colegio de México en 1941, que ofreció una metodología rigurosa, si bien predominantemente positivista. Poco después Edmundo O'Gorman ofreció una visión historicista, y José Gaos y Leopoldo Zea fundaron la llamada "historia de las ideas". Por su parte, la *Historia moderna de México* —iniciada en 1950— fue una investigación colectiva que abrió muchas posibilidades, entre otras la de su complemento hace 25, *Pueblo en vilo* de Luis González y González. En fin, más o menos a partir de los sesenta la historiografía marxista alcanza gran difusión y, en años más recientes, la historia social, la económica y la de las mentalidades se han puesto "de moda".

Creo que los cambios históricos importantes influyen en la concepción de la historia de diversas maneras. Por ejemplo, tal vez la crisis de la Revolución Mexicana —su muerte, según otros— favoreció a la historiografía marxista. Y también probablemente los historiadores que han sido políticos (fallidos o triunfantes) son los que más han permeado a la sociedad. Entre los primeros puedo mencionar a Daniel Cosío Villegas, y entre los segundos a Jesús Reyes Heroles. Y en este momento en que el fantasma del capitalismo recorre el mundo es natural que los guiones de la televisión convertidos en libros sean los que estén moldeando la conciencia nacional e imponiendo su visión. Por su parte, los mecanismos de incorporación de los nuevos conocimientos sociales a la conciencia social fueron en su primer momento los suplementos culturales, lo que actualmente sucede con la televisión.

Considero que como la enseñanza de la historia tiene que ver más con el civismo (adoctrinamiento de los dogmas y valores oficiales), la investigación histórica va a la zaga de la enseñanza, en tanto un grupo tiene el poder de cambiar la política gubernamental.

La historia, creo yo, es un saber que expresa los intereses del grupo al que pertenece el historiador, por supuesto dentro de un tono personalísimo que enraiza con lo más íntimo del autor.

Y, finalmente, en mi concepto la función social de la historia responde a la justificación y a la esperanza de un régimen, de una clase, de un grupo y de un autor.

GONZÁLEZ NAVARRO, MOISÉS

Historiador mexicano.
Fecha de nacimiento: 1926 (Guadalajara, Jalisco).

ESTUDIOS

Licenciado en derecho por la UNAM.
Maestro en ciencias sociales por El Colegio de México.
Estudios en la Escuela de Altos Estudios de París.

TRABAJO PROFESIONAL

Docente desde 1949.
Profesor e investigador en la UNAM y en el Museo Nacional de Historia.
Subjefe del Departamento de Bibliotecas de la Secretaría de Hacienda y Crédito Público.
Profesor emérito de El Colegio de México.

PRINCIPALES OBRAS

Vallarta y su ambiente político-jurídico, México, Junta Mexicana de Investigación Histórica, 1949, 156 pp.

El pensamiento político de Lucas Alamán, México, El Colegio de México, 1952, 178 pp.

Estadísticas sociales del Porfiriato, 1877-1910, México, Secretaría de Economía, Dirección General de Estadística, 1956, 249 pp.

(Prólogo y selección), *Vallarta en la Reforma*, México, UNAM (Biblioteca del Estudiante Universitario, 76), 1956, xxxvi, 236 pp.

¿Ha muerto la Revolución Mexicana?, 2 vols., México, SEP (SepSetentas, 21 y 22), 1970.

Sociología e historia en México (Barreda, Sierra, Parra, Molina Enríquez, Gamio, Caso y otros), México, El Colegio de México (Jornadas, 67), 1970, 86 pp.

La Reforma y el Imperio, México, SEP (SepSetentas, 11), 1971, 211 pp.

(Colaborador), "El Porfiriato, vida social", en *Historia moderna de México*, 4 vols., 3a. ed., México, Hermes, 1973.

Población y sociedad en México (1900-1970), 2 vols., México, UNAM, 1974.

Anatomía del poder en México, 1848-1853, México, El Colegio de México, 1977, 498 pp.

La Confederación Nacional Campesina. Un grupo de presión en la Reforma Agraria mexicana, México, UNAM, 1977, 333 pp.

Cinco crisis mexicanas, México, El Colegio de México, 1983, 100 pp.

José María Luis Mora: la formación de la conciencia burguesa en México, México, UNAM, 1984, 47 pp.

La pobreza en México, México, El Colegio de México, 1985, 494 pp.

Historia demográfica del México contemporáneo, 3 vols., México, El Colegio de México, Centro de Estudios Históricos, s/f.

MIGUEL LEÓN-PORTILLA

I

HABLARÉ de mis estudios en la secundaria y la preparatoria, tanto acerca de la que se llamaba "Historia Patria", como de la Historia Universal. Respecto de la primera, como estuve en varias escuelas, tuve acceso a libros de texto muy diferentes. Por una parte, estudié Historia de México en manuales de Alfonso Toro y Luis Chávez Orozco; por otra, desde luego que en un colegio distinto, el libro empleado fue el de *Historia de México* de José Bravo Ugarte. Mucho me llamó la atención ver que en esas obras había enfoques y criterios de interpretación no sólo diferentes sino a veces opuestos. Chávez Orozco concedía particular atención al desarrollo cultural prehispánico. Presentaba además con claridad y —ahora puedo decirlo— sobre una base de información bastante adecuada lo que esta materia iba describiendo. En cambio, Bravo Ugarte concedía menor importancia al pasado prehispánico. Así, cuando hablaba de las creencias y las prácticas religiosas, enumeraba a los dioses indígenas de una manera que me parecía confusa, ya que no establecía las relaciones internas que podría haber entre ellos. En suma, era como si para Bravo Ugarte tuviera escasa significación el pasado indígena.

En contraste con lo anterior, el mismo Bravo Ugarte dedicaba un amplio espacio al periodo colonial, ponderando con detenimiento las que presentaba como creaciones muy importantes a lo largo de esos trescientos años. Alfonso Toro y Chávez Orozco se mostraban, por su parte, bastante críticos al hablar de acontecimientos e instituciones coloniales. Los enfoques o interpretaciones, frecuentemente opuestos entre sí, se acentuaban mucho al tratar la época independiente de México. Procesos como el de la Reforma, el enfrentamiento entre liberales y conservadores, el Imperio de Maximiliano y el gobierno de Juárez eran analizados y valorados de maneras sumamente contrastantes. Para estudiantes como yo que, al cursar historia, no en una sino en dos escuelas diferentes, nos encontramos con estas interpretaciones a veces antagónicas, nuestro aprendizaje nos dejó no pocas perplejidades. Confieso que durante varios años subsistió en mí un sentido de inseguridad frente a eso, que mucho me atraía pero que se me presentaba relatado, en muchas ocasiones, de maneras tan distintas: la historia de México.

En lo que concierne a la Historia Universal, tuve como texto la obra en varios volúmenes de Albert Malet y J. Isaac, intitulada *Curso de historia universal*. Ahí se nos abría un panorama muy interesante. Confieso que casi todo lo que se nos presentaba en el libro —por cierto con bastantes ilustraciones— avivaba mi interés por la historia. Me extrañó mucho, eso sí, ver que en ese curso se concedía muy poca atención al tema de las culturas indígenas de México o del Nuevo Mundo en general. Tampoco era mucho lo que se decía sobre nuestra historia colonial y nuestro periodo independiente. De todos los países de América, tan sólo los Estados Unidos, en su etapa moderna, merecía una consideración más detenida. Poco a poco me di cuenta de que dicho *Curso de historia universal* estaba concebido desde una perspectiva no ya europea en general, sino específicamente francesa. Quienes teníamos como texto esa obra estábamos acercándonos a lo que había acontecido en el mundo como si tuviéramos ojos y mentalidad franceses. Desde luego que reconozco las grandes aportaciones de la historiografía que ha florecido en Francia, pero no dejo de admirarme al pensar que cuando era estudiante no teníamos como texto de historia universal un libro en el que nuestro propio pasado se situara en el amplio contexto del devenir histórico del mundo.

Ya en preparatoria me percaté de que dentro y fuera de México había historiadores de reconocido prestigio. Ellos habían investigado en archivos y otros lugares en busca de testimonios que pudieran esclarecer la época del pasado que estaban estudiando. También me fui dando cuenta de que existían no sólo tendencias ideológicas en la interpretación, sino también diversos enfoques metodológicos y filosóficos en la comprensión del pasado. Como me interesaba mucho la historia prehispánica de México, desde entonces leí la *Historia general de las cosas de Nueva España* de fray Bernardino de Sahagún. Asimismo, saboreé la aportación de Francisco Javier Clavijero, *Historia antigua de México*. Me asomé —porque no los leí entonces completos— a los cinco volúmenes de *México a través de los siglos*. Acercarme a este trabajo me hizo tomar conciencia de que, con antagonismos o sin ellos, no era poco lo que se había escrito acerca del pasado de México en sus diversos periodos. Pude leer ya las *Cartas de relación* de Hernán Cortés, la *Historia* de Bernal Díaz del Castillo y asimismo la *Historia de la conquista de México* de William Prescott, la *Historia de la Iglesia de México* de Mariano Cuevas, buena parte de los escritos del doctor Luis Mora y de Lucas Alamán. En materia de historia universal devoré algunos volúmenes de la obra de César Cantú y también varios de los que escribió Arnold Toynbee. Ésta fue mi introducción a la historiografía en los años de juventud. Visto todo a distancia, pienso que, a fin de cuentas, esa introducción a la historia y a la historiografía no sólo no fue mala, sino en muchos aspectos positiva. Tan es así que me abrió el apetito para optar por la historia, después de haberme adentrado en el campo de la filosofía.

Los principales cuestionamientos que surgieron en la conciencia histórica de mi generación fueron de variada índole. Un primer cuestionamiento se derivó de las ideologías propias de cada uno de nosotros, relacionadas con frecuencia con antecedentes familiares, incluyendo los religiosos, así como sociales y políticos. En mi época se dejaba sentir con gran fuerza la influencia de la interpretación materialista de la historia en términos del pensamiento de Marx y de varios de sus seguidores. Confieso que a mí no me atrajo tal sistema de pensamiento, entre otras cosas porque se presentaba como única alternativa científica de interpretación de la historia. Mis estudios filosóficos, en particular el de la *Crítica de la razón pura* de Kant, me habían mostrado cuáles son los límites del conocimiento humano. No era posible, de eso estaba y estoy convencido, establecer leyes universales y necesarias, ya no digo en el campo de las ciencias sociales, pero ni siquiera en el de las físicas. En estas últimas es el cálculo de probabilidades el que da apoyo a los enunciados que generalmente se aceptan como "leyes". Pretender que una concepción histórica tenía validez científica universal me parecía y me sigue pareciendo imposible, por no decir ingenuo.

En cambio, me sentí desde entonces atraído por la corriente historicista, aunque sin aceptar por completo su relativismo extremo. Por una parte, desde el ángulo filosófico me interesó el método cognoscitivo de la fenomenología propuesta por Husserl. Por la otra, me impresionó considerablemente el enfoque adoptado por Dilthey en sus trabajos. El cuestionamiento que me hice se dirigió sobre todo a aquellos historiadores y a aquellas obras que se presentaban con pretensiones de verdad absoluta. En esta postura participábamos estudiantes de filosofía y de historia.

Por supuesto que existía una correlación manifiesta entre las ideas históricas, o mejor dicho, entre las interpretaciones de acontecimientos y actuaciones de determinadas figuras y los grupos que profesaban determinadas ideologías. Así, por ejemplo, los intelectuales que se decían de izquierda, los miembros de determinados partidos políticos y también los maestros de la mayoría de las escuelas públicas destacaban la importancia del pasado indígena y minimizaban la del periodo colonial, considerado como una especie de Edad Media mexicana. A su vez, los grupos tradicionalistas, los maestros de las escuelas privadas, y en general los sectores más influidos por instituciones como la Iglesia católica o partidos y agrupaciones de tendencias derechistas privilegiaban en su interpretación del proceso formativo de México la presencia española, la figura de Hernán Cortés y las instituciones novohispanas. En contrapartida, reducían la significación de lo indígena e insistían en señalar lo que les parecía aborrecible en las culturas nativas: los sacrificios humanos, la antropofagia ritual y, en suma, lo que no dudaban en calificar de paganismo indígena. Los antagonismos eran tanto o más fuertes al estudiar otras etapas cruciales en la historia de México, como la de las guerras de independencia y los proyectos de organización del nuevo país, las luchas entre liberales y conservadores y, por supuesto, el desarrollo y las consecuencias de la Revolución de 1910. La gran mayoría de los historiadores, y los que hacían suyas sus interpretaciones, mantenían casi siempre un enfoque de carácter meramente descriptivo. Su propósito principal parecía poner de relieve, como elementos positivos, los hechos y actuaciones que, en su opinión, habían dado apoyo a valores y formas de vivir y pensar consideradas como las propias y convenientes para la integración cultural del ser de México.

Puede decirse que en esos años eran muy pocos en México los estudiosos de la historia del país o de la historia universal que seguían de cerca el desarrollo de las tendencias historiográficas que iban apareciendo en países como Francia, Inglaterra y Alemania. La desinformación respecto de tales corrientes se traslucía en sus enfoques mayoritariamente restringidos a la descripción de hechos del pasado. Y cuando se aplicaba alguno de los sistemas o modelos de comprensión histórica, era frecuente que esto se llevara a cabo con notorio desconocimiento del sistema al que se hacía referencia, lo que daba lugar a ingenuidades y grotescas simplificaciones.

II

Ya he dicho que las interpretaciones de la historia nacional obedecían fundamentalmente a posturas e ideologías diferentes y opuestas, arraigadas en México de tiempo atrás. Parecía que se concibiera la labor historiográfica como un arma para inculcar las propias convicciones políticas, religiosas e ideológicas en general. El pasado nacional se interpretaba en formas antagónicas precisamente porque se seguía viviendo el presente en actitud de franca confrontación. Era raro el historiador o el estudioso que estuviera dispuesto a asumir una actitud de comprensión abierta en la que tuvieran su lugar las actuaciones de figuras que concibieron proyectos muy diferentes entre sí en la forja del ser de México. Creo que sobran los ejemplos. Parecía entonces imposible a un historiador de mentalidad progresista, o si se quiere liberal, admitir que en el pensamiento y la acción de hombres como Agustín de Iturbide, Lucas Alamán, Luis Gonzaga Cuevas, Miguel Miramón o Maximiliano pudiera haber otra cosa que no fueran el oscurantismo, la ambición personal o el propósito absurdo de llevar al país a formas de vida e instituciones tenidas ya como del pasado. E igualmente podría decirse que para el historiador tradicionalista, hombres como José María Luis Mora, Valentín Gómez Farías y Benito Juárez debían presentarse como adversarios de la Iglesia católica y de las tradiciones y valores en que se fundaba la esencia misma de la patria.

Cuando empecé a interesarme seriamente por los estudios históricos, a la luz de un discurrir filosófico, el panorama general de la historiografía en

México, si bien incluía la presencia de algunos maestros muy distinguidos, difería mucho de lo que es en la actualidad. En lo que a mi interés particular concernía, el de la historia de los pueblos indígenas, encontré ciertamente la presencia de hombres que sigo admirando como Manuel Gamio, Alfonso Caso, Alfredo Barrera Vásquez, Alfonso Villa Rojas, Ángel María Garibay K. y otros varios más, tanto mexicanos como extranjeros. Pienso que esto mismo podría afirmarse también de algunos estudiosos sobresalientes en la investigación del pasado colonial y del México moderno y contemporáneo.

En cuanto a los medios para el desarrollo de la investigación histórica, hay que reconocer que eran también mucho más escasos en esos años. Los centros de investigación se reducían a unos cuantos, casi todos ubicados en la capital del país.

Hablaré más de lo que conozco. Allá por los años cincuenta, el número de investigadores de los códices indígenas y de los textos en lengua náhuatl era muy pequeño. En México estaban el padre Garibay, Wigberto Jiménez Moreno, Alfonso Caso, Fernando Horcasitas y algunos —muy pocos— más. Fuera de México sobresalían Charles E. Dibble y J. O. Anderson, antiguos discípulos del padre Garibay, ambos en los Estados Unidos; Gerdt Kutscher y Günter Zimmermann en Alemania; Jacques Soustelle en Francia; y, en lo concerniente a los códices mayas, Eric Thompson, inglés, que vivía en los Estados Unidos. Si comparamos esto con la realidad actual, veremos que existe una enorme diferencia. Aquí en México los estudiosos profesionales de los códices y textos indígenas se cuentan ya afortunadamente por decenas. Otro tanto puede afirmarse de nuestros colegas extranjeros. Bastará con recordar que tan sólo en los Estados Unidos, los historiadores del pasado indígena de México son cada vez más numerosos. A mi parecer, el contacto y los intercambios que tenemos con ellos y con otros de diversos países europeos son en extremo positivos. De algún modo este contacto ha contribuido a elevar nuestros propios niveles de profesionalismo.

Fue sobre todo en la década de los años cincuenta cuando se inició en México una verdadera transformación en el campo de las investigaciones históricas. A partir de entonces comenzaron a graduarse como historiadores algunos de los que hoy son maestros.

III

Hablar de una idea de transformar los estudios en general o en el área que empecé a cultivar me parece un poco presuntuoso. Dedicado ya a la historia del pasado prehispánico, lo que sí me pareció necesario fue adoptar dos criterios que consideré fundamentales. Uno fue el de la necesidad de superar la limitación o restricción en el empleo de las fuentes que de hecho exis-

tían. El otro, el de proceder con la máxima cautela crítica en su aprovechamiento. Respecto del primero diré que en el estudio del pasado indígena
prevalecía en México, en cierto grado, la idea de que éste debía llevarse a
cabo atendiendo sobre todo a los hallazgos arqueológicos y a lo que aporta-
ban los cronistas o historiadores que escribieron en castellano desde el siglo
XVI. Ya he dicho que eran contados los que estudiaban los códices y los textos indígenas. Los códices parecían tan oscuros que su contenido se antoja-
ba casi misterioso. Poquísimos eran los que intentaban acercarse a ellos. Los
textos indígenas exigían conocer el idioma en que estaban escritos. Además
se decía que lo que en ellos se expresaba eran meros mitos o cantares de difícil elucidación. Y algo semejante ocurría, en grado aún mayor, a propósito del
caudal más grande de testimonios en lengua nativa, en especial el náhuatl,
que se produjeron en el periodo novohispano. A pocos les pasaba por la
mente entonces que para estudiar, por ejemplo, temas como el de la organización social, la tenencia de la tierra, las formas de gobierno en las comunidades, las creencias y prácticas religiosas que en ellas prevalecían, había
abundantes testimonios en náhuatl conservados en varios archivos.

Romper esa actitud de autolimitación en el empleo de fuentes que de hecho existían, tanto para el conocimiento del pasado prehispánico como del
colonial, ha sido tarea difícil y no del todo lograda. Repito que aún ahora no
hay un número suficiente de investigadores que estén capacitados con conocimientos de paleografía, lingüística, epigráfica, filología, antropología...
para acometer esta tarea. Podría aplicarse aquí lo pensado por Braudel o lo
que llegó a significar la influencia o "campaña" de los *Annales* de Lucien
Febvre y Marc Bloch: "El historiador ha querido ser —y se ha hecho—
economista, sociólogo, antropólogo, demógrafo, psicólogo, lingüista..." No
obstante las dificultades y esfuerzos que conlleva adquirir esa capacitación
tan amplia, es un hecho que ésta se requiere, sobre todo para investigar las
etapas prehispánica y colonial de México. Este caudal de testimonios en lengua indígena permite captar aconteceres singulares, actitudes conscientes
o inconscientes; en suma, realidades y matices insospechados que son parte
integral de la vida humana. Citaré sólo dos obras básicas desde este punto
de vista. Una es la ya clásica de Ángel María Garibay K., *Historia de la literatura náhuatl,* en dos volúmenes publicados en 1953-1954, que mostró la existencia de fuentes variadísimas para el conocimiento de las etapas prehispánica y colonial. La otra es el trabajo reciente de James Lockhart, *The Nahuas
after the Conquest. A Social and Cultural History of the Indians of Central Mexico. Sixteenth through Eighteenth Centuries* (Stanford University Press, 1992), en
el que, teniendo en cuenta los testimonios indígenas, ensaya una nueva reconstrucción que abarca organización social y política, vida familiar, la relación con la tierra, el aspecto demográfico, la religiosidad, la evolución del
habla, formas de expresión, difusión de la escritura y consecuencias de ello.

Respecto de la aplicación de enfoques críticos en el empleo de este género de fuentes diré que, en un principio, la fascinación que ejerció el descubrimiento o, si se quiere, su renovado estudio, llevó a proceder con cierta ligereza en el sentido de no preocuparse mucho por precisar sus distintos orígenes, las posibles dependencias de unas en relación con otras, las influencias externas o posibles "contaminaciones" en el proceso de su fijación alfabética, o en la frecuente injerencia de no indígenas en su recopilación y transcripción. Poco a poco se ha ido afinando la crítica textual en este campo. En lo personal, mucho me ha interesado poner de relieve, siempre que me ha sido posible, las relaciones entre los hallazgos de la arqueología y el contenido de códices, textos indígenas y otras fuentes, como pueden ser las crónicas en español y los testimonios obtenidos por etnógrafos. Pienso que todos son hilos, aunque diferentes entre sí, que pertenecen a una misma trama y urdimbre, la del tejido cultural mesoamericano en su formación diacrónica. Una vez más diré que las mayores dificultades en esto radican en que acometer esta tarea exige un conjunto de conocimientos, capacitación y aptitudes que sólo pueden obtenerse a través de un estudio prolongado de carácter multidisciplinario. En él, muchas veces, a la formación profesional ha de sumarse de hecho la alcanzada por cuenta propia. Esto lo he visto con varios estudiantes que he tenido en el Seminario de Cultura Náhuatl, en la Facultad de Filosofía y Letras de la UNAM.

IV

Los cambios sociales y los cambios en la concepción de la historia guardan, de muchas formas, estrechas y a veces sutiles relaciones. Cuando se producen alteraciones sociales se percibe la necesidad de lo que llamaríamos "diversos modos de ajuste". Uno, fundamental en tales situaciones, es el de situar y hacer comprensible el cambio. Para ello es de suma importancia volver a pensar el pasado en función del nuevo presente y de sus intereses y anhelos.

De esto hay innumerables experiencias. Recordaré algunas de nuestro propio contexto histórico. Cuando los mexicas y sus aliados, con Itzcóatl y Tlacaélel al frente, vencieron a los antiguos dominadores de Azcapotzalco en 1431 y lograron su independencia, contemplaron su propia historia y tomaron sin ambages la decisión de repensarla en consonancia con sus nuevas realidades y aspiraciones. Tenemos un testimonio invaluable acerca de esto:

Se guardaba su historia... Pero entonces fue quemada... Los señores mexicas dijeron no conviene que toda la gente conozca las pinturas (los antiguos códices que registraban la situación de sumisión de los mexicas). El pueblo se echará a perder y andará torcida la tierra, porque allí se guarda mucha mentira, y muchos han sido tenidos en ellas por dioses *(Códice Matritense)*.

Para que no siguiera torcida la tierra y el pueblo se echara a perder, hubo que enderezar la significación de la historia. Cuando se establece un nuevo poder, éste requiere justificarse y volverse plenamente aceptable. Para ello, nada mejor que revisar los testimonios de la historia y traer al presente, selectivamente, aquellos que encajan con lo que ahora se quiere ser.

Esto ha ocurrido también, y varias veces, en México. Así, al independizarse el país y acudir en busca de modelos de lo que éste debería ser, se miró al propio pasado e incluso al de otros países, sobre todo a los de los Estados Unidos y Francia. Unos querían borrar, casi satanizándolo, parte del propio pasado que otros, en cambio, ponderaban y alababan. En este caso, fue el pasado en que perduró la vinculación con lo hispánico. Para mejor lograr su rechazo, exaltaron algunos el pasado indígena. Los adversarios pintaron a éste con colores sombríos. Nuevamente ocurrió otra alteración en la visión de la propia historia al producirse la Revolución de 1910. Se presentó a lo indígena como legado extraordinario. Ello se registró también plásticamente en el arte mural, como lo hizo, entre otros, Diego Rivera.

Admito, por otra parte, que pueden aducirse también ejemplos de casos en que cambios muy importantes no determinan ni se corresponden realmente con la concepción de la historia. Uno, que ha provocado un interés probablemente injustificado, es el de la afirmación de "el fin de la historia", en correlación con el derrumbe de los regímenes socialistas de Europa oriental. En contraparte, creo que será de interés aguardar a ver qué ocurre con quienes han enmarcado ortodoxamente el acontecer histórico en marcos de comprensión marxista. Sea como fuere, es obvio que tendrán que hacer "ajustes" importantes en su concepción de la historia.

LEÓN-PORTILLA, MIGUEL

Filósofo e historiador mexicano.
Fecha de nacimiento: 1926 (México, D. F.).

ESTUDIOS

Maestro en artes por la Loyola University de Los Ángeles, California (1951). Doctor en filosofía por la UNAM (1956).

Labor académica

Profesor en el Mexico City College (1954-1957) y en la UNAM (desde 1957).

Secretario (1955-1958), subdirector (1958-1960) y director (1960-1963) del Instituto Indigenista Interamericano.

Director del Instituto de Investigaciones Históricas de la UNAM (1963-1975).

Cronista de la Ciudad de México (1974-1975).

Miembro de la Junta de Gobierno de la UNAM (1976-1986).

Coordinador general de la Comisión Nacional Conmemorativa del V Centenario del Encuentro de Dos Mundos (1986-1987).

Embajador mexicano ante la UNESCO (1988-1992).

Investigador Emérito de la UNAM (desde 1992).

Reconocimientos

Premio Nacional de Historia, Filosofía y Ciencias Sociales (1981) y Premio Magda Donato (1983) por su obra *Los antiguos mexicanos, a través de sus crónicas y cantares.*

Principales obras

La filosofía náhuatl estudiada en sus fuentes, prólogo de Ángel María Garibay, México, Instituto Indigenista Iberoamericano, 1956, 344 pp.

Ritos, sacerdotes y atavíos de los dioses, México, UNAM (Fuentes indígenas de la cultura náhuatl. Textos de los informantes de Sahagún, 1), 1958, 173 pp. ilus.

Siete ensayos sobre la cultura náhuatl, México, UNAM, 1958, 154 pp.

Visión de los vencidos; relaciones indígenas de la Conquista, versión de textos nahuas de Ángel María Garibay, México, UNAM (Biblioteca del Estudiante Universitario, 81), 1959, 217 pp. ilus.

Los antiguos mexicanos, a través de sus crónicas y cantares, México, Fondo de Cultura Económica, 1961, 198 pp. ilus.

Imagen del México antiguo, Buenos Aires, Eudeba (Biblioteca de América. Libros del tiempo nuevo, 3), 1963, 118 pp.

Las literaturas precolombinas de México, México, Pormaca (Colección Pormaca, 5), 1964, 205 pp.

Trece poetas del mundo azteca, México, UNAM, Instituto de Investigaciones Históricas (Serie de Cultura Náhuatl. Monografías, 11), 1967, 258 pp.

Tiempo y realidad en el pensamiento maya; ensayo de acercamiento, México, UNAM, 1968, 176 pp.

De Teotihuacán a los aztecas; antología de fuentes, interpretación histórica, México, UNAM, Coordinación de Humanidades (Lecturas Universitarias, 11), 1971,
611 pp. ilus.

Religión de los nicaraos; análisis y comparación de tradiciones culturales nahuas,
México, UNAM, Instituto de Investigaciones Históricas (Serie de Cultura
Náhuatl. Monografías, 12), 1972, 116 pp. ilus.

JOSEFINA ZORAIDA VÁZQUEZ

I

INICIÉ mi educación primaria en 1939 y la cursé en dos escuelas públicas: la Belisario Domínguez y la Ignacio M. Altamirano. La secundaria la empecé en 1945, en la Secundaria número 11, y la preparatoria en 1948, en la Escuela Nacional Preparatoria número 1. En mis dos primeros años de primaria todavía estaba vigente la educación socialista, de manera que estuve expuesta a algún libro de la Serie SEP, neutralizado por maestras formadas en la vieja Escuela Normal de Lauro Aguirre. Los textos de historia que recuerdo fueron los de Gregorio Torres Quintero, Carlos Rodríguez, Chávez Orozco y Longinos Cadena. En la biblioteca Cervantes consulté enciclopedias y el *Tesoro de la juventud*.

En la secundaria y en la preparatoria tuvimos como texto la *Historia de México* de Alfonso Toro, el *Atlas de historia de México* de Diego López Rosado, y usábamos como acordeón la *Historia* de Adán Santana. Para la historia general, en los dos niveles utilizábamos la serie de Malet; con don César Sepúlveda utilizamos también la *Historia* de Seignobos. Tanto los libros de Toro como los de Malet los encontré de gran interés y casi recuerdo las páginas y sus ilustraciones de mis temas favoritos.

Hasta la etapa de bachillerato los únicos historiadores que reconocía eran mis maestros: Ida Appendini, Diego López Rosado, Juan Valenzuela, Susana Uribe, Arturo Arnáiz y Freg y César Sepúlveda, pero con el escándalo del encuentro de los supuestos huesos de Cuauhtémoc, nuestro interés se centró en doña Eulalia Guzmán, a quien oímos a menudo en nuestras visitas a la biblioteca del INAH que consultábamos asiduamente. Como el Colegio Nacional nos quedaba a un paso, asistimos a muchas conferencias. Recuerdo bien las de Diego Rivera, porque eran divertidas. De los historiadores sólo escuchamos a don Justino Fernández y a Silvio Zavala, pero acostumbrados al estilo entretenido de Arnáiz y a la pasión de don Juan Valenzuela, los encontramos tediosos.

En la educación media se me planteó un gran cuestionamiento de identidad por la forma absurda en que se enseñaba la historia. Por entonces, en las escuelas de educación media convergían, en las secundarias oficiales, alumnos de las primarias confesionales y de las públicas, que habían aprendido versiones distintas de la historia, y las clases de Conquista, Independencia y Reforma —nunca llegamos a la Revolución— se convertían en batallas campales. El hecho de que mi padre fuera un gran lector de historia permitió que completara mis lecturas con libros interesantes, desde las *Cartas* de Cortés a las *Vidas mexicanas* publicadas por Editorial Xóchitl y las biografías de grandes hombres, de Julio César a Napoleón; los *Episodios nacionales* de Galdós y *Mi herencia oriental, La vida de Grecia* y *César y Cristo* de Will Durand, mis favoritos, y tal vez los que me inclinaron a estudiar historia, a pesar de mi decidida preferencia por las matemáticas y la biología.

No fue sino hasta mi incorporación a la Facultad de Filosofía y Letras de la UNAM, entonces en la vieja casona de Mascarones, en 1950-1953, cuando se me planteó el cuestionamiento sobre la verdad histórica. La carrera de historia estaba dividida entre la rama de historia universal y la de historia de México; yo me decidí por la primera, harta de los excesos de las confrontaciones indigenistas-hispanistas.

La Facultad contaba entonces con un gran grupo de intelectuales distinguidos y un alumnado inquieto, con su tinte de esnobismo. En el ambiente de la Facultad vibraban por aquellos tiempos las inquietudes alrededor de "México y lo mexicano", y en los pasillos y en el café se discutían los ensayos que se iban publicando. Se discutían también el libro de Samuel Ramos, *El perfil del hombre y la cultura en México;* el de Octavio Paz, *El laberinto de la soledad; Los fundamentos de la historia de América* de O'Gorman, y creo que *América en la historia* de Leopoldo Zea.

La vida de la Facultad se extendía hacia el IFAL, con sus conferencias y cine club, el Instituto Anglo-Mexicano de Cultura y, en menor medida, el Instituto Mexicano-Norteamericano. Una buena parte de los alumnos estaba afiliada a la Sociedad Daniel y asistía religiosamente a conciertos, conferencias y exposiciones artísticas. Entre las célebres conferencias recuerdo las de Toynbee y las de Bataillon. Y entre las cátedras que me despertaron verdadero interés estaban las de don Pablo Martínez del Río, don Wenceslao Roces, Justino Fernández, José Gaos, Eduardo Nicol, Francisco de la Maza, Alberto Escalona Ramos y Luis Weckmann.

Don Alberto Escalona Ramos, un loco genial, diseccionaba la cultura mexica y la cultura occidental, y a la manera de Berdieff creía en la salvación de la humanidad en una nueva Edad Media. Bajo su influjo leímos a Spengler, a Maritain, a Toynbee y a Unamuno. Pero para muchos, nada era comparable a las presentaciones magistrales de don Edmundo O'Gorman. Su embrujo era apabullante. Odiado o adorado, "el Monstruo", como le apodaban, era el maestro, el inconforme, el polemista cuestionador, el destructor de mitos, el terror de todos sus oponentes. Por algún tiempo, su concurrida clase era también un acontecimiento social al que asistían personalidades como Cuca la Telefonista y Pita Amor. Los estudiantes temíamos su severidad, pero era irresistible el estímulo intelectual que significaba. Su clase de Historiografía General nos abrió el amplio horizonte de la historia, el problema de la verdad histórica y el de la verdadera tarea del historiador. Esto hacía que los pobres maestros que enseñaban Historia de México aparecieran como pobres buscadores de documentos "inéditos". Al primer seminario que ofreció en 1952, dedicado al análisis de la *Historia de las Indias* de Las Casas, acudimos sólo tres estudiantes de mi generación, dos de generaciones anteriores y una serie de profesores jóvenes que más tarde ganarían notoriedad: Arturo Arnáiz y Freg, Juan Ortega y Medina, Sergio Fernández, Clementina Díaz de Ovando, Elisa Vargaslugo y otros. Algunos continuamos en su seminario durante varios años. Ortega elaboraba entonces su tesis doctoral y yo empezaba la de maestría. De esa manera, en un mismo seminario tuve contacto con dos de los más importantes formadores de historiadores en la UNAM.

Como fui la única en aquella década en atreverme a hacer la tesis de maestría bajo la dirección de don Edmundo, tuve la distinción de disfrutar invitaciones a tomar el té en su casa de la calle Reforma, en San Ángel, a la que acudía el grupo del Instituto de Investigaciones Estéticas y Sergio Fernández.

Mis inquietudes me empujaron a saltar el charco en 1956, aventura muy difícil por entonces para los que no teníamos la fortuna de pertener a la burguesía próspera. Con una mínima beca española, un pequeño apoyo de mi padre y un préstamo de mi maestro Escalona, me fui a España. Mi paso por la universidad española amplió mi formación, de alguna manera, sobre todo por la oportunidad de vivir en una sociedad tan diferente y la enriquecedora experiencia de la consulta de grandes archivos que me hicieron algo "positivista".

En la Ciudad Universitaria tuve la oportunidad de conocer a muchos hispanoamericanos, lo cual me dejó honda huella. Pero tuve la suerte de tener otras experiencias académicas. Una se llevó a cabo en 1960, cuando pude asistir durante algún tiempo al Seminario de Historia Social de don José Luis Romero en la Universidad de Buenos Aires.

A mi regreso me incorporé a El Colegio de México —en noviembre de 1960—, donde tuve la suerte de aprender de don Daniel Cosío Villegas, quien me daría la oportunidad de partir a hacer estudios de especialización en historia de Estados Unidos en la Universidad de Harvard. Entre el grupo de distinguidos historiadores que tuve la suerte de tratar, Bernard Bailyn fue el más importante para mi formación, con su aproximación a una historia de las ideas encuadrada en el estudio de la vida social. Curiosamente, al estudiar la historia norteamericana se me despertó el interés por la mexicana, en especial por el momento dramático del choque de las dos, la guerra del 47. Harvard me puso en contacto con otras corrientes históricas y con el estudio del pasado de culturas no occidentales, lo cual enriqueció y amplió mi formación.

II

Nunca he encontrado que las ideas históricas tengan verdadera relación con los grupos sociales que las apoyan. Los marxistas que he conocido, a menudo pertenecen a clases privilegiadas de México, y unos cuantos conservadores, a las populares. En todo caso, no percibí esa relación. Muchas ideas marxistas contaron con amplia aceptación, pero sólo me sonaron convincentes en boca de don Wenceslao Roces y, en la medida en que lo fuera, en la de don Luis Chávez Orozco.

Por otra parte, no es fácil encontrar la causalidad de las visiones encontradas de la historia nacional, derivadas del esencialismo histórico que ha considerado a México como un ente existente desde siempre, en lugar de verlo como resultado de su historia. En ese sentido, los historiadores conservadores, como Lucas Alamán, daban una explicación más coherente de la historia mexicana.

Después de la Revolución, la cuestión ideológica determinó algunas tendencias históricas; pienso en José Fuentes Mares, en Alfonso Teja Zabre y en Chávez Orozco. Los hispanismos e indigenismos que dominaban no eran sino explicaciones simplistas que todavía regañaban al pasado, en lugar de explicarlo.

Cuando inicié mi carrera, empezaban a dar frutos las tres vías de formación histórica que iban a profesionalizar la historia en México: la establecida en El Colegio de México bajo la influencia de don Silvio Zavala y nutrida por los distinguidos transterrados Miranda e Iglesia; la que inició José Gaos, tanto en El Colegio como en la UNAM, de análisis de textos, que en la carrera de historia cobró una vida independiente en el seminario de O'Gorman, y la tercera, que empezaba a despegar en el taller de don Daniel Cosío Villegas, con su eclecticismo e interdisciplinariedad.

III

Las bibliotecas que utilicé en mi formación fueron las del INAH —entonces en la calle de Moneda—, la Nacional y la de la propia Facultad. Alguna vez me acerqué a la de El Colegio de México y a la Biblioteca México, y más tarde utilicé mucho la de la Secretaría de Hacienda. No existían entonces apoyos económicos, y todos sobrevivimos dando hasta 40 horas semanarias de clase, o como tuvo que hacer Ortega, como agente de compañías médicas. A principios de los años cincuenta no era fácil publicar, aunque algunos publicamos notas en la *Revista de América* y en *Filosofía y Letras*. Hacia fines de esa década se había abierto la posibilidad de la Universidad Veracruzana.

Los alumnos de la Facultad de Filosofía y Letras no estábamos cerca de los editores de *Historia Mexicana*, aunque yo tuve la suerte de que don Juan Ortega llevara un artículo mío en 1960. Mi primer artículo se publicó en la *Revista de Indias* en 1957.

Yo estudié en un ambiente polarizado, tanto entre personalidades como en corrientes históricas. Alumna de don Edmundo O'Gorman, quedé en uno de los bandos y fui víctima de los resentimientos contra mi maestro, de suerte que al igual que Ortega opté por tanta independencia como fuera posible, lo cual me ha dejado sin la protección de grupo, que siempre es conveniente. Por otra parte, tuve la increíble oportunidad de formarme en tres lugares distintos —México, España y los Estados Unidos—, lo que sin duda influyó para abrirme a todas las corrientes que explicaran el pasado. De ahí mis preocupaciones por modificar la enseñanza de la historia en todos los niveles.

La publicación de *Nacionalismo y educación* me dio la oportunidad de participar en la elaboración de los libros de texto gratuitos en la década de 1970, oportunidad inapreciable para poner en práctica algunas de mis ideas sobre la enseñanza de la historia: situar a México dentro del acontecer universal, utilizar la historia para explicar el presente y estudiar las culturas en su propia dimensión y no medidas contra la cultura occidental. Dediqué a esa tarea 5 años de mi vida, con todo el entusiasmo y sin ningún límite. En esa tarea conté con el apoyo de mi institución y su presidente, Víctor Urquidi, con la de don Daniel Cosío Villegas y con la de las autoridades de la SEP. He participado en la elaboración de textos de otros niveles también, con la misma inquietud.

En el campo de la investigación y de la enseñanza universitaria mis esfuerzos se han dirigido a ampliar las bases de la enseñanza de la historia, dándole importancia a la búsqueda documental y al análisis de las corrientes del pensamiento histórico. Me han obsesionado dos tareas: sacar a la historiografía mexicana del provincialismo que la aqueja —sólo conocemos la historia mexicana y a veces la latinoamericana— para formar historiadores que tengan horizontes más amplios, que conozcan un acontecer universal que le dé su verdadero sentido a la historia mexicana. La segunda tarea emprendida fue la de lograr la colaboración entre instituciones, difícil por los residuos de viejas confrontaciones y por la competencia de recursos. Creo que no logré el éxito en ninguna de las dos.

VÁZQUEZ VERA, JOSEFINA ZORAIDA

Historiadora mexicana.
Fecha de nacimiento: 1932 (México, D. F.).

Estudios

Maestra y doctora en historia por la UNAM.
Doctora en historia de América por la Universidad Central de Madrid.
Cursos en la Universidad de Harvard.

Trabajo profesional

Ha sido directora del Centro de Estudios Históricos de El Colegio de México.
Miembro del comité editorial de la Colección SepSetentas.

Trabajo editorial

Miembro de los consejos editoriales de *Historia Mexicana* y *Newsletter for the History of Education*.

Principales obras

La imagen del indio en el español del siglo XVI, Jalapa, Veracruz, Universidad Veracruzana (Cuadernos de la Facultad de Filosofía y Letras, 16), 1962, 174 pp.
Mexicanos y norteamericanos ante la guerra del 47, México, SEP, 1972, 284 pp.
Historia de la historiografía, México, SEP, 1973, 174 pp.
"El México independiente", en Josefina Vázquez y otros, *Un recorrido por la historia de México*, México, SEP (SepSetentas, 200), 1975, 207 pp.
Nacionalismo y educación en México, 2a. ed., México, El Colegio de México, 1975, 531 pp.
Las revoluciones de independencia en México y Estados Unidos; un ensayo comparativo, 3 vols., México, SEP (SepSetentas, 246-248), 1976.
(Comp.), *El trabajo y los trabajadores en la historia de México*, México, El Colegio de México/University of Arizona Press, 1979, 954 pp.
(En colaboración con otros), *Ensayos sobre historia de la educación en México*, México, El Colegio de México, 1981, 234 pp.

Historia de México, 3 vols., México, SEP, Dirección General de Educación Indígena, 1981.

(En colaboración con Lorenzo Meyer), *México frente a Estados Unidos; un ensayo histórico, 1776-1988*, México, Fondo de Cultura Económica, 1994, 248 pp.

Manuel Crescencio Rejón, México, Senado de la República (Serie de los Senadores), 1987, 137 pp.

El Colmex. Años de expansión e institucionalización, 1961-1990, México, El Colegio de México, 1990, 401 pp.

DAVID A. BRADING

[Traducción de Antonio Saborit]

I

EL 8 de agosto de 1961, instalado en una módica pensión de San Miguel de Allende, un joven turista inglés escribió en su diario:

Ayer "acabé" Guadalajara. Me las arreglé para ver los murales de Orozco en el Hospicio Cabañas: toda la iglesia cubierta de pesados frescos que narran la historia de las brutalidades de la Conquista, su cúpula es un horno feraz de almas en pena y condenadas, los paneles laterales describen la Conquista, con un conquistador a caballo, cubierto por armadura de acero, al momento de pisotear a los indios, y un gigantesco fraile, casi mongólico, con una gran cruz y un ABC con los indios arremolinados a sus pies. Los frescos son de gran calidad y uno o dos alcanzan la categoría de mitos creadores, el del fraile sobre todo. El pintor al que más se parece Orozco es Wyndham Lewis, pues tiene cierta propensión cubista, el mismo gusto por los bordes y el resplandor del metal, la misma tendencia a transformar a los soldados en relucientes máquinas de metal, con cabezas en forma de barril.

Hoy "acabé" Guanajuato. Es una ciudad encantadora, en lo alto de unos cerros, de calles estrechas que suben y bajan de manera impredecible. Las plazas son pequeñas y uno se siente rodeado por las colinas. Las iglesias son de primera: la iglesia de San Diego tiene una de las mejores fachadas churriguerescas que yo haya visto. En mi opinión el churrigueresco funciona mejor en las fachadas pequeñas... Luego tomé un camión para ir a La Valenciana a ver una iglesia que se acabó de construir hacia 1789, absolutamente extraordinaria, con tres altares churriguerescos que llegan al techo y forman una composición maravillosa, acaso la mejor muestra de este estilo que he encontrado fuera de la Catedral de México: un ornato increíble, con esculturas, cupidos, cabezas en medallones, etc., pero el conjunto está organizado en un todo consistente, en especial el altar mayor, en el que destaca el tabernáculo con un nicho estatuario encima, y en donde las líneas de las esculturas laterales llegan al techo, para ser atraídas hacia el centro, en donde se hace bajar la vista hacia el tabernáculo. Tal vez se trate del interior de iglesia más perfectamente realizado que yo haya visto.

En sí mismas estas líneas no comportan nada que sea particularmente notable. ¿Por qué habría de ser de otro modo? En aquel tiempo, el joven inglés apenas balbucía unas veinte palabras en español y se apoyaba en su pobre latín y en el francés para descifrar la letra impresa. Turista aplicado al

fin, ya había visitado los principales sitios arqueológicos, esto es, Teotihuacán, Monte Albán, Palenque y Chichén Itzá. Ya había estado en los museos de la ciudad de México e inspeccionado los murales de Rivera y Orozco. Pero desde el principio de ese viaje de dos meses, las iglesias barrocas y
los retablos churriguerescos de la Nueva España fascinaron a este joven.
Antes de México, los únicos países en los que había estado, aparte de la Gran
Bretaña, eran Hong Kong y los Estados Unidos. Durante sus años universitarios en Cambridge desarrolló un vivo interés en el arte y la arquitectura
de la Contrarreforma en Italia y Austria. Ahora, por primera vez en su vida,
estaba en un país católico y sus iglesias y conventos le ofrecían una fuente
interminable de placer. Lo que demuestra este apunte en el diario es que la
fascinación de su autor por México se derivaba de supuestos históricos y
estéticos muy personales: nada en ese fragmento sugiere que se interesara
en la situación del país y de su gente.

A pesar de su triste ignorancia de la historia de España y del idioma, el
joven inglés confió cándidamente a su diario: "Si alguna vocación tengo es
la de buscar el conocimiento... Soy un escolástico, un académico, opto por los
libros... Ahora he encontrado mi campo de estudio: España y América Latina en el siglo XVI". Es obvio que semejante decisión no surgió de ninguna
inspiración repentina, pues un mes antes, mientras se hospedaba en la Casa
Blom en San Cristóbal de Las Casas, el joven escribió:

> Conforme más lo pienso más atractiva me parece América Latina. La España del
> siglo XVI, desde la reconquista hasta la contrarreforma y la decadencia. La natura-
> leza de su catolicismo, de su misticismo, la historia de su expansión, los jesuitas,
> su arte, su arquitectura y su poesía. América Latina con su arqueología y su an-
> tropología, la naturaleza de su liberalismo y de sus revoluciones. Ahí coinciden
> mis incipientes intereses: el medievalismo, la escolástica, el misticismo, la arqueo-
> logía, la arquitectura. La teoría política es asimismo relevante: los *philosophes* con-
> dujeron a la España ilustrada y a la revolución. La historia de los Estados Unidos
> sirve de comparación.

Al igual que todos los observadores de lo que ahora se conoce como "el
otro", este viajero vio únicamente lo que su formación cultural y sus intereses le sugerían mirar. En efecto, el joven inglés definió a México como una
extensión integral de la civilización hispánica. Ni los mayas ni los mexicas
figuran en este esquema; mucho menos el destino de los pueblos indígenas
después de la Conquista. Toda su atención estaba en el catolicismo hispánico y, en mucha menor medida, en el liberalismo mexicano.

Para comprender la idiosincrasia cultural del futuro historiador es preciso señalar que ser católico romano en Inglaterra es pertenecer a una secta
no conformista que siempre se ha opuesto al prejuicio dominante de la nación británica, trátese de un prejuicio protestante o bien liberal. Es una secta

que vino a la vida con el martirio de sir Thomas More, que vivió con el sustento del frecuente martirio de los sacerdotes misioneros durante la época isabelina, que soportó dos siglos de separación de la vida nacional, que floreció como nueva en la época victoriana cuando John Henry Newman y sus discípulos reconocieron la autoridad del obispo de Roma y que durante el siglo XX continuó atrayendo tanto a inmigrantes irlandeses como a anglicanos conversos. Con la bendición de poetas como Gerard Manley Hopkins y Francis Thompson, de apologistas como Hilaire Belloc y Gilbert Keith Chesterton, y de novelistas como Graham Greene y Evelyn Waugh, el catolicismo inglés conservó sus propias escuelas, sus clubes y sus periódicos. Desde los días de la persecución isabelina, los católicos ingleses buscaron en Francia, España e Italia apoyo a su lucha por conservar su iglesia y su fe. Una persecución en apariencia semejante en México animó a Graham Greene a escribir *El poder y la gloria* (1940). Si al realizar sus estudios universitarios le había conmovido *El corazón encendido* (1652) de Richard Crashaw, un himno a Santa Teresa escrito por un exiliado sacerdote de Cambridge, era muy probable que ese pasante viera con interés las iglesias barrocas de la Nueva España.

En Cambridge, el joven católico inglés dedicó una buena parte de sus dos primeros años a leer sobre la Edad Media. Asistía a las clases de Dom David Knowles, un monje benedictino exclaustrado, cuya magistral historia de las órdenes religiosas en la Inglaterra medieval le confirió el cargo de *Regius Professor* en historia. Austero en su vida y en su aspecto, Knowles poseía autoridad y encanto, y la influencia de sus libros y cátedras fue muy marcada. En la imaginación del futuro mexicanista quedaron grabados para siempre el retrato que Knowles hacía de San Francisco de Asís, así como los párrafos finales sobre la disolución de los monasterios en la época de Enrique VIII. Del mismo modo le impresionaron por su erudición y apasionamiento las clases que ofrecía un *emigré* austriaco, Walter Ullman, sobre el crecimiento del gobierno papal y su derecho canónico. Tan prendido estaba este joven católico por la Edad Media que el primer verano de su carrera universitaria lo pasó en el priorato dominico en Hawkesyard para aprender algo de latín, aunque ya allí la exégesis bíblica atrapó su atención. Una vez que aseguró una buena calificación en los exámenes de historia, al final de su segundo año, decidió dedicar la segunda parte de sus cursos al árabe y al persa, con el propósito de estudiar el mundo mediterráneo en la Edad Media. Por desgracia, poco después descubrió que tenía poco talento para dominar idiomas difíciles y luego de tres meses volvió a la historia. Así que su búsqueda romántica de una cultura exótica acabó tristemente.

Si esta temeraria maniobra no destruyó los proyectos académicos del joven fue porque el futuro mexicanista tenía otras flechas en su carcaj histórico. Como todos los universitarios de la hora, este joven asistió a las cátedras de Geoffrey Elton sobre los Tudor y los primeros Estuardo y le impresionó su magistral exposición sobre la creación del nuevo Estado. Del mismo modo, la cátedra de Michael Postan sobre historia medieval le enseñó a aplicar la teoría económica al comercio y la agricultura de la Antigüedad, perspectiva en que había hecho énfasis su supervisor en Pembroke, David Joslin. Pero los ensayos sobre historia del pensamiento político fueron los que más llamaron su atención. Raro privilegio fue la oportunidad de leer a Platón y Aristóteles, a San Agustín y Maquiavelo, a Hobbes y Locke, a Rousseau y Burke, Hegel, Marx y Weber. De hecho, al dejar los idiomas orientales, los primeros libros verdaderos que leyó ese joven católico fueron *Ensayo sobre el entendimiento humano* de Locke y *Tratado de la naturaleza humana* de Hume. Su fascinación por el pensamiento político y la presión del tiempo le hicieron estudiar la Ilustración francesa para realizar un estudio concentrado, lo que se conoce como "tema especial". Aunque este énfasis en los grandes textos le aseguró en su momento un examen sobresaliente, al final del tercer año también le produjo una sensación de hartazgo. Ya se habían escrito demasiados libros sobre los grandes pensadores. ¿Qué sentido tenía sumarse al ejército de expositores con el propósito de escribir un comentario más? Así que al recibir la beca de posgrado Henry Fellowship para ir un año a Yale, el joven optó por la sociología, materia que entonces no existía en Cambridge. Pero si el árabe resultó muy difícil, la sociología resultó muy tediosa: una vez en Yale volvió a la historia, esta vez para tomar cursos en la escuela de posgrado sobre historia de los Estados Unidos. En esa ocasión no disfrutó su estancia en ese país, pues ni él ni su historia interpelaban a su romanticismo innato. Ya entonces se había comprometido a realizar una carrera en el estrato alto administrativo de la burocracia británica, al cual logró ingresar mediante un examen de oposición. El joven se sumió en una depresión que sólo desapareció en junio de 1961, al entrar finalmente a México. Aunque este país ofreció al católico de Cambridge casi todo cuanto le interesaba estudiar, él habría de pasarse otro año de desazón antes de meterse en la investigación, primero para ingresar al servicio civil y dejarlo a los dos meses, hasta que se vio dando clases a estudiantes de secundaria rebeldes. En los largos viajes en tren rumbo a la escuela el joven empezó a estudiar español, encendida su voluntad por la creciente convicción de que sus arrojadas e inocuas deserciones de lenguas orientales, sociología y el servicio civil, junto a su desprecio recién descubierto por el pensamiento político y la historia de los Estados Unidos, le dejaron muy pocas opciones para una carrera académica.

II

Una cosa es ponerse lírico ante iglesias barrocas, y otra muy distinta es urdir un esquema práctico de investigación histórica, sobre todo si no se ha leído sobre el país que se pretende estudiar. Así que cuando ingresé al doctorado en University College, de la Universidad de Londres, acepté la proposición de mi supervisor: estudiar el establecimiento de las intendencias en la Nueva España. El final del siglo XVIII era una época atractiva, puesto que representaba un momento crucial en la historia mexicana, atrapada entre las glorias de la España de los Habsburgo y las guerras civiles del periodo nacional. Pero el primer vistazo de los materiales impresos asequibles en la Biblioteca del Museo Británico reveló de inmediato la aplastante importancia de la minería de la plata, impresión que confirmó un viaje de reconocimiento a Sevilla. En esa ocasión le dediqué unos quince meses a la investigación en archivo, empezando por el Archivo de Indias de Sevilla y la Biblioteca Nacional de Madrid, pasé mucho tiempo en el Archivo General de la Nación y en la Biblioteca Nacional, en la ciudad de México, y acabé en el Archivo Histórico de Guanajuato. En todos estos lugares mi atención se concentró en las reformas administrativas de Carlos III y su ministro colonial, José de Gálvez; el desarrollo de la industria de la minería de la plata y el papel de sus empresarios; y, por último, las minas, las instituciones y las principales familias de Guanajuato. Mi primera tarea en Sevilla fue copiar todos los recibos sumarios de las cajas reales de los tesoros mexicanos durante este periodo para establecer la producción de plata de cada centro minero. Este ejercicio me dejaba diariamente las manos negras por la arena que usaban para secar la tinta, señal inconfundible de que estos documentos jamás los abrieron desde su envío a España. El Archivo de Indias posee una riqueza inagotable de materiales relacionados con el México borbónico, y en busca de datos abrí —y a veces cerré de inmediato— más de 600 legajos, atados de documentos de diversa complejidad. En la ciudad de México, el AGN estaba entonces en el Palacio Nacional, lo cual significaba codearse con la burocracia al entrar y salir, experiencia que a veces me ponía a pensar qué tan sensato había sido abandonar la bien remunerada vida del servicio gubernamental por la mísera existencia de aprendiz de historiador. En el Archivo Histórico de Guanajuato, que entonces ocupaba una habitación en los altos del viejo colegio jesuita, vi por primera vez los registros notariales y los inventarios de propiedades que llenaban los albaceas testamentarios, documentos que permitían trazar las fortunas familiares a lo largo de las generaciones y calcular las ganancias provenientes de las minas y el comercio.

De mi investigación salió una tesis doctoral, presentada en mayo de 1965, bajo el título *Sociedad y administración en Guanajuato a finales del siglo XVIII, con referencia especial a la industria minera de la plata*. Escrito en cuatro meses, este trabajo prescindió de todo el material que recabé sobre la reforma de las intendencias y la industria minera en general. Así que sólo contenía documentación que en buena medida salió del AHG. Capítulos enteros describen muy detalladamente genealogías y transacciones comerciales de las princi-

pales familias mineras y mercantiles de esa ciudad. La tesis resultó despro-
porcionadamente densa, un amasijo de datos, ilegible e impublicable. Pero
en un acto de suma gentileza, mis sinodales, Charles Boxer, John Parry y
John Lynch —quien hizo las veces de mi supervisor—, la aprobaron y de
esta manera me confirieron una credencial para dar clases en los Estados
Unidos. Si a alguien le parece que he exagerado en la descripción de mi tesis, vea la página 87, representativa de muchas así, en la que a los atónitos
sinodales les hice leer un pasaje que parece una versión desquiciante, eco-
nomicista del libro de Números.

María Manuela de Busto y Marmolejo casó con Domingo de Alegría, un comerciante que venía de Zienarruza, en Vizcaya. Tuvieron cuatro hijos, dos de ellos
jesuitas y uno más que murió en Manila. Su hija María Josefa casó con Juan José
Compains, originario del valle de Salazar, en Navarra, prominente comerciante en
Guanajuato y socio de Gabriel de Arrechederreta y Lorenzo de Olazábal, comerciantes vascos que emparentaron con la familia Busto por vía matrimonial. Como
grupo se vincularon con los Fagoaga, en la ciudad de México. La esposa de Compains no aportó dote al matrimonio, pero la viuda de Alegría a su muerte en 1785
le dejó a Compains todas sus propiedades, valuadas en más de 4933 pesos, pues
él corrió con todos sus gastos durante los últimos años. Compains, con sus socios,
fue activo aviador, y actuó en esta capacidad al final de la década de 1760 para la
mina de Rayas. Sin embargo, en 1783 Compains le debía al conde de la Valenciana 20000 pesos. Él mismo adquirió acciones en la mina del Espíritu Santo. Al testar, en 1786, Compains era dueño asimismo de dos tiendas. Se casó en segundas
nupcias con una nieta del primer marqués de San Clemente, María Josefa de
Ochoa y Busto, quien aportó una dote de 6039 pesos. A la muerte de Compains,
sus tres hijos recibieron 32315 pesos cada uno; su cajero, Javier Jabat, casó con su
hija Mariana y al parecer se fueron de Guanajuato para establecerse en Cádiz.
Compains fue regidor y diputado de la Diputación de Comerciantes. Su socio Lorenzo Olazábal casó con Ana Gertrudis de Busto y Marmolejo, quien aportó una
dote de 36000 pesos, más de lo que ella heredaría, aunque como Olazábal y Alegría eran albaceas de la propiedad de San Clemente, no hay duda de que el
dinero se conservó. Él era de Azcoitia, en Guipúzcoa, en donde heredó un pequeño
mayorazgo de seis casas y extensión de tierra. Al casarse sólo tenía un capital de
7000 pesos. Al testar, en septiembre de 1773, era dueño de una gran fábrica de beneficio llamada San Jerónimo, una tienda en la plaza principal, administrada por
Domingo de Presa, y copropietario de la mina La Maravilla.

Lo que hay aquí es una retahíla de datos aislados, la mayoría sacados del
registro notarial, ordenados exclusivamente por sus vínculos genealógicos.
Sin embargo, esta saturación en la vida cotidiana de los arreglos matrimoniales y los testamentos permitió sacar algunas conclusiones significativas.
Las seis hijas del marqués de San Clemente, un criollo que era el minero más
acaudalado en la primera mitad del siglo XVIII, casaron con inmigrantes espa-

ñoles, en tanto que dos de sus hijos varones optaron por el sacerdocio y los otros dos murieron endeudados. Al examinar en detalle las generaciones, queda claro que los españoles peninsulares montaron una versión decorosa del rapto de las Sabinas, casándose por lo regular con herederas criollas, de manera que la élite social de esta ciudad minera colonial dependió de la infusión del talento empresarial europeo. No hay duda de que a tales conclusiones debo mis espuelas doctorales.

Pero ¿cómo explicar el océano gigantesco que separaba esta suerte de crochet histórico del entusiasmo por los altares churriguerescos que inspiraron parcialmente la decisión original de estudiar la historia de México? ¿Cómo descendió el lector de San Agustín y Hume a tan minuciosa pepena factual? La respuesta está en la absoluta emoción, en el júbilo del descubrimiento y en la sensación de logro que el trabajo en archivos procura al joven historiador. Los documentos entregaban hechos, los hechos concretos de la política gubernamental, la composición social y la actividad económica. Y estos hechos habían estado ocultos por siglos, emparedados en archivos y registros en espera de una indagación sistemática. Que esos hechos fueran excesivamente avaros no les restó valor a los ojos del ansioso anticuario. ¿El ezequeliano oficio de historiar no consiste precisamente en revestir los secos huesos del pasado con carne y nervio y en darles vida? En el caso de México intervino, asimismo, el júbilo del primer vistazo: aún recuerdo el momento, en el palacio municipal de Morelia, en el que abrí los gabinetes de la pared y hallé los registros de la Consolidación de Vales Reales que afectó los bienes de la Iglesia entre 1805 y 1808 en perfecto orden, aunque cubiertos por una espesa capa de polvo, señal segura de que los estantes no se habían abierto en décadas. Como a la ciencia natural, a la historia la mueve y la impele la promesa del hallazgo, de la novedad y del progreso. Pero a fin de cuentas, para hacer bien este tipo de cosas, hay que respaldarse en una predisposición personal, pues de otro modo al rato la paciencia se transforma en tedio y depresión.

La prueba de mi propia predisposición salió a la luz cuando, al hacer mis maletas tras concluir mi tesis, hallé unos apuntes de la escuela escritos a los 16 años sobre un pueblo textilero situado en una Italia imaginaria en donde yo había trazado los matrimonios y las fortunas de las principales familias, enlistando con cierto detalle sus acciones y propiedades. Se trataba de una historia surgida de mi lectura de dos novelas muy populares y desiguales entre sí, *Los Crowther de Bankdam* (1940), de Thomas Armstrong, y *La víbora de Milán* (¿1924?), de Marjorie Bowen, que trataban respectivamente sobre varias generaciones de molineros de Yorkshire y sobre un déspota renacentista, Gian Galeazzo Visconti de Milán. No hay que subestimar el papel de las novelas históricas en la conformación de nuestra idea del pasado.

III

Si despachar la tesis requirió cuatro meses, hicieron falta cuatro años para escribir *Mineros y comerciantes en el México borbónico, 1765-1810* (1971). Durante esos mismos años impartí tres cursos para la Universidad de California en Berkeley sobre historia de México, Perú y Argentina, desde la Conquista y colonización hasta la actualidad. Si el siglo XVI mexicano estaba bien cubierto por los estudios de Charles Gibson, François Chevalier, Silvio Zavala y los de mis colegas de Berkeley, Sherburne Cook y Woodrow Borah, y si la época borbónica estaba cubierta por mi propia investigación, el siglo XIX y el comienzo del XX me hicieron recurrir a los historiadores contemporáneos del periodo a fin de obtener material para mis clases. Algo muy semejante sucedió con Perú y Argentina. Estas marchas forzadas intelectuales habrían de dejarme un amplio conocimiento de la tradición historiográfica de cada uno de estos países. Pero aunque se pueden citar pasajes ocasionales de mis lecturas, es claro que *Mineros y comerciantes* se basó exclusivamente en materiales de archivo recabados durante los meses de mi investigación doctoral. La única excepción a esta regla fue el capítulo titulado "Un censo", en donde estoy en deuda con mi esposa, Celia Wu, por haber reunido las estadísticas que ahí aparecen a partir de fuentes manuscritas.

En efecto, *Mineros y comerciantes* contiene dos libros separados: uno es sobre la historia general de la industria de la minería de la plata en el México borbónico, incluyendo el papel de las casas comerciales que colaboraron en el financiamiento de este desarrollo; el otro libro ofrece una descripción amplia de la ciudad de Guanajuato, su población, sus minas, sus principales familias y sus instituciones. Hasta que abandoné la idea de fundir estos temas cobró sentido la estructura del libro; y sólo entonces incorporé el largo ensayo sobre la revolución en el gobierno. Un error, provocado por malentendidos previos, fue la decisión de agrupar el material sobre la fuerza de trabajo de Guanajuato en el capítulo de las minas, en vez de haberlo dejado solo, como en la tesis.

Como era de esperar en un primer libro, *Mineros y comerciantes* tuvo la influencia y la horma de mis lecturas universitarias. El título mismo del primer capítulo salió de *La revolución en el gobierno realizada por los Tudor* (1953) de Elton. Del mismo modo, el título y la argumentación de la segunda parte se derivaron en cierta medida de *Comerciantes y agricultores* (1960) de Richard Pares, en donde los comerciantes metidos a la exportación del azúcar de las Indias Occidentales británicas son descritos como grandes beneficiarios, con frecuencia a expensas de los agricultores que cultivaban la caña. En términos más generales, el hincapié que hizo Joseph A. Schumpeter sobre el papel de los empresarios en la innovación económica, mezclado con la pesquisa de Lewis Namier sobre los vínculos familiares en la política parlamentaria inglesa me persuadieron de la utilidad del método prosopográfico, aun cuando entonces no conocía la aseveración de Carlyle según la cual "La historia es la esencia de biografías innumerables". Para ayudarme a comprender el México borbónico usé como rasero la Inglaterra de los Tudor, y aún recuerdo la impresión al releer *La casa de los comunes en la época isabelina* (1949) de J. E. Neale, pues su afirmación inicial en cuanto a que "la riqueza principal estaba en la tierra y la clase dominante era la *gentry* terrateniente" al instante iluminó las características contrarias de la Nueva España del siglo XVIII. Además de estas autoridades inglesas, mis principales guías fueron los viajeros extranjeros y los historiadores mexicanos de principios del siglo XIX. Si José María Luis Mora, Lorenzo de Zavala, fray Servando Teresa de Mier y H. G. Ward suministraron datos e ideas invaluables, lo que más influyó en mi interpretación de esa época fue decididamente el magistral retrato nostálgico de México en vísperas de la insurgencia de 1810 realizado por Lucas Alamán. Pero el que descolló sobre todos los otros libros y registros fue el *Ensayo político sobre el reino de la Nueva España* (1807-1811) de Alexander von Humboldt, obra que me reveló originalmente la considerable importancia de la minería de la plata en la economía mexicana. En muchos sentidos, mi libro trató de ir del otro lado del espejo de la obra de Humboldt, cavar más profundamente y ofrecer explicaciones de los fenómenos que él presenta. Pero conforme aumentaban las lecturas de los archivos de la época, más comprendía con qué habilidad el científico prusiano había apilado la masa de datos económicos y fiscales que juntó toda una generación de burócratas borbónicos. En efecto, Humboldt fue editor y autor e hizo las veces de una suerte de vocero autorizado del Estado borbónico. Aparte de sus observaciones críticas sobre la situación de los campesinos indígenas y el monopolio de la gran propiedad, crítica que tomó casi íntegra de Manuel Abad y Queipo, Humboldt presentó al mundo una imagen muy positiva de la Nueva España, e hizo hincapié tanto en su gobierno ilustrado como en la fabulosa riqueza de sus grandes minas. Fue una imagen que determinó el sesgo de *Mineros y comerciantes*.

Enclavado con su gran cantidad de datos familiares y mercantiles, haciendo las veces más de una coda que de una conclusión, mi libro adelantó una hipótesis general sobre la composición de la élite mexicana. En la página 297 se afirmaba que:

> [...] la hacienda mexicana era un barril sin fondo que consumía sin cesar el capital excedente acumulado en la economía de exportación. Las fortunas creadas por la minería y el comercio se invertían en la tierra, para desde ahí ser lentamente dilapidadas o para ser transferidas poco a poco a las arcas de la Iglesia. En consecuencia, se dio una continua sustitución en la clase hacendada. La élite de la Nue-

va España fue de composición inestable precisamente porque la base económica que se eligió, la hacienda, absorbía y desperdiciaba la mayor parte del capital acumulado en la Colonia.

El origen de este "modelo socioeconómico" estaba en mi diagrama genealógico de los descendientes del primer marqués de San Clemente, en donde las líneas masculinas se perdían en la noche de los tiempos, mientras que las líneas femeninas prosperaban a través de reiterados matrimonios con inmigrantes españoles. Lucas Alamán, descendiente del marqués nada menos que a través de tres generaciones sucesivas de migrantes peninsulares, generalizó la experiencia de su familia presentándola como característica definitoria de la élite colonial. Su tesis parecía corroborada por mi investigación. Si los empresarios provenientes de Europa controlaron tan amplia porción del comercio al mayoreo y de la minería, entonces el espacio que ocupaban era a expensas de los criollos. Corolario del éxito peninsular era el fracaso criollo: en lo que los inmigrantes amasaban sus fortunas, los nativos descendían en la escala social o se refugiaban en el sacerdocio. Como la gran propiedad era obviamente el bastión económico de la élite criolla, de ahí se derivaba de manera lógica que la hacienda mexicana fuera débil cimiento para una clase estable de familias terratenientes. De no ser así, ¿cómo explicar que los inmigrantes exitosos compraran regularmente terrenos?

En retrospectiva, parece extraordinario que yo elaborara esta hipótesis en una época en la que contaba con una información confiable tan extraordinariamente limitada sobre el cambio de propiedad y el margen de ganancia de la hacienda en el siglo XVIII. Lo que la teoría no alcanzó a ver fue la sobrevivencia de cierto número de familias acaudaladas que acumularon virtuales cadenas de haciendas durante el periodo 1570-1640 y que siguieron dominando distritos completos, por no decir provincias, hasta las postrimerías de la época colonial. La teoría tampoco permitió ver las regiones más remotas de Nueva España, en donde los comerciantes peninsulares eran excepción y donde las familias criollas se perpetuaron entre sí por generaciones. Aparte de estas cualidades, la hipótesis de una élite inestable, cambiante, en la cual los inmigrantes figuraban prominentemente, aún es válida, siempre y cuando se señale que se trata de una hipótesis masculina: si se la traza a través de las líneas femeninas de descendencia, la élite colonial fue asombrosamente estable y abarcadora.

IV

En 1969-1970, una vez concluido *Mineros y comerciantes*, viajé a México; en primer lugar para trabajar en la capital, y después para pasar una temporada más prolongada en León, una ciudad orgullosa de su rica colección de archivos coloniales. Aunque el propósito inicial era determinar únicamente la estructura interna de la producción de la gran propiedad, la riqueza así como la variedad de las fuentes disponibles ampliaron el alcance de la pesquisa para incluir demografía, series de precios y pequeños agricultores. En efecto, el archivo municipal era rico en inventarios de propiedades realizados por los albaceas testamentarios; el archivo notarial conservaba un registro continuo de volúmenes provenientes desde el siglo XVI hasta el XX; y el archivo parroquial poseía los registros de bautizos, entierros y matrimonios. Los archivos Histórico y Agrario en Guanajuato ofrecían información adicional y el Archivo de la Diócesis de Morelia daba listas detalladas del diezmo eclesiástico recabado sobre la producción agrícola. La gran abundancia de datos estadísticos sistemáticos determinó la forma y el argumento de *Haciendas y ranchos en el Bajío mexicano: León, 1700-1860* (1978).

Mientras que el estudio de la industria minera parecía respaldar la imagen de Humboldt de una economía dinámica y próspera, la revisión más detallada del registro parroquial puso al descubierto una población que vivía precariamente, amenazada con cierta periodicidad por hambrunas y enfermedades epidémicas. De hecho, al combinar los registros de entierros con el precio del maíz suministrado por los recaudadores del diezmo, pude ofrecer la medida exacta de los efectos trágicos de la gran hambruna de 1785-1786, cuando a la vez que los precios subían al nivel sin precedentes de 48 reales por fanega, miles murieron de hambre en el Bajío. En la página 190 se incluyó el siguiente cuadro:

Precios del maíz y entierros: Silao y León, 1782-1788

Año	Silao Diezmo (fanegas)	Precios prom. (reales)	Bauts.	León Entierros	Bodas
1782	22 709	7.4	1 225	679	317
1783	11 954	4.4	1 533	612	295
1784	5 123	14.0	1 341	760	251
1785	1 825	21.2	1 101	917	159
1786	10 343	48.0	861	3 780	79
1787	20 081	12.9	814	580	250
1788	8 155	6.5	1 211	465	363
1789	—	13.8	900	394	202

FUENTES: Archivo Casa Morelos, Diezmos 857; Archivo Parroquial de León.

En lo que respecta a la hacienda, mi investigación confirmó ampliamente la hipótesis de un cambio regular en la propiedad, pues entre 1710 y 1865 las tierras en León cambiaron de manos unas cuatro veces en promedio por razón de ventas, y únicamente dos propiedades de 40 permanecieron en una misma familia de manera ininterrumpida. Asimismo, la afluencia primero de la riqueza mercantil y luego de la riqueza minera destacó en el patrón de propiedad de la tierra. Sin embargo, también hallé que la circulación de la propiedad no se podía equiparar simplemente con el descenso en las familias. A veces ciertos individuos emprendedores lograban recuperar sus fortunas y comprar otras propiedades. Lo más importante es que los mineros que compraron las haciendas en León eran criollos provenientes de familias que alguna vez figuraron como terratenientes. Aunque las causas precisas de tal volatilidad en la propiedad no son claras, parece que fue crucial el sistema de dividir la herencia. En algunos casos, los gravámenes acumulados del capital de la Iglesia resultaron demasiado onerosos. Pero la explicación más convincente tenía que ver con el nivel de ganancias anuales, por demás variable: las haciendas que dependían del cultivo del maíz para obtener sus ganancias por lo regular perdían a causa de la baja en los precios por la sobreproducción, fenómeno del que las salvaron parcialmente las subsecuentes cosechas pobres, así como su capacidad de almacenamiento. En efecto, las haciendas de León operaban en un mercado de maíz en el que estaban sujetas a la dura competencia de muchos tipos de rancheros, estrato que incluía a rancheros y pequeños propietarios. La existencia de los rancheros se remontaba a la fundación de la ciudad en el siglo XVI: a pesar de algunos problemas sobrevivieron al periodo nacional, si bien muy divididos en pequeños grupos de sólidos agricultores y en una clase de numerosos pequeños propietarios cuyas tierras disminuían de tamaño con las generaciones. Otra revelación fue la presencia de arrendatarios en tierras de las haciendas, hombres que pagaban una renta anual y que en muchas propiedades ocuparon hasta un tercio de la tierra laborable.

Resulta sorprendente el contraste entre *Mineros y comerciantes* y *Haciendas y ranchos*: mientras que el primero versaba sobre la política imperial y trazaba el progreso de la principal industria de México, el segundo se concentró en el desarrollo de la sociedad agraria en un solo distrito. Al espectáculo de las grandes fortunas extraídas de las profundidades de la tierra le siguió el recuento de la cotidianidad de los agricultores de un lugar. Durante mi estancia en México en 1969-1970 conocí a varios historiadores mexicanos, más que nada por mi vínculo con El Colegio de México. Fue entonces cuando influyeron en mí considerablemente las conversaciones y los escritos de Enrique Florescano. En particular, su libro *Precios del maíz y crisis agrícolas en México, 1708-1810* (1969) demostró tanto la necesidad del rigor en el manejo de series estadísticas como la presencia de crisis de subsistencia en el México del siglo XVIII. Detrás de las innovaciones de Florescano, en método y enfoque, estaban los logros de la escuela francesa de historia de los *Annales*.

En Sevilla había discutido yo con Pierre Ponsot y Enrique Otte las hipótesis principales de esta escuela y había consultado el libro de Pierre Goubert, *Beauvais y los beauvasistas de 1600 a 1730* (1960). Sin embargo, el estímulo de Enrique Florescano sobre la historia de México fue el que en parte me indujo a escribir un libro que siguió muy de cerca la tendencia de *Annales*. Es preciso reconocer una última influencia: la lectura de *Pueblo en vilo* (1968) de Luis González me hizo entender la importancia de los rancheros en la sociedad rural del Bajío, Michoacán y Jalisco, y su libro, sin duda alguna, influyó en mi capítulo sobre estos rancheros en León.

El segundo libro siempre es el más difícil de escribir. La desmedida confianza producida por el primer tanteo exitoso con la investigación en archivos fue seguida por un rechazo cada vez mayor hacia los mismos materiales que extraje pacientemente de los archivos. La enorme densidad de las fuentes que versaban sobre León y su carácter estadístico ensombrecían mi ánimo. Inventarios y testamentos, precios y entierros, ventas y deudas: ahí estaba la osamenta misma de la historia económica y a ratos me parecían huesos demasiado secos. Tal vez sea por esta razón que *Haciendas y ranchos* no tenga la vitalidad de un toque de imaginación: aún hoy me arredra el solo acto de abrir sus páginas. Pero técnicamente es por mucho el mejor libro que he escrito: cada uno de los capítulos, y en ocasiones cada una de las secciones de un capítulo, tiene el respaldo de diferentes materiales de archivo, provenientes a veces de otros archivos, y tanto el valor como las limitaciones de cada uno de estos materiales fue descrito con cuidado antes de referirlo a la sustancia del argumento. Por todo eso, al concluir el manuscrito en 1976, ya había agotado mi interés en la historia económica y social como opción para futuras pesquisas. Lo único que faltaba era cerrar un extenso capítulo para la *Historia de América Latina de Cambridge* (1984) y luego editar *Caudillos y campesinos en la Revolución Mexicana* (1980), un volumen valioso por las brillantes colaboraciones de Héctor Aguilar Camín y Alan Knight.

En 1979 regresé a México a trabajar en el archivo diocesano ubicado en la Casa de Morelos. El propósito era encontrar materiales relacionados con la práctica y el sentimiento religiosos en el siglo XVIII. Tras lidiar durante tanto tiempo con los mudos registros de las transacciones económicas, ahora me movía la esperanza de oír lo que la gente tuviera que decir sobre sus anhelos más íntimos. El impulso católico que en un principio me llevó a estudiar a México rompía entonces las barreras impuestas por mi formación profesional. Era el momento de empezar un nuevo ciclo de investigación, y qué mejor lugar para hacerlo que el archivo de un obispado que abarcaba el territorio de los actuales estados de Michoacán, Colima, Guanajuato y San Luis Potosí. Que su gran cantidad de documentos estuviera sin catalogar le confería toda su emoción al proyecto. Pero allí encontré que la mayor parte de los archivos tenían que ver con los asuntos prácticos de la administración de esta enorme diócesis. Había legajos enteros llenos de licencias matrimoniales y formularios de ordenamiento, registros de diezmos y capellanías y censos parroquiales. La verdad es que había una buena cantidad de datos estadísticos. Lo que casi no había, salvo por un puñado de casos inquisitoriales, era información sobre la práctica y el sentimiento religiosos. Más aún, buena parte del material más rico versaba sobre los asuntos primordiales que dividían a la Iglesia y al Estado, tema abordado por Nancy Farriss en su libro *La corona y el clero en el México colonial, 1759-1821* (1968). Aunque regresé por otro verano a Morelia y luego pasé algún tiempo en Sevilla, comprendí que mis apuntes, en el mejor de los casos, ofrecerían un resumen introductorio, en su mayor parte descriptivo, de una sola diócesis a lo largo de un periodo de 60 años. Así quedaron defraudadas las esperanzas de un intenso recomenzar en mi trabajo histórico.

V

En *La configuración del tiempo* (1962), George Kubler decía que el ritmo temporal de la producción artística se podría dividir en módulos o "indicciones" de 15 años, lapso que gobierna tanto la creatividad individual como la producción colectiva de una generación. De aplicar esta medida a mi trabajo como historiador, es claro que hacia 1977 y 1978 ya había agotado el potencial de mi primera indicción. Sin embargo, al elegir a la Iglesia como mi siguiente gran tema, no me daba cuenta de que hacía falta descubrir nuevos materiales y, sobre todo, encontrar una nueva manera de hacer historia. Para decirlo llanamente, tenía que abandonar los registros de archivos y pasar a la letra impresa. A decir verdad, desde hacía tiempo acariciaba la idea de escribir un libro de ensayos sobre los cronistas coloniales y los historiadores del siglo XIX. Regresé entonces a ese proyecto. El siguiente pasaje, escrito en mi diario el 20 de diciembre de 1971, sirve para mostrar cuánto tiempo esperé:

Ayer tuve una idea espléndida. Por qué no reunir todos mis intereses en la historia intelectual en un libro de ensayos, que vayan desde el siglo XVI hasta los comienzos del XX. Algo así sería disfrutable, fascinante y también fructífero. Me sacaría de este interminable contar en el que parezco haber caído. Los temas serían Las Casas, Guaman Poma, Garcilaso, los franciscanos, de Motolinía a Torquemada, Calancha, Arzans, Mier, Bustamante, Sarmiento, los novelistas mexicanos, el positivismo, Molina Enríquez, Vasconcelos, Riva Agüero, Mariátegui y Octavio Paz. La idea de todo esto es reunir ciertos temas: la idea del indio, el surgimiento del nacionalismo, etc. Este libro de ensayos (¿cómo le pondría, *La otra América?*) no es una fantasía: surge de ciertas personales preocupaciones intelectuales de años anteriores. Me permitirá reunir muchas cosas que he pensado.

A mí no me queda claro de dónde salió esta idea. Quizás algo tuvo que ver que por la misma época leí estos tres libros: *La configuración del tiempo* de Kubler, un ensayo sobre la historia de las imágenes artísticas; *El Islam observado* (1968) de Clifford Geertz, un retrato de las divergentes culturas religiosas de Marruecos e Indonesia; y *Patriotic Gore* (1962) de Edmund Wilson, un ensayo sobre la literatura de la guerra civil de los Estados Unidos. Mi idea era definir el carácter del pensamiento histórico y del nacionalismo de la América española a través de una serie de ensayos sobre ciertos autores.

El primer fruto de esta ambición fue *Los orígenes del nacionalismo mexicano*, escrito en 1972 y publicado en México al año siguiente. Desde mi primera lectura en 1963 de la *Historia de la revolución de Nueva España, antiguamente Anáhuac*, me costó trabajo trazar las fuentes del complejo, y en apariencia extraño, sistema de ideas de Mier. En Berkeley los historiadores mexicanos de principios del siglo XIX me habían ayudado en mis clases y la Biblioteca Sterling en Yale poseía un juego íntegro de los panfletos de Carlos María de Bustamante. Sin duda, mi estudio de Mier estaba en deuda con la edición que hizo Edmundo O'Gorman de sus escritos y con el ensayo precursor del propio O'Gorman sobre el insurgente dominico. Del mismo modo, fueron guías indispensables *El guadalupanismo mexicano* de Francisco de la Maza y los estudios sobre el indigenismo y la ideología insurgente de Luis Villoro. Además de la descripción de Mier como jansenista, acaso el rasgo más original del libro fuera identificar a Mier y Bustamante como los adalides de un republicanismo católico y de un nacionalismo insurgente que se ubicaba a medio camino entre el radical anticlericalismo de Zavala y Mora y el conservadurismo hispano de Alamán. Para amplificar esta identificación, sugerí que se les podía comparar más bien con los eslavófilos rusos de su época, hombres atrapados igualmente entre los occidentalistas liberales y los abogados reaccionarios de la autocracia zarista. En las páginas 89-90 escribí:

En seguida es obvio que los liberales eran los equivalentes mexicanos de los occidentalistas rusos. Su deseo era transformar a su país en un simulacro de los Estados Unidos. A un país dominado por los latifundios y los pueblos de indios le ofrecían el ideal del agricultor propietario; un ideal, sin embargo, remitido a un futuro lejano dada la insistencia de los liberales en la santidad de la propiedad privada y las leyes del mercado. ¿Pero quiénes eran los correspondientes mexicanos de los eslavófilos? Desde luego que no Lucas Alamán, con su receta de autocracia e industrialización. Sus ideas políticas podían embonar —y embonaron— dentro de los límites del Estado porfiriano. El hispanismo de Alamán contradecía cualquier creencia en el populismo. En lugar de eso, si prescindimos por completo del asunto de la personalidad e inteligencia individuales, llegamos directamente a Carlos María de Bustamante y al padre Mier. Hay una sorprendente similitud entre gran parte de las posiciones intelectuales de ambos y las de los eslavófilos.

Ellos también acariciaron cierto mesianismo patriótico, la creencia de que México —con el beneficio del patronato de la Virgen de Guadalupe— había recibido de la Providencia la bendición de un singular destino religioso. Al igual que sus correspondientes rusos, Bustamante y Mier detestaban a la Ilustración francesa y a sus herederos políticos, los radicales que deseaban destruir la herencia religiosa de su país en nombre del progreso. Nacionalistas instintivos, Bustamante y Mier recurrieron a la historia, a la experiencia pasada y al carácter de la nación.

Pude hacer esta comparación gracias a la extraordinaria biografía del primer socialista ruso, Alexander Herzen, escrita por Martin Malia.

Pero aun cuando conservé la ambición de escribir un libro de ensayos sobre la primera América, mi compromiso profesional con la historia basada en archivos me impedía echar a andar ese proyecto. No fue sino hasta 1981 cuando volví a sumergirme en la interesante secuencia de las crónicas coloniales, las cuales para entonces estaban acomodadas en las repisas de mi estudio en Cambridge. Significativamente, mi punto de partida fueron los cronistas agustinos de Michoacán, Diego Basalenque y Matías de Escobar, señal de que tendría que esperar el libro sobre el obispado. Y una vez abiertas las páginas de los cronistas fue imposible cerrarlas. En los meses siguientes leí *Historia de las Indias* de Las Casas y *Política indiana* de Juan de Solórzano. La Biblioteca del Museo Británico poseía una enorme cantidad de obras oscuras, mismas que devoré con creciente placer. Luego "descubrí" a Juan de Palafox, cuya carrera y escritos sacudieron mi imaginación. En 1981 leí, asimismo, *Monarquía habsburga, 1550-1700* (1979) de R. J. W. Evans, en donde se ofrece una anatomía del conocimiento barroco, que ilumina el papel de Athanasius Kircher, el jesuita mentor del sabio mexicano Carlos de Sigüenza y Góngora. Del mismo modo, *Alcurnia liberal* (1981), de J. W. Burrow, fue un modelo para abordar las ideas del pasado de los historiadores del siglo xix. La revisión más superficial de mi diario de 1981 revela una creciente sensación de júbilo, la conciencia de que al fin realizaba lo que quería hacer, de que al fin me había liberado del fatigoso asunto de lo cuantitativo. El 18 de abril escribí:

La lectura de las crónicas religiosas ha resultado un estímulo considerable. La lectura me devolvió a la arquitectura. De pronto me descubro de regreso en viejos terrenos de caza. Mis primeras lecturas sobre espiritualidad y las inmersiones en la historia de la Iglesia ofrecen ocultos (olvidados) cimientos, así que ahora mi tarea se ha vuelto más clara. Se deriva de la fascinación con las iglesias mexicanas, y en especial con el churrigueresco, que me obsesionaron desde mi primer viaje por México. De pronto muchas piezas parecen haber encajado, un rompecabezas que hasta hoy careció de sentido muestra ahora los elementos de una imagen.

El diario demuestra, asimismo, que yo no sabía con claridad hacia dónde me dirigía y que aún estaba presente la idea de extender el estudio hasta el siglo XX. De hecho, el burdo primer borrador, escrito en el verano de 1982, terminaba con Molina Enríquez y la Revolución Mexicana. Esta incertidumbre, mezclada con la necesidad de preparar una conferencia para el bicentenario de Simón Bolívar en 1983, fue lo que aceleró la publicación de *Mito y profecía en la historia de México* (1984), un conjunto de tres ensayos (cuatro en la edición mexicana) que iban del periodo de la conquista espiritual a la Revolución. En 1984 aparecieron finalmente la estructura y los límites de *Orbe indiano. De la monarquía católica a la república criolla, 1492-1867*.

Cuanto más leía, más me impresionaba la tradición del conocimiento español vinculado a la publicación de las crónicas de las Indias. En España, los volúmenes de la Biblioteca de Autores Españoles siempre vinieron acompañados de introducciones confiables. En Perú, los ensayos críticos de José de la Riva Agüero y Raúl Porras Barrenechea y las ediciones preparadas por Félix Denegri Luna fueron guías invaluables. En México, la *Bibliotheca Hispanoamericana* de José Mariano de Beristáin apenas tenía parangón con las numerosas ediciones de los manuscritos del siglo XVI de Joaquín García Icazbalceta y la bibliografía de Nicolás León. He aquí una tradición que preservó Miguel León-Portilla al preparar su edición crítica de la *Monarquía indiana* de Juan de Torquemada, la cual transformó nuestra idea sobre el ambiguo alcance del franciscano. Del mismo modo, son lectura obligada las ediciones de Motolinía, Ixtlilxóchitl y Mier preparadas por Edmundo O'Gorman.

En los momentos cruciales de mi recorrido por la historia mexicana, me ayudó el estímulo crítico de la obra de O'Gorman, y más que ningún otro libro suyo *Destierro de sombras* (1986), su convincente desarticulación del origen del culto a Nuestra Señora de Guadalupe.

Al concluir el primer borrador íntegro de *Orbe indiano*, en 1984-1985, y una vez corregido y ampliado su texto, comprendí que no había escrito un libro de ensayos sobre diversos autores sino que me había metido a narrar el surgimiento, el florecimiento y la caída de una tradición intelectual y política. Mi enfoque tuvo una fuerte influencia de lo que Harold Bloom hizo para demostrar la manera en que los textos canónicos de una tradición literaria predominan en todos los escritores posteriores, un concepto muy similar a la observación de Kubler sobre el papel de las imágenes primarias en la producción artística. En las respectivas tradiciones históricas de México y Perú, *Monarquía indiana* de Torquemada y *Comentarios reales* de Garcilaso aparecen como los textos canónicos hasta el siglo XX. La manera en que se incorporaron a la tradición nacional de cada país los grandes acontecimientos históricos, como la Conquista y la Independencia, me ayudó a esclarecer aún más la lectura de *Teología del Antiguo Testamento* (1975) de Gerhard von Rad, un libro que examina los distintos modos en que reaccionaron los profetas hebreos ante el éxodo y Moisés, Sión y el rey David, Jerusalén y Babilonia. Por último, *El momento maquiaveliano* (1975) de J. G. A. Pocock no sólo demostraba cómo se transmitieron a través de los siglos y los países las ideas políticas, sino que también me permitió identificar la ideología de Simón Bolívar como variante del republicanismo clásico.

La ventaja de abarcar tres siglos consistió en que pude identificar dos tradiciones distintas en la historia de la América española. Para empezar, ahí surgió muy rápidamente una idea eurocéntrica o bien occidentalista del Nuevo Mundo que evocaría criterios filosóficos, científicos, sociológicos y económicos para juzgar e interpretar a la sociedad americana, ya fuera india, criolla o republicana. Inspirada por el Renacimiento y la Ilustración —y por turnos imperial, liberal y socialista—, esta tradición juzgó a México y Perú según los patrones de Europa y los Estados Unidos, y por lo general los halló inferiores. Como reacción ante esto, se desarrolló una tradición patriótica, americanizante, que apelaría a la historia, al mito, a la religión y al arte con el propósito de fijar el valor autóctono de los pueblos del Nuevo Mundo. Con raíces en la Edad Media, esta tradición floreció en la época barroca y experimentó una renovación en el nacionalismo romántico del siglo xx. Esta tradición ha celebrado la grandeza de la civilización prehispánica, las glorias de la Iglesia criolla, la fuerza biológica de los mestizos y los talentos estéticos de la raza latina. Sin embargo, tan simple antítesis no resuelve la complejidad del caso, pues a través de los siglos las dos tradiciones siempre han interactuado, enfrascadas ocasionalmente en acres polémicas, a veces apropiándose de las ideas de su adversaria. De hecho, ciertos conceptos y mitos cruzan la frontera y en distintas generaciones los citaron los bandos opuestos en medio de su gran debate. Aunque la aproximación occidentalista se inició como una tradición imperial, los liberales más adelante se la apropiaron en su ansia por modernizar a sus países. En efecto, en cuanto a la historiografía de América, la interacción y el intercambio de estas dos tradiciones fue tan grande y reiterada que se las ve mejor como componentes integrales de una sola cultura histórica de la América española.

La fertilidad de esta manera de leer a los grandes cronistas del periodo colonial se puede demostrar mejor con una amplia comparación que aparece en la página 461 de *Orbe indiano*, en donde el jesuita dieciochesco, Francisco Javier Clavijero, es comparado con el mestizo peruano del siglo xvi, el inca Garcilaso de la Vega:

> En última instancia, el lector queda impresionado por la similitud entre Clavijero y Garcilaso de la Vega. Ambos escribieron en la amarga quietud de un exilio europeo, despojados de todo material histórico que no fuese la página impresa, y en efecto sin más privilegio que su conocimiento de la lengua india. Su contenido, juicioso estilo, testimonio en sí mismo de las respectivas influencias del Renacimiento y la Ilustración, era una máscara sobre la intensidad de su compromiso patriótico. Enemigo común de ambos era la tradición de la historiografía imperial

que comenzó con Oviedo, Sepúlveda y Gómara, alcanzó un temprano clímax con Acosta y Herrera, sólo para ser resucitada y reafirmada por Pauw, Buffon y Robertson. Para establecer la imagen de los incas y aztecas como naciones civilizadas, siguieron a Las Casas al compararlos aun moderadamente con griegos y romanos. La sociedad y la religión indígenas fueron purgadas de toda asociación demoniaca, y puesta de relieve su virtud natural. Ninguno de los dos historiadores se preocupó mucho por la denuncia de Las Casas contra los conquistadores, toda vez que optaron por interpretar la Conquista como un acto inexorable de la Providencia. Aunque Clavijero era criollo, apoyó la visión de Garcilaso de una patria mestiza católica al expresar su pesar de que los conquistadores no se hubiesen casado con hijas de las "casas americanas" de la nobleza, allanando así el camino al surgimiento de "una sola nación individual". Que un intelectual mexicano necesitara más de siglo y medio para llegar a la etapa alcanzada por el mestizo peruano demuestra tanto la decisiva originalidad de Garcilaso como la devastadora autoridad de Torquemada en México. Tan sólo gracias al escepticismo histórico promovido por la Ilustración, el pasado mexicano pudo liberarse de sus demonios agustinianos y de sus apóstoles barrocos y egipcios. No se sabe si Clavijero leyó a Garcilaso con algún cuidado, pero resulta asombrosa la semejanza de propósito y de situación.

En efecto, Clavijero luchó en dos frentes. Defendió la antigua civilización de México del asalto ilustrado. Pero también reescribió la versión patriótica del pasado indígena, tratando de desbancar la *Monarquía indiana* de Torquemada de su pedestal canónico.

En 1989, al concluir *Orbe indiano*, ahí acabó un ciclo de nueve años de amplias lecturas y de escritura intensa. Casi todos los capítulos pasaron por tres o cuatro borradores, y todavía en el último verano cambié partes completas y agregué los dos últimos capítulos. De la depresión inevitable que acompaña la conclusión de cualquier libro extenso, me rescató en el siguiente verano la tarea de traducir y preparar para su publicación *Generales y diplomáticos: la Gran Bretaña y Perú, 1820-1840* (1991), obra escrita por Celia Wu. Sin la ayuda de mi esposa nunca habría concluido *Mineros y comerciantes* en el año en que lo terminé. En ese libro y en *Haciendas y ranchos* ella colaboró en la compilación y el procesamiento del material demográfico, así que fue una feliz oportunidad la de colaborar en el acabado de su libro en inglés. Después, en 1991-1992, revisé los apuntes que hice en Morelia, en la ciudad de México y en Sevilla en 1979-1982, y a partir de la revisión escribí *Iglesia y Estado en el México borbónico: la diócesis de Michoacán, 1749-1810* (1994). Como su título lo indica, el libro se puede ver como el volumen final de una trilogía dedicada al México borbónico. Que su escritura se llevara tan poco tiempo y causara tan poca angustia sugiere que el libro posee un carácter más introductorio que sus predecesores. Dudo que este libro transforme la idea que tenemos de la historia eclesiástica de este periodo. Acaso el valor principal del libro resida en su alcance, pues ahí traté de describir virtualmente todas las principales instituciones de la Iglesia en el obispado de Michoacán. Además, había algunas historias decididamente intensas sobre devoción popular y corrupción clerical, así como dos capítulos que parecen sacados de *Orbe indiano*. El tema predominante en este libro es el creciente conflicto entre la Iglesia y el Estado: a finales del siglo XVIII virtualmente toda institución clerical estuvo sujeta a un asalto sin precedentes y en su mayor parte injustificado de parte de los ministros y funcionarios ilustrados del Estado borbónico. Por último, se verá que al concluir este libro en 1992, acabé la indicción kubleriana que empezó en 1979.

VI

"Los libros son obra de la soledad —escribió Marcel Proust en 'Contra Saint-Beuve'— e hijos del silencio." No se derivan del yo social que charla y sale a cenar sino más bien de *le moi profond* y de la imaginación que ella sola puede entregar al mundo en la literatura. En una imagen memorable, digna de Platón, Proust escribió:

> Las cosas bellas que escribiremos si tenemos talento están en nosotros, tenues, como el recuerdo de una canción que nos gusta, sin que podamos recordar ni su letra ni su tonada, ni seamos capaces de dar un esquema cuantitativo de ella... Aquellos a quienes persiguen estos recuerdos confusos de verdades que jamás conocieron son los hombres que tienen el don. Pero si se conforman con decir que escuchan una tonada deliciosa, no dicen nada a los otros, no tienen talento. El talento es una suerte de memoria que al final les permite evocar esa música confusa, oírla claramente, anotarla, reproducirla, cantarla.

Aunque Proust describió con delicada precisión el mundo aristocrático y cultural del París de *fin-de-siècle*, sin lugar a dudas discernió en la conducta de sus personajes las leyes morales que gobiernan a la naturaleza humana. El constante ejercicio de su imaginación moral lo llevó a despreciar el método crítico de Saint-Beuve que buscaba explicar la literatura a través de la descripción detallada del momento social e histórico en el que se produjeron las obras. Proust también despreciaba la historia como forma de escritura, pues se quedaba en la superficie de las cosas, incapaz de penetrar en las profundidades del alma, que por sí solas determinan la conducta humana.

El desprecio literario por la historia no es sólo de Proust. El más grande de los críticos ingleses, el doctor Samuel Johnson, opinó lo siguiente ante su devoto discípulo, James Boswell:

> Un historiador no requiere grandes habilidades, pues en la escritura de la historia las grandes energías del intelecto humano están quietas. Los hechos los tiene al

alcance de la mano, así que no hace falta el ejercicio de la invención. No hace falta mucha imaginación; apenas la que se emplea en los tipos más pobres de poesía. Algo de entendimiento, agudeza y colorido servirán a quien se dedique a eso, si es capaz de aplicarse como es debido.

Esa opinión resulta más estrujante si tomamos en cuenta que Samuel Johnson conocía a Edward Gibbon y que leyó, obviamente, su *Decadencia y caída del imperio romano.*

La historia es una ciencia y es un arte. Es esencialmente progresiva y al mismo tiempo aspira a la permanencia. Cada generación escribe su propia historia y asume una idea diferente del pasado. Como obras de la ciencia, todos los libros de historia están condenados a la obsolescencia; como obras de arte, tal vez un puñado escape del olvido. Como ciencia, la historia instruye; como arte, produce placer. Sólo tres tipos de trabajos históricos librarán con éxito el naufragio del tiempo: los libros de memorias, ciertos textos de referencia y esos raros volúmenes que identifican las leyes del comportamiento humano en una época determinada.

Sin la historia, la humanidad desciende a la barbarie. Vivir exclusivamente para el presente es vida de infante. Estudiar el pasado es comprender el presente. Es obvio que el pasado reciente metió su mano en la confección del presente; pero aun el pasado distante ejerce también su influencia. El renacimiento del antiguo conocimiento creó la cultura moderna de Europa. ¿Qué es el nacionalismo sino la alianza hebrea aplicada a cada uno de los pueblos? Hoy día la Iglesia católica recita textos escritos y cantados durante dos mil años. Romántica herejía es creer que cada nación posee un alma única que sólo sus propios hijos son capaces de entender. La historia es libro abierto en el que todos pueden leer. Sin embargo, percibir es una cosa y sentir es otra. Entender la historia de un país es una cosa, otra es conmoverse o sentirse unido a esa historia. Que un inglés escriba sobre México no es más extraño que Gibbon escribiera sobre Roma o Burckhardt sobre la Italia renacentista. Pero no sería prudente sentirse unido a una historia que no nos ha moldeado ni formado. Existe cierto sentimiento intuitivo, una manera reiterada de ver los acontecimientos, que sólo el nativo posee. Por todo eso el transterrado poeta estadunidense, T. S. Eliot, escribió en *Little Gidding:*

> *El momento de la rosa y el momento del ciprés*
> *son de igual duración. Un pueblo sin historia*
> *no está redimido del tiempo,*
> *porque la historia es una ordenación*
> *de momentos sin tiempo.*
> *Así, mientras se desvanece la luz*
> *sobre un anochecer invernal, en una aislada capilla,*
> *la historia es ahora e Inglaterra.*

Pocos pueblos en la superficie de este planeta han disfrutado historia tan dramática como los mexicanos y han vivido con tal intensidad el drama de esa historia. En su *Posdata*, Octavio Paz declaró que "el mexicano no es una esencia sino una historia" y en ese luminoso ensayo trató de explicar la masacre de Tlatelolco mediante una historia simbólica de México, fincando estos símbolos en la geografía monumental de la capital. En la vida de todo país existe ciertamente "una ordenación de momentos sin tiempo", pero yo no podría responder si tal ordenamiento lo puede percibir un historiador académico o si su discernimiento exige la intuición cavilante de un poeta.

BRADING, DAVID A.

Historiador inglés.
Fecha de nacimiento: 1936.

ESTUDIOS

Bachillerato (1960) y maestría (1965) en artes por la Universidad de Cambridge.
Doctorado en filosofía por la Universidad de Londres (1965).

LABOR ACADÉMICA

Profesor asistente de historia en la Universidad de California, Berkeley (1965-1971).
Profesor asociado de historia, Universidad de Yale (1971-1973).
Catedrático de estudios latinoamericanos, Departamento de Historia, Universidad de Cambridge, desde 1973.

PRINCIPALES OBRAS

Los orígenes del nacionalismo mexicano, trad. de Soledad Loaeza, México, SEP (SepSetentas, 82), 1973, 223 pp.
Mineros y comerciantes en el México borbónico; 1763-1810, trad. de R. Gómez Ciriza, México, Fondo de Cultura Económica (Sección de obras de historia), 1975, 498 pp. ilus.

(Comp.), *Caudillos y campesinos en la Revolución Mexicana,* trad. de Carlos Valdés, México, Fondo de Cultura Económica, 1985, 336 pp.

Haciendas y ranchos del Bajío; León, 1700-1860, trad. de Elia Villanueva Moreno, México, Grijalbo, 1988, 496 pp.

Mito y profecía en la historia de México, trad. de Tomás Segovia, México, Vuelta (La reflexión), 1988, 211 pp.

Orbe indiano; de la monarquía católica a la república criolla, 1492-1867, trad. de Juan José Utrilla, México, FCE, 1991, 770 pp.

JORGE ALBERTO MANRIQUE

I

EMPEZARÉ hablando de un tiempo tan temprano como mi escuela primaria, que junto con la educación casera me proporcionó el primer atisbo a la historia. En la escuela primaria pública de Azcapotzalco tuve primero como texto al Torres Quintero, de amenísima lectura, con una idea muy clara (lo veo ahora) de lo que debía ser la enseñanza de la historia para muchachos: orgullo por los héroes y los hechos gloriosos de nuestro pasado, comprensión sencilla de los diversos momentos históricos, adobado con historias o leyendas que hacían agradable la exposición. Después padecí los horribles y aburridos libros de texto posteriores (Monroy, etc.) y quizá maestros menos capaces. Sin embargo, en el sexto año el maestro nos hablaba de socialismo y de causas justas.

En mi casa había libros, y aunque no los leyera del todo, los tenía a la mano y aprendía cosas, por ejemplo, con el *México a través de los siglos*, picando en el Cantú, las *Cartas de relación* o alguna biografía de Napoleón. En la escuela secundaria los textos de historia universal eran el Ducudrey y el Malet e Isaac, buenos y bien traducidos, aunque el segundo en ediciones infames; en historia de México el aburrido y feo González Blackaller; un maestro Macías, radical y comecuras, que nos abrió los ojos a muchas cosas, y otro, Juan A. Ortega y Medina, que nos proponía formas inusitadas y fascinantes de comprensión de los hechos históricos. En la preparatoria Salvador Azuela me dio sus apretados resúmenes de historia universal, y a falta de Arnáiz y Freg, que andaba de viaje, su sustituto no nos enseñó nada; creo que el libro de texto era el de Alfonso Toro. Valenzuela, discípulo de Caso y su admirador (a distancia), nos enseñaba historia antigua de México, enterada y "moderna" en el sentido de que estaba al tanto de los últimos descubrimientos y las últimas opiniones. Pérez Verdía (hijo) nos daba una historia no sólo muy tradicional, sino conservadora en grado extremo. Ya entonces de alguna manera teníamos ideas un tanto claras, sabíamos lo que era un pensamiento conservador y le discutíamos, para lo cual teníamos que buscar apoyo en libros de cuya existencia nos enterábamos por diversos medios. Alrededor de la preparatoria de San Ildefonso había librerías (Porrúa a la vuelta, en la parada del tranvía) y empezábamos a hacer nuestras propias lecturas, por desordenadas que fuesen. Nos resultó muy propicio que a una cuadra de distancia estuviera El Colegio Nacional; con el menor pretexto, en horas libres o saltándonos clases, nos íbamos a meter al cine Río o a oír a aquellos señorones: José Vasconcelos, Alfonso Reyes y, para el efecto, Alfonso Caso, Manuel Toussaint, e incluso Diego Rivera, amén de otros. A los autores que los maestros nos citaban los escuchábamos a cien metros y sus libros —no a nuestro alcance sino juntando muy trabajosamente los dineros— en la librería de la vuelta.

Alguien nos dijo, no sé si con conocimiento de causa, que el hecho de ser estudiantes preparatorianos nos daba derecho de asistir a la Facultad de Filosofía y Letras, que entonces estaba en San Cosme, en la Casa de los Mascarones, a no más de 15 minutos en tranvía. Si no era cierto, la verdad es que nunca nos corrió nadie. A quienes no oíamos ni en la preparatoria ni en El Colegio Nacional los pudimos seguir en Mascarones, como a Justino Fernández y, desde luego, a los filósofos Samuel Ramos, Nicol, Gaos: ¡qué apertura hacia la historia!

Muchos de mis compañeros tenían ideas políticas ya definidas y ésas eran su piedra de toque en las discusiones en clase y extraclase. Había varios marxistas, aunque quizá sin apenas haber leído a Marx. Aquellas figuras, más otros, como Pablo Martínez del Río (cuyos *Orígenes americanos* se citaban también a menudo en clase), o bien Taracena y Teja Zabre, o el clásico Riva Palacio y los otros autores del *México a través...* y Justo Sierra y algún Bulnes eran nuestos tutores...

De pronto se levantaba alguna polémica, como la referente a los huesos de Cuauhtémoc en Ixcateopan, u otras, sobre todo periodísticas, acerca de, por ejemplo, la figura de Cortés o los tratados McLane-Ocampo, o los tratados de Bucareli, o Diego Rivera pintando en Palacio Nacional a un Cortés buboso y sifilítico... o lo que se quiera. Y en los propios formidables muros de San Ildefonso teníamos, sobre todo en el incendiario Orozco, pero también en Charlot y en Fernando Leal, motivos más que suficientes para la discusión (Dios bizco, obreros matándose entre sí, catrines que pisotean a los pobres para llegar a la iglesia...). Así íbamos descubriendo que aquellas figuras reverenciadas no formaban un todo armónico, que podían ser contradichas y tenían sus debilidades y que entre sí podían tener posiciones totalmente contrarias. ¿Eulalia Guzmán contra Alfonso Caso y Arnáiz y Freg, a quien no leíamos, pero sí escuchábamos casi con arrobo? Así era. Nuestra limitada capacidad no nos permitía hilar muy fino, pero sin poder penetrar a cuestiones más delicadas de la concepción histórica, sí podíamos sin demasiada dificultad darnos cuenta de que, atrás de las posiciones polémicas sobre la historia, estaba un trasfondo de posiciones políticas. Un descubrimiento, por lo menos para mí.

En la preparatoria de San Ildefonso estábamos todos, porque no había otra, salvo los hijos de los maristas del CUM, a quienes ni conocíamos ni nos interesaban en lo más mínimo. Ricos y pobres (aunque con la posibilidad de estudiar, becados, el bachillerato). Y todos —*o tempora, o mores*— nos conservábamos iguales, los hijos de secretario de Estado o de general, los ricos, los mayoritarios clasemedieros y los más modestos. No creo recordar que en la prepa pudiera distinguirse entre los estudiantes una afiliación ideológica relacionada con el estrato social. Predominaba ciertamente una —quizá más bien vaga que definida— tendencia de izquierda (el cardenismo había pasado casi la víspera), pero ésta era ajena a la situación social de cada quien, y a menudo se encontraba uno a los más reaccionarios entre los más modestos. En todos había un saludable nacionalismo galopante, al punto de que, en los famosos concursos de oratoria (donde tantos postreros políticos hicieron sus pininos), cuando alguien sentía que le estaba yendo mal lanzaba *impromptu* un improperio al "coloso del norte" para conseguir forzados aplausos (como hacía Cantoya si su globo no se levantaba del suelo: sacaba y tremolaba una banderita mexicana). Lo cual, por cierto, enrarecía ciertas discusiones: defender la verdad de los huesos de Cuauhtémoc llegó a convertirse en una obligación de todo patriota bien nacido; en todo caso, de quien no fuera reaccionario.

La Universidad era otra cosa. Yo empecé a estudiar historia después de haber transitado por un jugosísimo año de jurisprudencia y otro pedazo de geografía (en el Instituto de Geografía, que dirigía Rita López de Llergo, trabajaba dibujando mapas, en plazas creadas para que los estudiantes pudiéramos ayudarnos; de ahí me quedó una benéfica afición a la disciplina, como me dejó un gusto e interés por el derecho mi paso por Jurisprudencia, aunque me haya parecido que yo no me encontraría en su práctica); cuando ingresé ya tenía la idea de hacer historia del arte. De primer golpe, para quien se acercaba lleno de expectativas, aquello parecía una zona de desastre. Estaban, sí, algunos grandes viejos, ciertamente ya venidos a menos: don Pablo Martínez del Río, don Rafael García Granados, restos de pasadas glorias y, pese a su reconocido sitio, haciendo una historia que ya no nos satisfacía para nada. Estaban muchos otros, jóvenes y viejos, mucho menos satisfactorios, impreparados y sin mayores ideas claras. Para quienes llegábamos con una idea previa, como yo (en mi caso la historia del arte), estaban Justino Fernández y Francisco de la Maza —a quien Toussaint había heredado la clase hacía no mucho—, ambos excelentes y de quienes se podía aprender muchísimo; muerto Salvador Toscano, ocupaba su clase José Servín, que suplía brillantez por rigor y dedicación. Y estaban, aunque había que buscarlos y luchar contra la administración —y pocos lo hacían—, los filósofos Gaos, Ramos, Nicol... El gran representante del marxismo y aureolado de sabiduría era Wenceslao Roces, quizá un tanto desperdiciado en cursos que se empeñaba en hacer generales.

Las grandes revelaciones eran, sin duda, Juan A. Ortega y Medina y, sobre todo, Edmundo O'Gorman. ¿Historicismo?, ¿con qué se come? Filosofía en la historia, ¿para qué? ¿Historia de la historiografía?, ¿qué es ese juego de palabras? Sólo después de seguirlo en sus cursos empezamos a leerlo. Él nos llevó a comprender que no hay pensamiento histórico sin masticar un poco de filosofía y nos hizo acercarnos a una pléyade de pensadores, empezando, y sobre todo, por José Gaos, pero pasando por toda la planta de los viejos, como Ramos; de los exiliados, como Nicol, y de los jóvenes hiperiones capitaneados por Leolpoldo Zea.

En la Facultad estaban, pues, la vieja planta de respetables profesores (que, salvo excepción, a los jóvenes no nos resultaban tan respetables) que habían sido incapaces de crear discípulos consistentes; y la nueva ola, que era el historicismo, con su mantenedor O'Gorman. El marxismo estaba presente también, pero, por decirlo así, comía aparte y su presencia no se hacía sentir tanto: todavía no venían los años del sarampión marxista. La guerra estaba entablada entre los "tradicionales", que habían hecho en su tiempo sus cosas valiosas y cuyo pensamiento de hecho se resumía en un positivismo trasnochado —digamos en su descargo que el mismo positivismo trasnochado que existía de hecho en todas partes— y la renovación que significaba el historicismo o, como O'Gorman decía entonces, la historiología. Traer a cuento a Kant o Hegel, Vico y (¡horror!) Heidegger, además de Ortega y Gasset, les parecía a los tradicionales un despropósito; decían que eso era filosofía y no historia. Era una guerra intelectual, pero también era una guerra de posiciones de grupo. Los viejos habían hecho la Facultad y no estaban dispuestos a ser desplazados sino a heredar a sus hijos putativos; eran historiadores profesionales porque habían hecho historia, pero en general no tenían una formación académica específica, aunque algunos vástagos porfirianos habían estudiado en Cambridge o en Oxford. La capacidad crítica de O'Gorman era demoledora. Los estudiantes tomábamos partido —casi no podíamos no tomarlo—. Los marxistas estaban más bien a la expectativa, pero el hecho es que habían entrado a la Facultad por la actitud más abierta y liberal de los historicistas, no por los otros, y eran aliados virtuales (por extraño que parezca) de aquéllos. Había alguna novedad, como la clase de Miguel León-Portilla (recién publicada su *Filosofía náhuatl*), con una nueva visión del mundo prehispánico a punta de traducir textos nahuas.

La querella ideológica, aquí sí referida específicamente a la historia, tenía otras repercusiones. Los tradicionales estaban por un plan de estudios rígido, tradicional, en el que se siguieran en forma seriada materias generales. Nosotros, en cambio, nos inclinábamos por uno abierto, en el que el estudiante, como gente pensante, eligiera su propio *curriculum* de cursos monográficos según sus intereses y según los maestros a quienes le interesara oír. El pleito llegaba a mezquindades, como impedir o tratar de impedir, por la vía administrativa, que nos inscribiéramos con quienes queríamos. Nunca me ha convencido la idea de que, para entender la Revolución, sea necesario conocer antes el Porfiriato, y para éste antes la Reforma... y así hasta llegar al Paleolítico inferior... Dábamos las batallas en donde podíamos, incluso en el Consejo Técnico de la Facultad cuando conseguíamos ser elegidos. Fue ése por muchos años un debate crónico en la Facultad y de algún modo no ha muerto.

Estudié también en la Escuela Nacional de Antropología e Historia, todavía en el Museo de Antropología de Moneda, que en buena parte seguía siendo la pequeña pero gloriosa escuela. Con algunos maestros, como De la Maza, tomé cursos en Ciudad Universitaria y en Moneda. La planta de los iniciadores de la escuela antropológica mexicana se había enriquecido con algunos grandes exiliados españoles, como Pedro Bosch y Juan Comas, u otros transterrados, como Mauricio Swadesh o Paul Kirchhoff. Aquí la disputa se daba más con una antropología más moderna y quizá más imaginativa y abierta, que veía a la otra un poco encogida. También entre un marxismo más estricto y riguroso, el del brillante y casi ágrafo Armillas, frente al marxismo más libre y tranquilo de Caso.

Por lo que a mí respecta, que sin abandonar mi interés por la historia del arte me había metido de lleno en la historia a secas, especialmente la historia del pensamiento, la cruzada era por esa historia nueva, el historicismo en un sentido muy amplio, que se preguntaba por el *status* del hecho histórico y reexaminaba las verdades tenidas por buenas; que no aceptaba entender la historia como una simple acumulación de datos o conocimientos pretendidamente "neutros", y que también dudaba de la idea cientificista (que el neopositivismo y el marxismo asumían) de la relación causa-efecto en los hechos históricos y su improbable consecuencia: la existencia de leyes históricas que sólo había que ir deslindado a partir de la acumulación de datos. Creía y creo que el quehacer príncipe de la tarea histórica es la interpretación, y que ésta, por definición, es una interpretación histórica, relativa a tiempo y persona, aunque no por eso deja de ser intersubjetiva. Ese concepto amplio, abarcador de historicismo, permitía enriquecerse con el trabajo marxista, siempre que no se aceptara el idealismo futurista de la inminente e inevitable revolución; y, desde luego, también permitía enriquecerse con la sociología del arte, y con los aportes de cualquier parte, incluidos los del positivismo, a condición de quitarles lo pretendidamente neutral. Y siempre pensé que una posición de izquierda, entendida también en términos amplios, como una visión liberal y tolerante, como un compromiso con la libertad y con las causas justas de los oprimidos y los marginados, no obligaba (como algunos de nuestro medio pensaron por décadas) a ser marxista: siempre dudé de los actos de fe.

II

Siempre he creído que tanto en la historia como en la historia del arte debe imponerse el rigor: en la recolección de datos y en su análisis, pero sobre todo en los planteamientos conceptuales. Es la única manera de reexaminar las verdades existentes y proponer las nuestras, que deben ser el testimonio de nuestra época. Otra preocupación que siempre me ha asistido es la de relacionar debidamente la historia y la historia del arte mexicano con la de otras partes. Una más es la de evitar la aplicación extralógica de conceptos surgidos en otras partes a las realidades mexicanas. Pensaba y pienso que entre sus numerosas virtudes la historiografía mexicana ha padecido a menudo de una falta de rigor, de una especie de enclaustramiento en lo propio, y de una aplicación no siempre suficientemente ponderada de conceptos ajenos. La posición marginal culturalmente que ha sido históricamente la nuestra nos obliga a saber un poco de todo y además saber lo nuestro; conocer la teoría y además crear nuestros propios instrumentos.

La dificultad mayor para un historiador incipiente en nuestro medio es, creo, la carencia de instituciones. Esto es así ahora, pero lo era en una medida mucho mayor en los tiempos en que yo cursaba y terminaba mis estudios en la Facultad (segunda mitad de los cincuenta). El estudiante o recién egresado está en el apremio de subsistir y tener los medios de establecer una familia, si así le parece, y para ello, no habiendo sino muy limitados apoyos en forma de becas de monto suficiente (y entonces eran incomparablemente menos), tiene que ingresar directamente al mercado de trabajo, y éste es, y sobre todo era, muy reducido. El expediente de dar clases en la enseñanza media es agotador y limitante, y frustra las posibilidades de desarrollo personal y de investigación en quien las tiene; las opciones de instituciones que tengan puestos de investigación eran limitadísimas, si bien ahora se han ampliado. En mi caso particular tuve la fortuna de, a poco de haber egresado, ser contratado por la Universidad Veracruzana, para la Facultad de Filosofía y Letras de Jalapa; el ambiente intelectual en esa institución de reciente creación era extraordinariamente favorable; posteriormente realicé estudios de posgrado en las universidades de París y de Roma, con una beca de la Fundación Rockefeller en combinación con otra de El Colegio de México, institución a la que me integré a mi regreso.

Las facilidades bibliotecarias en la ciudad de México son insuficientes; sin embargo, de una u otra manera se cubren en cierta medida. Fuera de la capital, en muy pocas ciudades esas facilidades alcanzan a cubrir las necesidades de un investigador en cierne. Las becas o apoyos para estadías en otros países siguen siendo muy limitados. Es poco menos que impensable la formación, desde México, de un especialista en cuestiones que no sean la historia mexicana... y sin embargo, aun para la formación de un especialista en algún campo de la historia de México se requieren especialistas en otras historias.

III

Una concepción de la historia es, por definición, un hecho histórico. Por lo tanto, necesariamente está en relación estrecha y se corresponde con la compleja variedad de hechos históricos que coinciden en un tiempo histórico: el pensamiento filosófico, el arte, la situación política y social, pero también la fabricación de zapatos, por ejemplo.

Explicar una concepción histórica por la situación histórica en que está inmersa y de la que forma parte es no sólo válido sino provechoso e ilustrativo. Pero seguramente no es suficiente. El pensamiento histórico tiene su propia historia. Malraux decía que una obra de arte se debe tanto a su tiempo como a la historia del arte, y Molpurgo-Tagliabue lo parafraseaba diciendo que una idea filosófica se debe tanto a su tiempo como a la historia de las ideas filosóficas.

No pienso que pueda hablarse de una relación causa-efecto entre la aparición de un cambio concreto en las ideas históricas y un cambio específico en el desarrollo de los procesos históricos. Pero replanteada la cuestión, sí entiendo que las concepciones históricas son parte de un todo complejo que es lo que puede llamarse un "momento histórico"; éste, con todo lo que es, incluidas las ideas históricas, da lugar al momento subsiguiente: no en una relación de causa-efecto, sino de antecedente-secuela.

En principio, la investigación y la enseñanza de la historia son dos caras del mismo fenómeno. Sin embargo, en la enseñanza durante la escuela primaria, e incluso en la educación media, es difícil esperar, salvo por excepción, que el maestro esté en posibilidad de realizar investigación *strictu sensu*; aun ahí, sin embargo, la lectura frecuente de nuevos textos y el estar enterado de alguna bibliografía reciente deben apoyar una buena exposición. En la educación media superior ya puede suponerse un profesor que investiga y que, si bien está atenido al cumplimiento de contenidos específicos de un programa, también se halla en posibilidad de hacer participar a los estudiantes de su investigación personal. En la licenciatura no debería existir maestro que no investigara. La verdadera justificación del profesor, que de otra manera podría ser sustituido por buenos manuales o bibliografía selecta, está en la comunicación de su propia investigación y su propia reflexión: es la cercanía con esa experiencia la que resulta verdaderamente formativa para el estudiante. Recíprocamente, el contacto con los estudiantes, la discusión, la crítica y el comentario en clase son un elemento altamente valioso que enriquece la investigación.

IV

Hacer historia es una manera de tomar conciencia de nosotros mismos. Hacer historia también es comunicar esa experiencia y esa conciencia a otros, en diversos niveles. Un pueblo sano, desde el punto de vista de la asunción de su historia, no sería uno donde todos creen las mismas verdades, sino uno donde todos discuten las razones de verdades contradictorias sobre cuestiones similares.

MANRIQUE CASTAÑEDA, JORGE ALBERTO

Historiador del arte mexicano.
Fecha de nacimiento: 1936 (México, D. F.).

ESTUDIOS

Licenciado en historia, UNAM (1962).
Estudios de posgrado en universidades de París y Roma.
Doctorado en historia, UNAM (1969).

TRABAJO PROFESIONAL

Profesor-investigador en la Universidad Veracruzana (1959-1962).
Profesor de la Facultad de Filosofía y Letras de la UNAM (desde 1965).
Investigador del Instituto de Investigaciones Estéticas de la UNAM (desde 1968).
Profesor-investigador de El Colegio de México (1965-1970).
Director de la *Revista de la Universidad*.
Director del Instituto de Investigaciones Estéticas de la UNAM (1974-1980).
Director-fundador del Museo Nacional de Arte (1982-1983).
Director del Museo de Arte Moderno del INBA (1987-1988).
Director de la revista *Historia Mexicana*.

PREMIOS Y MEMBRESÍAS

Premio Paul Westheim a la Crítica Joven (1957).
Premio al Libro Gratuito de Historia Universal con Eduardo Blanquel (1967).

Miembro y secretario de la Academia Mexicana de la Historia.

Miembro y presidente (1979-1987) del Comité Mexicano de Monumentos y Sitios.

Miembro del Comité Internacional de Museos.

Miembro de la Asociación Internacional de Críticos de Arte.

Principales obras

Los dominicos y Azcapotzalco, Jalapa, Universidad Veracruzana (Cuadernos de la Facultad de Filosofía, Letras y Ciencias, 17), 1963, 93 pp. ilus.

"El proceso de las artes, 1910-1970", en *Historia general de México*, México, El Colegio de México, 1976.

(En colaboración con otros), *El geometrismo mexicano*, México, UNAM, Instituto de Investigaciones Estéticas (Monografías, Serie Mayor, 1), 1977, 177 pp. ilus.

La dispersión del manierismo, México, UNAM, 1980.

(Coord. gral. y coautor), *Historia general del arte mexicano*, 16 ts., México, Salvat, 1982-1983.

Ángel Zárraga, México, UNAM, 1984.

Ciudad de México, ciudad en crisis, México, UNAM, Facultad de Filosofía y Letras (Jornadas de la Facultad de Filosofía y Letras, 1), 1987, 28 pp.

(En colaboración con Teresa del Conde), *Una mujer en el arte mexicano: memorias de Inés Amor*, México, UNAM, 1987.

ALFREDO LÓPEZ AUSTIN

I

No RECUERDO sino los varios pequeños tomos de *Historia universal* de Albert Malet y J. Isaac del bachillerato. Me sería fácil investigar cuáles fueron los demás textos, pero si ahora no los recuerdo, mi comentario sería artificial, porque en su momento no me interesé por los autores de los textos que estudiaba. Tampoco supe en mi juventud quiénes eran los historiadores conocidos. No me importó. La razón es simple: mis estudios y mis actividades profesionales no lo fueron inicialmente en el campo de la historia. Más aún, nunca antes de los 27 años imaginé que algún día me dedicaría a la historia.

Mis compañeros de generación no se cuestionaban seriamente sobre los problemas de la conciencia histórica. Yo tampoco. En mi juventud hice la carrera de abogado, no la de historiador. Empecé mucho más tarde la carrera de historiador, ya a los 29 años. Mis compañeros en esta nueva carrera eran en promedio 10 años menores a mí; propiamente no era mi generación. Durante la carrera de abogado me acerqué a la historia, asistiendo como oyente a varios cursos de la Facultad de Filosofía y Letras. Mi interés, sin embargo, no era por la historia en general: me atraía particularmente —y era una atracción desde la infancia— el mundo indígena. Llegué a la historia por ese interés.

Cuando hice la carrera de historia en la Facultad de Filosofía y Letras destacaban —sin ser los únicos— tres grupos de maestros: los historicistas, con Edmundo O'Gorman como figura principal; los marxistas, entre ellos otro gran historiador: Wenceslao Roces; y un tercer grupo de profesores que se distinguían por su indiferencia ante los problemas filosóficos de la historia.

Mi posición personal era privilegiada: en 1963 me habían ofrecido un trabajo en el Instituto de Investigaciones Históricas de la UNAM gracias a mis estudios formales del mundo prehispánico. Pude abandonar así una profesión que nunca me había satisfecho. En la UNAM encontré todo lo necesario para el estudio: maestros y compañeros eruditos, bibliotecas, relaciones con otros centros de estudio, reuniones académicas, etc. Sólo me faltaba una experiencia importante: la formación específica como historiador. La solución estaba a unos cuantos pasos de mi centro de trabajo. En 1965 me inscribí en la Facultad de Filosofía y Letras, al primer año de licenciatura en historia, y ahí seguí hasta terminar el doctorado.

Otra gran atracción infantil fue muy importante en mi vida. Sin haber sido nunca creyente, desde muy niño me interesé profundamente por la religión. Al dedicarme profesionalmente a la historia podía unir mis dos grandes atracciones culturales: el mundo indígena y la religión. Busqué en un principio un trasfondo racional de las religiones. Mi tarea sería buscar una explicación de la racionalidad de las creencias y prácticas religiosas mesoamericanas.

La historia de las religiones mesoamericanas tenía una venerable antigüedad. Muchos sabios habían realizado estudios eruditos. Las mayores dificultades eran el estudio de aquel inmenso acervo de conocimientos e hipótesis, e imaginar métodos y técnicas para continuar la labor. Eran dificultades enormes porque exigían un enorme esfuerzo por parte de los investigadores; pero eran, al fin y al cabo, tareas que proporcionaban un gran gozo y que no pocas veces se ofrecían lúdicamente.

II

No me atrevo a opinar en términos generales sobre los momentos más altos de la práctica histórica en México, pues considero que una justa opinión sería la de cada especialista en su propio campo. En mi campo específico —la historia del mundo mesoamericano—, considero que estamos en un periodo de extraordinario y acelerado desarrollo del conocimiento: descubrimiento y estudio de monumentos arqueológicos, estudio de fuentes pictográficas, traducciones de documentos importantes en lenguas indígenas, grandes avances en el descifre de la escritura maya, propuestas teóricas para la comprensión del pasado mesoamericano, etc. No sólo estamos en el momento más alto hasta ahora, sino que puede esperarse con suficientes probabilidades de acierto que el ritmo acelerado continuará, y que el conocimiento sobre Mesoamérica sufrirá una verdadera revolución en las próximas décadas.

En cuanto a las líneas de desarrollo, la respuesta haría necesaria una tesis. Abreviaré considerablemente para referirme a uno de los procesos historiográficos de nuestros días: vivimos el tránsito entre el pensamiento dirigido a la búsqueda de los grandes valores del pasado mesoamericano para fortalecer el orgullo nacional y el pensamiento que pretende desacralizar el pasado indígena para dar de él una visión global y científica. Este tránsito ha ocupado las últimas décadas.

Por su parte, el cambio teórico más importante de nuestro tiempo en materia historiográfica se da a partir de las revoluciones sociales de este siglo, con la difusión del materialismo científico. La abrupta caída del socialismo real trajo como consecuencia el desprestigio generalizado de toda concepción teórica global de la sociedad. Existe en nuestros días un vacío teórico de duración indefinida. Su prolongación puede causar graves consecuencias a la ciencia de la historia.

III

De la generación de los grandes impulsores de la antropología mexicana, no todos trascendieron el medio académico con su gran influencia. Manuel Gamio y Paul Kirchhoff, por ejemplo, transformaron el pensamiento meso-americano; sin embargo, su obra no tuvo una importante difusión. Wigberto Jiménez Moreno, pese a su participación en libros generales de historia, tuvo mucho más peso como maestro de muchas generaciones de antropólogos e historiadores. Alfonso Caso y Ángel María Garibay K. fueron ampliamente conocidos por el gran público al editar extraordinarias síntesis de sus investigaciones, en religión el primero y en literatura el segundo. Ignacio Bernal fue quizá el miembro de dicha generación que expuso más ampliamente en sus obras los avances de la arqueología mexicana. Junto a ellos deben citarse quienes con sus obras y desde el extranjero calaron más profundamente en la conciencia del público no especializado: Sylvanus Morley, Eric Thompson, Jacques Soustelle y Laurette Séjourné. Más recientemente, Miguel León-Portilla, gran difusor de textos nahuas y muy influyente en el nacionalismo de las últimas décadas, y Román Piña Chan, autor de obras globales en materia arqueológica.

En cuanto al cambio de ideas sobre el desarrollo de la historia, pienso que existe un proceso muy importante de flujo y reflujo entre los cambios sociales y la labor de todos los intelectuales, entre ellos los teóricos de la historia. Sin embargo, más que pensar en situaciones directas o en efectos inmediatos, es conveniente concebir que estos procesos se caracterizan por una difusión escalonada y por efectos mediatos e indirectos. En este sentido, el mejor mecanismo de incorporación de los nuevos conocimientos históricos a la conciencia social es la difusión hecha por el propio investigador, y de ésta, la que dirija a intelectuales no especializados en su materia que puedan producir conocimientos por otras vías más extensas. Hasta ahora el medio difusor por excelencia es el libro, pese a sus grandes limitaciones en una sociedad como la mexicana. Su mensaje puede dirigirse con rigor científico a públicos de diferentes niveles. Su mayor poder de incorporación se logra al establecer una cadena de comunicación entre los especialistas y los maestros de educación primaria y media. La difusión a través de los medios de comunicación masiva, principalmente de la televisión, tiene grandes posibilidades técnicas. Sin embargo, la televisión mexicana, con su ya tradicional tendencia a la deformación ideológica y a la trivialización de lo trascendente, no ofrece condiciones ideales para la formación de una conciencia social.

LÓPEZ AUSTIN, ALFREDO

Historiador mexicano.
Fecha de nacimiento: 1936 (Ciudad Juárez, Chihuahua).

ESTUDIOS

Licenciado en derecho (1960) y licenciado (1969), maestro (1972) y doctor (1980) en historia por la UNAM.

LABOR ACADÉMICA

Profesor de la Universidad Iberoamericana (1969), de la Escuela Nacional de Antropología e Historia (1972, 1979-1980, 1982), de El Colegio de México (1975 y 1979) y de la Universidad Autónoma de Baja California (1978).

Profesor visitante de las universidades de Sevilla (1981) y Wilhelm-Pieck de la República Democrática Alemana (1981).

Profesor (1964, 1966 y 1967), secretario (1963-1975) e investigador (1965-1976) del Instituto de Investigaciones Históricas de la UNAM, y profesor (1976-1977 y 1981-1982) e investigador (desde 1976) del Instituto de Investigaciones Antropológicas de la UNAM.

Fue juez penal de primera instancia en Ciudad Juárez (1961-1963).

Coeditor de las revistas *América Indígena, Anuario Indigenista* (1963-1965) y *Estudios de Cultura Náhuatl*.

Subsecretario del Instituto Indigenista Interamericano (1962-1966).

Trabajó en la paleografía del Códice Moctezuma (1970).

Becario del Instituto de Cultura Hispánica (1973-1974) y de la Fundación Guggenheim (1976-1977).

PRINCIPALES OBRAS

Augurios y abluciones, México, UNAM, IIH (Serie de Cultura Náhuatl. Fuentes, 7. Textos de los informantes de Sahagún, 4), 1969, 222 pp.

Textos de medicina náhuatl, México, SEP (SepSetentas, 6), 1971, 264 pp. (2a. ed., México, UNAM, IIH, 1975, 232 pp.).

Hombre-Dios. Religión y política en el mundo náhuatl, México, Universidad Nacional Autónoma de México, Instituto de Investigaciones Históricas (Serie de Cultura Náhuatl. Monografías, 15), 1973, 214 pp.

Cuerpo humano e ideología. Las concepciones de los antiguos nahuas, 2 vols., México, UNAM, IIA (Etnología-historia, Serie Antropológica, 39), 1980.

Una vieja historia de la mierda, México, Ediciones Toledo, 1988, 95 pp.

Los mitos del tlacuache. Caminos de la mitología mesoamericana, México, Alianza Editorial (Colección Antropología, Alianza Estudios), 1990, 542 pp.

ELISA VARGASLUGO

I

Los PRIMEROS años de la primaria los cursé en una escuela inglesa y los textos eran ingleses. De los últimos años de la primaria sólo recuerdo que se enseñaba una historia que se empeñaba —hasta lo absurdo— en ser absolutamente laica, como reacción al espíritu católico de la mayoría de los colegios particulares de entonces y como consecuencia del artículo 3o. constitucional.

En la secundaria y en el bachillerato usé los textos de Pérez Verdía, de Alfonso Toro, de Chávez Orozco, de Bravo Ugarte, para la historia de México, y los de Malet para la historia universal. Los historiadores reconocidos eran Chávez Orozco, Bravo Ugarte, Vito Alessio Robles, Ramírez Cabañas, Ignacio Rubio Mañé, a los que se sumaron los nombres de los entonces jóvenes Silvio Zavala y Edmundo O'Gorman, que pronto habrían de convertirse en los paladines de la historiografía mexicana.

Cuando terminé el bachillerato tenía conciencia de la proyección de dos visiones históricas: la indigenista y la hispanista. Contaba con el entusiasmo que habían despertado en mí las exaltadas clases de Historia de México de Diego Tinoco Ariza —que no era historiador sino abogado— en el tercer año de secundaria. Pero aún no tenía un concepto claro de la metodología histórica. Desde luego, tenía noticias —aunque vagas— del materialismo histórico.

Recuerdo la obra de Alfonso Teja Zabre relacionada con las ideas "izquierdistas". En esta época del bachillerato se despertó mi vocación por la historia del arte, gracias a las lecciones de Francisco de la Maza, quien no introducía ninguna ideología en sus cursos. Nos enseñó a valorar el arte, y en especial el novohispano, como la mejor expresión de mexicanidad.

Según recuerdo, no me encontré con grupos sociales cerrados, relacionados estrictamente con ciertas ideas. Desde el bachillerato, y luego en los estudios profesionales, la validez de la diversidad de ideas y la existencia de diversos grupos sociales era lo que prevalecía como enseñanza de mis maestros.

Las visiones encontradas de la historia nacional obedecían principalmente a diferencias ideológicas que se veían aumentadas, o confusas, por la diferencia de criterio en el ejercicio de la disciplina histórica.

Cuando ingresé a la Facultad de Filosofía y Letras el panorama general de la historia se veía francamente dividido en dos maneras de concebir la tarea histórica. La corriente más antigua era la derivación del positivismo del siglo pasado, reflejada en una información abrumadora pero sin ideas. Dentro de este criterio trabajaban la mayoría de los maestros que impartían clases de historia. La directriz moderna estaba representada por el historicismo que manejaba el maestro Edmundo O'Gorman —figura señera de la historiografía mexicana— y Justino Fernández, que enseñaba historia del arte. Ambos habían sido discípulos de Ramón Iglesia y de José Gaos. El maestro O'Gorman enseñó a interpretar —con inteligencia metodológica— los hechos históricos a muchas generaciones de alumnos de la Facultad de Filosofía y Letras. Para mí, él y los doctores Justino Fernández y Francisco de la Maza significaron la modernidad salvadora del pensamiento histórico.

Los medios públicos con que entonces se contaba para los trabajos históricos eran principalmente la Biblioteca Nacional, la de la Facultad de Filosofía y Letras, la de la Secretaría de Hacienda, la del Museo de Antropología, la del Instituto de Investigaciones Estéticas; y los archivos de la Nación, de Notarías, del Ayuntamiento y otros más, con la diferencia de que en esos tiempos los registros de los documentos estaban hechos sin el rigor metodológico de ahora. Los medios de publicación y los apoyos económicos eran prácticamente inexistentes. Para quienes comenzábamos a escribir, los suplementos culturales de los periódicos eran una de las pocas posibilidades de publicar.

Cuando cursé los seminarios del doctor O'Gorman me di cuenta de los beneficios de su método historicista y en la medida de mis alcances he tratado de proyectar ese criterio en mis enseñanzas de la historia del arte. Tomé conciencia de que es necesario que el mexicano conozca el valor histórico de los documentos artísticos. A la fecha no he encontrado dificultades para expresar mis ideas, aunque reconozco que es una "lucha" muy dispareja, pues no se ha logrado integrar el estudio de la historia del arte dentro de la carrera de historia. Muchas materias de historia del arte siguen siendo optativas, cuando deberían ser obligatorias, ya que el arte es parte del patrimonio cultural del país.

II

Considero que los momentos más altos de la práctica histórica en México fueron, más o menos, entre 1940 y 1980. Me parece que las líneas generales de su evolución no se destacan nítidamente, pero surgió y prevaleció por muchos años el criterio marxista, al lado del historicismo, y creo que nunca ha desaparecido del todo la historia de corte positivista. Actualmente se practica la historia de los *Annales,* una historia documental e informativa y sigue vigente el historicismo.

Por otra parte, creo que la polarización del pensamiento que en general se ha producido es la causa de que no se vean, como antes, corrientes históricas bien definidas. En este sentido, ha quedado a la vista de todos la causa de la casi total desaparición de la historia marxista, pero no veo qué criterio pueda sustituir a la escuela historicista en el futuro.

La preocupación o el gusto por la historia es de minorías. Por lo mismo, creo que la historia que más ha permeado a la sociedad —desafortunadamente— es la que pondera un nacionalismo rígido que no permite valorar los hechos históricos con madurez. La obra de los grandes maestros no ha llegado a permear, en verdad, la sociedad.

Por supuesto que la opinión presidencial ha sido siempre indicadora de cambios importantes para el trabajo del historiador. Por lo que respecta a los historiadores del arte, y del arte novohispano en especial, la actitud de los gobiernos respecto de los monumentos de dicho periodo ha sido definitiva. Ha habido periodos en que la destrucción de los monumentos novohispanos no se pudo detener o se tuvo que luchar denodadamente para lograr salvarlos; en cambio, en el presente se vive una época de restauración de monumentos y centros históricos, aunque aún existan peligros.

Pienso que los nuevos mecanismos de incorporación de los conocimientos históricos son los medios de comunicación masiva, pero aún están muy lejos de lograr formar una conciencia histórica dentro de la sociedad. Por otra parte, en materia de educación y nueva producción de conocimientos históricos, necesariamente debe complementarse la relación entre la enseñanza y la investigación. Por mi parte no concibo mi labor docente sin investigación. Soy investigadora y maestra de historia del arte novohispano, y creo que en ambas actividades he desarrollado un trabajo equiparable.

III

La historia es la interpretación —en la medida del talento de cada quien— de los fenómenos históricos y de los monumentos de arte, que son también documentos históricos. La función social de la historia sería —¿por qué no lo hemos logrado en nuestro país?— precisamente la de formar la conciencia histórica de los mexicanos dentro del concierto universal.

VARGASLUGO RANGEL, ELISA

Historiadora mexicana del arte.
Lugar de nacimiento: México, D. F.

Estudios

Licenciatura en historia.
Maestría en historia, UNAM, 1963.
Doctorado en historia con especialidad en historia del arte, UNAM, 1972.

Labor académica

Investigadora en el Instituto de Investigaciones Estéticas, UNAM (1953-).
Profesora de la División de Estudios de Posgrado de la Facultad de Filosofía y Letras de la UNAM.
Asesora de la revista *Archivo de Arte Español.*

Distinciones y membresías

Miembro titular del Seminario de Cultura Mexicana.
Miembro de número de ICOMOS mexicano.
Miembro del SNI.
Miembro correspondiente de las Bellas Artes de Santa Isabel de Hungría, Sevilla.

Principales obras

Las portadas religiosas en México, México, UNAM, 1969.
(En colaboración con otros), *Juan Correa. Su vida y su obra,* México, UNAM, 1985.
Portadas churriguerescas de México, México, UNAM, 1986.
La iglesia de Santa Prisca de Taxco, México, Secretaría de Relaciones Exteriores, 1987.

ARNALDO CÓRDOVA

I

Estudié la primaria de 1945 a 1950. Había varios textos de historia patria muy elementales, pero no recuerdo sus títulos. Los maestros por lo general me hacían estudiar en apuntes que ellos mismos dictaban. En el sexto año, para historia universal, tuve un manual de Macedonio Navas que influyó muchísimo en mi gusto, desde entonces, por la historia.

La secundaria la cursé de 1951 a 1953 y la preparatoria en 1954 y 1955. En ellas llevé varios cursos de historia universal (los textos eran los de Albert Malet: Oriente, Grecia y Roma, Edad Media, Época Moderna y Época Contemporánea, y en una ocasión el de Doucodray) y de México (de la que cursé tres años: historia antigua, la Colonia y México independiente hasta el porfirismo). Un profesor me hizo leer los libros del maestro Justo Sierra (historia general y de México). Para la historia antigua de México, en el primero de secundaria, tuve un excelente mentor, Xavier Tavera Alfaro, que me dio a leer el libro de Chávez Orozco.

Para la época de la Colonia estudié también el texto correspondiénte de Chávez Orozco y el de Alfonso Toro. En alguna ocasión me asomé al *México a través de los siglos,* para la descripción de hechos sobre los que tuve que hacer algunos trabajos escolares. Para el México independiente recuerdo que sólo leí el libro de Alfonso Toro y el del maestro Justo Sierra, que me impresionó muchísimo.

Cuando estudié el bachillerato mi gusto por la historia estaba muy desarrollado y fue cuando hice mi mayor número de lecturas, ya fuera sobre historia universal o sobre historia de México, pero todo ello fuera del aula.

En 1961, cuando ya había terminado mi carrera, impartí un curso sobre historia universal contemporánea en el Colegio Primitivo y Nacional de San Nicolás de Hidalgo, para estudiantes del segundo año de bachillerato.

Estudié la primaria en Acámbaro, Guanajuato (cinco años), y en Morelia (sexto año). La secundaria y el bachillerato los cursé en la Universidad Michoacana de San Nicolás de Hidalgo. El dato tiene importancia en mi biografía intelectual, sobre todo por lo que se refiere a los últimos ciclos. La Universidad Michoacana era entonces una casa de estudios en la que privaba un jacobinismo decimonónico radical y había lo que podría llamarse un acendrado *esprit de corps,* militante y comunitario. Ello hacía que la historia se estudiara con cierto fanatismo maniqueísta (la lucha de los buenos contra

445

los malos). La enseñanza, por lo demás, era de lo más tradicional: el maestro que relataba los hechos, debidamente condimentados, y el alumno que tomaba nota y se hacía de su propio conocimiento en sus textos. No había interés, ni los maestros estaban preparados para darnos una idea exacta del desarrollo que en aquella época había alcanzado la ciencia histórica, de modo que los historiadores que conocíamos eran sólo los autores de los textos que nos señalaban en clase y que antes he mencionado.

Yo tuve, en lo personal, un gusto especial por la historia. Leía muchas obras históricas por mi cuenta. Cuando cursaba el bachillerato, por ejemplo, y por puro gusto por la historia, me leí el ejemplar que había en la biblioteca del Colegio de San Nicolás de la magnífica *Historia de los Estados Unidos* de Morison y Comager, que había editado el Fondo de Cultura Económica en tres volúmenes, y muchas otras obras históricas (recuerdo también, de Voltaire, *El siglo de Luis XIV*).

Creo que debería aclarar aquí que yo no soy historiador profesional y que, fuera de los cursos de mis estudios primarios y medios, no estudié historia en ninguna escuela o facultad. Mi generación fue de abogados y en ella sólo dos o tres cultivábamos por nuestra cuenta el estudio de la historia, pero ese estudio fue siempre tan elemental o anárquico que, por entonces, no creo que hayamos tenido conciencia respecto de historiadores ya reconocidos y su influencia en los estudios históricos. Esa conciencia la adquirí cuando empecé a escribir sobre México y ocurrió cuando ya tenía 30 años de edad. Entonces leí a Bloch, a Collingwood, a Carr y a muchos otros.

Un modelo de historiografía científica en mi formación, desde luego, fue la monumental *Historia moderna de México*, que coordinó don Daniel Cosío Villegas. Creo que entonces (años cincuenta y sesenta) adquirió validez la idea de que había que escribir una historia, ante todo, objetiva y veraz, ajena a mistificaciones ideológicas o a verdades preconcebidas, incluso para quienes, como yo, sosteníamos una ideología y nos encontrábamos comprometidos en la lucha política. Mi adhesión al marxismo, que ocurrió entre 1953 y 1954, me había vuelto radicalmente crítico de la historiografía corriente en la época. Entonces muchos historiadores y antropólogos se adhirieron también al marxismo y su actitud fue la misma que yo experimenté: rechazo de la historiografía "burguesa".

En los sesenta aprendí (y creo que muchos otros también) que se podía estudiar y hacer historia como ciencia por encima de posiciones políticas o ideológicas. Cuando escribí mis primeros trabajos sobre México lo hice guiado por esa idea. Independientemente de que fuera marxista (tal vez por eso), quise ser convincente para todos y no sólo para quienes pudieran pensar como yo. Supe, incluso, que quienes pensaban como yo, por esa misma razón, serían los primeros en atacarme. Y no me equivoqué.

Entonces (años sesenta) comenzó también a difundirse una idea crítica que, con el correr de los años, hizo mucho bien a la historiografía mexicana: que la historia "nacional" se había escrito casi siempre desde la capital de la república y que, por ser el centro del poder, casi siempre aparecía como la historia de lo que ocurría en la capital. Fue una idea que a mí me inquietó profundamente, pero no sabía qué hacer al respecto. Después de todo, lo recuerdo de nuevo, yo no soy historiador profesional.

II

Cabría hacerse la pregunta: "¿desde cuándo la ciencia (y la historia lo es) es apoyada por grupos sociales?" Lo único que a mí me ligaba con ciertos "grupos sociales" (si es que así se les puede llamar) era mi adhesión al marxismo. Yo quería escribir para ellos, pero también para los demás. Creo, sin embargo, que mis obras se quedaron en dos círculos exclusivos: los universitarios y un buen número de intelectuales priístas que siempre me han leído. No me resulta factible que algún obrero o algún campesino me haya leído.

En todo caso, habría que precisar qué se entiende por "grupos sociales". Ya dos hacen un grupo. Pero ¿qué grupo social, en los mismos sesenta en que me ubico, podría estar interesado en la conversión de la historia en una verdadera ciencia?

Si, en cambio, pensamos la historia como simple discurso de poder, la cosa es totalmente diferente. Con unas cuantas ideas en las que, en efecto, se resume la concepción que se tiene de la historia desde el poder, puede decirse que a un pueblo entero se la dictan los valores en los que tiene que creer y en los que, de hecho, cree. Pero, aun así, hay multitud de niveles y también de dimensiones. Claro que hay que investigar lo que podría llamarse "conciencia histórica del pueblo mexicano". Pero eso no tiene nada que ver con la ciencia de la historia.

Si hablamos de "ideas históricas aceptadas" como aportaciones de nueva información o de principios al conocimiento científico de nuestro pasado, la pregunta no tiene sentido. Si por eso entendemos, en cambio, los mitos y los credos que la educación, la política y las luchas sociales difunden entre el pueblo, entonces no hay más remedio que contestar lo obvio: hay una total correspondencia entre esas ideas (mitos y creencias) y los diferentes grupos sociales que las profesan.

Mi modo de estudiar y escribir historia tiene siempre que ver con la urgencia de ser objetivo y veraz. Y para ello tengo mis propios criterios, que tienen que ver, esencialmente, con el acervo documental o probatorio que el historiador ofrece como base de su análisis o con las ideas metodológicas que enmarcan su investigación. La misma información puede dar lugar a interpretaciones (ideas marco) diferentes y contrapuestas.

Eso no necesariamente es malo o dañino. La historia como ciencia es acumulación de información y, también, análisis interpretativo, vale decir, divergencias de opiniones. Yo sé que mis interpretaciones no son compartidas por otros y puede darse el caso de que jamás nos pongamos de acuerdo. Todo ello es relativo. Nunca aceptamos o rechazamos nada en bloque. En eso radica la capacidad de integración o de acumulación del acervo científico de la historia. A mí, en lo personal, me interesan más las coincidencias que las divergencias. Eso permite que uno pueda revisar continuamente lo que considera sus hallazgos y corregirlos, si es el caso, con las aportaciones de los demás.

III

Reitero que empecé a escribir mis trabajos sobre México cuando crecía y se difundía una alta conciencia científica de la historia, como disciplina que debía ser, ante todo, veraz, objetiva y convincente. Yo entendí el cultivo de la historia como un trabajo que debía tender, naturalmente, a la exhaustividad. No bastaba con tener una información aproximada o limitada sobre lo que se debía escribir. Se debía tender a tener "toda" la información disponible y registrarla críticamente en los resultados de la investigación.

No cabe duda de que hubo entonces libros que se escribieron apenas con una docena de lecturas y en lugares inadecuados. Fueron libros que tuvieron mucho éxito. Yo escogí escribir mis trabajos sólo después de convencerme de haber sido exhaustivo en mis fuentes de información, de modo que nadie pudiera decirme que había escrito sobre lo que no conocía. Las ideas metodológicas en las que me apoyé para interpretar mis materiales eran otra cosa y sobre ellas he discutido lo que he escrito. Nadie me ha podido decir, hasta ahora, que mi material haya sido inadecuado o que dije una sola falsedad. Eso era producto de mis estudios, pero era también algo que flotaba en nuestro ambiente cultural como exigencia para el cultivo de la historia.

Pero volviendo al panorama general de la historia cuando iniciaba mis trabajos profesionales, a fines de 1967 yo estaba dedicado por entero a mis estudios de teoría política. Pablo González Casanova, que era entonces director del Instituto de Investigaciones Sociales de la UNAM, me ofreció trabajo de tiempo completo para que escribiera un libro sobre la historia de las ideas políticas y sociales a partir de la Revolución Mexicana. De la estratosfera de la teoría política (yo pensaba en aquellos días escribir un libro sobre Maquiavelo), me vi precisado a aterrizar en México, literalmente. González Casanova me pidió que hiciera un estudio de nuestros grandes pensadores del siglo XX como lo estaba haciendo de los grandes teóricos de la política moderna (cuyos resultados aparecen en un libro de ensayos que se llama *Socie-*

dad y Estado en el mundo moderno). Yo acepté y de allí surgió *La ideología de la Revolución Mexicana.*

Si González Casanova no me hubiera dado trabajo es probable que jamás me hubiera dedicado a estudiar sistemáticamente nuestra realidad política e histórica. Hablando de medios, debo decir que no tuve otros que las bibliotecas y archivos abiertos al público en la ciudad de México. Para el trabajo que realizaba, me di cuenta de que los archivos no me servían para nada. Así que los dejé por la paz y me serví exclusivamente de las bibliotecas, principalmente de la Biblioteca Nacional y de la de El Colegio de México, abundantemente provistas de todo lo que yo necesitaba para escribir mi libro.

En el Instituto siempre tuve un cubículo compartido con otro; pero no me importaba, pues siempre he estado acostumbrado a escribir en mi casa. Creo que nunca he escrito una sola cuartilla fuera de mi biblioteca particular que, con los años, se ha convertido en una herramienta de trabajo de la que ya no puedo prescindir. Poseo unos 15 mil volúmenes que cubren unas cuatro o cinco áreas del conocimiento. Se trata, por consiguiente, de una biblioteca altamente especializada. Pero lo que no tengo, me lo busco en otras bibliotecas o recurro a la maravilla de la fotocopiadora para allegarme lo que necesito.

Después tuve diversos apoyos. En 1980 obtuve la beca Ford para Investigación, cuando todavía existía; desde 1986 soy miembro del Sistema Nacional de Investigadores; en 1988 obtuve la beca Guggenheim; en 1991 se me concedieron estímulos en la UNAM. Debo decir que todo lo que he obtenido, aparte de mi sueldo, lo he invertido casi exclusivamente en comprar nuevos libros y en hacerme de un modesto equipo de computación que sigo manejando como un impenitente bisoño.

IV

Ciertamente, jamás me propuse "transformar los estudios históricos en general, o un área particular". Lo que puedo decir es que el estudio de la historia fue para mí, desde niño, una afición que jamás me abandonó. Mis estudios de derecho siempre estuvieron ligados a la historia. Mis trabajos escolares eran todos trabajos históricos.

Entre 1961 y 1964 realicé estudios de filosofía del derecho en Italia. En realidad me dediqué a estudiar la historia del pensamiento filosófico, jurídico y político. Desde entonces no pude ya dejar de investigar cualquier tema de mi interés sino como un tema histórico. La historia siempre me acompaña y es el fundamento de mis posibles hallazgos y de la renovación constante de mis ideas. Soy politólogo y jurista de formación; pero mi formación siempre se ha fundado en el conocimiento de la historia.

Sin embargo, tengo claro que no trabajo como los historiadores. Mi trabajo es más filosófico que histórico. Pero mi materia prima es siempre la que me dan los historiadores. Soy más un investigador teórico que un investigador empírico. Mis dificultades tienen que ver más con las ideas metodológicas (como concepción de la realidad) que con los materiales empíricos. Y puede decirse que mis aportaciones al conocimiento de la historia de nuestro país, si es que las he producido, tienen que ver con conceptos o definiciones que, por supuesto, no todos comparten, pero que quedan ahí, como propuestas para discutir.

Yo creo que hemos tenido tres grandes momentos en la práctica histórica de México: la época del porfirismo, cuando tuvimos lo que considero el verdadero nacimiento de nuestra ciencia histórica nacional, con profesionales de la historia (con sus limitaciones y particularidades) como Orozco y Berra, Chavero, Riva Palacio o Sierra; la época de los cincuenta hasta los setenta, en que el magisterio de Cosío Villegas convirtió nuestra historia en verdadera ciencia; y la época de los setenta en adelante, en la que a la historia nacional se agrega pujante e incontenible la historia regional, a menudo de excelente nivel.

Los límites son de mera circunstancia y son siempre superables. Con todo lo criticable y atrasada que nos pueda resultar hoy la *Historia antigua de México* de Orozco y Berra, aún hoy parece asombroso que ese padre, entre otros, de nuestra ciencia histórica, haya podido escribir semejante monumento, con las limitaciones y privaciones personales que eran tan típicas de aquella época. Hablando como el bisoño o el simple amateur que siempre he sido en esta materia, quisiera decir que veo en nuestra ciencia histórica nacional la más pujante y prometedora de todas nuestras ciencias sociales y humanísticas. Yo, desde hace muchos años, no puedo pensar ni escribir sin recurrir a ella.

A pesar de sus altibajos, inevitables sobre todo cuando aumenta el número de quienes se dedican al cultivo de esta disciplina, nuestra ciencia histórica jamás ha dejado de adecuarse a la realidad que es su referente indispensable. Y no sólo eso. También ha sabido aportar concepciones e ideas que luego son instrumentos ideales de la vida social. ¿Cuántas veces no se habrá usado en la lucha política cotidiana, por ejemplo, el concepto de corporativismo, que surgió de la investigación histórica?

Pero, por otra parte, ¿qué pobre historiador habrá podido jamás "permear a la sociedad con sus ideas, moldeando la conciencia e imponiendo su visión"? Ha habido historiadores (profesionales o amateurs) que han influido en la vida social y en la lucha política. Pero nada más. Justo Sierra me parece uno de ellos. Los autores del *México a través de los siglos*, con Riva Palacio a la cabeza, fueron otros. Emilio Rabasa (más jurista que historiador), otro más. Daniel Cosío Villegas, también. Luis González y González, el verdadero reivindicador de la historia regional en serio, ni duda cabe. Todo depende de la dimensión que escojamos. Los anónimos autores de los libros de texto gratuitos, desde luego, tienen más posibilidades de "moldear conciencias" que uno que se atreve a escribir por su cuenta y riesgo una obra histórica. Todo ello, por supuesto, a menos que se conviertan en funcionarios del gobierno y desde sus puestos realicen esa tarea.

Sin embargo, cuando no se piensa en personas, sino en la obra colectiva que el conjunto de los historiadores realiza, el asunto adquiere otro sentido. Nuestra ciencia histórica, con todo y sus defectos, sí ha logrado permear a la sociedad con sus ideas y ha moldeado conciencias, aunque no estoy seguro de que haya impuesto su visión (si es que esa expresión tiene algún significado concreto). En la ciencia, es bien sabido, no hay una "visión", sino tantas "visiones" cuantas cabezas concurren en su desarrollo o, a lo sumo, un conjunto de ideas aceptadas en lo general y con diferentes matices.

Sin duda existen situaciones en que los cambios de ideas sobre el desarrollo de la historia o de la acción sobre la historia han influido en cambios sociales importantes. A veces son simples ideas, a veces un modo de ver las cosas. Los estudios históricos de la Colonia llevados a cabo por los fundadores de la ciencia histórica durante el porfirismo influyeron de modo directo en pensadores que, a su vez, sugirieron parámetros de organización social y política del México surgido de la Revolución Mexicana. Molina Enríquez, según su propia confesión, se inspiró en la organización del régimen colonial para sugerir los principios que se contienen en el artículo 27 de la Constitución de 1917. Vasconcelos, según también su propia confesión, se inspiró en la obra de misioneros españoles para proponer un nuevo sistema educativo del que todavía somos deudores y que aún nos puede seguir redituando.

Nada de eso habría podido darse si nuestros noveles historiadores profesionales del porfirismo no hubieran ofrecido a nuestra sociedad el primer material objetivo con que pudimos conocer y comprender nuestra sociedad colonial. La historia es experiencia colectiva de los pueblos y un cúmulo de modos de pensar y de actuar que llamamos "tradición".

Ningún hecho nuevo surge de la nada. La obra de la ciencia histórica, en nuestros tiempos, consiste en rescatar esa tradición y elaborar un conocimiento que, a través de diversos medios, se difunde como patrimonio colectivo de la sociedad. La historia, además, nos está descubriendo continuamente nuestro pasado, de modo que no podemos actuar en el presente sin hacer referencia a ese nuestro pasado, para copiarlo, para aprovecharlo o también para negarlo. ¿Cómo habrían podido justificarse los cambios que estamos viviendo desde 1988 sin la obra histórica dejada por Jesús Reyes Heroles, otro abogado y no historiador profesional que era un mero amateur de los estudios históricos, y los conceptos acuñados por él, como ese del "liberalismo social"? Los ejemplos podrían multiplicarse.

V

El sistema educativo y los medios de comunicación de masas son obviamente los mecanismos de incorporación de los nuevos conocimientos históricos a la conciencia social. En el primero, los historiadores tienen una gran presencia. En los segundos andan en pañales. Los que se meten en la política o se convierten en funcionarios del gobierno encuentran foros adicionales; pero nada hay como la cátedra, la tribuna periodística o la actuación en la radio y la televisión como especialistas.

Los libros y los ensayos sólo los adquieren unos cuantos miles de individuos y, para colmo, muchos de ellos ni siquiera los leen. Se conforman con exponerlos a sus amigos en las salas de sus casas. Es verdad que también se leen en las aulas, pero siempre se trata de un número muy reducido de lectores, comparado con las enormes dimensiones de la sociedad.

En cuanto a la relación entre la enseñanza y la investigación históricas, se trata, en mi opinión, de una relación vital, sobre todo en el nivel de la educación superior. La enseñanza sigue teniendo defectos y rezagos que todos reconocemos, particularmente el aislamiento y la dispersión que la aquejan desde hace varios años. Aislamiento, porque cada vez se tiende más a trabajar en la cátedra sin el impulso al trabajo comunitario y colectivo que se dio todavía hace dos décadas. Dispersión, porque nuestros docentes trabajan de manera individualista y sin que les importe mucho ponerse de acuerdo con sus demás colegas en contenidos y métodos de enseñanza. Debe de haber excepciones, sin duda alguna, pero esos males están haciendo estragos en nuestra enseñanza superior. La investigación es esencial para la enseñanza. Ésta requiere permanentemente una información ordenada y sistematizada que sólo aquélla le puede dar. Tal vez la investigación pueda hacerse sin la enseñanza, pero ésta no puede impartirse sin la primera, sobre todo, repito, en los niveles superiores.

Ahora bien, todos los que tenemos experiencia en ambos campos sabemos el gran bien que le hace a la investigación la actividad docente de quienes se dedican a ella de tiempo completo. Muchas veces el tratamiento de un tema en clase se nos esclarece, como un relámpago, mucho mejor que cuando nos sumergimos por jornadas enteras en nuestros ficheros o en nuestros esquemas de investigación. De cualquier modo, sería de la mayor importancia que, tanto personal como institucionalmente, todos hiciéramos un esfuerzo por ligar mucho más la investigación a la docencia, y no solamente para proveer a ésta de nuevos materiales, sino para hacerla más eficaz en la formación de nuestros nuevos prospectos intelectuales, llevando directamente la investigación a la cátedra, como parte del trabajo formativo de los estudiantes. La mejor enseñanza podría ser la que verdaderamente enseña a investigar; para ello hay que encontrar un espacio en la cátedra misma, para que docentes y alumnos investiguen.

Para lograrlo, sin embargo, habrá que cambiar los métodos de trabajo en el aula. El ya milenario sistema *ex cathedra* nos sirve cada vez menos para educar con eficacia a nuestros alumnos. Debemos introducir cada vez con mayor profusión en la enseñanza técnicas educativas novedosas y creativas, como los talleres, los seminarios y las comunidades de trabajo (estas últimas son un logro fantástico de los alemanes en el campo de las humanidades y las ciencias sociales).

En mi trabajo docente, puedo decirlo sin ninguna reserva —y creo que a todos debe pasarles igual—, enseño mucho mejor cuando estoy en pleno trabajo de investigación que cuando estoy dedicado a otras actividades. La investigación me lleva a la adquisición de ideas fundamentales para explicarme el mundo en que vivo; al transmitirlas luego en la cátedra las afino y las enriquezco, reelaborándolas sin descanso. Para ello, sin embargo, tengo necesidad también de otros instrumentos, como el periodismo de opinión o los debates de mesa redonda o de seminario. Pero en la base de todo ello, por supuesto, está la investigación. Ella alimenta todas las demás actividades, por mucho que les sea deudora ella misma. Sería magnífico que supiéramos encontrar los mecanismos adecuados para difundirla mejor en la medida en que se desarrolla y se expande.

VI

Mi concepción de la historia es única, pero muy variada y rica, al grado de que encierra y comprende todas las definiciones que de ella se han dado a través de los tiempos y que han llegado a mi conocimiento. Vico me convence, Kant me convence, Hegel me convence, Marx me convence, Weber me convence y todos los demás. Para mí la historia es una ciencia y, como tal, para decirlo con Hegel, es una especie de santuario en el que cada generación hace su ofrenda y lo va enriqueciendo en cada época con sus aportaciones. Todo es valioso y siempre nos da una enseñanza. La historia como ciencia y la ciencia como historia. De nuevo, como dice Hegel, el devenir del conocimiento del hombre de sí mismo y del mundo que le rodea y que él mismo construye.

Para mí la historia es el conocimiento objetivo del pasado visto desde el presente. Muchos lo han dicho y ni de lejos pretendo ser autor de la definición. La historia es la totalidad de lo humano. Estoy convencido, hasta la médula, de que gracias a la historia podemos conocernos y explicarnos a nosotros mismos. "La historia es maestra de la vida", decía Cicerón. Yo creo en eso, profundamente. El que olvida la historia siempre corre el peligro de repetirla, se ha dicho con toda razón. No me cabe la menor duda de que en el conocimiento cada vez más vasto y omnicomprensivo de la historia real, que es la vida humana, encontraremos puntualmente enseñanzas, experiencias, ejemplos y tal vez hasta explicaciones para enfrentar y superar nuestros problemas de ahora y de mañana y, lo que es más importante, para no repetir errores que cometimos en el pasado.

Finalmente quisiera agregar otro punto. Un pueblo es lo que ha sido al correr del tiempo y en ello encuentra su identidad, su propio ser y hasta su razón de ser. Su memoria de todo lo que ha sido y lo que ha hecho se plasma objetivamente en sus tradiciones, sus valores, su cultura, sus mitos (en el sentido de Sorel, como voluntad colectiva de ser, de querer y de hacer) y, ni duda cabe, en la ciencia de la historia que explica y enseña todo lo que esa memoria colectiva encierra.

Por muy subjetiva que pueda ser, la historia se convierte, casi sin mediaciones, en parte esencial de esa memoria popular. Darle forma racional (explicación objetiva y coherente) a esa memoria, para mí, es la verdadera función social de la historia. Luego la podremos usar como queramos (incluidos los que nos gobiernan), pero primero tendremos que hacerla. Afortunadamente se trata del clásico cuento de nunca acabar, porque cada nuevo momento es un nuevo mirador desde el que podemos siempre revisar, corregir, enmendar y aumentar lo que hasta entonces nos parecía definitivo.

La historia castiga duramente cuando se la pretende convertir en dogma. Por su propia naturaleza, tiende a ser una explicación racional y objetiva de la realidad. Una función de interés social de los historiadores, amateurs y profesionales, será, sin duda, el tratar de preservarla así, contra todos los que busquen desvirtuarla.

CÓRDOVA, ARNALDO

Historiador y politólogo mexicano.
Fecha de nacimiento: 1937 (México, D. F.).

ESTUDIOS

Licenciado en derecho por la Universidad Michoacana (1956-1960), doctor en filosofía del derecho por la Università degli Studi de Roma (1963) y doctor en ciencia política por la UNAM (1970-1973).

ACTIVIDAD POLÍTICA Y DOCENTE

Profesor e investigador de la Universidad Michoacana y de la UNAM.

Miembro de la Juventud Comunista, cofundador del Movimiento de Acción Popular y del PSUM (1981), diputado plurinominal a la LII Legislatura.

Ganador de la Beca Guggenheim en 1988.

PRINCIPALES OBRAS

La formación del poder político en México, México, Era (Serie popular Era, 15), 1972, 100 pp.

La ideología de la Revolución Méxicana, la formación del nuevo régimen, México, Era (El hombre y su tiempo), 1973, 508 pp.

La política de masas del cardenismo, México, Era (Serie popular Era, 26), 1974, 219 pp.

Sociedad y Estado en el mundo moderno, México, Grijalbo (Teoría y praxis, 20), 1976, 287 pp.

La política de masas y el futuro de la izquierda en México, México, Era (Serie popular Era, 72), 1979, 131 pp.

En una época de crisis, 1928-1934, México, Siglo XXI (La clase obrera en la historia de México), 1980, 240 pp.

Ciencia política, democracia y elecciones, México, Universidad Nacional Autónoma de México, Facultad de Ciencias Políticas y Sociales, 1989, 103 pp.

La Revolución y el Estado en México, México, Era, 1989, 393 pp.

SOLANGE ALBERRO

I

No CREO mucho en las vocaciones, sobre todo en nuestra época. Cuando inicié mi carrera me interesaban muchas cosas: antropología, etnología, historia, arqueología; fue una concatenación de circunstancias y limitaciones, tanto personales como familiares, del medio en el que yo estaba, lo que me llevó a ser historiadora, y no me arrepiento de nada. Bien pude haber sido antropóloga, geóloga o trapecista. No fui antropóloga porque en aquel entonces quien dirigía los estudios de antropología en Francia (yo soy francesa) no quería admitir mujeres. Entonces la antropología se llamaba "etnología". Como no soy masoquista, entendí que por aquel lado no había ningún futuro. Luego, por razones personales y del medio social —mi familia no era rica—, después del bachillerato tuve que encontrar una forma de pagar mis estudios. Y lo logré entrando a la Escuela Normal Superior, que no corresponde exactamente a la institución mexicana del mismo nombre. En Francia la Normal Superior fue la escuela de Sartre y de Althusser. Se ingresaba mediante un examen de oposición muy difícil de pasar. Pero una vez aprobado el examen se establecía una verdadera canonjía, porque uno recibía una beca considerable para estudiar. Claro que había limitaciones: se contaba sólo con dos años para la licenciatura, uno para la maestría y otro para lo que llamaban la "agregación". Si uno no cumplía dentro del término, se le expulsaba. Uno recibía comida, alojamiento y un sueldo-beca, y uno la pasaba estupendamente. Para mí ésa fue la oportunidad de cursar estudios porque después del bachillerato, cuando dije a mi familia que quería estudiar lenguas orientales y arqueología, me dijeron que no. Cuando mencioné que quería hacer estudios de ciencia política, que también me atraían mucho, tampoco les pareció. Y como mi familia me cerró las posibilidades para todo lo que me atraía realmente, pues no lo tomé a mal, ni hice berrinche, ni tuve una crisis existencial. Bueno, pensé, entonces lo que me queda es la Normal Superior.

Una vez que llegué ahí había distintas oportunidades. Si yo escogía estudiar historia me enfrascaba en la docencia o en la investigación, pero únicamente de Francia. Y yo quería venir a América Latina. Me apasionaba y atraía la región, y en particular México y Perú, desde hacía muchísimos años. Traté entonces de combinar lo que más me atraía. Estar en la Normal me permitía viajar a América Latina con una beca para estudiar letras hispánicas. Entonces ingresé a esta carrera. Pero como me interesaban muchas otras cosas, en particular la política, el sindicalismo, las danzas y muchos temas más, me metí al mismo tiempo a una licenciatura en etnología —lo que en México llaman "antropología"—. De hecho la etnología era lo que más me interesaba, porque los exámenes de letras hispánicas los pasaba de chiripa y en el último momento. Lo hacía por cumplir, para seguir en la escuela, cobrando mi sueldo, y para tener más tarde la oportunidad de salir a América Latina. Lo que más me interesaba en ese momento era la etnología, y tuve la inmensa suerte de ser alumna de Roger Bastide y de una serie de profesores que estaban en el Museo del Hombre. Ingresé entonces a la Escuela de Altos Estudios, que en aquel tiempo se llamaba Escuela Práctica de Altos Estudios, con gente también muy interesante como Metró. Yo era una de sus discípulas preferidas. Se suicidó en 1963 y lo lamenté mucho, pues era un profesor entrañable.

Teniendo tantas inquietudes, también pude ser alumna de Pierre Schonue. Él sí era historiador, pero tan excepcional, tan extraordinario, que con él nunca me aburría. También tuve de maestro a Zapié. Este gran historiador de Europa central era un gran enamorado de la emperatriz María Teresa, y un especialista permanente y entusiasta de la época barroca. Me pasé años escuchándolo delirar genialmente sobre el barroco.

Todo esto se acabó, porque al final tuve que llevar a cabo mis estudios de letras hispánicas. Pero me las arreglé para obtener una beca que me ofreció don Silvio Zavala, entonces embajador de México en Francia. Vine a México a recopilar material para lo equivalente a la maestría, que entonces se llamaba Diplome d'Études Superieures. Recabé información en San Pablo Atocpan e hice la maestría, con un tema cuyo tratamiento oscilaba entre la historia y la etnología. Robert Piccard fue mi director. Después terminé, cumplí con los estudios y me las arreglé para que me enviaran de regreso a México. Aquí durante 19 años fui profesora en el Instituto Francés de América Latina (IFAL). Oficialmente yo cursaba historia de Francia y al mismo tiempo estudiaba literatura, traducción, geografía, historia de las ideas, de todo. Fui la "mil usos" del IFAL a lo largo de muchísimos años, por eso me aguantaron durante tanto tiempo. Pero de hecho en 1965, al mismo tiempo que estaba en el Instituto, inicié una investigación personal. Nadie lo sabía. La hacía durante las vacaciones. Por eso no conozco las playas mexicanas. Yo iba al archivo en lugar de ir a las playas; trabajaba sábados y domingos y, entre semana, el tiempo que mi horario de profesora me dejaba. Ese trabajo lo hice con Pierre Schonue y culminó en 1984 con mi tesis doctoral. Me tardé 18 años, en primer lugar porque nunca pude, como los profesores norteamericanos, dedicarme de tiempo completo a esto, y luego porque el viejo Doctorado de Estado francés se prolonga durante años. Por eso no creo en la vocación, porque de hecho yo pude haber estudiado ciencias políticas, ruso, chino, y en este momento estaría de decimoséptima secretaria de embajada en un país oriental; o también pude haber estudiado en la escuela del Louvre, cosa que hice, por cierto. Iba a una clase nocturna de egiptología, que no era para aficionados sino para especialistas, y me fascinaba. Bueno, pero eso no se dio. La verdad es que soy muy feliz como historiadora, aunque siento que hubiera podido ser otras cosas.

II

Vine por primera vez en 1960 con una beca de la UNAM, pero tuve que volver a Francia a terminar mis estudios. Regresé ya definitivamente con una comisión de Relaciones Exteriores de Francia en 1965. O sea que entre 1960 y 1965 estuve yendo y viniendo, y a partir de 1965 ya me quedé en México. Mis primeros contactos con instituciones e historiadores mexicanos fueron muy tardíos, porque oficialmente yo era maestra del IFAL. Los historiadores mexicanos no me hacían el menor caso —con toda razón— porque no era historiadora. Ya había emprendido mi investigación, pero ellos no lo sabían, pues yo no pertenecía a ninguna institución oficial. Empecé a publicar en l974 en España. Don Julio Caro Baroja me hizo favor de publicarme un trabajo bastante voluminoso. A partir de entonces empecé a tener contactos con historiadores mexicanos. El doctor Florescano fue de los primeros en hablar conmigo, en pasarme documentación y demás. Pero mientras estuve en el ámbito académico francés mis lazos fueron siempre muy distantes porque ellos no entendían qué clase de bicho era yo, ya que oficialmente trabajaba en el IFAL. Era conocida en el medio francés extranjero, sobre todo en las clases universitarias, en lo que se llamaba el Programa de la Sorbona, o sea en la enseñanza para empezar la licenciatura en la Sorbona, el famoso propedéutico. Así que durante muchísimos años no tuve relaciones con el medio mexicano. A partir de 1974 fue cuando ya empezaron a conocerme algunos. No es que tuviera complejos, pero, en fin, yo misma me daba cuenta de la situación: ¿por qué iba yo a acercarme a ellos si no tenía nada que ofrecerles? El doctor Florescano pronto me ofreció trabajo. Yo todavía permanecí en el medio francés hasta que brinqué definitivamente al medio mexicano. Eso fue en 1979. O sea que de 1965 a 1979 estuve de "clandestina" en el medio francés y como un topo trabajando en el Archivo General de la Nación. Ahí ya me conocían porque iba a diario, aunque fuera una hora. Era cuando el Archivo estaba en el Zócalo y todo era mucho más cómodo. Primero se encontraba en Palacio Nacional y luego en el Palacio de Comunicaciones. Aunque no tuviera más que una hora, iba todos los días, y eso sí, todas las vacaciones, aunque fuera con los chicos.

No sé cuándo ascendí a la categoría de historiadora. Me imagino que a partir de 1979, cuando ya empezaron a conocerse mis primeras publicaciones en España y en Francia. Fueron capítulos de mi tesis, porque el sistema francés del Doctorado de Estado es mucho más flexible que el de aquí o el de los Estados Unidos. Schonue no vio ningún inconveniente en que publicara algunos fragmentos de mi tesis. Incluso lo juzgaba conveniente para mí, pues me iba a exponer a ciertas críticas y me iba a servir de aliciente. El primer trabajo que publiqué fue sobre Celaya y después algo sobre índices económicos en la Inquisición. Luego publiqué un artículo sobre los negros y mulatos. Cuando me di cuenta de que había publicado suficiente y de que nadie me había criticado mucho que digamos, dejé de publicar partes de mi trabajo y dediqué toda mi energía a terminarlo.

III

Yo creo que el doctorado sirve en primer lugar para uno mismo. Actualmente, tanto en los Estados Unidos como aquí —y en mucho menor medida en mi país—, este grado es un requisito para llegar a cualquier puesto, a cualquier plaza de investigador. En mi opinión eso es un error garrafal. Un doctorado es una manera de formación exclusiva; actualmente es una superlicenciatura. El profesor señala el tema y lleva "de la manita" al que hace la tesis tanto en la bibliografía como en el estilo, el esquema, etc. Esto es un error, y por eso estamos ya plagados de doctores, aquí y en los Estados Unidos, que no saben hacer investigación y no tienen vocación —ésa sí es una vocación— de investigador. La vocación de investigar puede encontrar motivos en cualquier disciplina. Por mi parte, aunque nunca hubiera sido historiadora, mi manera de ser, inquieta, un poco marginal, me hubiera llevado a hacer investigación en el campo que fuera, en recetas de cocina incluso.

El doctorado actual mata todo deseo y toda posibilidad de investigación porque se concibe únicamente como un requisito académico. Cuando el Conacyt se lamenta de que no hay suficientes doctorados y de que al SNI sólo pueden entrar los doctores, es una tontería mayúscula. Lo que vamos a llegar a tener aquí son ejércitos de doctores, pero de gente en quienes no existe —y quizá nunca existió— la chispa de la investigación. Creo que en México los verdaderos investigadores son los mecánicos, los de la colonia Doctores y los de la colonia donde vivo, en Tizapán, que es una colonia proletaria, porque ellos sí tienen mentalidad de investigador. Detectan un problema y se disponen a ver cómo lo arreglan con lo que tienen a la mano. La peor solución consiste en comprar la pieza nueva, porque sale más caro y hay que desplazarse. En cambio, a base de un mecate por acá y un alambre por allá, lo que Levi-Strauss llamó *le bricolage*, logran arreglar algo con miles de piezas, combinando lo que tienen a la mano para encontrar la solución.

Ése es el espíritu de investigación, y no otra cosa. Cuando veo llegar a los estudiantes que quieren hacer una tesis, siempre les pregunto qué les interesa. Afortunadamente los que tenemos en El Colegio de México ya tienen algún interés personal. Y a los que no, les digo: "Regresen ustedes a su casa, vayan muchísimo al cine, lean muchísimas novelas, vayan al teatro, a la ópera, vayan a las colonias proletarias, métanse a las cantinas, traten de movilizar un poco lo que supuestamente traen en el coco, y cuando ya empiecen a tener una idea, entonces regresen y quizá podamos encontrar un tema de investigación". En cambio con el doctorado sucede exactamente lo contrario: funciona como requisito académico, burocrático, y no produce más que servilismo intelectual, falta de creatividad y de originalidad, y eso me parece fatal. Con la presión norteamericana vino la idea que concibe a la investigación como una parte de la mercadotecnia, al querer responder siempre a la pregunta: "¿cuántos doctores hay en cada país?" Y a partir de eso se elabora un juicio de valor. En Francia teníamos muchos menos doctores porque teníamos el doctorado de la universidad y el de Estado, y ambos eran formas de avance académico bastante pesadas, anticuadas, porque requerían muchos años de trabajo. Entonces empezaron con el Doctorado del Tercer Ciclo. Algunos de esos doctorados son excelentes, pero en muchas disciplinas, afortunadamente no en la historia, hubo abusos. Finalmente quitaron también el Doctorado del Tercer Ciclo y ahora pusieron uno que es una forma híbrida entre el del Tercer Ciclo, el de la universidad y el de Estado. Se hace en cuatro años, más o menos como en los Estados Unidos. Total, que esto se hizo para poder decir "nosotros tenemos tantos doctores como en los Estados Unidos". Si se considera la población —60 millones de franceses—, no se puede tener el mismo número absoluto de doctores que en los Estados Unidos, país que tiene 250 millones de habitantes.

Pero volviendo a mi carrera, primero Noel Salomon quiso ser mi director porque él había oído hablar de mí. Me ofreció un tema: "Los jesuitas en México". No le vi mayor interés y me negué a hacerlo. Le dije que iba a trabajar sobre la Inquisición. Aceptó, pero poco después murió. Entonces pasé con Pierre Schonue y él fue mi maestro —todavía mantengo relaciones muy estrechas con él—. Me dijo que hiciera lo que quisiera. Nunca tuve noticias de él. De vez en cuando le mandaba una carta, pero ni me la contestaba, hasta que en 1984 le mandé por un servicio de mensajería los 42 kilos de mis ocho ejemplares de tesis doctoral. Entonces no había fax y me mandó un mensaje en el que preguntaba qué era aquello. Después de seis meses Schonue me mandó una notita en forma de salmo —él escribe como está escrito el Antiguo Testamento— en la que me felicitaba muchísimo. Luego vino un largo silencio, hasta que me mandó un telegrama, el 8 de diciembre de 1984, diciéndome que el día 15 de ese mes pasaba yo la tesis doctoral, y se acabó. Para mí, con mi carácter, mi independencia y mi anarquía personal fue ideal.

El sistema tal y como lo tienen en México hasta ahora, salvo honrosas excepciones, no fomenta la creatividad del estudiante, sino que da recetas. En
la introducción viene el estado de la cuestión, la metodología, las fuentes.
Son recetas. Todo está ya muy codificado. El maestro es quien dirige aquí,
se tiene una visión muy autoritaria de la dirección. Si al maestro no le gusta
una parte del texto, el alumno automáticamente la quita. Además, el maestro muchas veces se aprovecha de las tesis porque le resulta cómodo tener
investigadores particulares. Pero el estudiante tampoco quiere la libertad.
Yo lo veo con los alumnos. Muchas veces les doy la bibliografía y me preguntan que qué es lo que tienen que leer de ahí. "Lo que usted quiera —les
digo—. No es mi problema saber cuáles son sus lagunas. Si usted tiene lagunas leerá en la bibliografía lo que le conviene. Si tiene algún interés específico, ahí se verá también. O si prefiere descubrir algo que no conoce, también
lo verá." Pero yo no voy ni a obligarlos ni a verificar sus lecturas. Me parece
vergonzoso. Creo que el estudiante siempre quiere "conchabarse" al maestro haciendo algo que a éste le guste. A mí lo que me gusta es que los alumnos
se apasionen por algo. Y hasta me puedo apasionar por algo que me disguste.
Es el caso de la Inquisición. No sé, es curioso. La Inquisición ni me disgusta ni me apasiona; lo tomé como un tema cualquiera. Bueno, lo tomé precisamente porque hay un consenso en contra de la Inquisición, y siempre me
gusta ir en contra de las ideas preconcebidas; no sistemáticamente, sino
para ver qué hay detrás de esos temas. Estamos rodeados de ellos y en historia vivimos de ellos. Ya lo hemos visto con los libros de texto: los buenos,
los malos, los blancos, los negros, etc. Y la Inquisición por lo regular logra la
paradoja de reunir siempre todas las opiniones, todos los juicios en contra:
es un verdadero chivo expiatorio. Yo estudié la Inquisición como me hubiera
gustado estudiar la TPU o la KGB. Las instituciones represivas son siempre muy
interesantes, porque se tiende a verlas sin tener en cuenta que no aparecen
así nada más. Aparecen como hongos en un bosque después de la lluvia, o
sea que tienen una estrecha relación con el medio que las produce. Esto es
lo que me interesa. La Gestapo también se produjo en un medio específico, lo
mismo que la policía de Napoleón, y esto es lo interesante.

IV

Ahora estoy trabajando sobre religiosidad popular, y más precisamente sobre los orígenes del sentimiento de "identidad", de lo que después sería la
nación mexicana, a partir o dentro de los cauces de los moldes religiosos.
Porque, se quiera o no, ése también es un tema candente: la nación no nace
aquí sino en el siglo XIX, pero el sentimiento de pertenecer a una comunidad
nace muy temprano, por lo menos en el siglo XVII, y en algunos círculos pro-

bablemente a finales del XVI. Los primeros moldes que permiten a este sentimiento expresarse son de tipo religioso. Yo soy atea, por eso me doy el lujo
de decir lo que pienso, sin remilgos ni prejuicios. Yo sé que a mucha gente
le va a disgustar que yo encuentre que el molde religioso sea el molde pri-
migenio de un sentimiento de identidad, pero eso ha pasado en todos los
países. Por ejemplo, en Occidente, todos los países europeos comenzaron a
cuajar a través del apóstol Santiago, o de Juana de Arco, o de los reyes de
Francia, que también tenían una dimensión religiosa. Un país como Polonia,
durante todo el régimen comunista, se ha mantenido en torno al catolicismo, a la Virgen de Shostoshoba, por ejemplo. Eso es lo que me interesa.

Nunca he tenido problemas para ocupar un puesto público porque, en
primer lugar, soy extranjera y por esa razón no puedo tener acceso a ningún puesto de este tipo, y esto me cae de perlas porque yo, por mi temperamento, no aspiro a ninguno ni al ejercicio de ningún tipo de autoridad, lo
cual me da completa libertad. Además yo no aspiro a nada de eso. Acabo de
publicar un libro. Ni quiero tener reseñas en revistas ni se lo voy a mandar
a nadie. Tengo 20 ejemplares y no sé qué hacer con ellos. Los regalaré. No
quiero reseñas. No quiero presentaciones. Llegará a quien tenga que llegar.
Porque todo eso se ha vuelto un verdadero rito. Cualquier pelafustán produce 80 cuartillas y ya se arma una presentación con los cuates que van a decir
que es la octava maravilla. Además, si hay alguna crítica, siempre es la de
alguno que dice que a él le habría gustado que éste no fuera el libro, sino
otro. Entonces no sirve de nada.

Como yo no aspiro a nada, me parece muy bien que no haya reseñas y que
no me llamen a ninguna parte. Lo que quiero es que me dejen en paz porque uno también es víctima del consumismo y de la presión de los medios
de comunicación. Ahora cualquier historiador, cualquier científico, cualquier
hombre o mujer como yo —que somos polillas de archivos— también podríamos aspirar a la fama de una Verónica Castro. Pero ¿qué es esto? Mejor
cada quien en su lugar: nosotros estamos hechos para permanecer en el polvo, en la oscuridad. Que nos dejen en paz.

Mi primer libro lo publiqué en el Fondo de Cultura Económica y no tuvo
reseñas. Margo Glantz, que es una amiga, me hizo favor de escribir una muy
pequeña y discreta. Pero no hubo ninguna fuera de ésta. Se agotó mi libro.
Como soy vanidosa, al igual que todo el mundo, me resultó mucho más sa-
tisfactorio ver que mi libro se había agotado sin reseñas. Sí hubo una pequeña presentación, pero sin parafernalia, y eso quiero que pase con éste.

Como he trabajado la Inquisición durante tantísimos años, me doy cuenta
de que siempre se habla de los indígenas sometidos a la aculturación, lo
cual obviamente es cierto. Pero también me he percatado de que los españoles que llegaron aquí cambiaron muy rápidamente, y que al cabo de unos
cuantos años, cualquier español común y corriente ya empezaba a estar como

atarantado por el medio, a usar o a mandar usar formas de hechicería indígena o africana y a creer en cosas que nada tenían de europeo. Entonces me divertí haciendo un estudio de la evolución de los españoles y de cómo esos españoles finalmente se convirtieron en criollos, porque los criollos fueron los hijos de esos españoles que se aculturaron. En este asunto los mexicanos no quieren ver más que a los indígenas que sufrieron la aculturación. Pero entonces cómo explican que un cura Hidalgo haya tenido un padre español al igual que los jesuitas del siglo XVIII. En fin, que son los criollos los que van a sentar las bases de una personalidad mexicana. No quiero hablar de identidad ni de nacionalidad, sino de una personalidad mexicana. Son hijos de gachupines, los cuales tuvieron que aprender a comer tortillas, a bañarse un poco más de lo que se bañaban y a tomar chocolate, a veces con sangre menstrual de las mujeres, etcétera.

Yo no tengo rutina. Soy desordenada y espero permanecer así hasta mis últimos días. Yo no soy de metodología ni de rutinas. Además soy ciclotímica y cuando estoy deprimida me cuesta mucho trabajar. Cuando estoy deprimida leo un diario peruano del siglo XVII o al Inca Garcilaso o novelas rosas, o leo cosas que me sacan de lo cotidiano. No tengo rutinas: tengo pasiones, y cuando empiezo con un tema que me gusta me meto a todo lo que doy. Le saco partido a todas las fuentes, hasta a las porquerías que a otras personas no les llaman la atención, como las recetas de cocina o las de magia erótica. Yo me las arreglo para sacarles algo: no puedo aburrirme. Es ésta mi rutina, el no poder aburrirme y el no poder trabajar de tal hora a tal hora. Por lo general trabajo hasta en domingo. Lo hago bastante en mi casa. Pero también soy capaz, un día de la semana, de irme a pasear por la tarde porque hace buen tiempo o porque no tengo ganas de trabajar. Trabajo mucho y casi no salgo de vacaciones. No me gustan. No sé descansar. El descanso me aburre sobremanera. Es como el baño de tina, me parece horrendo. Si salgo de vacaciones es para ir a recorrer algún lugar desconocido, nuevo.

V

Es muy difícil decir cuál era el ambiente intelectual y profesional en los medios de investigación y enseñanza cuando vine a México, ya que siempre estuve marginada. Cuando comencé a conocer estos medios realmente fue a partir de 1979, cuando ingresé al Castillo de Chapultepec. La gente era bastante cooperativa, en varios sentidos. Enrique Florescano, por ejemplo, siempre me prestó materiales, me hacía llegar los trabajos sobre mi tema, porque sabía más o menos que me podía interesar un artículo o una referencia bibliográfica. Alejandra Moreno Toscano también me ayudaba, y otras personas, como don Silvio Zavala, también lo hicieron. Pero tampoco creo mucho en la cooperación. Creo que la historia, como yo la vivo, es un asunto totalmente personal. Empecé a ser sujeto de cooperación, pero yo no la llamaría así. Eran más bien discusiones, cuando empezaba a conocer a David Brading, con quien me llevo muy bien; o a Serge Gruzinski, quien también es un gran amigo mío, o con Clara García… porque tenemos algo en común. Pero para mí no se trata de cooperación: es discusión. En el Archivo General de la Nación todo el mundo siempre se portó maravillosamente conmigo, sobre todo cuando era una cosa tan pequeñita, tan familiar. Era muy agradable. Jamás hubo el menor problema para tener acceso a los materiales.

Supongo que he podido participar también en algunas corrientes de pensamiento. Un poquito, puesto que mi libro se agotó, y hay estudiantes que vienen de vez en cuando a pedirme que forme parte del jurado en su examen profesional. Así pues, me imagino que en algo he podido influir un poquitito.

El descubrimiento del ramo de Inquisición ha sido una de las experiencias más importantes en mi investigación histórica sobre México. Es un ramo que constituye un océano y una maravilla. Se encuentra ahí de todo y sobre todo lo que no se encuentra en otras partes. Y este todo, que es lo más interesante, son aspectos íntimos, psicológicos, y a veces hasta psicoanalíticos. Los inquisidores no eran verdugos, eran burócratas, letrados, intelectuales; sabían interrogar. También sabían torturar, pero no con el tormento físico, sino con el tipo de preguntas, con la manera de enfrentar al reo que había dado una respuesta seis meses antes y que contradecía lo que estaba diciendo en un momento dado. Esto a veces llegaba a desnudar totalmente a la persona. Cuando el reo se derrumbaba porque se daba cuenta de que le habían calado tan hondo, entonces mostraba de todo, hasta aspectos psicoanalíticos. Así, los inquisidores eran burócratas, jueces, pero psicoanalistas también. Esto para mí fue un descubrimiento. Mi encuentro con la Inquisición fue un poco difícil porque tuve que aprender paleografía yo sola, pues para leer esos documentos hay que saber paleografía. Entonces me eché el curso como en dos meses y sin esperar a ser capaz de leerlo todo. Porque también hay un problema de motivación, uno no está motivado a leer una hoja distinta cada día. Con las ganas que uno tiene de leer el volumen completo, con la secuencia viene la motivación y entonces resulta más fácil leer.

En 1965 empecé a trabajar en el campo bibliográfico, y en 1968 fui por primera vez al ramo Inquisición, que estaba en Palacio Nacional. Fue como un encuentro, no amoroso pero sí personal: uno de esos lazos personales que me marcaron para toda la vida. La mejor prueba es que ahora ya no quiero saber nada de la Inquisición, aunque tengo que regresar a la documentación inquisitorial, porque sólo este tipo de documentación me da determinado tipo de información que ahora necesito. Esa documentación está totalmente clasificada y archivada, está casi completa; en el AGN tenemos 95% de todo el fondo de la Inquisición en la Nueva España.

Desgraciadamente, y no soy la primera en decirlo, hay un desfase espantoso entre la realidad del país, la historia oficial tal como la enseñan en la escuela, y la historia tal como la enseñan los investigadores. Habría que adaptar la historia oficial a la realidad del país y adaptar la historia oficial a la de los investigadores. Porque, por una parte, somos unas cuantas decenas de investigadores, tal vez un centenar en el mundo, y estamos de acuerdo, más o menos compartimos nuestras opiniones. Pero por otra parte está la historia oficial, que es una historia completamente subdesarrollada, con buenos y malos, con una imaginería muy burda para niños, con colores muy fuertes, sin sombras, sin matices, alejada de la realidad del país. Y este país se está integrando, lo quieran o no, les guste o no; se está integrando, con el TLC, no solamente a los Estados Unidos y Canadá, sino a todo el continente americano y al mundo. La economía del mundo existe desde el siglo XVI, ¿cómo puede México permanecer fuera? Obviamente, en la realidad ya está integrado. Desde el siglo XVI México es parte del mundo. Pero la historia oficial del país parece haber sido escrita por mentes jacobinas, estrechas y resentidas del siglo XIX. Y esto tiene que cambiar, porque no se puede seguir fomentando el odio con una visión maniqueísta de las cosas. Esto me parece muy grave y me duele, porque al fin y al cabo, después de 30 años de estar en México, yo me identifico muchísimo con este país. Mi vida, mi trabajo tienen sentido aquí. Pero lo que más me duele es ver cómo les inculcan a los mexicanos una especie de divorcio como parte de su propia personalidad. Si un psicoanalista genera este tipo de actitud en un ser humano es criminal. Es como decirle: ama a tu madre aunque la desprecies y odia a tu padre. ¿Qué clase de personalidad se va a lograr con esto? Y esto es lo que hacen en los libros de historia. Les inculcan el odio al español, a todo lo que es la Colonia, que fueron tres siglos muy relevantes de la historia de este territorio. La nación mexicana que emerge en el siglo XIX no emerge de la nada; emerge de tres siglos que fueron positivos. El mestizaje, no solamente biológico sino cultural, es un balance muy positivo, es la formación de una nación mestiza, de una nación con una fuerte personalidad. ¿Cómo es posible que sigan inculcando el odio a todo esto? No solamente hacia la Colonia, sino a partes que han quedado del siglo XIX, partes que han quedado en la vida mexicana de este siglo. Es increíble: es una historia de dos facetas: una sí, otra no. El Imperio de·Maximiliano, ¿cuándo se estudia? El Porfiriato, ¿cómo se estudia en las escuelas? En cambio, hay otros periodos que, por principio, son positivos: Juárez, Cárdenas, etc. Es una historia subdesarrollada —la palabra ofende y por eso la empleo— y eso tiene que cambiar. Porque los niños mexicanos tienen derecho a estar reconciliados consigo mismos, con su historia. Pero la historia, tal como se enseña hoy, no lo permite. Todos somos producto de cosas que parecen, teóricamente, irreconciliables. Pero esto es porque nuestras categorías mentales están mal, porque nosotros somos producto de esa historia y no nos va tan mal. La nación mexicana tiene una fuerza extraordinaria, un dinamismo extraordinario. Los mexicanos no se dan cuenta porque nacieron acá, pero este país tiene una personalidad, una originalidad extraordinaria. En todos los países tenemos esto. Francia también fue un crisol de pueblos y de culturas y de invasiones. Si yo empiezo a lloriquear porque una de mis tatarabuelas fue violada, ¡imagínense! Yo no sé de dónde vengo. Sé que tuve una bisabuela noble que se enamoró perdidamente de un campesino muerto de hambre y se juntó con él y tuvo trece hijos: la familia la mandó a volar. ¿Entonces voy a decir que son categorías irreconciliables porque una era noble y el otro no? Pues no, y aquí estoy. Pero los mexicanos sí son así. A mí me sorprende esta reconstrucción del pasado nacional, porque hay un imperialismo mexica espantoso en todo esto. Voy a Monterrey y en el aeropuerto de Monterrey hay un fresco —por cierto muy hermoso— que representa no me acuerdo si a Tezcatlipoca o a Coatlicue... es una aberración. Si los chichimecas del lugar jamás tuvieron la más remota idea de estos seres sobrenaturales. Mantengo que actualmente permanece un imperialismo mexica espantoso.

VI

Yo creo que la caída del bloque socialista afectará tremendamente a una noción de lucha de clases, aunque yo personalmente sigo creyendo en la lucha de clases, no como se ha usado, de manera tan esquemática. Creo, sin embargo, que es una herramienta intelectual que todavía va a perdurar, pero muchos historiadores ya huyen de ese concepto y de esta problemática, y creo que es un error. Temo que nos vayamos ahora a una historia neoliberal excesivamente derechista o que se pierda en futilidades. Temo que haya una mayor confluencia de intereses sobre temas un poco inútiles, un rechazo a la historia económica —lo cual sería también un error— o un rechazo a la historia política, lo que sería también un gran error, ya que de por sí la historia política no está tan boyante.

Para hablar de los historiadores mexicanos que han logrado permear el quehacer político, tal vez habría que mencionar a don Daniel Cosío Villegas. Es una época que no conozco en absoluto, pero siento que él, tanto en lo personal como por la manera de enfocar los problemas, es una figura relevante. Él y don Luis González tal vez, aunque es muy difícil que los historiadores permeen a la sociedad. En Francia, en cambio, creo que el gran público mantiene una relación especial con la historia. Hay muchas historias, entre las que destacan la historia de los especialistas y la más baratona, para el gran público. Ésta tiene un éxito increíble. Trata temas como la vida de María Antonieta, y a veces está muy bien hecha, por lo que no hay que despreciarla sistemáticamente. Para esta historia hay un gran público. Entre la historia de los especialistas, Fernand Braudel ha tenido muchísima influencia, y Pierre Schonue también. Hay que mencionar asimismo a Georges Duby y Ariès, con quien tengo una gran afinidad. Ariès se mantenía con un negocio de importación de plátanos. Jamás quiso meterse en la política académica, él no tuvo puestos ni nada. Él quería la independencia que le daban sus plátanos y era un gran señor —de derecha, con lo cual no comulgo— que se pudo dar el lujo de explorar, en un momento en que nadie lo hacía, las ideas sobre el niño, la mujer, la ternura, la familia, la muerte, etcétera.

Cuando me establecí en México no la pasé tan mal. En aquel entonces el franco no estaba muy por encima del peso y yo tenía el sueldo equivalente al de un profesor universitario de aquí. A partir de 1976, con la primera devaluación, me fue un poco mejor. Tuve tres años de vacas gordas, entre 1976 y 1979. Pero yo no necesitaba mucho dinero. ¿Para qué? Un historiador no necesita mucho aparato. No me gusta sacar fotocopias porque se estropean los documentos. Yo tomo notas. Es algo muy a la antigüita, pero creo en esto. Es fundamental en el trabajo que se lleva a cabo. Además, en el nivel fisiológico la relación entre la escritura manual y la mente es esencial: algo que yo he escrito no lo olvido. La mitad del trabajo está hecho una vez que uno ha copiado un documento. Y esto no lo entienden los que tienen dinero y mandan sacar toneladas de fotocopias. Porque luego resulta que de todo eso sólo les sirve muy poco material. El tiempo es un ingrediente necesario para cualquier investigación. Hay que dedicarle mucho tiempo y hay que admitir esa "pérdida" de tiempo, aunque nunca se pierde.

Siento que en México el pueblo está totalmente desconectado y para mí eso es un drama. Es un drama en todos los países, pero aquí es tremendo. Hay gente que vive aquí con estructuras mentales todavía del siglo XIX, pero también hay un puñado de gente que vive como se podría vivir en Nueva York, en París, en Madrid, o sea, con estructuras modernas. Siento que faltan canales de difusión y falta discusión. No hay discusión, hay halagos. En el medio académico tampoco existe la discusión. Por eso no quiero que se presenten mis libros. Los amigos, por cariño, van a decir que son geniales. Los enemigos, por principio, van a decir que no valen nada, y el que va a hacer de crítico dirá que habría sido mejor si hubiera sido otra cosa. No hay verdadera discusión. Jamás he recabado ninguna crítica. Yo sé que la hay, porque ningún trabajo es perfecto. Pero pocos ven los trabajos como peldaños, un peldaño entre el anterior y el que viene en seguida. Con mis libros ¿qué es lo que quiero hacer? Picar la cresta a unos cuantos alumnos, a unos cuantos investigadores, que digan: "No. Eso no vale nada. Está completamente equivocada y voy a escribir algo en contra". Si así fuera, para mí sería un éxito. Pero hay una solemnidad, un acartonamiento espantoso que quiere que cada cosita que saquemos se lea como una suma definitiva. Para nada. Es un paso nada más. ¡Hay tantas reverencias! Y el miedo de que a lo mejor si hablo mal de éste me perjudica o no me publican esto. Es un medio muy raquítico y muy provinciano. La crítica es el oxígeno del historiador.

Para mí es fundamental la relación entre la enseñanza y la investigación. Como soy apasionada, no puedo dar una clase que no me interese. Soy incapaz de repetir cursos. A veces el esquema es el mismo, pero lo modifico en función de mi estado de ánimo, de lo que estoy leyendo, de lo que he leído, de lo que está sucediendo, de lo que he pensado y voy pensando. Entonces no es lo mismo. Yo no podría dar el mismo curso dos veces. Los nutro con todo lo que hago a diario. Incluso con lo que leo en el periódico. No entiendo cómo puede haber docencia separada de la investigación.

Considero, en cambio, que la difusión no es mi problema. Es el problema de los comunicadores y son ellos precisamente los que adolecen de este defecto del cuatismo, de mafias cerradas, estrechas. Lo que en francés llamamos "el tema del elevador: te mando el elevador pero tú me lo regresas después". Y todo funciona así. La difusión funciona fundamentalmente por capillas: la capilla *Nexos,* la capilla *Vuelta,* la capilla Cal y Arena, la capilla Siglo XXI. Cada editorial tiene su capilla, sus satélites. Tanto en historia como en literatura todo funciona así. Aunque siento que en historia —en mi caso al menos— lo que tiene que llegar acaba llegando. Sobre todo a los estudiantes. No a los pares. Los pares, a menos que sean amigos y tan apasionados como uno. En cambio los estudiantes, porque son más abiertos, más frescos, más jóvenes, a lo mejor tienen más oportunidad de dejarse permear por algunos enfoques e ideas. Y, al fin y al cabo, siempre se las arreglan para conseguir los libros: por fotocopias, como sea.

La historia es la vida: un individuo que no tiene memoria es un enfermo mental, es un amnésico, no puede vivir. Ha habido libros, ha habido películas sobre el problema de la memoria. En la película *El enigma de Kaspar Hauser* se muestra eso muy claramente. Un pueblo, una cultura, un grupo humano, un individuo que no tiene historia no puede vivir. Recuerdo esa cita de Ortega y Gasset que plantea que un pueblo que no recuerda ni reconoce su historia se expone a repetirla. El presente no existe, es únicamente el fruto de la intersección del futuro y el pasado. Y el futuro y el pasado están directamente conectados.

La función social de la historia es dar raíces, proporcionar seguridad, profundidad, tanto al individuo como a un pueblo, a una cultura. Un individuo sin pasado, sin historia, no puede existir: no tiene dónde arraigarse. Un pueblo sin memoria, como se ha dicho, no tiene desde dónde proyectar su futuro. Por eso, la primera medida que tomó Napoleón I al llegar al poder fue eliminar la filosofía y la historia en las instituciones académicas, porque sabía que eran muy peligrosas.

La historia me ha dado la vida. Toda mi vida. Mi vida actual desde hace 30 años. Pude haber sido bailarina — que también lo fui—, pude haber sido geóloga —me fascina la geología—. Pero actualmente tengo 55 años, y se puede decir que, desde hace 30, mi vida es la historia.

ALBERRO, SOLANGE

Historiadora francesa.
Fecha de nacimiento: 1938 (Francia).

ESTUDIOS

Escuela Normal Superior de París: Fontenay aux Rosas. Licenciada en historia por la Sorbona, París (1958). En 1964 llegó becada a México para realizar su tesis doctoral bajo la dirección de Pierre Schonue, y desde ese año radica aquí definitivamente. Doctora en historia por la Sorbona (1984).

LABOR ACADÉMICA

Trabajó en el Instituto Francés de América Latina (IFAL) (1975-1984).
Ha impartido cursos en El Colegio de México y es investigadora en dicha institución (1989).
Participó en el Seminario de Historia de las Mentalidades del Instituto Nacional de Antropología e Historia (1979-1989).

PRINCIPALES OBRAS

(En colaboración con Serge Gruzinski), *Introducción a la historia de las mentalidades*, México, INAH, Seminario de Historia de las Mentalidades y Religiones en el México Colonial (Cuadernos de Trabajo del Departamento de Investigaciones Históricas, 24), 1979, 266 pp. ilus.

La actividad del Santo Oficio de la Inquisición en Nueva España; 1571-1700, México, INAH, Departamento de Investigaciones Históricas (Fuentes para la Historia, 96), 1981, 272 pp. ilus.

Inquisición y sociedad en México; 1571-1700, México, Fondo de Cultura Económica (Sección de obras de historia), 1988, 622 pp. ilus.

Cultura, ideas y mentalidades, introducción y selección de Edmundo O'Gorman, México, El Colegio de México (Lecturas de Historia Mexicana, 6), Centro de Estudios Históricos, 1992, 262 pp. ilus.

Del gachupín al criollo; o de cómo los españoles de México dejaron de serlo, México, El Colegio de México (Jornadas, 122), 1992, 234 pp.

ELÍAS TRABULSE

I

En los años en que inicié mis estudios escolares, es decir, a fines de los cuarenta y principios de los cincuenta, la historia —tanto la universal como la de México— que se enseñaba en las escuelas particulares en las que ingresé era de corte completamente "conservador" o "tradicionalista". Esta corriente permeaba los estudios que yo cursé desde la primaria hasta el bachillerato. Los autores que estudiábamos eran José Bravo Ugarte, Agustín Anfossi, Carlos Alvear Acevedo, Salvador Monroy Padilla y Ángel Miranda Basurto.

Los cursos de Historia de México estaban caracterizados por un acentuado hispanismo y por un marcado desdén por las culturas del México antiguo. Esto llevaba a los profesores a exaltar la obra civilizadora de España como fruto de la Conquista. Asimismo ponderaban la labor de la Iglesia en el proceso civilizador que nos había traído el idioma, la civilización, la cultura y la fe.

Vista objetivamente era una historia fuertemente maniquea en que las *bêtes-noires* eran los norteamericanos, los liberales encabezados por Juárez y los masones. En cambio, las figuras relevantes eran Cortés, Morelos e Iturbide, y en menor grado Hidalgo y Madero. Se atacaba abiertamente al laicismo educativo del siglo XIX y sus secuelas posrevolucionarias del XX. Recuerdo la insistencia con la que se hablaba de la Doctrina Monroe y de sus efectos en México. Un tema privilegiado era el expansionismo norteamericano, la guerra de 1847 y el tratado MacLane-Ocampo. Pocas veces vi exponer con serenidad e imparcialidad a las figuras de Poinsett o de Juárez; y tampoco he olvidado la pasión que levantaba en mis maestros maristas la nacionalización de los bienes del clero. La Historia Universal complementaba en cierta forma la de México, ya que era marcadamente eurocentrista, conservadora y providencialista.

Sea cual fuere la opinión que se tenga sobre ese tipo de enseñanza de la historia, es claro que era todo menos aburrida. Había pasión y entusiasmo e incluso objetividad —siempre me impresionaron los textos de Bravo Ugarte en este sentido—. Sus periodizaciones eran confusas, no existía la dimensión de la historia de la cultura, se nos saturaba de nombres y fechas y todo giraba en torno a la trama política de la historia; pero, así y todo, el alumno llegaba a interesarse por las historias de México y universal.

En preparatoria tuve excelentes maestros de Historia de México, y a pesar del contenido confesional de su magisterio, reconozco que supieron hacer que me interesara en la historia de mi país.

Es cierto que un historiador que viene de las disciplinas científicas, como es mi caso, resulta un poco atípico. No es fácil poner en el currículum a la química, como carrera, antes de la historia. Sin embargo, a pesar de haber llegado incluso al posgrado en ciencias, nunca dejé de acercarme a la historia en los años que transcurrieron desde que salí del bachillerato. Ciertamente ser autodidacto invita a la dispersión. Pero cuando estudiaba en la Facultad de Química, y todavía un poco después, comencé a asistir a la Facultad de Filosofía y Letras de la UNAM y seguí durante cuatro años (1964-1968) los cursos de O'Gorman, Roces, Ortega y Medina, Blanquel y Villegas. Todo esto lo digo como apología *pro domo meo*, es decir, para poder justificar lo que diré a continuación.

Los cursos que seguí en la Facultad de Filosofía me pusieron en contacto con el historicismo relativista de O'Gorman, Blanquel y en cierta medida también de Ortega y Medina; y con el cientificismo marxista de Roces. Este último me resultaba particularmente interesante pues, como químico, gustaba de ver a la historia como una ciencia. Sin embargo, los cursos de O'Gorman empezaron la disolución. Su relativismo era no sólo más convincente sino también más humano y, además, su noción de la incertidumbre de la verdad histórica lo acercaba notablemente a los cursos de química cuántica que había seguido en el Instituto de Química con el doctor Raúl Cetina, en el sentido de que la incertidumbre está también en la base de los modernos conceptos de la física.

Cuando ingresé a El Colegio de México ya estaba más cerca del agnosticismo que del cientificismo, y los cursos que ahí seguí, en particular los de José Gaos, me hicieron romper los últimos amarres con las ciencias como forma de conocimiento absoluto. Además, los cursos de Luis González, Enrique Florescano, Moisés González Navarro, Jean Meyer, Jorge Alberto Manrique, María del Carmen Velázquez, Alejandra Moreno Toscano y Rafael Segovia me situaron en una línea que privilegiaba el método más estricto en la investigación unido a una rigurosa —aunque a veces limitada— hermenéutica. Esto fue el resultado, a mi modo de ver afortunado, de la convergencia de dos modos de pensamiento histórico: el de los positivistas clásicos, siervos irredentos del dato escueto, y los exégetas que apoyaban sus interpretaciones, a menudo excesivas, en un puñado de datos. Luis González hablaba de hormigas y arañas, pero lo cierto es que en la década de los sesenta El Colegio se preocupó sólo de criar abejas.

Haber seguido cursos de historiografía de México y universal y haber sido luego profesor de esas dos materias me permitió ver que la caducidad de las interpretaciones históricas está muy cerca de la caducidad de las teorías científicas. Así, no fue difícil que me dedicara a la historia de la ciencia mexicana como una secuela lógica de los cursos de historiografía, y no como una derivación de mis estudios de ciencias. Por paradójico que parezca, me acerqué a la historia de la ciencia por el túnel de la historia, no por el de la ciencia.

II

El haber tenido una educación histórica "conservadora" hasta el bachillerato me llevó a identificar a los que profesaban esas ideas con los grupos más altos de la burguesía mexicana. Los cursos de la Universidad y de El Colegio no acabaron con ese estereotipo, y el problema con los libros de texto en 1969 me confirmaron en esa idea que, por simplista que parezca, yo creo que es una constante de la historia de México hasta hoy.

El movimiento del 68 puso de manifiesto el otro lado de la moneda. Cuando a raíz del movimiento estudiantil un profesor muy admirado por mí y a quien respetaba por sus opiniones religiosas dijo en el Auditorio de El Colegio que a la burguesía había que decapitarla o no hacerle nada, comprendí que había otras corrientes muy distintas, es decir, que se podía ser profundamente religioso a la vez que profundamente rebelde y progresista. Mis modelos de lo que eran los estamentos sociales y sus ideas históricas se desdibujaron profundamente sobre todo cuando percibí —después del 68— el abismo entre la teoría crítica y el pragmatismo real. Es difícil para mí, desde entonces, definir a un historiador por sus creencias y por su *status* social. Muchos abdicamos en la práctica lo que sostenemos en la teoría.

Por otra parte, pienso que más que a diferencias de criterio apoyadas en bases objetivas, las "visiones encontradas de la historia nacional" atienden más bien a cierto tipo de prejuicios: los historiadores de las ideas y su aversión por la historia económica; los historiadores ortodoxos del arte y su repudio a la estética marxista; el horror generalizado ante la "matematización" de la historia, etc. Creo que ante un método de investigación histórica uniforme, riguroso y moderno como el que se establece en México desde los años cuarenta por efecto de la profesionalización e institucionalización del quehacer histórico, se percibe que las viejas pugnas centraban sus argumentos en el contenido y la finalidad de los procesos históricos. Desde los setenta estas pugnas tienden a disolverse ante la aparición de posturas cada vez menos intransigentes y tradicionalistas, pero también ante el abandono de actitudes verdaderamente críticas que enriquecerían el debate y por lo tanto la investigación histórica. Las viejas querellas no dieron origen a la crítica seria sino a la apatía y a la indiferencia disfrazadas de tolerancia.

La pluralidad de corrientes históricas en El Colegio de México era ya muy grande cuando yo ingresé como profesor-investigador en 1973. Casi todos los temas y casi todas las ideologías estaban representadas por un extraordinario cuerpo de investigadores. No obstante, como egresado de una Facultad de Ciencias percibí el interés que tendría historiar la ciencia y la tecnología de mi país, historia que, entre paréntesis, había sido muy poco cultivada, y era desdeñada, menospreciada e incluso negada por los historiadores profesionales. Paralelamente se despertó en mí un vivo interés en la historia de la historiografía de México: nunca he sabido qué me interesa más, si la mentalidad de un historiador o los hechos que narra, si su personal visión del pasado o el tema que describe.

Durante un tiempo dudé entre esos dos temas y finalmente me decidí por la historia de la ciencia: siempre hay que optar, aunque no pierdo la esperanza de algún día sacar del cajón mis viejas notas de historiografía mexicana y realizar un estudio sobre ella que tendría la forma de una reflexión sobre sus métodos, contenido, motivaciones y finalidad a lo largo, digamos, de los dos últimos siglos.

Como dije, el panorama de la historia de la ciencia y la tecnología en México era bastante pobre y prejuiciado. Los materiales, aunque abundantes, estaban dispersos y no habían merecido los cuidados de archivistas y bibliotecarios. Había que reunir los materiales y clasificarlos, y formar un fondo bibliográfico y documental. Posteriormente había que emprender su estudio sistemático tanto internalista como externalista, y finalmente realizar un estudio global, una síntesis, que expusiera parte de la documentación y diera cuenta de las fuentes que se poseían en ese momento. Para esta síntesis me fue de gran utilidad haber seguido cursos de Historia de las Ideas que cubrían el análisis interno, y de Historia Social y Económica que comprendían el externo. Si una tarea ha tenido las características de arqueología histórica ha sido el rescate de la ciencia mexicana, que estaba escondida en lo que alguien llamó "el sótano de la memoria mexicana".

Al acercarme a la historia general de las ciencias me percaté de la importancia que tenía la ciencia mexicana que, sin solución de continuidad, abarcaba desde el México antiguo hasta hoy. Creí necesario relatar este proceso y mostrar su riqueza. México no tiene altas cimas científicas —pocos países las tienen—, pero sí una larga cordillera de montañas de no desdeñable altura —y de esto también podemos decir que pocos países la tienen—, de tal manera que, objetivamente, el promedio es alto y extenso. Se imponía entonces un intento de orografía histórica que mostrara a los protagonistas y sus aportaciones. Considero que una historia general de México que omita su desenvolvimiento científico y tecnológico podría resultar limitada e incluso notoriamente incompleta.

Las dificultades de esta reconstrucción ya las he mencionado. Cabe añadir que requirió también un esfuerzo de síntesis que permitiera enmarcar los aportes de la ciencia y la tecnología mexicanas dentro de un contexto histórico más vasto: económico, político y social, ya que la ciencia, como todo producto del espíritu humano, pertenece a su momento, y en este tema, más que en cualquier otro que yo conozca, es fácil caer en la tentación de atribuir al pasado motivaciones o propósitos que son de épocas posteriores y responden a entornos históricos e ideológicos diferentes.

Éste fue el principal problema con el que me enfrenté, ya que los pocos estudios de ciencia mexicana que existían estaban profundamente marcados por este error de óptica, y su principal defecto era exponer solamente los momentos de "éxito" de la ciencia y la tecnología mexicanas, omitiendo con un criterio rigurosamente selectivo los aportes "fracasados". La historiografía reciente de la ciencia ha señalado esta grave deformación. Para la ciencia mexicana este nuevo criterio valorativo permitió un rescate y una reconstrucción amplia que expusiera todos los aportes de sus científicos del pasado.

III

Considero que los momentos de creación histórica original mexicana son seis, *grosso modo* expuestos:

1) Relatos de la Conquista y primitivas crónicas mendicantes (1519-1550).
2) Crónicas religiosas coloniales (1600-1750).
3) Historiografía ilustrada (1780-1800).
4) Historiografía de la Independencia (1830-1850).
5) Historiografía positivista (1880-1910).
6) Historiografía contemporánea (1960-1980).

En todos estos momentos —aunque en menor grado en el último de ellos— la historiografía mexicana fue la respuesta a diferentes retos que su circunstancia histórica le planteaba y que podrían definirse en forma esquemática como sigue:

1) Justificación y consolidación de la Conquista y evangelización.
2) Formación de la "idea de patria".
3) Formación de la "idea de nación".
4) Rechazo del colonialismo y justificación de la Independencia.
5) Creación de una conciencia histórica nacional con bases científicas.
6) Formación de un *corpus* historiográfico que agrupe todas las tendencias.

Considero, de esta manera, que las corrientes historiográficas siempre surgen como respuesta a una crisis de identidad cultural, es decir, a un reto que puede ser interno o provenir de fuera.

Siguiendo el esquema anteriormente expuesto y omitiendo a la mayoría de los autores, los historiadores que han logrado permear a la sociedad con sus ideas han sido:

1) Los historiadores imperiales y los evangelizadores (Cortés, Gómara, Bernal Díaz, Motolinía, Olmos, Mendieta, Sahagún, Durán).

2) Los cronistas religiosos (Torquemada, Larrea, Vetancurt, Gutiérrez Dávila, Florencia, Cogolludo, Cabrera y Quintero, Dávila Padilla).

3) La historiografía ilustrada —laica— (Alegre, Clavijero, León y Gama, Panes, Márquez, Carrillo y Pérez, Alzate).

4) Los nacionalistas (Mora, Mier, Alamán, Bustamante, Zavala).

5) Los positivistas (Orozco y Berra, Riva Palacio, Icazbalceta, Del Paso y Troncoso, León, Sierra).

6) Los contemporáneos.

A la historia de la historiografía mexicana, y en general a la historia de las concepciones históricas, se les puede aplicar el criterio de interpretación que se ha utilizado recientemente para explicar la historia de las teorías científicas. Al acrecentarse el cúmulo de datos, las viejas teorías requieren ampliar sus postulados o bien cambiar totalmente. A este último fenómeno se le ha denominado un "cambio de paradigma". El nuevo modelo explica los viejos y los nuevos datos de manera distinta. La historia hay que reescribirla siempre por la misma razón, exactamente, por la que las ciencias requieren ser reexplicadas constantemente con base en las nuevas teorías que se apoyan en viejos y nuevos datos. La dinámica de ambas radica en el cambio del paradigma explicativo.

Los ejemplos en la historiografía mexicana son numerosos; aunque se puede esquematizar el proceso por medio de las etapas señaladas previamente. Por eso decía antes que no sabía qué era lo que más me interesaba de la historia de la historiografía, si los datos que narraba o la mentalidad del historiador que los interpreta dentro de su propia circunstancia histórica y con un esquema mental (un paradigma explicativo) del que es difícil desprenderse, pero que es necesario rechazar si se desea tener una visión nueva del pasado, es decir, si se desea leer los mismos hechos con otra mirada. Así lo hicieron en el pasado nuestros mejores historiadores, y no es casual que siempre estén colocados en los vértices del desarrollo histórico de México.

Por otra parte, considero que los nuevos conocimientos históricos deben difundirse en la población en edad escolar —6 a 17 años— a través de los textos de enseñanza desde la primaria hasta la preparatoria. Para el sector de la población mayor de 17 años pueden emplearse diversos medios de divulgación, sobre todo radio y televisión; pero la difusión a fondo debe hacerse a través de lecturas selectas y dirigidas por medio de promociones bien planeadas.

Creo, sin embargo, que para lograr esto deben eliminarse, o al menos modificarse o atenuarse, dos fenómenos aparentemente contradictorios pero que, en el fondo, concurren para impedir una correcta difusión de los nuevos logros de la historia. Me refiero a la rigidez de la historia oficial y al creciente proceso de desnacionalización que afecta al país.

TRABULSE, ELÍAS

Químico e historiador mexicano.
Fecha de nacimiento: 1942 (México, D.F.).

ESTUDIOS

Químico titulado por la UNAM.
Doctor en historia por El Colegio de México (1973).

LABOR ACADÉMICA

Profesor de la UNAM y del Instituto Tecnológico Autónomo de Monterrey.
Investigador del Centro de Estudios Históricos de El Colegio de México.
Codirector de historia cultural y científica de la humanidad de la UNESCO.
Pertenece a la Academia Mexicana de la Historia desde 1980.

RECONOCIMIENTOS

Premio Internacional de la American Society for Testing and Materials, por su trabajo sobre cinética química (1965).
Premio Juan Pablos (1984).
Premio Sor Juana Inés de la Cruz (1986).

PRINCIPALES OBRAS

Ciencia y religión en el siglo XVII, México, El Colegio de México, 1974, 286 pp.

El círculo roto; estudios históricos sobre la ciencia en México, México, Fondo de Cultura Económica (SepOchentas, 37), 1982, 247 pp.

Historia de la ciencia en México, 4 vols. ilus., México, Conacyt/Fondo de Cultura Económica, 1983-1987.

La ciencia perdida; fray Diego Rodríguez, un sabio del siglo XVII, México, Fondo de Cultura Económica (Cuadernos de la Gaceta, 13), 1985, 85 pp.

La ciencia en el siglo XIX, México, Fondo de Cultura Económica/Consejo Nacional de Recursos para la Atención de la Juventud (Biblioteca joven), 1987, 235 pp. ilus.

FRANÇOIS-XAVIER GUERRA

I

EL CAMINO que me llevó a interesarme por México fue bastante indirecto. En efecto, desde mis tiempos de estudiante estaba ante todo interesado por los fenómenos revolucionarios de los siglos XIX y XX, en sus diferentes aspectos: ideológicos, organizativos, dinámicas revolucionarias, etc. Por eso hice mi maestría sobre el primer periódico marxista francés, *L'Égalité,* de Jules Gues-de (1965). Después, una vez terminados mis estudios suplementarios en ciencia política, empecé una tesis sobre las relaciones entre los anarquistas españoles y la Internacional Comunista, siguiendo los consejos de Pierre Broué, especialista del movimiento comunista internacional y más especial-mente del trotskismo. Aunque el tema era apasionante, pronto me di cuen-ta de que mientras no estuviesen abiertos a los investigadores los diferentes archivos de Moscú, se trataba de una empresa imposible de realizar. De ahí que, buscando estudiar una gran revolución, viniese a parar a la mexicana, ayudado en esto por François Chevalier, con el que entré en contacto ha-cia 1970.

Empecé a descubrir la importancia y la extraordinaria complejidad de esa revolución para mí prácticamente desconocida hasta entonces. Los aspectos agrarios se me descubrían a través del artículo de François Chevalier sobre Zapata, publicado en los *Annales E.S.C.* en 1960, y poco después por el libro de John Womack sobre el mismo tema. Los aspectos religiosos los descubrí a través de las conversaciones y de la tesis que Jean Meyer estaba terminan-do entonces sobre los cristeros. Por mi parte, los aspectos obreros me resul-taban más familiares por mis investigaciones anteriores y por ellos empecé, trabajando en el Instituto de Historia Social de Amsterdam sobre los anar-quistas y la Revolución mexicana. Quedaba el problema del método que habría de emplear en ese estudio, que fue —lo explicaré después— la pro-sopografía, es decir, la biografía cuantitativa.

Cuando vine por vez primera a México, en 1973, las grandes líneas de mi investigación estaban ya, en parte, trazadas. Por eso, en ese primer viaje y en los que le siguieron, mis contactos con la investigación histórica mexica-na fueron más personales que institucionales. Tuve entrevistas con Héctor Aguilar Camín, que estaba entonces en el INAH preparando su libro sobre Sonora y la Revolución mexicana; con Luis González, cuyo libro sobre la microhistoria de San José de Gracia fue, y sigue siendo para mí, el prototipo del trabajo de un historiador abierto a toda la complejidad de la realidad; con Alejandra Moreno Toscano, que me abrió horizontes sobre la importancia del estudio de la administración pública. Y, evidentemente, con los responsables de los archivos y bibliotecas indispensables para mi trabajo: la Biblioteca Nacional, la Cámara de Diputados y la Cámara de Senadores, etcétera.

Al igual que el itinerario que me llevó a interesarme en la historia de México, el camino que me condujo a estudiar la carrera de historia también fue complejo. Así, aunque siempre me apasionaron la historia y la literatura, durante mis estudios secundarios nunca pensé dedicarme a ellas de manera profesional. Mi objetivo era estudiar ingeniería, y por eso durante mis estudios secundarios escogí la opción científica y no la literaria. Al llegar a la enseñanza superior seguí por esta vía y preparé durante un año la entrada a las escuelas de ingenieros. Durante ese año la convivencia con estudiantes de letras me llevó progresivamente a cambiar de orientación.

Pasé entonces a estudiar geología y, como la historia continuaba atrayéndome, empecé al mismo tiempo los estudios de letras. Durante dos años más seguí con esta extraña combinación: geología por un lado y letras por el otro. Al fin dejé la geología y me dediqué enteramente a la historia. De esa época me quedó un gran interés por las ciencias y un gusto por la formalización y por la construcción de modelos explicativos formados por variables interconectadas.

II

El ambiente intelectual y profesional con que me encontré en México en los años setenta era, en lo que atañe a la historia de los siglos XIX y XX, al mismo tiempo parecido y diferente al que existía en la Sorbona antes de 1968. Parecido, por el predominio de los estudios socioeconómicos, muchas veces de corte marxista, con una concepción de la causalidad muy centrada en los aspectos económicos. Se llegaba así a interpretaciones teleológicas destinadas a explicar, en su versión optimista, el triunfo de las masas o, en la pesimista, las razones de su fracaso. Diferente porque, si bien en Francia también existían versiones "canónicas" de la Revolución francesa, el predominio de la historia "revolucionaria" en México era verdaderamente aplastante. Cierto es que historiadores como Luis González o Héctor Aguilar Camín estaban muy lejos de este tipo de historia, como también lo estaba Daniel Cosío Villegas, quien dirigía entonces su monumental historia sobre la República Restaurada y el Porfiriato, pero la tendencia dominante era la de una historia maniquea y teleológica: la Revolución era como un parteaguas entre el antiguo y el moderno México.

En los años setenta, mientras preparaba mi libro sobre el Porfiriato y los principios de la Revolución, mis contactos con los historiadores y con las instituciones de enseñanza fueron escasos, o más bien, puramente librescos, excepto los ya indicados. En gran parte, porque mis viajes a México duraban sólo unos meses, durante el verano, a causa de las clases que daba en la Sorbona. Por eso, mis estancias en México las pasaba casi todo el tiempo en los archivos y bibliotecas. En la década de los setenta no tuve ninguna participación en corrientes universitarias o de enseñanza mexicanas, por las razones expuestas. Una vez publicado mi libro *México: del Antiguo Régimen a la Revolución*, en 1985, los contactos fueron muy numerosos, especialmente a través de conferencias y coloquios, pero no pasé largos periodos de enseñanza en una institución mexicana a causa de mis obligaciones como profesor en París, que me obligaban a ausentarme con alguna frecuencia, como ya comenté.

Mi principal experiencia como historiador de temas mexicanos fue la toma de conciencia muy viva de la distancia entre el discurso de los actores históricos y la realidad de las relaciones sociales. En efecto, tanto en lo que respecta a la Revolución mexicana como en lo referente al Porfiriato, encontraba por todas partes un discurso lleno de referencias a la modernidad —pueblo, nación, ciudadano, individuo, partidos, clubes, sindicatos, etc.— y, por otro lado, me encontraba con actores colectivos cuya naturaleza no correspondía a estas referencias modernas: pueblos, clanes familiares, redes de clientelas, etc. Aunque los actores sociales no podían reducirse a estos actores de tipo muy antiguo, era evidente que ese desfase entre el discurso y la realidad social y política exigía un nuevo modelo interpretativo, que permitiese también explicar problemas tan importantes para la comprensión de los inicios de la Revolución mexicana como los siguientes: ¿en qué se basa la legitimidad de un régimen?, ¿cómo se pierde?, ¿por qué una coyuntura de crisis económica y social lleva en unos casos a una revolución y en otros simplemente a tensiones sociales?

Todos estos elementos me llevaban a revalorar "lo político", tan relegado en las corrientes históricas en boga o considerado un mero reflejo de las estructuras económicas o sociales. Lo político se me mostraba como una dimensión esencial de toda sociedad: todo lo que concierne a su organización y su gobierno, a sus sistemas de autoridad, a sus valores e imaginarios subyacentes, a los actores sociales y políticos que la conforman, a sus comportamientos específicos.

Al adoptar esta óptica era necesario plantearse el problema de la modernidad, no como un dato, sino como un problema: ¿de qué manera se pasa de una sociedad tradicional —en nuestra era de civilización, del antiguo régimen— a una sociedad moderna?, ¿en qué lugares y grupos humanos se producen las mutaciones que llevan de uno a otro?, ¿cómo se difunden en el resto de la sociedad?, ¿cómo se combinan —se convierten en híbridos— los elementos que les son propios?

Toda esta problemática, surgida del caso mexicano, ha acabado por convertirse en algo mucho más universal. Por la claridad con que se presentan en él estos fenómenos, más escondidos en países como Francia, México fue para mí como un laboratorio para el estudio de la modernidad.

III

El ambiente histórico en el que me formé fue el de la generación de la Sorbona de principios de los años sesenta. Para nosotros, lo que se llama ahora *nouvelle histoire* no era algo nuevo sino, en gran parte, simplemente la manera normal de hacer historia. Las mutaciones que se atribuyen ahora de manera esquemática a la Escuela de los *Annales,* eran ya lo suficientemente antiguas para que hubiesen invadido la enseñanza universitaria. Sus principales críticas contra la llamada "historia *événementielle"* —la de los acontecimientos, llamada entonces "historia positivista"—, tal como la hacían Langlois o Seignobos, eran lugares comunes aceptados sin discusión. Era también comúnmente admitida la primacía de la historia social y económica, y en las clases a las que asistíamos era completamente normal el estudio de los movimientos de precios y salarios, de las coyunturas, de las crisis y de sus repercusiones demográficas. También lo era el buscar la causalidad de los acontecimientos políticos y revolucionarios en este tipo de fenómenos. Las clases de Labrousse estaban dedicadas en esos años al movimiento obrero, pero su influencia era grande en otros campos, por ejemplo, en los cursos de Reinhard sobre la correlación entre la crisis de subsistencias y los movimientos populares de París durante la Revolución francesa.

El estudio de los grupos sociales desde el enfoque socioeconómico era también natural y, por ejemplo, para estudiar a los campesinos en Francia en la Edad Media, nos basábamos en las clases de Edouard Perroy, pero también en las obras de Georges Duby o de Robert Boutruche.[1]

Ahora bien, aunque esta historia, que calificaríamos hoy de "nueva", era para nosotros la normal, no era sin embargo la única historia, pues coexistían con ella otros centros de interés y otras maneras de hacer historia que tenían a veces tanto o más éxito entre los estudiantes. Sin duda, las clases que atraían al público más numeroso y entusiasta eran las de Henri-Irenée Marrou sobre la Antigüedad clásica —en esos años centradas en la historia religiosa del mundo romano de los primeros siglos de nuestra era—. Se trataba de una historia cultural en el sentido más amplio y fuerte de la palabra, en la que se mezclaba lo que después se llamaría "las mentalidades", con lo institucional, lo político y lo religioso.

---

[1] Georges Duby, *L'économie rurale et la vie des campagnes dans l'Occident mediéval,* París, 1962; Robert Boutruche, *Seigneurie et féodalité,* París, 1959.

Los cursos de Aymard sobre los estados helenísticos insistían, sin dejar de lado lo social y lo económico, en los aspectos políticos: las dinastías y los problemas de legitimidad de los monarcas, las guerras y la variabilidad de los Estados surgidos del imperio de Alejandro. En historia moderna, los análisis de Rolland Mousnier sobre las instituciones y la sociedad de la Francia del Antiguo Régimen, aunque iban en cierta manera a contracorriente, eran indiscutibles.

También se seguía enseñando historia política al estudiar la época contemporánea. Louis Girard analizaba, a través de las elecciones, la vida política de la Segunda República y de principios del Segundo Imperio. Por otra parte, ya habían aparecido libros que pronto se convertirían en clásicos, como la tesis de René Rémond,[2] que se situaba en toda la tradición de los estudios políticos, tal como los habían practicado André Siegfried o Elie Halevy. Sin embargo, si bien es cierto que este tipo de estudios, por muy sugestivos que fuesen, eran para los historiadores relativamente marginales y parecía que pertenecían más bien al campo de las ciencias políticas, tal como se practicaban en el Institut de Sciences Politiques.

A pesar de todos los matices anteriores, insisto en que el clima intelectual de la Sorbona —¿la moda?— nos llevaba por otros derroteros: hacia la historia económica y hacia la demografía histórica, hacia la historia social entendida como el estudio de grupos sociales muy vastos definidos por criterios socioeconómicos: los campesinos, los mercaderes y, sobre todo, para los estudiosos de la época contemporánea, los obreros. No hay que olvidar que en esta época, en la que el marxismo estaba en pleno auge en los ambientes universitarios y los obreros aparecían como el grupo portador del futuro, quizás ésta era la causa de esa multiplicación de estudios sobre el movimiento obrero, tanto del francés como del extranjero. En cuanto a la causalidad histórica, implícitamente se adhería a una causalidad de tipo esencialmente económico y a interpretaciones globales de la historia en términos de clases sociales.

Los medios con los que contábamos para nuestros estudios, y después para nuestras investigaciones, no eran considerables. En París existían numerosas bibliotecas, pero excepto la del Institut des Hautes Études de l'Amérique Latine, ninguna otra estaba especializada en América Latina. Tampoco existía ningún centro de estudio especializado en la historia de esta región. Éramos pocos los que nos dedicábamos a esta zona geográfica, y François Chevalier desempeñaba el papel de centro informal entre nosotros. Sólo disponíamos, para la investigación, de los medios indispensables, y todos de origen público: mis misiones a México las hice con becas de viaje del Centre National de la Recherche Scientifique, que cubrían apenas

2 René Rémond, *La droite en France*, París, 1954.

el viaje en *charter* y los gastos de estancia. Sin embargo, el aspecto positivo de esta situación era que existían entonces en Francia los puestos de asistente en la Universidad, con pocas horas de clase por semana, lo que nos permitía ocupar algún tiempo para la investigación. Ésta era, ante todo, una empresa eminentemente individual, con todas las ventajas —la independencia— y los inconvenientes —una cierta soledad— que esto lleva consigo.

IV

En mi caso, y pienso que también en el de la mayoría de los de mi generación, el acontecimiento clave fue mayo del 68. Antes expuse cuál era el ambiente de la Sorbona en los años anteriores a esa fecha. Señalemos, para completar este panorama, algunas de las contradicciones de esta época y más particularmente del ambiente estudiantil. Curiosamente, la primacía teórica de lo socioeconómico que privilegiaba una visión determinista de lo social y de lo político y la "larga duración" iba al parejo de un extraordinario interés por la política y por las rupturas revolucionarias. Era un momento de efervescencia de grupos y subgrupos que se pretendían revolucionarios y de ideologías de transformación social radical. Es decir, una época de voluntarismo político extremo que casaba mal con el lugar secundario que la historia socioeconómica asignaba a la política...

Mayo del 68 fue para nuestra generación un hito fundamental, no sólo porque en él se manifestó el clima intelectual del que acabamos de hablar, sino porque la comprensión de estos acontecimientos planteaba muchos problemas que poco después influirían considerablemente en nuestra manera de concebir la labor histórica. En menos de un mes, en efecto, asistimos y participamos en una crisis social y política de una extraordinaria fuerza. En pocas semanas vimos cómo se disolvía un Estado que era, sin ninguna duda, el más fuerte y organizado de todo el mundo occidental; asistimos a la desaparición de la legitimidad de un poder político a la cabeza del cual figuraba uno de los hombres de Estado de más envergadura del siglo xx; presenciamos cómo, uno detrás de otro, los grupos sociales se ponían en movimiento y expresaban una multiplicidad de reivindicaciones; vimos, en fin, una extraordinaria efervescencia cultural: la explosión del verbo y de la utopía. Estábamos, pues, ante una crisis cultural, política y social de una extraordinaria virulencia, que era al mismo tiempo paradójica, puesto que la crisis se producía sin que hubiese ni crisis económica ni desempleo, en medio de ese largo periodo de auge económico que después recibió el nombre de *les trente glorieuses*.

Todos estos acontecimientos encajaban muy mal con el sistema explicativo que utilizábamos entonces en historia. En primer lugar, al hacernos experi-

mentar la fuerza del discurso utópico, ponían en entredicho el predominio
de la causalidad socioeconómica y revalorizaban el papel de lo cultural. El
predominio de lo cultural saltaba también a la vista por el carácter internacional de la crisis estudiantil, que se daba en países tan diferentes por sus estructuras sociales como Francia, Alemania, los Estados Unidos o México. Por
otra parte, el grupo motor de la crisis —los estudiantes— no tenía una caracterización fundamentalmente socioeconómica, sino cultural (ideas y valores), generacional (un grupo de edad), o de posición estratégica en la sociedad
(las futuras élites). Este grupo, además, no era un grupo unificado ni estructurado, no era un actor, sino un medio social, un ambiente. En fin, dentro
de este ambiente, los actores más dinámicos habían sido los pequeños grupos revolucionarios —movimiento del 23 de marzo, trotskistas, maoístas,
anarquistas, etc.—, cuyas diferencias remitían tanto a ideologías diferentes
como, sobre todo, al hecho de ser grupos diversos en el sentido estructural.
Cuando se consideraba el desarrollo del proceso, lo que saltaba a la vista era
la imprevisibilidad del acontecimiento y la dinámica que éste creaba. El
acontecimiento era el producto de un juego de variables múltiples, entre las
cuales el acontecimiento precedente no era una de las menos importantes:
el proceso se autoalimentaba sin cesar a partir de hechos en gran parte im-
previsibles e irreversibles. En fin, era también patente la importancia de algunas variables difíciles de medir, como la evolución de la opinión pública
u otra, más impalpable aún, la legitimidad del gobierno.

Igual que en otros momentos fuertes de la historia, el carácter inesperado
—y en gran parte misterioso— de estos acontecimientos no podía menos que
tener consecuencias en nuestra manera de concebir la historia.[3] Como siempre, lo que no encuentra explicación en los sistemas explicativos en vigor en
un momento dado lleva a la apertura de nuevos campos de investigación y
a nuevas problemáticas...

Pero volvamos a la óptica autobiográfica. Como ejemplo concreto de una
evolución que de otro modo podría parecer muy teórica, estos acontecimientos fueron provocando cambios en mis proyectos de investigación. Ya
dije antes cómo llegué a definir como tema de mi tesis la Revolución mexicana. Mi punto de partida de entonces estaba totalmente acorde con las premisas de la historia en que habíamos sido formados, pues imaginaba que
llegaría a evaluar su carácter y significación a través del papel que habían
desempeñado en ella los grupos sociales, entendidos éstos como grupos socioeconómicos: campesinos, obreros, burguesía, etc. Sin embargo, el método con el que me proponía captar estas realidades era ya diferente, ya que
trataba de emplear para ello una nueva herramienta, la prosopografía —la
biografía cuantitativa—, aplicada al conjunto de la clase política mexicana

---

[3] Podemos pensar en un registro diferente, en la crisis que provocó la primera Guerra Mundial en la historia, de fines pedagógicos, del Estado-nación.

revolucionaria y prerrevolucionaria y, en lo posible, a los actores más importantes de la Revolución.

La prosopografía nos venía de los especialistas de la Antigüedad, deseosos de reconstituir las carreras de personajes conocidos por fuentes muy dispersas; pero hasta entonces su empleo, aunque empezaba a extenderse a otras épocas y temas, seguía siendo poco frecuente por razones técnicas. La informática abrió la vía a su utilización masiva para épocas sobre las cuales disponíamos de fuentes más numerosas. El progreso parecía al principio puramente técnico, pero de hecho hacía posible un cambio profundo en la manera de concebir los estudios sociales y políticos al permitir la cuantificación no sólo de los actores, sino también de las múltiples variables que los conforman. Algunas de estas variables procedían directamente de la historia social tal como se practicaba entonces —profesión, fortuna, grupo social—, pero otras surgían de las interrogaciones, implícitas o explícitas, de nuestra generación.

Las variables culturales englobaban no sólo los diplomas o el nivel educativo alcanzado, sino también el tipo de establecimiento en que se habían cursado los estudios, la ideología que reinaba en ellos en tal o cual época, los condiscípulos que habían compartido las mismas aulas... Incluían también las pertenencias a grupos estructurados: asociaciones diversas, clubes, sindicatos, partidos, etc., y a medida que la explotación de las fuentes progresaba, se agregaban las pertenencias a otros grupos inesperados, pero muy reales: los formados por vínculos de parentesco, de amistad, de clientela, de vecindad, de pertenencia a una banda armada... Y todas estas variables venían acompañadas siempre de una datación precisa, ya que —otra toma de conciencia del 68— en los momentos de crisis el acontecimiento, por su carácter único que modifica irreversiblemente el campo estratégico en que se mueven los actores, requiere una gran precisión temporal.

Los años que siguieron a mayo del 68 fueron, a mi modo de ver, una época de grandes cambios historiográficos. Siguiendo con la óptica autobiográfica, a medida que mi trabajo iba progresando, se me hacía cada vez más evidente la insuficiencia de las herramientas conceptuales de que disponíamos. Fueron apareciendo entonces, como a menudo ocurre en nuestra disciplina, en la que múltiples trabajos independientes convergen en la misma dirección, varias obras que, a mi parecer, han contribuido a resolver una buena parte de los problemas que tenía que afrontar el historiador de lo político. El primero era el problema de los grupos, de los actores colectivos. En estos años, Maurice Agulhon reintrodujo en la historia social el concepto de sociabilidad,[4] es decir, el estudio de las diferentes formas en que los hombres se congregan. Por otra parte, Michel Crozier,[5] con su sociología de las

[4] Maurice Agulhon, *Penitents et franc-maçons de l'ancienne Provence*, París, 1968.
[5] Michel Crozier y Erhard Friedberg, *L'acteur et le système. Les contraintes de l'action collective*, París, 1977.

organizaciones, conceptualizaba el problema de los actores sociales y ponía en evidencia la importancia del marco estratégico en que se mueven y la interrelación constante entre ellos, hasta el punto de constituir un sistema en el que todos los elementos están en constante interacción. Casi al mismo tiempo François Furet, en un libro esencial,[6] abría caminos enteramente nuevos para el análisis de la ideología y de la política moderna, al mostrar su radical novedad en términos de discurso político y de legitimidad. Sus intuiciones se apoyaban tanto en los análisis de Tocqueville sobre las relaciones entre el Antiguo Régimen y los posrevolucionarios, como sobre el redescubrimiento de un historiador de principios de siglo, muerto en la primera Guerra Mundial, Agustín Cochin, que, muy adelantado a su tiempo, había ya propuesto un modelo de correlación entre las formas de sociabilidad modernas y la ideología revolucionaria. Cochin aparecía como un extraordinario precursor de la nueva historia política al haber utilizado con los medios de su época, la prosopografía, el estudio de las formas de sociabilidad y el análisis del discurso político para entender la extraordinaria novedad de la política revolucionaria y la formación de la ideología democrática.[7]

Por otras vías también, un antropólogo especialista en la India, Louis Dumont, consciente de la extraordinaria novedad que representaban las sociedades occidentales modernas, tipificaba las diferencias entre las sociedades tradicionales y las modernas agrupando múltiples rasgos culturales divergentes alrededor de un núcleo explicativo: el predominio del grupo en las primeras y del individuo en las segundas.[8]

Se llegaba así, por otro camino, a unificar en forma de sistemas coherentes las múltiples diferencias entre las sociedades tradicionales y modernas que muchos investigadores habían ya puesto de manifiesto, lo cual planteaba el problema del paso de uno a otro universo: del Antiguo Régimen a la modernidad…

Los historiadores, por su parte, y sobre todo los medievalistas y los modernistas, sobrepasando el estudio un tanto estrecho de las mentalidades, se lanzaban unos al estudio de los imaginarios y de las representaciones, de los universos mentales, abriendo así otra vía para analizar las referencias de la acción social y política, y otros, la de los comportamientos y prácticas culturales. Como se puede ver por esta enumeración —que no pretende ser exhaustiva—,[9] todos estos estudios, de una manera o de otra, abordaban el

[6] *Penser la Révolution française*, París, Gallimard, 1977.

[7] Las obras más importantes de Cochin, publicadas después de su muerte, son su tesis sobre *Les sociétés de pensée et la révolution en Bretagne (1788-1789)*, 2 t., París, 1925, y un conjunto de ensayos: *La Révolution et la libre pensée*, París,1924.

[8] Se pueden citar, entre otras, *Homo hierarchicus. Essai sur le système de castes*, París, 1977; *Essais sur l'individualisme. Une perspective anthropologique sur l'ideologie moderne*, París, 1983.

[9] Para referencias más completas, puede consultarse, por ejemplo, Guy Bourde y Henry Martin, *Les écoles historiques*, 2a. ed., París, 1989.

campo de lo cultural y de lo político, y abrían campos totalmente nuevos en los que se enmarcan una buena parte de las investigaciones actuales.

Añadiré que, en nuestros días, los cambios que se han producido en Europa, desde la caída del muro de Berlín, que marca el punto de partida de la desintegración del imperio soviético, por un lado podían ya preverse y explicarse con las herramientas conceptuales elaboradas en el periodo precedente y, por otro, también están abriendo nuevas perspectivas de investigación: sobre el Estado-nación como modelo de organización política dominante de los siglos XIX y XX,[10] sobre las razones que lo hacen triunfar, sobre sus consecuencias en un mundo en que casi no existen Estados compuestos por un grupo humano homogéneo, etcétera.

V

Para hablar sobre los historiadores o filósofos que han logrado permear a la sociedad con sus ideas, moldeando la conciencia e imponiendo su visión del acontecer histórico, me limitaré a dar algunos nombres especialmente importantes para Francia y también para el mundo latino, sobre el cual ésta ha ejercido gran influencia, empezando por "las Luces" del siglo XVIII. Muchos de sus autores, como Condorcet, introdujeron un nuevo sujeto histórico globalizador, la humanidad o la especie humana, actor último del acontecer histórico. En el siglo XIX, correlativamente a la entrada en la era democrática y a la aparición de la política moderna, una serie de pensadores hicieron triunfar nuevos actores colectivos. Unos, como la nación y el pueblo, escenificados por Michelet, tenían un carácter moral y se situaban en el registro político; otros, como Comte, combinaron una evolución general de la humanidad, venida de la época de las Luces, con nuevos actores de carácter sociológico; en fin, otros a partir de Marx, introdujeron como actores a las categorías sociales, definidas por criterios económicos —burgueses, obreros, campesinos, etcétera—. El predominio de los primeros fue casi general en el área europea hasta la primera Guerra Mundial, ya que correspondían a dos grandes novedades del siglo XIX, el Estado-nación y la soberanía del pueblo, y a la principal empresa de la época: la construcción del Estado-nación. Los segundos triunfaron en el último tercio del siglo XIX, introduciendo en esa visión dominante la preocupación por la cohesión social que parecía amenazada por la soberanía absoluta del pueblo. Autores como Taine en Francia, o los grandes sociólogos positivistas latinoamericanos, como Rabasa, Sierra y Bulnes en México, o Valenilla Lanz en Venezuela, marcaron profundamente varias

---

[10] El interés por la naturaleza de la nación moderna, sobre su radical novedad en relación con los antiguos estados multicomunitarios, sobre su carácter de comunidad no "natural", "construida", etc., había empezado a interesar a los historiadores desde hace unos 15 años.

generaciones al concebir la edificación de la sociedad y de la política modernas no como una consecuencia de un brusco cambio, sino como una larga y progresiva empresa de las élites para crear, por el progreso económico y la educación, un pueblo moderno. Las últimas, en fin, las que daban la prioridad a actores de tipo socioeconómico, se fueron imponiendo progresivamente después de ese gran cataclismo de los Estados-nación que fue la primera Guerra Mundial. No quiere decir esto que su victoria fuese inmediata en todos los sitios, pues en los países en los que el Estado-nación era aún reciente o estaba todavía en construcción, la historia siguió teniendo como sujeto último a la nación o al pueblo. Pero en aquellos en los que, como en Francia, estaba ya resuelto el doble problema de la nación y de la soberanía del pueblo, se abría la vía para el nacimiento de una historia que abordara temas y considerara grupos humanos hasta entonces olvidados. Fue ésa la época de los grandes nombres de la nueva historia: de Lucien Febvre y Marc Bloch a Fernand Braudel. En fin, en los años setenta encontramos a los autores ya citados anteriormente, entre los cuales ocupa un lugar muy particular François Furet, restaurador de la historia política, cuyos efectos todavía no se han hecho sentir en todos los sitios.

En cuanto a los mecanismos de incorporación de los nuevos conocimientos históricos a la conciencia social, creo que el camino que lleva a las grandes mutaciones en la manera de hacer historia a una amplia conciencia social es, como en todo proceso de cambio cultural, necesariamente largo y complejo. Siempre hay, en este tipo de fenómenos, múltiples desfases temporales; primero, entre los lugares en que se producen las mutaciones —un corto número de países en Europa, durante una buena parte de la época contemporánea— y el resto del área cultural europea, entre la que se encuentra evidentemente América Latina. Desfases también, y asimilación selectiva, dentro de cada país, entre los diferentes grupos sociales. Hay ciertamente un *air du temps* en cada época, pero también asimilación o rechazo por ciertos grupos humanos de explicaciones que chocan, o favorecen, su propia cultura o sus estrategias sociales. De todos modos, en los Estados modernos, en los que la construcción de la nación equivalía a la adopción por todos sus habitantes de un conjunto de mitos, discursos y símbolos —en la mayoría de los casos de carácter histórico—, el Estado ha desempeñado un papel fundamental, aunque no exclusivo. Él ha sido, ante todo, quien mediante la escuela, las ceremonias y fiestas patrióticas, la prensa y los *mass-media* modernos, los diversos movimientos y asociaciones destinados a encuadrar a la población —partidos, sindicatos, asociaciones de jóvenes, de mujeres, deportivas, etc.— ha intentado inculcar un imaginario común a sociedades formadas siempre por grupos de culturas diversas. Hasta qué punto esta empresa haya alcanzado sus fines, es asunto que tiene que ser estudiado con detalle en cada país y en cada época.

VI

La relación entre enseñanza e investigación tiene que ser muy estrecha, aunque convenga distinguir los niveles de enseñanza. Es evidente que la relación entre los últimos descubrimientos históricos y la enseñanza universitaria tiene que ser lo más expedita posible. La enseñanza superior tiene como misión no sólo transmitir los conocimientos más elevados, sino también la formación del espíritu crítico. Por eso, en ella siempre tienen que estar presentes las más recientes adquisiciones de la investigación, aunque muchas veces sólo sean parciales o incluso discutibles. Es en este ambiente en donde, por medio de la discusión y de la experimentación, se validan o no las hipótesis de trabajo.

Otra es, sin embargo, la finalidad de la enseñanza primaria, en la que hay que suministrar a los alumnos las bases de una comprensión de la sociedad y por lo tanto de la historia. Quiérase o no, esto lleva siempre aparejada la necesidad de transmitir los conocimientos en forma de certidumbres. En la enseñanza secundaria esta exigencia es menos fuerte y la enseñanza puede estar problematizada y no hay inconveniente en añadir: "sobre este asunto unos dicen esto, y otros esto otro".

De todas maneras, en ambos casos, para evitar que se creen dogmas históricos, me parecen necesarias varias condiciones. La primera es la existencia de pluralismo en las explicaciones históricas y, en la medida de lo posible, en los mismos textos utilizados por los alumnos. Pero, como todos sabemos, todo autor transmite siempre, a pesar de sus esfuerzos —y más aún si no los hace— su propia visión de la historia, de modo que hay que compensar esto con la existencia de diversos libros de texto. De la pluralidad puede ciertamente salir la incertidumbre, pero sin ella no pueden obtenerse más que historias oficiales y contrahistorias virulentas. La segunda, muy ligada a la anterior, es que mediante la revisión periódica de los programas y los libros de texto se impida la formación de mitos históricos tan enraizados en la conciencia colectiva que impidan todo progreso del conocimiento histórico fuera del ambiente de los historiadores profesionales. La unicidad y la permanencia de una versión de la historia, necesaria quizás en el periodo de la invención de la nación, es injustificable cuando ya se ha conseguido un sentimiento de pertenencia común a la colectividad. De todos modos, y ésa es quizás mi principal experiencia en este campo, hay siempre un desfase entre la historia profesional y la del común de la población. Una es crítica y, por definición, variable. La otra está forjada de certidumbres y es tendencialmente inmutable. Lo más que se puede pretender es que el Estado no intervenga en la definición de una verdad histórica y que ésta resulte de los debates y la combinación de las diferentes visiones históricas.

VII

Mi concepción de la historia es la de un esfuerzo continuo, y perpetuamente inacabado, para conocer cada vez mejor el pasado, y en cierta medida el presente. Esfuerzo continuo e inacabado, puesto que el objeto del conocimiento histórico es el conjunto de sociedades humanas y su evolución en el tiempo. La inmensidad de este objeto es patente y, por lo tanto, también la imposibilidad de alcanzarlo. Si la realidad actual es de por sí inconocible en su totalidad, ¡cuánto más lo será cuando le añadimos la dimensión histórica! De ahí que la historia como disciplina sea una fuente continua de conocimientos ciertos pero parciales que aumentan la inteligibilidad de la realidad, y al mismo tiempo una empresa como la de Prometeo: imposible al hombre.

De acuerdo con lo que acabo de decir, la función social de la historia es la de una escuela de relativismo. Relativismo que se alza contra toda pretensión de un conocimiento cierto y definitivo del acontecer humano. Relativismo hacia todo determinismo histórico, puesto que la historia muestra al mismo tiempo todas las limitaciones que obstaculizan la libertad del hombre, pero que son también la condición misma del ejercicio de su libertad. Relativismo, en fin, sobre las oposiciones entre los hombres que, más allá de diferencias que pueden parecer insuperables, son miembros de una misma familia. Pero relativismo no quiere decir escepticismo, sino conciencia de la complejidad de la realidad: condición necesaria para todo conocimiento y para la comprensión entre los hombres.

GUERRA, FRANÇOIS-XAVIER

Historiador francés.
Profesor de la Universidad de París I (Panthéon-Sorbonne).

PRINCIPALES OBRAS

(Coord.), *Estado y sociedad en México, 1867-1929*, México, El Colegio de Puebla, 1988, 443 pp.

México, del Antiguo Régimen a la Revolución, 2 vols., trad. de Sergio Fernández Bravo, México, Fondo de Cultura Económica (Sección de Obras de Historia), 1988.

JEAN MEYER

I

Entré a la escuela primaria a los cuatro años y medio, en Francia. A partir del segundo año de primaria se enseñaba la historia de Francia; por cierto que se le daba mucha importancia. Recuerdo que la maestra de segundo grado nos enseñó cosas que no volví a aprender y que no se me olvidaron nunca, como los nombres y el destino de los hijos de Clodoveo —Thierry, Clodomir, Childebert, Clotaire— o el episodio evocado en varias ocasiones por Octavio Paz —sus primeras lecturas—, del odio entre las reinas Brunehaut y Fredegonde.

El libro de texto era el famoso *Petit Lavisse*, que inspiró directamente su famoso manual a Justo Sierra y que formó a tres o cuatro generaciones de franceses. Empezaba con la célebre frase: "Hace 2 000 años Francia se llamaba Galia y sus habitantes galos." La Francia eterna…

Las maestras —tuve maestro sólo en el último año de primaria— prolongaban la enseñanza hasta el presente, es decir, la segunda Guerra Mundial; me refiero a la época de 1946-1951. Se exaltaba a la Resistencia, al movimiento de liberación, al general De Gaulle, y se predicaba la república generosa que agrupa 120 o 150 —no recuerdo— millones de hombres de todas las razas y de todas las religiones. Conste que para mí los árabes, los negros, los asiáticos del imperio eran franceses. Una educación absolutamente laica, republicana, democrática y nacionalista, sin chovinismo.

La secundaria y el bachillerato: el libro de texto más difundido era el Malet e Isaac, traducido en México. Los alumnos no sabían de historiadores reconocidos. Lavisse, Malet e Isaac eran los únicos nombres que conocían. Mi caso es un poco especial porque mi padre era maestro de historia —y geografía— en secundaria y preparatoria.

En casa mi padre hablaba de Marc Bloch y Lucien Febvre, que habían sido sus maestros. De Bloch con un cariño que explica la carta de Marc Bloch dirigida a él y publicada en algún número de *Relaciones*, revista de El Colegio de Michoacán. También de Braudel y de muchos otros. De niño jugué con los hijos de Georges Duby, que fue colega de mi padre, y fui muchas veces a casa del viejo Jules Isaac, retirado en Aix en Provence. Al terminar la preparatoria conocí en mi casa al joven principiante y ya brillante Michel-Vovelle, amigo y protegido de mis padres.

Estudié el primer año de la licenciatura en historia en la Universidad de Aix con excelentes maestros, entre los cuales no tardarían en destacar Maurice Agulhon y Georges Duby. Luego "subí" a París y estudié en la Sorbona y en la Normal Superior con muchas glorias: el viejo Marcel Renonvin, Henri Marrou, Pierre Vilar, Pierre Chaunu, François Chevalier, Daniel Roche, Michel Mollat, André Aymard, Armengaud (que impartía la cátedra de Demografía), Alphonse Dupront, Albert Soboul, Victor Louis Tapié y muchos más. Todos ellos autores apreciables y apreciados. Tratamos directamente con profesores que eran todos historiadores de verdad, rojos o blancos, protestantes, católicos o judíos. Claro que en ese momento no nos dimos cuenta de nuestra suerte. Nos parecía normal.

El estudiante de historia en Francia tenía que estudiar geografía y viceversa. Tanto la licenciatura como la "agregación" (concurso que se presentaba después de cinco años de estudios) eran de historia y de geografía. Eso pesó mucho en mi formación y visión del mundo.

Algunos cuestionamientos fundamentales: estaba triunfando la Escuela de los *Annales* contra las "historias-batallas", también triunfaba la historia socioeconómica de "larga duración", y empezaba la historia de las "mentalidades". Lo que Alejandra Moreno y Enrique Florescano experimentaron al llegar a París en 1965 lo experimenté entre 1960 y 1964.

II

Fuera de la historia política nacionalista de la escuela primaria, no me tocó encontrar una correspondencia entre ideas históricas y grupos sociales, con excepción del Partido Comunista Francés. Pero tengo que admitir que no leí en aquel entonces las publicaciones históricas del Partido y de su Instituto de Estudios Históricos, pues eran francamente infumables.

Las visiones encontradas de la historia nacional tocaban principalmente la Revolución francesa y la segunda Guerra Mundial —Petain contra De Gaulle—. Podían tener repercusiones hacia arriba —"l'Ancien Régime"— y hacia abajo —el imperio colonial, por ejemplo—. Pero obedecían sobre todo a diferencias de criterio ideológico, de posición política. La clásica confrontación de comunismo-anticomunismo.

Entonces no había ningún apoyo financiero ni material (fotos, fotocopias, libros, viáticos, secretariado, etc.), lo que no estorbaba a nadie. Casi no había investigadores de tiempo completo. Todos éramos profesores y hacíamos nuestras investigaciones después de nuestro trabajo, durante los fines de semana y las vacaciones, las famosas largas vacaciones del verano francés.

Publicar: nadie soñaba con esto. Fueron mis maestros los que me pidieron y publicaron mis artículos iniciales. Empecé con una reseña de los primeros tomos de la *Historia moderna de México*. Me la encargó Fernand Braudel para los *Annales*, en 1964; yo tenía 22 años.

No sentí la necesidad de transformar los estudios históricos que realizaba, quizá porque me encontraba en un grupo que se consideraba "vanguardista". Al llegar a México en 1965 sí sentí la dificultad de hacer historia contemporánea de México, por el peso de la vulgata oficial —la de Jesús Silva Herzog en su *Breve historia de la Revolución Mexicana*— y la autocensura imperante. El problema era, otra vez, de corte ideológico y político y los obstáculos institucionales y policiacos.

Creo que los momentos más altos de la práctica histórica en México están presentes desde las *Cartas de relación* y los cronistas hasta la fecha, porque siempre ha tenido picos la práctica histórica en México y en la Nueva España; su evolución ha sido bastante paralela a la historia europea en general, generación tras generación.

La correspondencia entre los cambios en la concepción de la historia y los cambios históricos es universal y muy obvia: los jesuitas exiliados se vuelven historiadores. En el caso del México independiente, Lucas Alamán o Mora, o Zavala, quieren entender el porqué del desastre; Riva Palacio y García Vigil o Justo Sierra escriben después del triunfo liberal; Rabasa o Bulnes son los nuevos Alamán y Mora en una nueva crisis; don Daniel Cosío Villegas denuncia el neoporfirismo y por eso necesita entender el Porfiriato; nosotros… somos enanos trepados sobre las espaldas de aquellos gigantes.

Creo que los historiadores que más han logrado permear a la sociedad con sus ideas son Clavijero, Alamán, Sierra, no sé si Bulnes, seguramente Vasconcelos; don Daniel, pero en sus editoriales y en los libros publicados por Mortiz; Luis González.

Mi opinión sobre la relación que debe haber entre la enseñanza de la historia y la investigación histórica es la siguiente:

> *Nous attendons de l'histoire une certaine objectivité, l'objectivité qui lui convient; la façon dont l'histoire nait et renait nous l'atteste; elle procede toujours de la* rectification *de l'arrangement officiel et pragmatique de leur passé par les sociétés traditionnelles. Cette rectification n'est pas d'un autre esprit que la rectification que représente la science physique par rapport au premier arrangement des apparences dans la perception et dans les cosmologies qui lui restent tributaires. [Paul Ricoeur,* Histoire et vérité, *París, Seuil, 1955, p. 38.]*

[Esperamos de la historia cierta objetividad, la objetividad que le conviene; la forma en que la historia nace y renace lo atestigua: procede siempre de la rectificación del arreglo oficial y pragmático que realizan las sociedades tradicionales con su pasado. Esta rectificación no obedece a otro espíritu que el de la rectificación que representa la ciencia física en relación con el primer arreglo de apariencias en la percepción y en las cosmologías que le son tributarias.]

Y coincido con Alexandre Koyré en las siguientes ideas sobre la historia:

Ce qu'il y a de plus difficile —et de plus nécessaire— lorsque l'on aborde l'étude d'une pensée qui n'est plus la notre c'est moins d'apprendre ce que l'on ne sait pas que d'oublier ce que nous savons ou croyons savoir. Il est parfois nécessaire non seulement d'oublier des vérités qui sont devenues parties intégrantes de notre pensée, mais meme d'adopter certains modes, certaines catégories de raisonnement ou du moins certains principes métaphysyques qui, pour les gens d'une époque pasée, étaient d'aussi valables et d'aussi sûres bases de raisonnement et de recherche que le sont pour nous les principes de la physique mathématique et les données de l'astronomie [Alexandre Koyré, *Mystiques, spirituels, alchimistes*, París, Gallimard (Idées), p. 77].

[Cuando se aborda el estudio de un pensamiento que ya no es el nuestro, lo que resulta más difícil —y más necesario— no es tanto aprender lo que no se sabe como olvidar lo que sabemos o creemos saber. Quizá es necesario no sólo olvidar las verdades que se han vuelto parte integrante de nuestro pensamiento, sino también adoptar ciertos modos, ciertas categorías de razonamiento o al menos ciertos principios metafísicos que, para la gente de una época anterior, eran tan valiosos y tan firmes como base del razonamiento y la investigación, como lo resultan para nosotros los principios de la física matemática y los datos de la astronomía.]

Y respecto a la función social de la historia también coincido con lo siguiente:

Nadie vive solo: cada uno habla con los que ya han pasado, cuyas vidas se encarnan en él, sube los peldaños y, siguiendo su huella, visita los rincones del edificio de la historia. De sus esperanzas y frustraciones, de los signos que han quedado tras ellos, aunque no sea más que una letra esculpida en una piedra, nacen la serenidad y la moderación para poder emitir luego un juicio sobre uno mismo. Pueden considerarse afortunados los que llegan a conseguirlo. Nunca y en ningún lugar se sienten solos y aislados, les fortalece el recuerdo de todos los que, al igual que ellos, tendieron hacia un objetivo inalcanzable [Czeslaw Milosz, *El valle de Issa*].

MEYER, JEAN

Historiador francés.
Fecha de nacimiento: 1942 (Francia).

Estudios

Licenciado (1962), maestro (1964) y doctor en historia (1971) por la Universidad de París.

Labor académica

Fue profesor de la Escuela Normal Superior de Saint Cloud (1965). Radica en México desde 1965. Ha sido profesor de El Colegio de México (1965-1969), del Instituto de Altos Estudios de América Latina (1970-1973) y del Instituto de Estudios Mexicanos de Perpiñán, Francia (1970-1973 y 1975-1978); director del Instituto de Estudios Mexicanos en Zamora (1974-1976) y en la ciudad de México (1979-1984), editor de *L'Ordinaire du Mexicaniste* y del anuario *Études Mexicaines* (1974-1984), director del Centro de Estudios Rurales de El Colegio de Michoacán (1981-1985) y del Centro de Estudios Mexicanos y Centroamericanos (1987-1993). Coautor y editor de *Intellectuels et État au Mexique au XXème siècle* (1979).

Principales obras

La Revolución Mexicana: 1910-1940, trad. de Luis Flaquer, Barcelona, Dopesa, 1973.

Problemas campesinos y revueltas agrarias; 1821-1910, México, Secretaría de Educación Pública (SepSetentas, 80), 1973, 235 pp.

La Cristiada, México, Siglo XXI, 1974, 2 vols.

Estado y sociedad con Calles, Con la colaboración de Enrique Krauze y Cayetano Reyes, México, El Colegio de México (Historia de la Revolución Mexicana, 11), 1977, 371 pp. ilus.

La reconstrucción económica, Con la colaboración de Enrique Krauze y Cayetano Reyes, México, El Colegio de México, 1977, 323 pp.

El sinarquismo: ¿un fascismo mexicano? 1937-1947, trad. de Aurelio Garzón del Camino, México, Joaquín Mortiz (Cuadernos de Joaquín Mortiz, 49-50), 1979, 228 pp. ilus.

CARLOS HERREJÓN PEREDO

LA HISTORIA oral de las familias y las genealogías fue la primera ventana por donde me asomé al pasado gracias a mi madre, que tenía una verdadera pasión por averiguar vida y milagros hasta del último pariente. Me llamaba la atención que lo mismo se informaba de alguna humilde anciana que de un atildado historiador moreliano.

La historia patria y la universal, desde luego, las fui aprendiendo en la primaria a través de autores como Macedonio Navas. Me recreaba además con las ilustraciones de una magnífica edición de *Mexico a través de los siglos* que mi padre leía. Me intrigaba la *Historia universal* de César Cantú que también estaba en casa. Al empezar la secundaria leí la *Breve historia de México* de Vasconcelos. Me fascinó su estilo vigoroso y me desconcertaba su crítica demoledora. Cuando un amigo me preguntó qué me parecía le contesté que había tres historias de México: la del colegio, la del gobierno y la de Vasconcelos, y que éste sólo reconocía dos héroes: Cortés y Obregón.

Me eduqué luego en una institución donde la historia y las tradiciones históricas eran asunto vital, el Seminario Tridentino de Morelia. Desde luego, lo que más me importaba era el pasado reciente. Un pasado que para el Seminario estaba marcado por una persecución prolongada hasta mediados de los años cuarenta. La mayoría de mis maestros habían estudiado toda o buena parte de su carrera a salto de mata, en ranchos perdidos en el Bajío o en pueblos de la sierra de Tlalpujahua. Esa diáspora en que estudiaban a los clásicos bajo los mezquites o los pinos y a Santo Tomás al resplandor de las velas resultó una epopeya de la que estaban orgullosos. Pero no mostraban rencor ni predicaban una actitud hostil hacia el gobierno: más bien lo miraban con cierto desprecio, lo mismo que a la historia oficial. Se seguían los principios de Luis María Martínez, antiguo rector y a la sazón obispo de México. Tales principios eran la reconstrucción de la Iglesia y la formación de excelencia en el Seminario a través del ciclo tradicional de las humanidades, filosofía y teología, en el marco de una educación espartana y de una mística del ministerio sacerdotal.

En el plan de estudios había una especie de bachillerato en humanidades clásicas que duraba cuatro años y en el que también se estudiaban matemáticas y ciencias; a continuación otro, de filosofía, por tres años, y luego, en cuarto, lo equivalente a una licenciatura en teología. No había, pues, una carrera de historia, pero a lo largo de las tres áreas mencionadas se iban dando varias series de historia, a tal grado que la perspectiva histórica estaba pre-

sente en toda la carrera: Historia de México, Historia Universal, Historia de la
Literatura, Historia de la Filosofía e Historia de la Iglesia. En la de México
se seguía a Bravo Ugarte, ex alumno de la misma institución, antes de entrar
a la Compañía. Mis profesores decían, comparándolo con Cuevas, que era
más objetivo y ecuánime. Además de ello, a mí me gustaban su concisión y
su riqueza informativa, pero echaba de menos la chispa en la narración y en
las ilustraciones. Para la historia local también se consultaban los *Apuntes* de
Buitrón, realmente más literato que historiador. En lo particular, mi compañero Agustín García, que luego se hizo antropólogo, y yo frecuentába-
mos a un anciano sacerdote que había sido testigo de mil sucesos y había
tratado a gente de la generación de Juárez y del obispo Clemente Murguía;
era crítico de los mismos personajes eclesiásticos y tenía en preparación obras
ambiciosas de historia local que nunca terminó. Comentaba las deficiencias
de Buitrón, pero más criticaba a Jesús Romero Flores, el constituyente del 17 y
prototipo de historiador oficial, cuyas limitaciones y aprovechamientos conocía en sus orígenes, pues Romero también había estudiado en el Seminario.

Como afición personal, leímos la serie documental en torno a Vasco de
Quiroga, de Aguayo Spencer, así como *La conquista espiritual de México* de Ricard. Ambos fueron una revelación: en el primero percibía la frescura de los
testimonios del siglo XVI, así como la ilustrada síntesis del biógrafo Moreno.
En Ricard admiraba la consistencia de una obra monumental y de lectura
agradable, que me sugirió además el conocimiento directo de las crónicas
novohispanas. Con todo, como era su propósito, casi ni tocaba la figura se-
ductora del obispo de Utopía. Me ilusioné entonces acumulando y ordenan-
do información sobre él y su obra. El acercamiento a trabajos de Nicolás
León y de Silvio Zavala resultó obligado y enriquecedor como información
y como modelo para hacer las cosas. Siguiendo su ejemplo, había que ir a
las fuentes primarias. Gestioné entonces permiso para entrar al archivo del
cabildo catedral, rodeado aún de misterio. Los hallazgos fueron apreciables
y entonces me decidí a hacer una primera síntesis, que junto con algunos
documentos publicó Jus en la obra colectiva *Don Vasco de Quiroga y el arzo-
bispado de Morelia*, en 1965. El estímulo de esta publicación fue decisivo. Al
mismo tiempo aparecía en inglés la obra de Warren sobre *Los hospitales-pue-
blo de Santa Fe*, cuya traducción emprendió mi compañero García. Era otro
modelo, más cercano a la línea de Scholes.

En Historia Universal los maestros del Seminario daban sus propios apuntes, y por otra parte hacían amena la clase: uno se auxiliaba bastante de la
geografía y otro tenía el arte del fino narrador, como lector asiduo de Stefan
Zweig, con algunas de cuyas obras nos premiaba a fin de año. En realidad
se privilegiaba la historia antigua de tres pueblos: Roma, Grecia e Israel, pues
además de las clases en que directamente se estudiaban esas historias, había
un sinnúmero de textos y referencias constantes a ellos en otras asignaturas.

Al estudiar el latín, no sólo nos topábamos con las declinaciones; bien pronto estaban enfrente Julio César, Tito Livio, Cicerón y compañía. Es bien cierto que no llegamos a traducir la obra completa de ningún historiador, pues el maestro mostraba preferencia por la épica virgiliana, las odas de Horacio y los discursos del orador romano. Por otra parte, algo parecido sucedía con el griego y el hebreo. La historia, pues, de estos tres pueblos iba resonando en nosotros con sus propias voces. No se diga el patrimonio bíblico de Israel y de la primitiva Iglesia, que en las lecciones de la Sagrada Escritura llegaban al detalle exegético y en toda la orientación religiosa de la institución era uno de sus pilares. Ese ejercicio de exégesis, la crítica textual, la determinación del género literario, el seguimiento de las fuentes, la explicación de los diversos sentidos de un texto, gracias a un lacónico maestro recién llegado de Europa, nos estaban dando un precioso instrumento aplicable a otras materias.

Aparte venía la Historia de la Literatura. La verdad, recuerdo menos clases formales que el trato directo y amigable de un maestro, Manuel Ponce, actual académico de la Lengua, quien en tal forma me enseñaba secretos de su poesía y valores de tal o cual obra literaria. En línea semejante estaba el que sería traductor, por cuenta de la UNAM, de Abad y Eguiara, Benjamín Fernández, que sin ser maestro formal me enseñó no pocas y apreciables cosas de la historia de las letras, así como de historia del arte novohispano.

En Historia de la Filosofía tuve un mal texto, demasiado simple y apologético, de un tal Domínguez, y un maestro que no le iba en zaga. Esto se compensó gracias a dos excelentes profesores de los tratados filosóficos, que además de los aspectos sistemáticos destacaban la sucesión histórica de las corrientes filosóficas: uno era el mismo maestro de historia afecto a Stefan Zweig, Nicanor Escobedo, quien dedicaba algunas lecciones a explicar —y a refutar, naturalmente— algunas tesis del materialismo histórico, quejándose de no tener tiempo para profundizar más; el otro maestro de filosofía, amigo de crear los ambientes de cada filósofo, así como de la literatura francesa contemporánea, insistía en la separación metodológica entre los datos de la razón y los principios de la fe. Se llamaba Jesús Posadas, el futuro cardenal asesinado.

La última serie se conformaba por la Historia de la Iglesia. Además de un manual sencillo, de Hertling, el maestro seguía la vasta obra francesa de Flichte-Martin, erudita y crítica. Simultáneamente, en el refectorio se leía la *Historia de la Iglesia* de Daniel Rops, obra de síntesis y belleza literaria.

Habría que añadir que la misma asignatura de teología dogmática estaba permeada por la historia, en cuanto que cada una de las tesis iba mostrando los respectivos testimonios bíblicos patrísticos, litúrgicos, magisteriales y de la propia tradición teológica. Sin embargo, no pocas veces me parecía que el afán de probar la tesis en cuestión, conforme a los manuales utilizados, sa-

caba de su contexto histórico los testimonios aducidos. Ciertamente podían
apuntar en la dirección deseada, pero hasta ahí. En el fondo faltaba profundizar en la historia de los dogmas, y mejor aún, en el concepto mismo de
tradición dentro de los criterios fundamentales del cristianismo, como una
develación progresiva de una revelación primordial.

En la primera oportunidad que se presentó me fui a proseguir los estudios de teología en la Universidad Gregoriana de Roma. Había maestros y
compañeros de los cinco continentes. La biblioteca era extraordinariamente
rica, pero frecuenté mucho más la del Colegio Pío Latinoamericano, institución donde estaba mi residencia, pues tenía también ricos fondos de historia
de México. Tuve asimismo la oportunidad de conocer a Francisco Miranda,
que presentó allá su magnífica tesis sobre el Colegio de San Nicolás. Pero más
bien me concentré en los estudios formales de teología. Ahí se profundizaba
en el análisis crítico de diversos testimonios del cristianismo —me imagino
el gusto de un promotor de la teología positiva como Hidalgo— aprovechando las aportaciones de todos los conocimientos pertinentes y apuntan-
do hacia nuevas síntesis.

El esfuerzo de tales síntesis y de la reflexión sistemática sobre los datos se
enfrentaba entonces a una corriente excesivamente positivista. Eran los últimos días del Concilio Vaticano II y en Roma bullían inquietudes de todo
tipo. Entre ellas destacaba una que tenía por consigna el retorno a las fuentes.
Estaba muy bien, porque los sistemas y las especulaciones habían aplastado
sus propias fuentes; pero entonces surgió un biblismo arrogante y una teología "denzingeriana" —así la criticó Karl Rehner— que propendía no sólo
a menospreciar los aportes de la tradición —la historia finalmente era vista como un tiempo casi vacío—, sino también a renunciar a todo esfuerzo
importante de conceptualización, de teorización y de análisis sistemático.
Algo parecido a lo que sucede ahora entre bastantes historiadores. Después
de un tiempo en que en no pocas universidades se predicaba la absoluta necesidad de un marco teórico y de mil conceptos, se ha pasado —con la caída
del muro de Berlín— a un crudo positivismo que, ponderando el torbellino de
lo singular y lo concreto, hace libros amontonando fichas de archivos sin saber definir nada —con pésimas definiciones— y sin saber declarar de manera consistente el sentido de lo que se pretende historiar.

El caso fue que el problema de la historia de los dogmas me seguía llamando la atención. Una categoría adecuada para resolverlo era la tradición,
en cuanto se trataba no sólo de contenido, sino de acción paradójicamente
progresiva: no sólo como transmisión de conceptos, sino de vivencias y de
todas las formas de percepción y expresión no conceptuales, en movimiento, sin embargo, hacia la conceptualización. Algunas de estas ideas las habían
desarrollado dos de mis maestros de la Gregoriana, así como un dominico
francés contemporáneo. Decidí hacer mi tesis sobre este último y la titulé:

La tradición de la Iglesia según Congar. Posteriormente he reflexionado sobre el tema de la tradición que, independientemente de la perspectiva teológica, parece trascendente en las disciplinas sociales, desde luego en historia y antropología, pues la historia de la cultura es en buena medida historia de tales o cuales tradiciones. También después, al conocer el libro de Le Goff sobre el purgatorio, comprobé el interés de la historia de los dogmas aun fuera del ámbito de la Iglesia, al mismo tiempo que me he preguntado si en Le Goff no hay una reducción del problema a uno de sus aspectos, precisamente por una visión estrecha de la tradición.

En el verano de 1968 visité a Silvio Zavala en París, donde a la sazón era el embajador de México. Le hacía descansar, en medio de sus responsabilidades, el que se hablara de investigaciones históricas; me exhortó a proseguir en ellas y gracias a sus recomendaciones pude hacer con libertad algunas exploraciones en los fondos de manuscritos de la Biblioteca Nacional de aquel país.

Al regresar a Morelia, durante casi cuatro años impartí clases en el Seminario. Las materias eran: Teología Dogmática, Historia de la Iglesia e Historia de México. Huelga decir que fue un segundo aprendizaje. En el entrecruce de las tres disciplinas empecé a barruntar un nuevo camino para entender a no pocos de los intelectuales de la época colonial, como Hidalgo, o incluso para la comprensión de simples curas como Morelos. El acercamiento desde un solo punto fue insuficiente. Por otra parte, la experiencia en el extranjero me hizo redescubrir mi ciudad, cuya historia me propuse escribir, de modo que comencé por reunir testimonios sobre sus orígenes.

Ambas inquietudes, sin embargo, quedaron en suspenso por años, porque al dejar el ministerio y Morelia me enfrenté a la necesidad de impartir clases en preparatoria de tiempo completo. Fue en Toluca, cuya universidad estatal se hallaba en pleno crecimiento, donde impartí no sé cuántas materias, de lo que sabía y de lo que no sabía. Hasta me metí de programador por objetivos. La verdad es que algo de esto fue de provecho para el oficio de historiador de las ideas, pues una de las materias que más me ocupó fue Historia de la Filosofía, siguiendo ahora sí no uno sino varios buenos manuales, como los de Coplestone y Hirschberger; diseñé además prácticas sobre textos directos de los principales filósofos. No dejé del todo la investigación, pues habiendo conocido a Mario Colín, mecenas y empresario cultural, puso su biblioteca a mi disposición y así pude llevar a cabo algunos trabajos, como *La pugna entre mexicas y tarascos.*

Un día me invitaron a concursar por una cátedra de Filosofía en la Facultad de Humanidades. Como eran los tiempos de la estudiantocracia, que se decía del materialismo histórico, me pusieron cero en atención a mis antecedentes clericales; no obstante, los maestros me habían dado la calificación más alta. Afortunadamente el concurso había sido oral y público, por lo que varios grupos de la especialidad de historia supieron de mí y me solicitaron como maestro. Durante seis años fui impartiendo principalmente Teoría y Métodos de la Historia, Historiografía del Periodo Colonial y un seminario de Historia del Pensamiento. Y en el área de filosofía también impartí el curso Del Renacimiento a Hume.

El plan de estudios de Historia de aquella universidad estaba lleno de materias meramente informativas; salvo Paleografía, faltaban talleres de disciplinas fundamentales, y sobre todo seminarios de investigación. Por otra parte, la libertad de cátedra era entendida extrañamente: en un curso seriado de Historia de México había profesores que impartían Capital I, Capital II y Capital III. Los inconformes procuramos una reforma y en colaboración con Samuel Aponte, un marxista serio y heterodoxo, diseñamos y echamos a andar un nuevo plan, uno de cuyos criterios era entender la profesión del historiador como un oficio que se aprendía en el taller sobre trabajos concretos de búsqueda y síntesis. Convocamos a nuevos maestros, como Ulises Beltrán y Stella González. En mi caso, la retroalimentación magisterio-investigación ayudó en gran medida a preparar una posterior *Historia del Estado de México*.

Simultáneamente me daba a la lectura de *Historia Mexicana* y otras producciones de El Colegio de México. Sin conocerles las caras ni la voz, empecé a recibir cátedra de Enrique Florescano, Bernardo García, Carmen Velázquez, etc. Y aunque no era el periodo de mi especialidad, también pude apreciar la *Historia moderna de México* como expresión de uno de "los momentos más altos de la práctica histórica de México". Finalmente me acerque al Ajusco y en colaboración con Josefina Vázquez y un seminario organizamos en Toluca unas Jornadas de la Historia de la Educación en México. La proximidad con la gran capital me permitió frecuentar el AGN y adscribirme como investigador de medio tiempo en el Instituto de Investigaciones Bibliográficas de la UNAM. La relación con su director Ernesto de la Torre fue instructiva y cordial. Mi objetivo primordial era el fondo antiguo, y, en especial, las doctrinas sobre el pacto social en la escolástica, así como algunas otras cuestiones sobre títulos de conquista. Viejas inquietudes habían encontrado espacio para desarrollarse. El resultado fue el libro *Textos políticos en la Nueva España*.

En suma, las experiencias de la ciudad de México me revelaban el acelerado avance de la investigación histórica, en tanto que las de Toluca, aún muy provincianas, me hacían palpables algunas ricas posibilidades, así como el lastre de una ideología hecha consigna. Pude notar, gracias a los años de magisterio en preparatoria, que la misma riqueza y celeridad del conocimiento no se incorporaba a la conciencia social como una verdadera asimilación, sino fragmentaria y confusamente. Por otra parte, he encontrado que en efecto "los cambios de ideas sobre el desarrollo de la historia" han influido en transformaciones importantes. Pero esto sólo ha sucedido en dos series de casos: cuando los mismos investigadores se toman la molestia de llevar a cabo síntesis adaptadas al entender del gran público, cosa que a no muchos se les da; y la otra, cuando los líderes políticos, económicos, religiosos, etc., reciben y consumen las obras de investigación. En este caso sus decisiones no están atadas por pasados mal condimentados y por lo mismo mal digeridos. El conocimiento histórico correcto llega a funcionar como un psicoanálisis de salud nacional: al hacer objetivo nuestro pasado nos liberamos de él, para que luego lo asumamos con discernimiento y con afecto.

En un examen conocí a Luis González. Me invitó a colaborar en una serie de monografías del estado de Michoacán, concretamente la de Tlalpujahua. Poco después ya estaba de profesor-investigador en Zamora con el proyecto "Formación de las generaciones de la insurgencia", al que siguió el de los "Orígenes de Guayangareo-Valladolid". Callo, por ser cosa bien sabida, la trascendencia de la obra escrita del patriarca de la microhistoria, así como sus múltiples virtudes.

A fin de cuentas, tengo para mí que la historia es la ciencia sobre el hombre en cuanto proceso temporal. Ciencia en sentido amplio, amplísimo, tanto que también es un arte, pero ciertamente ha de buscar certeza, sentido y comprensión general, hasta donde sea posible. Al propio tiempo ha de buscar claridad en la expresión, viveza en el relato y armonía en el decir. Por no atender a esta dimensión la historia científica se hace pasto inapetecible y no cunde. El objeto "material" de la historia es el mismo que el de la antropología, la sociología, etc.: el hombre social, sin hacer polvo a la persona individual; su objeto formal o específico es diferente: el carácter de proceso, de un antes y un después constantes y relacionados. Por eso el problema primordial de toda composición realmente histórica es la periodización. La historia enfrenta el encanto y la pesadilla del hombre: el tiempo.

Ahí está la función de la historia: rescatar el tiempo para el hombre. Es claro que si es ciencia, instruye, ilustra e ilumina, advierte, previene, amonesta o edifica; y si es arte, agrada, divierte y entretiene. El problema es el cómo: recogiendo el tiempo del hombre mismo, dándoselo de nuevo, así sea comprimido y reinventado. Incluso es preciso que así sea, porque los vestigios por sí solos no son historia; sólo es ésta la que percibe, reconstruye y manifiesta el decurso y el sentido de los tiempos del hombre. Su función ciertamente no es de pragmatismo inmediato. Pero si se quiere expresar en términos prosaicos, se podría decir que es como un artículo de consumo para la conciencia y para el espíritu. Un artículo de primera necesidad.

Que tal función sea precisamente social significa que hace las veces de un gran símbolo para un pueblo, una nación o incluso cualquier grupo social. Es un espejo, una representación del mismo grupo, que alimenta su necesidad de identidad y cambios. Pero ¿esto significa que los historiadores son los únicos artífices responsables de tal espejo? El problema es que la memoria colectiva no se forma únicamente por la historia más o menos académica. Concurren, muchas veces con mayor éxito, otros géneros literarios y audiovisuales. Y también concurren los intereses de poder de todo signo, coadyuvando a imponer tal o cual visión del pasado. De manera que la responsabilidad de los historiadores frente al espejo es limitada. Y no pocas veces sus visiones, por buenas que sean en sí mismas, no llegan a imponerse por sí solas.

HERREJÓN PEREDO, CARLOS

Historiador mexicano.
Fecha de nacimiento: 1942 (Morelia, Michoacán).

ESTUDIOS

Seminario Tridentino de Morelia.
Universidad Gregoriana en Roma.

LABOR ACADÉMICA

Catedrático en el Seminario Tridentino de Morelia, en la Universidad Autónoma del Estado de México y en el Colegio de Michoacán.

PRINCIPALES OBRAS

Morelos; vida preinsurgente y lecturas, Zamora, Michoacán, El Colegio de Michoacán (Biblioteca José María Morelos, 1), 1984, 258 pp.

(Comp.), *Morelos; antología documental*, México, SEP, Subsecretaría de Cultura (Cien de México), 1985, 178 pp.

Historia del Estado de México, México, Universidad Autónoma del Estado de México (Colección historia, 3), 1985, 357 pp.

Información en derecho del licenciado Quiroga sobre algunas provisiones del Real Consejo de Indias, México, SEP (Cien de México), 1985, 231 pp.

La Independencia según Ignacio Rayón, México, SEP (Cien de México), 1985, 273 pp.

Los procesos de Morelos, México, El Colegio de Michoacán (Biblioteca José María Morelos, 2), 1985, 457 pp.

Guadalupe Victoria; documentos, México, Instituto Nacional de Estudios Históricos de la Revolución Mexicana, 1986.

Hidalgo: razones de la insurgencia y biografía documental, México, SEP (Cien de México), 1987, 351 pp.

Morelos; documentos inéditos de vida revolucionaria, Zamora, Michoacán, El Colegio de Michoacán (Biblioteca José María Morelos, 3), 1987, 372 pp.

Los orígenes de Guayangareo-Valladolid, México, El Colegio de Michoacán, 1991, 226 pp.

LORENZO MEYER

I

EL INICIO de mis estudios escolares tuvo lugar en 1948 en el Distrito Federal y concluí el bachillerato a fines de 1960. No me fijé entonces en los autores de los libros de texto que usé, simplemente sabía que la historia me gustaba y punto. El interés por algún autor individual surgió cuando ingresé a la universidad y comprendí la importancia del dato.

Mi formación universitaria no fue en historia sino en ciencia política, y de manera más concreta, en relaciones internacionales. Tuvo lugar a lo largo de los años sesenta, en México primero y en los Estados Unidos después. La guerra fría en general, y la Revolución cubana en particular, eran dos de los factores determinantes del debate en el análisis y la acción política dentro de los medios académicos mexicanos de ese tiempo. En México el debate político y teórico se daba entre las diferentes corrientes marxistas, y, a la vez, entre cada una de ellas y los enfoques no marxistas. Este debate era, en cierto sentido, eco de otro que tenía lugar en Europa, particularmente en Francia e Italia.

Cuando fui a la Universidad de Chicago encontré que en los Estados Unidos los marxistas —historiadores, politólogos, sociólogos— se encontraban marginados en el universo académico. Y aunque no estaban ausentes, la importancia del marxismo al norte del Bravo era mínima, en tanto que en México era central. En el medio norteamericano, la voz dominante en el debate teórico e ideológico la llevaba el funcionalismo en sus diferentes escuelas. Max Weber, a través de autores como Talcott Parsons, era la visión de mayor envergadura, y que claramente aparecía como alternativa al marxismo.

En esos años, la aportación teórica más importante desde la perspectiva latinoamericana, y que incluso influyó en los ámbitos académicos norteamericano y europeo, fue la teoría de la dependencia. En el caso concreto de México, el trabajo más influyente fue el de Pablo González Casanova, *La democracia en México,* que marcó un hito en el análisis de la realidad nacional y fue la aplicación imaginativa de los paradigmas predominantes en los Estados Unidos y Europa —marxismo y funcionalismo— a la problemática mexicana.

El tema fundamental en los años sesenta en el análisis político e histórico de México y América Latina era la necesidad y la posibilidad de dar respuesta al complejo de problemas que quedaban englobados en los conceptos de subdesarrollo, imperialismo y Tercer Mundo. El choque se daba entre quienes favorecían la vía radical para responder al desafío del subdesarrollo —la lucha armada— y los que, en oposición, argumentaban en favor del cambio paulatino, incruento.

La brutal represión del movimiento democrático estudiantil en 1968 y en 1971 fue tomada como señal del fracaso del gradualismo pero, a la vez, de la enorme dificultad que enfrentaba cualquier desafío directo al orden establecido. Fue el principio del reclamo democrático y de la pérdida de legitimidad del autoritarismo posrevolucionario.

En los años sesenta, las visiones radicales de la historia, la política y la sociología vivían de y para el mundo universitario y académico. Fuera del campus había pocos grupos sociales que se interesaran por el mundo de las ideas y las ideologías y les sirvieran de apoyo. Las visiones conservadoras de la sociedad, aunque no necesariamente reaccionarias, se anclaban en los aparatos del gobierno y en una cultura anticomunista muy generalizada. En términos generales, el grueso de la sociedad se mantenía alejada de la lucha de las ideas académicas e intelectuales. El mundo de las ideas era, y en buena medida continúa siendo, un asunto de élites.

Además, en la época a la que me he referido —los años sesenta—, las visiones encontradas de la historia nacional contemporánea en el terreno político se centraban en el significado de la Revolución mexicana. Esa revolución ¿había muerto o aún estaba viva? La muerte de la Revolución mexicana se podía sostener desde posiciones de izquierda como las de Jesús Silva Herzog, o de centro-liberal, como las de Daniel Cosío Villegas. La vigencia de la Revolución también se sostenía desde esas dos posiciones. Las visiones francamente derechistas sobre ese origen violento del nuevo régimen no tenían mayor importancia.

Mi introducción a la historia por la vía de la ciencia política tuvo lugar en El Colegio de México. El Centro de Estudios Internacionales (CEI) acababa de abrir sus puertas, y la influencia fundamental ahí era la de Daniel Cosío Villegas —que estaba concluyendo su monumental *Historia moderna de México*—; por lo tanto, en el centro se examinaba el panorama político mexicano por la vía de la historia. En ese contexto resultó inevitable que el programa del CEI se centrara menos en la ciencia política propiamente y más en una visión de la historia política mundial contemporánea.

El Colegio de México contaba ya con una estupenda biblioteca y con apoyos internos y externos para permitir un programa docente cargado de profesores extranjeros de todos los continentes. Tenía también buenas relaciones con las fundaciones norteamericanas; de ahí que al concluir mi doctorado, en 1967, fue muy fácil, casi natural, obtener una beca Rockefeller para ir a la Universidad de Chicago, al Departamento de Ciencia Política, donde por tres años cursé, de nuevo, un programa de doctorado. Fue ahí, realmente, donde me topé con la auténtica complejidad de la teoría política, pero la asimilé a contrapelo, pues no pude desembarazarme de mi enfoque histórico original, mal visto en ese departamento.

La publicación de mi trabajo tampoco me fue difícil; El Colegio de México publicó en 1968 mi tesis doctoral; ese trabajo tenía el apoyo de archivos de México y los Estados Unidos, y la consulta de tales archivos fue posible gracias a una beca de El Colegio y al apoyo que me dio para que tuviera otra de la OEA para pasar una temporada en los Archivos Nacionales de Washington.

En resumen, yo encontré en el México capitalino de los años sesenta una infraestructura y un clima intelectual y político adecuados para mi educación en el inicio de mi labor profesional.

Desde el inicio, como ya dejé asentado, mi trabajo tomó el camino de la historia política, pero desde la perspectiva del politólogo. Al principio no fui muy consciente de que me movía en dos tareas relacionadas pero distintas. Adquirí conciencia de ello cuando advertí que dentro del gremio de los politólogos era visto como historiador, y dentro del de los historiadores, como politólogo. Sin embargo, esta situación no me causó ningún problema institucional y mucho menos personal. En realidad, la principal dificultad que encontré para realizar mi trabajo, una vez que me incorporé como profesor e investigador al CEI de El Colegio de México, y que aún persiste, no fue teórica sino práctica: el enorme gasto de tiempo y energía en actividades administrativas y docentes.

Cuando tuvo lugar la crisis económica de los años ochenta, y los sueldos académicos sufrieron una baja relativa, el problema se complicó, pues fue necesario aumentar el tiempo dedicado a la búsqueda de recursos extras y ello afectó aún más mi productividad académica propiamente dicha.

II

En buena medida el historiador de la vida política mexicana del siglo pasado no era un historiador profesional, tampoco lo era el que trabajó en ese campo al concluir la Revolución. Se trataba, en muchos casos, de hombres de acción o funcionarios públicos que hicieron de la labor histórica parte de su campo de acción. Lucas Alamán o Bustamante serían ejemplos de esto en el siglo XIX, y Jesús Silva Herzog o Daniel Cosío Villegas, en el México de la posrevolución. En contraste, hoy, por primera vez, hay un grupo crítico de historiadores profesionales, amparados por instituciones de investigación, que se dedican básica o totalmente a la investigación histórica. Comparada con el pasado y como conjunto, la producción histórica contemporánea es hoy más rica y profesional que en todas las épocas anteriores.

La profesionalización del quehacer histórico en la actualidad ha sido resultado de la estabilidad política y el crecimiento económico. Desde esta perspectiva, el gran cambio histórico que representó el logro de la estabilidad y el fortalecimiento del Estado llevó a un cambio en la práctica del trabajo histórico, pues permitió a la sociedad mexicana, por la vía del gasto público en educación, y en menor medida de la empresa privada, financiar la profesionalización del historiador.

III

En el campo de la historia, las visiones predominantes en el grueso de la población mexicana no son producto de la labor de grandes individualidades. Es la escuela y la visión nacionalista de sus libros de texto la que, junto con la vulgarización de los "episodios nacionales" hecha por el cine, la radio y la televisión, ha formado la conciencia histórica predominante en la sociedad mexicana. El "gran historiador" ha influido directamente en las élites, pero no en la masa social.

En mi opinión, han sido los cambios en el proyecto político dominante los que han modificado algunas ideas sobre la situación mexicana presente, pasada o futura, y no al contrario. Por ejemplo, al triunfar el neoliberalismo en la arena política en los años ochenta, como producto del fracaso del modelo económico estatista y protector, la visión sobre el régimen porfirista y la Revolución empezaron a cambiar. Creo que los mecanismos de incorporación de los nuevos conocimientos históricos a la conciencia social se dan básicamente en la escuela.

Sin embargo, la idea de que la mejor enseñanza de la historia proviene del historiador profesional, es decir, del investigador, no corresponde enteramente a la realidad. Ocurre así en muchos casos, pero no necesariamente en todos. Puede muy bien darse el caso de un gran divulgador y docente que no sea, a la vez, un investigador sistemático. Creo que no hay una regla general en este campo. En mi opinión, y si me fuera dado, preferiría investigar y dar a conocer el resultado de mi labor por la vía de la publicación y no del salón de clase.

Finalmente, debo confesar que no me identifico con ninguna escuela historiográfica en particular. Considero que la recreación del hecho histórico tiene como punto de partida los valores individuales, la posición ética del investigador; el otro punto de arranque es la problemática social en que el investigador y su público están inmersos. El interés por el pasado no es enteramente desinteresado. Y si el presente, siempre cambiante, es el que nos lleva a formular la pregunta histórica, entonces es imposible que tal respuesta pueda ser definitiva y válida de una vez y para siempre. A la Revolución mexicana, por ejemplo, cada generación la verá y evaluará de manera diferente. Y dentro de cada generación, esa visión no será uniforme, pues estará determinada en cierto grado por la clase social, posición política, y los proyectos y conflictos en los que participe el historiador como ciudadano.

En resumen, nunca nadie podrá hacer la "obra definitiva" sobre nada. Pero si algo llegase a perdurar, se deberá a una feliz coincidencia entre la pasión por comprender el fenómeno humano colectivo con el profesionalismo y la buena calidad de la forma. La obra histórica digna de tal nombre es, a la vez y en partes iguales, ciencia, pasión, arte.

MEYER COSÍO, LORENZO

Historiador y politólogo mexicano.
Fecha de nacimiento: 1942 (México, D. F.).

Estudios

Licenciado (1965) y doctor (1967) en relaciones internacionales por El Colegio de México.
Especialización en ciencia política en la Universidad de Chicago (1970).

Trabajo profesional

Profesor e investigador del Colmex.
Director del Centro de Estudios Internacionales del Colmex.
Profesor e investigador de El Colegio de Michoacán (1982-1986).

Trabajo editorial

Director de la revista *Foro Internacional* (1977-1981).

Premios

Premio en Ciencias Sociales otorgado por la Academia Mexicana de la Investigación Científica, 1972.

Principales obras

México y Estados Unidos en el conflicto petrolero (1917-1942), México, El Colegio de México, 1968, 273 pp.

Los grupos de presión extranjeros en el México revolucionario, 1910-1940, México, Secretaría de Relaciones Exteriores (Colección del Archivo Histórico Diplomático Mexicano, 3a. época, Obras Monográficas, 1), 1973, 102 pp.

El conflicto social y los gobiernos del maximato, México, El Colegio de México (Historia de la Revolución Mexicana, 1928-1934, vol. 13), 1978, 335 pp.

Los inicios de la institucionalización. La política del maximato, México, El Colegio de México (Historia de la Revolución Mexicana, 1928-1934, vol. 12), 1978, 314 pp.

México-Estados Unidos 1982 (comp.), México, El Colegio de México (Colección México-Estados Unidos), 1982, 164 pp.

México frente a Estados Unidos: un ensayo histórico, 1776-1980 (coautor), México, El Colegio de México, 1982, 235 pp.

Revolución y sistema. México, 1910-1940 (introd. y selec.), México, SEP (Cien de México), 1987, 364 pp.

Siglo veinte (coautor), México, Patria/INAH, 1988, 4 vols.

A la sombra de la Revolución (coautor), México, Cal y Arena, 1989, 313 pp.

ANTONIO GARCÍA DE LEÓN

I

HACIA fines de los años cincuenta, la historia que se nos enseñaba en la escuela —en una escuela de provincia, debo aclarar— dependía mucho de los maestros. Por lo general era una historia de acontecimientos notables y que había que memorizar casi íntegra. Una historia, por lo demás, que se enlazaba con las fiestas patrias, los desfiles y los homenajes a la bandera. De los libros de texto que recuerdo había uno de historia de México, de tercer año de primaria, que en lo particular me gustaba mucho, sobre todo porque ese año tuve un buen maestro de historia, alguien que era algo así como el cronista de mi pueblo, y que era un apasionado de la historia prehispánica y de la poesía náhuatl. Hasta hace poco supe que ese libro fue escrito por don Luis Chávez Orozco y que gran parte de lo real maravilloso de su trama era un aporte del maestro.

En la secundaria los textos eran más farragosos y aburridos, aunque había de todo. Recuerdo uno de Alfonso Toro y otro de Blackaller. Francamente en ese tiempo ignoraba quiénes eran los historiadores reconocidos: me interesaba más en los futbolistas y en las artistas de cine.

A principios de los años sesenta, en 1963, ingresé en la Escuela Nacional de Antropología e Historia. En ese entonces los maestros eran en su mayoría arqueólogos y antropólogos de la vieja guardia, pero con una visión muy amplia y muy ligada a la historia. En particular recuerdo las buenas cátedras de Roberto Weitlaner, Wigberto Jiménez Moreno (con quien siempre discutía por cuestiones ideológicas, pero terminé como ayudante suyo en un curso de náhuatl y trabajando con él en el Castillo de Chapultepec), Bárbara Dahlgren, José Luis Lorenzo, Jorge Vivó, Teresa Rohde, Julio César Olivé y Mauricio Swadesh.

En ese entonces destacaban como historiadores Silvio Zavala, el mismo Jiménez Moreno, Ernesto de la Torre Villar y don Edmundo O'Gorman, quienes a veces dictaban conferencias en la ENAH. Nuestra generación vivió también, desde 1966 por lo menos, una creciente influencia del marxismo, y —por supuesto— la huella indeleble de los acontecimientos de 1968.

En lo general, mi visión puede ser bastante parcial, pues ingresé a la historia por la puerta de la antropología y la lingüística. Hice una maestría en lingüística, concluida en 1969, bajo la dirección de Mauricio Swadesh. Creo que a él le debo la preocupación por la historia, pues había desarrollado uno de los métodos para determinar los cambios temporales en las lenguas, la glotocronología, que ha sido uno de los grandes aportes de la lingüística moderna al estudio de los cambios sociales.

Por ese tiempo el principal cuestionamiento, que se llevó entre las patas a los historiadores, fue el derrumbe de los mitos de la Revolución, demostrado fehacientemente por el gobierno en 1968. Creo que en esos años se vivía la crisis de la "república" emanada de la Revolución mexicana. Ciertas ideas maduradas desde el cardenismo y sostenidas por un sector semioficial de la izquierda se reflejaban en la crítica hacia el fracaso de la reforma agraria, los aspectos injustos del modelo de acumulación, el abandono de los grandes postulados, etc. Y en general, todos esos conflictos prefiguraban la ruptura de 1968. Las ideas históricas estaban muy politizadas, a izquierda y derecha, y muy ideologizadas y simplificadas. De 1968 arranca también la gran revisión historiográfica de la Revolución mexicana, una revisión fecunda que tuvo sus orígenes en esos años.

En mi opinión, las visiones encontradas de la historia nacional obedecían mayormente a diferencias de criterio en el ejercicio de la disciplina histórica, porque los regímenes surgidos de la Revolución utilizaron también la historia para legitimarse, logrando incluso atraer a algunos historiadores hacia la creación de una historia oficial que se reflejaba en los libros de texto y en la historiografía de la posguerra. El ejercicio de la disciplina histórica no era un coto cerrado de los historiadores: muchos ideólogos y políticos incursionaban también en el terreno de las interpretaciones y los análisis. Sin embargo, la "historia-historia", es decir, la confinada a los gabinetes, era virtualmente monopolizada por una visión más bien positivista, aun cuando en su seno fueron surgiendo visiones encontradas.

Cuando empecé a trabajar profesionalmente con la historia fue propiamente a principios de los setenta, y creo que en ese momento el panorama era alentador. Gran parte del nuevo aliento provenía de la ruptura de 1968. Los medios económicos y financieros para llevar a cabo alguna investigación eran igual de precarios que ahora, aunque creo que entonces instituciones como el Conacyt ofrecían más oportunidades que ahora a los estudiantes de ciencias sociales. Hoy predomina una visión absurdamente tecnocrática, producto de nuestro arribo a cierta modernidad y a cierto neoliberalismo. Los egresados de escuelas públicas nunca tuvimos acceso a los medios particulares, y —al menos desde mi perspectiva— no veo todavía un interés suficiente de la iniciativa privada en el terreno de la investigación, lo cual es una lástima.

Cierto es que algunas bibliotecas y centros de estudio han mejorado en general, como El Colegio de México o el Archivo General de la Nación; pero otros se han deteriorado seriamente: la Biblioteca Nacional, a cargo de la UNAM, hace unos ocho años que no compra libros ni se suscribe a revistas;

la Biblioteca Nacional de Antropología e Historia está sobresaturada y con un servicio peor que hace 15 años. En general, creo que hay también un retroceso en los medios de publicación: menos revistas especializadas, revistas culturales cada vez más sectarizadas, una gran profusión de revistas de provincia de corta duración y nula distribución, y una gran crisis de la industria editorial mexicana que ha convertido a nuestras escasas librerías en gigantescos depósitos de libros españoles. La política académica de instituciones como el Sistema Nacional de Investigadores ha agravado aún más esta situación, pues ahora vale más publicar en revistas norteamericanas que reforzar las precarias publicaciones mexicanas. En los setenta quizá la situación no era mejor, pero había muchos más espacios y esperanzas que ahora.

II

En lo particular nunca me planteé transformar nada, aunque mi trabajo en historia regional partió en gran medida como una crítica a las concepciones localistas y a cierta historia nacional que no tenía en cuenta las particularidades, las originalidades de cada región. Consideré además que esta crítica debía ser hecha más con un trabajo original que con simples declaraciones. A fin de cuentas era egresado de la ENAH, un lugar en donde, desde 1968, se criticaba a la "vieja antropología" pero sin ofrecer nada novedoso que realmente la superara. En el terreno de la historia, quizás mi trabajo formaba parte de las tendencias desagregadoras que lentamente fueron produciendo una revisión de la historia nacional, en particular de lo que había ocurrido durante el desarrollo de nuestra mitología fundadora, la Revolución mexicana. A las visiones marxistas generales que ya la desmitificaban seriamente había que agregar las originalidades de las que hablaba antes, pero sin perder la visión globalizadora.

Por eso mi trabajo sobre Chiapas trata de no perder nunca de vista que esa región se inscribe dentro de un bloque geohistórico que trasciende las fronteras del sur de México. Las dificultades mayores fueron que, a falta de ocho ayudantes, tuve que emplear ocho años en concluir mi trabajo; aun cuando, debo aclararlo, pude gozar de una beca en Francia que me permitió enriquecer mi experiencia y mi perspectiva de las cosas.

III

Creo que a pesar de todo estamos viviendo uno de los momentos más altos de la práctica histórica mexicana, sobre todo por la gran cantidad de jóvenes que se han incorporado a este quehacer desde la provincia y la capital.

Es un momento de gran profusión y diversidad que tenderá en algún momento a desembocar en las necesarias grandes síntesis. Han aumentado las escuelas de historia, si bien hay mucho que vencer en el terreno de las concepciones académicas y promocionales, y la historia parece tener mayor repercusión en las realidades locales.

Los momentos más altos, por otro lado, parecen coincidir con las crisis de modernidad más visibles: el Porfiriato, que produjo sus propias síntesis; los años treinta y la posguerra, que unificaron ciertas áreas afines, y, por último, las tendencias posteriores a 1968, que empiezan como una revisión general, continúan en el auge de la historia regional, y que requieren ya una nueva interpretación general que empieza a darse. Al respecto, el acompañamiento de historiadores norteamericanos y europeos que trabajan sobre México ha sido fundamental. Pero a diferencia de los auges anteriores, el actual sólo es posible diversificando y desmitificando un quehacer que tiende permanentemente a ser cosificado por las necesidades oficiales.

Una de las líneas generales de la evolución de los estudios históricos tiene que ver con una mayor interdisciplinariedad que se da en México, sobre todo si comparamos con los Estados Unidos o Europa. Producto quizás de nuestro subdesarrollo, esta temeridad ha hecho de la historiografía mexicana algo muy rico y variado, ajeno a veces a las preocupaciones cartesianas de los países del Primer Mundo que el SNI o el Conacyt nos ofrecen ahora como modelo a seguir. Es una lástima que la "globalización" tienda a arrebatarnos parte de esa originalidad que nos había caracterizado hasta ahora.

Entre las concepciones históricas y los cambios históricos en sí mismos hay una correspondencia que considero importante: es muy posible que la actual fiebre de historia regional, revisión de procesos generales, desmitificación de acontecimientos y personajes, historia comparativa, de mentalidades e historia económica; acompañada por lo demás de una nueva revisión de archivos nacionales y locales por la ampliación de las fuentes mismas, como la historia oral o la microhistoria, tenga que ver con la prolongada crisis de los regímenes emanados de la Revolución en el último cuarto de siglo. Es decir, que la apertura que no se ha dado suficientemente en los medios ni en la política, sí se ha reflejado en nuevas visiones de la propia historia nacional. Quizás pasarán años para que podamos ver un debate televisivo en vivo y sin la censura de Gobernación, pero no cabe duda de que ese debate ya se está dando desde hace por lo menos veinte años en la propia práctica historiográfica y se ha filtrado en algunos medios impresos.

Lentamente, también, el propio Estado ha intentado absorber —para su beneficio y permanencia como tal— muchos de los nuevos aportes en el terreno de la historia. Creo que esa correspondencia será tema de los historiadores e historiógrafos del futuro, pero esto dependerá en buena medida del desenlace de los acontecimientos.

IV

Si se pregunta uno quiénes han sido los historiadores que han logrado permear a la sociedad con sus ideas, moldeando la conciencia e imponiendo su visión, mi respuesta sería: ninguno. Pero matizando los efectos de los historiadores sobre la realidad han sido fundamentalmente los que no han visto la historia como un coto cerrado, los que han ampliado su trabajo hacia las ciencias sociales afines y que participaron e influyeron en eventos nacionales y locales, o lo siguen haciendo. Muchos de ellos no fueron historiadores "profesionales" en el sentido moderno del término, o lo fueron por casualidad. Pienso en García Icazbalceta, Del Paso y Troncoso, Molina Enríquez, Manuel Gamio, Lombardo Toledano, Vasconcelos, Chávez Orozco, Jiménez Moreno, Zavala, O'Gorman, Aguirre Beltrán, De la Torre Villar, Florescano, Luis González, Bazant, Semo y acaso algunos más. No han impuesto su visión, aunque sí han modificado favorablemente una constante revisión del pasado.

En ese mismo sentido, francamente no encuentro situaciones en que los cambios de ideas sobre el desarrollo de la historia, o de la acción sobre la historia, hayan influido para la realización de algún cambio importante.

V

Me parece que los mecanismos de incorporación de los nuevos conocimientos históricos a la conciencia social todavía son muy azarosos, principalmente debido a las estrecheces de la visión política dominante. Hemos vivido un régimen de partido único (o prácticamente único, como hoy recatadamente se dice), muy similar a las sociedades autoritarias del Este europeo, aunque mucho más sólido y resistente que aquéllas, y que basa en gran medida su supervivencia en una historia acartonada, en un panteón de héroes y villanos con rasgos muy maniqueos y que justifican el autoritarismo. Esta situación es muy difícil de romper, sobre todo en el terreno de la enseñanza oficial. Lo curioso de México es que estas mitologías seculares no sólo forman parte del nacimiento del Estado, sino también de los fantasmas familiares de la oposición de izquierda y derecha. Y en ese sentido no sólo el Estado, sino la mayoría de los mexicanos, somos herederos de la misma historia oficial (y de la reproducción del autoritarismo en todos los niveles). Quizá por ello la revisión histórica de la Revolución tuvieron que iniciarla los historiadores norteamericanos o los nacionalizados, es decir, quienes no habían respirado desde pequeños el éter omnipresente de esas mitologías. Así que los nuevos conocimientos históricos penetran muy lentamente en la conciencia social. El analfabetismo funcional y la visión política tradicional se erigen aquí también como poderosos obstáculos para que esto ocurra.

VI

Creo que la relación que debe haber entre la enseñanza de la historia y la investigación histórica debe regresar un poco al taller medieval, a una formación que rebase el aula y que sea cada vez más exigente en el terreno de la producción y la creatividad. Las escuelas de historia están, por lo general, desvinculadas del trabajo de archivo y de campo, y eso limita enormemente el desarrollo de una historiografía novedosa y creativa.

La trabazón proviene en gran parte de las viejas tendencias positivistas, pero sin duda también de muchas de las irrupciones del marxismo en los setenta. Uno de los daños que produjeron las visiones generalizadoras —pretendidamente marxistas— es que sometieron a los estudiantes a los marcos teóricos estrechos, sustituyendo el dato vivo con la cita autorizada. Mientras, los archivos y las fuentes vivas han sido por lo general abandonados. Paradójicamente, muchos archivos han sido rescatados o son más accesibles que antes. Enormes depósitos de nueva información siguen en espera del trabajo sistemático y de un análisis que destrabe los vicios adquiridos y reproducidos por las escuelas.

En cuanto a ligar la enseñanza con la investigación, he llegado a la conclusión de que la mejor manera de enseñar metodología a mis alumnos es involucrarlos en las preocupaciones derivadas del trabajo práctico del historiador, mostrarles más bien las bambalinas y todo lo que se halla ligado a la "intriga" de la historia. A fin de cuentas no somos más que una especie de novelistas, y después de todo lo que ha ocurrido en la historia real, me parece bastante inútil y pernicioso enseñar recetas preconcebidas sin mostrar los verdaderos gajes del oficio. Los historiadores, como los carpinteros, sólo aprenden en el taller y usando las herramientas. Los primeros trabajos salen por lo general con muchas fallas y sólo la práctica conduce al mejoramiento. La labor del maestro es sólo la de acompañar y evitar la repetición de algunos errores. Los buenos aprendices desarrollarán poco a poco sus propias técnicas y rebasarán al maestro. Las concepciones generales serán así más ricas sólo en la medida en que se sustenten en datos más jugosos y aprovechables.

Mi experiencia, principalmente en las facultades de Economía y Filosofía y Letras de la UNAM, ha sido ésa. La práctica me ha dado siempre mejores resultados que las teorías definitivas. La duda es lo mejor que podemos enseñar: a fin de cuentas el mejor personaje de las ciencias sociales y naturales de este siglo ha sido la incertidumbre.

En relación con mi concepción particular de la historia, yo insistiría en no perder nunca de vista la globalidad de la misma, la percepción de los grandes procesos, aunque nuestros temas sean pequeños o acotados por la extensión de las fuentes. Así, una microhistoria como la de Luis González puede ser más universal y global refiriéndose a una aldea desconocida que otra muy general que sólo repita verdades autorizadas. La historia, como diría Veyne, es sólo un tropel indefinido de historias simultáneamente posibles. Los grandes avances en la concepción de lo que ha ocurrido en el pasado, de lo que ocurre a diario y de lo que seguramente ocurrirá, no depende tanto de la sola enumeración del acontecimiento como el "átomo" o el objeto privilegiado de la historia (siendo que ese átomo sólo existe porque lo observamos), sino de los condicionantes subterráneos y de los procesos que hacen posible que ese "discurso profundo" de la historia se refleje en la volatilidad de los acontecimientos. Y así como la lingüística se revolucionó desde los veinte al abandonar la descripción de lo superficial, así la historia se enriquece con visiones analíticas como las de Braudel y otros grandes historiadores contemporáneos que han buscado razones y procesos más profundos que la pura historia "acontecimental" o episódica. Esta concepción globalizadora en la que imagino a la mejor historia posible es lo único que nos hará llegar a un puerto más seguro en el océano de incertidumbre y "migajización de la historia" por el que ahora atravesamos. El gran peligro de la actual fragmentación y desagregación es que perdamos de vista estas tareas originales de la buena historia. Esta transformación constante de la historia pasa también por la renovación del discurso histórico mismo, por la búsqueda de nuevas posibilidades narrativas. El hacer de nuestra disciplina una ciencia no depende de una "explicación científica" sino de un mejor análisis implícito que no necesariamente tiene que ser aburrido y "especializado". Por ello no creo en la falsa oposición entre lo narrativo y lo científico.

De esta manera, me es muy difícil imaginar una "función social" de la historia, pero idealmente la pienso posible sólo en un ambiente de tolerancia mucho mayor que la de los tiempos que nos ha tocado vivir. Esa función social sólo podría expandirse en un contexto de mayor acceso de los historiadores a los grandes medios de difusión, algo realmente utópico si consideramos que la tendencia en nuestro país va más bien en sentido contrario y hacia el fortalecimiento del autoritarismo.

Por otro lado, la gran debacle del "socialismo real" desde 1989 acabó también con muchas de nuestras ilusiones anteriores y nos obliga a ocuparnos de las pequeñas tareas en nuestro entorno, más que a pensar el cambio en función de grandes parámetros. El solo enunciado "función social" me parece algo demasiado cerca de nuestras grandes y viejas ilusiones, me eriza el espinazo, y creo que es algo difícil de abarcar con nuestras menguadas fuerzas. La verdadera y más duradera función social tendría que ir de abajo hacia arriba, expandirse lateralmente, y no ser necesaria y únicamente mostrada por los medios y el Estado, desde arriba y unívocamente. Tal vez la función social última de la historia sería ayudar a trastocar las relaciones de desigualdad, impunidad e injusticia en las que normalmente nos desarrollamos, mostrando que aun éstas han variado a lo largo del desarrollo social humano y que es posible modificarlas.

GARCÍA DE LEÓN, ANTONIO

Antropólogo e historiador mexicano.
Fecha de nacimiento: 1944.

Estudios

Realizó sus estudios en la Escuela Nacional de Antropología e Historia (lingüística y etnografía) y en la Universidad de la Sorbona en París (doctorado en historia).

Investigador del Instituto Nacional de Antropología e Historia.

Profesor de la Escuela Nacional de Antropología e Historia, en la Universidad Autónoma del Estado de Chiapas, de la División de Estudios de Posgrado de la Facultad de Economía de la UNAM, del Instituto José María Luis Mora, entre otras instituciones.

Principales obras

"La lengua de los ancianos de Jalupa, Tabasco", *Estudios de Cultura Náhuatl*, vol. VII, México, 1967, pp. 267-281.

Los elementos del tzotzil colonial y moderno, México, UNAM, Coordinación de Humanidades (Centro de Estudios Mayas, Serie Cuadernos, 7), 1971, 107 pp. ilus.

Pajapan; un dialecto mexicano del Golfo, México, INAH, Departamento de Lingüística, 1976, 149 pp. ilus.

Resistencia y utopía; memorial de agravios y crónicas de revueltas y profecías acaecidas en la provincia de Chiapas durante los últimos quinientos años de su historia, 2 vols., México, Era, 1985, 2 vols.

(En colaboración con otros), *El siglo de la hacienda; 1800-1900*, México, Siglo XXI, Centro de Estudios Históricos del Agrarismo en México (Historia de la cuestión agraria mexicana, 1), 1988, 250 pp.

CARLOS MARTÍNEZ ASSAD

INICIÉ la primaria en el Colegio de la Concepción, dirigido por el clero secular, en San Francisco del Rincón, en donde termina Guanajuato y comienza Jalisco. Fueron los textos de historia sagrada los que despertaron mi interés por el pasado. Las historias bíblicas, mediadas por las interpretaciones cristianas e ilustradas por Gustave Doré, me atrajeron con tal fuerza que antes de cumplir los 10 años fui el ganador de un concurso estatal sobre esa temática. Por paradójico que parezca, al mismo tiempo fui orientado por el clero al estudio de *La divina comedia* de Dante, misma que conocí en una edición bilingüe, en español y toscano, idioma muy cercano al latín y quizá por ello de interés para quien orientaba nuestros estudios.

Así, sin más, me iniciaba en mi gusto por la lectura leyendo textos tan alejados como la obra de Dante y *Las vidas ejemplares*. Ya en el sexto año leí a Ciro González Blackaller. En la secundaria me enfrenté a la versión más antagónica de la historia guiado por un profesor profundamente jacobino y anticlerical en un pueblo del estado de Hidalgo. Nos hizo leer a José Mancisidor y discutir el lado más materialista de la interpretación de la Independencia de México.

Realicé el bachillerato en el Instituto Científico Literario Hidalguense (hoy Universidad Autónoma de Hidalgo), en Pachuca. El énfasis fue puesto entonces en la historia universal de Isaac, ya iniciado en un enfoque crítico y materialista. Sin conocer directamente a Marx ni a Engels, estos autores ya estaban presentes en nuestras discusiones. Cuando inicié mis estudios en la Facultad de Ciencias Políticas y Sociales de la Universidad Nacional Autónoma de México, en 1965, el panorama del marxismo era el dominante, sin duda mediado por las interpretaciones de izquierda.

Ya en la UNAM, uno de los libros más utilizados fue la *Breve historia de la Revolución Mexicana* de Jesús Silva Herzog. Mi generación leía las publicaciones de los militantes de izquierda, como el libro de Rafael Ramos Pedrueza, *La lucha de clases a través de la historia de México*, o el de Rosendo Salazar, *Las pugnas de la gleba*. Asimismo, leíamos los libros ya clásicos aparecidos en *Problemas agrícolas e industriales de México*. Recuerdo los de Frank Tannenbaum, *La revolución agraria mexicana*, de Nathan Wetten, *México rural*, y del mismo autor y Sylvia Weyl, *Los días de Lázaro Cárdenas*.

Al finalizar los años sesenta se dio una revisión crítica de los estudios conocidos hasta entonces sobre la Revolución mexicana, coincidiendo con el movimiento estudiantil de 1968, que cambió varias de nuestras concepciones previas. Surgió entonces una corriente crítica interesada en explicaciones más convincentes, fundamentadas en una nueva orientación, que coincidía con la publicación del libro de John Womack Jr., *Zapata y la Revolución Mexicana*, y luego con el de Arnaldo Córdova, *La ideología de la Revolución Mexicana*. Uno y otro influyeron en las formas de abordar el problema, dando un nuevo peso a las figuras relevantes del proceso y las ideas fundadoras.

Por otra parte, encontré una correspondencia entre la historia y la militancia política, vinculada probablemente al fuerte trauma de 1968. De ahí que en mi primer libro publicado, *Explotación y dominio en el Mezquital* (UNAM, 1973), mi interés me llevara a abordar los mecanismos de la explotación y el dominio de la población indígena de esa región a lo largo de la historia para demostrar su lugar de subordinación en la época actual. Fue una experiencia importante porque me permitió creer que hacía algo, por mínimo que fuera, para cambiar las condiciones de pobreza existentes en el país. Pero al mismo tiempo me hizo adentrarme en la historia y acercarme a la época colonial e incluso consultar de manera sistemática el Ramo de Tierras del Archivo General de la Nación. Esa visión coincidía con la idea del cambio social porque había una historia hecha para justificar un régimen y otra historia que estaba al lado de quienes combatían dicho régimen y creían en un futuro diferente.

En aquella época aún no encontraba yo visiones muy encontradas de la historia, si acaso diferencias, vinculadas más bien al objeto y al periodo de estudio. Por eso mis lecturas se relacionaron más con la historia política y de ahí con las de la Revolución mexicana, tema que muy pronto atrajo mi mayor interés para dedicarme fundamentalmente a la historia contemporánea.

Cuando inicié mi práctica profesional, el panorama general de la historia era el de los enfoques nacionales. Por eso me resultó tan importante leer el libro de Luis González, *Pueblo en vilo*, cuando ya mi opción era la de la historia regional. Ese libro me dio seguridad y elementos para responder a quienes criticaban el rumbo que tomaba en mis investigaciones. Con la historia regional se cambiaba el énfasis demasiado estatista y se buscaba una lógica diferente a la centralista. Desde aquella perspectiva se abundaba más en el conocimiento de lo particular para demostrar las diferencias en la construcción histórica del país que el oficialismo había desdibujado. Con intuición primero, y luego con herramientas históricas, encontré una historia que nadie me había contado, más plural y menos homogénea, capaz de descubrir procesos que, aunque englobados en lo nacional, resultaban diferentes. Por ejemplo, ni el maderismo ni el carrancismo lograron conciliar amplios consensos nacionales, e incluso fue en oposición a esos movimientos como se insertaron algunas regiones en el proceso.

La UNAM me dio los medios y el ambiente para realizar el trabajo de investigación; sin embargo, entre 1976 y 1979 era un *tour de force* visitar archivos y trasladarse a otras entidades federativas para realizar entrevistas personales e indagar sobre el paradero de algunos de los testimonios necesarios. Las bibliotecas y los archivos, en el mejor de los casos, estaban desorganizados; en el peor, eran inexistentes. La institucionalización sobre el resguardo de las fuentes apenas si era un proyecto. Por fortuna, el interés que existía entre los historiadores locales por construir o reconstruir su historia aceleró la apertura y organización de nuevos archivos.

II

Con la publicación de mi libro *El laboratorio de la Revolución. El Tabasco garridista* (Siglo XXI, 1979) reafirmé mi camino por la historia regional porque pese a las reticencias encontradas entre la academia y los editores, su efecto fue considerable entre los tabasqueños y entre otros lectores que encontraban en la obra una historia poco conocida. Esto fue particularmente cierto con estudiantes que me siguieron de cerca.

En los comienzos de la década de los ochenta la historia regional obtuvo aceptación y su metodología fue ampliamente difundida. Surgieron numerosos proyectos institucionales y tesis —muchas veces convertidas en libros— dedicados a algún momento específico de la historia en alguna parte del territorio. Aunque la Revolución mexicana y el periodo posrevolucionario continuaron atrayendo al mayor número de estudiosos, la historia regional también influyó en los estudiosos de la Colonia, de la Independencia, de la Reforma y del Porfiriato.

Sin lugar a dudas, en el momento actual se vive uno de los grandes momentos de la práctica histórica; nunca hubo tantos especialistas ni tantos espacios para realizar sus estudios: centros de investigación universitarios, archivos, academias, editoriales, premios, reconocimientos, etc. Es cierto, sin embargo, como sucedió con los grandes descubrimientos, que se han seguido líneas establecidas pero no se han creado otras nuevas. El impacto ha perdido su impulso luego de señalar las grandes orientaciones, tal como sucedió en otros momentos.

III

Existe una fuerte interrelación en los cambios históricos y la concepción de la historia. Después de 1968, como en otra época hicieron los miembros del Ateneo de la Juventud, hubo que volver los ojos a la historia y a la cultura de México; una mirada cada vez más interiorizada que estuvo vinculada a la necesidad de redescubrir el país. La revaloración de lo específico y el reconocimiento de la pluralidad fue un impulso que llegó cuando menos hasta 1989, porque los conflictos que ahora han influido tanto en Europa central como en la Europa del Este están marcados por la explosión de lo local. En México esa tendencia se ha expresado en el despertar de las regiones, como la misma realidad lo ha demostrado en los últimos años. Las tensiones entre la globalidad y lo local marcan el rumbo futuro de la historia.

Pienso que Hegel, pero sobre todo Marx, permearon a la sociedad con sus ideas porque desarrollaron una metodología y un sistema de interpretación propio, que prevaleció durante más de un siglo, formando bajo su cobijo a numerosos historiadores, pero influyendo de tal modo en la sociedad que dio lugar a la estructuración de un sistema político específico. Desde esa perspectiva, se me dificulta pensar en otros historiadores que, aunque hayan influido en el mundo del conocimiento, no han tenido tal repercusión en la sociedad.

Tanto la enseñanza informal —la que se da a través de los medios de comunicación masiva— como la formal —la que se lleva a cabo desde la academia— cuentan con los mecanismos de divulgación para la incorporación de los nuevos conocimientos. Sin embargo, no percibo la posibilidad de que los nuevos conocimientos históricos se incorporen a la conciencia social a corto o siquiera a mediano plazo. Para ello son necesarios programas de aprendizaje más amplios y duraderos, susceptibles de hacer llegar a la conciencia social los nuevos conocimientos. Las numerosas publicaciones probablemente ayuden, pero no son suficientes, en la medida en que los principales consumidores están conformados por el público ya interesado previamente; de ahí el tiraje tan reducido de los libros en nuestro país, donde la historia tiene la ventaja de que se vende más que la teoría o que la poesía.

Creo que en todas las disciplinas rige el mismo principio de investigar para poder enseñar. La investigación y la docencia están ligadas indisolublemente. Ni siquiera me he preguntado si alguna de esas actividades podría realizarse sin la otra. En mi caso personal, salvo mis épocas de estudiante, no recuerdo haber dejado de investigar o de impartir clases paralelamente.

Finalmente, concibo la historia como un lugar privilegiado y ameno del saber. El hecho de aportar al conocimiento me parece ya un objetivo central para la realización personal. Pero si ese conocimiento incide en la sociedad, sin duda la satisfacción será mayor. La historia es, en definitiva, una herramienta para conocer nuestra sociedad e interpretar los rasgos que la definen. Si he optado por la historia regional es porque los aportes de esa forma de abordar son todavía significativos en la medida en que aún no se ha dicho todo y porque este país se define por su pluralidad.

También pienso que la función social de la historia es la de producir el conocimiento de una sociedad en su sentido más amplio, lo cual contribuye a encontrar las características que identifican a un pueblo, a una localidad, a una nación. La historia coloca al individuo en una posición que le permite trascender como tal para ubicarse socialmente e incluso para actuar políticamente; pienso en la necesidad sentida por Antonio Gramsci de recorrer el camino de la historia del *risorgimento* para legitimar su actividad política.

MARTÍNEZ ASSAD, CARLOS

Historiador mexicano.
    Fecha de nacimiento: 1946 (Amatitlán, Jalisco).

ESTUDIOS

Licenciado en sociología por la UNAM (1965-1970).
    Doctor por la Universidad de París (1973-1976).

LABOR ACADÉMICA

Profesor en la Universidad Iberoamericana (1978-1980).
    Docente en la Universidad Autónoma del Estado de México (1983).
    Docente del Instituto José María Luis Mora (1987).
    Profesor en la UNAM (DESDE 1969)
    Investigador, coordinador del Área de Sociología Política (1978-1979).
    Director del Instituto de Investigaciones Sociales (1983-).
    Conductor de la serie televisiva *La Revolución Mexicana en los estados* y coordinador del programa de radio *Tema abierto* (Radio Educación, 1983-1985).
    Coordinó la colección de libros "Memoria y olvido" de la SEP (1982-1983).
    Jurado en el Primer Concurso de Cine Científico del CUEC (1982) y en el Premio Nacional de Ciencias y Artes (1984).

TRABAJO EDITORIAL

Pertenece a los consejos editoriales de la *Revista Interamericana de Sociología, Revista de la Universidad de México, Encuentro* y *Revista Mexicana de Ciencias Políticas y Sociales.*

Premios

En 1985 recibió la Presea Juchimán de Plata del gobierno de Tabasco.

Principales obras

El laboratorio de la Revolución. El Tabasco garridista, México, Siglo XXI, 1979, 309 pp.

(Coord.), *La sucesión presidencial en México: coyuntura electoral y cambio político*, México, Nueva Imagen, 1981, 198 pp.

(Coautor), *Revolucionarios fueron todos*, México, Fondo de Cultura Económica (SepOchentas, 33), 1982, 341 pp.

El henriquismo. Una piedra en el camino, México, Martín Casillas (Colección Memoria y Olvido: Imágenes de México, XX), 1982, 66 pp.

En el país de la autonomía; la escuela moderna, México, SEP, Dirección General de Publicaciones y Medios (Biblioteca Pedagógica), 1985, 160 pp.

Los lunes rojos; la educación racionalista en México, México, SEP (Biblioteca Pedagógica), Ediciones El Caballito, 1986, 157 pp.

Balance y perspectivas de los estudios regionales en México, México, UNAM, Centro de Investigaciones Interdisciplinarias en Humanidades (Colección México. Actualidades y perspectivas), 1990, 451 pp.

Los rebeldes vencidos: Cedillo contra el Estado cardenista, México, UNAM, Instituto de Investigaciones Sociales/Fondo de Cultura Económica, 1990, 252 pp.

ALAN KNIGHT

COMENCÉ como alumno en Inglaterra estudiando el problema del imperialismo. Me sugirieron concentrarme en la historia del "imperio informal" en América Latina a principios del siglo XX. Habiendo leído bastante acerca de los ferrocarriles argentinos, descubrí la historia de México, especialmente la del Porfiriato y de la Revolución. Decidí entonces investigar dichos procesos como ejemplo del imperialismo informal y su ruptura. Vine a México en 1970 para empezar mi investigación, que hice de una manera más o menos *free-lance*, es decir, sin vínculo formal con ninguna institución académica mexicana. Así empecé investigando la Revolución mexicana como ejemplo del fracaso del imperialismo informal y como rechazo nacionalista a la dependencia. Pero no tardé mucho en concluir que ése era un enfoque muy parcial y, en ciertos aspectos, erróneo. De manera que decidí orientarme mucho más hacia la dinámica política y social interna de México, tema que he seguido trabajando desde entonces.

Durante las dos décadas que he dedicado a la exploración histórica —y que incluye más de una docena de visitas—, el ambiente intelectual y profesional en México se ha ampliado y mejorado de una manera tajante. Tanto la cantidad como la calidad de la investigación han crecido, especialmente en cuanto a la local y regional. Los archivos han mejorado (el nuevo Archivo General de la Nación es una joya) y la lista de publicaciones, de revistas, de seminarios y de proyectos o centros de investigación es impresionante y a veces abrumadora.

Por mi parte, he tenido muy buenas relaciones personales con varios historiadores mexicanos, aunque nunca he tenido ningún puesto o lazo oficial con ninguna institución. Con pocas excepciones, el gremio de historiadores mexicanos me ha dado una acogida muy amistosa, y me ha prestado su ayuda y su consejo de una manera muy franca y fraternal. He tenido muy poca participación en las corrientes universitarias mexicanas. Estando en México preferí y prefiero encerrarme en los archivos.

II

Entender, poco a poco, la gran riqueza histórica y cultural de México ha sido mi principal experiencia en este país como historiador. Esto quiere decir que la investigación ha representado un desafío intelectual muy difícil, pero también muy estimulante. Cuando comencé mis trabajos, en la historia nacional narrativa (muchas veces obra de extranjeros) predominaba la historiografía del siglo XX. Ahora hay toda una gama de historias, de historiografía, de centros de investigación, etc. Más que nada, la historia local y regional ha florecido, dando pruebas de la gran diversidad de la experiencia histórica mexicana. También se nota que ha habido un gran auge de historia de México hecha por mexicanos (muchos de ellos jóvenes). La historiografía mexicana muestra la influencia generalmente positiva de las principales corrientes de investigación globales. Por ejemplo, la nueva historia económica (la historia "cliométrica"), la nueva historia social y cultural, la historia oral, han aportado resultados muy buenos para la historia mexicana en general.

Es interesante la manera en que, con la llamada "deslegitimación" de la Revolución mexicana y del gobierno del Partido Revolucionario Institucional después de 1968, y especialmente en los ochenta, la historiografía "revisionista" se ha esforzado por criticar y desmitificar la Revolución. Esto se hace de una manera comprensible y a veces convincente, pero a veces va demasiado lejos, tirando, digamos, al bebé con el agua del baño y, por tanto, descartando aspectos de la Revolución que deben ser valorados todavía como factores o fenómenos históricos esenciales. Un claro ejemplo de ello es el papel desempeñado por los campesinos y los cambios llevados a cabo por la reforma agraria.

Yo soy un poco escéptico acerca de la influencia política o social de los historiadores. Aun cuando parece que la tienen, puede ser que sus ideas se vean "apropiadas" por los políticos o los gobiernos para legitimar algunos proyectos o políticas que ya estén decididos o en marcha. Es decir: aunque los historiadores provean un *imprimatur* intelectual, no son los verdaderos arquitectos del cambio político o social. Se nota, por ejemplo, cómo varios historiadores conservadores ingleses, como Paul Johnson o Lord Thomas —quien por cierto ahora trabaja sobre México—, apoyaron el proyecto conservador y neoliberal de la señora Thatcher. Ellos no fueron sus verdaderos inspiradores, más bien constituyeron un coro de aprobación —*ex post facto*—. Imagino que hay casos semejantes en otros países, incluso en México. Aunque es imposible separar la política y la historia, creo que los historiadores tienen que seguir su propio camino —de investigación objetiva y desinteresada— sin mezclarse deliberadamente en la política. Si otros invocan o se aprovechan de su obra, eso no se puede evitar.

El tema sobre cuáles son los mecanismos de incorporación de los nuevos conocimientos históricos a la conciencia social es muy interesante pero muy difícil. Tengo la impresión de que México es un país en que la historia vale bastante, en que —se ha dicho— "el peso del pasado" es muy fuerte, comparado con países que muestran cierta forma de amnesia colectiva. Es decir, hay una sensibilidad y, a veces, un conocimiento de la historia bien difundidos dentro de la sociedad.

Los medios de comunicación son muchos: los libros de texto —¡por supuesto!—, los museos, la radio y la televisión, las películas, la retórica política, y también los medios más informales, y más antiguos, de las comunidades y de las familias. Esto implica una red de comunicación muy extensa y compleja; y mientras que ha habido esfuerzos considerables —y a veces exitosos— para moldear la opinión, por parte del gobierno o de distintos intereses como la Iglesia o la empresa privada, ninguno ha tenido el monopolio al respecto, ninguno ha sido capaz de moldear la opinión a su antojo. Al contrario: la historia de México muestra una serie de batallas ideológicas y culturales, batallas para "forjar la patria", de una u otra manera, o para conquistar el alma popular; pero ninguna ha resultado en un triunfo completo o una derrota conclusiva.

III

La relación entre la investigación y la enseñanza es una relación compleja y a veces problemática. La investigación necesita enfoques bastante estrechos, detallados, y la enseñanza requiere perspectivas más amplias, más generales. Hay buenos investigadores que son malos profesores y viceversa. Creo que es muy positivo para el historiador el tener que presentar sus argumentos en clases a un público variado y no experto. Ello lo obliga a considerar el "significado" de su investigación, a evitar la jerga (aflicción muy frecuente en la academia de hoy), a no perderse en el hoyo negro de su propio trabajo. Por eso me atrevo a decir a veces que los investigadores de tiempo completo corren el riesgo de caer en una pedantería excesiva.

Para expresar mi concepción de la historia siento la tentación de citar las palabras de Edward Gibbon: "La historia es nada más el cuento de los crímenes, de las pasiones y de las desgracias del hombre". Es decir, no coincido con la perspectiva "whig" de la historia como una trayectoria de progreso más o menos unilinear. Tampoco creo en un modo sencillo de pensar o de investigar, y tengo mis dudas acerca de la tendencia hacia la "balcanización" de la historia, quiero decir, el separatismo, y hasta el sectarismo, que ahora dividen a la historia y a los historiadores en grupos aislados y aun enemigos. No creo en los protagonistas de la historia "nueva" y tradicional, política y cultural, feminista y patriarcal, posmodernista y... ¿modernista? Creo que los historiadores deben tratar de mantener un diálogo entre sí y con otras disciplinas que pueden prestar beneficios al historiador, por ejemplo la sociología o la antropología. También creo que la historia es una rama —yo diría que la rama más importante— de las ciencias sociales. Por tanto, el historiador debe seguir su investigación de manera rigurosa y "científica"; no porque pueda alcanzar una objetividad perfecta, sino porque debe evitar, en lo posible, el oscurantismo, el prejuicio, la irracionalidad.

Rechazo la idea, ahora tan de moda, de que la historia consiste en una multiplicidad de textos, cada uno de los cuales vale lo mismo, y que el historiador puede divertirse con ellos sin reconocer una realidad objetiva cuya naturaleza tiene que investigar, interrogar y, en lo posible, entender. La imposibilidad de una objetividad cabal no justifica una subjetividad irresponsable. Diría también que si la tradición marxista tradicional ha cometido errores enormes, y a veces ha demostrado un economicismo vulgar, el marxismo —especialmente el marxismo de historiadores eruditos como Hobsbawn Hill o Thompson, en Inglaterra— probablemente ofrece el mejor sistema analítico para entender la historia de larga duración. Esto no significa que el análisis de clases o de modos de producción valga para todo. Al contrario, las nuevas corrientes de la historia social, cultural, etc., han aportado beneficios muy significativos y han llenado huecos muy grandes. Pero en cuanto a las grandes teorías de la historia, las que resumen la experiencia global, creo que un marxismo sensato y no dogmático ofrece el mejor, o quizá el único modo de captar los cambios sociales de larga duración.

La función social de la historia es, para mí, como se dijo en la película *Easy Rider*: "*tell it like it is*: dígalo tal como es". O, dicho en los términos coloquiales de Ranke: "*wie es eigentlich gewesen ist*: como realmente sucedió". No porque crea en una objetividad científica neta, sino porque creo que escribir la historia con fines políticos —o cualesquier fines ulteriores— es ilegítimo; es practicar la política, la ingeniería social o el proselitismo religioso. Es decir, implica introducir valores normativos en aras de convertir o persuadir a los lectores. No niego que los historiadores lo hagan, ni que los gobiernos y otros sectores sociales suelan reclutar a los historiadores para tal tarea, pero mi opinión es que los historiadores deben resistirse a este reclutamiento y mantenerse fieles a su vocación intelectual-científica. Hablo, por supuesto, como historiador inglés, del "Primer Mundo", y reconozco que la historia, sea fiesta patria, libro de texto, oración política o memoria colectiva, desempeña un papel social importante, y a veces muy positivo, especialmente, por ejemplo, en la obra de "forjar patria" o, como lo ha mostrado E. P. Thompson, en forjar a una clase obrera. Pero reconocer este hecho innegable no implica que el historiador acepte la obligación ni el derecho de hacer la historia con fines ulteriores, políticos o patrióticos; su compromiso debe ser con el pasado, no con el futuro; con los hechos históricos, no con las metas normativas.

KNIGHT, ALAN

Historiador inglés.
Fecha de nacimiento: 1946 (Londres, Inglaterra).

ESTUDIOS

Bachiller en historia por Balliol College Oxford (1968).
Doctorado en historia por Nuffield College Oxford (1974).

ACTIVIDAD DOCENTE

Profesor de Historia de América Latina de la Universidad de Essex (1973-1975).
Profesor visitante en Center for US-Mexican Studies, San Diego, California (1986).
Profesor de Historia en la Universidad de Texas en Austin (1986-1992).
Cátedra de Historia de América Latina y director del Centro Latinoamericano de Saint Anthony's College, Oxford (desde 1992).

PREMIOS

Bolton de la Asociación Norteamericana de Historiadores (1986).
Beveridge de la Asociación Norteamericana de Historiadores (1987).
Beca Guggenheim (1990-1991).

PRINCIPALES OBRAS

The Mexican Revolution, Cambridge, Cambridge University Press (Latinamerican Studies, 54-55), 1986, 2 vols. (Hay traducción castellana, México, Grijalbo, 1994.)
U.S.-Mexican Relations, 1910-1940: An Interpretation, La Jolla, California, University of California, San Diego, Center for U.S.-Mexican Studies, 1987, 149 pp.
"Mexico, 1930-1946", en *Cambridge History of Latin America*, t. VII, Cambridge, Cambridge University Press, 1990.
(En colaboración con Jonathan Brown), *The Mexican Petroleum Industry in the Twentieth Century*, Texas, Texas University Press, 1992.

ENRIQUE KRAUZE

I

EN LA primaria, que yo recuerde, no se estudiaba propiamente la historia más que en su elemental sentido cívico. En la secundaria y en la preparatoria sí. Aunque seguíamos teóricamente un texto, la materia la impartían los maestros con sus propios apuntes. El mundo prehispánico se trataba con un criterio científico. El mundo colonial, de manera muy breve y esquemática, siguiendo —ahora me doy cuenta— las pautas de Justo Sierra. Un profesor Roa impartía los cursos de Independencia y Siglo XX siguiendo al *México a través de los siglos* pero salpicando la narración con escenas de Salado Álvarez: la historia de bronce. Esta historia de bronce también se escuchaba los domingos en la radio, en "La hora nacional". No era tan despreciable como a la distancia parece.

Sólo cuando entré a El Colegio de México, muchos años después, supe quiénes eran los historiadores reconocidos: Cosío Villegas, Silvio Zavala, Edmundo O'Gorman, José C. Valadés, Miguel León-Portilla y, de manera creciente, el grupo que rodeó a Cosío Villegas en la *Historia moderna de México*: Luis González y Moisés González Navarro, sobre todo. En un congreso memorable en Oaxtepec, en 1969, escuchamos a otros maestros excelentes: Eduardo Blanquel, Josefina Vázquez, Enrique Florescano, Jorge Alberto Manrique, Alejandra Moreno Toscano, María del Carmen Velázquez, Ernesto Lemoine, Ernesto de la Torre Villar, entre otros.

Mi generación —se ha dicho muchas veces— entró a la historia como vía para responder el misterio del 68. Es decir, con un interés muy marcado por la historia contemporánea, un interés digamos "politológico", que en muchos —por desgracia— se volvió político. Este interés y la ideología "de izquierda" típica de los años sesenta que nos caracterizaba, hacía un claro contraste con la obra y la vocación de nuestras dos figuras tutelares: Cosío Villegas y Luis González. Cosío, es verdad, se hizo historiador en 1947 por urgencias de comprensión similares a las nuestras, pero su ideario liberal no podía ser más ajeno al predominio que en nosotros tenían las visiones "holistas". Nosotros éramos siervos de la ideología, él era el surtidor de ideas. Con Luis González el contraste era aún mayor: este comprensivo universal, este curioso universal, se interesaba por la microhistoria, el reino de lo nimio, lo típico, lo particular. ¿Cómo íbamos a extraer una explicación "todista", una verdad absoluta, de ese mosaico de verdades? Teníamos el prejuicio "marxista" de la correspondencia entre ideología y sociedad. Gracias a un curso memorable de Moisés González Navarro comencé a modificar esta "idea", que en realidad era un prejuicio: leímos a Mannheim y sobre todo, con mucho detalle, a Max Weber. El libro clásico de Weber sobre la ética protestante y el espíritu del capitalismo desterró, al menos en mí, las correspondencias fáciles y mecánicas entre cultura y sociedad. Otro autor fundamental fue Karl Popper, a quien leímos en el maravilloso curso sobre Teoría y Método de la Historia que nos dio Luis González. Desde entonces me negué a ver las ideas —incluso las ideas históricas— como superestructuras de grupos sociales.

II

Las diferencias que percibíamos en el ejercicio de la disciplina histórica obedecían a varios factores. En aquel congreso de Oaxtepec, por ejemplo, Cosío Villegas peleó con O'Gorman y con Valadés. Las diferencias con el primero eran de fondo: la historia filosófica de O'Gorman se avenía mal con la historia positiva que practicaba Cosío Villegas. O'Gorman podía haber repetido el viejo adagio: "Los hechos, hechos son"; Cosío Villegas, en cambio, practicaba la veneración del "hecho sin más". Con Valadés sus diferencias eran de temperamento personal: sospecho que sencillamente "se caían gordos".

En 1970, fecha en que ocurrieron esas primeras salidas al mundo de la investigación, el panorama no era desalentador. Tampoco lo es ahora. Existían apoyos de todo tipo para la persona en verdad interesada en investigar. Es cierto que muchos archivos públicos y privados estaban (están) desordenados, descuidados o vedados. Pero la persuasión sincera es una clave maestra. Por lo general la gente apoya al historiador si siente en él un interés genuino. En mi caso, los archivos de la UNAM me fueron de gran utilidad. Las familias Gómez Morín y Lombardo Toledano guardaban celosamente sus archivos pero gentilmente los abrieron, y eso a sabiendas de que una visión liberal de la historia podía "desangelizar" a sus padres fundadores.

Por otra parte, uno no encuentra *a priori* la zona peculiar, el nicho peculiar de estudio. En historia, como en muchos otros campos de la vida, "se hace camino al andar". Uno tiene una intuición que, si es profunda y auténtica, debe perseguir. En mi caso fue la biografía. De joven no había sido lector de biografías. Es más, me aburrían un poco. Con todo, pronto descubrí otra frase de Antonio Machado que fue una revelación: "Por más que lo intento, no puedo sumar individuos". Si mi campo de interés ya estaba acotado —era la historia contemporánea, la de la Revolución—, ¿por qué no estudiar a los "individuos" de ideas, a los disidentes de la Revolución, a los intelectuales? Gracias a Cosío Villegas anclé a "los intelectuales" en una generación específica: la suya propia, la de "los Siete Sabios". Al estudiarlos en concreto me di cuenta de que la variedad y complejidad de sus vidas rebasaba los patrones hechos de las teorías gramscianas, trotskistas o de cualquier otra etiqueta. Y sin embargo fue una teoría la que me dio la pauta del análisis: las conferencias de Max Weber sobre la política y la ciencia como vocación. De ahí se desprendieron para mí otros campos de interés biográfico.

Para comentar los momentos más altos de la práctica histórica en México me limito a este siglo, porque si no había que remontarse a Sahagún. Todo el esfuerzo alrededor de Cosío Villegas, tanto en la *Historia moderna* como en las *Fuentes para la historia contemporánea*, me parece un momento de enorme importancia y trascendencia, pero hay varios otros: las obras y los seminarios de O'Gorman en la Universidad, los libros de Silvio Zavala, los rescates del mundo precolombino por una serie de historiadores y arqueólogos cuyos nombres no detallo pero que fueron formados por el padre Garibay o en la Escuela Nacional de Antropología e Historia, en sus grandes épocas. Más tarde, ya en los sesenta y setenta, destaco tres libros fundamentales: *Pueblo en vilo, Zapata y la Revolución Mexicana y La cristiada*. Creo que ha habido una continuidad en la tradición histórica mexicana. Si México fue en el siglo xix un país de grandes historiadores como Zavala, Alamán, Mora, Bustamante, Sierra, Bulnes, Riva Palacio, etc., el siglo xx no se ha quedado a la zaga: seguimos teniendo, como decía Sierra, una "devoción religiosa por el pasado"... y buenos sacerdotes que la sirven.

En cuanto a la correspondencia entre los cambios habidos en la concepción de la historia y los cambios históricos más importantes, pienso que se ha pasado de una historia al servicio de las ciencias sociales a una historia al servicio de sí misma. Se ha vuelto a la antigua y noble tradición de la historia que atiende a lo particular, a lo irrepetible. Se ha vuelto a la historia narrativa. La historia que interesa a los lectores es ciencia en el análisis y arte en la síntesis. Una historia bien investigada y bien escrita. Estos cambios corresponden, en el ámbito de la política, a la caída de las ideologías. La pedantería seudocientífica ha cedido el paso a la humildad humanista.

III

No veo en la historia reciente de nuestro país ningún historiador cuya obra haya "permeado a la sociedad o moldeado su conciencia". Los historiadores, por fortuna, no tenemos esa encomienda ni esa influencia. Mucho menos la de "imponer nuestra visión". Las "visiones [históricas] impuestas", en el siglo xx, pertenecen a las más detestables tradiciones totalitarias.

No creo que la historia y el historiador genuino deban tener, y en general no tienen, una función política. Los "cambios" en nuestro país han ocurrido a través de tomas de conciencia muy complejas que se originan más en un proceso normal de *trial and error* que en las iluminaciones de algunos pensadores. Con todo, supongo que la lectura democrática y liberal de Cosío Villegas —para citar sólo un ejemplo— ha terminado por abrirse paso en sectores importantes de la opinión pública y hasta de la clase política mexicana. Pero en su tiempo predicó (casi) en el desierto. Fueron los reveses de la realidad los que vindicaron su visión histórica, no al revés.

En relación con el vínculo existente entre la enseñanza de la historia y la investigación histórica, creo que sería conveniente que los jóvenes, a partir de la secundaria o la preparatoria, aprendiesen a investigar: utilizar bibliotecas, seguir pistas, consultar guías, archivos, etc. De esa manera aprenderían que la historia no es un territorio conocido, y que muy a menudo es lo contrario: una tierra incógnita. En estas investigaciones habría que huir tanto de los "grandes temas" (el Estado, el capitalismo, las clases obreras) como de los grandes adjetivos (el heroico Cuauhtémoc, el vesánico Cortés) y concentrarse más bien en asuntos pequeños y bien acotados. Habría que construir un catálogo razonado de ellos. En El Colegio de México varios maestros practicaban un método. Preferían que el estudiante se perdiera en los laberintos de su investigación, hallase datos inútiles o descubriera mediterráneos, a imponerle una visión. Éste es, a mi juicio, el vínculo entre enseñanza e investigación: enseñar investigando; volver a la historia, a la práctica histórica.

La pregunta sobre cuál es mi concepción de la historia es oceánica. Si hablamos de Historia (con mayúscula) creo que es un proceso mucho más abierto y libre de lo que las teorías deterministas, tan de moda hace apenas algunos años, nos querían hacer creer. Con todo, pienso también que la Historia encierra misterios y posee ciertas clases que introducen en ella "nudos" de necesidad. El historiador, a mi juicio, debe recoger con humildad, veracidad y amor los hechos del pasado, pero sin renunciar a la búsqueda de esas claves y misterios, procurando desanudar la Historia. Una cosa es que no existan leyes históricas y otra, muy distinta, que no existan patrones de causalidad. Comprender y explicar debe ser el doble propósito de la historia (con minúscula), la historia escrita.

La función social de la historia es ante todo integrar moralmente a las personas, los grupos, las colectividades, a través de la recuperación fidedigna del pasado. Entender con claridad el pasado, comprender las intenciones de sus agentes, descubrir las tendencias ocultas o soterradas que a veces impulsan los hechos, permite (como en el caso del psicoanálisis) integrar la personalidad, conferirle sentido y realidad. Otra función es de carácter moral: induce un principio de humildad. Al verse en el espejo variado, plural, falible del pasado, los hombres inhiben sus propensiones narcisistas. Cicerón creía que la historia es la maestra de la vida. Era creer demasiado, pero no hay duda de que la historia genuina —la que practicaban los griegos, los romanos, los renacentistas y los ilustrados— es amiga de prudencia. Valéry criticó a la historia: la veía como un embriagante para las naciones, el "producto más peligroso que ha producido la química del intelecto". Los enconos nacionalistas, étnicos y religiosos que desgarran a muchos países en nuestro fin de siglo le dan plenamente la razón. Todos ellos, igual que las grandes ideologías totalitarias del siglo xx (fascismo, nazismo, comunismo), se han fundado y legitimado en la historia. Esta "maestra de la vida", esta "amiga de la prudencia" puede ser también la "madre de todos los fundamentalismos". Por esta razón es importante cultivarla, leerla, conocerla, amarla, sin dejar que su *h* se convierta en *H*. Así, con *h* minúscula, la historia puede cumplir con otra función primordial además de integrar, instruir y orientar: la sana función de divertir.

KRAUZE, ENRIQUE

Historiador mexicano.
  Fecha de nacimiento: 1947 (México, D.F.).

Estudios

Es ingeniero industrial por la UNAM (1969) y doctor en historia por El Colegio de México (1974).

Labor académica

Ha impartido clases en la Facultad de Ingeniería de la UNAM (1971) y fue profesor-investigador en El Colegio de México (1976-1978).
  Es subdirector de la revista *Vuelta* desde 1981.
  Ha prestado sus servicios al consorcio Televisa en programas político-literarios.

Reconocimientos

Obtuvo la beca Guggenheim en 1979.
  Premio Magda Donato (1976).

Principales obras

Caudillos culturales en la Revolución Mexicana, México, Siglo XXI, 1976, 329 pp. retrs.

"La reconstrucción económica", en *Historia de la Revolución Mexicana*, con la colaboración de Jean Meyer y Cayetano Reyes, México, El Colegio de México, 1977, 323 pp.

Daniel Cosío Villegas; una biografía intelectual, México, Joaquín Mortiz, 1980, 310 pp.

Caras de la historia, México, Joaquín Mortiz, 1983, 195 pp.

(Comp.), *América Latina; desventuras de la democracia*, México, Joaquín Mortiz/Planeta, 1984, 348 pp.

Por una democracia sin adjetivos, México, Joaquín Mortiz/Planeta, 1986, 212 pp.

Biografías del poder, México, Fondo de Cultura Económica, 1987, 8 vols.

SERGE GRUZINSKI

I

MI INTERÉS por la historia de México surgió después de un viaje a este país. Mis primeros contactos fueron con Solange Alberro y Nicole Giron —investigadoras francesas radicadas en México—, luego con Enrique Florescano y Alejandra Moreno Toscano, en el INAH, durante el año de 1977.

Tenía el proyecto de desarrollar una historia cultural que pudiese sacar provecho de los avances de la etnografía, de la arqueología, basándose en fuentes ricas y abundantes como las mexicanas, y situarse en un cuadro en el que se enfrentaban culturas totalmente distintas como, por ejemplo, la española y la indígena.

El contacto que establecí con los medios de investigación y enseñanza mexicanos fue a través de la concepción y creación de un seminario de investigación, el Seminario de Historia de las Mentalidades, en la Dirección de Estudios Históricos del INAH, en 1978.

Ahí noté, en algunos sectores, un cierto interés por los trabajos franceses de la Escuela de los Annales, y desde luego la influencia aplastante del positivismo histórico de los Estados Unidos. En colaboración con Solange Alberro participé en la formación y la enseñanza dentro del marco del Seminario de Historia de las Mentalidades en torno al tema "Familia, matrimonio y sexualidad en el México colonial". En dicho seminario pude participar en la difusión de los trabajos de la historia europea de las mentalidades a través de autores como Ginzburg, Thomas, Caro Baroja, etcétera.

Empecé a realizar estudios históricos en París hacia 1970. La situación estaba dominada por la École des Annales y la École Pratique des Hautes Études (Sciences Sociales). Mi maestro fue Pierre Goubet. Existían también corrientes más tradicionales, relacionadas con las técnicas de la historia, en la École Nationale des Chartes, en la que recibí otra parte de mi formación.

II

La historia tal como se practica en Francia tiene una mínima influencia sobre los acontecimientos. El desfase entre sus avances y la difusión de estos avances es grande. Por lo general, hoy día, al quedarse en un plan positivista, la historia no refleja las cuestiones planteadas por lo que llamamos "posmodernidad", o sea la necesaria crítica de los modos tradicionales de razonar, el cuestionamiento de las nociones de evolución, causalidad, "conciencia social", el rechazo de la creencia todavía arraigada en la acumulación continua de los conocimientos históricos... De manera general, la historia sigue usando cuadros e instrumentos conceptuales heredados del aristotelismo y del tomismo, pues no ha sido capaz de cortar con estas bases obsoletas.

No creo que exista historiador alguno que haya logrado permear a la sociedad con sus ideas. La historia practicada en la segunda mitad del siglo XX es una disciplina que se queda al margen de la evolución cultural y científica, a diferencia de otras ciencias precursoras y más innovadoras (las llamadas "ciencias cognitivas", por ejemplo).

Sólo a través de la creación de una nueva memoria histórica y en la medida en que los medios acepten integrar nuevos conocimientos —que son más bien nuevos enfoques—, pueden incorporarse nuevos conocimientos históricos a la conciencia social. Pero me parece que la cuestión está mal planteada en estos términos.

Por otra parte, debe haber una relación muy estrecha entre la enseñanza y la investigación históricas. Sin embargo, los obstáculos políticos y las rutinas mentales aíslan a los historiadores innovadores de los programas de los centros de enseñanza.

Creo que la historia ayuda a entender el presente —por ejemplo, la urgencia de pensar en raíces y modalidades de la dominación occidental, o sea, la occidentalización— y no contribuye más a la invención de un pasado nacional más acorde con nuestros intereses y prejuicios actuales.

La historia tiene, obviamente, una función intelectual: desarrollar el sentido crítico, aportando a las demás ciencias enfoques complementarios e insuperables que permitan considerar los hechos y fenómenos con más distancia y en una perspectiva de largo plazo. Dar una "función social" a la historia me parece más discutible: esta preocupación es una peligrosa herencia del siglo XIX, con la que habría que romper, si no queremos que nuestra disciplina desaparezca por obsoleta, como muchas de las ideologías y de las supuestas ciencias sociales.

GRUZINSKI, SERGE

Historiador francés.
Fecha de nacimiento: 1949 (Tourcoing, Francia).
Estudios superiores en La Sorbona.

Principales obras

(En colaboración con Solange Alberro), *Introducción a la historia de las mentalidades*, México, Instituto Nacional de Antropología e Historia (Cuadernos de Trabajo del Departamento de Investigaciones Históricas, 24), 1979, 266 pp.

(En colaboración con otros), *Familia y sexualidad en Nueva España*, México, SEP (SepOchentas), 1982.

"La 'segunda aculturación', el Estado ilustrado y la religiosidad indígena en la Nueva España (1775-1800)", *Estudios de Historia Novohispana*, vol. 8, 1985, pp.175-201.

Les Hommes-dieux du Mexique; pouvoir indien et société coloniale xvie-xviiie siècles, Paris, Archives Contemporaines, 1985, 221 pp.

El afán de normar y el placer de pecar, México, Joaquín Mortiz, 1988.

El poder sin límites. Cuatro respuestas indígenas a la dominación española, México, INAH, 1989.

La colonización de lo imaginario. Sociedades indígenas y occidentalización en el México español. Siglos XVI-XVIII, México, FCE, 1991.

La guerra de las imágenes, México, FCE (Sección de Obras de Historia), 1994, 224 pp.; ilus.

ROMANA FALCÓN

I

Estudié la primaria y el bachillerato en escuelas bilingües, liberales y laicas y no recuerdo ningún texto de historia que me hubiese dejado huella. Más bien tengo la vivencia de una familia laica y jacobina siempre interesada en temas históricos, donde se leían y discutían temas sobre el pasado de México y del mundo. Así desde joven me interesé en la obra de Silva Herzog, Jesús Reyes Heroles y otros autores clásicos.

El placer por la historia me nació como contrapunto a la frialdad de la sociología, tal y como se estudiaba en México en los setenta. Cuando, por una casualidad laboral, me topé con los primeros documentos de archivos quedé fascinada con el poder que de ellos emanaba, su capacidad de explicación y su fuerza literaria. Se trataba de documentos del antiguo Archivo de Reforma Agraria, en donde las dos partes del conflicto ancestral de México —la disputa por la tierra y el agua— exponían su querella. Los hacendados y los pueblos debían convencer, presentando con elocuencia los argumentos que muchas veces se basaban en la conciencia y el uso de la historia. Me maravillaron los razonamientos de clase, ya no en concepciones generales y abstractas sino como argumentos históricos concretos. En ese momento opté por la historia.

Como no estudié formalmente como historiadora —hice una licenciatura en sociología, maestría en ciencia política en El Colegio de México y doctorado en ciencia política en Oxford, Inglaterra—, las influencias más importantes fueron los clásicos de las ciencias sociales: Durkheim, Marx y Weber. En la UNAM, las corrientes dominantes eran marxistas y se estudiaba con cuidado tanto a los estructuralistas como a los escritores más apegados al uso de la historia, por ejemplo a Hegel y los historicistas italianos como Benedetto Croce. Recuerdo la clase de Arnaldo Córdova sobre estos autores y cómo impactó a la generación su libro recién publicado, *La ideología de la Revolución Mexicana*.

En la Facultad de Ciencias Políticas y Sociales el grueso de las materias eran de orden teórico, desde los clásicos hasta las teorías en boga, más acordes al caso mexicano, como fue entonces el rico debate sobre la dependencia. Era la época de auge de los "modelos de desarrollo", por los que se suponía pasaban todas las sociedades. Es interesante notar que en el programa de sociología fueron entonces vetados todos los cursos de historia.

Esta disciplina era considerada con tal desprecio que su eliminación fue bien vista por la planta de maestros y los propios alumnos. Se pensaba que sólo proporcionaba detalles intrascendentes, ladrillos con que construir las explicaciones generales y abstractas. No se impartía ningún conocimiento de la historia europea, estadounidense, latinoamericana y ni siquiera mexicana, con excepción de un curso sobre la Revolución de 1910 en el último semestre.

A pesar de todo, varios de mi generación acabamos como historiadores pues nos contagiamos del entusiasmo y la vitalidad de que gozaba la historiografía mexicanista a partir de los sacudimientos producidos por el movimiento de 1968. También influyó el que en esos años se propició una metodología multidisciplinaria que permitió estrechar lazos entre historiadores, antropólogos, sociólogos, politólogos, economistas y demás científicos sociales. Tanto en la UNAM como en El Colegio de México leíamos con entusiasmo a clásicos de la Revolución como Silva Herzog, Frank Tannenbaum y Eyler Simpson, así como a las nuevas corrientes más "científicas" y críticas, como los trabajos sobre zapatismo y villismo de John Womack y Friedrich Katz, sobre ideología de Arnaldo Córdova y en torno a la democracia de Pablo González Casanova. También fue importante el debate de "Historia, ¿para qué?", en el que varios profesionistas destacados deslindaron su relación entre el quehacer político y la profesión.

Para entonces cobró enorme impulso la corriente "revisionista" del Porfiriato y de la Revolución mexicana, a la que me sumé. Ésta, aunada al auge de los estudios regionales, produjo cientos de tesis, libros, artículos, así como generaciones de estudiantes que a lo largo y ancho de la República hicieron una historia que pretendía ser, a la vez que científica, apasionada y promotora del cambio.

La falta de legitimidad política y el nuevo clima intelectual creó analistas especialmente críticos al sistema, y ansiosos de echar abajo a la "historia oficial" aún dominante. Buscábamos encontrar en las ciencias sociales una herramienta con que comprender el pasado en función del presente. Urgía "desmitificar" todas las etapas de nuestra historia para dar sentido a un cambio en el país. Se estableció entonces una vinculación estrecha entre las disciplinas sociales y aspirar por un México más abierto, más democrático y más justo. Quienes nos dedicábamos a las ciencias sociales sentíamos una relación cercana entre la investigación y la docencia y las transformaciones que anhelábamos en la realidad.

Sobra decir que, a la larga, el *statu quo* resultó mucho más difícil de modificar. Sin embargo, ello no significa que los cambios "revisionistas" en el desarrollo de la historiografía no hayan contribuido a crear y mantener un clima de opinión pública crítico y enfocado hacia la creación de una sociedad plural e informada.

De los historiadores que han logrado permear a la sociedad con sus ideas y visión del mundo, don Luis González es el ejemplo más notable. En los años ochenta creó todo un estilo de hacer historia, y ha sido un propulsor del acercamiento entre historiadores y públicos amplios no académicos. Para investigadores y alumnos fue particularmente importante su célebre *Invitación a la microhistoria*, que se convirtió en un parteaguas historiográfico, e hizo de estos estudios una de las áreas más creativas. A mi generación le brindó un campo de investigación preciso, y se formaron grupos de historiadores que nos identificábamos y que podíamos interactuar y hablar lenguajes comunes.

Además, el auge de la microhistoria nos proporcionó un sentimiento de seguridad en torno al trabajo intelectual que se realizaba en México. Nos ayudó a vencer parte de nuestro colonialismo cultural que nos hacía sentir que los análisis realizados en el extranjero, con marcos teóricos concebidos en países desarrollados, eran cualitativamente superiores a lo producido en el país. Don Luis introdujo un aire fresco, una seguridad y vitalidad a los historiadores de mi generación.

II

Mi interés en la gran temática del rompimiento del orden, en los desafíos, desacatos, revueltas, tumultos, movilizaciones populares y acciones revolucionarias proviene de la pasión por acercarme y comprender la historia de aquéllos carentes de poder, de los desheredados y olvidados en la historiografía, de los que apenas se conserva su voz: campesinos, indios, "salvajes" y "nómadas" del norte de México, trabajadores de las plantaciones, esclavos, rebeldes y revolucionarios, peones de haciendas y huestes de generales, hacendados y caciques. Creo que, en parte, estudio estos temas por ese intento del que hablé antes por contribuir, aunque sea mínimamente, a la creación de un país mejor a través del análisis de las condiciones de sus pobladores más pobres y desesperanzados. Por otro lado, me interesa debido al gran reto intelectual que significa elucidar qué hicieron estos grupos sociales, qué dejaron de hacer y por qué. Este reto se encuentra a lo largo de todos los pasos que sigue un historiador: desde encontrar documentación pertinente de sectores básicamente analfabetos y de los cuales hablan los papeles escritos por quienes los dominan, hasta problemas metodológicos y teóricos.

He insistido también en un segundo campo de estudio que es, en buena medida, complementario y explicativo de lo anterior: analizar cómo se ha logrado controlar, sujetar, cooptar, dominar y reprimir a quienes constituyen los peldaños más bajos de la sociedad. Se trata de las dos caras de una misma moneda.

Estudiar estas formas de dominio me ha permitido algo personalmente importante: relacionar a la ciencia política con la historia de México. Una de las escuelas de pensamiento que más me ha influido es el análisis del poder de Max Weber. He buscado estudiar en nuestro país la conformación histórica de instituciones políticas, la formación de un Estado relativamente moderno y centralizado, así como escudriñar las movilizaciones de grupos populares a través de las tipologías de dominación y las formas de autoridad carismáticas, tradicionales y modernas.

En estos campos de investigación he podido encontrar una clara influencia de cómo los problemas políticos vitales del presente marcan cuáles son los asuntos del pasado que interesa analizar. Así, es importante hoy tratar de entender cómo se forma una estructura de poder tan centralizada y autoritaria como la nuestra; o bien, el funcionamiento de las cadenas de mando, las redes de dominio formal a informal que enlazan al centro del país con los últimos pueblos, haciendas, ranchos, ejidos y otros núcleos básicos del México rural, en donde resalta la participación de líderes, caudillos y caciques.

Estas líneas de análisis han resultado fructíferas para muchos historiadores mexicanos. Incluso se ha dicho que quienes trabajamos sobre el México moderno padecemos de una "estatolatrización" cuando, en realidad, en un país como el nuestro, con una presencia dominante del Estado en todos los órdenes, es casi siempre necesario referirse a esta instancia para comprender el pasado y el presente.

III

En cuanto a mi concepción de la historia agregaré varias influencias de la historiografía inglesa: el gusto por las historias locales, las biografías y el hombre común y anónimo. De mis estudios en Oxford me impactó la libertad e individualidad de los investigadores en la elección de teorías y corrientes historiográficas. También reafirmé la convicción de que "el oficio de historiar" es, por lo menos en mi caso, un asunto individual, artesanal —semejante al de un joyero— en que cada quien se mueve dentro de su propio universo, y se propone retos personales. Obviamente, esto no significa desconocer que la historia es una ventana al pasado abierta desde las preocupaciones, obsesiones y desafíos del presente. Lo que quiero decir es que, por mi formación, me sería difícil hacer historia en grandes proyectos colectivos, con una dirección centralizada y jerárquica. Me resulta natural trabajar como artesana, en un taller.

Me parece que deben destacarse dos retos presentes que resta resolver al gremio de historiadores. Ante la desaparición de los países socialistas, el derrumbe de las teorías que los sustentaban y de los marcos de pensamiento globalizadores, tanto las ciencias sociales como la historia en Occidente y en México se encuentran en una crisis de paradigmas teóricos.

El segundo se refiere a la función social de la historia. Creo que ésta tiene significación dada la situación difícil e inestable por la que ahora atraviesa México. Investigar, enseñar y difundir lo que sabemos de nuestro pasado es hoy en día importante para comprender el presente y para orientar el debate y el análisis en una sociedad informada y demandante. Ojalá los historiadores sepamos ayudar a esclarecer por qué caminos transitó México para llegar a una sociedad en que la pobreza y la desigualdad han sido y son hasta hoy sus signos dominantes.

ROMANA FALCÓN

Politóloga e historiadora mexicana.
Fecha de nacimiento: 1950 (México, D. F.).

Estudios

Licenciatura en sociología, UNAM.
Maestría en ciencia política, El Colegio de México.
Doctorado en ciencia política, Universidad de Oxford, Inglaterra.

Trabajo profesional

Profesora-investigadora del Centro de Estudios Históricos de El Colegio de México (desde 1978).

Premios y distinciones

Premio de Investigación en Ciencias Sociales 1989 otorgado por la Academia de la Investigación Científica.

Premio a "El mejor artículo del año de 1979" otorgado por el Comité Mexicano de Ciencias Históricas.

Premio "La mejor reseña del año de 1985" otorgado por el Comité Mexicano de Ciencias Históricas.

Principales obras

El agrarismo en Veracruz. La etapa radical (1928-1935), México, El Colegio de México, 1977.

Revolución y caciquismo. San Luis Potosí (1910-1938), México, El Colegio de México, 1984.

La semilla en el surco. Adalberto Tejeda y el radicalismo en Veracruz (1880-1960), México, El Colegio de México-Gobierno del Estado de Veracruz, 1986.

GUILLERMO TOVAR DE TERESA

I

MI PRIMER contacto con la historia lo tuve en mi casa, donde aprendí a leer mucho antes de ingresar al sistema escolar. Me independicé a los cinco años de edad y pude establecerme en casa de mi abuelo: allí dispuse de una magnífica biblioteca. La escuela, entonces, se me presentó como algo ajeno a la cultura. Al paso del tiempo, la historia enseñada en la escuela primaria me pareció tan elemental como tendenciosa. No era historia: era doctrina. En mi casa y en mi fuero interno, la historia era una pasión, algo vivo. En la escuela era una materia aburrida impartida por gente sectaria. Por eso comencé a volverme autodidacto.

En los años de secundaria en el Colegio México pude estudiar la historia gracias al maestro Agustín Lemus, organizador de unos seminarios que exigían toda nuestra competencia. Para entonces, desde los 12 hasta los 14 años de edad serví como consejero de la presidencia de la república. El maestro Lemus picó mi amor propio y consiguió que aquel alumno indiferente ante la escuela, ausentista y jugador de dominó, se convirtiera en el autor de dos tomos de quinientas páginas cada uno, con las cuales obtuve el primer lugar entre doscientos alumnos de escuelas maristas que compitieron por obtenerlo. Desde mis primeros años me di a la tarea de formar una biblioteca sobre historia y arte que agoté como fuente de consulta para mis trabajos de arte colonial mexicano; por eso en los años del bachillerato comencé a utilizar los archivos como fuentes para mis trabajos de investigación.

En mi casa los historiadores reconocidos eran Lucas Alamán, Vicente Riva Palacio y Justo Sierra. En la escuela lo eran Carlos Alvear Acevedo y los autores de los libros de texto gratuitos.

Pertenezco a una generación incierta: dispersa, ninguneada y esforzada desde la intimidad. No me atrevería a dar ninguna opinión a nombre de la misma; sin embargo, me aventuraría a señalar que nuestra conciencia histórica es diferente. Pertenezco a una generación que intenta construir una visión posmaterialista del mundo y de la historia. Eso siempre lo intuí y por eso tuve desconfianza de los doctrinarios y los metodólogos a ultranza, que explicaban los hechos con base en el cómo y casi nunca desde el porqué. La principal diferencia entre las generaciones que inmediatamente me preceden y aquella de la cual formo parte tiene que ver sobre todo con el modo de valorar los hechos. La visión anterior era mecánica y no moral, pretendió ser científica a toda costa y se apoyó con demasiada esperanza en las técnicas más que en la razón valoradora. Mucho procedimiento, cierto abuso en la pedantería de la jerga importada de Europa, y pocos resultados lúcidos. Sin embargo, en esos años se produjo la excelente *Historia general de México* de El Colegio de México, visión múltiple que señalaba la capacidad para ofrecer una nueva recapitulación del pasado de México, obra extremadamente útil, como todo aquello que procede exclusivamente del intelecto.

El grupo social que apoyó la visión mecánica de los hechos de los hombres y que imperaba entonces casi siempre estuvo ligado al poder. Concebir la historia como ciencia les dio mucha seguridad, y esa seguridad, a su vez, era puesta a disposición del poder político mexicano, ayuno de explicaciones. La historia fue concebida entonces como una doctrina cívica y política, comprendida desde la explicación mecánica y científica de una visión material que puso toda su fe en la economía y las cifras. Una historia útil. Ésa es la historia que denomino "politécnica". Frente a esa deformación, originada en la colonización cultural, parisiense, de los años sesenta, surgió la lúcida visión valorativa de la "microhistoria", cenicienta y reveladora.

II

Las diferencias de criterio en las distintas visiones encontradas de la historia nacional se deben a muchos motivos. Entre otros, aquellos que señaló Luis González con gran lucidez y que se refieren a su definición frente al tiempo: la visión que se concibe como testimonio del pasado y que llama "anticuaria", la que se refiere al presente y usa al pasado como ejemplo y que denomina "monumental", y la "crítica", que sirve de advertencia para el porvenir.

Otros motivos de esas diferencias de criterio tienen un fundamento ideológico, aunque ahora cada vez menos, o bien, se deben a una mayor o menor conciencia acerca de lo que son la cultura y sus cualidades valorativas, determinadas en muchos casos por el nerviosismo o la banalidad. En la primera categoría, los hechos de la historia son juzgados por una especie de magistrados, poseídos por la exaltación imaginativa de sí mismos, que sólo buscan lo punible de esos hechos. En la segunda categoría, nada es punible ni criticable, todo es explicable con cifras y métodos sofisticados. La necesidad de recuperar lucidez y calidez en los textos históricos es un imperativo de la sociedad contemporánea.

Sin embargo, resulta evidente que, casi siempre, una edad histórica se construye negando a la anterior y la sucesiva rescata a la edad abuela. En esa dialéctica las variables son imprevistas y los motivos para el discernimiento resultan tan inexplicables como los impulsos que crean, mantienen o destruyen el conjunto de imágenes que constituyen una memoria colectiva. Los que piensan que el pasado fue peor siempre tendrán esperanzas en el porvenir, y los que piensan que el pasado fue mejor construirán las cosas para durar y no para cambiar. Sin embargo, unos y otros olvidan que la acción del tiempo —como lo vio Vico— es como la de una ola que se mueve hacia adelante y hacia atrás, pero nunca en una dirección dominante. El pasado, el futuro y el presente nunca fueron ni serán mejores o peores, sino mejores y peores, según la postura o el criterio de quien los valora. Sin embargo, el criterio, entendido como capacidad de discernimiento, como actividad intelectiva que cierne y separa una cosa de otra, se encuentra por debajo de la luz de la razón. El intelecto es mecánico y reduce la realidad a formas determinadas por la necesidad de construir representaciones que son sometidas a un escrutinio. Cuando esa función mecánica e intelectiva no se anima de un sentido, de un impulso orientador, no es otra cosa que la técnica, la cual Aristóteles distingue de la razón.

III

El panorama general de la actividad investigadora y difusora de la historia en los años sesenta en México, cuando empecé a realizar estudios históricos de manera profesional, lo constituyeron tres instituciones: la Universidad, El Colegio de México y el INAH. En los tres casos, ejemplares al principio, al final convirtieron la historia en un quehacer politécnico. Sucedieron a la edad de las librerías y las tertulias, de ambiente vocacional y artesanal.

En sus inicios en los años veinte, los creadores del ámbito propicio para el estudio de la historia en esas tres instituciones fueron los mismos que iban a Porrúa, Robredo y otras librerías: Genaro Estrada, Vasconcelos, Gamio, Caso, Toussaint, Zavala, O'Gorman, Justino Fernández, etc. Los aires académicos formales vinieron de los Estados Unidos, Inglaterra y España, sobre todo desde este último país cuando sobrevino el éxodo republicano de 1939-1940, iniciado e impulsado por Estrada y Cosío Villegas. Los viejos maestros se conocían entre sí, formaban un entrañable grupo de colegas y un compacto estrato social, apasionado en sus respectivos temas, distantes del poder y la política.

En los sesenta y los setenta, el panorama lo ofrecieron los discípulos-nietos de esa generación artesana, hondamente vocacional y laboriosa; ahora, esos discípulos-nietos no escriben tanto para la satisfacción de sí mismos ni para contribuir a la historia, sino en muchos casos con fines administrativos y curriculares. No se piensa en la realización de una obra, aunque a veces no sea más que limitada y personal, como toda artesanía, sino en lograr cargos administrativos que permitan el control de pequeños bloques de personas dedicadas a pelearse entre sí. La tertulia se transformó en grilla y las vocaciones en intereses mezquinos.

Por mi parte, nunca tuve duda de especializarme en los estudios de arte novohispano. Siendo muy joven, en México recibí el apoyo de Francisco de la Maza, en España el de Diego Angulo Íñiguez y en los Estados Unidos de George Kubler; más adelante, sin embargo, el camino se me fue dificultando cuando tuve que enfrentarme a una especie de politburó de la investigación histórico-artística. Me he salvado de ello —me refiero a la avaricia curricular— gracias a mi opción por la independencia; no toreo para el público sino para el toro.

En un aspecto estrictamente profesional, la mayor dificultad la ofrece la carencia de una nutrida bibliografía útil y reciente, relativa a los temas de arte novohispano. Salvo por unos cuantos estudiosos mexicanos y extranjeros —Castro, Manrique, Ruiz Gomar, Bérchez, René Taylor y otros pocos—, la bibliografía en esos temas se sigue apoyando en los trabajos publicados durante la primera mitad de este siglo.

Según mi propio punto de vista, los momentos más altos de la práctica histórica en México los ofrecen un conjunto de laboriosos historiadores-artesanos que cultivaron la disciplina desde el ámbito auténticamente vocacional, desde finales del siglo XIX, representado sobre todo por Agreda, García Icazbalceta y Del Paso y Troncoso. Su herencia la recogió la generación inmediata a la Revolución, la de las tertulias en las librerías y las horas incansables en los archivos y bibliotecas. Me refiero a quienes lograron hacer de los *Anales del Museo Nacional* y el *Boletín del Archivo General de la Nación* dos publicaciones prestigiadísimas tanto en México como en el extranjero. Hoy en día, por ejemplo, el contraste entre los tomos iniciales y las versiones actuales de los *Anales* y el *Boletín* mencionados me llena de tristeza. La magnífica colección de *Historia Mexicana* de El Colegio de México, con su conjunto de diversas y excelentes colaboraciones, compensa bastante esa pérdida en las publicaciones periódicas, que son las que pintan mejor y de conjunto los momentos más altos de un quehacer historiográfico.

Por otra parte, hoy en día asistimos al fin de una edad dogmática y materialista, poseída de una fe irracional en la ciencia, la técnica y su visión mecánica de la historia. En otra vertiente, esta época parece caracterizarse por una tendencia regresiva y fanática y otra progresiva y consumista; me refiero al fundamentalismo nervioso y a la globalización banalizadora. La primera tendencia parece apuntar a una imperiosa negación del porvenir, como si quisiera detener la brutal occidentalización, intentando devolverle a la religión la fe perdida en las ideologías y la política. El fundamentalismo es una tendencia seudoespiritual, exaltada y particulizadora, de acuerdo con la cual los pueblos, en un acceso retrospectivo, quisieran negar al extranjero y al futuro, para afirmarse en aquello que imaginariamente los constituye en

diferentes. El otro movimiento prolonga la tendencia imperialista de Norte-
américa, que necesita afirmarse frente a la integración de Europa en un solo
bloque, poseído de la esperanza en la ciencia y la tecnología, en un materialismo concebido como consumo, resorte de su actividad básica y banal. La
globalización vive un presente al que le estorba el pasado, el que no concibe
como constitutivo. La globalización apuesta todo por el futuro, incluso a costa del pasado.

Al mismo tiempo, se produce una nueva conciencia del tiempo histórico.
Hoy mismo se construyen nuevas explicaciones y valoraciones. El pasado re-
adquiere un prestigio que nunca tuvo, de un modo parecido al romanticismo y el neorromanticismo. El pasado, según esta nueva tendencia, se halla
poseído de valores que no acierta a comprender la visión politécnica de la
historia, que lo sigue reduciendo a un problema social. Esos valores son, sobre todo, culturales. Valores capaces de ofrecer grandes satisfacciones, más
que la utilidad pretendida que quiso obtener el materialismo a toda costa.
El pasado ya no interesa solamente como actividad de profesores y especialistas que se leen entre ellos, sino que se convierte ahora en un recurso
espiritual de primer orden. El pasado ofrece posibilidades recreativas muy
amplias y su impacto afecta tanto a las formas artísticas y literarias como a
las cinematográficas y televisivas. En cuanto a este último terreno, es necesario hacer un ensayo de difusión de la historia a través de los medios de
comunicación masiva.

Para la pregunta de quiénes son los historiadores que han logrado permear
a la sociedad con sus ideas, tengo una respuesta politécnica y una respuesta
personal. A la primera corresponden Marx y Braudel y a la segunda los trans-
misores orales de las tradiciones locales. Esto es: la visión de los pueblos,
naturalmente, sin la imposición de las ideas académicas de los profesores y
de las ideas políticas de las dictaduras ideológicas, se alimenta de creencias, de
pensamientos imaginativos que poseen la fuerza de formar culturas, desde los mitos y las leyendas hasta las costumbres y las tradiciones. Los mitos, por ejemplo, han moldeado conciencias e impuesto visiones por miles
de años. En el México de la segunda mitad del siglo xix, Riva Palacio construyó una imagen de la Nueva España constituida por personajes bizarros y
pintorescos, como lo fueron la Monja Alférez, Martín Garatuza, las empare-
dadas y los bucaneros. Pero esa imagen se continuó con el esfuerzo intelec-
tivo de dotar a esa edad de visiones sistematizadas por el método, según lo
han realizado los historiadores de este siglo. Pero sus construcciones inte-
lectivas no fueron solamente abstractas sino que en muchos casos fueron
pervertidas por esa suerte de dogmatismo de las doctrinas políticas y sociales, excluyentes y recetables, que comprendieron el pasado novohispano
como un modelo mecánico. Las doctrinas de los profesores politécnicos, pasadas de moda ahora, casi nunca permearon a la sociedad en su conjunto,

pues, por definición, su visión intelectualizada y abstracta, por lo general muy aburrida, casi nunca gozó de la luz de la razón que pudo dotarla de humor y de un pensamiento comprensivo de mayor alcance.

Se inicia ahora, gracias a los esfuerzos anteriores, una nueva manera de comprender el pasado.

Pienso que una sociedad se define, entre otras cosas, por su modo de concebir la historia. Entre los pueblos primitivos la religión se concibe en parte como historia y se atribuye a los mitos un alcance directivo y ético. Un mito sostiene a una legalidad y acaso a una ética. La Biblia tuvo un inmenso prestigio como fuente de sabiduría hasta que los hechos de la ciencia y la técnica en Occidente durante el siglo XVI la desproveyeron de su autoridad. Desde entonces la historia ganó terreno, siendo algo tan autorizado como la ciencia y como alternativa independiente para dar explicaciones, hasta que se constituyó en pretensiosa ciencia —"ciencia social" entre los utilitarios y pragmáticos herederos de la Ilustración y el positivismo— y se permitió atribuirle —sobre todo en el siglo XX— un sinnúmero de taras ideológicas. La historia material y politécnica sirvió para reducir el alcance valorativo y comprensivo de los hechos al reducirlos a fórmulas mecánicas, útiles para los fines del Estado e inútiles para los pueblos que no lograron extraerle orientaciones capaces de cesar los estados de desorientación angustiosa que vive la sociedad moderna, sociedad que reclama de la historia, hoy en día, otra cosa. Esa otra cosa quizá tenga que ver con la necesidad de saber quiénes somos.

Respecto de los mecanismos de incorporación de los nuevos conocimientos históricos a la conciencia social, creo que puede caber otra vez la idea de la visión mecánica frente a la visión moral. Despertar amor por la historia no depende de un mecanismo sino de una motivación. Y esas motivaciones no se producen de un modo mecánico, se producen con objeto de manifestar un interés por esclarecer la realidad. Ese interés por la realidad es inmanente; la curiosidad por saber quiénes somos forma parte de nuestra naturaleza. La historia no es, necesariamente, la mejor herramienta para hacer política ni para dominar a las masas, como se pensó en los años de Hitler y Stalin. Los conocimientos históricos ayudan a desarrollar grados de conciencia, libertad y satisfacción. Su finalidad es mejorar la comprensión de los pueblos, no para imponerles "ejemplos" ni directrices doctrinarias. Luis González desenmascaró tanto a la historia "crítica" como a la que llamó "monumental". La mejor manera de lograr que la historia se incorpore a la conciencia social es dotando a sus practicantes de instinto y corazón, de imaginación y lucidez, haciendo que su obra se vuelva atractiva, objeto de lectura y de disfrute, de satisfacción y de gozo. La historia no es doctrina sino visión lúcida, originada en los afectos, enriquecida por el conjunto de imágenes que atesora, sistematizada para facilitar su entendimiento e iluminada por un sentido valorativo, capaz de constituirla en el mejor motivo de acción sensata, aquella que permite una mejor conciencia de ser lo que se es: la autenticidad. Es necesario facilitar el acceso de una historia instructiva, amable y sabrosa.

Por otra parte, mi falta de experiencia como historiador politécnico y como miembro del politburó en ese terreno me impide responder a la pregunta de cuál es la relación entre la enseñanza de la historia y la investigación histórica.

La historia, desde mi punto de vista, es un esfuerzo lúcido y elucidante por esclarecer la realidad del hombre en el tiempo. El pasado y el futuro sólo existen en nuestra imaginación. Una imagen es la representación de un objeto ausente y la imaginación es la representación interiorizada del conjunto de objetos ausentes. Esa imaginación, una vez elucidada por la razón, organiza esas imágenes en relación con el tiempo: el pasado se organiza como memoria y el futuro como proyecto. La historia no es otra cosa que la visión valoradora de los hechos organizados por el intelecto como memoria. Cuando la imaginación deja de estar gobernada por los efectos ciegos y los mecanismos del intelecto la transforman en signos, datos y conceptos al relacionar sus representaciones, entonces la imaginación se somete a la valoración de la razón elucidante que la convierte en reflexión. De ese modo las imágenes, los signos y los datos se corresponden con la realidad. La visión valoradora de los hechos recogidos en la memoria y organizados por el intelecto, convertidos en una reflexión, se vuelven ideas. En mi concepto, la historia es esa reflexión elucidadora de los hechos pasados y presentes, concebida como pensamiento comprensivo, como conjunto de representaciones e ideas relacionadas con los signos cronológicos, de conceptos entendidos como representaciones comprensivas.

La función de la historia es elucidatoria. La función social de la historia puede ser resultado de la introspección que una sociedad o una generación hace de sí misma y de los demás. La historia no se reduce a cifras, mecanismos o representaciones metodológicas que sólo ayudan a ordenar temarios, formar índices o mostrar comportamientos inexplicables. No es la visión mecánica de la historia politécnica, que la realiza distanciada del placer, como un conjunto de textos que no se gozan: la doctrina que sólo sirve para manipular. La visión moral de la historia corresponde a una introspección. Debe ser una representación comprensiva, lo que equivale a encontrar sus dos aspectos: la simpatía y el entendimiento. Calidez y lucidez. Simpatía determinada por los afectos y las imágenes, y entendimiento regido por el intelecto y por la función valoradora de la razón. La visión lúcida es la conciencia y su mejor fruto la libertad. La historia debe ser bella, respondiéndole satisfactoriamente al sentimiento; verdadera para los fines del pensamiento y buena para el sentido de la actividad. La historia, concebida como ejercicio de las funciones conscientes —sentimiento, pensamiento y actividad—, como fruto de calidez y lucidez, como expresión de sus valores de alcance directivo, puede ser algo más que una explicación útil o una herramienta; puede ser disfrutable y reveladora, para ser el motivo del amor a sí mismo y a los demás, por el mayor conocimiento de las esencias propias, amor que en su perseverancia orienta a la felicidad, sentido esencial que en su inmanencia armoniza los valores y garantiza la mejor capacidad adaptativa de una sociedad en su realidad y en su mundo. La historia, concebida como la revelación veraz de lo que somos, nos ayuda a lograr la autenticidad motivadora de respeto y libertad. También de conciencia y amor, si es comprensiva de una visión lúcida, entendida como conciencia, y de un sentimiento cálido gozado como amor. En eso intento estar de acuerdo con Miguel de Montaigne, Baruch Spinoza, Paul Diel, Bertrand Russell y Luis González y González.

TOVAR DE TERESA, GUILLERMO

Historiador mexicano.
Fecha de nacimiento: 1956 (México, D. F.).

ESTUDIOS

Realizó estudios en la Universidad Autónoma Metropolitana.

TRABAJO PROFESIONAL

Asesor del presidente Gustavo Díaz Ordaz (1968-1970).
Asesor de Pedro Ramírez Vázquez cuando éste ocupó la Secretaría de Asentamientos Humanos y Obras Públicas (1977-1982).
Asesor de Juan José Bremer cuando fue subsecretario de Cultura de la Secretaría de Educación Pública (1983).
Cronista de la ciudad de México (1986-1987) y miembro fundador del Consejo de la Crónica de la Ciudad de México (1987).

TRABAJO EDITORIAL

Colaborador de las revistas *Artes de México, Vuelta* e *Historia Mexicana*.

Fue becario de la Fundación Guggenheim (1985).

Pintura y escultura del Renacimiento en México, México, Instituto Nacional de Antropología e Historia, 1979, 570 pp.

Noticias sobre el retablo mayor de Tepotzotlán, México, Robredo (Colección de Estudios y Documentos de Arte Novohispano), 1985, 48 pp.

Bibliografía mexicana del arte (1987).

La ciudad de México y la utopía en el siglo XVI, México, Seguros de México, 1987, 178 pp.

Bibliografía novohispana de arte, México, Fondo de Cultura Económica, 1988.

Un rescate de la fantasía. El arte de los Lagarto, iluminadores novohispanos de los siglos XVI y XVII, México, Fondo Cultural Banamex, 1988, 239 pp.

La ciudad de los palacios: crónica de un patrimonio perdido, México, Vuelta, 1990.

ÍNDICE

Segunda Parte
TESTIMONIOS

Este libro se terminó de imprimir y encuadernar en el mes de diciembre de 1996 en Impresora y Encuadernadora Progreso, S. A. de C. V. (IEPSA), Calz. de San Lorenzo, 244; 09830 México, D. F. Se tiraron 3 000 ejemplares.